“十二五”普通高等教育本科国家级规划教材
高等学校信息管理学专业系列教材

面 向 21 世 纪 课 程 教 材

INFORMATION MANAGEMENT SCIENCE

信息计量学

主　编　邱均平
副主编　赵蓉英　侯经川
编著者　邱均平　赵蓉英　侯经川　黄晓斌
　　　　王宏鑫　徐久龄　马瑞敏　朱春艳

WUHAN UNIVERSITY PRESS
武汉大学出版社

图书在版编目(CIP)数据

信息计量学/邱均平主编 .—武汉：武汉大学出版社,2007.1(2019.1 重印)
"十二五"普通高等教育本科国家级规划教材
面向 21 世纪课程教材
高等学校信息管理学专业系列教材
ISBN 978-7-307-05305-2

Ⅰ.信… Ⅱ.邱… Ⅲ.文献计量学—高等学校—教材 Ⅳ.G257

中国版本图书馆 CIP 数据核字(2006)第 133430 号

责任编辑:詹 蜜 责任校对:程小宜 版式设计:马 佳

出版发行：**武汉大学出版社** (430072 武昌 珞珈山)
(电子邮件：cbs22@ whu.edu.cn 网址：www.wdp. com.cn)
印刷:荆州市鸿盛印务有限公司
开本:720×1000 1/16 印张:33.5 字数:597 千字 插页:1
版次:2007 年 1 月第 1 版 2019 年 1 月第 8 次印刷
ISBN 978-7-307-05305-2/G · 895 定价:40.00 元

前　　言

20 世纪 60 年代以来，在图书馆学、文献学、情报学和科学学领域相继出现了三个类似的术语：Bibliometrics、Scientometrics 和 Informetrics，分别代表着 3 个十分相似的定量性的分支学科，即文献计量学、科学计量学和信息计量学(情报计量学)(简称“三计学”)。经过几十年的努力研究与推动，三计学都不同程度地取得了一定的进展，得到了学术界的广泛承认。在我国，不仅发表了大量的有关论著，开设了相应的大学课程，设立了研究生培养方向，而且还得到了政府管理部门的认可和支持。在 1992 年颁发的国家标准《学科分类与代码》(GB/T13745-92)中，文献计量学、情报计量学和科学计量学作为三级学科名列其中，分别属于相应的二级学科文献学、情报学和科学学。这充分说明三计学已有了自己的学科地位。

“情报计量学”名称最早出自德文 Informetrie，是由德国学者奥托·纳克(Otto Nacke)最先提出来的。与之对应的英文术语为 Informetrics，我国将其译为“情报计量学”，后来改称为“信息计量学”。当时纳克提出“情报计量学”概念，其目的是试图用以概括数学在情报学所有领域的应用。后来，情报(信息)计量学被定义为：采用定量方法来描述和研究情报(信息)的现象、过程和规律的一门学科。它是数学和统计学与情报学广泛结合而形成的情报学的一个新兴的定量性分支学科。

我们曾经提出：信息计量学应分为“广义信息计量学”与“狭义信息计量学”。前者主要探讨以信息论为基础的广义信息的计量问题，其范围非常广泛。所谓“狭义信息计量学”就是我们通常讲的“信息计量学”(或情报计量学)，主要是研究情报信息(或文献情报)的计量问题。它的主要内容是应用数学、统计学等定量方法来分析和处理信息过程中的种种矛盾，从定量的角度分析和研究信息的动态特征，并找出其中的内在规律。信息计量学是在传统文献计量学及科学计量学的基础上扩展和演变而成的，也是信息学(情报学)向定量化方向发展的客观需要和必然产物。它一方面从理论上大大提高信息学的科学性和精确性，另一方面又能为信息管理、图书情报管理等实际工作提供参考依据和指导。同时，信息计量学是在信息时代大背景下，随着信息资源电子化、数字化的发展，适应社会经济信息化和信息产业发展的迫切需要而逐步形成和发展起来的，具有鲜明的时代特征、重要的科学理论价值和实际指导意义。

从20世纪80年代初开始，我一直在武汉大学从事文献计量学、信息计量学和科学计量学的教学与科研工作。1983年，我在全国高校中率先开设了“文献计量学”本科课程，并编著了同名教材《文献计量学》，经过油印(1983年)、铅印(1985年)和几年的教学使用后于1988年在科学技术文献出版社(北京)正式出版。这本书首次从理论、方法和应用相结合的角度构建了文献计量学的内容体系，受到学术界同行的好评和欢迎。它不仅被10多所高校采用作为教材，而且其被引率至今一直名列前茅。这“无疑是对我国情报学研究和情报学教育的积极贡献，具有开创性的意义”(著名情报学家杨沛霆语)。但是，由于它出版年代已久，有的内容亟待更新和补充。特别是在当前信息化、电子化、数字化、网络化的新形势下，信息管理领域出现了许多新情况、新问题、新特点、新规律，迫切需要我们以新的视角去研究、去解决，去寻求新的正确答案。文献计量正在向信息计量方向发展。这种科学研究和学科发展的需要是我们撰著本书的出发点之一。其二，是为了满足教学的需要。1999年，《信息计量学》被选定和列入“教育部面向21世纪课程教材”出版计划。在开设“文献计量学”课程的基础上，早在20世纪90年代初，我就指导和培养计量学方面的硕士研究生，后来又增设了“信息资源计量研究”硕士生方向和“信息计量与科学评价”博士生专业方向，先后以“文献计量学”、“信息计量学”、“情报计量学研究”、“科学计量学研究”、“网络计量学研究”、“网络信息资源计量研究”等为题，主讲了研究生和本科生课程。在20多年的学习、教学和科研工作中，我们积累了大量的心得体会、信息资料和研究成果，现借此机会成书出版，既作为“教育部面向21世纪课程教材”之一，又是我们20多年来研究“三计学”问题的系统总结及研究著作之一。

我们一直认为文献计量学、信息计量学和科学计量学既有十分密切的联系，又有一定的区别，而且它们之间的相互联系、交叉和重叠大于其间的区别，以致于国外有些人将它们视为同义语而混用，或者主张在不同的场合采用不同的学科名称。本书定名为《信息计量学》，主要考虑到以下几点：第一是与国内学术界将“情报”改为“信息”相对应，也相应地将“情报计量学”改为“信息计量学”；二是信息计量学已有一定的研究基础，也是学术界公认的分支学科；三是信息资源电子化、数字化和网络化的逐渐普及，为信息计量提供了必要的条件和可能，特别是“网络信息计量学”的迅速兴起和发展，使信息计量学面临着难得的发展机遇；四是以期能引起人们更多的关注和重视，旨在促进信息计量学的深入研究和发展。这主要是面向未来，强调信息计量学是今后的研究重点和发展方向，而从本书的内容来看，必然会同时涉及到三计学，文献计量仍然是基础，讨论的重点主要是文献信息的计量问题。这是目前的研究现状和事实所决定的。但为了叙述的方便，书中有时也采用了“文献计量学”或“情报计量学”的名称。全书共 14 章，主要内容可概括为理论、方法和应用三个部分：一是关于信息计量学的理论问题研究，包括第 1~7 章、第 14 章和第 10 章中的部分内容；二是信息计量学的方法体系研究，包括第 8~11 章的内容；三是信息计量学的应用，主要在第 12、13 章中集中论述，同时在前面的有些章节中也论及了各定律的应用问题。特别是对计算机辅助信息计量分析法、网络信息计量学等新方法、新领域作了重点论述和探讨。但限于篇幅，作者所收集和编写的许多实例和各章的复习思考题未能收入本书中，这将在教学中予以补充和使用。特别值得说明的是，本书中保留了原来《文献计量学》中的一些典型的应用实例，因为这些实例属于经典案例，至今仍然能够说明问题，目前又没有更好更有代表性的新的案例来替换，因此，这些内容未予更新。这样处理不应该影响本书的新颖性。在撰著过程中，我们试图从理论、方法、应用三个角度全方位地构建信息计量学的学科体系，注重理论与实践相结合，继承与创新相结合，兼顾传统的统计工具与新兴的信息技术方法，力求使全书的思路清晰、结构合理、论述全面、内容丰富、观点新颖、资料翔实，既反映和吸收国内外三计学的最新进展，又融入我们自己的研究成果，使之具有较强的科学性、创新性、系统性和实用性；既适合高等院校的信息管理与信息系统、管理学、信息资源管理、电子商务、情报学、图书馆学、档案学、出版发行学、科学学与科技管理、科学评价与预测等专业作为教材使用，也可供广大信息工作者、知识工作者、科研人员、评价人员和管理人员学习参考。

本书由邱均平主编，首先在邱均平编著的《文献计量学》一书的基础上提出了详细的撰著大纲；然后由 8 位作者分头撰写初稿；最后，邱均平、赵蓉英作了部分增删、修改或补充，并完成了统稿工作。各章的撰稿人是：第 1、4 章：邱均平、马瑞敏；第 2、5 章：侯经川；第 3、7、9、12 章：邱均平、王宏鑫；第 6 章：徐久龄；第 8 章：邱均平、朱春艳；第 10、13 章：赵蓉英；第 11、14 章：黄晓斌。本书是《文献计量学》的继承和创新，基本上是在《文献计量学》的基础上修改、补充、更新和扩展而成的。本书的出版得到了教育部"信息管理类专业教学内容和课程体系改革研究"项目总负责人康仲远教授、教育部高等教育司、武汉大学出版社和有关院、系领导的支持和帮助；责任编辑严红等编校人员为之付出了辛勤劳动。在此，我们谨向以上单位和个人表示最诚挚的谢意！

由于多人分头执笔，书中不妥之处乃至错误在所难免，恳请读者批评、指正。

邱均平 于珞珈山

2006 年 7 月 26 日

目　　录

1 绪　论

1.1 信息计量学的由来和发展

1.1.1 信息计量学的由来

"信息计量学"（原称"情报计量学"）名称最早出自德文Informetrie，是由德国学者昂托·纳克教授（Otto Nacke）最先提出来的。在其后的文献中很快就出现了与之对应的英文术语Informetrics。有人认为这个英文单词最早见于1980年美国科学基金会公布的年度研究项目的标题中①，也有人认为是由非英语国家的日本杂志《情报管理》与前苏联的《情报科学文摘》杂志将其转译成英文的。1980年9月，在德国法兰克福召开了第一次情报计量学（含科学计量学）研讨会，纳克教授在会上宣传了他提出的"情报计量学"术语。1981年，在我国的期刊上也出现了上述德文和英文术语，并将其译为情报计量学②。当时有文章提出建议，希望我国对Informetrics一词的使用应持慎重态度。因为通过考察后发现，由metrics构成的大约10来个学科名称中，与前缀连接的字母都是元音（a或o，如Bibliometrics、Scientometrics等），而Informetrics中却是辅音（r），似乎不符合英语的一般构词法；同时，它又是非英语民族的人员转译成英文的，是否可靠还有待进一步考证。但与此同时，Informetrics一词不仅在英语国家中迅速流传开来，而且还得到了国际文献联合会（FID）

① 刘廷元．情报计量学的几个基本问题研究．情报科学，1994（1）：55

② 刘达．情报学的新领域——情报计量学．情报学刊，1981（4）：48

的认可，这不仅消除了人们对 Informetrics 一词的疑虑，而且也标志着一门新兴分支学科的兴起。

早在 1980 年，FID 就设立了情报计量学委员会（FID/IM）。常设机构设在印度国家科学文献中心（INSDOC），当时的主席是 T. N. 纳吉，为了切实加强情报计量学的教育和研究工作，FID/IM 还拟定了一份工作计划要点，打算开展几项重要的学术活动，以便促进情报计量学的发展。1982 年，在前捷克斯洛伐克召开了情报计量学教学计划会议。1984 年，B. C. 布鲁克斯发表了两篇重要论文，较详细地讨论了情报计量学的一些基本理论问题，明确提出要大力发展情报计量学①。1985 年，FID/IM 又进一步评估和论证了情报计量学计划，并于同年 7 月开始在印度出版《情报计量学通讯》（*Informetrics Newsletter*）。1987 年，第一届文献计量学与情报检索理论国际研讨会在比利时举行，布鲁克斯在会上提议，应将 Informetrics 术语补充到拟于 1989 年在加拿大召开的第二届国际学术会议的名称中去，得到了与会学者的普遍赞同和支持。此后，1991 年在印度、1993 年在德国召开的第三届、第四届国际会议上，布鲁克斯的意见都在一定程度上被接受了，至 1995 年 6 月，在美国芝加哥召开的学术会议就改名为“第五届科学计量学和情报计量学国际会议”，文献计量学被包括在内而在会议名称中被取消了。现名为“国际科学计量学和信息计量学学会”（International Society for Scientometrics and Informetrics，缩写为 ISSI）主办的两年一次的国际研讨会名称的变化也说明“情报计量学”得到了国际学术界的认可，并且其学科地位越来越突出了。

由于在 1987 年以来的有关国际学术会议出版的论文集上都有 Informetrics 标题，因此，国外一些著名情报学家都把 1987 年看成是 Informetrics 被国际情报学界正式承认的一年②。其后，以“情报计量学”为标题的论著相继发表，如 1990 年，L. Egghe 和 R. Rousseau 出版了《情报计量学导论》一书；1992 年，加拿大情报学家 S. J. Tague 也发表了名为《情报计量学导论》的论文，等等。由于 Informetrics 在北美和西欧非常流行，以至于 1987 年以后的一些西方情报或信息服务公司也改名为时髦的“情报计量学公司”（Informetrics Limited）③。

① Brookes B. C.. Towards Informetrics. *Journal of Documentation*，1984，40（2）

② Tague S. J. An Introduction to Informetrics. *Information Processing & Management*，1992，28（1）

③ 刘廷元．情报计量学的几个基本问题研究．情报科学，1994（1）

我国学术界对 Informetrie（德文）和 Informetrics（英文）术语及其所代表的学科也及时地作出了反应，并给予了应有的关注和重视。早在 1981 年就有相关的论文发表；1988 年正式出版的《文献计量学》不仅详细论述了“三计学”的关系，而且还较早系统地提出了情报（信息）计量学的内容框架。大家对 Informetrics 一词的译名是一致的，都把它译为“情报计量学”，作为对应于“情报学”的三级分支学科。只是到 1992 年，我国有关部门将 Information 对应的译名“情报”改译为“信息”之后，对 Informetrics 的译名“情报计量学”也应做相应的改变，以改译成“信息计量学”为宜（但对此前的文献及论述仍沿用“情报计量学”名称）。这就是“信息计量学”名称的由来。

1.1.2 信息计量学的产生背景

与其他学科一样，信息计量学的产生绝非偶然，而是在一定的历史背景和科学环境下形成和发展起来的。

首先，信息计量学是在传统文献计量学及科学计量学的基础上扩展和演变而成的。在情报学发展初期，正逢文献计量学和科学计量学兴起，其研究比较活跃。一些注重定量研究的早期情报学家很自然地就把文献计量学或科学计量学看成是自己耕耘的园地，进而形成了文献计量学或科学计量学是“情报科学的特殊方法的综合”的观念①。一些情报学家加入文献计量学研究队伍后，对文献计量学的研究范围、方法、模型以及应用等方面都进行了有益的扩展和研究，并取得了很大进展。例如，早在 20 世纪 80 年代初，布鲁克斯就力图把文献计量学的布拉德福定律扩展到普遍的社会现象中去研究，曾用源（Source）和项目（Item）这两个术语来代替布氏定律中的期刊和论文这两个术语，使之更加广泛化；还试图把文献计量学扩展为一门社会科学的微积分，以便在社会中发挥更广泛的作用。但是，他们在对文献计量学的研究范围和研究方法进行扩展之后，终于发现自己并不完全属于“文献计量学”，情报学还有自己更广泛的计量或定量研究领域，还有自己独特的计量研究方法。他们终于发现了一个从前不可能注意到的虽然简单但却很重要的事实：情报的数量方面远远大于文献的数量方面，情报的计量方法远远大于文献的计量方法。这个重要发现主要是布鲁克斯在先后发表的一系列论文中得出的，并明确提出了发展情报计量学的问题。同时，当时的文献计量学研究也主要是服务于图书馆学的研究目的和需要的，因而图书馆学家对

① 沃维连涅著，许勇译．情报计量学的动向．情报科学，1986（9）

文献计量学往往持有一种“独占性态度”。这也促使情报学家去努力开辟自己的与情报学对应的定量化研究领域，从而促进了信息计量学的形成和发展。

其次，信息计量学是情报学发展的需要和必然产物。定量化研究一直是情报学发展的重要方向和必然趋势之一。这是因为，从学科发展的一般规律来看，情报学必然要从定性阶段向定量阶段发展；只有加强情报学的定量化研究，才能不断提高其科学性和精确性，从而有助于确立和提高它在整个科学体系中的学科地位。正如布鲁克斯所指出的：“情报学如果不实现定量化，它将是一堆支离破碎的技艺，而不会成为科学。”① 他的这一重要学术思想已被越来越多的学术界同仁所认识，不少学者积极从事这方面的研究，发表了许多学术成果，大大促进了情报学定量性分支学科——情报（信息）计量学的发展，因此，信息计量学是情报学向定量化方向发展的必然产物。

再次，一批杰出的学科带头人和骨干力量推动了信息计量学的发展。不少情报学研究者都具有扎实的数理知识基础，熟悉定量化研究方法。这是信息计量学深入发展的有利条件和人才保证。从早期的布拉德福（Bradford）、洛特卡（Lotka）、普赖斯（Price）等人到后来的布鲁克斯、加菲尔德（Garfield）等，都是数理功底扎实，运用定量方法得心应手的专家。他们长期致力于信息计量学的研究，发挥了学术带头人的重要作用。布鲁克斯就是其中的杰出代表，他积极倡导并非常重视情报学的定量化，认为情报学研究的实质就是对信息和知识的测度即计量研究，还创造性地提出用“等级排序技术”和“对数透视原理”作为情报学定量化的途径。1988 年，布鲁克斯又进一步提出，似应以信息计量学（Informetrics）来替代文献计量学（Bibliometrics）为宜，其理由是文献计量学仅拘泥于“书目的计量”，而且已不适于现代电子化载体文献的计量。这对于信息计量学的形成和发展来说，无疑起到了推波助澜的作用。

1.1.3 信息计量学的发展

信息计量学的发展逻辑过程如下：统计书目学→文献计量学→科学计量学→信息计量学。一般认为，最早的信息计量研究始萌于 20 世纪初，以 1917 年由文献学家科尔（F. T. Cole）和伊尔斯（N. B. Eales）所进行的文献统计研究为起点的。1922 年，英国图书馆学家休姆（E. W. Hulme）在其编

---

① Brookes B. C. . Towards Informetrics. *Journal of Documentation*, 1984, 40 (2)

著的《统计目录学与现代文明增长的关系》中首次使用了“统计目录学”(Statistical Bibliography)的名称。它代表的是：为了探明图书资料的特性，常使用统计方法，从而产生的书目学的一个新的分支学科。1969年，英国著名情报学家阿伦·普里查德(Alan Pritchard)首次提出用术语“Bibliometrics”取代“统计目录学”的名称。他的建议很快得到图书馆学、情报学界的普遍承认。这一术语的出现标志着文献计量学的正式诞生。同文献计量学的早期史一样，科学计量学的历史也可以追溯到20世纪初欧洲和俄国学者对书目引文的统计分析。在“文献计量学”术语提出的同一年，前苏联学者纳利莫夫和穆利钦科提出了“研究分析作为信息（情报）过程的科学的定量方法”的“科学计量学”。1978年，匈牙利学者蒂博尔·布劳温(Tibor Braun)创办的《科学计量学》杂志，为国际上从事科学计量学的学者提供了一个学术交流的平台，促进了科学计量学的发展。信息计量学的早期史包括在文献计量学和科学计量学的历史之中，是前两者的继承和发展。在1979年由德国学者奥托·纳克教授(Otto Nacke)提出“情报（信息）计量学”后，并没有真正被信息科学家及图书馆学家和科学学家承认，西方信息科学家为信息计量学地位的确定作了许多努力。其中主要包括：1980年信息科学家说服国际文献联合会(FID)设立了“信息计量学委员会”(Committee On Informetrics)，并拟定了一个长期信息计量学教学与研究工作计划；1985年7月在印度出版了非正式的《信息计量学研究通讯》(*Informertics Newsletter*)杂志；1987年在比利时召开由国际科学计量学与情报计量学学会发起的第一届国际性学术会议“文献计量学和信息检索的理论问题国际研讨会”，会后又出版了引起文献计量学和科学计量学界巨大关注的“信息计量学”会议论文集，并且从1987年以后举办的各届会议的主题中无不将“Informetrics”作为核心主题之一，从1995年开始，会议名称正式定为“科学计量学与信息计量学”国际学术研讨会(International Conference of the International Society for Scientometrics and Informetrics)，可以说这个时候“信息计量学”已经逐渐被大部分学者接受，其影响也在逐步扩大。

从信息计量学发展的历史来看，国际科学计量学与信息计量学学会起到了举足轻重的作用。从1987年开始，该学会每两年组织一次关于科学计量学与信息计量学方面的国际性会议，迄今为止已经连续成功地举办了10届。每次选取不同的主题进行论文征集并在会议上广泛交流（如表1-1所示），对信息计量学的发展产生了积极的影响。

表 1-1　　十届科学计量学与信息计量学国际学术研讨会概况

届数	会议名称	时间	地点	主题
一	文献计量学和信息检索的理论问题国际研讨会	1987 年 8. 25~8. 28	比利时 迪彭贝克	1. 几大规律的深入探讨 2. 引文分析的应用
二	文献计量学、科学计量学与信息计量学国际研讨会	1989 年 7. 5~7. 7	加拿大 伦敦	1. 三计学范围的界定 2. 几大规律的推广
三	信息计量学国际研讨会（印度统计协会）	1991 年 8. 9~8. 12	印度 班加罗尔	1. 统计方法在信息计量学中的应用 2. 数学方法的应用
四	文献计量学、科学计量学与信息计量学国际研讨会	1993 年 9. 11~9. 15	德国 柏林	1. 三计学研究内容的关系 2. 引文分析的应用
五	科学计量学与信息计量学国际学术研讨会	1995 年 6. 7~6. 10	美国 伊利诺伊州	1. 期刊评价的探讨 2. 几个规律的新发展
六	同上	1997 年 6. 16~6. 19	以色列 耶路撒冷	1. 引文分析的应用 2. 文献老化和离散规律研究 3. 数据压缩 4. R&D 管理研究等
七	同上	1999 年 6. 5~6. 8	墨西哥 科利马	1. 学术期刊评价 2. 内容分析 3. 引文分析和数学模型 4. 定律分布和论证等

续表

届数	会议名称	时间	地点	主题
八	同上	2001 年 6.16~6.20	澳大利亚 悉尼	1. 科学领域的规律及分布 2. 信息计量规律的数学模型 3. 引证动机和科研评价 4. 知识地图及可视化 5. 科技政策的分析和预测 6. 图书馆管理等
九	同上	2003 年 8.25~8.29	中国 北京	1. 信息计量规律的数学建模 2. 科研评价和大学排序方法论 3. 引文分析及数据库 4. 科技创新（专利）的定量分析 5. 网络信息检索研究等
十	同上	2005 年 7.24~7.28	瑞典 斯德哥尔摩	1. 科学计量学的历史 2. 引用动机研究 3. 知识地图 4. 网络信息计量学 5. 科学政策分析和预测

随着信息科学和信息技术的迅速发展，信息资源的电子化、数字化和网络化日益普及，给人类社会、经济、科技和文化等各个领域都带来了巨大的影响和深刻变革。在这种新的社会环境和技术条件下，信息计量学的研究和发展出现了许多新的方向和趋势。在这里仅论述以下 3 个方面：

（1）从文献计量向信息计量发展

邱均平在《我国文献计量学的进展与发展方向》① 一文中曾经指出，正如文献与情报、文献学与情报学的关系一样，文献计量学与信息（情报）计量学也是密不可分、相辅相成的。可以说，文献计量学是信息（情报）计量学的基础，而信息（情报）计量学是文献计量学的发展方向。《文献计量学》② 指出，“文献计量学研究的进展，也是对情报计量学的贡献和促

① 邱均平．我国文献计量学的进展与发展方向．情报学报，1994（6）：461

② 邱均平．文献计量学．北京：科技文献出版社，1988：33

进”，我们必须适时地把情报计量化研究的任务提到议事日程上来，知难而进，大胆探索，努力促进情报计量学的发展。《我国情报科学定量化研究的进展》一文把情报科学定量化研究的论文分为4大类：①文献计量学及其应用；②情报检索理论；③情报学理论研究；④情报经济学与情报成果评价。其中，有关文献计量学及其应用方面的研究在整个定量化研究工作中占有很大比例，论文数占46.6%。可见，文献计量学是情报信息定量化研究中一个重要的组成部分，而且正在朝着信息（情报）计量学的方向迈进。

从计量单元来说，信息计量学已经不仅仅停留在篇、册、本为单位的文献单元的计量上，而开始深入到文献的内部对知识单元和文献的相关信息进行计量研究，如题名、主题词、关键词、词频、知识项、引文信息、著者、出版者、日期、语言、格式等都已成为计量的对象。早在1980年，日本科学技术情报中心的小森隆通过对塑料、橡胶和纤维的关键词出现次数的统计分析，成功地预测了高分子材料的产品结构及发展前景。邱均平在《我国图书馆学情报学研究主题趋势的定量分析》一文中对大量有关文献中的内容主题数量进行了统计分析，定量地揭示了我国图书馆学情报学的发展历程、研究重点、热门主题和发展趋势等。陈光祚教授最近研制的电子出版物具有信息计量功能和知识项聚类功能，为文献计量学开拓了新的应用领域和发展途径。“电子出版物作为一种全文数据库，它的文本的任何知识单元甚至每个单字都是可以检索和统计的。这样，就有可能使文献计量学的计量单元从一篇篇文献而演化到文献中的各个知识单元，甚至单字一级。”从而使信息计量分析成为可能，并达到新的分析深度。这是一个重要进展，表明文献计量学已经发展到文献信息计量阶段，并继续向信息计量学发展。

（2）计算机辅助的信息计量研究和应用

20世纪90年代以来，对计算机辅助的信息计量分析的研究较多，取得了不少成果，其应用也越来越广泛。由于信息计量学研究必须要有一定规模的数据支持，因此，我们必须建立系统化、规范化的数据来源体系和原始数据的获取渠道，利用计算机等现代方法和手段进行数据处理和分析研究。国外对此十分重视。早在20世纪60年代初，美国就开始编制《科学引文索引》（*SCI*）。这一大型索引的出版和发行，为信息计量学研究提供了一种多功能的有力工具，在一定程度上提供了引文分析所必需的大量数据，有效地推动了信息计量学和情报学定量化研究的全面开展。对于国内的情况来说也是如此。我们早就认识到，如果不利用计算机等现代化的技术手段解决信息计量工具问题，我国的信息计量学研究就不可能提高到一个新的发展阶段。为此，邱均平曾在有关文献中大声疾呼，特别强调“开展我国信息计量工具和手段现代化的研究是我们面临的十分紧迫的任务，应当引起国内情报学界的高度重视"，并提出从 3 个方面进行：①引进和开发《科学引文索引》（*SCI*）；②自编《中文科学引文索引》；③开展计算机辅助的信息计量分析的研究。

近几年来，我国在这些方面进行了大胆探索，取得了较大进展。中国科技信息研究所从 1987 年开始建立了中国科技论文与引文数据库（CSTPC），对我国学者的发表论文数及被引数量进行了多指标的各个方面的统计分析，每年公布一次统计结果，在社会上产生了广泛影响，从而有力地促进了文献信息计量学的普及和发展。中国科学院文献情报中心经过多年努力，于 1995 年编制和出版了《中国科学引文索引》（CSCI），后来又制作和发行了它的光盘版。2000 年，南京大学中国社会科学研究评价中心与香港科技大学共同研制和开发了中文社会科学引文索引（CSSCI），弥补了我国人文社科研究数据来源短缺的不利局面。它们都为我国文献信息的定量化研究提供了一种大型的可供广泛利用的数据来源工具。

对于新兴的计算机辅助文献信息定量化研究和方法，《文献计量学研究的新趋势——计算机辅助的文献计量研究》一文率先进行了探讨，提出用计算机辅助文献计量研究来实现文献计量学研究的规模化、模型化和现代化，并讨论了计算机辅助文献信息计量分析的系统设计和实现途径。即：①建立主要用于文献信息计量学研究的数据库系统。从文献计量学自身的原理出发，按照不同的研究目的和要求，设计出不同类型的文献计量信息系统。②利用和改进现有的情报检索系统，使之适应于文献信息计量分析，即在原有情报检索系统基础上，根据信息计量学研究的特点和要求增加有关的数据记录，扩大统计范围，使之具有定量分析的功能。③利用套录技术建立专用于文献信息计量研究的数据库，目前已经有了专门利用套录技术建立数据库的软件，如 SCI-NATE 就是其中之一。《文献计量方法与计算机辅助的文献计量研究》一文从方法论的角度集中探讨了文献计量研究的新兴方法，特别是计算机辅助文献计量研究的方法。"在理论分析的基础上，着重进行了计算机辅助文献计量软件的设计与开发工作，在 Oracle 数据库系统的支持下，利用 Pro * C 实现了套录数据重组建库以及多种数据统计分析功能；并以 1992~1994 年间中国学者发表的被收录在英国《物理学文摘》（PA）中的16 000多篇物理学文献信息作为基础数据，利用自编软件开展了一系列的多方面的文献信息统计分析工作，既实践和检验了计算机辅助的文献信息计量研究方法，又定量地揭示了我国当前物理学的发展特点、重点领域和力量分布等，获得了一些有益的结论。" 总之，计算机辅助计量分析方法的建立和成熟，标志着我国信息计量研究的方法体系已基本形成，并日趋完善。

（3）网络信息计量学的研究

最近几年，在有关网络或文献中出现了两个新的英文术语，即*Webometrics*和Cybermetrics，可以直译为“网络计量学”和“赛博计量学”（或电脑计量学）。但由于计量的对象是网上的信息或计算机控制的信息，而非“网络”或”电脑”本身，因此，我们又可以将此意译为“网络信息计量学”或“网上信息计量学”。据目前见到的文献报道，Webometrics术语是T. C. 阿曼德（T. C. Almind）于1997年最早提出来的。1997年，阿曼德等人在《万维网上的信息计量分析——网络信息计量学的方法探讨》一文中，首次提出了Webometrics这一术语，并认为信息计量学的各种方法完全可以用于万维网上的信息计量分析。关于另一个与之十分相似的术语Cybermetrics，目前在因特网上已出现了以该词命名的电子期刊或学术论坛，这主要是由西班牙科学信息与文献中心（CINDOC）组织和出版的。

关于“网络信息计量学”的概念，目前国外有几种不同的解释。有的把网络信息计量学定义为，是对因特网上的文献进行统计分析的一门学科；有的则把它看成是一门研究因特网上数据之间相互引用的学科；还有的甚至从赛博空间计算和应用软件的角度，认为网络信息计量学是一门关于计算机软件设计的学科，这显然与这门学科的实际情况相差甚远。若从它的研究对象、方法、内容和目标等方面来看，我们认为，网络信息计量学是采用数学、统计学等各种定量方法，对网上信息的组织、存储、分布、传递、相互引证和开发利用等进行定量描述和统计分析，以便揭示其数量特征和内在规律的一门新兴分支学科。它主要是由网络技术、网络管理、信息资源管理与信息计量学等相互结合、交叉渗透而形成的一门交叉性边缘学科，也是信息计量学的一个新的发展方向和重要的研究领域，具有广阔的应用前景。其根本目的主要是通过网上信息的计量研究，为网上信息的有序化组织和合理分布、为网络信息资源的优化配置和有效利用、为网络管理的规范化和科学化提供必要的定量依据，从而改善网络的组织管理和信息管理，提高其管理水平，促进其经济效益和社会效益的充分发挥。

网络信息计量学是在当前特定的科学背景和技术条件下迅速形成与发展起来的。第一，信息资源电子化、网络化以及网上文献信息数量激增，不仅为网络信息计量学的产生提供了必要的基础和条件，而且还产生了迫切的实际需求，从而推动了这个学科的形成和发展。第二，电子文献信息资料的统计分析及研究成果，为这个学科的形成奠定了基础，积累了经验。在1997年召开的第63届国际图联（IFLA）大会上，就有3篇论文专门讨论了电子信息资料的统计问题。其中，美国 OCLC 的 T. O. 爱德华在《万维网可存取之信息的特点》一文中，对网络信息的统计指标、统计类型及其他问题进行了探讨；另两篇文章则讨论了图书馆电子信息服务中的统计问题。1999 年，在泰国召开的第 65 届国际图联大会上，又有数篇论文对此进行了研究，取得了一定进展。第三，信息计量学发展的客观需要。随着网上文献信息的日益增长，信息计量学的研究对象和范围必然要随之扩展到网络领域，这是该学科发展的客观要求和必然趋势。第四，加强和改善网络管理的迫切需要。随着网络化的日益普及，加强网络管理已成为当务之急，而实施定量化管理则是其主要的途径之一。网络信息计量学的研究成果必然会为网络管理的定量化和科学化提供理论指导和定量依据，而网络管理定量化的实践需求又会促进网络信息计量学的全面发展。

我们认为，对网络信息计量学的研究对象应从广义上理解。这里所讲的"网络"，不仅是指因特网，而且也包括局域网等各种类型的网络。网上信息的计量对象主要涉及 3 个层次或组成部分：①网上信息本身的直接计量问题，既包括数字信息或文字信息，又涉及集文字、图像和声音为一体的多媒体信息等，如以字节为单位的信息量和流量的计量等；②网上文献、文献信息及其相关特征信息的计量问题，如网上电子期刊、论文、图书、报告等各种类型的文献，以及文献的分布结构、学科主题、关键词、著者信息、出版信息等的计量，既涉及一次文献，又包括二次、三次文献的计量问题；③网络结构单元的信息计量问题，如网络站点的文献信息增长、学科分布、信息传递以及站点之间的相互引证和联系等的计量问题。由此可见，网络信息计量学涉及范围很广，内容非常丰富。

与文献计量学和信息计量学相类似，网络信息计量学的内容体系是由它的理论、方法和应用三个部分组成的，其理论是基础，方法是手段，应用是目的，三者相辅相成，不可偏废。在理论方面，主要研究网络信息计量学作为一门学科存在而必须解决的基本问题，研究网络信息计量的新概念、新指标和新规律，包括网上信息分布的集中与离散规律、著者规律、词频规律增长和老化规律、引证规律、多媒体信息规律以及这些规律的理论解释和数学模型的研究等；在方法方面，主要研究文献信息统计分析法、数学模型分析法、引文分析法、书目分析法、系统分析法等各种定量方法在网络信息计量分析中应用的原理、适用性和操作程序及必要的修正、改进和完善等；在应用方面，主要研究网络信息计量学在图书情报工作、信息资源管理、网络管理、科学学、科学评价、科技管理与预测等多学科、多行业领域的应用，使之最大限度地发挥作用，为促进我国科技、经济和社会发展作出应有的贡献。

1.2 信息计量学的概念和内容体系

1.2.1 信息计量学的研究目的和意义

信息计量学研究的基本目的，就是要引进量的概念和定量分析方法，进一步揭示信息单元（包括文献、数据、实物、消息、事件等）的体系结构和数量变化规律，从理论上提高情报学及信息管理学科的科学性和精确性，促使这些学科向定量阶段发展。同时，为改善情报信息系统提供定量依据，达到高效能的科学管理，使信息交流系统经常处于最佳运行状态，提供最优化的信息服务，以便更好地解决信息服务工作中的基本矛盾，克服“信息危机”，使信息管理工作更有效地为科学技术、经济和社会发展服务。

总的来说，信息计量学研究的最大意义在于：从理论上继续总结各种经验定律，使经验层次上的信息（情报）“工作”上升到理论层次上的信息（情报）“科学”，从而充实其理论的广度和深度，同时将各种经验定律在新的信息单元条件下进行检验和修正，探讨它新的适用性，从而大大提高情报学的科学性，同时又能为实际工作提供理论指导。

理论的意义全在于应用。信息计量学的理论和方法在不同领域的应用主要有以下一些方面：

（1）促进和深化情报学理论研究方面的应用。信息计量学在情报工作的基础上，可以阐明搜集、整理、分析和利用信息的原理和方法，为信息管理的科学化、规范化创造条件，大大提高情报学基础理论研究的科学性。

（2）图书馆管理中的应用。在图书馆工作中，利用信息计量学方法可以确定重点期刊和图书资料利用率，为合理采购和贮藏图书资料提供科学依据；确定文献保存年限，优化馆藏；评价书目、文摘、索引的完整性，编制检索语言，改善二次文献服务；核计书刊资源的流通量和拒借率，选择最佳复本数，合理布局书库；确定文献订购量与复制量的经济比例，合理分配资金；通过书刊流通率的统计分析，可以了解读者阅读倾向和获取情报资源的习惯，以便有针对性地为读者提供情报服务。

（3）在信息分析和预测中的应用。利用信息计量学的基本原理和方法，加工、整理及实际调查统计所得的资料，从而可以分析和估测某一学科或技术领域的衍生及发展趋势。例如，根据某个学科的成长与相关文献的数量、内容构成和相互引用的关系，可以估测某一学科的产生、发展、分化和相互渗透等动向。在此基础上，则可获得学科综述或专题调研等情报信息研究成果。测定学科的特性和信息源的学科分布。通过文献统计分析，可以测定有关某一学科的文献分布，从而了解该学科的性质，通过文献引用频率的分析研究还可测定某一学科的影响和某一国家某些学科的重要性，根据文献老化速度则可确定学科的发展速度，为科技管理提供有力依据。另外可利用信息计量学方法来研究科学发展史，主要是从引文的年代分布（历史图）和引文间的网状关系来进行分析和研究的。

（4）信息检索方面的应用。在情报工作中，利用信息计量方法能阐明信息单元的特性，诸如信息单元的增长率、老化系数、价值寿命和分散规律等，据此可以合理确定自动检索中回溯检索的期刊，资料报废期限，累积索引期刊，测定信息的价值和利用率；在科学研究中，通过信息计量分析，可以帮助科技人员获得大量的信息源，了解文献的背景价值，查明文献引用与被引用的行为，掌握科学技术的发展动态与方向，确定与选择科研课题；测定研究课题的吸引力和某种选题的准确性；测定某一研究人员的研究成果和某种研究方法的效果等；另外利用同被引分析技术，使同被引强度较大的引文进行聚类，有效地提高检索的查准率和查全率。

（5）在科学评价方面的应用。利用信息计量数据，可以评价科学论文和科研成果的质量，度量科学研究的效率和对科学研究进行评价，研究科学家的分布，评价作者名望，还可以为科研计划的制订和进行科研管理提供重要依据等。另外科学评价人才是当前至关重要的社会课题。评价科学人才的客观指标应依据科学成果，而科学成果一般是通过研究论文表现出来的。所以，信息计量数据对人才学研究具有重要意义。在以上评价的基础上，进行大学评价和科研评价是十分可行的，也是非常有现实意义的。

（6）在其他社会学科中的应用。如在历史学、社会学，经济学等领域中的应用。

1.2.2 信息计量学的研究对象

信息计量学的研究对象过去一直被笼统地包括在文献计量学和科学计量学的文献范畴内。20 世纪 90 年代中期，巴克兰（Buckland）对信息概念作了较全面的解释，他认为信息有三种含义：即包括信息作为过程（过程信息）、信息作为知识（知识信息）、信息作为事物（事物信息）。信息作为事物（thing）即事物信息包括数据（Data）、文本（Text）、文献（Documents）、实物（Object）、事件（Events）。根据这种解释，信息计量学的研究对象显然比文献计量学和科学计量学的研究对象都大得多。信息计量学的研究对象目前主要是各种事物信息的数量方面。其内容包括消息

(Message)、数据、事件、实物、文本和文献等，其中既有正式交流的事物信息，也有非正式交流的事物信息。当然，从广义的信息计量学来看，它还包括过程信息和知识信息的数量方面，信息科学家塔格·萨克利夫（Tagne Sutcliffe）就认为，原来部分地被包括在信息论中的信息的定义和测度也属于信息计量学的研究内容，由此可见，信息计量的研究对象是非常广泛。

1.2.3 信息计量学的概念

当纳克提出“情报计量学”概念时，其目的是试图用以概括数学在情报学所有领域的应用。后来，情报（信息）计量学被定义为：采用定量方法来描述和研究情报（信息）的现象、过程和规律的一门学科。它是数学和统计学与情报学广泛结合而形成的情报学的一个新兴的定量性分支学科。

邱均平曾经提出：信息计量学应分为“广义信息计量学”与“狭义信息计量学”。前者主要探讨以广义信息论为基础的广义信息的计量问题，其范围非常广泛。大家知道，信息与物质、能量构成客观世界的3个基本要素。信息是物质的普遍属性，是一个系统，通过感觉器官与外界交换的一切内容，它能够减少或消除系统的不确定性。正如1948年申农在《通信的数学理论》中所指出的，一个系统所接收的“信息是能够用来消除不确定性的东西”。所以，信息是可以度量（计量）的。如同物质、能量的度量一样，信息的计量关键在于对计量原理和方法的认识以及相应的计量标准的确定。目前，信息学界一般都是以系统不确定性的变化程度来度量信息。美国的申农、维纳、弗希尔3位数学家几乎同时提出了单位信息量的基本思想，并得出了几乎一致的结论。维纳在1948年发表的《控制论》和1950年的《人当作人来使用》的著作中，进一步拓宽了信息的概念，提出了信息量的定义和计算公式。弗希尔则从古典统计理论的角度研究了信息量度问题。申农在1948发表的著名论文《通信的数学理论》和1949年的论文《噪声中的通信》中，集中阐述了他的研究成果。他把各类信息系统中的不同信号的共同特征抽象出来，略去其具体内容，当作抽象的随机事件处理，单纯从量的角度来描述信息，在语法和传输上进行定量研究，建立了统一的通信理论，解决了同一信息可用不同的信道传输或不同的信息可用同一信道传输的问题；并且提出了信息量的数学公式，定义信息量等于被消除的不确定性的数量，从而创立了作为一门独立学科的信息论。

一般认为，信息论（Information Theory）是采用数理统计方法来研究信息的度量、传输和变换规律的一门学科。由于申农信息论主要是关于统计信息的，也主要是在通信领域中形成和发展起来的。所以，对于广义信息计量学来说，它不可避免地存在着一定的局限性，主要是未能解决信息的语义、效用和模糊性问题。但可喜的是，随着信息技术的快速发展和信息领域研究的不断深入，使得信息论的研究出现了回归为信息的量和质、语法和语义、传输和使用相统一的发展趋势。例如，1964 年卡尔纳普提出了语义信息问题；查德于 1965 年发表的论文《模糊集合》和 1968 年的《通信：模糊算法》，提出模糊数学可以用于信息处理，在模糊集合的基础上建立的信息论可以直接反映信息的语义等；1968 年，贝里斯和高艾斯在统一考虑信息的量和质（即信息的效用性）基础上，首先提出了对信息的量和质进行统一量度的问题；1978 年，夏尔马又把“量-质”统一量度信息推广为“广义有效信息”，等等。所有这些研究及进展，都有助于克服申农信息论（狭义信息论）的局限，从而导致并推动广义信息论的形成和发展；毫无疑问，广义信息论的研究成果及进展，又会为广义信息计量学提供必要的理论支持和具体的计量方法，从而促进广义信息计量学的不断发展。

所谓“狭义信息计量学”就是我们通常讲的“信息计量学（或情报计量学）”，主要是研究情报信息（或文献情报）的计量问题。它的主要内容是应用数学、统计学等定量方法来分析和处理信息过程中的种种矛盾；从定量的角度分析和研究信息的动态特性，并找出其中的内在规律。

在信息计量学中，为了定量地描述情报信息的现象、过程和规律，必须建立一整套具有“量”的规定性的科学概念，确立统一的“信息量”测度指标和单位，寻找新的适合情报信息特征的计量化途径和有效方法。在这方面，我们的研究进展不大。据目前见到的报道来看，国外学术界也还没有解决这一关键问题，仍然只能采用物理层次的文献计量，或基于文献内容的文献信息计量和语法层次上的信息计量的办法来间接地量度，这必然会带来某些误差。而情报信息计量问题的最终解决还有赖于广义信息论和信息技术的研究成果的突破，还需要国内外情报界学者的长期而艰苦的共同努力。

1.2.4 信息计量学的内容体系

这里主要从“狭义信息计量学”角度展开，其内容体系一般由理论、方法和应用三个部分构成。具体地说，其内容体系主要包括以下七个方面：

（1）信息计量学若干基本问题的探讨，包括信息概念的数学描述，学科研究的对象、内容、范围与相关学科的关系以及学科的形成和发展等。

（2）信息的基本测度，建立“信息量”等一整套测度指标，确定信息计量的准绳；关于比特、知识单元、信息熵、信息场、信息势等计量概念的讨论。

(3) 几个基本定律的研究，包括布拉德福定律、齐普夫定律、洛特卡定律等。

(4) 信息流模型的研究，如文献增长、老化、离散、引文分布等模型的建立与评价。

(5) 信息计量化方法的探讨，如等级排序方法、对数透视原理及方法以及模糊数学、信息论、集合论等的应用，情报利用和效益的定量评价等。

(6) 信息计量方法和工具的自动化实现方面的研究，如聚类，相关分析，引文数据库，计量信息管理系统以及词频统计等的计算机实现问题。

(7) 在图书情报工作、信息资源管理、信息检索、信息分析与预测、科学学与科学评价等领域的应用。

1.3 信息计量的工具和方法

1.3.1 信息计量的数据来源

信息计量的数据来源随着时代的变化也有所变化，这里介绍的数据来源包括传统的“十大信息（情报）源”和近几年发展起来的光盘数据和网络数据等新型数据来源。

(1) 科技图书：是对某专门知识或某学科进行系统的论述或概括的一种情报来源。科技图书包括专著、论文集、教科书、百科全书以及字典、词典和手册等。一般说，科技图书的出版周期较长，对新成就、新观点、新技术等的介绍，不如科技期刊来得快。

(2) 科技期刊（periodical）：又称连续性出版物（serials），是一种定期或不定期连续出版的文献载体，它一般有同样的名称，按一定时间编定卷号，每一卷又分若干期。科技期刊出版周期短，因而发表论文速度快；科技期刊种类多，因而能反映各个领域的成果和水平。查阅科技期刊，对于了解第一手资料、掌握进展情况、开阔思路最有参考价值。其类型有：①学术性、技术性刊物，是科技期刊的核心部分。刊名一般为：acta（学报）、journals（杂志）、annuals（纪事）、bulletin（通报）、transactions（汇刊）、proceedings（会刊）、review（评论）、progress/advances in ...（进展）等。②快报型。communication（通讯）、letters（通讯）、bulletin 等。③消息性（newsy journals）。news（新闻）、news letters 等。④资料性（data journals）。

data、event 等。

（3）科技报告：报道（记录）研究和开发调查工作的成果或进展情况的一种文献类型，一般都编有号码以供识别。常用的报告名称有：按报告的形式可分为：report（报告书），technical notes（技术札记），memorandum（备忘录），papers（论文），bulletin（通报），technical translations（技术译丛），special publications（特种出版物）。按研究的进展情况分：primary report（初步报告），progress report（进展报告），interim report（期中（临时）报告），final report（最终报告）。国际上比较著名的科技报告如美国的AD（国防部 ASTIA Document）报告、NASA 报告、PB 报告。

（4）会议文献：是指学术会议文献，它往往反映出科学技术的发展趋势，其特点是与最新成果的间隔时间短，但其内容与期刊相比可能不太成熟。会议类型大致可分为国际会议、全国性会议及地区会议等。会议和会议文献常用的主要名称有 conference（大会）、meeting（小型会议）、symposium（讨论会）、proceeding（会议录）、paper（单篇论文）、transaction（汇报）等。如美国冷泉港定量生物学讨论会（Cold Spring Harbor Symposia on Quantitative Biology）会议录、欧洲生化学会联合会（Federation of European Biochemical Society，FEBS）专题会议录等。

（5）专利文献：在实行专利制度的国家，凡是本国或外国的个人和企业有了创造发明，都可以根据专利法的规定，向本国或外国专利局提出申请，经审查合格，批准授予在一定年限内享有创造发明成果的权利，并在法律上受到保护，这样一种受到法律保护的技术专有权利叫做专利。专利是与产业活动密切相关的，因而其实用性非常强。根据专利的技术水平和应用情况，其类型有 invention（发明）、utility patent（实用新型）和 design patent（外观设计）等。

（6）标准文献：经过公认权威当局批准的标准化工作成果，可以采用文件形式或规定基本单位（物理常数）这两种形式固定下来，以文件形式出现的标准化工作成果，就是标准文献。标准化主要包括三个方面：①产品标准化，即产品质量要符合技术规定；②产品规格化和系列化，即产品按型号大小来分档，成系列的发展，从而保证以较少的品种来满足广泛的要求；③零部件通用化，即同类机型零部件，特别是易损件要做到最大限度的通用互换性。

（7）学位论文：是高等学校毕业生在评定学士、硕士、博士等学位时提出的论文。因为它是经过一定审查的原始研究成果，一般都带有独创性和学术性，所以也有一定的参考价值。学位论文一般不单独出版，质量比较高的论文，多发表在有关专业的期刊上。

(8) 产品资料：一般是指产品样本，即产品说明书。好的产品说明书含有丰富的内容，包括产品规格、产品特点、产品专利号等多种对生产有用的信息。

(9) 技术档案：是指在生产建设中和科技部门的技术活动中形成的，有一定的工程对象的技术文件的总称。

(10) 科技报纸：在报纸上刊载的科技文献，主要是指关于科技方面的新闻报道。由于报纸报道及时、包含的信息量大，所以，它可使我们及时得到一些重要的科技信息。同时，报纸上的有关科技专栏，也是我们了解国内外科技动态和科技珍闻的一个窗口。

(11) 光盘数据：光盘存储的数据量大，数据组织有序，现在不少引文索引数据库都有光盘版，比如国内《中国科学引文索引》(*CSCI*)、《中国科技论文与引文数据库》(*CSTPC*) 和《中文社会科学引文索引》(*CSSCI*)，另外国外的 *SCI-E*，*EI* 等大型数据库都有光盘数据库。这些光盘数据对于我们进行信息检索和科研评价等都有重要的意义。

(12) 网络数据：随着网络的发展，越来越多的数据存放在互联网上，这些数据更新及时，查询非常方便，诸如 Alta Vista，Google 等各种搜索引擎更是为网络数据提供了强有力的工具。按网络数据内容的表现形式可以分为数字型、文本型、声音型、图像和图形型、综合多媒体型。另外现在我们利用的清华大学的中国学术期刊网，万方数据期刊网，维普期刊网等，以及 *CSSCI*，*CSTPC*，*SCI* 等都提供网络版服务，为我们进行计量和评价提供着强有力的数据保障。

1.3.2 信息计量的工具和应用软件

信息计量的工具主要是国内外的各个索引工具，应用软件主要是数学和统计学应用方面的软件，现将它们一一进行简要介绍，以便引起大家的关注，并在以后的科学研究中充分利用它们。

(1) 信息计量工具

① *SCI* 即科学引文索引（*Science Citation Index*）

由美国科学信息研究所（Institute for Scientific Information，简称 ISI）创建的，收录文献的作者、题目、源期刊、摘要、关键词，不仅可以从文献引证的角度评估文章的学术价值，还可以迅速方便地组建研究课题的参考文献网络。*SCI* 创刊于 1961 年，经过 40 多年的发展完善，已从开始时单一的印刷型发展成为功能强大的电子化、集成化、网络化的大型多学科、综合性检索系统。*SCI* 从来源期刊数量划分为 *SCI* 和 *SCI-E*（Science Citation Index Expanded）。*SCI* 指来源刊为 3 800 多种的 *SCI* 印刷版和 *SCI* 光盘版（*SCI* Compact Disc Edition，简称 *SCI CDE*），*SCI-E* 是 *SCI* 的扩展库，收录了6 000多种来源期刊，可通过国际联机或因特网进行检索。*SCI* 涵盖学科超过 150 个，主要涉及农业、生物及环境科学，工程技术及应用科学，医学与生命科学，物理及化学，行为科学。

② *SSCI* 即社会科学引文索引（*Social Sciences Citation Index*）

为 SCI 的姊妹篇，亦由美国科学信息研究所创建，是目前世界上可以用来对不同国家和地区的社会科学论文的数量进行统计分析的大型检索工具。2004 年 *SSCI* 全文收录1 700余种世界最重要的社会科学期刊，内容覆盖人类学、法律、经济、历史、地理、心理学等 55 个领域。收录文献类型包括：研究论文，书评，专题讨论，社论，人物自传，书信等。

③ *A&HCI* 即艺术与人文引文索引（*Arts & Humanities Citation Index*）

同样是美国科学信息研究所建立的综合性艺术与人文类文献数据库，包括语言、文学、哲学、亚洲研究、历史、艺术等内容。收录1 100多种国际权威的期刊。

④ *ESI* 即基本科学指标数据库（*Essential Science Indicators*）

它是由美国科学信息研究所 2001 年推出的衡量科学研究绩效、跟踪科学发展趋势的基本分析评价工具，是基于 ISI 的 *SCI*、*SSCI* 以及 *A&HCI* 所收录的全球 8 500 多种学术期刊的 1 000 多万条文献记录而建立的计量分析数据库。它通过 ISI Web of Science 提供服务，是 ISI 网络集成服务平台的一个重要组成部分。*ESI* 从引文分析的角度，针对 22 个专业领域，分别对国家、研究机构、期刊、论文以及科学家进行统计分析和排序，主要指标包括：论文收录数、论文被引频次、论文篇均被引频次。用户可以从该数据库中了解在一定排名范围内的科学家、研究机构（大学）、国家（城市）和学术期刊在某一学科领域的发展和影响力，确定关键的科学发现，评估研究绩效，掌握科学发展的趋势和动向。通过 *ESI* 可以系统地、有针对性地分析国际学术文献。作为 ISI Web of Knowledge 的一部分，*ESI* 为科学研究者提供了一种动态的、综合的、基于网络的研究分析环境。

⑤ *EI* 即工程索引（*Engineering Index*）

创办于 1884 年，是美国工程信息公司出版的著名工程技术类综合性检索工具。*EI* 选用世界上工程技术类期刊 2 000 余种。收录文献几乎涉及工程技术各个领域。例如：动力、电工、电子、自动控制、矿冶、金属工艺、机械制造、土建、水利等。它具有综合性强、资料来源广、地理覆盖面广、报道量大、报道质量高、权威性强等特点。主要涉及3 500多种科技期刊和1 000多种世界范围内的会议录、论文集、学术专题报告、科技图书、年鉴和标准等出版物，年报道量50万篇。出版物形式有：网络版（*EI* compendex Web）、光盘版（*EI* Compendex）、缩微胶卷（*EI* Microfilm）、磁带（*EI* Compendex）和印刷版（包括年刊和月刊）。

⑥ *ISTP* 即科技会议录索引（*Index to Scientific & Technical Proceedings*）

创办于1978年，由美国科学情报学会编辑出版，会议录收录生命科学、物理与化学科学、农业、生物和环境科学、工程技术和应用科学等学科，其中工程技术与应用科学类文献约占35%。

⑦ *CCSI* 即中国科学引文索引（*China Science Citation Index*）

是由我国中科院文献信息中心研制。收录了国内出版的669种最主要的科技期刊，内容涉及数、理、化、天、地、生、农、医及工程技术领域，年报道文献量约71万篇，涉及的中国引文量约222万条。目前出版形式包括印刷版和光盘版。

⑧ *CSTPC* 即中国科技论文与引文数据库（*Chinese Science and Technology Paper and Citation Database*）

由中国科技信息研究所研制，收录中国1 600多种科技核心期刊，专业涉及自然科学领域的各个学科。该数据库集文献检索与论文统计分析于一体。主要功能有：查找国内发表的重要科技论文；了解历年来中国科技论文统计分析与排序结果，了解各个地区、部门、单位、作者以及各个学科及基金资助论文发表的详细情况。

⑨ *CSSCI* 即中文社会科学引文索引数据库（*Chinese Social Science Citation Index*）

由南京大学和香港科技大学研制，*CSSCI* 提供了大量数据，包含了社会科学领域的各个学科，通过统计分析子系统可以得到：作者发文情况统计，机构发文情况统计，地区发文情况统计，发文的学科分布统计，图书、期刊的被引统计，出版社被引统计，作者被引统计，论文被引统计等。每一种统计均可按学科分别进行。

⑩ 中国期刊全文数据库及其引证报告

它是目前世界上最大的连续动态更新的中国期刊全文数据库，积累全文文献800万篇，题录1 500余万条，分九大专辑，126个专题文献数据库。收录国内公开出版的6 100种核心期刊与专业特色期刊的全文。覆盖范围为理工A（数理化天地生）、理工B（化学化工能源与材料）、理工C（工业技术）、农业、医药卫生、文史哲、经济政治与法律、教育与社会科学、电子技术与信息科学。

（2）信息计量的应用软件

① MATLAB（Matrix Laboratory）

这是 Mathworks 公司开发的一种集计算、图形可视化和编辑功能于一体的功能强大、操作简便、易于扩充的软件，是目前国际上公认的优秀的数学应用软件之一。MATLAB 系统的强大功能是由其核心内容（语言系统、开发环境、图形系统、数学函数库、应用程序接口等）和辅助工具箱（符号计算、图像处理、优化、统计和控制等工具箱）两大部分构成。我们现在所使用的是较新的 MATLAB6 版本。

② SAS（Statistical Analysis System）

中文译名为统计分析系统，最初由美国北卡罗来纳州立大学两名研究生开始研制，1976 年创立 SAS 公司。SAS 系统具有十分完备的数据访问、数据管理、数据分析功能。在国际上，SAS 被誉为数据统计分析的标准软件。SAS 系统是一个模块组合式结构的软件系统，共有 30 多个功能模块。SAS 是用汇编语言编写而成的，通常使用 SAS 需要编写程序，比较适合统计专业人员使用，而对于非统计专业人员学习 SAS 比较困难。SAS 最新版为 9.2 版。

③ SPSS（Statistical Package for the Social Science）

中文译名为社会科学应用软件包，是世界上著名的统计分析软件之一。它和 SAS（Statistical Analysis System，统计分析系统）、BMDP（Biomedical Programs，生物医学程序）并称为国际上最有影响的三大统计软件。SPSS 名为社会学统计软件包，这是为了强调其社会科学应用的一面（因为社会科学研究中的许多现象都是随机的，要使用统计学和概率论的定理来进行研究），而实际上它在社会科学、自然科学的各个领域都能发挥巨大作用，并已经应用于经济学、生物学、教育学、心理学、医学以及体育、工业、农业、林业、商业和金融等各个领域。它具有完整的数据输入、编辑、统计分析、报表、图形制作等功能。自带 11 种类型 136 个函数。SPSS 提供了从简单的统计描述到复杂的多因素统计分析方法，比如数据的探索性分析、统计描述、列联表分析、二维相关、秩相关、偏相关、方差分析、非参数检验、多元回归、生存分析、协方差分析、判别分析、因子分析、聚类分析、非线性回归、Logistic 回归等。与 SAS 比较，SPSS 则是非统计学专业人士的首选。SPSS 最新版为 13.0 版。

1.3.3 信息计量的方法体系

信息计量的方法体系主要由统计分析法、数学模型分析法、引文分析法、词频分析法、共现分析法、聚类分析法和计算机辅助信息计量分析法等方法组成。

（1）统计分析法

这里所指的统计分析法包括两个部分，一是信息计量的一些专业统计术语。比如馆藏量、流通量、引文量、时差系数和词频分析等；二是指数理统计。主要包括随机样本、抽样分布、参数估计、假设检验、回归分析、方差分析和聚类分析等。概括起来，数理统计的研究主要是两个方面：一是研究如何从总体中抽出样本，抽多少，怎样抽的问题，即抽样方法问题；二是研究如何对抽样的结果（样本数据）进行合理的分析，作出科学的推断，即统计推断问题。数理统计在一定程度上是由于人们无法对付过多的数据而产生和发展起来的。适用于处理随机性的统计对象。具体内容将在第 8 章中介绍。

（2）数学模型分析法

由于信息计量学具有定量学科的性质和担负着定量分析的任务，因此数学模型方法是信息计量学的最基本的重要方法之一，也是一种常用的有效的分析研究方法。数学模型是用某种数学语言描述系统的结构和行为而构造出来的，它除了从宏观的角度模拟出系统的结构和运动规律外，主要是从微观上、从量的方面描述出系统的结构，联系以及运动规律。因此，数学模型具有更为精细和准确等特点。数学模型按照不同的划分标准和方法可以划分为不同类型，比如按照表达的形式可划分为 3 类：①解析式和图像模型。②方程组模型。③图表模型。建立数学模型的步骤基本为以下 6 步：①确定目标；②搜集原始数据；③建立理论模型；④确定参数；⑤验证理论模型；⑥预测和决策。具体内容将在第 9 章中介绍。

（3）引文分析法

所谓引文分析（Citation Analysis），就是利用各种数学及统计学的方法和比较、归纳、抽象、概括等逻辑方法，对科学期刊、论文、著者等各种分析对象的引证与被引证现象进行分析，以揭示其数量特征和内在规律的一种文献计量分析方法。几十年来，随着引文分析的广泛应用，其技术方法不断丰富，逐渐完善。从目前情况来看，引文分析大致有 3 种基本类型：①从引文数量上进行研究；②从引文间的网状关系或链状关系进行研究（如共现分析）；③从引文反映出的主题相关性方面进行研究。当然若从引文的其他不同特征出发，还可派生出许多类型的引文分析。例如，从引文的语种、国别、年代、作者等进行的引文分析。引文分析作为信息计量学自身独特的方法，得到了很大的关注，应用也越来越广泛，尤其在信息检索和信息预测等方面有着广阔的前途。具体内容将在第 10 章中介绍。

（4）计算机辅助信息计量分析法

随着计算机的日益普及和信息技术的推广应用，我国信息计量学的研究手段逐步从手工统计分析向计算机辅助的统计分析过渡，出现了明显的自动化趋势。20 世纪 90 年代以来，对计算机辅助的信息计量分析的研究不断增加，取得了不少成果，其应用也越来越广泛。计算机辅助信息计量研究在理论分析的基础上，着重进行了计算机辅助信息计量软件的设计与开发工作，实现了套录资料重组建库以及多种资料统计分析功能；计算机辅助计量分析方法的建立和成熟，标志着我国信息计量研究的方法体系已基本形成，并日趋完善。特别是我国科技论文与引文数据库、中国科学引文数据库、中文社会科学引文索引数据库等一批数据库光盘或网络版的研究成功和出版发行，为文献信息的自动化统计和分析提供了必要的工具和条件，必将大大促进自动化趋势的进一步加强。具体内容将在第 11 章中介绍。

1.4　信息计量学与相关学科

1.4.1　信息计量学的相关学科

科学学的研究表明：科学具有统一性。按照科学的统一性原则，科学领域里的每一个学科都或多或少、或远或近地与其他学科相关联。科学发展到现代，这种学科之间的彼此联系、交叉和渗透更为深化和普遍。

信息计量学与其他许多学科有着一定的联系。首先，从其学科性质来看，它是介于文献学、情报学和图书馆学之间的一个新兴的边缘学科。其次，从影响信息计量过程的因素来看，既有科学技术等客观因素，也有社会的、心理的等许多人为控制的主观因素，因此信息计量学本身既联系着自然科学又涉及社会科学。一方面它需要利用其他学科的知识、成果和方法来促进自身的发展；另一方面，其他一些学科也需要应用信息计量学的某些理论和方法。这样，就使得信息计量学和其他学科的联系日益密切和深入。在信息计量学的相关学科中，关系较为密切的有：图书馆学、文献学、情报学、数学、统计学、文献计量学、科学计量学、计算机科学以及科学学、预测学、科技管理学、科学评价学等。

1.4.2　信息计量学与数学和统计学

信息计量学与数学有着极为密切的亲缘关系。首先，从产生过程来看，信息计量学是数学方法应用于信息情报研究领域相结合而形成和发展起来的。在现代科学时期，由于科学研究定量化趋势的影响，文献学情报学愈来愈多地采用数学方法来研究和解决问题。据 O. Nacke 对 589 篇论文的统计，现有 22 个数学分支在 45 个信息情报工作领域得到了应用。表 1-2 列出了信息计量学所涉及的数学和情报学领域。此表说明，情报学所涉及的数学领域是相当广泛的，几乎在信息情报工作的各个方面都可程度不同地应用数学方法。而数学与文献学情报学的这种广泛交叉与结合，正是信息计量学产生的基础和条件。

表 1-2　**文献计量学所涉及的数学和情报学领域**

数学	统计学	积分学
	分析统计	微分方程
	试验统计	向量分析
	多元统计	矩阵论
	测度论	图论
	组合论	线性规则
	概率论	聚类分析
	集合论和数理逻辑	排队论
	信息论	对策论
	代数	模拟方法
	微分学	模糊数学
情报学	情报学概论	上架或入档
	情报概念	情报检索
	情报流	查找
	情报渠道	出借
	情报加工	复制
	情报传递	翻译
	工作对象	印刷出版
	一般文献	工作规划
	期刊	系统设计
	专集	空间设计
	工作系统	财务计划
	图书馆	管理方法
	文献馆	成本效益分析
	情报系统	质量分析

续表

情报学	工作过程 　登记 　选留 　复本处理 　分类 　给号 　入藏 工作手段 　索引 　目录 　分类法 　检索词典 加工或流通 　编目	缺点分析 测定值 　相似度 　相关度 　老化度 　文献增长率 　图书损失指数 　情报需求指数 分析方法 　文献计量法 　科学计量法 　引文分析法 　参考文献分析法

其次，从研究内容和研究方法来看，信息计量学离不开数学工具。就内容来说，它要研究信息及其载体的各因素之间的数量关系和定量规律。很显然，进行这方面的研究必须依靠数学工具。就方法而言，信息计量学研究的最显著特征是定量分析，而数学正是定量分析的最强有力的工具。同时，现代数学的发展，特别是模糊数学、随机数学等新兴分支学科的出现，为数学在信息情报领域里的应用提供了切实的可能性。目前，国际上信息计量学发展的主要趋势之一，就是利用并结合数学使自身不断向深度和广度发展，数学方法的应用程度已成为衡量信息计量学发展水平的重要标志。可以说，没有数学在信息情报领域里的应用就不会有信息计量学的诞生，而信息计量学的兴起和发展又为数学提供了新的用武之地，并以其特有的研究材料和成果丰富着数学知识的宝库。

1.4.3 信息计量学与文献计量学

从信息计量学的概念和内容体系来看，信息计量学与文献计量学彼此交叉渗透，既有着许多共同的研究内容，又有着不尽相同的地方。

首先，信息计量学着眼于“信息”本身的计量问题，文献计量学主要以作为情报载体的“文献”为计量对象（有时也涉及文献情报）。英国情报学家布鲁克斯根据波普尔的“世界Ⅲ”理论，认为纯粹的科技文献属于“世界Ⅰ”——客观物理世界；而科技知识则属于“世界Ⅲ”——客观知识世界。文献以篇、册、本等为计量单位，这些显然是物理量，属于世界Ⅰ；

而文献所含的知识、信息是精神产品，则属于世界Ⅲ。但由于文献与所含的信息是紧密联系的，不可分割的，其间也存在着一定的数量关系；又由于后者（信息）的计量还没有找到适当的标准和方法，所以人们常常简单地用前者（文献）代之。例如，目前对知识增长规律的定量研究；对情报检索系统效率的评价等都是以文献量来测度的。

其次，信息计量学较之文献计量学来说，其研究范围更广泛一些。因为除了文献信息之外，还存在着其他形式的信息，如在情报领域出现的“零次信息”概念，即是指无载体的或处于非正式交流过程中的信息。但毫无疑问，文献信息是整个科学情报的主体。如果我们对文献信息的计量化问题研究得比较透彻，摸到一些路子，探明一些规律，那么将给整个广义信息的计量化研究打下良好的基础。因此，文献计量学研究的进展，也是对信息计量学的贡献和促进。

再次，从任务和方法上来看，信息计量学研究的任务更为艰巨，更难找到恰当的定量方法及途径。这是因为信息这种社会现象，涉及人类的认识和判断过程，与人类个体的选择行为及个性密切相关，更多地受到人为控制因素的影响，具有明显的主观性、模糊性，因而其定量研究更加困难，使得物理世界普遍采用的一些数学工具和方法显得无能为力，必须重新寻找适合信息特征的新的计量化方法和途径。目前，信息的计量化还没有找到一种非常完善的方法和途径，有一些问题还未涉及或并未解决。

在信息计量学中，为了定量地描述信息过程和规律，必须建立一整套具有“量”的规定性的科学概念，寻找新的计量化方法和有效途径，其研究范围也应扩展到文献信息之外的广大领域。这样，信息计量学才能逐步发展成为一门完整的定量的学科。但是，正如英国情报学家汉松（C. W. Hanson）所指出：“科学情报对许多人来说是文献的同义语。”① 而且，从信息计量学目前的研究内容和成果来看，很大一部分仍然可用“文献计量学”这个术语来概括。

但是，情报学的定量化是学科发展的必然趋势。我们必须知难而进，大胆探索，努力促进信息计量学的发展。

1.4.4 信息计量学与科学计量学

“科学计量学”（Scientometrics）是科学学的一个新的专业领域，是非常

① 刘廷元．文献计量学、科学计量学和信息计量学的联系与区别．图书与情报，1994（1）：19

活跃和很有前途的重要分支学科之一。这一学科术语最早是由前苏联著名科学学家弗·纳里莫夫等人于 1969 年正式提出来的，其俄文是“наукометрия”，并将其定义为：应用定量方法研究科学学的一门学科。或者说，它是“用以研究科学发展过程的各种定量方法的总和”。

信息计量学与科学计量学既有联系又有区别。从研究目的来看，科学计量学主要是从定量的角度来探讨科学发展的内在规律，最终促进科学技术的进步。而信息计量学的研究目的也在于：一是探明科学文献本身的规律，以提高信息管理的科学性；二是通过信息规律的探讨，进而揭示科学技术的规律性。可见，这两者都是要探讨科学活动之间的内在联系，都把科学发展的特性和规律作为自己研究的基本任务之一。

从研究对象和方法来看，两者极为类似。科学计量学研究的科学文献及其数量，也是信息计量学的研究对象之一。在方法上，两者都要运用数学和统计学的定量方法，对科学文献等信息进行定量的分析研究。在研究内容上，信息计量学与科学计量学在一个相当大的范围内是彼此交叉的。

但是，应当明确指出：信息计量学和科学计量学有着很大的区别的。首先，信息计量学的范围要比科学计量学的范围广很多。科学计量学仍然局限在科学文献及其数量和非正式科学交流的消息、事件、事实、实物等，而“狭义信息计量学”除了科学计量学的内容外还包括正式交流的事物信息，至于“广义信息计量学”则还包括作为过程的信息和作为知识的信息，从这点出发，则可以看出信息计量学的研究范围比科学计量学大许多。其次，它们的研究目的是不一样的。信息计量学研究的目的是“服务信息科学的研究需求”，而科学计量学研究的目的是“研究并验证科学的产生、传播和利用的量的规律性”，由此可见，信息计量学和科学计量学的定位是不一样的，前者的目的广泛，而后者研究目的比较单一。最后，他们应用的领域也有所不同，信息计量学在文献、人才、学科、单位、数据（包括来自网络的）评价方面发挥了很大的作用，可以涉及的面非常广泛；而科学计量学在科学机制和科技政策的制定方面发挥了非常重要和独特的作用。

由以上分析，我们也可以看出科学计量学必然向信息计量学方向发展，这和它研究的内容和目的比较单一有关，信息计量学的研究目的和内容包含了科学计量学的研究目的和内容，所以这种发展趋势是必然的。

1.4.5 信息计量学与网络信息计量学

“网络信息计量学”（Webometrics 或者 cybermetrics）是在当前特定的科学背景和技术条件下迅速形成与发展起来的，主要是由网络技术、网络管理、信息资源管理与信息计量学等相互结合、交叉渗透而形成的一门交叉性边缘学科，也是信息计量学的一个新的发展方向和重要的研究领域。网络信息计量学（Webometrics）自1997年提出后，很快得到了国际学术界的响应和广泛使用，迅速掀起了有关网络信息计量学的研究热潮，并引起了社会各界的广泛关注。随着信息科学和信息技术的迅速发展以及互联网的普及应用，信息资源由早期的实物化、纸质化阶段进入到电子化、数字化和网络化阶段，网络信息交流活动迅速激增，原有的信息计量指标已不再适用于测度评估网络信息资源了，其结果就是导致了信息计量学进一步发展成为“互联网上的信息计量分析”（Webometrics）。近几年网络信息计量学的诞生，本质上说，乃是“科学计量学、文献计量学、情报计量学和技术计量学在新的信息网络时代经过革命改造的结果”。用比利时Egghe教授的话说，是“新的因特网虚拟世界对信息计量学分析提出了挑战”，并且开辟出了一个全新的时代，而迫使原先人们熟知的科学计量学和信息计量学的定律被称为“经典定律”，必须重新探索网络信息资源的分布规律及特征，这是一个复杂的、庞大的系统化工程，但是又是非常有现实意义的工作，需要及早投入到网络信息计量学这个崭新的研究领域中来。我们从以上看出，网络信息计量学和信息计量学的关系是继承和发展的关系，网络信息计量学是信息计量学为了适应网络环境而发展起来的一个新型分支学科。

1.4.6 信息计量学与科学评价学

进入20世纪90年代，科学评价不仅是科学系统自身关注的重要问题，而且成为政府和社会共同关注的重要问题。采取什么样的评价方法，如何建立一套比较完善的科学评价指标体系，如何形成科学、规范的科学评价制度，如何发展合格、独立的科学评价机构等问题日益成为各界研究的热点。我们认为，对科学评价应从狭义和广义两个层次来理解。从狭义上来看，科学评价是指以科学为对象的评价。从广义上看，科学评价是用科学的方法进行的评价，即评价的科学化。从目前实践情况来看，科学评价已经超出了针对自然科学和社会科学领域中某一具体学科进行的评价，扩展到包括大学评价、企业竞争力评价、期刊评价、信息资源评价、管理信息系统评价乃至网站评价在内的面向组织、产品、服务、行业和产业的广大领域。因此，我们在此讨论的是广义上的科学评价。目前其范围主要包括：①科学出版物评价：或称文献评价，包括论文、期刊、著作、专利等的评价；②机构评价：包括科研机构、大学的评价；③科研工作评价：包括科研工作评价（科学性、先进性、适用性）、科研项目评价、科研成果评价、投入产出比、科研效率等；④学科评价：包括学科发展的阶段、现状、水平、前景及学科结构与学科之间的相关度等。

从实践来看，科学评价中的各种方法已经形成了一个谱系，以“同行评议”为原型的定性评价和以信息计量学为核心的定量评价构成了该谱系的两极。信息计量学的理论原理和方法技术都被广泛应用于定量科学评价中，对科学评价起到了巨大的推动作用。而且，即使是“同行评议”和计量分析方法也从来都不是各自完全独立的，它们总是在一定程度上互相联系着的。

2 文献信息增长规律

2.1 文献信息流的特性及增长规律研究的意义

2.1.1 文献信息流的特性

在信息计量学中，通常把文献所含信息的汇流称为文献信息流。由于文献是信息的最基本的载体形式，文献信息流是具有一系列主题特征的科学文献的集合，所以有时将文献信息流简称为文献流。

文献信息流具有许多特性，归纳起来主要有两个方面：即文献信息流的静态特性和动态特性。在一定时间内科学文献在空间的分布性质，如集中-离散分布、文献按著者分布、词汇在文献中分布、引文分布、主题相关分布等的规律性，称为文献信息流的静态特性。

文献信息流的动态特性是指科学文献随时间的延续而增长和老化的性质。科学文献既增长又老化，在增长之中不断老化，在老化之中不断增长；增长是文献信息流的主要趋势。前苏联著名情报学家米哈依洛夫（А. И. Михайлов）指出："当前，已发表文章的增长、老化和离散规律，理所当然地被视为标志科学文献发展的最根本的规律。"①

科学文献增长（growth of scientific literature）主要是指数量而言，即随着时间的推延文献数量的增长情况（但研究中也涉及其过程）。在现代科学发展时期，对文献增长的基本估计是：科学文献大约以6%～8%的年率递

① 米哈依洛夫等著，徐新民等译．科学交流与情报学．北京：科技文献出版社，1980：184

增；每10年左右科学文献的数量就要翻一番；近20年来发表的文献，比历史上2000年的文献总和还要多。如美国《化学文摘》（*CA*）连续发表100万篇文摘所用的年数的不断缩短：

第一个100万篇32年（1907~1938），

第二个100万篇18年，

第三个100万篇8年，

第四个100万篇4.75年，

第五个100万篇3.3年……

现在，100万篇仅需2年左右时间。

这正是科学文献急剧增长的有力佐证。目前世界上出版的科学期刊约10万种；图书发行量近100万种，一年的文献出版量已达1 000万件以上。总之，科学文献的数量越来越大，呈现出激增的局面。而且，人类面临的这种“情报激增”还有加剧的趋势。

2.1.2 文献信息增长的影响及对策

科学文献迅速增长是一种客观的社会现象。它所带来的影响及其对策的确是一个值得探讨的重要课题。

（1）文献信息激增的影响

科学文献的急剧增长给人们带来许多烦恼，给文献的搜集、管理和利用以及科学研究的发展造成严重影响。由于科学文献与日俱增，使得各图书馆和情报机构深感书满为患、经费紧张、人力奇缺，要对馆藏文献进行妥善存储和科学管理非常困难，许多情报服务措施难以实施，直接影响情报工作的效率和情报事业的发展。同时，科技人员查阅文献的时间大大增加，光靠个人的精力已无法查全和读完所需的情报文献。今天，一个科学家即使夜以继日地阅读，也只能阅读其本专业文献的5%。因文献数量太大，科技人员终究难以查全和查准所需情报，而且阅读文献的语言障碍也增大了，给科学研究带来许多困难，造成很多科研工作的重复和浪费。据有关专家估计，我国一些科研部门的研究项目约40%与国外同行重复，是别人已经取得了的成果。这不仅造成极大浪费，而且严重影响了科研效率的提高和科学事业的发展。

由于上述原因所带来的损失是难以估量的。据前苏联情报学家的粗略估计：如能有效地利用科技情报，可平均节约科研经费60%，缩短科研时间2~3年。而“情报激增”使情报文献的利用率大大下降，造成的情报损失量竟达20%~80%。

（2）文献信息激增的对策

为了适应科学文献信息的激增局面，人们采取了以下两个方面的基本对策：

① 在理论上加强对文献规律的研究。科学文献数量的不断增长，是造成“情报激增”的主要原因。因此，积极开展文献增长规律、老化规律等方面的研究，以便从理论上探明其内在规律性，是克服情报危机的基本对策之一。这方面的研究能为科学文献管理的科学化、最佳化提供可靠的定量依据，以适当的理论来指导现阶段的科学文献工作，使之更加适应于文献激增的新形势。在新的认识基础上，有人还从文献质量概念的角度，提出抵制文献增长的对策。例如1980年8月，在丹麦哥本哈根召开的“国际文献联合会第40届年会”上，美国文献学家布里伯格（H. R. Brinberg）提出“以少胜多”的情报收集原则，来代替以往那种“多多益善”或百分之百的搜集方法。该建议得到各国图书情报界的普遍响应。西蒙则主张“对内容进行共引分析”，以建立相关专业的再联系。由于学科自身的分化，某专业的文献不会无限制的膨胀。因此，增长专业化程度反而使科技人员减轻对文献增长的负担。

② 在技术手段上，采用计算机等现代化的先进技术和设备来处理和利用文献情报。控制论的创始人维纳首先提出，由于科技文献的急剧增长，给图书馆和情报机构带来巨大的实际困难，应及早采用机器来适当地处理文献资料。在这种设想启发下，20世纪50年代就开始了电子计算机情报检索的试验和研究。目前，世界上许多国家都采用新的高效能的文献加工技术和建立自动化的计算机情报检索系统和信息管理集成系统，取得了明显效果。其具体措施是：采用新型情报信息载体如磁带、缩微平片、光盘、网络等；开展机器翻译；建立计算机文献信息数据库；发展联机情报检索和网络检索等，建立文献信息和知识网络，开展信息和知识服务等。

从目前情况来看，我国应采取的对策是：一方面要制定合理的长远规划和发展战略，为远期情报工作现代化创造必要的条件，如建设和完善各级各类型的文献情报机构，并组成全国性的情报网络；尽快完善国内科技文献检索刊物体系；积极开展情报工作现代化的研究并及早规划和建立全国文献情报网络；努力探索文献情报规律，加速信息情报管理的科学化和定量化等。另一方面还要特别注意采取实际措施，改进当前的各项情报工作，如采用科学的定量方法来选订期刊，进行文献剔旧，优化馆藏，加快特色数据库和信息网络的建设以及推广应用，为读者提供高效率的优质服务等。

2.1.3 文献信息增长规律的研究及意义

（1）文献信息增长规律研究的意义

文献信息增长规律问题，是图书馆学情报学界长期关注的问题，也是信息计量学的主要研究课题之一。

文献信息增长规律的研究无论是理论上还是实践上都具有重要的意义。确定文献信息数量随时间变化的关系，可以大致地揭示科学发展的某些特点和规律；根据有关文献数量的变化进行科学预测，这是情报分析研究中广泛采用的“情报模型法”。同时，通过文献信息增长规律的研究，还可以预测文献增长的趋势，从而为科学情报工作未来的发展提供决策依据。因此，研究文献信息的增长规律不但是文献计量学必须解决的一个重要理论问题，而且能直接为科学情报工作服务，以利于缓和或克服日益严重的情报危机。正如前苏联情报学家马尔沙科娃（И. В. Маршакова）所指出的：文献计量学的研究是利用情报的战略方面，包括揭示整个科学或其单个领域中的那些固有的参数及其规律性。它们不仅在确定和执行整个研究计划期间，对于最优化管理是必需的，而且对于为了适应科学发展而合理地开展情报工作来说也是必需的。而文献信息增长规律的研究也就是从情报理论的战略高度，研究如何在战略上利用科学情报的一个重要问题。

（2）文献信息增长规律研究的现状

对于文献信息增长规律，人们进行了长期的探索，早在20世纪初，就开始了科学文献数量的统计研究，只是到了20世纪40年代以后，由于图书馆管理的需要，特别是科学史研究以及科学情报工作发展的需要，对科学文献数量增长规律的研究才作为一个理论问题被众多的研究者所关注，并取得了一系列研究成果，提出了一些描述文献增长规律的理论模型和解释。尤其是D. 普赖斯提出科学文献的指数增长规律以后，这个问题的研究有了突破性进展。后来，欧美和前苏联的科学学、情报学界对此进行了大量的统计研究，发表了数以百计的论文，还出版了一批专著。在我国，对于文献增长规律的专门研究还很不够，亟待加强。但从世界范围来看，科学文献增长规律问题是当前信息计量学领域中研究最活跃的课题之一。

目前，有关文献信息增长规律的研究，主要集中在两个方面：一是理论研究，其重点是如何建立准确的数学模型及理论解释，以进一步揭示科学文献的增长规律；二是应用研究，即如何运用文献增长规律指导实际情报工作和情报管理，以及如何将文献数量指标用于度量知识，以揭示科学发展规律等应用问题的研究。著名情报学家米哈依洛夫（А. И. Михайлов）曾经在这方面进行了较多的研究，并且已经“逐渐揭示出标志着科学出版物与科学发展的内在联系的某些规律，确定已发表的文章数量与科学增长指标间的定量关系”。

2.2 科学知识量的增长与科学文献的增长

科学知识量的增长及其规律与科学文献的增长及其规律是紧密联系的。因此，在讨论科学文献增长规律时，我们首先介绍科学知识量的增长规律。这对于我们充分认识文献增长规律及其数学模型，正确理解有关文献增长规律的理论解释，都是非常必要的、有益的。

2.2.1 科学知识量的增长规律

第二次世界大战以后，科学技术获得了迅速的发展，并经历了深刻的革命。现在，科学已发展到“大科学”时代，即进入到现代科学时期。现代科学的发展非常迅速。其主要表现之一，是人类所拥有的知识量迅速增加。据西方国家估计，从公元初到 20 世纪 60 年代，人类拥有的知识量翻了四番（如表 2-1 所示）。

表 2-1 科学知识量翻番情况表

第一次翻番	从公元初～1750 年	历时 1 750 年
第二次翻番	从 1750～1900 年	历时 150 年
第三次翻番	从 1900～1950 年	历时 50 年
第四次翻番	从 1950～1960 年	历时 10 年

从上可见，科学知识量翻番的周期愈来愈短。人类拥有的知识量的迅速增加与变化标志着科学发展的速度越来越快。最近 10 年来，就科学成果给社会带来的巨大影响而言，已超过了以往 2 000 余年的总和。

早在 100 多年以前，恩格斯就曾指出：“科学的发展则同前一代人遗留下的知识量成比例。”这说明的正是指数发展规律。现代科学史也表明，科学领域的许多指标，都是按指数规律增长的，或者说，各种科学指标的增长速度，都是与已有的指标值成正比的。用数学语言描述，就是下式：

$$W = \alpha e^{\beta t} \tag{2-1}$$

其中 W 为科学指标，α、β 皆为任意常量，t 为时间。（2-1）式被称为科学知识量的指数增长律，也有人把它叫做科学发展的加速规律。

科学发展的指数增长律是 20 世纪 40 年代文献计量学和科学学研究中的一项重大发现。其结论主要是建立在科学文献指数增长的基础之上的。在美国 F. 赖德（Fremont Ryder）对科学图书增长率进行统计研究之后，D. 普赖斯研究并发现了科学期刊呈指数增长的趋势。于是，他在《巴比伦以来的科学》（*Science Since Babylon*）一书中，以科学杂志和学术论文作为知识量的重要量度指标，描述了科学发展速度，得出了科学发展按指数增长的规律。

应当指出，科学发展的指数增长律也引起过学术界的争论。其中一个最主要的质疑，就是科学指标的指数增加如果不停地发展下去，会不会导致诸如科学家人数超过全世界人口总数的荒谬结论。实际上，这种观点是错误的。因为任何科学定律都是在一定条件下近似成立的。离开了一定条件，把具体的规律无限制地夸大，都会走向反面。应当看到指数增长律是在一定历史时期内成立的规律，而在另一个时期，如科学发展的"非常时期"，就有可能遭到破坏。

图 2-1 清楚地表示了科学发展指数规律遭到破坏的"非常时期"。按重大科学成果数统计，从 1550 年算起，已经有过两次"非常时期"：第一次是 1670~1740 年；第二次是 1940 年开始，直到今天还在继续。显然，指数规律在一定历史时期尽管遭到了破坏，但是在另外的一定历史时期，它又是成立的。这是毋庸置疑的历史事实。

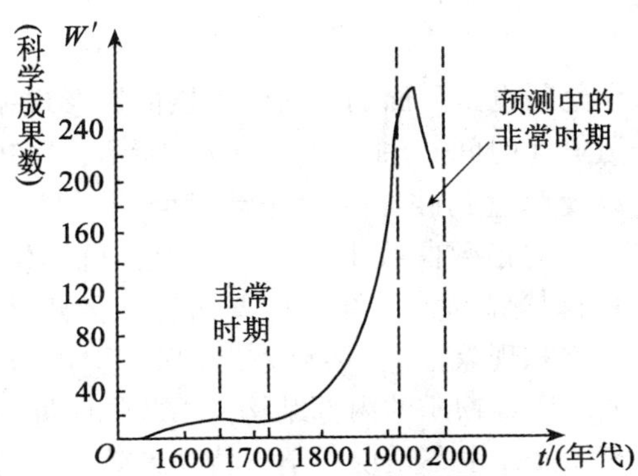

图 2-1 科学发展的指数曲线

指数规律之所以不断成立，又不断破坏，这是因为科学在时间轴上的变化要受到积累规范和变革规范的交互作用。前者表现为知识量的积累，即所谓指数发展规律，后者表现为质的飞跃，即所谓科学革命。积累规范与变革规范之间，既是对立的，又是统一的。在积累规范起作用的时期，科学发展遵循指数增长律；在变革规范起作用的阶段，指数增长律便失去意义。这样一来，指数增长律的破坏再不是一件不幸的事情了，而是科学革命到来的重要标志之一。

否定指数增长律的另一个质疑，来自科学发展的“饱和现象”，或者说“S”形发展规律。国外一些学者估计到“任何按指数形式出现的增长都必然在某一点上达到平衡状态，否则我们就会走到谬误的一端”。他们把整个科学发展史描绘成一个大S形，因而认为，指数发展曲线必然转变为逻辑曲线（如图2-2）。当代正在过这个平衡点（拐点 n_0），再过30~45年，它必然接近饱和极限，到那时，科学增长就停止了。

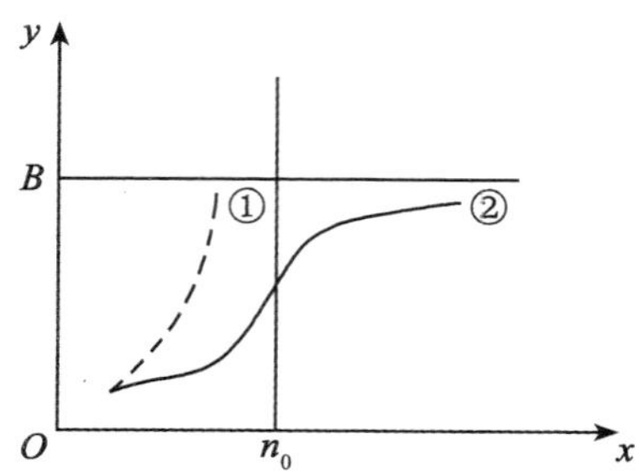

图2-2　科学发展的逻辑曲线

我们认为，这个论断也是片面的。科学发展的S形现象是历史事实，但它并非横亘于整个历史（时间）轴上。如图2-1所示，1670年前后就有过S形现象，出现过指数规律遭到破坏的“非常时期”，但到18世纪中叶，科学又昂起了头，按更陡的指数曲线上升。实际上，科学发展中的“饱和现象”并不奇怪，这是自然界和人类社会所普遍存在的规律性。它十分相像于熔点附近的温度“饱和现象”。在熔点附近，尽管不断加热，物体温度并不升高，而是不断地改变着物质的内部结构。“非常时期”科学成果数量下降，并不表明科学家无能，也不是说科学家劳动无效，恰恰相反，说明科学家的劳动正以一种巨大的“智力潜热”，贮存到科学体系的内部结构中去了。这些“智力潜热”，等到后代科学家继续探索时，必然会以某种形式的智能释放出来：或者提高全部科学家的“精英素质”，或者提高具有高度专业水平的科学家的比例。总之，一次“饱和时期”之后，必然会出现一个以更大加速度为特征的指数增长新时期。“加速—饱和—更大加速”，这就是阶梯形指数增长律。阶梯形指数增长律不仅表明科学发展中量与质的辩证统一，同时，也说明科学技术的发展是波浪式前进的、无止境的。因此，“阶梯”指数规律才是正确的指数规律。

2.2.2 科学知识量的增长与科学文献增长的关系

众所周知，科学文献是科学知识的客观记录。这是科学文献的基本功能之一。随着科学技术的迅速发展，科学知识量必然会大大增加。而各种科学知识都需要以文献的形式来记录、保存和传播。因此，科学知识量的急剧增长是科学文献激增的直接的主要原因。

由于科学文献的数量变化直接反映了科学知识量的变化情况，因此科学文献的数量是衡量科学知识量的重要尺度之一。同时，作为科学情报主要载体的科学文献数量的变化，是科学发展的一个重要标志。在科学学研究中，常常用科技图书数量、科学杂志数量、学术论文数量、科学论文题目的数量比例等文献量，作为反映科学发展规律的重要科学指标。通过有关文献数量的统计分析，来揭示科学发展的某些特点和规律是科学史和科学学研究中经常运用的方法。

科学文献与科学知识量一般来说具有同步增长的趋势，其增长规律也有很大程度上的相似性。科学文献增长规律与科学知识量增长规律的研究，往往是相互交叉、相互促进的。科学文献增长规律的发现可以为科学知识量增长规律的研究提供依据，而科学知识量增长规律的研究将有助于加深对文献增长规律的认识。例如，D. 普赖斯提出著名的科学知识按指数规律增长的理论，其主要依据就是科学文献是按指数规律增长的。由此可见，科学文献的增长与科学知识量的增长有着极为密切的联系。

2.3 文献信息的指数增长规律

2.3.1 文献信息量度指标与方法

在文献定量研究中，首先必须明确文献数量的度量指标与方法。文献计量的指标很多，但可归纳为两类：一类是绝对值指标，一类是相对值指标。绝对值指标是表示文献数量多少的，有图书数量、期刊数量、论文数量等；相对值指标是表示不同部分文献的数量比例的，有某一部分文献占全部文献的比例、各类型文献的比例、各语种文献的比例等。在上述指标中，又有累积数与非累积数之分。

在文献增长（或知识增长）规律的研究中，一般都是以文献累积数据为依据的。尤其是在研究某一特定学科或知识领域的文献在一定时间范围内的增长规律时，更应如此。这是因为，各年出版的文献逐年相加而得到的文献累积数量总是增加的，就有可能趋于某种固定的规律，所得到的结果，往往是较为规则的曲线，都能用一个较为准确的函数来描述，因而有利于进行文献的定量分析研究；而非累积数据，即每一年所出版的文献数量，容易受到各种复杂的社会因素的影响，一般来说总是波动的，很难确定它是否近似地趋于某种固定的规律，其结果往往是一些非规则的曲线，难以用某种函数来描述，因而给文献的定量分析带来困难。

目前，衡量科学文献的增长通常有两种方法：一种是以每年所出版的文献的累积总量为依据的，另一种是以每年新出版的文献数量为依据的。前者着眼于可以利用的文献总量的增长，后者则从新文献的多少研究每一年文献的增长或减少。研究科学文献增长规律时，大多是从累积数据出发，但并不排斥利用非累积数据的研究方法。因为，科学文献的增长“表现为新出现的科学出版物数量的不断增加”，因此，“通常用每年出版的著作的数量来衡量”文献的增长情况。这种度量方法所得到的增长曲线能直观形象地反映出每年新文献的变化趋势，因此尽管大多数情况下这些非规则的曲线很难用定量模型描述，但在情报分析研究中仍然较常使用这种方法来说明问题。

应当指出，采用不同的文献计量指标和方法来研究科学文献的增长规律，其结果是不一样的。如果考察特定学科在某个时期出版的期刊总数（累积数），则呈现出指数增长规律；但是，正如 A. И. 米哈依洛夫所指出的：“如果按每年问世的出版物的数量来判断科学文献的增长，那么它的进展甚至连几何性的都不是，而仅仅是算术性的。”

2.3.2　文献信息指数增长模型

早在 1944 年，美国韦斯莱大学（Wesleyan University）图书馆馆员弗里蒙特·赖德（Fremont Ryder）对美国有代表性的大学图书馆的藏书增长率进行了研究。他通过大量的统计发现美国主要大学图书馆的藏书量，平均每 16 年递增一倍。之后，世界著名科学家和情报学家德里克·普赖斯（Derek de So11a Price）把赖德的这一发现推广应用到科学知识的全部领域，并进行了一系列研究。1949 年，他发现“一叠叠的（十年一叠）《哲学汇刊》靠墙竟堆成了一条完美的指数曲线”；次年，他发表第一篇有关“指数增长”的研究论文；1959 年在耶鲁大学作了“科学指数增长”等问题的系列讲座，其演讲集于 1961 年正式出版，定名为《巴比伦以来的科学》(*Science Since Babylon*)。在这一科学名著中，普赖斯指出，世界最早的科学杂志是 1665 年出版的英国皇家学会的《哲学汇刊》。接着，大约有三、四种类似的杂志在几个欧洲国家科学院出版。1700 年，全世界出版的科学杂志还不到 10 种，1750 年才达到 10 种，到 1800 年就增加到了 100 种，1850 年为 1 000 种，1900 年是 1 万种，到现在，全世界的科学杂志竟多达 10 万种。这就是说，从 1750 年起，科学杂志的数目大约每 50 年增加 10 倍。同时，普赖斯又对《化学文摘》、《生物学文摘》、《科学文摘》等的增长情况进行了研究，也发现了同样的增长趋势。就在这些研究的基础上，普赖斯得到了一个科学杂志“按指数增长的规律”。他还以《物理学文摘》和其他 30 种文摘杂志为工具，统计研究了有关期刊论文数量增长的特点，也得到了相同的结果。因此普赖斯得出结论：“似乎没有理由怀疑任何正常的、日益增长的科学领域内的文献是按指数增加的，每隔大约 10 年到 15 年时间增加一倍”；“每年增长约 5%~7%”。

普赖斯综合、分析了大量统计资料，以科学文献量为纵轴，以历史年代为横轴，把各个不同年代的科学文献量在坐标图上逐点描绘出来，然后以一光滑曲线联结各点，十分近似地表征了科学文献随时间增长的规律。这就是著名的普赖斯曲线（图 2-3）。

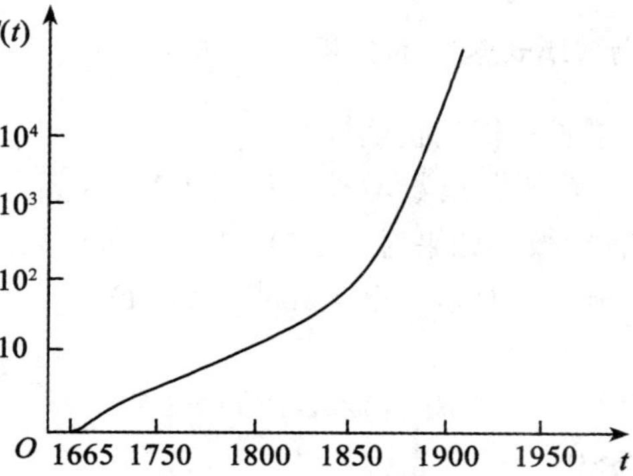

图 2-3　科学文献的指数增长曲线

通过对曲线的分析研究，普赖斯最先注意到科学文献增长与时间呈指数函数关系。如果用 $F(t)$ 表示时刻 t 的文献量，则指数定律可表示为（2-2）式：

$$F(t) = ae^{bt}(a > 0, b > 0) \tag{2-2}$$

式中t——时间，以年为单位；

a——条件常数，即统计的初始时刻（$t=0$）的文献量；

e——自然对数的底（e=2.718…，可近似地取为2）；

b——时间常数，即持续增长率：某一年文献的累积增加量与前一年文献累积总数的比值，如果设r为某年文献量增长的百分数，那么则有$r=100(e^b-1)$，或近似地有：$r=100b$，即：$b=r\%$。

例如，在某一初始时刻，科学文献量为a=10 000件，增长率为10%，那么10年后文献量将是：$F(10) = 10\,000e^{0.1(10)} = 27\,183$（件）；100年以后的文献量将是：

$$F(100) = 10\,000e^{0.1(100)} = 220\,264\,660 \text{（件）}$$

通常用文献增加一倍所需的时间d作为评价文献增长速度的定量指标。根据（2-2）式很容易求得计算时间d的公式为：d=1n2/b。对于上例，文献量翻倍的时间是：d=6.93年。

应当指出，不同学科的文献增长速度是不同的。有些学科文献量每几年翻一番，有些学科文献量十几年翻一番。例如，化学化工文献的倍增期为8~9年，而某些尖端领域和新兴学科，如原子能和环境科学，每2~3年就翻一番。此外，科学文献按指数增长的规律是相对于每一年的文献累积数而言的。每年文献的累积数，就是所统计的该年与该年之前各年出版的文献数量之和，即该年可以利用的文献总量。

2.3.3 文献信息指数增长规律的分析

（1）文献指数增长规律的正确性

从数学上来看，普赖斯指数增长方程（2-2）式系一解析函数，且在区间（0，∞）上具有导数。如果对（2-2）式求一阶导数，得出曲线增长率：

$$dF(t)/dt = abe^{bt} = bF(t) \tag{2-3}$$

其相对增长率：

$$dF(t)/dt/F(t) = b \tag{2-4}$$

注意到a>0，b>0，

则有　　$dF(t)/dt>0$，(0，∞)

其数学意义是，指数函数$F(t) = ae^{bt}$在区间（0，∞）上是一单调增函数。它正是科学文献量随时间而增长的数学表示。

（2-3）、（2-4）两式表明：科学文献增长率为指数函数，仅由所达到的水平（$F(t)$）决定，其相对增长率系一常数。只要注意到$F(t)$表示的是过去或近期内文献的总数，不考虑期刊不断停刊和文献不断老化等因素，以上结论与过去历史年代的文献统计结果是符合的。

从统计实例来看，科学文献指数增长率正确反映了文献的实际增长情况。例如，对1952~1982年世界图书增长情况的统计分析表明，图书种数大约每20年翻一番，指数增长模型与实际情况拟合良好。这说明1952年到1982年的图书增长情况是符合指数增长规律的，只是速度略慢了一些。又如，对1907~1977年世界化学论文数量进行统计，由指数模型计算的拟合值与实际情况大体一致，说明这一时期的化学论文数量也是按指数增长的，大体上每10年翻一番。正如普赖斯所指出："指数曲线的存在，显然具有普遍性和长期性。"因此，科学文献的指数增长定律具有较大程度的正确性，并获得了人们的公认。

（2）文献指数增长规律的局限性

文献指数增长规律的局限性主要表现在两个方面：

① 科学文献并不总是按指数函数关系增长。具体地说，普赖斯指数增长模型与所研究的文献的学科和时间有关。大量研究表明，所研究的学科范围越广泛，符合指数规律的时间就越长。特别要指出的是，开始统计的时间对文献的增长率有很大影响，统计文献的时间越晚，则统计研究所得到的理论增长率就越大于实际的增长率。因此并不是所有的学科在任何时期内的文献都是按指数增长规律增加的。事实上，文献指数增长曲线的坡度已有平缓趋势。

② 指数规律不能预测文献的未来增长趋势。我们试考察曲线（2-3）式所表征的科学文献每年的绝对增长量随时间的变化规律：

$$\Delta F(t) = ae^{b(t+1)} - ae^{bt} = a(e^{b}-1)e^{bt}$$

当 $t\to\infty$ 时，$\Delta F(t)\to\infty$。

这就是说，随着时间的推移，科学文献的增量会趋向无穷大。这显然是不现实的。因此，若依据预测学中的趋势外推法，利用普赖斯曲线来预测未来某个时候科学文献的总量，而预测期长于10年以上，则很难期望得到可靠的结果。因为，尽管影响文献增长的因素很多，但它在很大程度上是科研经费、科技人员增长的结果。如果科学文献始终按指数增长，则势必会有一天，即使世界上人人皆成为科研人员，科研经费占国民总产值的100%，也难以满足科学文献无限增长的要求。这样，科学文献指数增长定律暴露出了不能据以预测未来科学文献增长趋势的局限。

（3）文献指数增长规律存在局限性的原因

综上所述，科学文献按指数增长的规律，一方面正确地反映了过去历史年代科学文献的增长情况，另一方面又暴露出不能据以预测未来科学文献增长趋势的局限。

科学文献的增长是一种非常复杂的社会现象和过程。文献指数增长律存在局限性的基本原因，就是没有同时考虑许多复杂因素对科学文献增长的影响和限制。具体来说有以下几点：

① 对科学文献增长的机理研究不够，因而难以对影响文献增长的各种因素通盘考虑、全面衡量，给出恰如其分的分析和定量描述。

② 在确立科学文献的指数增长律时，普赖斯没有考虑、也难以考虑文献日益严重的老化因素。

③ 在统计某年的科学期刊累积总数时，普赖斯没有排除已停刊的期刊。A. И. 米哈依洛夫指出：实际上每出现三种科技期刊，就同时有一种期刊停刊。这种不断停刊的影响是不可忽视的。因此，这使得普赖斯的指数增长模型在描述科学文献的增长规律时存在一定的误差。

2.4 文献信息的逻辑增长规律

2.4.1 文献信息逻辑增长模型

在科学文献指数增长规律研究的基础上，不少国家的学者为了近一步寻求更加完善的文献增长模型，曾进行过多方面的努力探索，并提出了一些理论和数学模型，其中影响最大的当首推“文献逻辑增长模型”。

1963 年，美国 D. 普赖斯在其名著《小科学，大科学》一书中，论述了“科学文献和科研人员的指数增长定律和逻辑增长定律”，并认为“指数型规律终将成为逻辑型”。

前苏联科学学家弗·纳里莫夫（В. Налимов）在研究科学文献增长规律时，发现文献的增长是分阶段的，每一阶段的增长模式并不相同。例如，用指数模型来描述 1957～1974 年间前苏联在系统研究领域的文献可以将之划分为三个时期，每一时期文献量翻倍的时间是不同的。弗·纳里莫夫和格·弗莱杜茨（Г. Влд дуц）在进行大量研究后认为，科学文献开始要经过一个急剧增长的过程，随后增长速度减缓，指数增长过程变为逻辑曲线增长过程。同时，他们考虑到物质条件、经济来源以及作者智力等方面的因素对科学文献增长速度的影响，在具体的文献统计研究基础上，提出了著名的文献按逻辑曲线增长的理论和模型。其数学表达式为：

$$F(t)=k/(1+ae^{-kbt}) \qquad (b>0) \tag{2-5}$$

式中：$F(t)$ ——t 年的文献累积量（亦可用 y 表示）；

k——当 $t\to\infty$ 时文献的累积量，即文献累积量之最大值；

a，b——参数

若将方程（2-5）对 t 求二阶导数，并令二阶导数为 0，可求得曲线（2-5）式的拐点 A 的坐标为（$\ln a/kb$，$k/2$）。可见该曲线是关于拐点对称的所谓对称逻辑曲线。图 2-4 给出了这一科学文献增长的逻辑曲线。

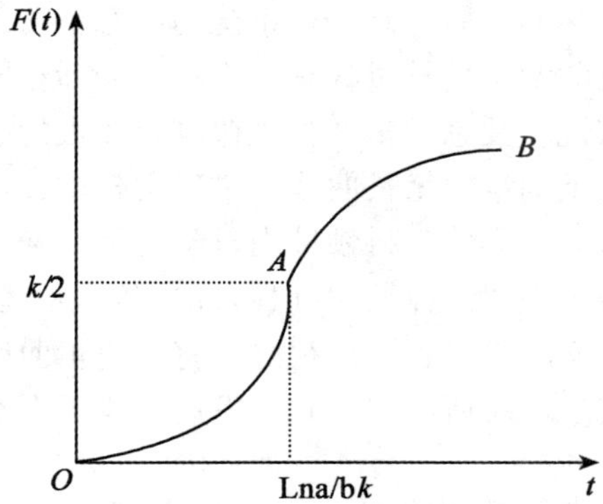

图 2-4 科学文献的逻辑增长曲线

从图 2-4 可见，文献增长将受到限制（$y<k$）；其相对增长率：$\left(\frac{dy}{dt}\right)/y=b(k-y)$ 是 y 的线性函数。当 $t<\ln a/kb$ 时，文献急剧增长，即增长率是渐增的；当 $t>\ln a/kb$ 时，文献增长减慢，即增长率是渐减的。但是，增长速度的减慢只有在 y 值快接近 k 时才是明显的。上述过程分别对应于曲线 OA 段和 AB 段。

当 $y\leqslant k$ 时，由（2-5）式可近似得到曲线增长率：$dy/dt=kby$；曲线相对增长率：$(dy/dt)/y=kb=$常数。可见，在科学文献增长的初始阶段，它是符合指数增长规律的。但是，指数值随着时间 t 的变化而变化，相对速度不一定总是不变的。因此它不能始终保持指数增长的势头。当文献量增至最大值的一半时，其增长率开始变小，最后延缓增长，并趋近于一个极限值 $y=k$。

应当指出，科学文献按逻辑曲线增长也是相对于文献积累数而言的，而且是在某些知识领域或某种类型的文献的较长时间范围内进行统计研究所得到的结论。

2.4.2 文献信息逻辑增长规律的分析

(1) 文献信息逻辑增长规律的正确性

恩格斯曾经指出，宇宙的运动是在有限地循环上的无限地发展。而科学发展的逻辑型规律与这一思想是异曲同工的。它揭示了科学随着时间的延续而经历着一个“前期缓慢发展，中前期加速度发展，中后期减速度发展，直至后期饱和发展”的过程。这种所谓的“饱和发展”并不意味着科学发展的终结，而是指科学的发展达到一种系统的动态平衡。显然，科学发展的这一过程与科学文献的逻辑增长过程是对应的、相辅相成的。因此，无论从哲理上还是科学上来说，文献逻辑增长规律具有较大的必然性和合理性。

事实上，科学文献的逻辑增长曲线在描述文献增长规律时，取得了一定的成功。如果单独就某一具体学科领域内科学文献的增长而言，逻辑曲线极好地描述了它们的增长规律。弗莱明（Frame）等人所统计的1965~1975年间煤的气化法方面的文献的增长，能很好地符合逻辑曲线增长模型。关于肥大细胞研究方面的文献增长所出现的几个发展阶段更有力地证明了逻辑曲线增长规律的正确性。

从科学史来看，目前整个科学领域中的每一门学科分别处于诞生、发展、相对成熟等不同历史阶段。统计表明：当学科处于诞生和发展时期科学文献呈现指数增长，科学文献的寿命就很短（其寿命与文献增长率成反比）。随着学科研究的深入，进入相对成熟时期，科学文献的增长就不能总保持原有的指数速率，增长率变小，曲线变得平缓，文献寿命相对变长。但是，这里文献增长率变小，决不意味着科学发展的停滞，而被认为是某一知识领域的研究取得重大进展后进入相对成熟的阶段。同时，这也可能意味着该知识领域正面临新的突破，将产生出更新的分支领域，而内容上更新的文献又将进入一个新的急剧增长时期（如呈指数规律增长），此后又会进入一个稳定时期，文献的增长往往会出现几个急剧增长时期和几个相对稳定时期，呈现出错综复杂的格局。

一般地说，对不同的学科，描述其文献增长的逻辑曲线中的各个常数（a，b和k），也是不相同的。如果我们能分别对各门具体学科文献增长状况作历史的、全面的统计分析，并绘制出相应的逻辑增长曲线，则对我们评价该门学科所处的阶段、预测其未来的发展、估计该学科不同时期的文献寿命，以及做好相应的文献馆藏和情报服务工作，会有一定的现实指导作用。因此，科学文献逻辑增长规律的研究，既具有情报学和科学学上的理论价值，又有实际应用上的指导意义。

（2）文献信息逻辑增长规律的局限性

科学文献按逻辑增长的理论相对于普赖斯增长理论无疑是一个巨大的进步。逻辑曲线既可用于描述过去的文献的增长，也可用于预测文献未来的增长。但是也有一些文献统计研究并没有得到按逻辑曲线增长的结论。逻辑曲线本身仍存在着局限。由（2-5）式可知：当 $t\to\infty$ 时，$y\to k$，$dy/dy=by(k-y)\to0$。它表明当科学发展到一定阶段时，科学文献的增长率趋于零，科学文献总量达到了它不可逾越的最大值。这就意味着某个年代之后，再也没有新的科学文献产生，科学文献作为情报传递的一种手段，将从人类科学交流的领域中隐退。于是有人认为，随着科学的发展，有朝一日科学将达到自己发展的"极限点"，出现"饱和"，科学进步将会停滞甚至"自我窒息"。普赖斯在所著《小科学，大科学》一书中正是这样提出问题的。这显然又走向了另一极端。科技文献数量增长速度的减缓，并不完全意味着科学发展的速度将会下降，因为除了文献这种反映人类科学认识、科学研究及发展水平的知识载体形式以外，必将陆续出现一些新的、更完善的传播科技情报的方法和手段，使我们有可能用以补充或逐步取代现有传统形式的科技文献。

（3）文献逻辑增长规律存在局限性的原因

在利用指数曲线、逻辑曲线（部分符合指数曲线）来预测未来科学文献总量时所遇到的困难，溯其根源，主要有两方面的原因：第一，如前所述，指数增长模型存在一定的局限性；第二，利用上述两种曲线对科技文献增长所作的预测，依据的是预测学中的趋势外推法。但是，科技文献作为科学交流这一复杂系统中的子系统，其增长规律受到许多方面的影响和制约，只有利用系统论的观点对其作系统分析，才可望获得比较合乎实际的结果。这应该成为我们修正指数曲线和逻辑曲线、探求新的科学文献增长模型的出发点。

2.4.3 文献信息逻辑增长模型的修正

科学文献的逻辑增长曲线虽然克服了指数曲线"发散性"的缺陷，但也存在"有界"的局限，还有待进一步完善。在修正文献逻辑增长模型时，必须全面考虑各因素的影响，采取正确的思路和途径。

首先，必须弄清科学文献增长的基本过程、机理和趋势。一般认为，在过去和今后相当长一段历史时期内，科学文献的增长将经历两次大的转变：一次是由指数式增长向逻辑式增长的转变，另一次是由逻辑式向直线式增长的转变。其转变形式既可以是渐变的，也可以是跃变的。同时，随着科学技术的发展，科学交流的手段和工具肯定会有种种更新，但科学文献仍然会作为一种交流手段长期存在下去，并达到这样一种平衡：每年文献的绝对增长量会有起伏，但在较长的时间内进行统计平均，每年文献的增长量是一样的。科学文献量基本上随时间作匀速增长。

其次，必须把科学交流系统作为一个整体来研究。科学文献体系是科学情报交流系统的一个子系统。一般地说，情报交流系统中各子系统间的相互作用是非线性的，科学文献增长模型是一组十分复杂的非线性偏微分方程组的解。

再次，必须抓住主要的决定性因素，而忽略其他较为次要的因素的影响。显然，科研经费的增长和科技人员的增加是影响科学文献增长诸因素中两个最强有力的因素。

最后，必须确定具体模型的目标和要求。新的数学模型要能克服指数曲线“发散”及逻辑曲线“有限”的困难，应该是描述文献增长规律的更好的近似；当 $t \to \infty$ 时，科学文献的增长率 dy/dt 不是像逻辑曲线那样趋于零，而是一个常数，文献总量也不趋于一个极大值 k，而是呈时间的一次函数；同时，科学文献每年的增长量在 $t \to \infty$ 时趋于稳定，表明科学文献将同其他科学交流手段同时存在，并与当时的社会、经济和科技发展水平相适应，在科学交流系统中形成一种相对稳定的“生态平衡”；而且，更要符合科学文献发展的实际过程和趋势，能够对文献增长规律作出较圆满的解释。

从以上原则出发，在逻辑曲线的基础上，通过增加二次修正项和常数项的途径，经推理和变换后便可构造出新的描述文献增长规律的更为恰当的数学模型。

2.5 文献信息增长的其他数学模型

2.5.1 线性增长模型

(1) 线性增长模型的内容

科学文献的线性增长的数学模型是：

$$F(t) = bt + a \tag{2-6}$$

式中：$F(t)$ ——t 年的文献累积数；

b——文献的年增长率；

a——当 $t=0$ 时的文献数量。

（2）线性增长模型的分析

1963年，普赖斯在《小科学，大科学》一书中指出，指数规律有可能被破坏，文献的指数增长不可能永远继续下去。实际上有些知识领域内的文献既不遵循指数曲线增长模式，也不符合逻辑曲线增长模式，而是呈现出直线增长模式。正如A. И. 米哈依洛夫指出，在东欧经互会成员国范围内有关科学图书、期刊和专利说明书的数量均是呈直线规律增长的。有关统计表明：1960~1972年全世界出版的图书和小册子数量也呈直线规律增长。

科学文献线性增长模型不仅适用于描述某些知识领域或某些类型的文献增长，而且科学文献未来的发展将更多地倾向于直线模型。正如勒希尔（Rescher）所指出：我们将从文献指数增长的过去，迎向线性增长的未来。

2.5.2 分级滑动指数模型

（1）分级滑动指数模型的内容

美国科学史学家和情报学家勒希尔（Rescher）认为：在一个资源减少的年代里，世界不可能承受文献的指数输入，出版物的增长将呈线性增长模式。他还在其所著的《科学的进步》一书中指出：出版物的数量增长与其质量有关，不同质量的出版物的增长速度是不相同的，从而提出了下述描述科学文献增长规律的分级滑动指数模型。

勒希尔引入一个文献的质量等级指标λ，且$0<\lambda<1$。他定义λ的具体值和含义如下：

$\lambda=1$：起码是常规文献（实际代表了全部文献）

$\lambda=3/4$：起码是有意义的文献

$\lambda=1/2$：起码是重要的文献

$\lambda=1/4$：起码是非常重要的文献

$\lambda=0$：第一级（头等重要的）文献

在不同质量级别上，文献的数量和增长特性是不相同的。如果在时刻t的文献总量为$F(t)$，那么在λ级上的文献量则为$[F(t)]^{\lambda}$，对应于各λ级的文献增长方程依次为：

$$
\begin{aligned}
&F(t)_{\lambda=1}=ae^{bt}\\
&F(t)_{\lambda=3/4}=(ae^{bt})^{3/4}\\
&F(t)_{\lambda=1/2}=(ae^{bt})^{1/2} \qquad (2\text{-}7)\\
&F(t)_{\lambda=1/4}=(ae^{bt})^{1/4}\\
&F(t)_{\lambda=0}=1na+bt \qquad (2\text{-}8)
\end{aligned}
$$

例如，若文献总数为100万件，根据以上方程计算，则各级文献数量是：

$\lambda=1$ 的文献：1 000 000（件）

$\lambda=3/4$ 的文献：31 623（件）

$\lambda=1/2$ 的文献：1 000（件）

$\lambda=1/4$ 的文献：32（件）

$\lambda=0$ 的文献：14（件）

由此可以看出：

① 第一级的即头等重要的文献数量（$\lambda=0$）是很少的，只占总数的0.0014%；

② 重要文献（$\lambda=1/2$）是所有文献总数的平方根；

③ 当 $0<\lambda<1$ 时，各级文献仍按指数规律增长，只是当人们力图提高文献质量时，随着文献重要性程度的增大，其增长速度逐渐减慢；至 $\lambda=0$ 时，则指数规律完全破坏，每一周期仅有一常数增量。这时，文献数量是呈线性函数增长的。

在时刻 t 时，第一级文献数量：$F(t)_{\lambda=0}=\ln F(t)=\ln ae^{bt}=1na+bt$。假定文献年增长率为10%，则每10年才能增加一件头等重要的文献。这样的增长速度是非常缓慢的。

在这一模型中，如果文献总数翻倍时间为 d，那么质量为 λ 级的文献数量的翻倍时间按下式决定：

$$d'=1n2/b\lambda=d/\lambda \tag{2-9}$$

例如，在第三节所举的例子中，文献总量翻倍的时间为6.93年，那么对应于各 λ 级的文献量翻倍的时间（d'）是：

$\lambda=1$：6.93年；

$\lambda=3/4$：9.84年；

$\lambda=1/2$：13.86年；

$\lambda=1/4$：27.72年；

$\lambda=0$：则要10年才能增加1件第一级的文献。

这充分说明不同质量的文献，其增长速度也不相同。有人把这种文献增长受质量影响的因素称为“质量牵制原则”。

（2）分级滑动指数模型的分析

勒希尔的模型说明：不同质量的文献，其增长速度不同，越重要的文献增长速度越慢。数量较少的高质量的论文总是伴随着大量的一般性的论文而同时出现的。这是合乎逻辑的。同时，还可以认为勒希尔模型是从科学文献增长的内部过程出发研究其数量增长规律的一种尝试。但是却很难用具体数据来验证这一模型的正确性。例如，肯尼斯·奥·梅曾将反映新思想和新结果的论文看做是头等重要的第一级文献，将应用方面的论文看做是重要的文献等，对1923年以前的行列式方面的论文分成六类进行统计分析，其结果无法证明勒希尔模型是否正确。

2.5.3 超越函数模型

前苏联情报学家吉利亚列夫斯基（Р. А. Гиляревский）和希莱德尔（Шремдер）认为：科学期刊论文数量的增长应考虑期刊论文分散这一因素，即若将某一学科或知识领域的期刊按布拉德福分布进行等级排列，则不同等级区域内期刊论文数量的增长是不同的。于是，他们提出一种揭示文献数量增长的新的模型，即超越函数方程，或称吉-希增长模型。

这一模型也是试图深入到文献增长的内部结构中去，以揭示不同分布状态的文献的增长规律。但它只是一种专门研究期刊论文数量增长的假说性的理论模型。

2.5.4 舍-布增长模型

（1）舍-布增长模型的内容

科学文献的增长是一个很复杂的过程，不但每一年新增文献的绝对数量不同，而且相对增长速度也是一个变量。普赖斯和勒希尔等人早就认为，文献的增加应是“减少的增加”，即相对增长率是随着时间 t 的增加或文献总量 N 的增大而减小的。1978年，前苏联情报学家舍斯托帕尔（В. М. Шестопал）和布尔曼（П. Н. Бурман）在研究文献情报流增长的定量评价时，从上述观点出发，提出一种新的文献增长模型。

为讨论方便起见，先将文献增长方程改写为下列形式：

$$dN/dt = qN \qquad (q > 0) \tag{2-10}$$

式中：N——文献的累积总量；

q——文献的相对增长率，q 可表示为时间 t 的函数 $q(t)$，于是由（2-10）式可得：

$$dN/dt = q(t)N$$

由此式又得到：

$$N = N_0 \cdot e^{\int q(t)dt}$$

或者，

$$\ln N = \ln N_0 + \int q(t)dt \tag{2-11}$$

这就是他们称之为研究文献情报流增长的“总模型”。

(2) 舍-布增长模型的分析

舍-布模型中文献增长率 q，是一个从变量出发来研究文献的增长规律，这是对以往研究的重要修正。(2-11) 式实际上既包括了文献指数增长模型，也包括了线性增长模型和滑动指数模型。因此，这一模型的提出无疑是科学文献增长规律研究的重大进步。但是舍-布模型却不能包括逻辑曲线增长模式，因此作为一个总模型，(2-11) 式显然是不全面的。而且，舍斯托帕尔等人运用直接作图法来确定 q 的表达式，这极易造成较大误差，最好采用最小二乘法来近似确定。

2.6 文献信息增长机理的分析

以上我们讨论了描述科学文献增长规律的 6 种模式。可见，科学文献的增长有的呈指数规律，有的呈逻辑曲线规律，有的呈线性规律。这的确是一个复杂的过程。这些不同的模式都说明一个共同点：即科学文献随时间而增长，不同的只是增长的过程和速度而已。本节讨论科学文献增长的机理，旨在说明科学文献的数量为什么会增长？而其增长又为什么会呈现出不同的模式？

2.6.1 文献信息数量增长的原因

科学文献的增长有多方面的原因，最根本的原因是科学技术事业的大规模发展和科技成果的不断涌现。随着科学技术的发展，其研究领域迅速扩大、学科分支越来越多、科研队伍不断壮大、科研经费大大增加，使科研战线不断有所发现、有所发明、有所创造、有所前进。这些科研成果的大量涌现，势必导致科技文献的不断增长。在科技领域里，科学技术的进步引起出版物数量增加的例子是屡见不鲜的。例如，激光器新技术的出现和品种的改进就带来了有关文献的激增，由 1960 年的约 20 篇论文猛增到 1965 年的 1 200 篇。具体来说，科学文献迅速增长的原因有以下几个方面：

(1) 科研经费和科技人员数量的激增

科学发展的基本指标是科研经费、科技人员和科技文献的数量，后者的增加在很大程度上是前两者增长的结果。根据普赖斯的理论，整个科学系统 (资金、人力和物力) 的“指数输入”是造成科学成果 (因而造成科学文献) 呈“指数输出”的原因。科学史的研究也表明，科研经费和科技人员数量的激增是导致科学文献数量迅速增长的主要原因。毫无疑问，科研投资和科研人员数量的增加将导致科研成果的增加，而记载和反映这些成果的科学文献数量也势必相应增加。从 20 世纪 20 年代至 70 年代，全世界的科研经费每一年就增加一倍。科技人员的数量也是呈指数增长的，每 50 年就增加 10 倍。若 1800 年为 1 000 人，那么 1850 年为 10 000 人，1900 年为 10 万人，1950 年为 100 万人，到 2 000 年增长到 1 000 万人。正是由于科研经费和科研人员的急剧增长，才使得科学文献每 15 年左右就翻一番。

科研经费、科研人员和科学文献数量虽然一般都按指数规律增加，但指数的阶数是不一样的。1966 年，普赖斯发现了它们之间的内在联系，即科学研究的成本与从事科学研究的科学家数量的平方成比例增加，而科学产品的产量则仅仅与科学家数量的平方根成比例增加。也就是说，当科学家的人数为 n 时，科研经费为 n^2，而科学文献的数量为$\sqrt{n}$。例如，当科学家人数增长 3 倍时，科研经费则增长 9 倍，而文献数量约增长 1.7 倍。这个结论可以大致说明科学文献与科研经费和科研人员之间的数量关系。

（2）专业范围的扩大和细分化

目前世界上的学科已有 2 300 多个，2005 年世界上的文献量已达 100 亿件。

（3）学科之间相互渗透

在现代科学中，没有一个封闭的学科，一个学科领域中产生的发现或发明，会直接影响其他学科领域，或作为其他学科的研究方法，或直接应用于其他学科领域。

（4）科学技术的国际化

一个发明或发现越是重要就越容易成为世界潮流，各国各地会立即对它进行进一步研究，因此人们必须收集全世界的文献与情报，并进行传递和利用。

（5）研究的合作化和集体化

现在，动员几十万人和投入亿万元资金的研究项目，以及多国合作开发的研究项目日益增多，研究的合作化和集体化程度不断加强。

（6）研究的周期缩短、产生成果和转化的速度加快

据统计，研究发明的商品化周期，第二次世界大战前为 20~30 年，最近仅为 2~3 年，缩短为十分之一。

（7）通讯、出版技术的改进和情报工作的加强

随着科学技术的发展，通讯出版技术越来越先进；各种文献数据库、联机服务以及“进行中的研究项目”等情报服务日益广泛。所有这些，都加速了科学文献的交流，促进科学文献数量的迅速增长。

但归根结底，科学文献的增长是由社会的需要和一个国家发展科学文化事业的方针政策决定的。因为正是这些本质上的因素决定了科研投资和科研人员等要素组成的科学技术的发展规模和速度，从而对科学文献的增长发挥决定性的作用。

2.6.2 文献信息增长规律的解释

我们认为，科学文献数量增长的规律是由科学发展的客观过程决定的，而科学发展的实际过程主要受两种因素的制约：一是科学自身固有的发展规律，二是科学所处的环境条件。

（1）科学发展规律对文献信息增长规律的影响

科学学认为，科学文献数量的变化是科学本身发展的重要标志。所以，我们有理由根据科学发展的模式来分析解释科学文献增长的规律。

著名科学史家和科学学家托马斯·S. 库恩在其所著的《科学革命的结构》一书中，提出了科学发展的模式。库恩认为，科学革命（即发展）总会发生，其发展过程，简单说来是一个由“原始科学”转变为“常规科学”，以及由一个“常规科学”过渡到另一个“常规科学”的过程。在科学革命的推动下，整个科学发展过程就这样周而复始地进行着。

在原始科学时期，各种学术流派、越来越多的科学家纷纷撰写文章参加讨论，形成一个百花齐放、百家争鸣的局面。此时科学文献尽管数量不大，但增长很快，其增长率近似于一个恒量，在这一时期科学文献呈指数规律增长，也是代表新思想和新成果的最重要的论文出现的时期。

当常规科学出现时，科学已处于成熟和稳定发展时期。这时是新思想和新成果广泛应用并进行教育、普及和推广的时期。因此科学文献数量庞大，每年增加的文献量也很大，但增长率已减慢，文献总数最后将趋于某一极限值。文献的增长由指数模式转化为逻辑曲线模式。逻辑曲线增长趋于极限，表明该学科或知识领域在长期稳定发展以后正酝酿着新的危机。危机一旦发生，则学科范围将发生变动，或者将分化产生出新的学科。随着科学革命的到来，科学文献又重新进入指数增长的阶段。因此，如果所统计的文献的年限正相应于某一知识领域从原始科学到常规科学，或从常规科学到更新的常规科学的整个时期，则将得到逻辑曲线增长模式。

根据库恩关于科学革命的理论，逻辑增长模型应是科学文献增长规律的理想模型。逻辑曲线的前一段与指数曲线近似地符合，而在拐点附近的一段以及在后一段的适当的时间间隔内，都可以近似地看做是直线。这样，如果所统计的年限大致相应于上述三个时期中的任何一个则均可得到直线增长模式。同时，现在大量的科学学科均已由原始科学进入了常规科学时期，在这种情况下，许多知识领域内的文献趋于按直线规律增长。

Menard 的研究也表明，一门学科总的文献增长率随不同的时期而变化。他认为，一般可以分为三个阶段：

① 稳定界——直线型增长。学科处于诞生时期。

② 增长界——以较快的指数型速率增长。学科处于发展时期。

③ 循环界——稳定和增长交替发生。学科处于成熟时期。

勒希尔（Rescher）认为："科学发展过程并不是追加的，而是一个递减的过程，今天的主要发现是对昨天结论的一个否定。"因为从经济学角度分析，情报吸收符合"报酬效应递减律"，文献增长同样如此。随着学科的发展和科学家兴趣的转移，载文分布决不会只呈现指数增长状态，而是受诸多因素制约，具有多种分布状态。因此，文献数量的增长呈现出不同的增长模式。

（2）社会环境条件对文献信息增长规律的影响

科学所处的环境条件，包括政治、经济、文化、教育等社会条件对科学文献数量增长规律的影响是明显的。因为这些条件决定了科研投资和科研人员的数量与质量，因而也大致决定了科研成果的数量以及反映这些成果的科学文献的数量。社会的需要和所提供的财力、人力和物力往往决定了某门科学的产生和发展。科学文献不仅按科学自身的发展规律所规定的理论模式增长，而且还要受到各种社会环境条件的制约。例如，由于第一次世界大战和第二次世界大战，给科学技术的发展所造成的破坏，使得整个科学技术的发展出现两个"波谷"时期，而科技文献也相应地出现了两次大规模的下降，使得某些学科文献的增长模式由指数规律转变为逻辑曲线规律。在资源短缺的现在，社会已无力给科学系统提供指数输入，出版物的指数增长在 20 世纪 70 年代大部分已经成为线性的了；加之常规科学所对应的文献数量增长的特点，使得科学文献大都从指数增长的过去走向线性增长的未来。社会环境条件的影响往往使科学文献的增长表现出随机过程的特点，其增长率是不断变化的。此外，科学文献的增长还受到载体技术、出版技术、电子计算机技术和现代通讯技术等众多因素的影响，因而更多地表现为一个随机过程。

2.7 文献信息增长规律的应用

科学文献增长规律的研究在科学史、科学学以及情报学理论和实际工作中都具有重要意义。其应用主要有以下几个方面：

2.7.1 在科学学和科技史研究中的应用

通过文献数量的增长变化规律来判断和预测科学知识的增长状况，继而探索整个科学的发展规律，是科学史和科学学研究中常用的方法。对此，G. Gilber 提出在着手研究之前，必须建立如下假设：所有知识都包含在已发表的文献中；每篇文献含有等量的知识。A. Doyle 更形象地比喻说："知识产生新的知识，就像存钱要提供利息一样，知识增长恰如银行提供复利——任何时间内的增长会产生一个固定的近期数量的百分率。"

在科学学和科技史的大量研究中，一般以科学文献数量增长规律来模拟科学技术的发展过程，并探讨其规律。众所周知的普赖斯关于科学技术呈指数规律增长的结论就正是从揭示科学文献数量按指数规律增长的基础上得出的。所以，科学文献增长规律的研究在科技史和科学学理论研究上的应用是一种有效的途径。

2.7.2 在情报研究中的应用

从科学情报学的角度出发，科学文献增长规律的研究是科技人员和情报工作人员开展情报分析研究，掌握科技发展动态，进行科学预测的可靠手段。

科学文献数量的增长可以反映一个国家某项技术发展的过程和所达到的水平。在各类文献中，专利文献是显示科学技术发展的最敏感的指标，因此，人们常常利用专利文献数量的变化来进行情报分析研究。图 2-5 绘出了 1949~1970 年期间，日本在半导体扩散技术方面的专利数和其他国家的专利数的变化曲线。从中可见，日本在这一领域起步比其他国家晚两年，1964 年赶上其他国家，1968 年便取得了遥遥领先的地位。从技术引进的需要来看，这为我们提供了可靠的决策依据。因此，通过有关文献的数量变化可以掌握某一分支学科或某一技术领域的产生、发展的全过程和未来的趋势，从而为选择科研课题，确定技术方案提供定量依据。

2.7.3 在文献信息管理中的应用

实际上，科学文献增长规律的研究最早是由研究图书馆的管理开始的。一个图书馆或情报机构确定经费的合理分配、资料搜集的原则、馆藏增加的策略、存储空间扩大的措施、情报加工处理和传递交流新技术的应用，等等，都要以科学文献的数量及未来的增长趋势作为重要的决策依据。例如，一个文献中心可以通过研究其馆藏量的增加规律和趋势，确定经费预算和馆

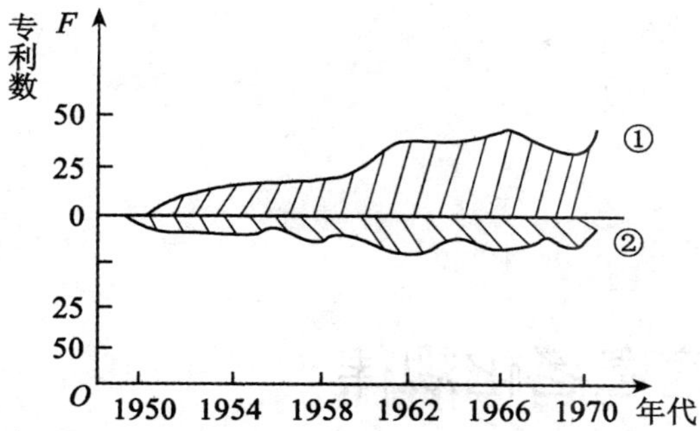

图 2-5　世界半导体扩散技术的专利分布
①和②曲线分别表示日本和世界其他国家有关
专利的数量变化情况（1949~1970）。

藏发展的规模，直至详细决定应增添的书架的数量和书库扩建的面积等。

但是，目前文献信息增长规律的研究及应用也还存在研究工具、数学模型的提炼、研究方法及统计结果的可靠性等方面的问题。

3 文献信息老化规律

随着科学技术的不断进步、科学知识不断更新，新的知识不断产生，旧的知识不断被取代，这是科学发展的客观规律。而作为科学知识记录的科技文献也必然要随之发生新陈代谢。文献老化是一种必然的普遍社会现象。文献老化及其规律是科学计量学与文献计量学的重要课题，也是信息计量学的重要课题。自从戈斯内尔（C. F. Gosnell，1943）研究文献老化现象以来，人们围绕文献老化的机理、量度指标、数学模型及其影响因素展开了大量研究。主要是围绕三个方面进行的：一是文献老化理论的研究，进而探索文献信息传播的动态规律；二是对研究方法与定量描述方法的研究，以便准确把握老化规律及其动力机制；三是对文献老化的应用研究，以便更好地指导书刊选购、馆藏优化、排架流通等活动，更快地提高文献利用率和服务效益。

3.1 文献信息老化的概念和量度指标

关于科学文献及其特征信息的老化规律，人们进行了长期的探索。最早研究文献老化的是美国纽约大学的戈斯内尔（C. F. Gosnell）。1943 年，他就以此为题做了博士论文，并于次年 3 月发表在美国《大学与研究机构图书馆》杂志上，题为“大学图书馆中文献老化问题”。但后来这方面的研究论文并不多。一直到 20 世纪 50 年代末，人们才开始寻求描述文献老化的定量指标和方法。将“半衰期”概念引入科学文献领域，是文献老化研究的一个里程碑。20 世纪 60 年代，美国的 R. E. 巴尔顿（R. E. Burton）和 R. W. 凯普勒（R. W. kebler），对科学文献的“半衰期”问题进行了一系列研究。他们指出了科学文献领域中的“半衰期”的含义，描绘了老化曲线，求出了标准公式，并对 9 个学科领域的文献进行了初步的“半衰期”计算，把文献老化研究大大推进了一步。20 世纪 70 年代以来，由于图书馆面临经费紧缩和库容危机，使人们更加重视这方面的研究，以便发现过去和现在的文献利用规律，从而展示将来的发展趋势。莱因（M. B. Line）和桑迪森（A. Sandison）提出了文献使用率和情报价值的关系等理论课题，并在考虑文献增长的前提下开展文献老化的研究。艾伦·肯特（Allen Kent）有关匹兹堡大学文献利用情况的研究论文，为图书馆在改进订购原则，提供文献收藏以及剔除工作的实用标准方面树立了范例。在这些研究成果之后，人们围绕文献老化量度指标、数学模型及其影响因素等问题展开了大量研究，并取得了一定进展。在研究的过程中人们逐渐形成了对文献老化的不同认识观念和度量指标。

3.1.1 文献老化与情报老化的概念

（1）关于文献老化的基本认识

自从戈斯内尔（C. F. Gosnell）研究文献老化现象以来，人们对这一现象的研究历史已有 60 余年。研究不断深化，逐渐形成了对文献老化的不同认识观念，可以概括为：过程观、状态观、过程状态辩证观。

① 过程观

这一观点认为文献老化是一种过程。这是研究中的主流。戈斯内尔（C. F. Gosnell）于 1943 年以《大学图书馆藏书老化率》为题的博士论文指出：在知识的积累（表现为文献的积累）过程中应当注意到问题的另一方面，即随着时间的推移，一切知识或其相应的载体会逐渐失去原有价值，并提出用“文献老化”（Document Obsolescence）表示这种文献资料逐渐变得不再有用或不再有效的过程。丁学东曾明确指出：“老化是一个过程，是一个动态的概念。”① 对过程观的执著甚至导致对巴尔顿-开普勒（Burton-Kebler）文献老化测度方法及其测度结果的否定。其实，过程观是所谓历时观察合理性的基础。

② 状态观

这一观点认为文献老化是一种状态。但这种认识似乎还处于潜意识当中，只是在谈到某具体文献是否老化时有意义。但实际上巴尔顿-开普勒（Burton-Kebler）文献老化测度方法是对文献老化状态的描述，不过他们及后来的研究者仍认为是对文献老化过程的描述。其实状态观也是非常有意义

① 丁学东．关于 Burton-Kebler 文献老化经验公式及 Мотылев 修正式．北京大学学报，1992（4）：105~111

的认识角度，是所谓共时观察合理性的基础。

③ 过程状态辩证观

该观点认为文献老化是一个过程，也是一种状态。过程是状态连续变化的过程，状态是过程某一时刻的状态。这就维护了巴尔顿-开普勒（Burton-Kebler）文献老化测度方法。《文献计量学》一书指出："科学文献老化既是一种客观的社会现象，又是一个复杂的动态过程。"已经明确地表明了这种观点，这种观点益于深化对文献老化的基本认识。它使历时与共时观察都有了合理性的基础。

（2）文献老化与情报老化

一般来说，"老化"问题包括文献老化和情报（信息）老化。所谓科学文献老化系指科学文献随其"年龄"的增长，其内容日益变得陈旧过时，作为情报源的价值不断减小，甚至完全丧失其利用价值。科学文献老化既是一种客观的社会现象，又是一个复杂的动态过程。对此，前苏联著名情报学家 A. И. 米哈依洛夫定义为，科学文献"随其'年龄'的增长，失去了作为科学情报源的价值，以及因此越来越少被科学家和专家们利用。老化的不是科学情报本身，而是包含这些情报的文章"①。关于情报老化的概念，情报学家莱因（M. B. Line）和桑迪森（A. Sandison）所作的定义是："情报的有效价值随时间流逝而衰减"② 的现象。而 B. A. Полушкин 则认为，应该采用"文献情报老化"这一提法，并指出情报老化实际上就是文献情报的老化，文献情报老化是一个相对的概念，是相对于情报对象或情报用户而言的。情报对象是指客观存在的物体、事实、现象及其性质和特征等。显然，这些情报对象通常在不断变化着，而文献情报反映的是对象的某种记录状态，具有不变性，因此必然会相应地出现文献情报的老化。对于情报用户来说，文献情报若缺乏必要的针对性，或丧失了新颖性、实用性等而变得没有使用价值时，便可认为文献情报相对于情报用户发生了老化。可见，由于比较的参照系不同而发生的这两种老化现象有着较大的差异。文献老化和情报老化是两个不同的概念。可以认为，情报的老化是相对于情报对象而言，而文献的老化则是相对于情报用户而言的。对图书情报人员来说，所关心的主要是文献的老化问题。

---

① 米哈依洛夫等著，徐新民等译．科学交流与情报学．北京：科技文献出版社，1980：186

② Line M. B.，Sandison A.．Obsolescence and changes in the use of literature with time. *Journal of Documentation*，1974，30（3）：283～350

人们对于老化问题存在许多糊涂认识，总是企图确认某一件（类）文献或情报是否老化，因为这对图书情报管理人员及用户都是有用的；又企图把握其随时间老化的过程，希望通过时间指标说明其是否老化，这对研究者是有用的。但是，对文献或情报单元来说，又很难说明其是否老化，其老化受到多种因素的影响。实际上，老化是文献群或情报群的可利用性变化倾向与规律，是一种价值判断。

（3）文献老化的精确定义

定义 3-1 设 Ω 是文献空间，$\mathcal{X}$ 是 Ω 上的 σ 域，P 是 $\mathcal{X}$ 上的文献可利用性测度，则称（Ω, $\mathcal{X}$, P）是以 P 为测度的文献空间。Ω 是由所有文献组成的集合，$\mathcal{X}$ 中的元素是文献集。

定义 3-2 设 $X\in\mathcal{X}$，则 $P(X)$ 为 X 的可利用性测度。

定义 3-3 对给定的 $X\in\mathcal{X}$，$P_t(X)$ 为 X 在 t 岁的可利用性测度。

定义 3-4 对给定的 $X\in\mathcal{X}$，$X(t)\subset X$ 是 X 中 t 岁的文献集，则 $P(X(t))$ 是 $X(t)$ 在观测时刻的可利用性测度。

定义 3-5 观察 $P_t(X)$ 随 t 的变化，称对 X 的历时观察。

定义 3-6 观察 $P(X(t))$ 随 t 的变化，称对 X 的共时观察。

定义 3-7 给定的 $X\in\mathcal{X}$，对充分小的 $\forall\varepsilon>0$，如果 $\exists T$，使得当 $t>T$ 时 $P_t(X)<P_T(X)\leqslant\varepsilon$ 或 $P(X(t))<P(X(T))\leqslant\varepsilon$，称 X 存在老化现象。

若 $T=\max\{T\mid P_t(X)<P_T(X)\leqslant\varepsilon\}$，称 X 在 T 岁后 ε-老化；

若 $T=\max\{T\mid P(X(t))<P(X(T))\leqslant\varepsilon$，称 X 在 T 岁后的文献 $X(t)$ ε–老化。

公理 3-1 对于 $\forall X\in\mathcal{X}$，$\forall\varepsilon>0$，总 $\exists T$，当 $t>T$ 时，$P_t(T)<P_T(X)\leqslant\varepsilon$ 或 $P(X(t))<P(X(T))\leqslant\varepsilon$。该规律称为文献老化公理。前者为历时老化，后者为共时老化。

3.1.2 文献老化的量度指标

为了衡量科学文献的老化速度和程度，定量地揭示其老化规律，人们从不同的角度进行研究，提出一些量度指标，主要量度指标有：半衰期、普赖斯指数、剩余有益性指标等。

（1）半衰期

① 半衰期的概念

1958 年，科学学家贝尔纳（J. D. Bernal）在华盛顿召开的一次情报科学讨论会上，首先提出了用“半衰期”来表征文献情报老化速度，表示已发表的文献情报中有一半已不使用的时间，可以看出，他给出的“半衰期”概念适合于老化的历时观察。1960 年，巴尔顿（R. E. Burton）和开普勒（R. W. Kebler）提出的文献情报的“半衰期”概念是指某学科（专业）现时尚在利用的全部文献中较新的一半是在多长一段时间内发表的（共时半衰期）。这与该学科一半文献失效所经历的时间（历时半衰期）大体相当。例如，当我们测定化学文献的半衰期是 8.1 年时，意思就是说在统计研究的那一年里，尚在使用的全部化学文献的 50%是在最近 8.1 年内出版的。同时也是说，经过 8.1 年，化学文献的一半，其利用价值已逐渐衰减。据称，在当代条件下，科技文献的发表如果延误 1.5～2 年时间，其价值将丧失 30%以上。巴尔顿（R. E. Burton）和开普勒（R. W. Kebler）提出的文献情报的“半衰期”概念也被称为“中值引文年限”。美国《科学引文索引》（*SCI*）的副产品——《期刊引证报告》（*JCR*）综合这两种定义提出引用半衰期（Citing half-life）和被引半衰期（Cited half-life）。

按照文献老化的精确定义方法也可以对半衰期进行精确定义：

定义 3-8 对 $\forall X \in \mathcal{X}$，如果 $P_T(X) = \frac{1}{2}P_0(X)$，则称 T 为 X 的历时半衰期。

定义 3-9 选定某一观测时刻，对 $\forall X \in \mathcal{X}$，$X = \{X(t) \mid t = 0, 1, 2, \cdots, K\}$，如果

$\sum_{t=0}^{T_1} P(X(t)) = \frac{1}{2}\sum_{t=0}^{K} P(X(t))$，则称 T_1 为 X 的平均共时半衰期。如果

$P(X(T_2)) = \frac{1}{2}P(X(0))$，则称 T_2 为 X 的分布共时半衰期。

② 半衰期的适用性

早在 1963 年，美国著名文献计量学家 D. 普赖斯在研究中就扩大了“半衰期”的适用范围，并指出，一篇论文的“半衰期”大约是1.5年，也就是说，引用这篇论文的全部其他论文（引证文献）的二分之一是在这篇论文发表后的 1.5 年内发表的。可见，某一学科文献情报的“半衰期”与某一篇（或某一年的）论文的“半衰期”的含义是不同的，前者是相对于被引文献情报的数量而言，后者则是相对于引证文献而言的。但很多人的研究证明，期刊论文的“半衰期”要比这个时间短得多。1970 年，英国巴思技术大学的学者莱因（M. B. Line）指出，研究“半衰期”要考虑文献情报增长率的因素，于是他在研究中加进了指数增长率进行计算。1980 年，布朗在考虑文献增长的前提下，对化学期刊文献的“半衰期”进行了研究。

从广义上来说，“半衰期”概念可以推广，例如相对于不同主体而言，可以分为学科文献半衰期、期刊文献半衰期等；还可从引证与被引证的角度出发，分出“引文半衰期”和“论文（被引）半衰期”的不同概念。不同的老化考察对象适合不同的半衰期概念。共时半衰期通常是评价某一学科或专业文献的老化趋势，而不是指个别文献。而历时半衰期，可以是某一学科文献老化的半衰期，也可以是一种期刊，甚至一篇文献老化的半衰期。

③ 半衰期的计算

半衰期的计算可根据上述相应的半衰期的定义求得。

a. 作图法。将统计数据制成引文频次分布表，以引文累积量或引文百分累积量为纵坐标，以被引文出版的年龄为横坐标作图，在图中找出与纵坐标上引文累积量或百分累积量一半处的对应点的横坐标 T，即为所求结果。

b. 定量模型计算法。对统计数据建立文献老化模型，再根据定义找出半衰期的计算公式，将相应数据代入求得结果。这将在下面讨论文献老化的数学模型及老化指标时进一步讨论。

（2）普赖斯指数

① 普赖斯指数的概念

1971 年，普赖斯（D. Price）在对《科学引文索引》（*SCI*）所作的统计分析中发现，在被调查的一年内所发表文献的全部参考文献中有一半文献是在近 5 年内发表的。受这一结果的启示，普赖斯认为可以用 5 年作为划分文献情报利用程度的标准，出版年限小于 5 年的文献称为“现时有用”的文献，出版年限超过 5 年的称为“档案性”文献，提出了一个衡量各个知识领域文献老化的数量指标，即后人称为的“普赖斯指数”。就是在某一个知识领域内，把对年限不超过 5 年的文献的引文数量与引文总量之比当做指数，用以量度文献的老化速度和程度。其计算公式为：

$$P_r\text{（普赖斯指数）}=\frac{\text{出版年限不超过 5 年的被引文献数量}}{\text{被引文献总量}}\times 100\%$$

② 普赖斯指数与半衰期的比较

一般来说，某一学科或领域文献的“普赖斯指数”越大，半衰期就越短，说明其文献的老化速度就越快。“普赖斯指数”和“半衰期”是既有联系又有区别的两个衡量科学文献老化的定量指标。它们都是从文献被利用的角度出发，但以不同的方式来反映文献老化的情况。普赖斯认为，“有现时作用”的引文数量与“档案性”引文数量的比例，是比引文的“一半寿命”更为重要的特征。文献的“半衰期”只能笼统地衡量某一学科领域全部文献的老化情况，而“普赖斯指数”既可用于某一领域的全部文献，也可用于评价某种期刊、某一机构，甚至某一作者或某篇文章的老化特点。半衰期概念可以适用于一般情报老化，而普赖斯指数只适用于文献情报。

③ 普赖斯指数概念的推广

普赖斯指数的概念虽然只是从引文统计分析得到，但我们也可以按文献老化的精确定义，将普赖斯指数的概念进行推广：

定义 3-10 对 $\forall X \in \mathcal{X}$，$P_r(X) = \dfrac{\sum_{t=0}^{4} P_t(X)}{\sum_{t=0}^{\infty} P_t(X)}$ 为 X 的历时普赖斯指数。

定义 3-11 选定某一观测时刻，对 $\forall X \in \mathcal{X}$，$X = \{X(t) \mid t = 0, 1, 2, \cdots, K\}$，$P_r(X) = \dfrac{\sum_{t=0}^{4} P(X(t))}{\sum_{t=0}^{K} P(X(t))}$ 为 X 的共时普赖斯指数。

显然，普赖斯指数的原始定义是符合定义 3-11 的。

（3）剩余有益性指标

① 剩余有益性指标的概念

英国的 B. C. 布鲁克斯（B. C. Brookes）引进期刊有益性的概念，用期刊的剩余有益性作为评价其老化的指标。某一年份某一期刊被用户所利用的文献数被称为期刊有益性。经过若干年后，期刊还保留的有益性——即剩余有益性，是期刊老化程度的一种量度。

② 剩余有益性指标的适用性

采用期刊有益性指标衡量老化程度时，只是对于满足一定类型和内容的情报需求的几种期刊来说，才是有用的。

③ 剩余有益性指标的计算

用剩余有益性指标作为评价其老化的指标，意味着剩余有益性指标作为文献可利用性测度，并且服从文献老化公理。可以建立相应的文献老化定量模型。布鲁克斯假定期刊的有益性满足负指数模型，并假定每年的引文量为选定期刊在该年的有益性度量。则该选定期刊总有益性为：

$$U = \sum_{t=0}^{\infty} Ca^t = \frac{C}{1-a}$$

式中，C 为选定期刊在其“生命期”内第一年的引文量；a 为老化系数。那么，i 年后的剩余有益性为：

$$U(i) = \sum_{t=i}^{\infty} Ca^t = \frac{Ca^i}{1-a} = Ua^i$$

3.2 文献信息老化的研究方法

3.2.1 文献管理统计数据分析方法

文献管理统计数据分析方法，适用于给定图书情报单位文献老化情况研究，对指导文献剔除，文献报导很有用处，适用于所谓“局部的”老化研究。对于相应的统计指标，具体统计方法主要有：书刊借阅次数统计分析法，文献流通量统计分析法。还可以根据文献流通数据、文献归架数据、文献复制数据的年代分布频率，综合判断文献老化的情况。对于图书情报部门来讲，重要的是馆藏的老化状态，再在长期的监控过程中逐渐把握馆藏的老化动态过程。文献管理数据一定程度上可以客观地反映图书情报中心所拥有的文献的实际利用情况，而且这方面的统计分析可以与文献选购、馆藏剔除等经常性的业务工作结合起来，从而有利于该单位从传统的经验管理向科学的定量管理过渡。

布莱尔（Burrell）在研究图书流通量的混合 Poisson 模型的修正时考虑了老化的负指数规律的影响，还以此研究了以流通频率数据为基础的各种剔旧方法的结果。Goughlin 验证了布莱尔的模型，Tague 的调研却令人失望，Gelman 展示了 β 二项模型拟合的方法，布莱尔后来承认了 β 二项模型的成功，也指出了其不足。国内也有人用以检验用文献利用频率分布拟合文献老化的不可靠性。但现有的应用都是利用一些较随意的标准进行的，有待完善。目前应该看到对于网络化信息的老化定量研究，管理统计数据分析法是一种有用的方法。信息资源网络化系统也具备这种管理统计的功能。

3.2.2 引文分析方法

引文分析方法是将所研究的学科领域在一定时间之内的全部文献收集起来，通过统计每一篇文章所附的引文的发表时间及其被引用时间等数据来研究该领域内文献老化的情况。引文分析方法是目前采用最多，也是最有研究成效的方法。适用于某学科、某专业文献老化的研究。适用于所谓“普遍的”老化研究。这种方法又分为历时法与共时法。

历时法是符合过程观的，共时法是符合状态观的。

从两个角度对文献老化的研究为数不少，但对两个角度的观察是否一致却一直不能达成共识，是否都具合理性也没有统一的认识。

莱因（M. B. Line）和桑迪森（A. Sandison）认为：没有理由假设共

时法与历时法测度的老化相同。我国有人指出了共时法的不可靠性，甚至彻底否定了共时法。

斯廷森（E. R. Stinson）和兰凯斯特（F. W. Lancaster）证实了共时法的合理性。可以通过数据比较检验共时和历时老化测度，并证明“两种方法有差异，从不同侧面反映了文献老化现象，不可偏废”。

两种方法还有待充分利用定量方法和分析技术进行全方位的比较研究。

（1）历时法

所谓引文分析的历时法，就是对某一确定的文献（集）产生后，其在以后各年被引用数据的统计分析方法。

① 历时数据的统计方法

就是将某一确定的文献（集）产生后，其在以后各年被引用数据逐年地进行统计，从而客观反映该文献（集）的老化的动态过程。显然，这种统计时间跨度会较大，统计数据量较大。

② 历时数据的分析方法

就是以某一确定的文献（集）为统计观察对象，按一定的时间间隔统计发表后的被引数据，并按引用的时间顺序排列，研究观察时间 t 增加时引文数据的变化。统计分析的指标主要有被引频次和被引率等。分析方法主要有回归分析、相关分析、模型拟合等方法。

（2）共时法

所谓引文分析的共时法，就是在某一确定时间，对过去历年发表的文献被该确定时间发表的文献引用的数据进行统计分析的方法。

① 共时数据的统计方法

就是对研究的学科领域，将某一确定时间的所有文献全部收集起来，统计分析过去历年发表的文献被该确定时间引用的数据，从而客观反映该确定时间文献老化的时间分布状态。显然，这种统计时间跨度会较小。*JCR*（*Journal Citation Reports*）每年都对科学文献进行共时观察，是我们获得共时数据的最有效、最简捷的方法。

② 共时数据的分析方法

利用共时观察，以给定的一段时间中，不同年限的引文分布情况为对象进行观察。研究观察时间 t 增加时引文时间分布数据的变化。统计分析的指标主要有引文频次和引文率等。分析方法也主要有回归分析、相关分析、模型拟合等方法。

3.2.3 数学方法

用数学方法来研究和计量文献老化是一种有效的方法，也是文献计量学的最主要的方法。具体应用的数学方法主要集中在数理统计方法和数学模型方法。

（1）数理统计方法

数理统计方法有着广泛的应用，也有待进一步开发利用。1985 年，布莱尔（Burrell）研究了图书流通量的混合 Poisson 模型的修正，同时考虑了老化的负指数规律的影响。1987 年还以此研究了以流通频率数据为基础的各种剔旧方法的结果。1994 年，英国的格兰泽尔（W. Glanzel）和斯考泼福林（U. Schoepflin）用非相似产生过程描述了文献引用过程的统计性质，给出了文献情报老化的随机模型，并讨论了其影响因素及应用问题。

（2）数学模型方法

数学模型方法就是运用数学理论和方法，以数学表达式和符号来描述文献老化的各种因素之间的数量关系，从而揭示其规律的一种研究方法。数学模型方法在文献老化研究中有着广泛的应用，并取得了丰硕的成果。例如，负指数模型、布鲁克斯（Brookes）积累指数模型、巴尔顿-开普勒（Burton-Kebler）老化模型及其修正式等已成为研究中的经典。

3.2.4 综合分析方法

综合统计分析方法是全面考察文献老化的实际情况的一种方法。这种方法以引文数据、流通数据、馆内使用数据、文献归架数据之间数据以及文献利用的总数据为基础，吸取上述方法的长处，力求克服引文分析法和流通统计中的局限性，从各种实际利用文献的角度综合分析文献的利用和老化情况，这种方法比较客观和全面，但要求大规模的、多方面的文献统计，因此这种方法一般用于某些专业领域或学科的文献老化的研究。

需要指出的是，上述各种方法还存在一定的局限性。因为情报用户的需求和文献的被利用都是一种随机过程，文献的老化不可避免地要受到较多的人为主观因素的影响。社会的需要、语言的障碍、用户的知识素养、检索工具的优劣、图书情报人员的服务态度、用户的习惯和心理、甚至书的封面的颜色等种种偶然的因素均会影响到文献的使用。有些问题需要用系统论的观点和方法来进行研究，才可望取得一定的效果。正因为文献老化是一种十分复杂的社会现象，所以对文献老化的研究没有而且很难找到一种统一的固定模式和方法。这也说明文献老化的计量学研究的艰巨性和长期性。

3.3 文献信息老化的数学模型及老化指标

3.3.1 经典数学模型及老化指标

这里有两层含义：一层是指经典作者所建立的模型，一层是指运用经典的数学方法建立的模型。

(1) 几种经典的数学模型

研究表明，文献的老化规律可以用某些数学模型来描述，例如：负指数模型、巴尔顿-开普勒老化方程、布鲁克斯老化方程、阿弗拉米斯库（A. Avramescu）方程等。

① 负指数模型

贝尔纳早在 1958 年提出的负指数老化模型，是利用共时数据得到的。目前一般采用下列负指数函数：

$$C(t) = Ke^{-at} \tag{3-1}$$

式中，t 为文献的出版年龄（以 10 年为单位）；$C(t)$ 表示 t 年所发表的文献的引用频率；K 为常数，随不同学科而异；e 为自然对数的底，等于 2.71818…；a 为文献的老化率。如果以文献的出版年龄为横轴，现时正在使用的文献的相对量为纵轴，可描绘出一条负指数曲线，称为文献的老化曲线（如图 3-1 所示）。该曲线能较直观地表达文献的老化过程。从宏观上来说，负指数函数描述了文献老化的规律，反映了文献利用率的衰减现象，基本上符合实际观察结果。然而在文献交流活动的整个时域中，文献的利用率并非在每一阶段都符合负指数函数的规律，而且该公式也未能将影响文献老化的因素与文献老化的关系直接反映出来，因此，还存在一些不足之处，有待进一步修正和完善。

根据半衰期的定义，设 T 为半衰期，由（3-1）式知

$\frac{1}{2}=\frac{C(T)}{C(0)}= e^{-aT}$两边取对数，得：

$$T = \frac{1}{\alpha}\ln 2 \tag{3-2}$$

（3-2）式给出了半衰期、老化率两个指标及其关系。该模型不能用于描述引文年代分布，因为最大引文年限之内的引文分布明显不适合该模型。

② Burton-Kebler 老化模型及其修正式

1960 年，美国的图书馆员巴尔顿（R. E. Burton）和物理学家开普勒

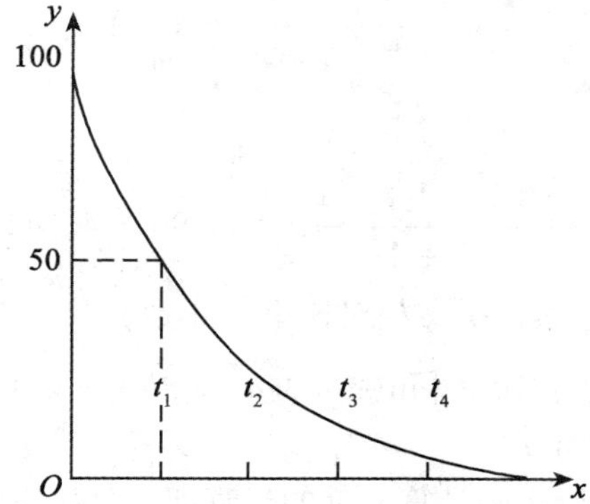

图 3-1　文献老化曲线

（R. W. Kebler）合作，对科技文献的老化问题进行了一系列研究。他们选择物理、化学、机械工程等 9 个学科领域的期刊文献进行了引文数据的统计分析和计算，发现按 9 种不同的引文数据所描绘的 9 条曲线竟然在形状上非常相似，同放射性元素 U^{235} 的衰变曲线一样都是负指数曲线。于是，他们为这些曲线求出了一个标准公式，后来被称为巴尔顿-开普勒老化方程。其解析式如下：

$$y = 1 - \left(\frac{a}{e^x} + \frac{b}{e^{2x}}\right) \tag{3-3}$$

式中，$a+b=1$；y 为经过一定时间该学科领域尚在利用的文献的相对数量；x 为时间，以 10 年为单位。

根据以上公式，当取 $y=0.5$ 时，可以计算文献的半衰期。巴尔顿等据此算出了所研究的 9 个学科的文献半衰期。在物理学和化学领域里，放射性材料的半衰期与其组成有关。按照这个道理，巴尔顿和开普勒指出，一个学科的期刊文献是由多方面的内容组成的，很多相关学科都有使用的可能。这样，半衰期曲线也必然会受不同内容的文献的支配。已发表的文献的老化速度，不仅取决于这些文献所属的学科领域，而且还受其他一些因素，特别是文献的类型和性质的影响。由此可见，文献的老化规律要受到许多因素的制约，而巴尔顿-开普勒老化方程并没有完全反映出各种因素之间的关系。此外，这个公式也较复杂，难以进行准确的实际计算。

1980 年前苏联学者莫蒂列夫（В. М. Мотылев）详细研究了老化方程（3-3），考察了实际统计数列与理论计算数列的差异，检验表明这种差别非常显著。因此，他对这个公式进行了修正，提出了如下的修正式：

$$y = 1 - \left(\frac{a}{e^{x-0.1}} + \frac{b}{e^{2x-0.2}}\right) \tag{3-4}$$

式中，$a+b=1$

$$a = \frac{e^{1.8}(1 - y_x) - 1}{e^{0.9} - 1} = 3.4596 - 4.1447y_x \tag{3-5}$$

式中，y_x 为实测 10 年累计引文相对比率（小数）。

$$x_{hl} = 10 \times [\ln(a + \sqrt{a^2 + 2b}) + 0.1] \tag{3-6}$$

式中，X_{hl}为半衰期（年）。

利用该修正式可以实际计算文献的半衰期，且所需的文献引用数据可以自行统计，运算也较为简便易行。

这两个方程式是一致的，只是将引文年龄前者规定为“0”，而后者规定为“1”。或者将修正式看成对文献情报发表时滞的修正。它们也不适合于引文年代分布的描述。

③ Brookes 积累指数模型

B. C. Brookes 于 1970 年，从历时的角度提出科技期刊文献的被引用数量随时间推移的衰减过程近似服从简单的负指数模型。形式上也和（3-1）式一样，表示为：

$$C(t) = \mathrm{K}e^{-at} \tag{3-7}$$

式中，C（t）表示发表了 t 年的文献的引文频次；K 为常数，随不同学科而异；e 为自然对数的底，等于 2.71818…；a 为文献的老化率；t 表示时间。

在引文频次的负指数模型基础上，1971 年，B. C. Brookes 提出了文献老化的累积指数模型，从数学角度上讲，该方程缩小了由于引文频次统计时的随机误差引起的建模误差。

在（3-7）式中设：$b=e^{-a}$

$$\begin{aligned} Y(t) &= C(t) + C(t+1) + C(t+2) + \cdots \\ &= \mathrm{K}b^t + \mathrm{K}b^{t+1} + \mathrm{K}b^{t+2} + \cdots \\ &= \mathrm{K}b^t(1+b+b^2+\cdots) \end{aligned}$$

设：$\mathrm{M}=\mathrm{K}(1+b+b^2+\cdots)$ 则累积指数模型为：

$$Y(t) = \mathrm{M}b^t \tag{3-8}$$

式中，Y（t）为引文中 t 年以前（包括 t 年）发表的论文数（被引文献年龄≥t）；M 为常数，等于引文总量；b 为老化系数；$0<b<1$。容易计算出其半衰期：

$$T=-\frac{\ln 2}{\ln b} \tag{3-9}$$

B. C. Brookes 曾经导出近似计算 b 值的一种很好的方法：

在（3-7）式中取 t=0，1，2，3…时，即可得到文献老化的几何递减序列：

$$K，Kb，Kb^2，\cdots，Kb^t$$

然后设 k 为某文献集合中出版年限大于 i 年的引文总量，而 L 为集合中出版年限小于 i 年的引文总量。应用文献老化负指数公式（3-7）可以求出出版年限大于 i 年的引文总量为：

$$k=Kb^i+Kb^{i+1}+Kb^{i+2}+\cdots=Kb^i\ (1+b+b^2+\cdots)\ =\ (k+L)\ b^i$$

从而可以求出：

$$b=\left(\frac{k}{k+L}\right)^{\frac{1}{i}}=\sqrt[i]{\frac{k}{k+L}}=\sqrt[i]{\frac{k}{M}} \tag{3-10}$$

因此，只要通过统计得到全部的引文量 M，再适当选取 i 值，便可较准确地计算出 b 值，根据经验，一般可以选取 i=6，7 或 8。

④ 阿弗拉米斯库（A. Avramescu）方程

针对不同质量，不同种类的文献的老化态势，罗马尼亚文献计量学家阿弗拉米斯库（A. Avramescu）进行了研究，并提出了如下的数学模型：

$$Y(t)=C_0(e^{-\alpha t}-e^{-mt}),\ m>\alpha \tag{3-11}$$

式中，$Y(t)$ 为引文频次；C_0 为传播幅度（Amplitude）；α 为引文频次年代衰减率；m 为初始增量。

不同的 C_0，α，m 对应不同的文献老化态势。

1）当 C_0，α 较大，m 较小时，描述文献一经发表就受到高度重视，但很快人们便失去热情，文献迅速老化的过程。总体被使用次数不多。（图 3-2，曲线 1）

2）当 C_0 较大，α，m 较小时，描述文献被广泛接受，老化速度较慢，总体被使用次数较多。（图 3-2，曲线 2）

3）当 C_0，α，m 较小时，描述文献一直不被多数人所重视，老化速度虽慢，但总体被使用次数较少。（图 3-2，曲线 3）

4）当 m 几乎为 0，$\alpha<0$ 时，描述才华横溢而到后来才被人们认识的论文，开始时没能被广泛利用，但后来被人们认识，被使用量逐渐增大，在相当长时间内不表现为老化。（图 3-2，曲线 4）

可以看出，阿弗拉米斯库（A. Avramescu）方程描述的是引文频次分布，当 $m>\alpha$ 时，

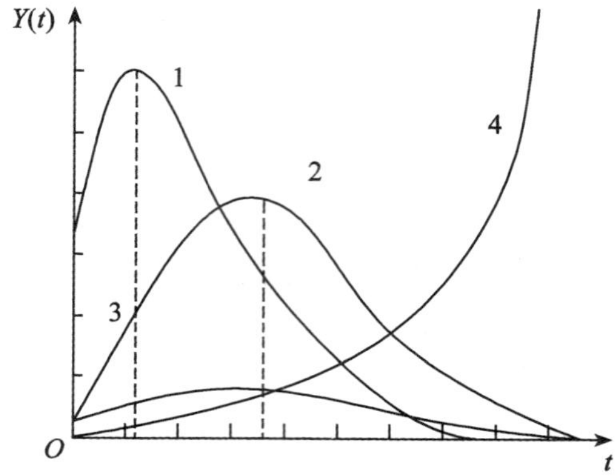

图 3-2　典型引文频次分布

$$Y(t) \approx C_0 e^{-\alpha t} = C_0 a^t$$

式中，$a = e^{-\alpha t}$ 为老化系数。

阿弗拉米斯库（A. Avramescu）的研究结果的重要性在于对单篇文献的使用过程进行了详细的考察，揭示出文献使用及老化过程的复杂性和多样性，但其情报传播过程的数学模型还只是理论上的，需要通过大量的统计数据来验证。

（2）国内数学模型研究的评述

国内关于老化数学模型的研究也卓有成效，并提出了一批很有启发意义的模型。如：

① 动态微分方程

$$\frac{dy}{dt} = ay(t) - by^{\alpha}(t) \tag{3-12}$$

式中，y 为经过一定时间 t，该学科领域尚在利用的文献的相对量；t 为时间，也可称为出版时间；a、b 为常数，且 $a>0$，$b>0$，具体数值和学科特点、文献类型和性质有关；$\alpha>1$；$ay(t)$ 称为繁殖项，$y(t)$ 越大，表明 t 时间出版的引文率越高，影响越大，今后被别人利用的机会就越大，对$\frac{dy}{dt}$影响为正。$-by^{\alpha}(t)$ 称为竞争项。文献增长后人们对以前文献的利用就会减少。若对 t 时间内出版的引文率 y 越高，则这段时间内出版文献情报的知识内容修正、更新越快，$\frac{dy}{dt}$的影响为负，且 $\alpha>1$。该模型是理论性的，不是建立在引文统计基础上的，原则上不能用于引文年代分布，特别在 $\alpha=2$ 时，变为费尔哈斯（Verhulst）模型，（3-12）变为抛物线方程，具有对称性，与引文年限分布的不对称性不符。

② 级数修正式

级数修正式为：

$$y = 1 - \sum_{i=1}^{n} a_i e^{-ix} (i = 1, 2, \cdots, n) \tag{3-13}$$

$$\sum_{i=1}^{n} a_i = 1 (\text{边界条件})$$

显然，当 $i=2$ 时，上式就是 Burton-Kebler 老化公式。经过实际回归数据表明，级数形式的老化公式更接近实际统计结果，有更理想的模拟效果。当然，此式的统计处理需用多项式回归方法，计算过程较之线性回归要复杂一些。

③ 文献老化公式

科技文献老化规律可以用以下数学模型描述

$$R(t) = k_0(1 - e^{-at}) \tag{3-14}$$

式中，t 为年龄，a 为老化常数，$R(t)$ 为文献在 t 年内累积被引频次（注：引文年龄≤t 的引文总数）。

④ 引文年代分布数学模型

如果引入了文献传播阻碍因素的影响，即考虑文献从发表到被引用需要一个传递和选择过程，建立了引文年代分布数学模型：

$$R(t) = R_0\left(1 - \frac{\beta}{\beta - \lambda} e^{\lambda t} + \frac{\lambda}{\beta - \lambda} e^{\beta t}\right) \tag{3-15}$$

式中，λ 和 β 分别为文献老化系数和引文阻碍系数，$R(t)$ 为累积引文量（文献年龄≤t 年的引文量），R_0 为累积引文总量。

这些模型提出后，对它们的等价性及其关系进行了广泛研究，并针对文献引用延时效应对它们进行了修正。

然而，它们都是经验的或先验的模型，适用性较差，使用比较困难，并且在研究中都没有区分引文年代分布数据与文献老化数据，因而模型存在滥用问题。

（3）文献老化与引文年代分布数学模型的研究

文献老化与引文年代分布及其定量研究在文献计量学研究中占有重要地位。国内外许多著名情报学家都对其进行过研究。该两项研究既密切相关又有所区别，难解难分，上述部分也给出了基本梳理，但主要偏重于老化方面，这里拟进一步讨论以下引文年代分布模型的特征。

引文年代分布数学模型除受老化因素影响外，同时还受阻碍老化因素的影响。可以用下列模型描述：

$$R(t) = R - Ce^{-\int f(t)dt} + De^{-\int g(t)dt} \tag{3-16}$$

式中，R 为累计引文总量；R（t）为引文中文献年龄小于等于 t 年的累计引文量；f（t）为老化系数的时间函数；g（t）为引文阻碍系数的时间函数；C，D 为常数。前一指数项是老化影响函数，后一指数项是阻碍因素影响函数。

当 f（t）和 g（t）为常数时，即老化系数与引文阻碍系数不随时间变化时，上式可以进一步简化：

设 $f(t)=\lambda$，$g(t)=\beta$，(3-16) 式变为

$$R(t)=R-Ce^{-\lambda t}+De^{-\beta t}$$

设 $\beta/\lambda=d$，

通过边界条件

$$\begin{cases} R(t)\mid_{t=0}=0 \\ R(t)\mid_{t=\infty}=0 \end{cases} \qquad \begin{cases} R'(t)\mid_{t=0}=0 \\ R'(t)\mid_{t=\infty}=0 \end{cases}$$

可得 $C=\dfrac{dR}{d-1}$，$D=\dfrac{R}{d-1}$，则引文年代分布模型变为：

$$R(t) = R - \frac{dR}{d-1}e^{-\lambda t} + \frac{R}{d-1}e^{-d\lambda t} \tag{3-17}$$

某一时刻的引文量应为 R（t）的导数：

$$R'(t) = \frac{\lambda R}{d-1}(e^{-\lambda t} - e^{-d\lambda t}) \tag{3-18}$$

(3-16) 式是引文年代分布动态数学模型；(3-17) 式是引文年代分布静态数学模型；(3-18) 式是引文时间分布数学模型。(3-16) 式 (3-17) 式是积累分布模型，(3-18) 式是非积累分布模型。

对 (3-18) 式求导并令 $R''(t)=0$ 则

$$e^{-\lambda t}-de^{-d\lambda t}=0$$

$$e^{-\lambda t}=de^{-d\lambda t}$$

两边取对数可得：

$$\lambda = \frac{\ln d}{(d-1)t} \tag{3-19}$$

(3-19) 式中的 t 有特殊的意义，它应该是最大引文年限的值，这时引文分布达到极大值。

要确定 λ 与 d 的值还需要一个方程，可以均匀地选点带入模型得到 λ、d 的关系式，分别与（3-19）式联立求得 λ、d，代回模型求得模型拟合分布，以实际统计数据为参考序列进行灰色关联分析，将关联度大的作为最后建立的实际数据拟合模型。

3.3.2 灰色动态模型（GM）及老化指标

这是基于文献老化影响因素复杂、信息不完备性的现实而建立的，是后验的模型，适用性较强。

根据前述的文献情报的精确定义及老化公理，这里也可以进一步给出文献情报老化的 GM 模型及老化指标。

（1）历时观察的老化 GM 模型及老化指标

对于 $X\in\mathcal{X}$ 进行历时观察，实际中常确定 X 为 K 岁的文献集。

定理 3-1 对某 K 岁的文献集 $X\in\mathcal{X}$ 为对象，其在当前的测度是 $P_k(X)=x^{(0)}(1)$，在上一年的测度是 $P_{k-1}(X)=x^{(0)}(2)$ ……以此类推，得离散函数：

$$x^{(0)}=(x^{(0)}(1),\ x^{(0)}(2),\ \cdots,\ x^{(0)}(K+1))$$

其 1-AGO（一次累加生成）：

$$x^{(1)}=(x^{(1)}(1),\ x^{(1)}(2),\ \cdots,\ x^{(1)}(K+1)$$

其中：$$x^{(1)}(k)=\sum_{m=1}^{k}x^{(0)}(m)$$

则文献历时老化符合 GM 模型：

$$GM(1,\ 1)\begin{cases}\hat{x}^{(1)}(k+1)=\left(x^{(0)}(1)-\dfrac{u}{a}\right)\mathrm{e}^{-ak}+\dfrac{u}{a}\\ \hat{x}^{(0)}(k+1)=\hat{x}^{(1)}(k+1)-\hat{x}^{(1)}(k)\\ \alpha=|\alpha| & \text{老化率}\\ T=\dfrac{1}{\alpha}\ln 2 & \text{半衰期}\\ u & \text{灰作用量}\end{cases}\tag{3-20}$$

证明：按定理所设条件及文献老化公理，根据灰色系统建模方法可得：

$$\hat{x}^{(1)}(k+1)=\left(x^{(1)}(1)-\frac{u}{a}\right)\mathrm{e}^{-ak}+\frac{u}{a}$$

$$\hat{x}^{(0)}(k+1)=\left(x^{(1)}(1)-\frac{u}{a}\right)(1-\mathrm{e}^{a})\ \mathrm{e}^{-ak}$$

其中 a 反映了 $\hat{x}^{(0)}$，$\hat{x}^{(1)}$ 的变化率，我们确定它的绝对值 $|a|=\alpha$ 为老化率，正好反映了 X 可利用性测度的变化率，是合理的。

设半衰期为 T，根据定义 3-8，则

$$\begin{aligned}\frac{1}{2}\hat{x}^{(0)}(K+1)&=\left(x^{(1)}(1)-\frac{u}{a}\right)(1-e^{a})\ e^{-a(K-T)}\\&=\left(x^{(1)}(1)-\frac{u}{a}\right)(1-e^{a})\ e^{-aK}\cdot e^{aT}\\&=\hat{x}^{(0)}(K+1)\cdot e^{aT}\end{aligned}$$

则 $\quad e^{aT}=\frac{1}{2},\ T=\frac{1}{\alpha}\ln 2$

u 在 GM 模型中是灰作用量，反映环境对系统的影响强度，我们直接引入，用来反映环境（Ω，$\mathcal{X}$，P）对观察对象 X 的影响强度，十分恰当。

（2）共时观察的老化 GM 模型及老化指标

定理 3-2 选定某一观测时刻和 $X\in\mathcal{X}$，且 $X=\{X(t)\mid t=1,2,\cdots,K\}$，$X(t)$ 为 X 种 t 岁的文献集。设 $P(X(K))=x^{(0)}(1)$，$P(X(K-1))=x^{(0)}(2)$，…，$P(X(0))=x^{(0)}(K+1)$，得离散函数：

$$x^{(0)}=(x^{(0)}(1),\ x^{(0)}(2),\ \cdots,\ x^{(0)}(K+1))$$

其 1-AGO（一次累加生成）：

$$x^{(1)}=(x^{(1)}(1),\ x^{(1)}(2),\ \cdots,\ x^{(1)}(K+1))$$

其中：

$$x^{(1)}(k)=\sum_{m=1}^{k}x^{(0)}(m)$$

则文献情报共时老化符合 GM 模型：

$$GM(1,1)\begin{cases}\hat{x}^{(1)}(k+1)=\left(x^{(0)}(1)-\frac{u}{a}\right)e^{-ak}+\frac{u}{a}\\\hat{x}^{(0)}(k+1)=\hat{x}^{(1)}(k+1)-\hat{x}^{(1)}(k)\\\alpha=|a| & \text{老化率}\\T_1=\frac{1}{\alpha}\ln 2-\frac{1}{\alpha}\ln\left(1-\frac{u}{a}\left(x^{(0)}(1)-\frac{u}{a}\right)^{-1}e^{aK}\right)\\ & \text{平均共时半衰期}\\T_2=\frac{1}{\alpha}\ln 2 & \text{分布共时半衰期}\\u & \text{灰作用量}\end{cases}\qquad(3\text{-}21)$$

证明：按定理所设条件及文献老化公理，根据灰色系统建模方法可得：

$$\hat{x}^{(1)}(k+1)=\left(x^{(1)}(1)-\frac{u}{a}\right)e^{-ak}+\frac{u}{a}$$

$$\hat{x}^{(0)}(k+1)=\left(x^{(1)}(1)-\frac{u}{a}\right)(1-\mathrm{e}^{a})\mathrm{e}^{-ak}$$

其中 a 反映了 $\hat{x}^{(0)}$，$\hat{x}^{(1)}$ 的变化率，我们确定它的绝对值 $|a|=\alpha$ 为老化率，正好反映了 X 可利用性测度的变化率，是合理的。

根据定义 3-9 有

$$\frac{1}{2}\hat{x}^{(1)}(K+1)=\hat{x}^{(1)}(K-T_1+1)$$

即 $\frac{1}{2}\left(\left(x^{(1)}(1)-\frac{u}{a}\right)\mathrm{e}^{-aK}+\frac{u}{a}\right)=\left(x^{(1)}(1)-\frac{u}{a}\right)\mathrm{e}^{-a(K-T_1)}+\frac{u}{a}$

即 $\mathrm{e}^{aT_1}=\frac{1}{2}\left(1-\frac{u}{a}\left(x^{(0)}(1)-\frac{u}{a}\right)^{-1}\mathrm{e}^{aK}\right)$

则 $\mathrm{e}^{aT_1}=\frac{1}{2}\left(1-\frac{u}{a}\left(x^{(0)}(1)-\frac{u}{a}\right)^{-1}\mathrm{e}^{aK}\right)$

由定理的序列构造与文献老化公理：$a<0$

得 $T_1=\frac{1}{\alpha}\ln 2-\frac{1}{\alpha}\ln\left(1-\frac{u}{a}\left(x^{(0)}(1)-\frac{u}{a}\right)^{-1}\cdot\mathrm{e}^{aK}\right)$

仿定理 3-1 中求半衰期的方法得：

$$T_2=\frac{1}{\alpha}\ln 2$$

u 在 GM 模型中是灰作用量，反映环境对系统的影响强度，我们直接引入，用来反映环境（Ω, $\mathcal{X}$, P）对观察对象 X 的影响强度，十分恰当。

推论 3-1 选定某一观测时刻和 $X\in\mathcal{X}$，且 $X=\{X(t)\mid t=1,2,\cdots,K\}$，则对 X 的平均共时半衰期 T_1 与 X 的分布共时半衰期 T_2，满足：$T_2=\lim\limits_{K\to\infty}T_1$

证明：由定理 3-2 知：

$$\lim_{K\to\infty}T_1=\lim_{K\to\infty}\left(\frac{1}{\alpha}\ln 2-\frac{1}{\alpha}\ln\left(1-\frac{u}{a}\left(x^{(0)}(1)-\frac{u}{a}\right)^{-1}\mathrm{e}^{aK}\right)\right)$$

$$=\frac{1}{\alpha}\ln 2=T_2$$

3.4 文献信息老化机理的研究与分析

文献老化是一种非常复杂的社会现象，也是一个非常复杂的动态过程。影响因素繁多，机制复杂，多年来各国学者们进行了许多研究，一般可以从下述几方面进行考察。

3.4.1 文献信息老化的几种类型

（1）静态和动态老化

Schreiber-Herbert 区分了静态和动态老化，认为考虑不考虑文献增长是区分动态和静态两种不同类型老化的标准。

① 静态老化：所谓静态老化是不考虑文献增长因素影响的老化过程。

② 动态老化：所谓动态老化是考虑文献增长因素影响的老化过程。

对于这两种老化的不同认识是“表观的”、“真实的”老化测度之争的引线。M. B. Line 和 A. Sandison 认为，以实际数据为基础的老化曲线只表明“表观的”下降，应对老化作增长方面的修正。相反 B. C. Brookes 发现不校正测度反映了老化的真实性，E. R. Stinson 和 F. W. Lancaster 证实了这点，L. Egghe 等证明了在共时状况下指标增长导致老化更大，历时情况则相反。

（2）局部和普遍性老化

① 局部性老化：所谓局部性老化是指某一图书馆或文献情报单位文献利用率的降低。其研究方法主要运用文献管理统计数据分析方法。

② 普遍性老化：所谓普遍性老化是某一学科或世界范围的老化。其研究方法主要运用引文分析方法。

3.4.2 文献信息老化的几种情形

文献的新陈代谢是一个很现实的问题。由于现代科学技术的迅速发展，随着时间的推移，原来不成熟的理论被比较成熟的理论所代替，不完善的方法为比较完善的方法所补充，不先进的技术被比较先进的技术所更新，错误片面的数据被比较客观的事实所校正，因而旧的文献逐渐失效。若干年前很有价值的重要文献，随着科学技术的发展日益变得陈旧过时，或者失去生命力。因此，这种文献的老化是一种普遍现象。从文献利用的角度来说，科学文献的老化有以下几种情形：

（1）文献包含的信息失效

文献内容被以后的文献证明是不可靠的，甚至是错误的，这种文献当然不能被再使用了。

（2）包含情报的文献已老化

文献的情报内容是正确的，但已进入更广泛的社会交流领域，已被人们普遍接受，不需要再使用原来的文献了。

（3）被更新文献替代

文献内容是正确的，但被更新的、内容更全面的新文献所取代，因而随着时间的推移也渐渐地很少被用户利用了。

（4）研究兴趣下降引起利用减少

文献内容是正确的，但由于某种原因（如社会需求）引起人们研究兴趣的下降或注意力转移，因而不再被用户利用了。

3.4.3 文献信息老化的影响因素

对老化机理的许多研究表明，科学文献老化的根本原因是科学知识的不断增长和更新。我们知道，科学的发展并非单纯地由一个个事实累积而成，而是由无数有创见性的理论，通过不断地完善、发展和更新，才形成今天的知识宝库。随着人类社会的延续，科学知识增长的过程是由知识“叠加”和“更新”两个方面构成的。由于知识更新的不断发生，必然要造成科学文献的新陈代谢。所以，对于科学文献老化的研究，实质上就是对科学知识修正速度的探索；文献老化系数是科学知识修正速率的反映。文献是一个错综复杂的随机性质的集合体，加之文献计量学又具有非对称性，且有对时间不可逆的特征，所以文献老化是一种异常复杂的现象。科学文献的老化要受到许多因素的影响，其机理可从以下 5 个方面来分析：

（1）文献的增长

在文献的动态规律中，增长与老化是一个事物的两个方面，它们从不同的侧面来阐述科学知识的修正率，亦即科学的进步，因此文献的老化首先是与文献的增长联系在一起的。众所周知，科学文献大量增加时，意指科学知识的叠加、完善和更新速率加快，科学出现突破；此时原来知识内容不完善、不全面的旧文献逐渐被人们所遗忘，引用频率迅速降低。当然旧文献包含的知识不会消亡，但其应用价值则逐渐趋向于零，使之成为“档案性”资料。相反，若由于某种原因文献增长缓慢，此时文献老化曲线的梯度会趋于平缓。据普赖斯统计，当第一次和第二次世界大战爆发后，基础理论研究文献引用频次急剧下降。同样，老化曲线也明显地变得平缓，直到战后分别于 1926 年和 1950 年，老化率才又几乎以同样的速度迅速回升，恢复到战前的数值。此外，由于文献情报不断增长，客观上就有更多的文献可供人们引用，而且在实践中人们又往往倾向于引用新文献，故文献的老化率也会出现变化。一般来说，文献增长愈快，文献的老化也相应加快。文献增长得越快，文献的半衰期就越短。因此，新文献的涌现和增长是促成文献老化的重要因素。

（2）文献的学科特点

文献内容所属学科的性质和特点不同，其老化率差异甚大。一般来说，基础理论学科的文献半衰期要长，而应用技术学科的文献半衰期相对短一些，其老化也较快；历史悠久的学科的文献要比新兴学科的半衰期长；比较稳定的学科的文献，要比在内容上或技术上正在经历重大变化的学科的文献半衰期长。有些学科，如电子、冶金、化工等领域，由于研究工作活跃，投入人力物力丰富，知识更新快，文献的半衰期也就较短；而另一些学科，如动物分类学、地理学等，其发展主要是知识的积累而不是修正，因此这些领域相对来说要稳定得多。历史的记录可以长期起作用，故其半衰期一般都比较长，老化较慢。而某些学科，如社会学和机械制造学等，迅速老化的文献与“档案性”文献在数量上大体相当，它们介于前两者之间。

（3）学科的不同发展阶段

在学科发展的整个时域中，每个学科均要经历诞生、发展和相对成熟等不同历史阶段。即使是同一学科不同的发展时期或阶段，文献的半衰期也不尽相同，其老化曲线也并非全部都符合负指数曲线。当学科处于诞生和发展的初期，由于原始文献较少，文献数量呈指数增长，文献的老化符合负指数函数关系，其对应的老化曲线表现为负指数曲线。随着学科研究的深入，学科发展进入相对成熟时期后，文献的增长就不能再继续保持原有的指数增长，文献的增长速率变小，其相应的老化曲线也变得平缓，半衰期加长。这客观上反映了科学修正的速率减慢，但并不意味着科学研究的停滞。相反，一方面它标志着学科已进入相对成熟阶段，文献的科学价值达到了一定的深度，使文献的利用寿命加长；另一方面也说明此时科学活动的结果主要在于知识的累积而不是修正。当知识累积的数量一旦达到一定量时，就会出现由量变到质变的飞跃，而使学科进入新的高度和新的层次，也有可能同时派生出新的分支学科，又使文献呈现指数速率增长；而文献老化曲线也恢复到负指数曲线。

（4）文献的类型和性质

文献的老化速度不仅取决于文献的学科内容，而且还与文献的类型和性质有关。通常，科学专著要比期刊论文、科技报告、会议文献等的半衰期长，经典论著要比一般论著的半衰期长，理论性刊物要比通讯报道性刊物的半衰期长，论述性文章要比介绍性文章的半衰期长，评论性文献比研究论文的老化要慢一些，等等。

（5）用户需求及情报环境

文献用户的需求特点及所处的情报环境的质量也是影响文献老化不可忽

视的因素。例如，不同素质的用户对文献的要求各不相同。科研工作的骨干对最新文献感兴趣，而刚刚踏上研究工作岗位的人员则还需了解历史背景材料，即使同一类读者在不同时期、为了不同的研究目的，对文献的需求亦有不同的特点，有些文献对研究者无用，但对专业历史工作者来说仍然是有用的。所以从知识的使用者来说，文献的利用年限因人而异。不同的国家或地区对文献使用的年限也不完全相同。科学发达的国家对近期发表的新文献感兴趣，而科学较落后的国家则要借鉴别国已有的经验，因而需要查阅前一段时间的文献。

3.5 文献信息老化规律的应用

文献老化规律是文献信息流的基本规律之一。它从文献利用率随时间流逝而衰减的角度揭示文献情报工作的规律和科学发展的特征。A. И. 米哈依洛夫认为，文献老化问题的研究是重要的，因为在对已发表的文献老化分析的基础上，可以对未来文献利用情况作出可靠的预测，进而对整个文献的组织都有一定的指导作用。因此，对文献老化规律的研究无论是理论上还是实践上都具有重要的意义。

3.5.1 在文献情报管理中的应用

(1) 指导剔除，优化馆藏

在文献情报工作中，及时剔除老化的文献，是优化馆藏、提高文献情报服务效率的一个重要环节。做好文献的剔除工作，一方面有利于解决书库空间危机，另一方面还可以提高文献检索效率。这是因为把老化的文献从有用的文献中“分离”出来，势必会提高有用文献的检出率。由于科学文献的急剧增长，各个图书情报部门几乎毫无例外地遇到了书库空间拥挤的问题，给流通带来严重困难，剔除老化文献，已成为许多图书馆、情报中心迫在眉睫的任务。因此，“请走”过时的文献情报，腾出宝贵的空间，使有用的文献不致淹没在老化的文献群中，确定文献老化的具体适用年代就至关重要了，而文献老化的各项数据在指导文献剔除工作方面具有重要的现实作用。

(2) 为制定合理的文献工作原则提供依据

文献老化规律的研究，为制定半衰期不同的各种文献的工作原则提供了科学依据。对“半衰期”较短的学科或专业，情报工作更要抢时间讲效率；要加强文献报道，开展定题服务；对这些学科的期刊要实行开架阅览；而对老化的文献则实行缩微复制保存或藏入保存书库中。根据老化数据，还可以确定文献开架的年限，合理制定各项管理制度等。

（3）用于评价文献

科学文献的老化指标对于掌握文献的特性，判断文献的时效，确定文献的价值都是十分必要和有益的。

3.5.2 在科学学与科技史研究中的应用

文献是科学的一种可以感触到的存在形式，也是科学家最感兴趣并赖以借鉴和利用前人或他人成果的主要情报源。因此，对文献的重要特性——老化规律的研究，可以说明科学发展的速度，揭示科学发展的规律，反映出人类是怎样继承和发展科学知识的。文献的老化与学科性质有关。根据文献老化的指标数据，可以判断学科的性质以及所处的发展阶段。如果对某一技术领域的文献的老化性质进行研究，则可大致确定该项技术的发展速度、适用时间以及在技术上可能被淘汰的年限等。因此，从文献的老化规律研究出发，来揭示科学技术的发展过程和规律，确实是科学学和科技史研究的一个新的重要途径。

4 文献信息集中与离散分布规律——布拉德福定律

4.1 布拉德福定律的产生背景

4.1.1 布氏定律的创始人——布拉德福

S. C. 布拉德福（Samuel Clement Bradford，1878～1948 年）是世界著名的文献学家和化学家。他出生于 1878 年 10 月 1 日，毕业于英国伦敦大学，1922 年荣获科学博士学位。他创立了布拉德福文献分散定律，是文献计量学的主要奠基人。

布拉德福所学虽非图书馆学和文献学，但他热爱这一事业，长期从事图书馆工作。1925 年起担任设在南肯辛顿（South Kensington）的科学图书馆馆长，直到 1937 年 12 月退休。该馆后来发展成为全国科技图书馆，是当时世界上最大的科技图书馆之一，也是一个很重要的外借图书馆。

布拉德福积极从事国际图书馆界的活动，曾参加编辑《国际十进分类法》（*Universal Decimal Classification*，简称 *UDC*），并发表过很多文章，热情宣传和推广 *UDC* 的使用。后来，他还担任过国际分类法委员会主任。

1927 年，布拉德福与波拉德（A. Pollard）等人合作，创建了英国国际目录学协会（British Society for International Bibliography，简称 BSIB），作为国际目录学学会（SIB）的英国分会。布拉德福任该会副会长，1945 年任会长。后来 SIB 改名为 FID（国际文献联合会），BSIB 也于 1948 年与 Aslib（专门图书馆及情报机构协会）合并。自从 1939 年以来，布拉德福就任这个协会会刊的名誉编辑。他是英国图书馆协会的会员，并在其理事会任职多年。同时，他还在英国全国中心图书馆和财政委员会担任领导职务。

布拉德福是一位多产作家。他不仅编辑出版过很多目录，而且著有大量关于分类理论与实践、编目理论的著作，主要有：《理论科学与应用科学著作的分类》、《分类原理》、《科技目录的组织》、《图书馆编目》等。他还发表过许多论文，较著名的有：《国际十进分类法的起源、目的、结构及其使用》、《文献工作五十年》、《科学技术的全部文献工作》、《专门学科的情报源》，等等。布拉德福还是一位物理化学家，对液体和溶液的运动理论、胶体理论和玫瑰花的养殖等课题作了大量的研究，写了很多有关论文。

布拉德福的晚年主要侧重于文献学的研究，于 1948 年完成其专著《文献工作》。这是他的一部很有影响的著作。在这部著作中，布拉德福对文献工作做了系统的理论总结，探讨了文献工作的性质、起源和目的，阐述了字顺主题索引、UDC、标引工作、文摘工作、图书馆的科技服务，以及专业图书馆和专业情报服务等范围广泛的很多问题，特别是对文献分散定律的系统论述，为文献计量学的诞生作出了巨大贡献。

布拉德福博士于 1948 年 11 月 14 日去世，*Library World* 等杂志曾发表悼念文章。1977 年，英国 Aslib 主办的专业杂志 *Documentation* 为纪念布拉德福一百周年诞辰，专门出版一期专刊，发表纪念文章和研究论文，为研究布拉德福的学术思想和科学贡献提供了很好的素材。

4.1.2 布氏定律的产生背景

布拉德福文献分散定律的产生并不是偶然的，而有着一定的客观背景。

（1）文献的分散是普遍的客观现象。在科学研究和文献工作中，布拉德福深深感到科学文献的分散。他发现：一个学科的论文分散在其他学科的期刊杂志上是屡见不鲜的。例如，关于控制论的论文会发表在神经科学的杂志上；关于心脏机械的论文会出现在物理学的杂志上；关于遗传学方面的论文则可能分散在农学杂志上，等等。科学文献的分散是显而易见的普遍现象，关键在于如何找出其分散的规律性。他认为，文献分散规律可以在理论上从科学统一性原则出发定性地推导出来；也可以从对相关期刊所载论文的数量统计基础上推导出定量的结果。

（2）科学统一性原则。虽然科学有不同学科之分，但它是一个整体，具有统一性。科学统一性原则是布拉德福定律产生的思想基础。布拉德福认为，按照科学具有统一性的原则，科学技术的每一个学科都或多或少，或远或近地与其他任何一个学科相关联。因此才会有一个学科的文献出现在另一个学科的期刊之中这种现象。这一点是布拉德福认识文献分散规律的重要基础。问题在于，学科与学科的相互关系如何影响文献与文献的关系，比例如何？分散的特点怎样？布拉德福在研究这些特点时总结出：一种专门面向一个专业学科的期刊，可以含有对别的学科有用的论文。换句话说，对一个专家有用的论文，不仅仅会出现在这个专家所在学科的专业期刊上，而且也时时可能出现在其他学科的期刊上。这些“其他学科”期刊的数量，随着它们的研究领域与那个“专家所在”学科的关系密切程度的变小，以及关于那个“专家所在”学科的论文在每种期刊中的登载率的减少而变大。这是一个反比关系。例如，有关图书馆自动化的论文，按理说应该刊登在图书馆学方面的期刊中；同时，还有可能出现在有关电子技术、数据处理或现代化技术等其他学科的杂志中。这些“其他学科”期刊数量的大小取决于这些期刊的所在学科与图书馆自动化的关系的密切程度。假设关于图书馆自动化的论文共有 100 篇，如果在图书馆学期刊中占有 60 篇，分散到其他学科期刊中的论文就会有 40 篇。这 40 篇论文到底分布在多少期刊上，就要看这些期刊所在的学科与图书馆自动化的关系如何。如果关系密切，若每种期刊平均登载四篇论文，这 40 篇论文就会分散在 10 种期刊中；如果不太密切，若每种期刊平均只登载两篇论文，那么这 40 篇论文就会分散在 20 种期刊中，以此类推。但是，这种关系密切与否不仅是相对而言，而且是多个衡量等级。各种期刊、各个学科的情况都不一样，决定如何分散，还要受到很多因素的影响。

布拉德福还认为，总是会有若干期刊，它们的内容与某个学科更近些；而总会有数量更多的期刊，它们的内容离这个学科更远些；专门面向这个学科的核心期刊，亦即大量包含这个学科内容的最少数的那一部分期刊，论述这个学科的论文数量一定要多于论述有关学科的论文。布拉德福就是按照这个道理产生了将期刊划分为几个区域的思想。他的方法是：按照期刊登载有关某个学科论文的载文率的高低来划分区域，每个区域中的期刊数量随着该区域期刊载文率的减小而增多。这也正好与前面叙述的反比关系相吻合。

（3）文献统计研究是布氏定律产生的基础。20 世纪以来，一些学者开展的文献统计研究给布拉德福定律的形成带来了积极影响。布拉德福对文献规律的认识，正是在客观实际需要的推动下，从文献统计研究开始的。20 世纪 30 年代，由于科学文献数量的激增，具有存储、报道、检索文献职能的文摘杂志不断出现，而且其增长很快。但是，这些文摘期刊普遍存在着重复和遗漏文献的现象。这引起了目录学家布拉德福的深刻思考。文摘杂志的这种不完整性与文献的分散现象是否有着联系呢？为了探明这些文献现象的原因及其内在规律，布拉德福开始对文献体系进行全面探索。而且，他果断地采取定量方法来开展研究工作，即从文献统计入手，对数据进行系统归纳和分析，然后导出文献情报流的整体上的定量规律。在长期的文献工作和研究中，布拉德福对科学文献进行了大量的统计研究，掌握了文献分散的特点，发现了其中的某些规律性；并在文献统计的基础上经过数学推导，得出了与上述理论推导一致的结论，为布拉德福分散定律的正式确立奠定了基础。

4.2 布拉德福定律的形成

4.2.1 布氏定律的提出

关于某一特定课题、学科或领域的论文，我们称为相关论文。相关论文在期刊中不是均匀分布的，而是具有明显的集中与离散规律。对此，人们早有察觉，但从定量的角度进行深入研究，还只是 20 世纪中期的事。英国著名文献学家布拉德福最早发现文献分散（离散）规律，并提出了有名的“布拉德福分散定律”（Bradford's Law Of Scattering），简称为布拉德福定律或布氏定律。

布拉德福选择了应用地球物理学和润滑领域为样本，组织他所在的科学博物图书馆的工作人员逐刊地统计所收集的科技期刊上发表的相关文献，共统计了 490 种期刊，1 727 篇论文。其具体分布数据如表 4-1 所示。表 4-1 中：A 为期刊数量，B 为每种期刊的论文数量，C 为 A 项的累积和，D 为 $A\times B$ 的累积和。E 为 $\lg C$。

布拉德福将期刊按照相关论文载文量的多少以渐减的顺序排列起来，然后采取三种不同的方法进行了分析：

（1）区域分析：他按照年平均载文量的多少，把上述两个学科的期刊都分成三个区：a. 四篇以上的期刊；b. 多于一篇而少于四篇的期刊；c. 一篇或不足一篇的期刊。其结果列于表 4-2 中。经过分析，他认为，每个学科期刊的各区相关论文数大体相等，而相继各区的期刊数基本上成等比数列，公比近似等于 5。

表 4-1　　布拉德福统计的两个学科的文献数据

应用地球物理学					润　滑				
A	*B*	*C*	*D*	*E*	*A*	*B*	*C*	*D*	*E*
1	93	1	93	0	1	22	1	22	0
1	86	2	179	0. 301	1	18	2	40	0. 301
1	56	3	235	0. 477	1	15	3	55	0. 477
1	48	4	283	0. 602	2	13	5	81	0. 699
1	46	5	329	0. 699	2	10	7	101	0. 845
1	35	6	364	0. 788	1	9	8	110	0. 903
1	28	7	392	0. 845	3	8	11	134	1. 041
1	20	8	412	0. 903	3	7	14	155	1. 146
1	17	9	429	0. 954	1	6	15	161	1. 176
4	16	13	493	1. 114	7	5	22	196	1. 342
1	15	14	508	1. 146	2	4	24	204	1. 380
5	14	19	578	1. 279	13	3	37	243	1. 568
1	12	20	590	1. 301	25	2	62	293	1. 792
2	11	22	612	1. 342	102	1	164	395	2. 125
5	10	27	662	1. 431					
3	9	30	689	1. 477					
8	8	38	753	1. 580					
7	7	45	802	1. 653					
11	6	56	868	1. 748					
12	5	68	928	1. 833					
17	4	85	996	1. 929					
23	3	108	1 065	2. 033					
49	2	157	1 163	2. 196					
169	1	326	1 332	2. 513					

表 4-2　　两个学科的期刊分区表

分区	期刊载文数量（篇/年）	应用地球物理学		润　滑	
		期刊数量	论文数量	期刊数量	论文数量
1	>4	9	429	8	110
2	1～4	59	499	29	130
3	1	258	404	127	152

（2）图像观察。布拉德福以横轴表示期刊累积数的对数、纵轴表示相关论文累积数，描绘了这两个学科的相关论文分布的曲线（如图 4-1）。他

观察这一图像后认为，若略去下部的弯曲部分，则是一条直线；并由此出发，得出了前一个区、前两个区和前三个区的期刊数量也是成等比增加的结论。

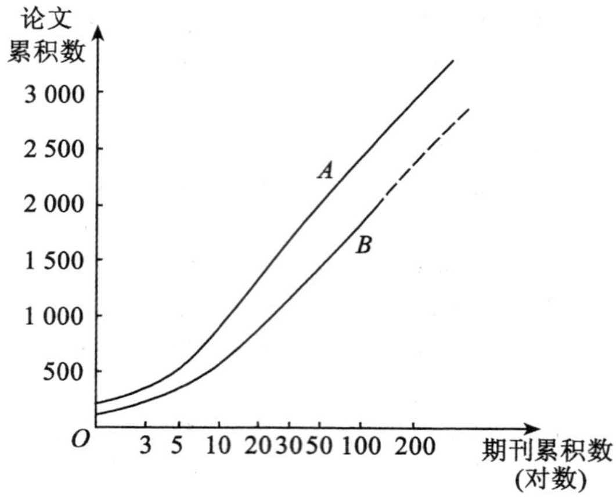

图 4-1　两个学科的相关论文分布曲线

A—应用地球物理学（1929~1932 年）

B—润滑（1931~1932 年）

（3）数学推导。布拉德福对他得到的经验数据及公式作了数学上的推导。

令 m_1，m_2，m_3 分别为第一、二、三各区期刊刊载的相关论文数；n_1，n_2，n_3 为相应各区的期刊数；r_1，r_2，r_3 为相应各区中每种期刊平均刊载的相关论文数；显然 $r_1=\frac{m_1}{n_1}$，$r_2=\frac{m_2}{n_2}$，$r_3=\frac{m_3}{n_3}$。依照等级排列原则，则有：

$r_1>r_2>r_3$，而 $n_1<n_2<n_3$

布拉德福在划分区域时，使各区相关论文数相等：

$$n_1r_1=n_2r_2=n_3r_3=m_1$$

于是

$$n_2/n_1=r_1/r_2=a_1$$

$$n_3/n_2=r_2/r_3=a_2$$

式中，a_1 和 a_2 均为大于 1 的常数。但布拉德福假设：

$a_1=a_2=a$，于是得到：

$n_2=a_1n_1=an_1$；$n_3=a_2n_2=a_1a_2n_2=a_1^2n_1=a^2n_1$；

则有：

$$n_1:n_2:n_3=1:a:a^2 \tag{4-1}$$

布拉德福认为，经过数学推导的（4-1）式与前面的区域分析结果是一致的。

在以上这些统计研究中，布拉德福发现，尽管学科不同，但它们的论文在相应的期刊中有着同样的分布规律。根据这一具有规律性的事实，布拉德福得出了文献分散规律的研究结论，并于 1934 年 1 月在 *Engineering* 周刊的"图书与文献"栏目里发表了题为《专门学科的情报源》（*Sources Of Information on Specific Subject*）一文，首次公开提出了定量描述文献分散规律的经验定律。这是一篇在文献计量学中有重要历史意义的著名论文。

4.2.2 布氏定律的确立

虽然布拉德福早在 1934 年就明确提出了科学文献的分散定律，但是他的研究成果却长期没有引起人们的注意。直到 14 年后，即布拉德福去世的 1948 年，他的专著《文献工作》（*Documentation*）一书问世，1934 年发表的那篇著名论文被全文收入，并扩展成为该书的第Ⅸ章，定名为"文献的紊乱"（Documentary Chaos）。这才引起一些学者特别是维克利的重视和研究。

B. C. 维克利（B. C. Vickery）是英国的文献学家，当年在英国帝国化学公司 Butterwick 研究实验室工作。他较早研究布拉德福定律，并率先发表论文，不仅充分肯定了布拉德福的研究工作，而且最早将相关论文在期刊中的这种分布称为"布拉德福离散分布"，把布氏的上述研究结论叫做"布拉德福分散定律"。同时，他还创造性地提出了自己的修正和补充。维克利的研究成果，既使布拉德福文献分布的图像和定律在结构上得到了统一，在形式上更趋于完整，又丰富了布氏分布理论的内容，从而为布拉德福定律的确立和发展作出了重要贡献。后来，布拉德福定律获得国际图书馆学情报学界的普遍承认并被人们广泛接受，维克利的工作无疑起了决定性的作用。因而，如果说定律的发现是布拉德福的话，那么，这一重要发现以及定律的确立与传播，首先应归功于维克利。

除了维克利之外，还有许多文献学家和情报学家对布氏定律进行了深入研究。较为著名的有 F. F. Leimkuhler 和 B. C. Brookes，前者对该定律的区域描述作了重要发展，后者则以数学公式描述了这一定律，发展了图像分析方法。正是由于许多学者的共同努力和贡献，才使得布氏定律从理论上、数学描述上和应用上日趋完善，才使人们认识到它的重要意义，从而使这一定律得以正式确立并迅速发展起来。

4.3 布拉德福定律的基本内容

4.3.1 布氏定律的基本阐述

一般认为，布拉德福定律的基本原理是由其区域描述和图像描述两个部分组成的。

（1）区域描述：S. C. 布拉德福在《文献工作》一书中写道："如果将科学期刊按其登载某个学科的论文数量的大小，以渐减顺序排列，那么可以把期刊分为专门面向这个学科的核心区和包含着与核心区同等数量论文的几个区。这时，核心区与相继各区的期刊数量成$1:a:a^2$……的关系。"

布氏定律的文字表述结论是建立在将等级排列的期刊进行区域分析的方法之上的。如果将一定时间内（通常一年）的按某学科载文量等级排列的期刊划分为三个区，使每一个区所包含的相关论文数量相等，即恰好等于全部期刊发表的该学科文章总数的三分之一，便可发现：第一区（核心区）所涉及的文章来自数量不多但效率最高的 n_1 种期刊；第二区（相关区）包括数量较大、效率中等的 n_2 种期刊；第三区（外围区）包括数量最大而效率很低的 n_3 种期刊。那么，三个区中的期刊数量成下列关系：

$$n_1 : n_2 : n_3 = 1 : a : a^2 \qquad (a > 1) \tag{4-2}$$

式中：a 即布拉德福常数，或称比例系数。就布拉德福所分析过的数据而言，a 值大约为 5.0。经验公式（4-2）即为布拉德福定律的区域表述形式。

假如某一学科领域计有期刊 248 种，共刊载相关论文 660 篇。按照布拉德福论述的文献分散定律，则第一区中"核心"期刊只有 8 种，第二区中的"相关"期刊为 $8\times5=40$ 种，第三区中的"边远"期刊数为 $8\times5^2=200$ 种。而每个区均应刊载 220 篇文章（见表 4-3）。

表 4-3　**布氏定律表示**

区	期刊数量	论文数量
1	8	220
2	40	220
3	200	220

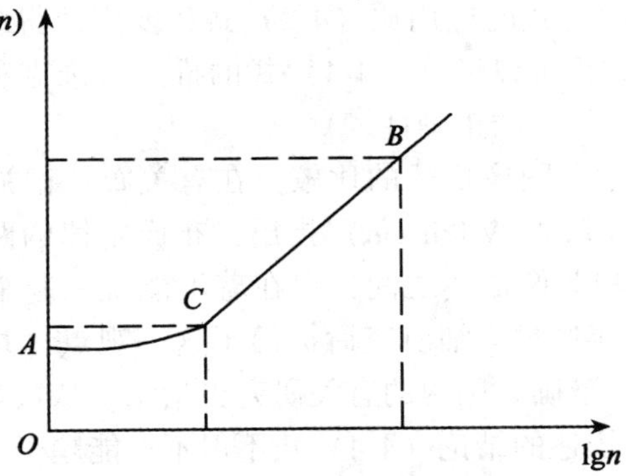

图 4-2 经典布拉德福分散曲线

从上表可见，各区的期刊的载文量逐区下降，而各区期刊数量则是逐区上升的。核心区情报密度最高，每种期刊平均载 27.5 篇论文；相关区次之，每种期刊载 5.5 篇论文；外围区情报密度最低，每种期刊仅刊登 1 篇相关论文。经过维克利的研究，(4-2) 式被推广为：

$$n_1 : n_2 : n_3 : \cdots = 1 : a : a^2 : \cdots \quad (4\text{-}3)$$

即把分三个区讨论的文献离散规律推广到任意多个区的情况。

(2) 图像描述：布拉德福定律还可以用图像来描述。如果取上述等级排列的期刊数量的对数（lg*n*）为横坐标，以相应的论文累积数 R（n）为纵坐标进行图像描述，便可得到一条曲线。我们把绘制出的曲线称为布拉德福分散曲线。

早期的布拉德福定律的图形通常表示成图 4-2 的形式。分散曲线 AB 由两部分组成：对应核心区的上升的一段曲线 AC 和对应相继各区的直线 CB。后来的研究表明，拐点 C 点为核心区的分界点。

布拉德福在研究时发现，从图像出发还可以得到另一个结论，即：

$$n_1 :(n_1+n_2) :(n_1+n_2+n_3) = 1 : b : b^2$$

记 $n_{1-2}=n_1+n_2$，$n_{1-3}=n_1+n_2+n_3$，则可将上式改写为：

$$n_1 : n_{1-2} : n_{1-3} = 1 : b : b^2 \quad (4\text{-}4)$$

这里，n_1——核心区的期刊数量；

n_{1-2}——核心区和第二区的期刊累积数；

n_{1-3}——全部三个区中的期刊累积数，即期刊总数 N；

b——分散系数。显然，此处的 b 与（4-2）式中的 a 的数值是不同的。

实际上，（4-4）式的应用比（4-2）式还要广泛得多。布鲁克斯的描述布氏定律的著名方程可以说是（4-4）式的推广。维克利对布氏定律的推广也证明了图像描述结论的正确性。

（3）区域描述和图像描述的比较：在有关布拉德福定律的研究中，维克利和威尔金斯（E. A. Wilkinson）指出，布氏定律的两种形式——文字表达（区域描述）和图像描述之间，存在着不能统一起来的矛盾。特别是威尔金斯，在1972年经过详细研究后提出了这一观点，并认为图像描述比文字表述的结论更为准确。国内的有关研究也指出，从数学上分析，区域表达式（4-2）与图像描述的结论（4-4）式不但不可能趋于一致，而且根本不可能同时成立。现用简单的方法证明如下：

首先，若（4-4）式成立，即

$$n_1:(n_1+n_2):(n_1+n_2+n_3)=1:b:b^2$$

则可得：

$$n_2/n_1=b-1$$

$$n_3/n_1=b(b-1)$$

$$n_3/n_2=b$$

$$n_2/n_1\neq n_3/n_2$$

即（4-2）式不可能成立，即

$$n_2/n_1=n_3/n_2=a$$

则可推导出：$$\frac{n_1+n_2}{n_1}=\frac{1+a}{1}=\frac{1+2a+a^2}{1+a}$$

而 $$\frac{n_1+n_2+n_3}{n_1+n_2}=\frac{1+a+a^2}{1+a}$$

显然，$$\frac{n_1+n_2}{n_1}\neq\frac{n_1+n_2+n_3}{n_1+n_2}$$

所以，（4-4）式不可能成立。可见，这两种描述形式在数学上是不等价的。

从前面的论述可知，区域描述方法是根据实际统计的具体数据，取近似值而概略地归纳出（4-2）式来的。这是一种近似的经验方法。我们从许多统计数据中都可以发现，几乎每一组统计数据都近似地满足（4-2）式，而且每一组数据也只能是近似地满足（4-2）式。

图像描述方法所依据的是与区域描述完全相同的统计数据，只是图像描述将统计的期刊数取对数，并利用了三个区中相关论文量相等这一近似条件而得到（4-4）式的结论的。因此，从数学观点来看，图像描述是可行的。

从实际应用来看，图像描述也非常接近于反映文献的实际分布情况，甚至其近似程度比（4-2）式更为精确。比如，E. A. Wilkinson 曾用四组经验数据有力地证明了这一点。而区域描述中利用了两个近似条件：一是三个区中的相关论文数近似相等；二是假设相继区域的期刊数量之比近似等于公比值，因而才有（4-2）式的成立。显然，这是较为粗略的。但是，信息计量学的规律说明，任何数学模型都只能是对实际情况的一种近似的描述。因此，无论是（4-2）式还是（4-4）式，都不可能精确地符合统计数据，都只能近似地揭示文献分布的规律。

在有关论文和专著中，布拉德福同时阐述了上述显然是互相矛盾的公式，并置图像描述的结论而不顾，坚持（4-2）式为文献分散定律。但他又同时保留了这两种互相矛盾的方法和结论。事实上，这两种表述形式都不同程度上近似地与实际情况相符合。因此，人们往往从其有效性和实用性出发，同时将区域描述和图像描述看做是布拉德福定律的基本内容，并在实际中同时应用了（4-2）式和（4-4）式。

值得注意的是，巴西学者 M. Maia 等人在 1984 年撰文指出，布拉德福定律的文字表述结论与图形表现形式是一致的，“图形”来源于“文字”。他们从布拉德福本人所作的文字表述出发，推导出一个具有更普遍意义的类似于 Brookes 的（直线部分）布氏定律的经验公式；同时还摘引布拉德福当年所用的两组数据作了验证，结果表明按布拉德福区域描述公式所产生的理论曲线与图像描述的经验曲线基本上是一致的。这说明该定律两种表现形式之间没有歧异性，而具有一致性。

4.3.2 布氏定律理论原理与实际的一致性

（1）布氏定律的理论解释：科学文献的分布为什么会遵循布拉德福定律呢？这可以从科学发展和文献活动的规律来进行理论解释。

科学的发展总是遵循一定的规律的。现代科学技术一方面互相交叉渗透，另一方面小学科又有向大学科综合的趋势。布拉德福就是从科学的统一性规律出发总结出文献的分散定律的。当一门新学科问世之后，第一批文献就刊载在为数不多的几种期刊上。随着研究工作的深入发展，这几种期刊就会吸引愈来愈多的文献。这时又会有新的期刊相继问世，可供待发表的文献选择。经过一段时间的发展、巩固、竞争和淘汰之后，总会出现一定数量的期刊，它们专门面向该学科，刊载该学科的文献量最大，质量也较高，作者也愿意将自己的文献刊登在这些期刊上，从而出现了“核心期刊”。在布拉德福分布图形中则表现为上升的幂函数曲线。这种现象就是文献分布中的

"堆加效应"。与此同时，有关这一学科的论文也在数量很大的其他杂志上发表，这就产生了文献的集中与分散现象。这是因为事物的发展往往并不是单因素作用的。由于科学技术的相互交叉渗透，此时便会有许多新学科和其他边缘学科也竞相将其文献发表在这些期刊上。为了抑制核心期刊数量的无限增加，客观上也由于期刊的篇幅有限，此时必然会有一种"限定因素"开始起作用。

编辑人员为了照顾各方面文献的平衡，不得不制订出版计划和方针，控制文献的数量。为了适应日益增长的文献需要，许多新的期刊又会相继诞生。所以，随着时间的流逝，刊登该学科文献的期刊品种数与相关论文数成正比增加，使得布拉德福定律的图形呈直线上升。以上说明，曲线与直线分界点的产生正是反映了客观上的这种"限定因素"的作用，否则，布拉德福定律的图形就会一直按曲线上升。

（2）格鲁斯下垂：1967 年，格鲁斯（Q. V. Groos）通过对基南-阿瑟顿（Keenan-Atherton）数据的分析指出，布拉德福曲线在进入直线部分后，并非无休止地直伸下去，后来总要弯曲下垂，因而使得布拉德福定律的图形变为明显的三个部分：上升的曲线部分—直线部分—弯曲下垂部分。如图 4-3 所示。对于弯曲下垂部分 *BD*，我们称为格鲁斯下垂。

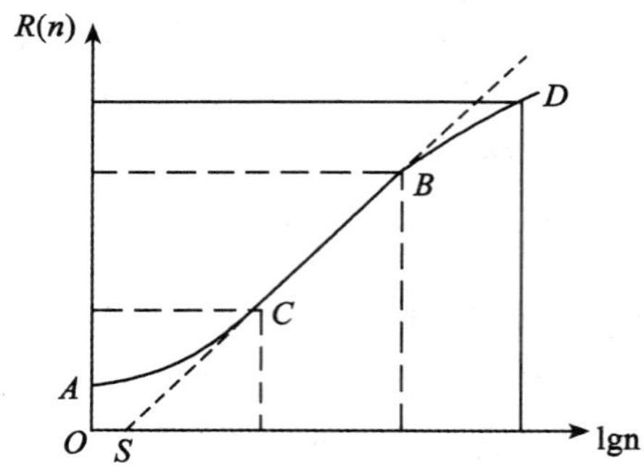

图 4-3　现代布拉德福分散曲线

加拿大的波普（Adrew Pope）借助美国系统发展公司蒙尼卡（Santa Monica）编纂的《情报科学和技术书目》（*A Bibliography on Information Science and Technology*），对 1964 年 9 月至 1970 年 1 月所收录的 1 011 种期刊所发表的 7 368 篇文献进行了统计，绘制出 $R(n)$ 与 $\lg n$ 的对应图形，也证明图形由三部分构成。当 $1 \leqslant n \leqslant 10$ 时，得 $R(n) = an^{\beta}$ 的曲线 *AC*；当

$10 \leqslant n \leqslant 200$时，得 $R(n) = \mathrm{K}\lg n/s$ 的直线 CB；当$n>200$时，直线部分开始弯曲下垂，得到曲线 BD。关于下垂的问题，目前学术界正在从理论上探讨其所表示的实际意义。

从图 4-3 中，我们可以得到有关数据。如果将其代入布鲁克斯公式 $R(n) = N\lg n/s$ 计算，《情报科学和技术书目》所收录的有关全部期刊应为 1 418 种（而不是 1 011 种），全部相关论文应为 8 900 条（而不是 7 386 条）。可见，波普实际统计的期刊数和文献数都小于理论计算值，分别只有理论值的 72%和 83%。所以，布拉德福曲线最后会弯曲下垂，正是由于期刊数和文献量统计不足，未能代表全部文献之故。而格鲁斯下垂恰好反映了这种理论值与实际值之间的差异。

（3）理论与实际存在差异的原因：许多研究表明，布拉德福定律与文献分布的实际具有较好的一致性，但也存在一定的差异。我们认为，理论与实际存在差异的根本原因，无外乎两个方面：一是理论本身的缺陷；二是对客观实际的反映的失真问题。由于存在“格鲁斯下垂”，布氏定律的文献分散曲线有呈 S 形之势。布鲁克斯的数学公式仅由两部分组成，只对应上升的曲线部分和直线部分，而没有包括“下垂部分”的数学描述（或者说误差很大）。可见其本身是近似的，而出现“偏离”倒应该是根本性的。这是随着对布氏定律研究的深入而暴露出来的缺陷。我们相信，布氏定律的理论及其数学表达式一定会得到不断补充和修正，从而更精确地反映文献分布的客观规律。另外，在实际活动中，相关期刊数和文献数统计不全而使布拉德福图形最后部分弯曲下垂，其原因可能有三：①运用布拉德福分散定律时，必须满足其严格的先决条件，学科界限必须泾渭分明。但现代科学技术互相交叉渗透，边缘学科愈来愈多，例如本应属于情报科学的文献，也有人会从另一角度将其归类于计算机科学，从而造成统计上的误差；②目前应用布拉德福定律时，一般均借助于书目、索引、文摘之类的工具书。在编纂这类工具书时，编辑人员都要对原始文献进行选择和加工。“选择和加工”本身就有可能改变事物的本来面目，导致变异的产生；③在实际统计各种数据时，也会遇到干扰，如期刊的更名、停刊、文献的重复发表等，都会造成统计数据的不精确。正是由于这些因素，当 n 达到一定数值后，就会使图形偏离直线而弯曲下垂；也就是说，使理论与实际发生差异。

4.4 布拉德福定律的发展

本节在回顾布氏定律发展过程的基础上，从几个重要代表人物的研究工作出发，探讨布氏定律及其分布理论的发展问题。

4.4.1 布氏定律的发展过程

半个多世纪以来，布拉德福定律经历了一个由简单到复杂、由浅显到深入、由局部到全方位的发展过程。从历史年代和研究状况来看，大体上可分为三个发展阶段。

（1）创立阶段。20 世纪 60 年代以前的创立和传播阶段，是以布拉德福 1934 年发表的那篇重要论文为起点的。但在这一阶段的前期，即 1934 年至 1948 年间，布拉德福提出的定律遭到冷落，根本没有引起学术界的注意。1948 年，由于布拉德福的专著《文献工作》的正式出版，使得这一定律有了明显的转机。他的理论开始传播，并引起了一些学者的关注和研究。就在其名著发表的当年，英国的维克利最早研究了布拉德福的文献分布理论。虽然布拉德福本人发表的有关论文和专著无疑是这一定律形成的必要基础和重要标志，但维克利的及时发现、修正和创造性的推广，对于布氏定律的正式确立与广泛传播起了极其重要的推动作用。而在这一阶段的后期，即 1948 年至 1960 年，其研究很不活跃，处于相对沉寂阶段。

（2）理论研究阶段。20 世纪 60 年代，是布氏定律及其分布理论发展的重要历史时期。有关的研究空前活跃、规模日益壮大、论文不断增加，形成了一个令人瞩目的“布拉德福热”。这一时期，布氏定律发展的显著特点是，突出理论研究，集中于该定律的检验，修正和完善，并试图寻找更为精确的经验分布公式，旨在充实和提高其科学性和精确度。较为著名的重要研究工作和成果有：1960 年，英国统计学家肯德尔（M. G. Kendall）在研究布拉德福定律应用于运筹学书目时，首次提出了布拉德福定律在结构上很类似齐普夫定律的看法，并很快得到学术界的赞同。20 世纪 60 年代中期以来在理论上对布拉德福定律的讨论更加深入和系统化了。1967 年，莱姆库勒分析了一些布拉德福型数据，应用统计学的理论和方法派生出新的分布公式，发展了区域描述方法。同年，格鲁斯的研究完善了布拉德福曲线的结构，指出研究“下垂部分”是很有意义的。1968 年，布鲁克斯探讨了分散定律的实际应用技术，证明布拉德福分布函数实际应为$R(n)=k\lg n$，发展了图像描述方法，为布拉德福定律的实际应用铺平了道路。随着这个定律研究的不断深入，初步形成了两个学派：即以 Leimkuhler、Goffman 为代表的区域派和以 Brookes、Kendall 为代表的图像派。

（3）全面发展阶段。20 世纪 60 年代以后，布氏定律的发展由纯粹理论研究向广阔的应用领域过渡，出现了理论与应用并举的全面发展的局面。目前，其研究活动正在全方位展开：有关布氏定律应用研究的论文大量涌现；同时，其理论研究也仍在继续深入，并逐渐发展成了一个内容丰富的完整的布拉德福分布理论体系。

从整体上来说，布氏定律发展的全部进程和前景，都是与整个科学文献系统的发展动态和演变规律相适应的。科学和社会的客观需要是这一理论发展的根本动力。

4.4.2 维克利对布氏定律的推论

早在 1948 年，B. C. 维克利就仔细研究了文献分布规律，推广和修正了布拉德福定律，使之更为精确、更具有普遍意义，为布氏定律的完善和传播作出了巨大贡献。

（1）维克利的两个推论：在有关布拉德福定律的研究中，维克利不仅指出了其论证过程中的矛盾之处，而且还提出了新的独特见解，最早把布氏定律推广到更一般的情形。他根据直线分布重新导出了图像描述的结果（4-4）式，指出该式与（4-2）式并不一致，然后，他放弃了（4-4）式，从（4-2）式，即布氏定律的区域表达式出发，经过逻辑推导，指出布拉德福分布即使不计下部的弯曲，也仍然是一曲线，而不是直线。同时，他还认为布氏定律是由其语言描述和图像描述组成的，前者描述其理论，后者则描述了它的观测数据和轨迹。

维克利全面考察了布氏定律，发现该定律不只局限于划分为三个区，而同样适用于三个区以上的情形，即与选取区域的数量无关；但分区不同，比例系数则要相应地变化。他证明了可将等级排列的期刊划分为任意多个区，同时，得出了类似于布拉德福的图像表达式（4-4）的推论：

$$n_1 : n_{1-2} : n_{1-3} \cdots : n_{1-m} = 1 : V : V^2 : \cdots V^{m-1} \tag{4-5}$$

式中：$n_1 \cdots k$（$k=2, 3, \cdots, m$）——第一区到第 k 区的期刊累积数量；

m——划分的区域数；

V——分散系数（或称为维氏系数）。

人们通常称（4-5）式为维氏公式。

与此同时，维克利指出，按照布氏定律也应有下式成立。

$$n_1 : n_2 : n_3 : \cdots n_m = 1 : a : a^2 \cdots a^{m-1} \tag{4-6}$$

此式即为（4-2）式的推广形式，通常称为布氏公式。

分散系数 a 可以这样来确定。设等级排列的期刊总数为 N，则

$$\begin{aligned} N &= n_1 + n_2 + \cdots n_m \\ &= n_1 (a^{m-1} + a^{m-2} + \cdots + a + 1) \end{aligned}$$

$$=n_1\ (a^m-1)\ /a-1$$

由上式可得

$$N(a-1)=n_1(a^m-1) \tag{4-7}$$

从（4-7）式可见，对于给定的一组期刊，N 一定，m 随 n_1 的确定而确定，于是可求出 a。此式即说明区域的划分可适宜的多，也说明了确定分散系数 a 的方法。

维克利所得出的（4-5）式和（4-6）式是对布氏定律的重要推论，通常称为维氏推论（或维氏修正）；而（4-7）式是维氏公式的一种近似形式（或称布氏近似式）。

（2）维式公式的证明：从图形出发，利用相似三角形等几何知识，就可证明维氏公式的成立。如果利用斯马里科夫的统一方程，可以从文献分散的物理过程出发，进一步证明维氏公式（4-5）的正确性。

H. A. 斯马里科夫的统一方程如下：

$$R\ (n)\ =K\lg\ (q_1n+q_2e^{-\beta n})$$

当 n 充分大时，近似地有：

$$r\ (n)\ =K\lg q_1n$$

随着 n 增大，图形中的曲线与直线到 C 点之后渐趋重合，即

$$\lim_{n\to N}\ [R\ (n)\ -r\ (n)\ ]\ =0$$

即使在 C 点，$R\ (n)$ 与 $r\ (n)$ 之差也不大。前苏联学者的研究表明，这个差值的相对误差一般均小于 10%，并且曲线曲率越小，这个差值也越小。因此从 C 点开始，可用近似式代替统一方程。根据等级排列的期刊分区的原则，假设划分为四个区，可得下列方程：

$$\frac{1}{4}R(n)=R(n_{1-4})-R(n_{1-3})$$

$$\approx r(n_{1-4})-r(n_{1-3})=K\lg n_{1-4}/n_{1-3};$$

$$\frac{1}{4}R(n)=R(n_{1-3})-R(n_{1-2})$$

$$\approx r(n_{1-3})-r(n_{1-2})=K\lg n_{1-3}/n_{1-2};$$

$$\frac{1}{4}R(n)=R(n_{1-2})-R(n_1)$$

$$\approx r(n_{1-2})-r(n_1)=K\lg n_{1-2}/n_1;$$

由上述三式可得

$$n_{1-4}/n_{1-3}=n_{1-3}/n_{1-2}=n_{1-2}/n_1$$

令其比值为 v，则有：

$$n_1 : n_{1-2} : n_{1-3} : n_{1-4} = 1 : v : v^2 : v^3$$

这就是维氏公式。对于 m 个区的情况，也可给以同样的证明。

这样，我们就从理论上更进一步验证了布氏定律的维氏推论的正确性，从而更进一步说明了图像描述法的正确性。

(3) 维式公式与布氏公式的比较：前面已经指出，维氏公式（4-5）和布氏公式（4-6）在数学上虽不可同时并存，但都可近似地作为研究期刊论文分散规律的计算公式。事实上，期刊文献的实际分布更服从于（4-5）式的规律，而（4-6）式应是（4-5）式的近似。下面讨论这两个公式之间的理论误差及趋于一致的条件。

根据维氏公式，可得到下列结果：

$$\frac{n_2}{n_1} = v-1;$$

$$\frac{n_3}{n_1} = v\ (v-1);$$

$$\cdots$$

$$\frac{n_m}{n_1} = v^{m-2}\ (v-1)$$

于是得到：

$$n_1 : n_2 = 1 : (v-1)$$

$$n_2 : n_3 : \cdots : n_m = (v-1) : v\ (v-1) : \cdots v^{m-2}\ (v-1)$$

$$= 1 : v : v^2 : \cdots v^{m-2}$$

显见 $n_2 : n_3 = n_3 : n_4 = \cdots = n_{m-1} : n_m \neq n_1 : n_2$

上述结果说明，一般情况下，在核心区之外的各区，（4-5）式与（4-6）式是完全等价的，并且分散系数 $a=v$，但包括核心区在内时，两式就不一样了。实际上，区域描述法与图像描述法不可能同时成立，正是由于核心区的特殊情况所造成的。

若 $v \geqslant 1$，即当维氏系数充分大时，可以认为 $v-1 \approx v$，此时显见

$$n_2 : n_3 = n_3 : n_4 = \cdots = n_{m-1} : n_m = n_1 : n_2$$

即：$n_1 : n_2 : n_3 : \cdots n_m = a : v : v^2 : \cdots v^{m-1} \approx 1 : a : a^2 \cdots a^{m-1}$

这就说明，在 v 充分大时，维氏公式与布氏公式趋于一致，而且分散系数也相等。v 充分大的物理意义是：相关论文高度集中于核心区少数几种期刊，其他各区的平均载文率相差也很大，一区比一区的期刊数量多得多。在这种情况下，起决定作用的是学科因素，而区域的划分仅有一定的影响。

实际上，运用布氏公式（4-6）来代替（4-5）式计算时将会造成一定的

误差。这是因为对于各专业学科来说，分散系数 v 并不是很大的，不少学科期刊论文分布的 v 值均小于 10，难以满足两式趋于一致的条件。这两个公式计算的结果的绝对误差和相对误差可由下列两式确定。

第 i 区期刊数量的绝对误差为：

$$\Delta n_i = n_1 v^{i-2} \tag{4-8}$$

相对误差为：

$$\delta = \Delta n_i / n_i = 1/(v-1) \tag{4-9}$$

例如，设有一组等级排列的期刊，$v=6$，$n_1=10$。则根据（4-8）式可求得相对于图像法来说，区域法所造成的绝对误差为：

$$\Delta n_2 = 10,\ \Delta n_3 = 60,\ \cdots\cdots$$

根据（4-9）式可求得相对误差为 $\delta = 20\%$。

但一般来说，实际误差要比以上计算误差小一些。

4.4.3 莱姆库勒对布氏定律的发展

1967 年，莱姆库勒（F. F. Leimkuhler）对布拉德福定律进行了探索性研究。他从布氏定律的文字叙述出发，运用统计学的理论方法对经验数据进行归纳，推导出按等级排列的期刊中论文分布的所谓规范化公式，从而发展了区域描述方法，为布拉德福定律的理论发展作出了重要贡献。

设有一组期刊，按其刊载某一学科的论文数量即载文率递减顺序排列，并分成 m 个区，每个区中所包含的相关论文数相同。设 m 区期刊中每区期刊数量比例为 d_1，d_2，…，d_m，其中 d_i 表示第 i 区期刊数量在 m 区期刊总数中所占的比例。则有：

$$d_i = a_m d_{i-1} = a_m^{i-1} d_1,\ i = 1,\ 2,\ \cdots \tag{4-10}$$
$$m = 2,\ 3,\ \cdots \quad 0 < d_i < 1,\ a_m > 1$$

式中 a_m 为划分成 m 区的布拉德福常数。显然，d_i 之和等于 1，根据（4-10）式，有：

$$1 = d_1 + d_2 + \cdots + d_m = d_1(1 + a_m + a_m^2 + \cdots + a_m^{m-1})$$

因为上式括号中的等比级数之和为：

$$\frac{a_m^m - 1}{a_m - 1}$$

所以，$1 = d_1 \dfrac{a_m^m - 1}{a_m - 1}$，$d_1 = \dfrac{a^m - 1}{a_m^m - 1}$

将其代入（4-10）式：

$$d_i = a_m^{i-1} d_1 = a_m^{i-1}(a_m - 1)/(a_m^m - 1) \tag{4-11}$$

根据（4-11）式，前 j 区期刊在 m 区期刊中的累积比例 $D_{j,m}$ 为：

$$D_{j,m}=\sum_{i=1}^{j}d_i=\sum_{i=1}^{j}\frac{a_m^{i-1}(a_m-1)}{a_m^m-1}=\frac{a_m-1}{a_m^m-1}\sum_{i=1}^{j}a_m^{i-1}$$

$$=\frac{a_m-1}{a_m^m-1}\cdot\frac{a_m^j-1}{a_m-1}=\frac{a_m^j-1}{a_m^m-1},\ j=1,\ 2,\ \cdots,\ m \qquad (4\text{-}12)$$

因为 m 区期刊中各区所含论文数量相等，所以 m 区期刊前 j 区中包含论文为：全部论文数乘以 j/m。

莱姆库勒分 m 为偶数和奇数两种情况证明了 $a_m=a_2^{2/m}$ 关系。若引入一个系数 b，则可以把方程（4-12）写成更一般的形式。令 $b=a_2^2$，则 $a_m=a_2^{2/m}=b^{1/m}$，因此，

$$D_{j,m}=\frac{b^{j/m}-1}{b-1},\ j=1,\ 2,\ \cdots,\ m \qquad (4\text{-}13)$$

（4-13）式表明，要得到全部论文的 $\frac{j}{m}$，所需期刊数量的最小比例涉及 $\frac{j}{m}$ 的一个简单指数函数和一个参数 b。（4-13）式通常用来定义全部期刊中含某一指定数量相关论文的最少期刊。莱姆库勒将它推广到实际的全部变量值，并对这一关系求反函数，得到了期刊的载文率分布，即布拉德福分布。

令 X 为全部期刊中载文率最高的那部分期刊的比值，$0\leqslant X\leqslant 1$；$F(x)$ 为在 X 部分期刊中所包含的论文对全部论文的比值，那么根据（4-13）式，有：

$$X_F=\frac{b^F-1}{b-1},\ 0\leqslant x\leqslant 1,\ b>1$$

式中 $F=j/m$。现在求 $F(x)$。因为 $F(x)$ 是 X_F 的反函数，因此上式可写成 $(b-1)X=b^F-1$，移项并取对数，得到 $F\ln b=\ln(1+bx-x)$

所以
$$F(x)=\frac{\ln(1+bx-x)}{\ln b}$$

设 $\beta=b-1$，方程简化为：

$$F(x)=\frac{\ln(1+\beta x)}{\ln(1+\beta)} \qquad (4\text{-}14)$$

$F(x)$ 是布拉德福累积分布函数。连续函数的概率密度可由对累积分布微分求出：

$$f(x)=F'(x)=\frac{\beta}{(1+\beta x)\ln(1+\beta)} \qquad (4\text{-}15)$$

根据（4-14）式和（4-15）式，布拉德福定律推广到了任意多个区的情

形。当然，这种推广只是理论上的。实际上，统计学告诉我们，当分组过多，每区期刊或论文数量太少时，误差将变得很大。因此分区不可能过多。但有任意分区的理论前提，“将论文划成相等的区”这一限制即可取消，布拉德福定律的应用变得十分方便。人们可以任意定出一个比例的论文数，通过（4-14）式求出所需的期刊数。例如，要得到80%的论文，只要将 $X=0.8$ 和相应的 β 值代入（4-14）式，便可求出 $F(x)$，即所需期刊的最少数量。

4.4.4 布鲁克斯对布氏定律的描述

英国著名情报学家布鲁克斯（B. C. Brookes）指出：布拉德福当初发现科学论文分散规律时，指导思想十分明确，但遗憾的是未能用数学公式进行描述。正是由于这一重大遗漏，使得人们对其重要性的真正认识延缓了20年。布鲁克斯抓住这一关键问题进行了研究，并首次用数学公式描述了布拉德福的经验定律，发展了图像描述方法，从而完成了布氏定律的这一重要的善后工作，受到情报界的普遍赞赏。许多人认为他提出的数学公式“准确地符合”布氏定律，“系统而完整”地描述了布氏分布。

1968年，布鲁克斯首先导出布氏定律的公式应为：$R(n)=K\lg n$，后来他考虑到期刊序号 n 和载文量的不均匀变化，引入一个参数 S 对上式进行修正，并创造性地提出用下列两个部分组成的数学表达式来描述布拉德福定律，即

$$R(n)=\alpha n^{\beta},\quad 1\leqslant n\leqslant c \tag{4-16a}$$

$$R(n)=K\lg n/S,\quad c\leqslant n\leqslant N \tag{4-16b}$$

这两个方程分别表示图像的曲线部分和直线部分。直线后面的下垂曲线部分（如图4-3）只是近似地满足（4-16b）式。

式中：$R(n)$ ——对应于 n 的相关论文累积数，

n——期刊等级排列的序号（级）；

α——第一级期刊中相关论文数 $R(1)$，也就是载文率最高的期刊中相关文章数；

C——核心区的期刊数，即曲线进入光滑直线部分的交点的 n 值；

N——等级排列的期刊总数；

β——参数，与核心区的期刊数量有关，大小等于分布图中曲线部分的曲率，且 β 总小于1；

K——参数，等于分散曲线中直线部分的斜率，可用实验方法求得。当 N 足够大时，$K=N$。

S——参数，其数值等于图形直线部分反向延伸与横轴交点的 n 值（见图 4-3）。

布鲁克斯深入研究了方程（4-16b）。他认为，因为任何一个学科的期刊都是有限的，而且从载文率最低的期刊算起，最终的增量不能小于 1。对于被计算的期刊，至少要包含一篇相关论文。如果 N 为某一年中只刊登了一篇相关论文的最末一种期刊的序数，则当 N 足够大时，从 R（N-1）到 R（N）的增量 r（n）的期望极限值为 1，即：

$$
\begin{aligned}
r(n) &= R(N) - R(N-1) \\
&= K\lg N/S - K\lg(N-1)/S \\
&= K\lg N - K\lg(N-1) \\
&= -K\lg\left(1 - \frac{1}{N}\right) \approx \frac{K}{N} = 1
\end{aligned}
$$

这时，$K=N$，也就是直线的斜率在数值上等于期刊的总数。

故方程（4-16b）可写成：

$$R(n) = N\lg n/S,\ c \leqslant n \leqslant N$$

由此可见，图形中直线的斜率可以从预期论文总数标出。但应当注意，人们绘制布拉德福分布图形的横标是对数坐标，纵轴的密度要大得多。所以我们不能因某一图形中的斜率为 1，则认为 $N=1$，而应注意图中 R（i）的标度。

布鲁克斯等人发现，随着学科范围的扩大，S 值也增大，且与学科发展阶段有关。所以 S 可作为比较学科幅度和成熟程度时的参考，同时，C 值与 S 值相关。

布鲁克斯的描述布氏定律的数学公式亦称为布氏定律的图形表述形式。这一公式的提出，不仅使布氏定律理论上趋于完善，而且为其实际使用铺平了道路，大大促进了它在图书情报和文献工作中的推广应用。因此布鲁克斯为布氏定律的进一步完善和理论发展作出了巨大贡献。

4.4.5 斯马里科夫的统一方程

1977 年，前苏联情报学家 И. А. Смолъков 曾提出一个统一方程来代替布鲁克斯的两个公式，以揭示期刊论文的分散规律。

在等级排列的期刊中，离核心区越远的期刊，其所载相关论文数量越少，所以可将文献在等级排列的期刊中的分散过程看作是一个衰减的物理过程。在这一过程中，随着期刊等级 n 的增大，相关论文总数的增量 ΔR（n）在逐渐减小。为此，假设：

$$\Delta R(n) = \varphi(n) \cdot \Delta n \tag{4-17}$$

式中：φ（n）——以期刊数量（即等级）n 为变量的一个函数，当充分大时，它接近于一个常数；

Δn——期刊增量（即等级增量）。

当 n 很小时，类似于“马太效应”的文献密集效应在起作用，其物理过程是相关论文将别的学科的论文从期刊中排挤出去。随着 n 的增大，这种作用减弱了。为此，可造就一个反映这种密集作用的函数 φ（n），并令其为

$$\varphi(n) \propto c_1 - c_2 e^{-\beta n}$$

式中：c_1，c_2——常数；

β——密集效应的衰减系数。

显见，这一函数具有以下特点：当 $n=1$ 时有最小值，即衰减作用不明显，当 n 增大时，φ（n）逐渐增大，最后趋于一个恒值 c_1，即衰减作用逐渐增大至一定值，又考虑到 ΔR（n）随 R（n）的增大而减小，并且这种减小是一个衰减的过程，所以 ΔR（n）又与指数函数 $e^{-rR(n)}$ 成比例，其中 r 是文献分散的衰减系数。

根据上述讨论，忽略比 Δn 更高阶的小量，则可得到微分方程；

$$\mathrm{d}R(n)/\mathrm{d}n = A e^{-rR(n)}(c_1 - c_2 e^{-\beta n}) \tag{4-18}$$

式中：A——比例系数；

积分上式，并取对数得：

$$R(n) = K_1 \ln(q_1 n + q_2 e^{-\beta n} + q_3) \tag{4-19}$$

式中：$K_1 = 1/r$

$q_1 = rAc_1$

$q_2 = rAc_2/\beta$

$q_3 = rAc_3$　　（c_3 为积分常数）

将（4-19）式转换为常用对数，得：

$$R(n) = K\lg(q_1 n + q_2 e^{-\beta n} + q_3) \tag{4-20}$$

式中：$K = K_1/M$（$M = \lg e = 0.43429$）

计算说明，q_3 之值非常小，一般只占（4-20）式括号中三项之和的0.1%，因此，常量完全可忽略。于是就得到方程：

$$R(n) = K\lg(q_1 n + q_2 e^{-\beta n}) \tag{4-21}$$

这就是斯马里科夫提出的描述期刊论文散布的统一方程。

研究表明，根据上述方程所绘制的一些学科专业期刊论文的分布曲线与

实际数据能很好地吻合；而且，从这一方程出发，能进一步证明维氏公式的正确性。

4.4.6 布氏分布理论及发展趋势

期刊是情报的主要载体。图书情报界非常重视科学论文在期刊中分布规律的探讨。继布拉德福提出著名的“布拉德福分散定律”之后，人们又陆续提出了十来个经验分布公式；有些学者还运用数理统计理论，从不同的角度，以不同的观点对其进行统计解释，从而形成了一个内容丰富的理论体系，人们称之为布拉德福分布理论。

（1）布氏分布理论的基本内容

布拉德福分布理论的基本内容是研究科学论文在期刊中的分布规律及其应用，目前主要包括：一个定律、十来个经验公式和四个数学模型。

布拉德福文献分散定律是布氏分布理论的核心内容。它有两个基本要点：一是等级排列，形成主体来源（期刊）的有序目录；二是确定相关论文在主体来源中的分布规律。其具体的研究方法主要包括区域分析法和图像分析法。虽然这两种方法的具体数值并不相等，但它们揭示的都是论文在期刊群中的分布规律。布氏定律是布氏分布理论的最基本的定律，是这一理论赖以存在的必要基础。

其后，人们进一步寻求相关论文与期刊数量之间的解析关系。这就导致了经验分布公式的出现；并先后提出了十来个描述布氏分布的经验公式。较为著名的有：布鲁克斯提出的直线分布公式和由两部分组成的数学表达式；肯德尔的“布拉德福-齐普夫定律”的一般公式；莱姆库勒的所谓规范化公式，以及斯马里科夫的统一方程等。

与此同时，不少学者认为，虽然文献的产生和分布是随机的，但也存在着一定的统计规律，对此可以运用概率论和数理统计的理论方法进行解释。目前，布拉德福分布存在着众多分布模型，其中有代表性的主要是四种：西蒙的随机模型，布鲁克斯的混合泊松分布模型，纳兰南的序性流模型和阿拉麦斯库的科学势扩散模型。

布拉德福分布理论具有明显的特点，主要是所考察的具体对象的绝大多数集中于少数主体来源，其行为规律要受人为控制因素的影响，许多经验分布公式都是建立在按具体对象在其主体来源中的出现频率排序的基础上的。

（2）布氏分布理论的发展趋势

从目前的情况来看，其研究工作主要集中在两个方面。一是进行具体统计，验证布氏定律，并试图应用于实践。在这方面，许多学者认为定律与统计结果相符，因而该定律得到普遍承认和发展。二是寻求普遍而精确的经验分布公式的理论解释，并取得了较大进展。但也存在着一些问题。例如公式繁多、立论各异，至今尚无统一的定论，理论与实际的结合也很不够等。这些都是该理论不够成熟的表现，也是今后要研究解决的重点。

科学论文的分布要受到很多因素的影响和客观条件的限制，带有主观性和模糊性。这类人为定量规律的数学表现是艰巨的、复杂的。布氏分布理论如果取得数学表现上的突破后，就会更加完备、更有普遍的指导意义。因此，今后发展的趋势将是更多地运用概率论、随机过程理论和模糊数学等工具，同时考虑多种因素的综合影响，结合文献工作实际，寻求更为精确、更为普遍适用的分布公式和数学模型。当前研究的主要方向和亟待解决的问题是：

① 运用大量的统计数据，以严密的数学方法，对布氏定律进行严格的检验，比较各公式的优劣，以尽快确立或寻求更为精确的规范化的数学模型。

② 深入研究布氏分布的机理，以寻求科学的统一的理论解释。

③ 分析和研究其适用条件及局限性，并努力结合实际，大力开展应用研究；真正将理论用于指导文献情报工作，以节约经费，节省时间，切实提高文献情报服务的效率。

4.5 布拉德福定律的应用

现代科学的发展，尤其是科学知识的高度分化与综合，使科学文献的分布愈来愈趋向于复杂化。这一趋势的形成和发展，对于科学研究及文献情报工作都将产生重大的影响。因此，对于定量描述文献分布规律的布拉德福定律及其分布理论的研究，具有重要的理论价值和实际意义。这是因为：一方面，对于布氏定律及分布理论的研究可以进一步揭示文献情报流的内在规律，并为创立情报学理论体系和新的数学模型提供借鉴，促进信息计量学的理论发展；另一方面，布氏定律与信息计量学的其他定律一样，都可以作为图书情报工作科学管理的一种基础理论。从 20 世纪 60 年代后半叶起，情报学界加强了布氏定律的应用研究，其范围已拓展到广阔的学科和工作领域。不少研究表明，许多社会现象和事物也符合布拉德福分布，认为它是人类社会的普遍规律之一。因此，布氏定律及分布理论不仅在信息计量学中占有重要地位，而且对其他相关领域也有较大影响。这个起源于科学文献领域，却反映人为控制因素起决定作用的普遍现象的分布理论具有广阔的应用前景。

4.5.1 布氏定律应用的基本方法

现在，应用布拉德福定律，主要是应用其等级排列技术和分析方法。所以，这个定律虽然是以科学论文在期刊中的分散情况为基础创建的，但却可以派生出许多不同的应用。可以说，这些方法是各种应用的楷模。总结各种应用，不管什么类型，基本上都有三大步骤：①选用统计工具并获取原始数据；②等级排列统计数据；③分析统计资料，最后得出统计分析结果。选用统计工具是根据研究对象和目的的不同而异的；等级排列是按照期刊的载文率大小顺序排列，是整个研究的关键步骤；布拉德福型数据的生成和布拉德福常数的取值，以及最后的分析都依赖于等级排列。不同的应用，只是所选用的数据不同，等级排列的方法都是一样的。这是布氏定律应用的主要特点。但是，用等级排列生成布拉德福型数据，不是千篇一律地都要像布拉德福那样列出两栏，而要看采用什么方法进行分析。分析方法不同，等级排列时展开成布拉德福型数据的要求也不一样。

目前所使用的分析方法主要有两种：区域分析法和图像分析法（此外，还有解析式分析法）。这两者都是模拟布拉德福的基本方法而逐渐定型的，近来似乎已趋于标准化了。

（1）区域分析法（Zone Analysis）：这种方法是根据布拉德福把期刊分成三个区域，使每区论文数量大致相等，并且各区期刊数量关系之比为 $1:a:a^2$ 的方法形成的。不过，现在大都采用维克利的方法，不但区域不止三个，而且 a 值也视具体情况而定，区域可以分得很细，直到最后一个区域中的每种期刊都只登载一篇相关论文。这样，其分析结果会比只分三个区更为精确。例如，美国的沃森（D. B. Worthen）采用区域分析法考察了医学的部分专业的专著出版情况，从而掌握了这些学科的专著的基本分布，确定了该学科的“核心出版社”。

（2）图像分析法（Graphical Analysis）：这是按照布拉德福的制图方法，将等级排列的统计数据绘制成图，然后对曲线进行分析。如果采用区域分析法，布拉德福型数据只用 A、B 两栏就可以了，据此划分区域，求出布拉德福常数。如果采用图像分析法，布拉德福型数据则必须要有两组累计数据，即 n 与 R（n）数据，用 n 的对数作为横坐标，R（n）作为纵坐标，所得到的图像就是 n 与 R（n）的对应关系曲线。这是布鲁克斯在理论上已证明过的方法，也是图像分析法一致采用的。加拿大学者波普用图像分析法确定情报科学的核心期刊的应用，便是这种方法的典型例子。

4.5.2 布氏定律应用的主要领域

布拉德福定律的应用相当广泛，对于确定核心期刊、制订文献采购策略和藏书政策、优化馆藏、检验工作情况、了解读者阅读倾向、检索利用文献等方面都有一定的指导作用。同时，在文献情报工作中，不仅要注意搜集最有情报价值的文献，而且要充分考虑实际经济效益。布氏定律在这方面的意义就在于：能够为文献情报部门使用有限资金、获取情报密度最高的情报源提供定量依据，以利于作出科学决策。

（1）确定核心期刊：选择核心期刊是布氏定律最基本、最常用的应用之一。这可以直接仿照布拉德福的方法进行。近年来，这种应用已被广泛地运用到各个学科的期刊文献工作中，如化学、医学、农业、海洋学和情报科学等。使用区域法或图像法都能确定特定学科的核心期刊。

（2）用于文献检索：利用布氏定律的数学公式，不仅可以预计完全检索 n 种期刊的论文总数，而且还可以通过计算来评价文献检索的效率。

（3）考察专著的分布：这是通过统计分析各个出版社关于某个学科或专业的专著出版情况，从而掌握其专著的基本分布，确定这个学科的“核心出版社”。

由于考察对象是出版社与专著，则必须选定一个能够较全面地反映该学科著作出版情况的目录进行分析。Worthen 对 1965～1970 年和 1971 年美国国家医学图书馆的《美国 NLM 最新目录》中五个标题下的专著及其出版者的统计发现，专著数量对其出版者的分布基本上符合布拉德福分布，其研究结果列于表 4-4 的三个表中；说明这六年间编进目录的按出版者排列的专著分布是布拉德福分布。第一区中，五个出版者（社）出版 113 部专著，超过了 216 个只出版一部专著的出版者出版总数的一半；第二区，113 部专著，是由 10 个出版者出版的；各区的出版者数量的比例系数基本上趋于一个常数。

表 4-4　专著对其出版者的布拉德福分布

标题	出版者数量	专著数量
心血管病	179	255
心 脏 病	154	220
脑血管病	86	127
脉 管 病	87	105
心律不齐	51	63
	557	770

(a)

区	专著数	出版者	布拉德福常数
1	113	5	
2	113	10	2.0
3	111	17	1.7
4	111	28	1.6
5	106	50	1.7
6	96	96	1.9
7	120	120	1.3
			平均 1.7

(b)

出版者	每个出版者的专著数
1	41
1	20
1	19
1	17
1	16
1	15
1	14
3	11
3	9
2	8
7	7
9	6
8	5
11	4
15	3
44	2
216	1

(c)

这种分布显然可用于指导图书馆的采购工作，使采购人员可以确定在什么地方出版了某一学科的大量专著，从而得到出版商的详细清单。通过实际的统计，发现经验的估计存在着偏差。例如在美国医学方面的 Saunders 出版社声誉一直很好，但在统计中它却在布拉德福分布的第二区，且处于偏低位置。而公共服务社以前被看成是一个不重要的出版部门，在分布中却处于核心区。此外，这种分布还可以指导读者检索文献。

（4）动态馆藏的维护：以前，图书馆的馆藏和服务一直都是凭经验进行的，没有量的准确概念。这种量的混乱状态很大程度上是由于不能确定情报源的有用收藏的最小量。运用布氏定律确定动态期刊馆藏，能使馆藏合理化。

统计结果表明，某专业图书馆中期刊的流通和期刊读者分布都服从布拉德福定律。表 4-5 是美国 Allen 纪念医学图书馆在 1968 年 3 月（高峰月）的期刊流通和期刊读者的分布。从表中可见，该月流通的期刊有：11 种出借 113 次，16 种出借 108 次，21 种出借 107 次，等等。因而大致流通相同次数的连续各区的期刊数量构成几何级数 $1:1.4:1.4^2:\cdots:1.4^7$。同时可以看出，3 月份在 1，2，3，4 区有 86 个读者，76 种期刊流通。根据前者，我们可以通过不断统计期刊流通的最小核心和连续区（或每月一次，或每季一次，因图书馆利用密度而异），而做出每种期刊的流通变化率曲线，以此预测未来一年的流通要求，从而指导采购，建立合适的馆藏。根据后者，可以先建立读者的最小核心，再利用相应的检索工具书的主题标题，确定这一核心中的读者所感兴趣的领域，即找出这些标题下的最新出版物来。然后建立每个由读者核心所表现出的主要主题标题核心。其方法也是应用布氏定律来归纳每种标题下期刊论文的分布，从而找到经常被利用的核心期刊，为准确地收藏服务。通过流通期刊的最小核心，再加上核心读者所感兴趣的学科的最小核心，使馆藏保持为一种有序态，从而给读者提供最可利用的资料。

表 4-5　**期刊流通和期刊读者的布拉德福分布**

区	流通次数	期刊数量	布拉德福常数	区	流通次数	读者数量	布拉德福常数
1	113	11	-	1	118	13	-
2	108	16	1.5	2	108	18	1.4
3	107	21	1.3	3	107	24	1.3
4	110	28	1.3	4	109	31	1.3
5	110	38	1.4	5	109	40	1.3
6	110	55	1.4	6	108	54	1.4
7	109	93	1.7	7	108	105	1.9
8	109	109	1.2	8	109	109	1.1
	876	371	平均 1.4		876	394	平均 1.4

（5）检索工具完整性的测定：在图书馆管理中，检验文摘索引、目录等检索工具的完整性是一项极为重要的工作。这对于确定读者检索的完整性和评价馆藏也是很有意义的。利用布拉德福定律的等级排列方法和数学表达式，一方面可以确定某一遮盖度的文摘索引至少要摘索多少种情报源；另一方面，通过实际统计数据与根据布氏定律计算的理论值相比较的方法可以评价某一特定学科的检索工具的完整性，为这些工具的选择和利用提供科学依据。

（6）学科幅度的比较：根据布拉德福定律，对不同学科的期刊和论文数量进行分析，能得到大小不同的核心区和 S 值。对不同核心区和 S 值进行比较，就可看出学科之间的差别。一般来说，参数 S 可表示一个学科领域范围的大小及发展的成熟程度，可供判断有关学科的幅度时参考。

此外，在两个核心区中出现的期刊数量，还可以作为两门学科重叠程度的判据。凭经验就可以知道，若对于某一学科来说是很重要的期刊，对另一学科也是重要的，那么这两个学科便有了重叠，若这种对两个学科都很重要的期刊越多，那么这两个学科的重叠程度也就越高。现在，运用布拉德福定律解决这一问题，使这种判断定量化了。

(7) 指导读者利用期刊：布拉德福定律对于指导读者阅读文献具有实际意义。用“核心期刊”这种量的概念指导读者，可大大提高读者利用期刊的效率。

(8) 指导期刊订购工作：利用布氏定律，即可以确定某一学科的“核心期刊”，为期刊选订提供依据；又可以确定哪些期刊必须订购，而哪些期刊可以通过复制其中的论文来解决，从而指导期刊订购工作。这对于制定合理的文献搜集政策和经费分配方案，都具有指导意义。

由于布氏定律是试图用数学模型来说明社会领域中特定现象的一次成功的尝试，它与社会科学中的某些规律极为类似，例如，西方广为流传的所谓“二八律”，帕累托（Pareto）的 80 :20 规则等。加菲尔德对《科学引文索引》的分析得出了表 4-6 中的数据。2 200 种期刊中，100 种就占有全部相关论文的 43%，23%的期刊（500 种）占有 70%的论文。这很类似于 19 世纪意大利经济学家帕累托（Pareto）发现的财产分布规律，即 80 :20 规则。

表 4-6　　**《科学引文索引》中的期刊及其论文占有量**

期刊数量	论文量（%）
20	20
100	43
500	70
2 200	100

因此，有些学者提出将布氏定律及其等级排列技术的应用扩展到文献工作以外的广大的社会领域中去。例如，布鲁克斯在纪念布拉德福一百周年诞辰的专刊上，提出了布拉德福的等级排列技术可以应用于一些社会现象的看法；甚至提出以布氏理论为基础创立新的学科分支——个体统计学（Statistic of Individuality）。随着这方面研究的不断深入，必将为布氏定律及其分布理论的应用开拓更为广阔的光辉前景。

4.5.3 布氏定律应用的条件与局限

从布氏定律的大量应用研究来看，成功与失败相间。这是由于该定律起初是从经验观测数据得到的，后来虽经发展和完善，但仍存在某些局限性。布氏定律只有充分满足下列条件才能成立；其应用也常受着这些因素的限制。主要条件是：

（1）论文的学科、专业领域或课题范围应当清楚地划定；

（2）被分析的相关学科、领域或课题的期刊清单，以及对这些期刊中刊载的相关论文的统计应当是充分的；

（3）被分析的期刊的时间应当清楚限定，以保证有关文献数据统计的一致性。

5 文献信息词频分布规律——齐普夫定律

乔治·金斯利·齐普夫（George Kingsye Zipf）博士是美国哈佛大学教授、著名语言学家和心理学家。他学识渊博、论著颇丰，在很多领域均有建树。1935 年，齐普夫用大量的统计数据来验证前人有关词频分布规律的研究成果，并进行了深入系统的理论研究，使这一定律得以正式确立。为了纪念他的贡献，后来就以他的名字来命名这一定律。齐普夫定律定量地揭示了文献中词汇出现频率的分布规律，是文献信息计量学的基本定律之一，在图书情报、信息资源管理和科技管理领域具有重要意义。

5.1 齐普夫定律的理论基础——最省力法则

1948 年 4 月，时年 46 岁的齐普夫博士完成了他的专著《人类行为与最省力法则——人类生态学引论》，并于 1949 年首次出版。该书约 50 余万字，语言精练、层次清晰，引用大量的数据和事实，对“最省力法则”作了精辟的论述。这部专著影响很大，许多学者称之为“巨著、杰作”。可以说，“最省力法则”较好地解释了齐普夫定律的内在成因和机制，是齐氏定律的理论基础。

5.1.1 什么是“最省力法则”

在有关研究中齐普夫发现，每一个人在日常生活中都必定要在他所处的环境里进行一定程度的运动。他把这种运动视为走某种道路。然而，人们在自己的环境里所走的道路并非就是他的全部活动。对于一个处于相对静止状态的人来说，他要完成新陈代谢就要有不断的物质和能的运动，并进行输入、循环、输出等一系列的过程。这个物质和能的运动也是在一定的道路上进行的。我们可以认为，人的全部机体都可以视为物质的聚合，正以不同的速度在不同的道路上穿过人的系统；而在整个宏观的宇宙世界中，人的系统继而又以一个整体在他的外部环境里，取不同的道路、以不同的速度运动着。

在这里，齐普夫强调的是运动和道路的概念。他的目的是要说明每一个人的运动，不管属于哪种类型，都是在一定的道路上进行的，而且都将受一个简单的基本法则的制约，千方百计地选择一条最省力的途径。在各种运动中，人们也都有意无意地按照这个基本法则行事。齐普夫把这样一个他认为普遍存在的法则称为“最省力法则”（the Principle of least effort）。当然，这个“最省力”是带有主观含义的，各人有各人认为的“最省力”，它们并不是完全相同的。

怎样理解齐普夫的“最省力法则”呢？我们举个简单的例子。一个人要从A地到B地去，可以走各种不同的道路，但总得选择一条道路。为此，就得从经济上、安全上、时间上，并结合本人的主观条件（如身体状况）及客观条件（如所处的地区环境）等种种因素考虑，想方设法地选择一条最符合自己条件和要求的道路，使得自己付出的“力”最小。做到了这一点，就可以说他所消耗的力是最省的。作出这种选择的依据就是“最省力法则”。它既是人们愿望的反映，也是行动者努力的结果。在各种人为选择中，人们都自觉或不自觉地共同遵循着这一基本的行为选择法则——最省力法则。

5.1.2 最省力法则与词频分布规律

按照齐普夫的说法，当我们用语言表达交流思想时，“最省力法则”使我们就像受到两个方向相反的力的作用，即所谓“单一化的力”和“多样化的力”的作用。在谈话或写作时，这两种力表现为一方面希望被对方理解，另一方面希望尽量简短。从这一观点来看，说话者以只用一个词表达所有概念为最省力（“单一化的力”）；而听话者则以每个概念都用一个词表达为最省力（“多样化的力”）。“单一化的力”与“多样化的力”取得平衡，使自然语言词汇的频次分布呈双曲线。应当指出，这里所说的力不同于物理学上的力。

“最省力法则”出现后，国外许多学者纷纷对此进行研究，并把它应用于包括图书情报工作在内的许多领域中。例如，在20世纪60年代后期，有位学者运用这个法则研究了图书馆或情报中心在一个城市中的合理位置，尽量使所有可能使用它的人平均付出最小的力。还有人运用这个原则研究了书库中图书排列的最佳方案，打破传统的绝对按某种顺序排列的方法，解决如何才能使图书管理员在索取读者所需要的书时，平均付出的力最省。

显然，齐普夫提出的“最省力法则”与经济学中著名的“利益最大化原则”（即经济人假设）不谋而合。正因为齐普夫将词频分布规律建立在这一深刻的思想基础之上，所以人们才把他视为词频分布规律的最主要贡献者，并以他的名字将其命名为“齐普夫定律”。

5.2 齐普夫定律的形成和确立

在文献中，不同词汇的使用和出现频率是有一定规律的。为了发现和揭示这种规律，许多学者进行过探索。这些有关词频分布规律的研究和成果，为齐普夫定律的形成奠定了必要的基础。

5.2.1 频率词典的出现

早在1898年，德国语言学家 F. W. Kaeding 就编写了世界上第一部频率词典《德语频率词典》（*Häufigkeits Wörterbuch der Deutschen Sprache*）。Kaeding 编写这部词典的样本容量为110万个词的文句，并统计了每一个词在总样本中的出现次数。20世纪初，美国教育学家兼心理学家 E. L. Thorndike 先后编写了《教师二万词词书》（*Teacher's Word Book of* 20 000 *Words*），《教师三万词词书》（*Teacher's Word Book of* 30 000 *Words*），对英语的词汇作了大量的频率统计工作。目前，世界上的频率词典已有许多品种，其中有普通频率词典，也有专业性频率词典。

频率词典实际上也就是一种词表。对词表中的每一个词都要给出它们在一定长度的文句中出现的频率。随着不同语言中有关词的频率资料的大量积累，人们便迫切希望能将这些资料从理论上加以概括。在一部频率词典中，词的出现频率与词的序号是两个最基本的数量指标。它们刻画了一个词在词表中的统计性质，因此人们着重研究了词表中这两个基本数量指标之间的相互关系，以揭示词的频率分布规律。

5.2.2 艾思杜的发现

1916年，法国速记学家艾思杜（J. Estoup）就发现了在较长文章中，词的出现频率分布的定量化形式。他在从事速记文字体系的改善的研究工作中，观察到如下的规律：假设有一篇包含 N 个词的文献（N 应该充分地大)，按这些词在文献中出现的绝对频率 n 递减的顺序排列起来，并且按自然数顺序从 1（绝对频率最大的词）到 L（绝对频率最小的词）编上序号，造出这个文句的词表（如表 5-1）。

艾思杜发现，词的绝对频率与它相应的词的序号 r 的乘积大体上稳定于一个常数 K：

$$n_r \cdot r = k \tag{5-1}$$

表 5-1　**词的绝对频率与它对应的词的序号**

词的序号	1	2	…	r	…	L
词的绝对频率	n_1	n_2	…	n_r	…	n_L

5.2.3　贡东的公式

1928 年，美国贝尔电话公司物理学家贡东（*E. Condon*）在研究提高电话线路的通讯能力的工作中发现了如下的规律：他根据德韦（*Dewey*）和阿叶斯（*Ayres*）关于词的频率统计资料，以横坐标表示词的序号的对数 lgr，纵坐标表示词的绝对频率的对数 lgn_r，描绘了如图 5-1 所示的图形。

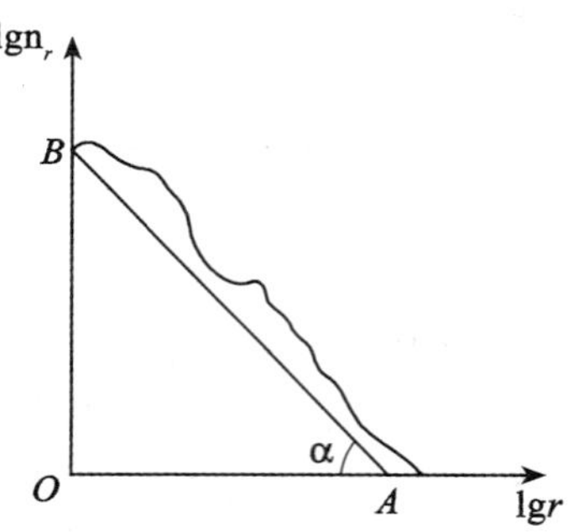

图 5-1　词频分布

贡东发现，lgr 与 lgn_r 的分布关系接近于一条直线 AB，AB 与横坐标的夹角为 α。

如令 $tg\alpha=\gamma$，则有：

$$lg\ (r^{\gamma} \cdot n_r) = lgK$$

其中，K 是一个常量，因而有

$$n_r = \frac{K}{r^{\gamma}}$$

贡东经过多次试验，发现 $\alpha = 45°$，即 $\gamma = tg\alpha = tg45° = 1$。故上式变为

$$n_r = Kr^{-1}$$

再用所考察的文句的总长度 N 除以等式两边得：

$$\frac{n_r}{N} = \frac{K}{N} r^{-1}$$

令 $\frac{n_r}{N} = f_r$（第 r 级词的相对频率），$\frac{K}{N} = C$（仍为常量），则得

$$f_r = Cr^{-1} \tag{5-2}$$

这就是贡东提出的定量化公式。

但是，贡东指出：C 是否为一个常数，还需要更多的实验来检验。不过，如果 C 真是一个常数的话，可用如下方法来确定 C 的值。

当试验次数 $t \to \infty$ 时，频率 f_r 就变成了概率 P_r，故公式变为：

$$P_r = Cr^{-1}$$

因为所有词的概率的总和等于 1，即

$$\sum_{r=1}^{L} P_r = 1$$

对于给定的文句，词表容量 L（$0 < r \leqslant L$）是已知的。用 Cr^{-1} 代替 P_r，则有

$$\sum_{r=1}^{L} Cr^{-1} = C \sum_{r=1}^{L} r^{-1} = 1$$

所以

$$C = \frac{1}{\sum_{r=1}^{L} r^{-1}}$$

由此可求得 C 的值。例如，在德韦的资料中，L = 10 161，代入上式，求得 C = 0. 102。

贡东顺利地得到并发表了上述结果，同时还指出，希望人们能用更广泛的试验材料来检验 C 究竟是不是一个常数。可见，贡东虽然提出了定量公式，但他并没有完全确证这一公式。

5. 2. 4　齐普夫的研究和齐普夫定律的确立

齐普夫正是在前人的基础上，抓住前人还没有解决的问题大胆探索，从

而正式创立了词频分布定律。1935 年，齐普夫以大量统计数据对词频分布规律进行了系统研究。他首先检验了贡东关系式的可靠性和 C 的性质。齐普夫主要根据汉莱（*M. Hanley*）为乔伊斯（*J. Joyce*）的长篇小说《尤利西斯》（Ulysses）一书所编的频率词典来进行工作。由于该词典文句容量为 260 432 个词，词典中收词 29 899 个，这样，他就有可能在比贡东的规模大得多的基础上来检验贡东的结果，并着重研究了 C 是否为一个常数。

起初，齐普夫按公式 $P_r = C_r^{-1}$ 来估计 C 的值。他指出，在此公式中，当 r=1 时，

$$P_r = Cr^{-1} = C$$

可见，C 就是序号为 1 的那个词的概率（即最高频词的频率）。根据试验，齐普夫得出了 C=0.1，因而认为 C 是一个常数。

但是，后来大量的事实说明，大多数欧洲语言，几乎没有一种语言的序号为 1 的词的相对频率为 0.1，一般小于 0.1。例如，英语中序号为 1 的词是 *the*，它的 $P_r = 0.071 < 0.1$。

这一点很容易用数学证明：

由贡东的 C 值求解公式

$$C = \frac{1}{\sum_{r=1}^{L} r^{-1}},$$

可近似地得到

$$C \approx \frac{1}{ln L + \beta}$$

式中，β 为欧拉常数，$\beta \approx 0.5772$。由上式可知，当 L 值分别为5 000、10 000、50 000 和 100 000 时，C 值分别为 0.11、0.10、0.09 和 0.08，近似为（但略小于）0.1。

这样，齐普夫对他原先的说法作了修改，指出 C 不是一个常数而是一个参数；它的取值区间为：0<C<0.1；对于 r=1，2，…，L，这个参数 C 使得：

$$\sum_{r=1}^{L} P_r = 1$$

后来，齐普夫还根据其他一些文句中的词频统计得出了类似的结论，从而论证了单参数词频分布公式 $f_r = Cr^{-1}$（或 $P_r = Cr^{-1}$）的正确性。

由于齐普夫做了大量艰巨的统计和计算工作，确定了 C 的性质，论证了描述词的频率与等级序号之间关系的定量形式，而且用“最省力法则”

对其作出了深刻的理论解释，为揭示这种分布规律作出了巨大贡献。因此，人们用他的名字来指称这一定律。在大部分有关情报学和语言学的文献中，上述单参数词频分布定律被称为齐普夫定律（*Zipf's Law*）。

5.3 齐普夫定律的基本内容

5.3.1 齐普夫定律的文字表述

1949 年，*G. K.* 齐普夫公开发表了他的杰作——《人类行为与最省力法则——人类生态学引论》。在“最省力法则”思想的指导下，他首先对人类信息交流的重要工具——语言进行了大量研究，试图证明自然语言词汇的分布服从一个简单的定律。他在以往研究的基础上又收集了大量统计材料，并进行了系统的分析，发现在任何一篇文章中，词的出现频率都服从如下规律：

如果把一篇较长文章（约 5 000 字）中每个词出现的频次统计起来，按照高频词在前、低频词在后的递减顺序排列，并用自然数给这些词编上等级序号，即频次最高的词等级为 1，频次次之的等级为2，……频次最小的词等级为 D（或 L）。若用 F_r 表示频次，r 表示等级序号，则有：

$$F_r \cdot r = C \tag{5-3}$$

式中 C 为常数。但这里的常数并不是绝对不变的恒量，而围绕一个中心数值上下波动。上式与齐普夫以前验证过的定量形式是一致的，人们亦称该式为齐普夫定律（或称齐普夫第一定律）。

齐普夫定律不但可以用词的绝对频数（频次）表示，而且也可以用词的相对频数（频率）表示。

令 N 为文章所包含的词汇总数（词容量），f_r 为第 r 级词的相对频率，则有

$$f_r = cr^{-1} \tag{5-4}$$

式中，c 仍为常量，且 $c=\frac{C}{N}$；而 $f_r=\frac{F_r}{N}$。

通常，将（5-3）式称为齐普夫定律的绝对频数表示法或频次表示法，将（5-4）式称为齐普夫定律的相对频数表示法或频率表示法。二者是同一规律的不同的具体表现形式。

齐普夫运用其“最省力法则”解释了这个定律。他认为，在任何语言中，凡是使用频率高的词，功能总是不会太大。因为词义本身在这个场合中

价值小，因而传递它们所需要的“力”就不大。所以，词的出现频率与等级序号的乘积基本上稳定于一个常数。

5.3.2 齐普夫定律的图像描述

根据文献中出现的词频与等级序号的统计数据（表 5-2），建立 F_r 与 r 的直角坐标系，用横坐标表示词的等级序号 r，纵坐标表示相应的频次 F_r，我们就可以得到一条双曲线，即齐普夫分布曲线（图5-2）。

表 5-2 文献中出现的词频与等级序号的统计数据

r	F_r	lgr	lgF_r
1	400	0.0000	2.6021
2	200	0.3010	2.3010
3	133	0.4771	2.1239
4	100	0.6021	2.0000
5	80	0.6990	1.9031
6	66	0.7782	1.8195
7	58	0.8451	1.7634
8	50	0.9031	1.6990
9	44	0.9542	1.6435
10	40	1.0000	1.6021
…	…		

如果等级序号 r 与频次 F_r 都取对数坐标，则图 5-2 中的图像就变成一条直线了，即齐普夫分布对数曲线（图 5-3）。

这种类型的分布，就叫做齐普夫分布。

5.3.3 齐普夫定律的一般数学形式

图 5-3 中的图像若用等价的数学式表示，则为：

$$lgr+lgF_r=lgC$$

一般地，由解析几何知，斜率为 b 的任一直线可表示为：

$$blgr+lgF_r=lgC$$

如果将这一方程改写成类似（5-3）式的形式，则得：

$$F_r \cdot r^b = C \qquad (5\text{-}5)$$

若取 b=1，则（5-5）式与（5-3）式相同。这与后来朱斯提出的齐普夫定律的修正式是一致的。它是齐普夫定律的较一般的形式。

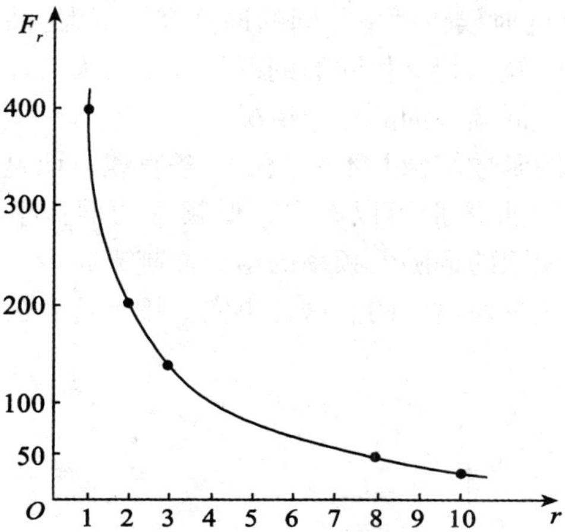

图 5-2　齐普夫分布曲线

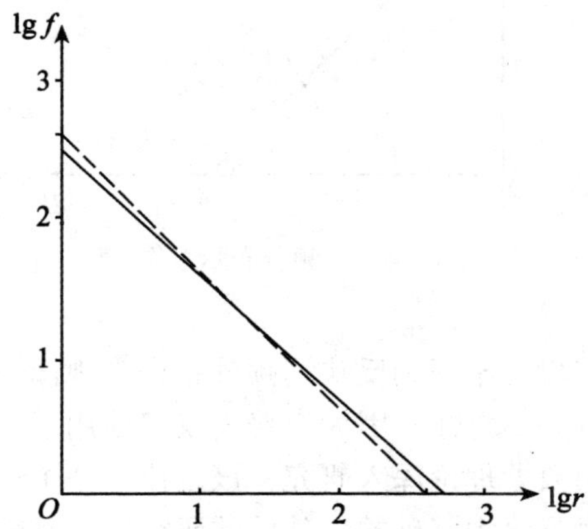

图 5-3　齐普夫分布对数曲线

5.3.4　齐普夫定律的适用性

一般来说，齐普夫定律较符合西文文献中词频分布的实际情况，定量地揭示了文献信息的词频分布规律。但是，词频分布问题是很复杂的，因而使得上述公式的适用范围有一定的局限性。尤其是对出现频次特别高的词和特别低的词，并不能圆满地反映其分布规律。

例如，从公式来看，一个 r 值只能对应一个 F_r（或 P_r）值，因而说明文句中不能存在频率相同的词。这与语言的客观事实是不相符的。试验证明，当 15<r<1 500 的时候，频率相同的词群容量不大，但 r>1 500，也就是当词的频率较小的时候，频率相同的词群的容量就大大增加了。可见，上述公式都不能恰当描述低频率词的分布情况。

实际上，前面的函数图像并不完全是一条直线，而是一条阶梯形的破碎折线（如图 5-4）。从此图形可以看出，低频率的词，序号相同的很多；而高频率的词，序号相同的词随着频率的增高而越来越少。可以说，序号的雷同数是随着频率的减少而增大的。这种事实，用上述各公式都不能很好地描述。

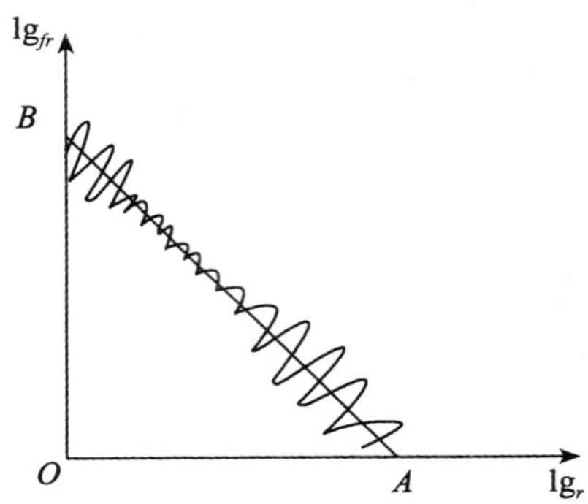

图 5-4　词频分布示意图

可见，齐普夫定律对于正确反映词频分布客观规律来说，还存在一定的局限性。当然，这也并不奇怪，因为齐普夫仅仅使用了一般的统计方法，对上述研究结果没有用数学理论深入研究，该定律是一个纯粹的经验定律。同时，齐普夫定律是以英语为基础的，其后的研究也大都限于印欧语系。汉语与之差别甚大，很多问题需要进一步研究和探讨。针对这些局限性，后来的研究者进行了深入探讨，使齐普夫定律获得了应有的发展。

5.4　齐普夫定律的发展

在齐普夫之后，不少学者对齐普夫定律进行了广泛而深入的研究。概括地说，其研究主要集中在两个方面：一是通过增加参数，对齐普夫公式进行修正，使之在更普遍的意义上趋于更精确地描述文献中的词频分布规律；二是研究其经验定律和齐普夫分布的理论基础，以及从不同的角度广泛探讨其应用前景。这些研究都有力地促进了齐普夫定律及其分布理论的全面发展。

5.4.1 朱斯的双参数公式

1936 年，就在齐普夫发表其研究成果后不久，美国语言学家朱斯（*M. Joos*）就对齐普夫的单参数词频分布律提出了修正。朱斯指出，齐普夫公式 $P_r = Cr^{-1}$ 中，不仅 C 是一个参数，而且 r 的负指数（以 γ 表示）也是一个参数。这是因为，当词典收词多时，γ 会增大，即图像中的 α 角会增大；当词典收词少时，γ 会减小，即图像中的 α 角会变小，可见，γ 并不永远等于 1，α 角也并不都是 45°。也就是说，γ 不是一个常数而是一个参数。若令这个参数 $\gamma = b$，则有：

$$P_r = Cr^{-b} \tag{5-6}$$

其中 $b>0$，$C>0$，对于 $r=1$，…，n，参数 b、C 要使 $\sum_{r=1}^{n} P_r = 1$。

这就是朱斯的双参数词频分布律。

在朱斯的公式中，当 $b=1$ 时，公式变为 $P_r = Cr^{-1}$。这正是齐普夫的单参数词频分布律。因此，齐普夫公式只不过是朱斯公式在 $b=1$ 时的一种特殊情况。可见，朱斯公式是比齐普夫公式更为抽象、更具有普遍性的公式，是对齐普夫公式的真正的实质性的修正。

5.4.2 芒代尔布罗的三参数公式

1952 年，美籍法国数学家芒代尔布罗（B. Mandelbrot）运用信息论原理和概率论方法来研究词的频率分布规律，重新解释了齐普夫定律，并修正了定律的表达式。芒代尔布罗把词看做是由空格隔开的一些有一定顺序的字母序列，并将书面语言和利用模拟或数字表达形式的编码加以比较；把句子看成是用词来编码的词的序列；又把文章看成是由句子的增消过程而形成的句子的序列。他认为，所有符号都有一定的值，可赋予词汇以先验的概率，以使其总平均值为最小而信息量保持不变。从这样的观点出发，芒代尔布罗通过严格的数学推导从理论上提出了词的三参数频率分布定律。其形式是：

$$P_r = C(r+a)^{-b} \tag{5-7}$$

其中，$0 \leqslant a < 1$，$b>0$，$C>0$；对于 $r=1$，…，n，参数 a、b、C 要使 $\sum_{r=1}^{n} P_r = 1$。

a、b、C 三个参数的含义如下：

① 参数 C 与出现概率最高的词的概率大小有关；

② 参数 b 与高概率词的数量的多少有关，对于 $r<50$ 的高概率词，b 是 r 的非减函数，随着 r 的增大，参数 b 并不减小；

③ 参数 a 与词的数量 n 有关，由于 a 的选择自由较大，因而公式的灵活性很大，更能在各种条件下适合测定的数据。

芒代尔布罗修正式既基本上保持了齐普夫定律的原貌，又使公式的适用面更宽了。在（5-7）式中，当 $a=0$，公式形式为 $P_r=Cr^{-b}$，这就是朱斯的双参数公式；当 $a=0$，$b=1$ 时，公式形式为 $P_r=Cr^{-1}$，这就是齐普夫的单参数公式。可见，朱斯公式和齐普夫公式只不过是芒代尔布罗修正公式的特殊情况。

应当指出，上述研究结果虽然对齐普夫公式进行了修正，但仍有局限性，特别是出现频率很低的词不能完全满足分布公式。因此，词频分布规律还有待进一步研究和完善，这就导致了齐普夫第二定律的产生。

5.4.3 低频词分布规律——齐普夫第二定律

有人认为，齐普夫定律是由两大定律组成的，即高频词出现的定律和低频词出现的定律。关于低频词分布的定律被称为齐普夫第二定律。

齐氏第二定律是由布什（B. Booth）首先推导出来的。如果设 P_r 为第 r 位词出现的概率，N 为词的总体集合中不同词出现的总次数，n 为第 r 位词出现的次数，则：

$$P_r=\frac{n}{N}$$

根据齐普夫第一定律，有

$$P_r=Cr^{-1}$$

联合求解上面两式，得

$$r=\frac{CN}{n} \tag{5-8}$$

由于存在同频词，因此这里的序号 r 是不连续的。假定它是用最大排序法得到的序号（即所有的同频词都共用同一个序号，就是它们按自然排序法所能得到的最后那个序号。例如，出现 400 次的词只有一个，出现 100 次的词有 3 个，则出现 400 次的那个词的序号无疑为 1，但出现 100 次的 3 个同频词若按自然排序法能得到 2、3、4 这三个序号值，我们统一规定取 4 这个最大序号值，以保证词频与词序的一一对应），并将它理解为以频次 n 为自变量的函数，则上式也可写成

$$r_n = \frac{CN}{n} \tag{5-9}$$

显然，根据最大排序法的定义，必有 r_n 个词出现 n 次以上，有 r_{n+1} 个词出现 $n+1$ 次以上，所以刚好出现 n 次的词的数量为：

$$I_n = r_n - r_{n+1} = \frac{CN}{n} - \frac{CN}{n+1} = \frac{CN}{n(n+1)} \tag{5-10}$$

因此，出现一次的词的数量为：

$$I_1 = \frac{CN}{1(1+1)} = \frac{CN}{2} \tag{5-11}$$

故

$$I_n/I_1 = \frac{CN/[n(n+1)]}{CN/2} = \frac{2}{n(n+1)} \quad (n = 2,\ 3,\ 4,\ \cdots) \tag{5-12}$$

可见，上式与正文的长度和常数 C 无关，仅与单词的频率有关。该式即为齐普夫第二定律的表达式。

布什检查了四篇英语文章的低频词出现的情况。这四篇文章中词的数量列于表 5-3。表 5-4 给出了用方程（5-12）预测的 I_n/I_1 值与布什实际统计的数值的比较（对第 4 篇文章）。从表中可以看出，预测值非常接近于实际值。所以，用齐普夫第二定律（5-12）式预测英文文献中低频词的出现频率是比较可靠的。

表 5-3　　布什统计的四篇文章的词频分布

文　章	W·R·U·1	W·R·U·2	W·R·U·3	Eidridge
总词数（N）	4 325	4 409	8 734	43 989
不同词数（D）	1 001	1 211	1 698	6 002
出现一次的词数（I_1）	541	710	887	2 971
出现二次的词数（I_2）	152	227	273	1 097
出现三次的词数（I_3）	94	91	151	516
出现四次的词数（I_4）	56	41	90	294
出现五次的词数（I_5）	36	32	62	212

表 5-4　　I_n/I_1 的预测值与实际值的比较

I_n/I_1	预测值	实际统计值
I_2/I_1	0.33	0.36
I_3/I_1	0.17	0.17
I_4/I_1	0.10	0.10
I_5/I_1	0.071	0.070
I_6/I_1	0.048	0.051
I_7/I_1	0.036	0.035
I_8/I_1	0.028	0.028
I_9/I_1	0.022	0.029
I_{10}/I_1	0.018	0.015

5.5　齐普夫定律的应用

许多研究表明，齐普夫定律有着普遍的意义和广泛的应用。齐普夫分布律不仅是信息计量学的广义通式，诸如布拉德福定律、洛特卡定律等都可以转换成齐氏型分布形式；而且在广阔的社会领域，许多现象，诸如科学文献出版量分布、城市人口分布、地理特征分布、生物种属分布等，都普遍呈现出齐普夫分布形式或特征。因此，齐普夫分布理论无疑是揭示社会科学内在规律的有力武器。它的理论价值已远远超出了文献学、情报学的范围，其应用也正在渗透到语言学、科学学、经济学、社会学乃至整个社会科学中去。早在 1961 年，英国皇家统计学会主席肯德尔在“社会科学中的自然定律”的演讲中，就高度评价了齐普夫分布的重要性。后来，前苏联文献计量学家海通（Haitun）更是明确地指出，齐普夫定律是解决社会科学分布现象的最好定律。

在图书馆学、情报学、信息管理和科技管理领域内，齐普夫定律的应用不仅仅是着眼于“最省力法则”解释，而主要是利用它揭示的语言学统计规律和语言文字处理的方法。齐氏定律对于揭示书目信息特征、设计情报系统、制定标引原则、进行词汇控制、组织检索文档、开展科学评价等，都有一定的理论指导意义。下面分 3 个方面介绍其主要应用。

5.5.1 在文献标引和词表编制中的应用

从统计学角度研究语言文字问题，齐普夫定律是一种强有力的工具。文献标引和词表编制问题，是图书情报工作中与语言文字打交道最多的一个问题，最有可能直接或间接地与齐普夫定律发生联系。

（1）词表编制

由于电子计算机情报检索的出现，传统的分类法和主题法越来越不适应情报的组织与检索。20世纪50年代产生了功能很强的叙词法，使整个情报检索的面貌大为改观，同时也给人们提出了许多新课题，例如，怎样进行词汇控制，编制多大规模的词表，选用多少词，根据什么选词等，都是亟待解决的问题。为了提高计算机情报检索的效率，叙词表和标引的质量越来越重要。它直接影响着情报检索的查全率和查准率以及其他效果指标。这就迫使人们开始用语言学理论和数学方法来研究词表和标引等方面的问题，这种研究必然涉及齐普夫定律。

研究者们根据齐普夫的频率分布方法，通过标引试验，找出被引文献与叙词使用频率的分布特征，确定合乎需要的参数值。有些词表的编制则全部选用原始文献中的术语，统计其发生频率，研究分布特征，最后决定合乎使用频率的词，编入词表。词表编成后，根据标引实践，再不断反复修改，使词表真正趋于规范和实用。

这样，就使词表的编制有规律可循并建立在科学方法的基础之上，把词汇控制在一个恰当的范围，从而提高词表的质量。20世纪60年代以后逐渐发展成熟的国外著名词表中，很多都是这样编制而成的，都是经过一定数学方法检验的。

（2）自动标引

自从计算机产生以来，自动标引和自动分类就一直是国内外情报学家们研究的热点。所谓自动标引，就是用计算机处理原文信息，将待处理的原文输入系统后，通过程序控制对每个词的频率进行统计分析，筛选出适于标引的词进行标引；或者与一个特定的分类体系比较，进行分类处理。在整个处理过程中词频起着决定作用。由于频率太高的词和频率太低的词在检索中价值都不会太大，所以都不能用于标引或表示应入类目，而要选用那些词频适当、功能较强的词来进行标引和分类。

这种研究起源于P. 卢恩。早在1958年卢恩就指出，文章中词的出现频率提供了一种决定有效词的好方法；有效词在句中的相对位置提供了一种决定句子效果的优良的测定方法。因此，评价一个句子的有效性，将建立在两种方法的联合基础上。卢恩将文中给定位置上的词按频率递减顺序排列，得到形如双曲线的齐普夫分布。他当时作了一个假设，可以在 r 轴上找到二个临界点，以确定一个临界区间，排除掉落在区间外的高频词和低频词，保留下来的频率适中的词才是有效词。有效词的分辨力是指词识别文章内容的能力。它们在 r 轴上下二个临界点的中点位置达到最大值，从峰值点向两边减小，在临界点附近达到 0（如图 5-5）。

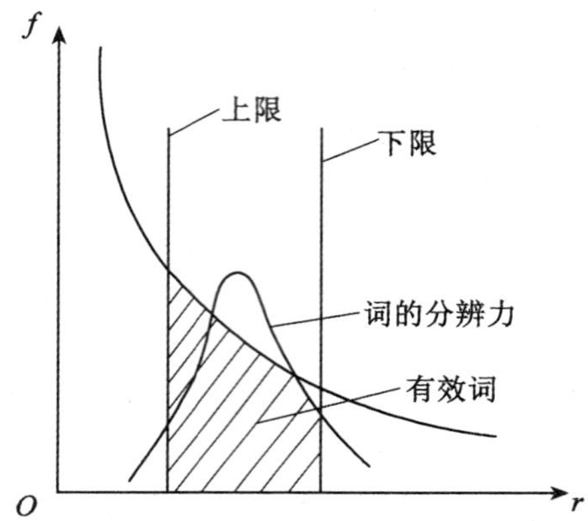

图 5-5　卢恩假设

这些假设奠定了情报检索中自动标引的基础。而且，卢恩亲自设计了一种按词的频率自动标引的方法。若文献可以由一个类名来表示，每个名表示一类发生在论文中的词，那么如果一个有效词作为这个类中一个成员发生，文献就被这个名标引。这样的系统通常由三个部分组成：①排除高频词；②去后缀；③找出相应的词干。这样处理后得到的一个类名表可在检索中表示文献，并能起到索引词或关键词的作用。

在文献标引中，给检索词加权是提高检索效率的一个好办法。S. 琼斯根据齐普夫定律和卢恩的假设，设计了一种很有意义的加权方法。卢恩假设检索词分辨力的变化同它们发生频率的等级函数相应变化，最高分辨力的词恰好是频率中等的词，并建议通过这个模型从文献中找出有效词。显然，同样的数据基础可以用来为文献的各种专门检索词提供一个加权系统。这个系统给每一个检索词分配一个与其在文献中发生频率直接相符的权值。这种加权法有可能推广到整个文献集，并且有了尝试。一个文献集的词表通常服从齐普夫分布，即如果我们统计每个检索词在多少篇文献中出现的数据，并按频率的递减顺序排列这些词，我们就能得到双曲线图形。琼斯通过实验指出，如果有 N 篇文献，某一个检索词涉及其中的 n 篇，那么给这个词以 $\lg(N/n)+1$ 的权值，将取得较好的检索效果。

5.5.2 在情报检索中的应用

计算机情报检索首先要建立数据库。目前大多数数据库仍是文献型的，由一条条记录所组成。一条记录代表一篇文献，并按文献的不同特征描述分成不同的字段。字段按其属性分为著者字段、篇名字段、主题字段等，无论哪一种字段，都是由词组成的。因此，齐普夫定律与情报检索有着较密切的联系。

情报检索中文档的组织，与语言文字有关系。在建立情报检索系统时，一般都要建立倒排档（辅助索引）。一个倒排档（辅助索引）的大小，取决于同一属性字段中不同词的多少以及每个词的出现频率，也就是说，要考虑倒排档中的每一个词在不同记录中出现的次数。例如，作者倒排档（著者索引）的大小，不仅取决于所有记录中作者字段内不同作者数量的多少，而且取决于这些作者出现的总次数。事实上，无论何种倒排档，词频都不会完全一致，但我们却可以想办法寻找其中的规律。按照齐普夫定律，把每一个描述属性值的词按其出现频率递减顺序排列，形成不同等级。假定在整个数据库中某一种字段共有 D 个不同词汇，总出现次数为 N，则：

$$P_r=\frac{r\text{ 等级词出现频次}}{N}$$

也就是说，r 等级词的出现频次等于 NP_r，P_r 是随意从有关字段中抽取的描述 r 等级词属性值的概率。它满足关系式：

$$\sum_{r=1}^{D}P_r=1$$

通过研究发现，在一个倒排档中，入档词的出现频率近似满足这样一个公式：

$$P_r=A/r \tag{5-13}$$

式中 A 是常数。大量研究表明，A 值近似于 0.1。因此，这个公式与齐普夫公式是等价的，说明文献库中的词频特征与齐普夫定律是一致的。通过计算，便可求出数据库所需的存储量。

5.5.3 在科学评价中的应用

一个值得注意的趋势是，齐普夫定律所使用的词频分析方法现在已经被越来越多地运用到科学评价和科技管理中来。比如说，运用关键词计量分析的方法展示一个学科领域的研究动向，就是一项很有价值的实证研究。特别是基于网络环境所进行的大规模的词频统计分析，提高了研究结论的可信度，使之日益受到科技管理部门的青睐。

(1) 国外研究案例：加拿大蒙特利尔大学的纳米科技研究与发展报告

1997年，加拿大蒙特利尔大学的 Robert Delphé 教授与他的研究组完成了一份关于世界纳米科技研究状况的计量分析报告，提交给了加拿大国家研究理事会（The National Research Council of Canada，NRC）。其目的是要提供国际纳米科技发展的量化信息，以使国家关于纳米科技研究与发展的决策更具科学性。研究报告以加拿大 NRC 确定的 79 个纳米科技关键词为依据，采用词频分析的方法，不仅分析了全球范围内纳米科技论文的产出，而且分析了世界各国纳米技术专利的分布。报告的基本结论是：20 世纪 90 年代世界纳米科技迅速发展，美国和日本是该领域的强者，而加拿大纳米科技研究相对落后。报告有几处涉及中国，例如中国纳米科技的研究方向、论文产出、专利申请及纳米科技的主要研究机构等，大体勾勒出中国在世界该研究领域的学术地位。

按 NRC 提供的 79 个关键词对 INSPEC 数据库进行检索，8 年中出现频次较高的 50 个关键词所涉及的论文共计 25 484 篇。对这25 484篇论文按国别进行分类，在论文最多的 10 个国家中，位居第一的美国纳米科技论文共计 7 927 篇，占世界纳米科技论文的31.1%；日本 3 867 篇，占 15.2%，排在第二位；中国以 1 020 篇列第七位，所占的份额是 4.0%。进入前 10 位的其他七个国家分别是德国（2 815 篇）、英国（1 302 篇）、俄罗斯（1 296 篇）、法国（1 266 篇）、意大利（620 篇）、瑞士（522 篇）和加拿大（506 篇）。由此看来，我国在国际纳米科技研究领域是占有一席之地的。加拿大报告还研究了这25 484篇论文的机构分布，列出了世界上论文最多的 90 个研究机构。在这 90 个研究机构中，中国有 6 家。

报告还列出 40 个出现频次最高的纳米科技关键词的国家分布。这些关键词的频度分布可以大体勾勒出各国的研究领域。表 5-5 列出中国纳米科技论文的主要关键词，及与美国、日本和世界主要关键词的比较。选择美国和日本进行比较，因为他们是世界纳米科技研究的主要力量。从表 5-5 看出，中国按频次排序前 12 位的关键词与美国、日本及世界前 12 位的关键词基本一致，特别是，中国排序前 3 位的关键词同时也是世界前 3 位的关键词。这表明我国纳米科技研究的主流方向与世界是一致的。但关键词具体位次的差异也反映出我国纳米科技研究的优势与劣势。

表 5-5　　中、日、美主要纳米科技关键词分布比较（1989~1996）

关键词	中国		美国		日本		世界	
	频次	位次	频次	位次	频次	位次	频次	位次
Nanocrystal	303	1	730	4	298	6	2 899	2
Fullerene	113	2	860	3	332	5	2 618	3
Scanning tunneling microscopy	85	3	1 402	1	716	1	3 964	1
Nanostructure	70	4	475	5	140	12	1 385	9
Quantum wire	61	5	454	8	432	2	1 833	5
Electroluminecence	58	6	254	12	332	4	1 556	8
Atomic force microscopy	51	7	870	2	366	3	2 195	4
Quantum dot	51	8	457	7	235	7	1 670	7
Laser deposition	48	9	471	6	152	11	1 746	6
Nanocrystal material	46	10	65	22	8	31	254	21
Conducti polymer	41	11	275	11	184	8	1 029	11
Gant magnetoresistance	37	12	295	10	167	9	751	12

注意到关键词 nanocrystal，它在美国排序第四，在日本排第六，在中国排第一，共计出现 303 次，频次甚至超过了日本。与此相关的另一个关键词是 nanocrystal material，在中国排序第 10，美、日和世界分别排序 22、31 和 21 位。由此可以看出我国在纳米晶及纳米晶材料研究方面的明显优势。在看到我国研究优势的同时，我们也发现了我们的研究弱项。有两个值得注意的关键词，scanning tunneling microscopy 和 atomic force microscopy。前者在美、日及世界均排序第一，而在中国排序第三，频次仅为 85，是中国排序第一的关键词 nanocrystal 频次的 28%；后者的中国位次是 7，而美、日分别是第二、第三位。scanning tunneling microscopy 和 atomic force microscopy 代表的研究方向是对纳米尺度的表征和监测工作。相对频次少，相对位次落后，反映出我国在这方面研究的相对弱势。

该报告还以美国专利数据库（1987~1996）作为最基本的数据来源，依据纳米科技关键词对有关纳米科技的专利进行了筛选分析。研究结果表明，美国和日本是专利最多的两个国家，专利数远远超出其他各国，涉及的技术领域也最广，专利关键词词频也最高，各占词频总数的 59%和 23%。其他 4 个专利较多的国家是德国、法国、英国和加拿大。报告显示，在纳米科技领域中，中国专利数最多的技术领域与世界上专利最多的技术领域是一致的。

（2）国内研究案例：2002 年国内外情报学发展动向分析

2003 年，我们以 Elsevier SDOS 数据库和中国期刊网全文数据库作为数据源，选择国内情报学（信息管理）领域最有影响的《情报学报》和国外情报学（information management）领域最有影响的三种期刊 *International Journal of Information Management*、*Information and Management* 和 *Information Processing and Management*，用词频分析法对 2002 年度国内外情报学研究的热点和动向进行了统计比较分析。

以下是我们的词频统计结果（表 5-6）。限于篇幅，仅列出了前 20 位热点关键词。

表 5-6　**2002 年国内外情报学热点关键词的分布情况**

位次	前 20 位中文关键词	频次	前 20 位英文关键词	频次
1	系统	16	System	14
2	技术	13	Web	14
3	Internet	10	Retrieval	13
4	Web	9	information system	9
5	检索	9	User	7
6	自动	9	Technology	7
7	数据	8	Document	7
8	数据库	8	Search	6
9	网	8	Business	6
10	知识	8	Commerce	6
11	评价	7	Strategy	6
12	数字	7	Classification	5
13	图书馆	7	Communication	5
14	资源	7	Decision	4
15	服务	6	Data	4
16	企业	6	IS	4
17	XML	5	Word	4
18	搜索	5	Online	3
19	文献	5	IT	3
20	中文	5	Digital library	3

从表5-6可知，2002年国外情报学的主要研究热点为：信息检索、信息系统、网络、电子商务、数据与信息处理、决策、信息技术、信息用户、数字图书馆，等等。2002年国内情报学的主要研究热点为：网络、信息系统、数据与数据库、信息检索、信息技术、知识管理、信息资源、信息服务、数字图书馆、中文信息处理，等等。

比较国内外情报学论文的词频分布，我们发现：

① 信息系统、信息检索、网络、信息技术是2002年国内外情报学研究的共同热点。我们从表5-6中把在国内外都居于前20位的共同关键词找出来，得到表5-7。从表5-7可以看到，排在最前面的4个共同主题词就是"系统"（System）、"技术"（Technology）、"网络"（Web）、"检索"（Retrieval）。而且，它们各自在国内外词频排序中的实际位次均在前6位。

表5-7　　**2002年国内外情报学的共同高频词**

国内位次	中文关键词	频次	国外位次	英文关键词	频次
1	系统	16	1	System	14
2	技术	13	6	Technology	7
4	Web	9	2	Web	14
5	检索	9	3	Retrieval	13
7	数据	8	15	Data	4
12	数字	7	20	Digital library	3
13	图书馆	7	20	Digital library	3
16	企业	6	9	Business	6
18	搜索	5	8	Search	6
19	文献	5	7	Document	7

② 电子商务是国外情报学的大热点，但国内情报学界却讨论较少。也许是因为国内情报学界与企业接触较少，写不出足够有深度的文章能发表在《情报学报》这样的权威期刊上。事实上，国内电子商务方面的文章也是很多的。这说明我国情报学界面向企业、面向经济建设主战场做得还不够。

③ 数据与数据库、知识管理是国内情报学的大热点，但国外情报学界却讨论较少。其中，数据挖掘、知识发现、数据与知识仓库方面国内外的发文频率差不多，都关注但发文都不多。但国内关于数据库和知识管理的文章

比较多，而国外几乎没有。就前者而言，这可能与我国数据库产业比较落后有关。因为落后，就有探讨的必要，所以探讨的人就比较多。在数据库方面的文章中，有好几篇就是谈具体数据库的构建的。而在数据库已经很发达的西方发达国家，探讨这些问题可能就没有什么必要了。至于国内在知识管理研究方面的繁荣，则很可能是国外知识管理风潮的一种滞后性反映。国外在这方面的概念炒作早就热过了，现在的研究已趋于务实。

④ 国外十分重视关于用户的研究，而国内比较漠视。从表 5-6 可以看到，在国外的关键词排序中，User 以 7 篇文献高居第 5 位；而在国内的关键词排序中，却找不到“用户”一词的影子。这可能与国外政治上尊重人权、经济上用户至上、文化上以人为本的思想和社会环境有关。国内在这方面的差距确实很大，对于“人”的研究要么就是不重视，要么就是深入不下去。从表 5-6 可知，国内只注意“服务”（尽管频率也不太高）而不注意“用户”，但离开了用户的服务怎么会有效率呢?

⑤ 从被统计文献的刊物分布看，国内的 115 篇论文分布在一种期刊上，而国外的 111 篇论文却分布在 3 种期刊上。这说明国内权威期刊的刊均载文量是国际权威期刊的 3 倍。显然，国内期刊的载文密度过大。这必然会影响到论文的深度和期刊的质量。但统计表明，我们所选定的《情报学报》的载文情况在国内还是最好的。其 2002 年登载的论文数为 115 篇，而《情报理论与实践》为 142 篇，《情报资料工作》为 156 篇，《情报科学》为 361 篇，载文量最高的是《现代情报》，仅 2002 年第 12 期就有 95 篇之多，全年载文高达 940 篇。因此，降低载文密度，提高载文质量，可能是国内情报学期刊未来的发展方向。

6 文献信息作者分布规律——洛特卡定律

洛特卡定律（Lotka's law）是与齐普夫定律（Zipf's law）、布拉德福定律（Bradford's law）齐名的信息计量学三大基本定律之一。它揭示了科学生产率，以及作者与论文之间的数量关系。

洛特卡定律作为描述文献作者分布的一个计量学的经验定律，我们可以从多方面予以理解。在信息计量学方面，它是指在某一时期内、某一主题领域内，文献作者的分布状况；从人类学的角度来理解洛特卡定律，它可以表现为“在人类发展过程中，具有不同个性的个体之间对人类进步所做出贡献的差异”。Merton 认为这种差异的机制主要是马太效应。

自 1926 年起，洛特卡定律诞生后的 80 年内，众多学科的科学家对洛特卡定律进行了深入的研究。学者们所采用的研究方法主要有：经验法、理论法和模型模拟法。比较这三种方法可以看到，利用经验方法所进行的验证工作取得了较大的进展，但它也存在着一些缺点，如不能解释在不同学科领域中作者的分布模型表现各异；理论方法在解决不同的作者分布之间的数学关系方面，有了一定的进步；而模型方法主要应用于科学计量学和文献计量学学科内容的研究。

在 20 世纪 60 年代以后，在情报学理论高速发展的同时，也掀起了洛特卡定律研究的高潮。人们针对洛特卡定律产生时代的局限性及其经验定律自身需不断修正的特点，从洛特卡分布数据的收集、参数值范围的确定、方程的拟合及检验等诸多方面进行了较为深刻的研究；同时，来自不同领域的科学家利用自身学术优势，对洛特卡定律的发展及修订做出了贡献。有文献表明，即使是因特网的网站互引也符合洛特卡分布。

6.1 洛特卡定律的产生背景

6.1.1 洛氏定律的创始人——洛特卡

洛特卡（Lotka，Alfred James 1880~1949）是美国人口统计学家，1880年生于波兰，1949年在美国新泽西州德班克去世。洛特卡早年曾在法国、德国、英国求学，获得伯明翰大学理学学士学位后，在莱比锡大学和科内乐大学进修物理学研究生课程。洛特卡毕业后，供职于美国大学总公司及国家专利局和国家标准局。1924年起他在纽约大都会人寿保险公司（Metropolitan Life Insurance Co.）工作。

洛特卡悉心于社会学术活动，曾担任过《科学美国人》的副刊编辑，美国统计协会理事长和美国人口协会理事长。洛特卡擅长统计，在科学上，他研究了生物体总体的动态状况，发展了“人口分析理论”，提出了“竞争增长律”。1925年出版了《物理生物学基础》，试图用数学、物理的方法研究整个生物界。

1926年，当时供职于保险公司的洛特卡，在美国著名期刊《华盛顿科学院学报》上，发表了题为《科学生产率的频率分布》（*The Frequency Distribution of Scientific Productivity*）一文。在该文中，洛特卡首先从科学文献作者与其撰写的论文的纷乱的现象中首先发现了“平方反比”的数量关系，提出了至今被人称为“经典的”洛特卡定律，从而成为信息计量学中最早的一个著名定律，为信息计量学做出了开创性的贡献。

6.1.2 洛氏定律的产生背景

20世纪是人类历史上辉煌的一页，不仅表现在科学发展的快速，同时体现在科学领域向更为深广的方向扩展。20世纪初，爱因斯坦提出狭义相对论，普朗克等提出的量子理论，使物理学研究呈现出一片生机，从而影响了现代自然科学的各个领域。例如，从道尔顿经典化学理论向现代化学理论的转变中，产生了核化学、原子能化学等新分支。这一系列变化同时反映在文献领域内，导致了科研人员和文献量的大增；同时，随着第一次世界大战的结束，人们认识到科技生产力在各个领域的卓越贡献。因此，科学家在科学研究上投入更多的科学劳动，从而获得了更多的科学成果。

20世纪初以来，全世界的科学文献呈现倍增态势，其中美国的科技文献增长更为迅猛，这是美国科学成果绝对量增加最快的年代，其文献情报流出现了前所未有的洪峰。我们可以从图 6-1 中清晰地看到：1839~1899 年，美国的科技期刊的增长比较缓慢，1839 年约 150 种，1899 年约为 400 种，期刊翻倍时间约为 d=36.5 年；1905 年约为 500 种，1925 年为 1 000 余种，期刊翻倍时间 d=20 年，缩短了近 16.5 年。

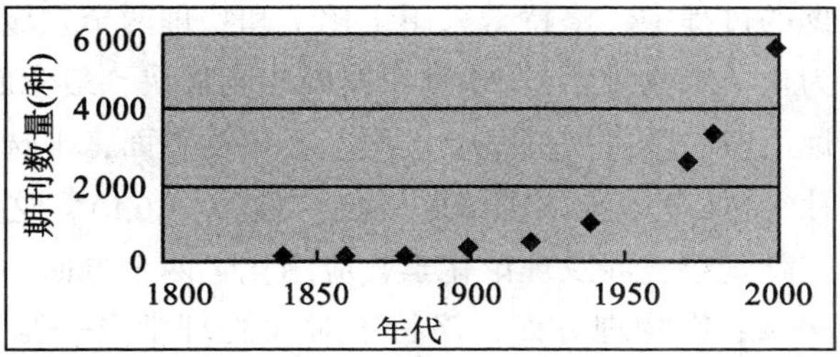

图 6-1　美国科技期刊的增长趋势

科技期刊的增长造成了文摘杂志的相应增加。文摘杂志为适应这一发展，其结果是出版日益规范化，如普遍设立作者索引，这一变化引起了学者对文献规律研究的广泛兴趣。1922 年，专利图书馆的工作者 W. 霍姆（Hulme）提出了统计书目学（Statistical Bibliography），为学者们提供了文献研究的新视角。

在科学技术、科技期刊大幅度增长的同时，作为科学研究主体的科技人员的数量也出现了激增的局面。一方面，科学家们为了使得自身的科学劳动和科学成果得到社会的承认，特别是由于学术优先权确定的激励，科学家们通过发表大量的学术专著或论文来争取学术上的优先权；另一方面，学术资格的认定在现代科学社会中，主要以个人的学术论著为衡量尺度，所以在科研领域内出现了科学家发表论文的竞争。但是，由于个人能力以及客观条件的限制，不可避免地出现的著述多寡的问题，从而探讨论文作者的分布规律日益引起人们的注意。

洛特卡在数据研究中，考虑到科学家数量和论文数量之间分布不均匀的局面，从而引入了“科学生产率”（Scientific Productivity）概念，即“个体科研人员在一定时期内所撰写的论文数量”，通过这一概念的引入来测量科研人员撰写科学文献的能力。

6.2 洛特卡定律的形成和基本内容

6.2.1 洛氏定律的形成

（1）数据的收集及归纳

在收集数据的过程中，洛特卡采用了化学和物理两个领域文献载体中的数据。这是因为化学和物理学是 20 世纪发展速度最快、最全面的两个学科，它们能够全面地反映科学发展的整个进程。在化学方面，他选择了美国化学学会化学文摘社（CAS）编辑出版的《化学文摘》（*CA*），这是世界各国化学化工方面的文献资料，涉及理论化学、应用化学两个方面，占世界化学化工文献总量的 98%；在物理方面，洛特卡对《物理学史一览表》进行了统计，这是由德国奥尔巴赫（Auerbach）编辑的一本参考书，其中收录了截止到 20 世纪初的物理学领域的 1 325 名科学家及其论著。

统计数据如表 6-1 所示。表中，洛特卡选取了 *CA* 中 1907～1916 年间作者累积索引中，以 A 和 B 开头的 6 891 位作者，以及物理学领域的 1 325 名作者。

表 6-1　　**洛特卡的统计数据**

化学学科				物理学科			
论文数	作者数	作者百分比	累积百分比	论文数	作者数	作者百分比	累积百分比
1	3 991	0.5791	0.5791	1	784	0.5916	0.5916
2	1 059	0.1536	0.7328	2	204	0.1539	0.7456
3	493	0.0715	0.8043	3	127	0.0958	0.8415
4	287	0.0416	0.8460	4	50	0.0377	0.8792
5	184	0.0267	0.8727	5	33	0.0249	0.9041
6	131	0.0190	0.8971	6	28	0.0211	0.9252
7	113	0.0163	0.9081	7	19	0.0143	0.9396
8	85	0.0123	0.9204	8	19	0.0143	0.9539
9	64	0.0092	0.9297	9	6	0.0045	0.9584

续表

化学学科				物理学科			
论文数	作者数	作者百分比	累积百分比	论文数	作者数	作者百分比	累积百分比
10	65	0.0094	0.9391	10	7	0.0052	0.9627
11	41	0.0059	0.9451	11	6	0.0045	0.9684
12	47	0.0068	0.9519	12	7	0.0052	0.9735
13	32	0.0046	0.9566	13	4	0.0030	0.9766
14	28	0.0040	0.9606	14	4	0.0030	0.9796
15	21	0.0030	0.9637	15	5	0.0037	0.9833
16	24	0.0034	0.9672	16	3	0.0022	0.9855
17	18	0.0026	0.9698	17	3	0.0022	0.9878
18	19	0.0027	0.9725	18	1	0.0007	0.9886
19	17	0.0024	0.9750	21	1	0.0007	0.9894
20	14	0.0020	0.9770	22	3	0.0022	0.9916
21	9	0.0013	0.9783	24	3	0.0022	0.9939
22	11	0.0015	0.9799	25	2	0.0015	0.9954
23	8	0.0011	0.9811	26	1	0.0007	0.9962
24	8	0.0011	0.9822	27	1	0.0007	0.9968
25	9	0.0013	0.9836	30	1	0.0007	0.9975
26	9	0.0013	0.9849	31	1	0.0007	0.9983
27	8	0.0011	0.9860	34	1	0.0007	0.9997
28	10	0.0014	0.9875	37	1	0.0007	0.9997
29	8	0.0011	0.9886				
30	7	0.0010	0.9896				
31	3	0.0004	0.9901				
32	3	0.0004	0.9905				
33	6	0.0008	0.9914				
34	4	0.0005	0.9920				

续表

化学学科				物理学科			
论文数	作者数	作者百分比	累积百分比	论文数	作者数	作者百分比	累积百分比
40	2	0.0002	0.9936				
41	1	0.0001	0.9937				
42	2	0.0002	0.9940				
44	3	0.0004	0.9944				
45	4	0.0005	0.9950				
46	2	0.0002	0.9953				
47	3	0.0004	0.9957				
49	1	0.0001	0.9959				
50	2	0.0002	0.9962				
51	1	0.0001	0.9963				
52	2	0.0002	0.9966				
53	2	0.0002	0.9969				
54	2	0.0002	0.9972				
55	3	0.0002	0.9976				
57	1	0.0001	0.9978				
58	1	0.0001	0.9979				
61	2	0.0002	0.9981				
66	1	0.0001	0.9982				
68	2	0.0002	0.9984				
73	1	0.0001	0.9985				
74	1	0.0001	0.9986				
78	1	0.0001	0.9987				
80	1	0.0001	0.9988				
84	1	0.0001	0.9989				
95	2	0.0002	0.9991				

续表

化学学科				物理学科			
论文数	作者数	作者百分比	累积百分比	论文数	作者数	作者百分比	累积百分比
107	1	0.0001	0.9992				
109	1	0.0001	0.9993				
114	1	0.0001	0.9994				
115	1	0.0001	0.9995				
345	1	0.0001	0.9996				
346	1	0.0001	0.9997				

注：① 作者百分比由下列公式求得：$f_0(y_x) = \frac{y_x}{\sum y_x}$

其中：y_x 为作者数。

② 累积百分比 $= \sum f_0(y_x)$

值得注意的是，由于20世纪初科学交流少，科学合作现象较为罕见，因此，在洛特卡运用统计学知识对以上数据进行研究、归纳的过程中，文献数据中合作者的比例很小，所以在处理时，洛特卡没有考虑合作者在该文献分布规律中的作用，只是将数据中涉及合作论文的部分取其年长者，其他作者不统计在内。但是，随着科学技术的发展，合作著述已经成为今天科学劳动的主要形式，原始的洛特卡定律必须向合作论文研究的更高境界发展。

（2）n 值的估计

设 x 为作者撰写的论文数量；y_x 为撰写 x 篇论文的作者数量。为了便于观察研究结果，洛特卡将论文数（x）与作者数（y_x）分别取对数得到 $\lg x$、$\lg y_x$，然后根据所得数据绘制图6-2；同时为了表现 x 与 y_x 之间良好的线性关系，洛特卡将高产作者的数据点予以删除。对图6-2中直线斜率的估算，可以利用最小二乘法。斜率用 n 来表示：

$$n = \frac{N\sum XY - \sum X\sum Y}{N\sum X^2 - (\sum X)^2} \tag{6-1}$$

其中，X、Y 分别表示论文数 x、作者 y_x 的对数；N 为被考察数据对的数量。利用 CA 中前30个点，即表6-1中的前30个数据，得到 $n=1.888+0.007$；在物理学中，用前17个数据得到 $n=2.201+0.017$。因而，洛特卡指出：这两个例子表明该方程的指数近似等于 2.0。

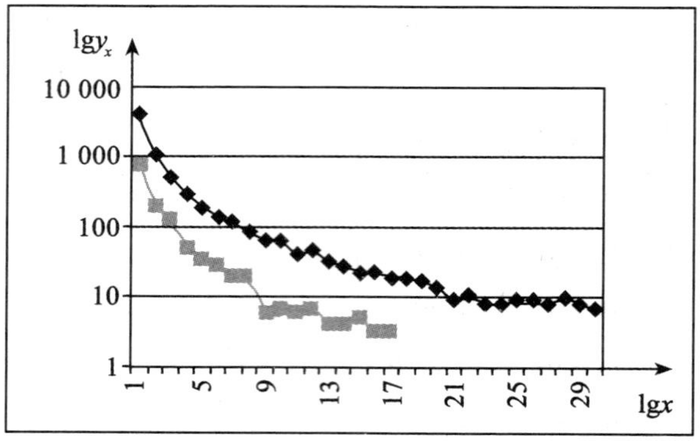

图 6-2 洛特卡分布曲线

注：图中菱形为化学数据；正方形为物理学数据。

洛特卡定律的最原始表述是：在某一时间内，写了 x 篇论文的作者数占作者总数的比例 $f(x)$ 与其所撰写的论文数 x 的平方成反比。如下所示：

$$f(x) = C/x^2 \tag{6-2}$$

其中，$f(x)$ 为写 x 篇论文的作者占作者总数的百分比；x 为论文篇数；C 为某主题领域的特征常数。

（3）C 值的估算方法

将（6-2）式的两边同除以作者总和 $\sum y_x$

得：

$$\frac{y_x}{\sum y_x} = \frac{c}{\sum y_x} \cdot \frac{1}{x^2} \tag{6-3}$$

设 $f(y_x) = y_x/\sum y_x$，即关于撰写 x 篇论文作者的一个分式，令 $C = c/\sum y_x$，C 是一个新常量，表示为作者样本总数，那么式(6-3) 可写为：

$$f(y_x) = C \cdot 1/x^2 \tag{6-4}$$

式（6-3）我们可以看做是洛特卡定律的另一种表达形式，它表示写有 x 篇论文的作者占作者总数的百分比与 x 成反比关系。

所以：$x^n y_x = C$

$y_x = C/x^n$

$y_1 = C\ (1/1^n)$

$y_2=C\ (1/2^n)$

$y_3=C\ (1/3^n)$

…

$y_x=C\ (1/x^n)$

两边累积求和：

$$\sum y_x = C \cdot \left(\frac{1}{1^n}+\frac{1}{2^n}+\frac{1}{3^n}+\cdots+\frac{1}{x^n}\right)$$

两边同除以 $\sum y_x$ 得：

$$\frac{\sum y_x}{\sum y_x}=\frac{c}{\sum y_x}\cdot\sum\frac{1}{x^n}$$

化简后，令 $C = c/\sum y_x$

$$1 = C\sum 1/x^n，即\ C=\frac{1}{\sum \frac{1}{x^n}} \tag{6-5}$$

因为，$\sum 1/x^n$，当 $n > 1$ 时收敛，$n \leqslant 1$ 时发散。

所以

$$C=c/\pi^2=0.6079$$

6.2.2 洛氏定律的内容

（1）文字表述

我们通过分析表 6-1 可以看到：《化学文摘》的数据中，发表 1 篇论文的作者有 3 991 位，占总数（6 891 位）的 57.92%，发表 2 篇论文的作者有 1 059 位，占总数的 15.73%；在物理学中，写 1 篇论文的有 784 位，占总数（1 325 位）的 59.17%，写 2 篇论文的有 204 人，占总数的 15.04%。据此，洛特卡推论认为："检验发现，生产 2 篇文章的作者大约是生产 1 篇文章作者数的 1/4，生产 3 篇文章的作者大约是生产 1 文章作者的 1/9……写 n 篇文章的作者数是生产 1 篇文章作者数的 $1/n^2$；且生产 1 篇文章的作者数是全体作者的 60%左右。"可表述为：

$$y(x) = y(1)/x^2 \tag{6-6}$$

其中，y（1）为写 1 篇论文的作者数；y（x）为撰写 x 篇论文的作者数。

（2）图像描述（见图 6-3）。

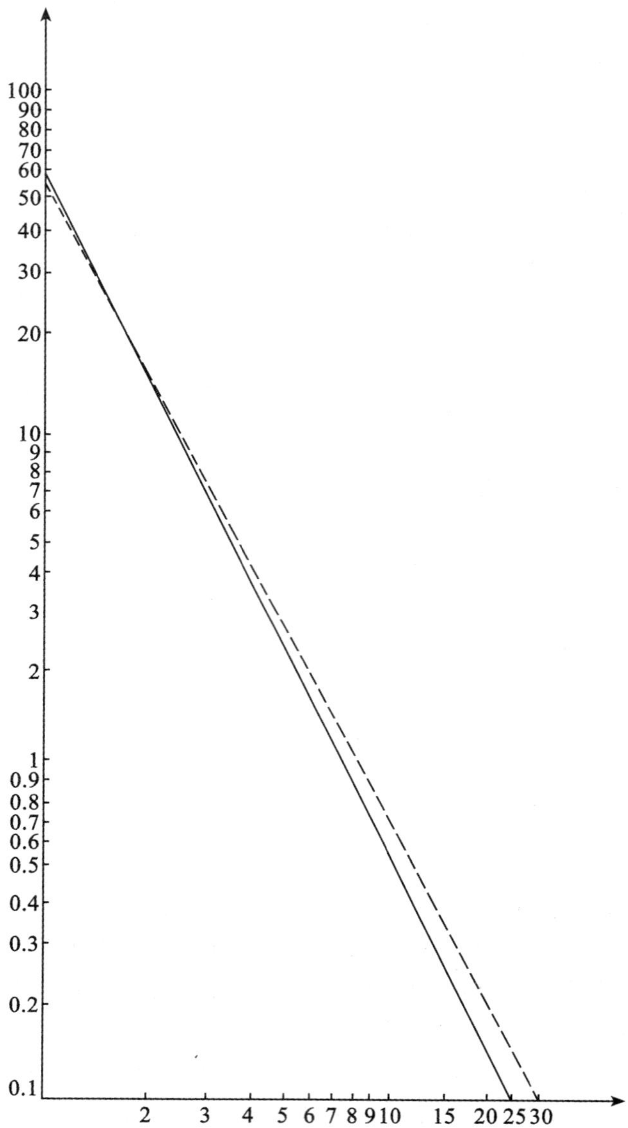

图 6-3　洛特卡分布曲线

（3）洛特卡定律的特点

洛特卡定律实际上是科学论文在作者上集中与分散的分布现象，它具有两个基本特点。一是洛特卡采用频次排序的方法，即按某类作者出现的频次大小排位，而非按照作者所写的论文多少来对作者进行等级排序；二是论文在作者上的集中与分散程度只限于平方反比关系，即只给出了这种集中与分散程度的单一描述。洛特卡定律的第二个特征已成为后来学者对其开展验证工作的核心内容和发展方向。

6.2.3 广义洛特卡定律

在介绍洛特卡定律的过程中，式（6-2）是洛特卡根据化学、物理学领域的实际统计数据，得出的作者与论文数量之间的关系。但是，我们知道作为一个经验统计定律，该定律本身也表现出了较浓的经验色彩和相对的精确性。在对 n 及 C 值的估计中，洛特卡取值不是精确值，而只是一个约数。由此，在后人的研究过程中发现，基于不同的领域，样本数据取值的时间和区间不同，n 的数值并非简单的约为 2.0。1976 年，弗拉奇（Vlachy）提出了这一建设性问题；1985 年，由 M. L. 帕欧通过对涉及各个领域的 48 组数据的研究，得出 n 属于（1.2，3.5）的结论，根据这一定律可以推导出洛特卡定律的倒幂形式，即一般表达式：

$$f(x) = C/x^n \tag{6-7}$$

其中，x 为论文量，$f(x)$ 为写 x 篇论文的作者占作者总数的比例；C，n 为参数。式（6-7）被称为广义洛特卡定律（General Lotka's Law）。

在对洛特卡定律的研究过程中，人们为了使其更有普遍的应用性，研究者们试图找到洛特卡定律的普遍形式。继 M. L. 帕欧之后，P. T. 尼科尔斯（Nicholls）对（6-7）式提出的改进形式：

$$f(x) = c/x^n \quad c > 0,\ x = 1,\ 2,\ 3,\ \cdots,\ x_{max} \tag{6-8}$$

x_{max} 表示在一定时期内作者撰文的最大能力。

6.3 洛特卡定律的发展

6.3.1 洛特卡定律的验证工作

1926 年，洛特卡以其独特的视角，阐述了期刊论文作者与论文数量之间的定量关系——洛特卡平方反比律之后，这一成果当时却未能得到科学界足够的重视。洛特卡定律在沉寂了长达 15 年后，才引起了世人注目，从而拉开了对这一经验定律的验证工作的序幕。

我们从表 6-2 中可以了解到在洛特卡定律产生后的近 70 年中，科学界各领域研究者对洛特卡定律的验证工作。

表 6-1　　洛特卡定律的验证工作

序号	验证人	时间（年）	论文（著）	研究领域	贡献与结论
1	洛特卡（A. J. Lotka）	1926	《科学生产率的频率分布》	化学/物理	1. 洛特卡定律：$y=C/x^2$ 2. 洛特卡定律的推论
2	戴维（H. T. Davis）	1941			1. 提出分布公式：$y = C/x$ $(0<x)$ 2. 论文作者分布接近巴列陶分布
3	齐普夫（G. K. Zipf）	1949	《人类行为与最省力法则》		洛特卡提出的仅是一种近似计算公式，不是严格的概率分布
4	利芬斯（D. H. Leavens）	1953		计量经济学	1. 结论符合洛特卡定律 2. 提出 K-S 检验
5	西蒙（H. A. Simmon）	1955	《人类模型》	生物计量学	1. 洛特卡定律对于描述文献作者分布是“最适宜不过的”； 2. 对其无需统计检验
6	普赖斯（D. S. Price）	1963	《小科学，大科学》		
7	费尔桑（R. A. Fairthorne）	1969			1. 洛氏定律是一个倒平方定律； 2. 利用洛氏定律得出学科精英

续表

序号	验证人	时间(年)	论 文(著)	研究领域	贡献与结论
8	墨菲(L. J. Murphy)	1973	《洛特卡定律在人文科学中的应用》		1. 首次将布拉德福、齐普夫、芒代尔布罗和洛特卡的频率分布联系在一起； 2. 该定律低估了高产作者而对低产作者合适； 3. 洛氏定律完全适用于人文科学；(注：墨菲拟合的图形中存在错误)
9	沃斯(H. Voos)	1974		情报科学	
10	肖尔(A. E. Shorr)	1974		图书馆学	
11	肖 尔(A. E. Shorr)	1975	《洛特卡定律与图书馆学》	图书馆学	1. $n=3.5$ 且写 1 篇论文的作者比例为 80%； 2. $\alpha=0.5$ 的水平下，检验结果满意
12	罗杰(A. E. Rogge)	1975	《洛特卡定律与法医史》	法学 人类学	n=4 且写 1 篇论文的作者比例为 80%； 该领域不符合洛特卡定律 该领域符合洛特卡定律

自 1926 年洛特卡定律产生以来，学者们对于文献分布规律及洛氏定律的验证工作几乎没有停止过。但是，由于学者们所处的时代和背景不同，因此各自的验证工作也不尽相同。我们可以从 1926~1982 年间有关以文献作者分布规律为主题的论文数量（见表 6-3）来说明这一点。

表 6-3　　有关作者分布规律论文的数量统计（1926～1982）

年度	论文数量（篇）	占总数%	年度	论文数量（篇）	占总数%	年度	论文数量（篇）	占总数%
1926	1	0.21	1945	0	0	1964	3	0.63
1927	0	–	1946	0	–	1965	3	0.63
1928	0	–	1947	0	–	1966	3	0.63
1929	1	0.21	1948	2	0.42	1967	6	1.27
1930	0	–	1949	1	0.21	1968	2	0.42
1931	0	–	1950	1	0.21	1969	7	1.48
1932	1	0.21	1951	0	–	1970	12	2.54
1933	0	–	1952	1	0.21	1971	9	1.91
1934	1	0.21	1953	4	0.85	1972	26	5.51
1935	1	0.21	1954	2	0.42	1973	27	5.72
1936	0	–	1955	1	0.21	1974	29	6.14
1937	0	–	1956	4	0.85	1975	37	7.84
1938	2	0.42	1957	2	0.42	1976	46	9.75
1939	0	–	1958	2	0.42	1977	36	7.63
1940	0	–	1959	2	0.42	1978	34	7.2
1941	3	0.63	1960	3	0.63	1979	40	8.47
1942	0	–	1961	3	0.63	1980	61	12.92
1943	1	0.21	1962	4	0.85	1981	39	8.26
1944	2	0.42	1963	4	0.85	1982	4	8.50

表 6-3 的数据来自文献计量学领域内 19 种著名的期刊，反映了在该领域内作者分布规律研究的历史。从表中可以了解到：该论题直到 1969 年得到足够的重视，从 1926 年洛特卡的论文《科学生产率的分布频率》的发表，到 1968 年间的任何一年内，发表的有关论文均未超过六篇。1969 年发表的七篇有关论文，这表明该论题的研究已到了历史的转折点；另一方面，有两种期刊在这一领域内发表该主题的论文最多，它们是《美国情报学会杂志》（Journal of the American Society of Information Science）和《文献杂志》（Journal of Documentation），这两种期刊具有共同的特点，那就是它们都经

历了长期而连续的出版历史。

进入20世纪80年代，学者们对该定律的研究不再局限于基本的验证工作，而是以洛特卡及前人的研究为基础，对文献作者分布进行整体的纵深研究。如果说在80年代以前，研究主要涉及文献作者分布领域的基础理论，那么，进入80年代后，直到2000年，研究工作主要集中于应用研究。

80年代的研究工作是以*M. L.* 帕欧为代表的。1986年帕欧利用包括20个学科和3个大型图书馆目录在内的48组有关文献作者分布的数据验证洛氏定律。研究结果表明n的取值应在1.8至3.8之间，并且撰写一篇论文的作者占作者总数的52%~91%；其中只有7组数据符合洛特卡最早提出的倒平方定律。另外，帕欧提出了估算C值的一个新的公式，该公式可利用计算机进行计算，从而为人们采用先进的技术来验证发展洛氏定律提供了便捷条件。随后，*P. T.* 尼科尔斯提出洛特卡定律的推广形式；同时，他与*B. C.* 格里菲斯对n值的估算提出了改进方法，他认为n值的浮动范围在1.5~4之间。

Y. S. 陈通过对西蒙-尤尔的研究，阐述了自己对洛氏定律中参数估计的看法，陈的研究在对洛特卡定律参数估算问题上是比较全面的。他认为，建立和检验洛氏定律模型是一个极限假设的典型实例，而检验极限假设的关键步骤是拟合优度的检验，但西蒙提出的检验程序不能令人满意。在拟合优度检验中，常常用到χ^2检验，但洛特卡定律的经验数据不能满足χ^2检验中统计结果独立和同一地分布的要求，并且χ^2检验还有类目合并的困难。虽然，*R. C.* 科尔（*Coile*）提出了利用*K-S*（*Kolmogrov-Smirnor*）单样本检验，但仍不能逃脱滥用的“嫌疑”。*C. J.* 格勒塞（*Cleser*）和*D. S.* 摩尔（*Moore*）对常规拟合检验相关的影响的研究，表明拟合不足与正相关的混淆是拟合总括检验应用中的一般现象。

Y. S. 陈认为在以往的研究中，在对n值进行估计时，人们常常忽略的问题是：①假设独立变量n从1到无穷大连续；②假设n是连续的，没有任何的“跳跃”或间断。虽然，尼科尔斯当年注意到了第一个问题，但他的研究及其后的工作在这一点上都没有根本性的突破。

6.3.2 弗拉奇的贡献

在谈及早期的洛特卡定律的验证工作时，我们不能忽略弗拉奇的重大贡献，认真体会弗拉奇的主张将有助于我们从整体上认识洛特卡定律的验证工作。*M. L.* 帕欧在弗拉奇工作的基础上得出了广义的洛特卡定律的表现形式；另一方面，弗拉奇自1972年起对洛特卡定律进行系统研究，他认为：①当时的有些研究工作或所谓的验证工作并没有达到乃至超过洛氏最初的水平；②对于某些早已提出的基本概念，具体的验证工作没有进行彻底的研究。

我们纵观洛氏定律的验证工作，可以看到弗拉奇的观点可以说是对当时众多工作的一个客观、严谨的总结，从而使得后来者能够端正态度，从科学的角度，全面、多方位地对洛特卡定律进行研究，促进研究工作快速的发展。

此外，弗拉奇在科学地阐述自己的主张的同时，他“发现”了影响洛特卡分布的两个因素：一、研究者本人所处的时代或环境直接影响着研究结果，即该定律的验证工作具有一定的人为性；二、论文作者的数量，即统计样本中有关作者的数据量或统计样本的容量与研究结果有关。以上的两个观点，在弗拉奇之前的研究者几乎没有人注意到，这两个观点的提出对进一步发展洛特卡定律具有建设性意义，我们知道洛氏在其原始的数据中，容量很大（包括统计时间跨度长、统计样本数据多），而后来的验证者中有的只是选择了一、两种期刊或短短的几年时间作为统计数据，所以其结果往往不能反映洛氏定律的分布状况。

在近期的研究中，有人针对弗拉奇的观点，开展了验证工作。罗兰德（*W. D. Roland*）认为，在对文献作者规律研究的过程中，数据样本的时间选择研究结果十分重要；当一个学科的学术研究进入到成熟期之后，由于产文量较小的低产作者人数增加，这种时间因素的影响将更为显著。罗兰德采用 1974～1990 年《欧美加逻辑数学书目》中的数据，它包括了 15 000 名作者的 47 000 篇论文。

表 6-4 中数据，以 5 年为一个时间区间，对所有作者（包括新作者）进行统计。第二列数据表示在该领域内，自 1976 年之前撰写论文的作者，共 5 935 人次，撰写一篇论文的作者（即新作者）为39.78%，n 小于 1.4，不属于帕欧的验证区间。然后，分别统计在 1981 年、1986 年之前从事写作的作者数据，以及 1974～1990 年的作者数。n 值从 1.381 到 1.719。在表中，对撰文量高于 20 篇的作者不计算在内。数据统计结果表明，*K-S* 检验在 0.01 水平下显著一致。

另一方面，由于每一个学科都存在着各自不同的发展阶段，而在不同的时期内，该学科学者的写作行为不尽相同，如萌芽期的作者数量很少，其研究成果微乎其微；一旦发现了学科“先锋”，将很快在学术上取得突破性的进展。因此，洛特卡定律不能很好地表述这一时期的作者分布状况；而进入到学科发展的高峰期，其论文作者数量剧增，学术能力提高，并出现核心作者，在这一阶段中，洛特卡定律可以很好地表现作者的分布；在成熟期内，作者数量基本呈增加趋势，但增长速度将减慢，学科出现分化，高产作者的数据将持续增长，但此时的作者分布状况比第二阶段稍差。因此，在不同时期内，由于作者的写作行为不同，持续撰写论文的作者数量与作者分布情况密切相关。

表 6-4　　**1974~1990 年《逻辑数学》不同时间的作者分布**

	1976 年前作者频率		1977~1981 年作者频率		1982~1986 年作者频率		1987~1990 年作者频率	
论文	观察结果	检验结果	观察结果	检验结果	观察结果	检验结果	观察结果	检验结果
1	39.78	38.78	42.74	42.82	46.15	48.08	53.32	52.33
2	14.42	14.89	14.70	15.38	15.52	15.73	15.01	15.86
3	8.12	8.51	8.34	8.45	8.32	8.18	7.32	7.90
4	5.43	5.72	5.29	5.53	5.33	5.14	4.59	4.82
5	3.84	4.20	3.96	3.97	3.84	3.59	3.17	3.28
6	3.02	3.27	3.05	3.04	2.78	2.68	2.28	2.40
7	2.95	2.64	2.65	2.42	2.52	2.09	2.04	1.84
8	2.21	2.20	2.00	1.99	1.88	1.68	1.50	1.46
9	1.92	1.87	1.97	1.67	1.75	1.39	1.39	1.20
10	1.95	1.61	1.76	1.43	1.43	1.17	1.14	1.00
11	1.65	1.41	1.50	1.24	1.19	1.00	0.94	0.85
12	1.21	1.25	1.08	1.09	0.87	0.88	0.68	0.73
13	1.11	1.12	1.05	0.97	0.83	0.77	0.65	0.64
14	1.25	1.01	1.06	0.87	0.82	0.68	0.64	0.56
15	0.94	0.92	0.74	0.78	0.59	0.61	0.47	0.50
16	0.74	0.84	0.67	0.71	0.56	0.55	0.44	0.44
17	0.79	0.78	0.63	0.65	0.48	0.50	0.38	0.40
18	0.67	0.72	0.60	0.60	0.48	0.46	0.38	0.36
19	0.61	0.67	0.50	0.55	0.38	0.42	0.30	0.33
20	0.54	0.62	0.43	0.51	0.33	0.38	0.26	0.30
作者	5 935	5 529	8 558	8 107	11 624	11 163	14 813	14 352
论文	37 161		46 496		53 965		58 281	
	n=1.381		n=1.477		n=1.612		n=1.719	

表 6-5，列举了 1974～1990 年间 435 名作者中撰写两篇论文以上，并持续 6 年和 10 年撰写论文的作者分布情况。*A* 表示在 1974～1980 年期间连续写作达 6 年的作者百分比；*B* 表示在 1975～1980 年 6 年间论文的情况；*C* 表示 1974～1990 年期间连续写作 10 年的作者情况；*D* 反映了 1971～1990 年内作者的论文数量。

表 6-5　　**1974～1990 年作者持续撰文统计**

论文数	*A*	*B*	*C*	*D*
2	28. 05	36. 31	14. 06	32. 22
3	20. 92	19. 54	17. 19	17. 82
4	17. 47	11. 48	7. 81	11. 72
5	11. 03	8. 34	10. 55	7. 49
6	7. 13	5. 97	8. 20	6. 27
7	4. 83	4. 01	8. 59	4. 27
8	3. 45	3. 64	5. 47	4. 67
9	2. 99	1. 59	8. 20	2. 64
10	1. 61	2. 37	5. 47	1. 73
11	0. 69	1. 32	2. 73	1. 42
12	0. 69	0. 87	0. 39	1. 39
13	-	1. 18	3. 13	1. 05
14	-	0. 64	3. 13	1. 12
15	-	0. 64	0. 39	0. 81
16	0. 69	0. 5	0. 78	0. 71
17	-	0. 27	0. 39	0. 51
18	0. 23	0. 23	1. 17	0. 64
19	-	0. 09	-	0. 54
20	-	0. 18	-	0. 37
More	0. 23	0. 82	2. 34	2. 61

分析数据可知：持续写作 6 年的作者，大约处于该学科的萌芽阶段，其作者分布与洛特卡定律有一定的差异，它的趋势主要呈偏态分布；而持续写作 10 年的作者，基本分布在高峰期，我们能够用洛特卡定律来很好地描述其分布情况。

6.3.3　洛特卡定律在我国的发展

由于历史的原因，我国情报学的起步比较晚，因此在该领域内的研究工作开展的时间很短，我国在20世纪80年代初才涉及洛特卡定律的研究。

（1）初期的研究工作

我国验证洛特卡定律最早的当属文商武。1985年文商武发表了《有关洛特卡定律的几个问题》一文，他选择了北京图书馆的馆藏目录作为研究对象，一共收集了7组数据，包括中文科技图书作者目录中3-79盒中部分数据，日文哲学学科著作目录，*STAR*中1979年累积索引中以*R*开头的作者，*GRA-I*中1978年的累积作者部分内容等。

文商武主要是讨论该定律的推广和适用性问题，他依循了科尔观点，批评了墨菲和肖尔的工作。他的这篇文章是我国验证洛特卡定律最早、也是较为全面的一篇，他的早期研究为洛特卡定律在我国的深入发展提供了必要的准备。

（2）洛特卡定律的应用研究

1987年我国著名情报学家王崇德教授利用洛特卡定律对我国情报科学作者的分布情况进行了研究，具体方法如下。

① 数据的收集与整理

在研究过程中，收集了标志着我国情报科学发展现状的5种期刊作为数据载体，包括《情报科学》（1980～1985）、《情报学报》（1982～1985）、《情报学刊》（1980～1985）、《图书情报工作》（1980～1985）、《科技情报工作》（1979～1985），但数据中不包括工作经验、译文、消息、书刊介绍的数据（见表6-6）。

表6-6　　**五种期刊中的作者分布数据**

篇/人 x	人数 y	论文数 $x \times y$	与总人数比 $y/\sum y$	累积人数比 $\sum y/\sum y$
1	1 105	1 105	0. 6936	0. 6936
2	235	470	0. 1475	0. 8411
3	95	285	0. 0596	0. 9008
4	52	208	0. 0326	0. 9334
5	31	155	0. 0194	0. 9529
6	19	114	0. 0119	0. 9648
7	14	98	0. 0087	0. 9736
8	10	80	0. 0062	0. 9799
9	8	72	0. 0050	0. 9849
10	7	70	0. 0043	0. 9893
11	5	55	0. 0031	0. 9924

续表

篇/人 x	人数 y	论文数 $x \times y$	与总人数比 $y/\sum y$	累积人数比 $\sum y/\sum y$
12	4	48	0. 0025	0. 9949
13	2	26	0. 0012	0. 9958
14	1	14	0. 0006	0. 9968
15	2	30	0. 0012	0. 9981
16	1	16	0. 0006	0. 9987
18	1	18	0. 0006	0. 9993
19	1	19	0. 0006	0. 9999
Σ	1 593	2 883		

② 指数 n 的估算

对式 6-2 进行变换得到 lgx 和 lgy 的直线关系，

$$lg\ (x^n \times y) = lgC$$

$$n\,lgx + lgy = lgC$$

lgx 和 lgy 的直线关系不适于高产作者的分布，因此根据普赖斯对杰出科学家的概算公式，将表 6-6 中的数据进行处理，作者总数为 1 593 人，删除的作者数约为 40 人，即为样本总人数的 2. 5%，但是表 6-6 中的线性关系很好，所以仅删除高产作者 8 人（为总人数的0. 5%），也就是表中超过 17 篇以上的作者。

利用最小二乘法对 n 值进行计算（见式 6-1）。然后，保留表 6-6 中 1 篇/人至 12 篇/人的数据，整理后见表 6-7。

将有关数据代入式（6-1）有：

$$n = \frac{12 * 9.6844 - 8.6810 - 17.0736}{12 * 7.4647 - 10.6810} = 2.2511$$

在文中作者写到：这次研究仍然没有合著的情况，若考虑合作者时，n 值可能有较大的波动。忽略科学论文的合作者，这是这项研究的一个缺憾。

③ C 值的计算

洛特卡在对 C 值进行计算的时候，得到 n = 2。而通过后人的验证，我们知道，n 等于 2 只是一个特例；它往往反映了某一学科的性质，在不同的学科领域内，甚至同一学科的不同发展阶段 n 值也不尽相同。

$$C = \sum_{x=1}^{\infty} \frac{1}{x^n} = \sum_{x=1}^{p-1} \left[\frac{1}{x^n} + \frac{1}{(n-1)}(p^{n-1}) + \frac{1}{2}(p^n) + \frac{n}{24}(p-1)^{n+1} \right] \tag{6-9}$$

当n=2.2511时，代入式（6-9），得：C=1/1.4554=0.6872

当规定p=20时，式（6-9）误差是可以忽略不计的，即有足够的准确性。由此，我们可以得出我国情报科学作者的洛特卡分布为

$$y_x=0.6872/x^{2.2511}$$

④ *K-S* 检验

为了说明理论计算与实际统计分布的一致性，作者还进行了*K-S*检验。被统计的作者总数为 $\sum y_x$，则统计检验的 *D* 值，可按 $1.63/\sqrt{\sum y_x}$ 计算，即 $1.63/\sqrt{1593}=0.0408$，若规定 $\alpha=0.01$，则 $D_{max}=0.0154<0.0408=D$ 值

通过检验，我们可以接受零假设，即我国情报科学论文作者队伍已经形成，并已初具规模。其中大多数人（68.72%）是撰写一篇论文的作者。写四篇论文以上的作者158人，占全体作者的10%，著文量占总论文量的36%。当时我国有专兼职情报工作者约10万人，若按本文的推断，著文量可达1 600余篇，大约占表6-5中数据的55%，这同普赖斯定律是基本一致的。

表6-7　**指数 *n* 计算用数据**

x	*Y*	*X*（lg*x*）	*Y*（lg*y*）	*XY*	X^2
1	1 105	0.0000	3.0433	0.0000	0.0000
2	235	0.3010	2.3710	0.7136	0.0906
3	95	0.4771	1.9777	0.9435	0.2276
4	52	0.6020	1.7160	1.0330	0.3624
5	31	0.7000	1.4913	1.0439	0.4900
6	19	0.7782	1.2787	0.9950	0.6055
7	14	0.8451	1.1461	0.9685	0.7141
8	10	0.9030	1.0000	0.9030	0.8154
9	8	0.9542	0.9030	0.8616	0.9104
10	7	1.0000	0.8450	0.8450	1.0000
11	5	1.0413	0.6989	0.7277	1.0843
12	4	1.0791	0.6020	0.6496	1.1644
Σ		8.6810	17.0730	9.6844	7.4647

为了保持lg*x*与lg*y*的线性关系，作者对所研究数据中的高产作者数据

予以删除，包括超过撰写13篇论文的共8人。从这点我们可以看到我国情报科学领域中的高产作者较少，因此并没有导致 n 值的锐增，也就不会影响洛特卡的分布。

（3）分形理论对洛氏定律的意义

在洛氏定律中幂指数 n 实际上就是一个分维的概念，可以用 D 表示，这就是该定律的核心，表示作者频率分布分散程度或不平均程度以及学科或主题相互渗透水平的定量描述；它与各学科、主题的复杂性及发展现状和规律密切相关。作者越分散，即作者分布越平均，D 值越大。有关 D 值的计算，可参照 n 值的估算方法进行。

$$D_i = \lim_{\delta \to 0} \frac{\sum_{N=1}^{N} P_i \ln P_i}{\ln \delta} \tag{6-10}$$

从对 D 值的分析可以了解分形理论对洛特卡定律的贡献主要有以下几个方面：

① 幂指数 n 的不同。经科学家验证，在不同的学科领域内洛氏定律分布的 n 值不同——这一点我们可以从 D 值的大小来理解。因为不同学科或主题研究的对象不同，使用的理论和方法，需要的客观条件和实验手段，研究人员的知识水平和素质，学科自身的难度、特点和发展规律、状况等因素不同，并且它们的发展阶段和速度更不一致。以上诸多的不同造成了作者的撰文能力及作者分布的不同。因此反映不同学科主题的各自个性特征的 D 值也不同，如表6-8所示。

表6-8表明，分维 D 大致按自然、技术、社科和人文科学的顺序增大。这反映了基础自然科学及技术科学的专业化程度较社会科学与人文科学高，其研究人员的知识水平、学术要求较高，并且需要一定的实验设备和手段，所以作者分布集中，个体之间撰文能力悬殊；而社科和人文科学涉及面广、定量化程度低，因而对研究人员的要求和研究条件低，在这两个领域内作者分布较平均。由此，我们可以理解不同的领域内 D（即幂指数 n）值不同。

② 统计数据中合作者数据的处理。在以往对洛氏定律的验证过程中，对合作者数据的处理主要有两种方法：一种是只统计了第一作者，另一种是考虑所有合作者。这样两种方法的 D 值和 C 值不同，第一种方法的 D 值比第二种方法的 D 值小（见表6-8）。这是因为考虑合作者时，作者分布统计的自相似性没有改变，但原来属于一人的论文现在同时属于几个人，那么作者的分散程度增大了，则 D 值也随之增大。当然，为了真实反映当代学科的交叉渗透和论文合著现象的增加，采用考虑合作者的方法是比较科学的。

表 6-8　　有关学科的 **D** 值

学科或主题	作者总数	论文总数	D	C
图书馆学（单）	198	229	3.096	0.845
图书馆学（合）	210	229	3.135	0.849
法医学（单）	997	1 487	2.474	0.740
法医学（合）	1 010	1 487	2.748	0.793
美国革命（单）	1 316	2 043	2.482	0.742
美国革命（合）	1 356	2 043	2.546	0.755
计算机音乐学（单）	458	970	2.168	0.662
计算机音乐学（合）	544	970	2.273	0.691
民族音乐学（单）	2 269	4 434	2.285	0.694
民族音乐学（合）	2 422	4 655	2.291	0.696
技术史（单）	164	231	2.616	0.769
技术史（合）	170	231	2.647	0.775
情报科学（1968 年）	1 666	2 002	3.775	0.909
情报科学（中国）	1 593	2 883	2.251	0.687
氟（基）安定	432	262	2.539	0.754
果蝇属	826	3 662	1.783	0.524
物理学	1 325	3 398	2.021	0.615
化学（作者以字母 A 开头）	543	5 355	1.898	0.571

注：（单）表示只考虑单一作者；（合）表示考虑合作者。

③ 对于高产作者数据的删除。当初洛特卡在处理数据时，由于高产作者的数据点不落在回归线，所以予以删除。对这一处理方法，以往的研究没有给出令人信服的解释。根据洛特卡的数据及王崇德的数据得到图 6-4，图中少数的高产作者和低产作者的数据没有落到 $\ln N(x) - \ln N$ 直线上，中间区域的线性关系较好。对此分形理论可以给出圆满的解释：双对数图中具有良好线性关系，上升区域实际上是以论文数多少作标度的作者分布统计自相似性的“无标度区”；两端少数高、低产作者处于“无标度区”的上下限，在无标度区洛特卡定律才成立，D 才有意义。最高产的作者是学科的核心，他们写作能力强，属于一较高的层次；反之，最低产的作者写作能力差，则

当属较低层次。设删截高、低产作者数据点所对应的 x 值分别为 X_h 和 X_l，则理论上有：$X_h \geqslant X \geqslant X_l$，即洛特卡定律的适用范围。考虑所有合作者时，$X_l$ 有可能小于 1。通过作 $\ln N(x)-\ln x$ 图，可以较准确地确定 X_h 和 X_l 值，由 X_h 和 X_l 可以求出它们为界所对应的高、低产作者总数。分析高、低产作者的人数，对揭示学科或主题的某些特征及科学学研究具有重大意义。

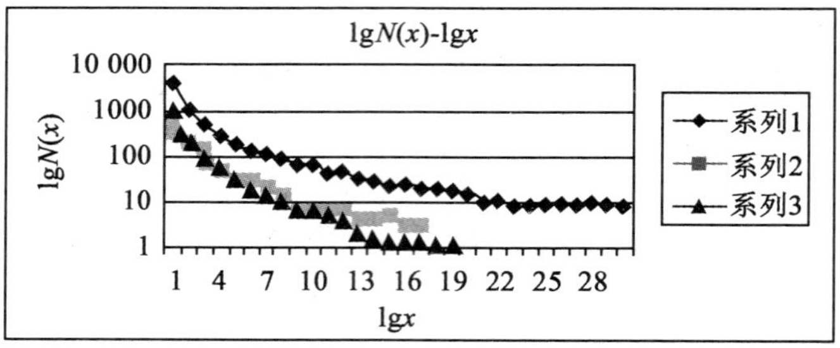

图 6-4 lg$N$（x）-lg$x$

注：图中菱形为洛特卡化学数据；正方形为洛特卡物理数据；三角形是王崇德数据。

6.3.4 合作者问题的研究

由于现代科学以瞬息万变的方式向前发展，快节奏、富有挑战性、交叉学科层出不穷，尤其第二次世界大战之后，科学和科学劳动呈现社会化趋势，有组织的科学研究和生产取得了巨大的成功，正如科学计量学的奠基者普赖斯所指出的，人类进入了“大科学时代”。所有这些必然会影响到科学家之间的合作交流，许多研究项目和课题都要求或依赖于各学科集体来完成，从个体的研究方法向集体化、合作化的方法过渡，同时科学研究越来越复杂化、交叉化、高深化。而科研合作最显著的表现形式之一就是合作论文，合作论文可以改善科学劳动组织，增加科研成果数量，提高科学劳动效率。因此，对文献中合作论文现象的研究将有助于分析文献作者分布。

洛特卡定律作为文献学中作者分布定律之一，在最早的研究中对合作者现象的研究比较少。我们知道，洛特卡当年处理《化学文摘》和《物理学史一览表》数据时，只统计了合作论文中的年长者，科尔曾表示“洛特卡的研究结果（只采用年长者数据）与统计所有数据所得的结果存在着显著的差异”。这是由于作者撰写论文受到当时科学发展和交流方式的局限。

1987 年，D. K. 古柏塔（Gupta）采用不同的数据处理方法，对昆虫学领域内 1900～1973 年间的文献作者分布规律进行研究。他的数据统计方法是：A. 统计全部作者（All authors）；B. 只统计首作者（Only first authors）；C. 只统计以单独作者身份出现的作者（Non-collaborative）；D. 只统计参与合作论文，并且从未以第一作者的身份出现的作者（Only co-authors）。统计如表 6-9 所示。古柏塔的研究表明采用不同的数据处理方法，n 值的大小不同；同时，n 值与低产作者的数量有关，n 随着低产作者人数的增加而增加；当作者总数一定的情况下，n 值越大，则高产作者越少，因此 n 值越大，表明文献作者之间的撰文能力差距越大。

表 6-9 数据经检验，结果在 0.01 的显著水平下，K-S 检验均令人满意（如表 6-10 所示），这说明作者分布模型与统计数据处理方式有关。

表 6-9　　**1900～1973 年昆虫学文献作者分布**

	A		B		C		D	
论文量	作者数	占总数%	作者数	占总数%	作者数	占总数%	作者数	占总数%
1	320	52.63	263	54.79	182	65.23	92	71.88
2	92	15.13	64	13.33	34	12.19	20	15.63
3	63	10.36	44	9.17	24	8.60	9	7.03
4	32	5.26	29	6.04	17	6.09	3	2.34
5	24	3.95	17	3.54	7	2.50	0	0.00
6	10	1.64	7	1.46	3	1.08	2	1.56
7	11	1.81	7	1.46	4	1.43	0	0.00
8	7	1.15	6	1.25	1	0.36	0	0.00
9	7	1.15	9	1.88	2	0.72	1	0.78
10	7	1.15	4	0.83	0	0.00	0	0.00
11	3	0.49	3	0.63	1	0.36	0	0.00
12	3	0.49	0	0.00	0	0.00	0	0.00
13	4	0.66	3	0.63	0	0.00	0	0.00
14	3	0.49	1	0.21	0	0.00	1	0.78
15	2	0.33	3	0.63	1	0.36		
16	1	0.16	3	0.63	1	0.36		
17	3	0.49	2	0.42	1	0.36		

续表

	A		B		C		D	
论文量	作者数	占总数%	作者数	占总数%	作者数	占总数%	作者数	占总数%
18	3	0.49	2	0.42	1	0.36		
20	2	0.33	3	0.63				
22	1	0.16	0	0.00				
23	0	0.00	1	0.21				
24	1	0.16	2	0.42				
25	1	0.16	1	0.21				
26	1	0.16	0	0.00				
27	1	0.16	0	0.00				
28	0	0.00	1	0.21				
38	1	0.16	0	0.00				
39	0	0.00	1	0.21				
42	1	0.16	2	0.42				
43	1	0.16	0	0.00				
52	0	0.00	1	0.21				
53	1	0.16						
66	1	0.16						
合计	608		480		279		128	

表 6-10 **K-S 检验结果**

类型	数据统计	作者总数	F（X）–S（X）	0.01 显著水平下
	N	D	K-S 检验值	n 值
全部作者	608	0.0468	0.0661	1.9
首作者	480	0.0388	0.0744	1.8
单独作者	279	0.0429	0.0976	2.2
合作作者	128	0.0337	0.1441	2.4

(1) 合作者分布模型

早在“看不见的学院”时期，其学术群体中就存在着普遍的合作现象。普赖斯曾利用每位作者合作数量的分布来研究“学院”中的合作问题，他认为在学术群中存在着许多非常活跃的核心科学家，在他们周围有一些“流动”的作者，而这些流动作者往往与核心科学家合作1~2次后，将不再出现；同时，他发现论文数量与每篇论文的平均作者数之间存在着显著的关系。由此可见，洛特卡定律不能反映合作者与科学论文之间的关系，普赖斯认为应该有一个更为恰当的变量来说明合作者与论文之间的这种关系。

依据普赖斯的思想，可得到方程：

$$y = C/x^n \tag{6-11}$$

式（6-11）与洛氏定律的基本方程形式上是一致的，但区别在于 x 为作者的平均合作论文数，而在基本方程中 x 表示作者撰写的论文数；C，n 为参数，x 为影响合作论文因素。那么，式（6-11）就能够反映合作者与论文之间的关系。选择合作性较强的生物工艺学领域内文献来验证方程（6-11）。在该领域内随机地选出50篇论文，这些论文涉及了15个国家的245名作者。然后在1991年的《科学引文索引》（*SCI*）的数据库中，检索出他们的论文，经统计，最后得到没有姓氏重复和疑问的100名作者（不包括在该年度没有发表论文的128名作者及论文量在30~200篇的高产作者17名）。这100名作者共发表了593篇论文，其中31篇为单一作者，其余为合作论文，合作次数为1 495次，则每篇文章的平均合作数为：（1 495+100）/593 =2. 69，即平均每篇文章由2. 69人完成。具体数据见表6-11。

表6-11　　**论文分布数据**

论文数	作者数		论文总数			
A	B	$C=B/\sum B$	$D=\sum C_i$	E	$F=E/\sum E$	$G=\sum EI$
1	17	0. 17	0. 17	17	0. 0276	0. 0276
2	19	0. 19	0. 36	38	0. 0618	0. 0894
3	12	0. 12	0. 48	36	0. 0585	0. 1479
4	7	0. 07	0. 55	28	0. 0455	0. 1934
5	10	0. 10	0. 65	50	0. 0813	0. 2747
6	5	0. 05	0. 70	30	0. 0488	0. 3235
7	5	0. 05	0. 75	35	0. 0569	0. 3804

续表

论文数	作者数		论文总数			
A	B	$C=B/\sum B$	$D=\sum C_i$	E	$F=E/\sum E$	$G=\sum EI$
8	4	0.04	0.79	32	0.0520	0.4324
9	4	0.04	0.83	36	0.0585	0.4909
10	1	0.01	0.84	10	0.0163	0.5072
11	3	0.03	0.87	33	0.0537	0.5609
13	2	0.02	0.89	26	0.0423	0.6032
15	2	0.02	0.91	30	0.0488	0.6520
16	1	0.01	0.92	16	0.0260	0.6780
19	1	0.01	0.93	19	0.0309	0.7089
20	2	0.02	0.95	40	0.0651	0.7740
21	1	0.01	0.96	21	0.0342	0.8082
22	1	0.01	0.97	44	0.0715	0.8797
23	2	0.02	0.99	46	0.0748	0.9545
28	1	0.01	1.00	28	0.0455	1.0000
Σ	100		1.00	593		

洛特卡定律的推论表明，在一段时间内，撰写一篇论文的作者数量最多，约占全体作者的60%；但表6-11显示，写一篇论文的作者仅占17%，而16%的作者（论文量在11~28篇）完成了全部论文的50%。

按论文合作者的多少排序，得到表6-12。表中数据反映，占总数16%的高产作者与50%的作者进行了合作，这表明低产作者为了提高自身的论文量，往往与高产作者合作，同时，高产作者采取同样的方法来增加论文量。那么，一个作者的合作者越多，其论文量越大。

表6-12　　**合作论文排序**

论文数	作者数	合作者数	C的相对%	C的累积%	平均合作者数
A	B	C	D	$E=\sum D_i$	$F=C/B$
1	17	62	0.0420	0.0420	3.65

续表

论文数	作者数	合作者数	C 的相对 %	C 的累积 %	平均合作者数
A	B	C	D	$E=\sum D_i$	$F=C/B$
2	19	92	0.0624	0.1044	4.84
3	12	78	0.0529	0.1573	6.50
4	7	49	0.0332	0.1905	7.00
5	10	134	0.0908	0.2813	13.40
6	5	56	0.0380	0.3196	11.20
7	5	83	0.0563	0.3756	16.80
8	4	84	0.0570	0.4326	21.00
9	4	88	0.0597	0.4923	22.00
13	2	54	0.0366	0.5980	27.00
15	2	83	0.0563	0.6543	41.50
16	1	15	0.0102	0.6645	15.00
19	1	77	0.0522	0.7167	77.00
20	2	116	0.0786	0.7953	58.00
21	1	23	0.0156	0.8109	23.00
22	1	74	0.0501	0.8610	74.00
23	2	132	0.0895	0.9505	66.00
28	1	73	0.0495	1.0000	73.00
	100	1 493	1.0000		

通过以上的分析，我们看到，在引入了新的变量（作者的平均合著文数）之后，对洛氏定律的研究比较乐观。由于高产作者的波动性，将表6-12中的第 11 行后的数据删除。由最小二乘法得到 $n=0.9641, c=0.781$。则反映合作论文的方程可表示为：

$$y=0.781/x^{0.9641} \tag{6-12}$$

利用 K-S 检验方程式 6-12，在 0.01 的显著水平下一致。我们可以说以上分析适用于文献作者分布的合作者研究。

(2) 关于合作者的假说及标度

为了便于研究合作者问题，国内有学者提出了有关合作者假说：①期刊科学论文作者的撰文能力不同，也不均匀；同时，由一个作者独立完成的论文数量极少；②科学合作组织内部是互为合作者，一位作者拥有多少个合作者，是可以规范的；③发表论文越多的人，与之合作的人数也就越多。

针对这一假说，以 1994～1995 年度的《物理化学学报》为数据载体，随机选出在他们之间不发生合作关系的 90 名作者作为样本，后经数据分析和 K-S 检验，其结果如下：科学合作内部的合作者之间是有章可循的，即依附于高产作者的合作者人群数据比较大；他们之间的定量关系，是可以利用统计学工具归纳出来的，而具体的情形视数据集合的整体水平而论，但其基本上是呈负幂数关系。

随着对合作者问题研究的深入，人们对其规定了新的计量指标，如合作率、合作度，它反映了一种期刊论文作者合作智能发挥程度，数值越高，合作智能发挥越充分。

$$合作度=\frac{（某种期刊一定时期内）作者总数}{（某种期刊一定时期内）论文总数}$$

$$合作率=\frac{（某种期刊一定时期内）合作论文数}{（某种期刊一定时期内）论文总数}\times 100\%$$

根据美国金氏调查公司（King Research Inc.）在 1977 年所进行的调查中的数据，我们可以得到美国不同学科领域内论文的合作度及合作率，如表 6-13 所示。从表 6-13 可知，在美国，大部分的科研人员集中在物理学、工程学、生命科学中。这几部分的劳动规模较大，科研人员只有进行良好的科研合作才能取得成果。

表 6-13　　**美国各学科论文的合作指标（1977 年）**

学科或领域	合作度	合作率
物理科学	2. 33	0. 20
数学	1. 32	0. 07
计算机科学	1. 49	0. 05
环境科学	1. 55	0. 19
工程学	2. 06	0. 03
生命科学	2. 01	0. 40
心理学	1. 74	0. 10
社会科学	1. 35	0. 22
其他科学	1. 42	0. 14
平均	1. 79	0. 14

6.4 普赖斯定律及其他的作者分布

6.4.1 普赖斯定律

在信息计量学三个著名定律中，无论是洛氏定律、还是布氏或齐氏定律，其核心问题就是对文献中“杰出者”现象的研究，尽管在三个定律中“杰出者”的概念各不相同，如洛特卡定律指高产作者，布拉德福定律指载文量最高的核心期刊，而齐夫定律中指应用广泛的高频词。但合理地处理“杰出者”问题，将有利于各个定律的验证工作。

洛特卡本人对“杰出者”——高产作者的数据处理方法比较简单。他只是采用若干个点拟合直线模型及方程，由于高产作者的数据点没有直接落在直线上，因此洛特卡将《化学文摘》、《物理学史一览表》中分别占作者总数的 1.3%和 1.02%的高产作者予以删除。洛氏的这一做法，对于当时他所提出的研究结果只是一个瑕不掩瑜的小小疏漏，没有影响到洛特卡定律在不久的将来成为信息计量学的三大定律之一。但是，我们从研究中发现正是被洛特卡当年“无情”删去的这些“杰出者”——不仅撰文能力很大，而且是推动学科发展的决定性力量。因此，对于高产作者的深入研究将有利于揭示文献作者分布的实质。

在文献作者分布领域内，首先注意到高产作者研究的重要性的是美国著名的科学史学家普赖斯。他在研究中发现，有 75%的科学家一生只发表了一篇论文，而另有 10%的科学家在其一生中所发表的论文占所有论文的一半。普赖斯在 1969 年发表的《小科学，大科学》一书中指出：撰写全部论文一半的高产作者的数量，等于全部科学作者总数的平方根。这就是普赖斯定律，可表示为：

$$\sum_{m+1}^{I} n(x) = \sqrt{N} \qquad (6\text{-}13)$$

式（6-13）中，$n(x)$ 表示撰写 x 论文的作者数；$I = n_{\max}$ 为该领域内最高产作者的论文数；N 为全部作者的总数。

m 的确定方法如下：

$$\sum_{1}^{m} x \cdot n(x) = \sum_{m+1}^{I} x \cdot n(x) \qquad (6\text{-}14)$$

设发表了 n 篇论文的作者数为 $a(n)$，那么，发表 $n \leqslant N \leqslant n'$ 篇论文的作者人数为：

$$A(n \to n') = a(n) + a(n+1) + \cdots + a(n') = \sum_{i=n}^{n'} a(i) \tag{6-15}$$

$a(n)$ 名作者一共发表的论文为：$P(n) = n\,a(n)$

则，发表了 $n \leqslant N \leqslant n'$ 篇论文的作者一共发表的论文量为：

$$\begin{aligned} P(N) &= P(n \to n') \\ &= na(n) + (n+1)a(n+1) + \cdots + n'a(n') \\ &= \sum_{i=n}^{n'} P(i) \end{aligned} \tag{6-16}$$

若 $0.5P(1 \to n_{\max}) = P(m \to n_{\max}) = P(1 \to m)$，则一定有

$$A(1 \to n_{\max})^{0.5} = A(m \to n_{\max}) \tag{6-17}$$

由洛特卡定律可知：$a(n) = C/n^2$，其中 $a(n)$ 是频数。

则有 $p(1 \to n) = \sum_{i=1}^{n} i \cdot \frac{C}{i^2} = \sum_{i=1}^{n} \frac{C}{i} = C\sum_{i=1}^{n} \frac{1}{i}$

由调和级数求和公式可得：

$$P\ (1 \to n)\ = C\ (\ln n + 0.577 + \cdots + \varepsilon n)$$

于是上式可变为：

$$0.5\,\mathrm{C}\ (\ln n_{\max} + 0.577 + \cdots + \varepsilon n_{\max})\ = C\ (\ln m + 0.577 + \cdots + \varepsilon m)$$

$$\ln \frac{(n_{\max})^{\frac{1}{2}}}{m} = 0.289 + \cdots + \frac{1}{2}\varepsilon m + \frac{1}{2}\varepsilon n$$

由于 m 一般不会太小，$\varepsilon m < 0.289$ 是合理的，因此一定存在 $0.5\varepsilon n_{\max} < \varepsilon m$
所以有：

$$m = 0.749(n_{\max})^{0.5} \tag{6-18}$$

上式表明：写作 $0.749\ (n_{\max})^{0.5}$ 篇以上论文的科学家们所发表的论文数等于论文总数的一半。或者杰出的科学家中一位最低产作者发表的论文数量，等于最高产科学家所发表的论文数的平方根的0.749倍。

由式（6-15）得

$$\begin{aligned} A(1 \to n_{\max}) &= \sum_{i=1}^{n_{\max}} a(i) = \sum_{i=1}^{n_{\max}} \frac{C}{i^2} \\ &= C\left[\frac{\pi^2}{6} - \frac{1}{n_{\max}} + o\left(\frac{1}{n_{\max}^2}\right)\right] \end{aligned} \tag{6-19}$$

$$A(m \to n_{\max}) = \sum_{i=m}^{n_{\max}} \frac{C}{i^2}$$

$$= C\left[\frac{1}{m} - \frac{1}{n_{max}} + o\left(\frac{1}{n_{max}^2}\right) + o\left(\frac{1}{n^2}\right)\right] \tag{6-20}$$

设 $n_{max} > (n_{max})^{0.5}$，$n_{max} > 6/\pi^2$，有：

$$R = \frac{A(m \to n_{max})}{A(1 \to n_{max})} = \frac{\frac{6}{\pi^2}}{0.749(n_{max})^{0.5}} = \frac{0.812}{(n_{max})^{0.5}} \tag{6-21}$$

式（6-21），指出了杰出科学家人数同全体科学家人数之间的比例关系，它就是普赖斯定律的表达式。普赖斯定律可以理解为，如果发表的全部论文为 n 篇，那么其中低产作者的论文数相应比例将很小，在这种情况下由于对称性，作者的数量符合平方根定律，因此普赖斯定律也称为平方根定律。从该定律的推导结果来看，它类似于社科领域内的卢梭定律（Rousseau's law）。卢梭定律指：在规模为 N 的人群总体中，内含杰出的精英为 $N^{0.5}$。

总的来说，普赖斯定律在陈述科学家（即文献作者）著述规律时还是一种假说构想的表述。虽然，科学劳动中提出假说是不可缺少的，但尚须把起始的假说经过验证、推理并上升为理论，这样，理论建设才算告一段落。否则假说不是停滞不前，就是徘徊于认识的初级阶段。普赖斯定律不属于这一类型，其作用是宏观、全面地描述了作者与科学论文之间的相对关系，从而指导我们估算高产作者的规模，以及他们的著述能力。在应用普赖斯定律的时候，应该注意的是，我们不能对待普赖斯定律像精密定律那样来理解，否则，其研究将不得要领。

6.4.2 其他的作者分布

人们在对洛特卡定律开展验证工作的同时，也着手探讨新的文献作者分布模型。休克瑞（Shockley）提出了一个对数正态模型，威廉斯（C. B. Willames）在生物学论文与出版模式的研究中发现了两者之间的关系，检验了几何模型的费希尔对数系列，西蒙提出的约尔分布的函数等等。下面我们介绍两个有影响的作者分布模型。

（1）西蒙的 β 函数

西蒙针对科威（Skew）分布所混淆了的新旧本质不同的概念，提出了发生机理。在科学出版物方面，西蒙的发生过程为：

假定 1：第（t+1）篇论文是新作者发表的，其概率为 α 而在最初的 t 篇论文中没有新作者发表的论文；

假定 2：第（$t+1$）篇论文由已发表 n 篇论文的作者发表，其概率与 $nf(n, t)$ 成正比，即与恰好发表 n 篇论文的所有作者发表的论文总数成正比。其中 $f(n, t)$ 是在最初发表的论文中恰好发表 n 篇论文的作者数。

设 v 为我们所考察的不同作者发表论文的总数，由上面两个假定导出已发表 n 篇论文的作者的期望数应该是：

$$f(n) = VpB(n, p+1) \quad n = 1, 2, 3, \cdots \tag{6-22}$$

这里 $p=1/(1-\alpha)$ 以及 $B(n, p+1)$ 是具有参数 n 和 $p+1$ 的 β 函数。由于约尔先于随机过程的现代理论在一生物问题研究中导出了相同的等式，因此，西蒙称最后的等式为约尔分布。

（2）布克斯坦（Bookstein）的研究

布克斯坦的作者分布模型：

$$g(n) = g\left(\frac{n}{\lambda}\right)f(\lambda)d\lambda \tag{6-23}$$

式中，$g(n)$ 是作者人数；λ 为个人著述能力；$g(n/\lambda)$ 表示实际发表 n 篇论文的作者比例；$f(\lambda)d\lambda$ 表示小区间内（λ，$\lambda+d$）具有 λ 值的个人总数。

布克斯坦还分析了社会环境对科学家著述科学论文的影响。他认为，如果社会环境有利于科学家写作，甚至是提倡或鼓励写作行为，那么文献的作者分布越接近洛特卡定律。

此外，印度文献计量学家拉奥指出，在现实生活中，马太效应这种社会心理作用是不容忽视的，成功产生成功，他用负二次分布来描述作者分布状况。同时，有人提出将负二项泊松（Poisson）分布经过平移变换或概率变换的方法，可以表示包括合作者在内的文献计量学规律。

经过对以上各个作者分布的描述及分析，可以了解到，对于作者的分布规律，我们均可以利用布克斯坦的研究来概括：

$$f(x) = k/x^{\alpha} \qquad (x = 1, 2, 3, \cdots; \ k > 0; \ \alpha > 0) \tag{6-24}$$

k 和 α 是常数，即写 x 篇论文的作者数与 $1/x$ 成比例。因此上式具有以下几个特点：A. 拟合的曲线呈倒“J”型；B. 高度倾斜；C. 分布有一个“长尾巴”，无限地接近 x 轴，但不相交。

6.5 洛特卡定律的应用

20 世纪 70 年来，在对洛特卡定律的研究开发过程中，人们逐渐从其不可观察性的理论中走出来，努力向实际应用方向过渡。现在我们经常看到在各学科中应用洛特卡定律研究作者分布情况。

6.5.1 洛特卡定律的作用

（1）反映科技劳动成果状况

在科学研究领域内，科学论文的发表数量是评价科研人员劳动的主要指标。科研人员通过发表论文，使其劳动成果得到社会的确认。虽然，科研人员的这种行为常常造成科技文献中充满了不少质量不高，甚至不好的论文，但他们发表论文的激情和数量还在不断增加。因此，我们利用洛特卡定律可以考察在某一学科领域内，科研人员一定时期内以科技文献形式出现的科研成果状况。

例如，在前面我们叙述中，我国情报学家王崇德利用洛特卡定律对我国情报学发展进行研究。结果表明，在1985年的时候，我国的情报科学论文作者队伍已经形成，并初具规模。但是，我国目前在情报学领域内特别高产的作者不多。作者通过数据量化的手段来描述我国情报科学论文作者分布，给人留下了深刻的印象，收到了良好的效果。同时形成一种说理深透、概括力强、评价准确，且有一定的预测能力的优势，显示出了文献计量学的定量特征。

（2）科学估计劳动规模

科学劳动规模，是科学社会学中的一个重要内容。人们往往通过改善科学劳动组织、增加科研成果、提高劳动生产率来改善劳动规模的组织架构。而实施上述行为的主体是科研人员，实现上述目标的主要方式是优化科研人员的论文分布。在现代科学中，这又离不开科学合作，科学合作成为推进学科发展的一大趋势。从科学发展的总体来看，1920年天文学和化学方面论文的作者中，单一作者的比例分别为95%和82%，而到了1963年，其比例为68%和30%。获诺贝尔奖金的重大科研成果，1910～1925年间合作研究仅占41%，到1951～1972年则增加到79%。

我国有学者通过对1976～1980年间包括《微生物学报》在内的四种期刊（表6-14），以及1982～1988年《中国科学》（表6-15）来研究我国的科学劳动规模。

表 6-14　　四种学报中有关学科论文的统计

作者数/篇	微生物学报		化学学报		物理学报		数学学报	
	论文数量	作者数量	论文数量	作者数量	论文数量	作者数量	论文数量	作者数量
1	14	14	24	24	138	138	181	181
2	42	84	53	106	76	152	35	70
3	50	150	30	90	68	204	6	18
4	37	148	20	80	28	112		
5	18	90	13	65	13	65		
6	14	84	7	42	7	42		
7	8	56			1	7		
8	5	40			3	24		
9	1	9	1	9	1	9		
10	2	20						
11								
12	1	12						
13								
14	1	14						
团体作者*	13		37		22			
总 计	206	721	185	416	357	753	222	269
作者数/篇	3.37		2.81		2.24		1.21	

* 指工厂、学术团体、学校及研究单位等。

表 6-15　　**1982~1988 年《中国科学》有关学科的作者合作度**

学科	年份							
	合作度							
	1982	1983	1984	1985	1986	1987	1988	平均
数学	1.88	1.32	1.21	1.43	1.30	1.33	1.52	1.34
物理学	1.93	1.94	1.50	2.24	2.18	2.65	2.77	2.30
天文学	4.29	2.14	3.00	2.31	3.21	2.83	2.18	2.55
技术科学	3.64	1.91	2.53	2.29	3.00	2.43	2.23	2.34
化学	2.00	3.39	4.24	4.10	3.75	3.81	3.72	3.99
生物学	4.25	3.61	3.67	3.97	3.77	3.68	3.16	3.65
农学	2.81	3.30	4.00	2.00	2.40	2.50	2.00	2.46
医学	1.28	3.80	4.29	3.82	4.13	4.10	3.93	4.12
地理学	2.30	3.57	2.84	1.89	2.00	1.91	2.16	2.45

表 6-14 代表了我国 20 世纪 70 年代的科研水平，而表 6-15 代表了 20 世纪 80 年代的学科发展水平。从中可以了解到：我国自然科学的科学劳动规模在不断地扩大，这一点可以通过在科学论文合作度的大幅度的增加来说明。

（3）掌握科学论文的作者队伍

科学论文作者的组成是一个复杂的动态结构。通过对科学论文作者结构的统计和计量分析，可以了解科学活动的特点，掌握科学发展的规律，预测学科发展趋势的前景，从而合理地组织科研队伍，加快科学发展的速度。普赖斯曾把论文作者按照一定的考查年份，根据他们发表论文的数量把期刊论文作者划分为 7 个组，得到连续作者、核心连续作者、非核心连续作者，这样既分清了作者的类型，又能够更好地掌握作者群体。对于研究科学论文的作者，我们也可以从以下几个方面进行考虑：

① 劳动者职业结构与科学研究取向。设 a_1 表示理论型作者数量，a_2 为应用型作者数量，A 表示两者的比值，则：

$$A=a_1/a_2$$

若 $A<0.5$，理论型作者占作者总数的 1/3 以下，而应用型作者占作者总数的 2/3 以上，说明该学科以应用性研究为主；若 $0.5<A<2$，表示理论型与应用型作者的数量相差不大，该学科理论性研究与应用性研究兼备；若 $A>2$，即理论型作者是应用型作者的 2 倍以上，说明该学科理论研究活跃。

② 对于作者结构对期刊的影响我们可以从另一个方面进行考察。有研究表明，期刊论文作者由两部分所构成，其一是已发表过论文的老作者；其二是新作者，即初次在某刊上发表论文的作者。为了便于比较，消除刊物发表论文数（N）多少的影响，可以得到下式：

$$\frac{A}{N}=\frac{B}{N}+\frac{C}{N}$$

式中，A 为新作者 B 和老作者 C 的总和，A/N 是文献单元作者系数，B/N 反映了作者重复撰文的情况，C/N 表示一个刊物中新作者涌现的情况，可以称为文献单元作者增量。当 C/N 值很大，并且接近于 A/N 时，说明这个刊物作者更新异常频繁，期刊所刊载的论文主要是由新作者提供的，表明新作者大量的出现。但对这种情况，我们应该进一步作出分析，例如，这可能是由于新学科吸引较多的科技人员进行科研与著述，或者是学科正处于孕育着重大突破时期，有大量的作者发表科学论文等原因；反之，则表明该刊物本身存在某些欠缺，如学术水平下降，编辑方针发生变化，已经有新的刊物出现并可能为其所替代等。据调查，我国《化学学报》1952～1965 年间的作者情况表明：在 14 年间该刊作者为 1 465 人次，新作者为 618 人次（如表 6-16 所示）。

表 6-16　　**《化学学报》文献单元作者增量**

卷	19	20	21	22	23	24	25	26	27	28	29	30	31
相应年份	1952 1953	1954	1955	1956	1957	1958	1959	1960	1961	1962	1963	1964	1965
A/N	1. 84	1. 62	2. 17	2. 46	3. 37	2. 57	2. 38	2. 26	2. 26	2. 60	2. 48	2. 24	2. 80
C/N	1. 56	1. 06	1. 22	1. 06	1. 15	1. 06	1. 21	1. 21	1. 15	1. 21	1. 14	1. 10	1. 20

③ 作者地区结构与科学活动的中心。日本学者汤浅光朝以各国科学论文作者人数和科学成果占全世界科学家和科学成果总数的比例作为确定科学活动中心的指标。他认为，当某个国家的科学论文作者人数和科学成果数超过全世界的 1/4，则科学活动的中心转入该国。设 c_i 为第 i 个国家或地区的作者人数，N 表示作者总人数，C 是两者的结构相对数，则：

$$C=c_i/N\times100\%$$

依据汤浅光朝的观点，当 $C>25\%$时，该地区为科学活动的中心。

④ 作者新老结构与学科发展阶段。在一定时期内，设 d_1 为老作者数

量，d_2 为新作者数量，D 为它们的比较相对数，则：

$$D=d_1/d_2$$

若 $D<1$，表示老作者少，新作者多，作者更新频繁，研究队伍不稳定，说明该学科处于初创与发展阶段。D 值越小，学科越不成熟；若 $D>1$，说明老作者多，新作者少，研究队伍较稳定，该学科处于成熟与老化阶段。D 值越大，学科越趋于老化。

⑤ 作者合作结构与科研复杂程度及学科综合程度。设 G 为论文的平均作者数，H 为合作论文的平均作者数，M 为合作论文所有作者的所属专业数。若某学科的 G 和 H 值较大时，说明该学科的研究过程和方法比较复杂；反之，则说明研究过程和方法比较简单。若某学科的 G、M 值较大，说明该学科综合性较强；反之，则专门性较强。

6.5.2 应用中要注意的问题

洛特卡定律能够科学地解决文献计量学中论文作者的分布状况，但在科学运用这一定律的同时，我们应注意它所存在的一些问题。洛特卡当年的统计数据，不仅删除了高产作者，并且《化学文摘》中他只统计了以 A、B 开头的作者数。而有研究表明，对论文作者所署名（包括合作者）的姓进行统计，结果以 A—F 开头的占 57%，G—M 为 30%，N—Z 为 13%。所以，洛特卡定律并不能像物理学定律那样精确而严密。另外，如前所述，洛特卡定律是一个经验定律，它受到诸多随机因素、人文因素和其他因素的影响；并且，洛特卡定律对于不同的学科领域，在不同的时期的表现形式不同。学科的发展一般经过潜伏期、成长期、成熟期三个阶段，在这三个阶段中，科学论文作者的活动状况不尽相同，因而，洛特卡定律不能完全地描述学科发展整个过程的作者分布；它对于表述成熟期的作者分布十分乐观。

7 信息计量学的理论基础

信息计量学的理论基础是一个重要而庞大的题目，在本章中我们主要是给出研究思路与现在的一些成果。

7.1 信息计量学的基础与结构模型

信息计量学作为一门学科与其他学科一样是一种科学的社会意识形态。因此它的发生发展符合恩格斯关于唯物史观与辩证法的统一的原理对社会意识形态的发生机制提出的“双律性”的发生结构模式。若从信息计量学的内容的发生来看，它是服从“他律性”的，即由社会经济基础的性质及其变化所决定；若从信息计量学的形式的发生来看，它是服从“自律性”的，即信息计量学为其相对独立的内在发生规律所制约。“双律”的关系即内容与形式的辩证关系。这是考察信息计量学基础与结构的方法论基础。可以从“双律性”及“双律”的关系来考察信息计量学的理论基础，从内容与形式的发生发展及其辩证关系来考察信息计量学的结构。

7.1.1 信息计量学的基础

(1) 信息计量学的“他律性”基础

① 人类信息活动发展的历程

人类信息活动是同人类的产生一样久远的，人类信息活动就是人与环境发生联系的过程，这种过程的自觉性、社会性、组织性和目的性不断加强。从技术上看，人类信息活动的发展历程，就是媒体的发展史，从结绳记事、楔形文字、甲骨、竹简、纸张到磁盘、光盘，从烽火狼烟、飞鸽传书到图书报刊、广播、电视、计算机网络，从藏书楼到图书馆、情报信息中心、互联网，信息技术不断进步，推动人类信息活动不断发展。人类信息活动的发展也不断推动社会经济形态进步，从农业经济到工业经济、信息经济再到知识经济，这也是人类信息活动发展水平的体现。

② 信息基本循环图式的描述

人类的信息活动与人类的劳动相伴而生，人类劳动越来越表现为社会化的信息劳动。可以表示为：

$$\begin{array}{c} W+K'[S] \\ \swarrow \quad \nwarrow \\ K[S]+\Delta I=K[S+\Delta S] \end{array}$$

我们称其为信息基本循环图式。

其中 W 是人们认识改造的对象（劳动对象）；$K'[S]$ 是社会的或（和）他人的主观的或（和）客观的知识结构；$K[S]$ 是人（个人或团体）的知识结构；ΔI 是人从社会实践活动中得到的信息；$K[S+\Delta S]$ 是 $K[S]$ 吸收 ΔI 后形成的新的知识结构；"+"表示作用与联系。整个过程表示人类与世界的关系主要表现在人类知识结构与世界的作用与联系，突出了社会劳动的信息化过程，也突出了社会劳动的科学化过程。主体在活动中获得信息 ΔI 被 $K[S]$ 吸收同化形成新的有序的知识结构，再反作用于认识改造的对象，从而促进人类对事物的认识，获得新的信息。而每一循环都使个体或（和）社会的知识结构发生变化，上升为新型的知识结构，使得人们认识改造世界的能力增强，其参与者也在社会化的过程中使个人劳动转化为社会劳动，从而实现自己的价值。这个循环表现为螺旋式上升的形式。它很好地表示了人与自然及社会之间的新型的本质联系。它反映着信息劳动过程，也反映着科学劳动过程及信息交流过程。其循环速度不断加快，是社会信息化进程的根本原因，促进知识经济的形成与发展，反映着信息劳动过程与劳动者知识化进程。

③ 信息计量学的逻辑起点

信息计量学是起源于信息基本循环图式所描述的信息交流过程，是对这个过程的各个环节、层次、层面的文献信息现象的计量研究并揭示其规律所形成的科学的社会意识形态。从信息基本循环图式的分析，我们可以看出信息计量学的逻辑起点包括：

第一层次：信息基本循环本身。它是信息计量学最根本的基础。

第二层次：$W+K'[S]$，$K[S]+\Delta I=K[S+\Delta S]$。

第三层次：W，$K'[S]$，$K[S]$，ΔI，$K[S+\Delta S]$。

这样，文献信息的计量问题包括对整个信息循环过程中信息要素本身及其表现与影响的各个层面的计量问题。而目前信息计量学局限于信息基本循环中以文献信息为主的交流过程层次的计量研究。网络信息的计量是今后信息计量学的增长点。这是由相应的社会经济基础的性质及其变化所决定的。

（2）信息计量学的“自律性”基础

信息计量学有其“自律性”基础，即为其相对独立的内在发生规律所制约。信息计量学是以信息作为对象进行计量研究的学问。它采用数学、统计学等各种定量方法，对信息基本循环图式所描述的社会化的信息交流过程中的信息组织、存储、分布、传递、相互引用和开发利用等进行定量描述和统计分析，以便揭示社会信息交流过程的数量特征和内在规律。因此，信息形态、计量方法、社会信息系统的组织与管理等因素的发展变化内在地影响着信息计量学的发展。体现在相关学科与信息计量学的关系上，信息计量学把相关学科的相关结果建构在自己的学科体系中，从而发展自己。另外，信息计量学的“科学共同体”的知识结构也决定着信息计量学的发展方向。

① 信息计量学的学科基础

对于信息基本循环图式的不同层面以及具体的社会组织结构加以限定就可以用于描述社会的科学劳动的过程、文献信息生产交流与反馈过程等。而科学计量学、信息计量学与文献计量学就是分别对这几个循环过程层面的计量学研究，从而形成的各有特色的学科。如果把 ΔI 看成是文献，那么对这个过程中各种现象的计量研究，从而把握本质规律与意义就构成了文献计量学的主题。由于文献交流过程在科学过程中的重要地位，文献计量学方法与结构成为科学计量学的重要内容。由于文献是信息的重要形式，文献计量学内容也成为信息计量学的重要内容与发展基础。这“三计学”相互交叉，相互促进，互为基础。

信息计量学是信息学、情报学的分支学科，它是情报学定量化发展的需要和必然产物。因此文献计量学以情报学的理论、方法为基础。布鲁克斯（Brookes）以其基本方程为基础建立了情报学及其定量化基础，这也是目前信息计量学的基础。然而，我们注意到布鲁克斯的基本方程只是信息基本循环图式的一部分，随着情报学“大过程观”的确立，我们一定能在信息基本循环图式基础上建立情报学及其定量化基础，并发展信息计量学。

信息计量学的学科性质决定了它必然以数学、统计学、系统学等学科的理论、方法为自己发展的基础。然而，它也不是生搬硬套地拿来，而是结合自己研究对象特点创造性地应用，并建立自己定量化原理体系。如对数透视原理、布拉德福（Bradford）定律的机理远远超出了数学、统计学所能解释的范围。

随着信息技术，特别是网络技术的发展，导致信息形态以及社会信息系统的组织与管理发生了深刻的变化，信息系统管理、信息资源管理、知识管理、网络信息计量学等学科相继产生，扩大了信息计量学研究基础。信息计量学是一门发展中的开放的学科，它必将不断汲取其他学科的成果，扩大自己的学科基础。

② 信息计量学的“科学共同体”基础

情报学发展的初期，正逢文献计量学和科学计量学兴起，一些注重定量研究的情报学家便投身于文献计量学或科学计量学的研究，并对文献计量学的研究范围、方法、模型以及应用等方面都进行了扩展。

在情报学与信息计量学研究领域有一大批杰出的学科带头人，他们具有扎实的数理知识，熟悉定量化研究方法，这是信息计量学发展的有利条件和人才保证，如布拉德福、洛特卡（Lotka）、普赖斯（Price）、布鲁克斯、加菲尔德（Garfield）、埃格赫（L. Egghe）等，他们长期致力于信息计量学的研究，并起到了学术带头人的作用，培养和带动一大批研究者投身于信息计量学的研究，形成了信息计量学的“科学共同体”，“科学共同体”的形成进一步推动了学科的发展。

7.1.2 信息计量学的结构

信息计量学的结构是在其基础之上发生发展的理论、原理、规律等形成的体系结构。内容与形式的辩证统一构成信息计量学的完整体系结构。

（1）信息计量学的现象学、元学、方法学层次结构

鼓舞着信息计量学研究者强烈热情的源泉是人类灵魂深处对真、善、美统一的科学精神的追求，在信息计量学发展过程中有三种不同层次的科学动力，它们在学科发展的不同阶段起着不同的作用，形成学科的不同层次体系结构。

① 信息计量学的现象学层次的学科体系结构

科学发展的第一层次的动力是经验与科学理论之间的矛盾。它提供一门科学研究的事实根据，指示新理论发展的方向和解决的问题，促使新理论的萌芽和发展，这是认识层次上的动力，促进学科内容的发展，是求真的科学精神的体现，形成现象学层次的学科体系。主要是对信息计量现象及规律的直观描述。

② 信息计量学的元学层次结构

科学发展的第二层次的动力是科学理论之间的矛盾，主要表现在学科的进一步发展中，各种理论相继产生、发展，促进科学理论向纵深发展，这是

逻辑层次的动力，促进学科形式的发展与建设，这是求善的科学精神的体现，形成元学层次的学科体系。

信息计量学的元学层次就是以信息计量学自身为对象的深层研究，是对信息计量学的现象学结构的研究。它是信息计量学的现象学体系的异化和一般化。信息计量学的现象学体系与元学体系的区别只在于前者是研究对象的理论，它解释文献现象，后者是研究框架的理论，它解释信息计量学自身，因此，它有三大特征：①以信息计量学自身为研究对象；②注重信息计量学的深层逻辑结构，以此来检验现象学体系的有效性和正当性；③其研究并不着意建立体系，不以某个统一的标准为模式，而是强调各种不同范式、视界之间的相互理解。

③ 信息计量学的方法学层次的科学体系

科学发展的第三层次的动力是科学理论与科学美的感受之间或科学美的形态前后之间的矛盾，这种动力是科学理论得到完善的重要因素，对科学的发展有一定的推动力，这种动力对于进行伟大的科学综合，创立高度抽象化、形式化的理论体系，实现科学的内容与形式的高度统一，起着比前两类动力更大的作用，这是求美的科学精神的体现，是方法层次的动力，形成方法学层次的学科体系。

信息计量学的方法学层次的科学体系，是对现象学与元学结构体系研究的结果。它关注信息计量活动的途径、手段和方式。信息计量学方法不是主观自生的东西，它们来自于信息计量学的现象学、元学研究与认识活动。研究者在这种活动中总要自觉或不自觉地思考自己的行为方式，用所选择的某些行为方式使自己同研究对象发生联系，并终将发现有些行为方式是行之有效的，而有些行为方式是无效的或错误的。信息计量方法正是研究者不断总结行为方式的经验的产物，它是一种概括性的知识，或者说是一种特殊类型的知识。它一方面使研究者与研究对象相关联，并在两者的运动变化中获得经验材料；另一方面又使研究者能够运用已有的知识概念材料进行思维加工，从而获得新的认识，揭示对象的本质及其发展变化的规律。信息计量学的方法学研究，不仅要提炼总结具体方法，还要研究对方法的区分、评价、开发以及规律性的知识体系，不仅对具体方法分门别类研究，还对各种各样的方法的优劣、关系、功能进行比较、评价、综合的研究，并抽象出一些具有共性的东西，使之上升到更高的层次。具体地讲，信息计量学的方法学结构内容包括：①信息计量学中各种具体的研究方法；②各种研究方法的评价；③方法的移植；④方法体系结构的研究；⑤方法的比较研究；⑥信息计量学的方法学体系与信息计量学体系的关系。

三个层次的信息计量学结构既区别又相互联系构成整体，具有不同的逻辑层次。就本质而言，信息计量学是现象学的，主要是通过对信息现象的计量研究来认识和把握信息在整个循环图式中的运动规律。

(2) 信息计量学的共时结构与历时结构体系

信息在循环图式中的运动有共时的一面又有历时的一面，这就决定了信息计量学有共时结构与历时结构。

① 信息计量学的共时结构

是对循环图式某一状态结构下信息现象的状态结构的计量研究，最成功的范例要算布-齐-洛分布理论及其统一机制、机理和模型的研究。

② 信息计量学的历时结构

是对循环图式中信息现象的动态结构的计量研究。最成功的范例要算文献信息增长规律与文献信息老化规律的研究。主要是对信息的发生、传播、解释、接受过程构成的信息的历时结构的计量研究。

(3) 信息计量学的理论、方法、应用结构

在信息计量学的体系中，理论是基础，方法是手段，应用是目的，三者相辅相成，是信息计量学体系的三个基本构成。在信息计量学的现象学层次中，理论主要是对信息计量现象的对象化描述；研究方法主要是统计与直观描述；应用主要是在图书情报管理以及一般社会信息系统的管理，并对经验定律与方法进行检验，为理论的发展提供素材。在信息计量学的元学层次中，理论主要是对其现象学结构的元语言描述；研究方法主要是逻辑与推理；应用主要是解释信息计量学自身，加强各种不同范式、视界之间的相互理解，指导信息计量学知识的有效应用与正当使用。在信息计量学的方法学层次中，理论主要是对现象学层次、元学层次结构体系的综合研究，关注信息计量活动的途径、手段和方式；方法是比较、评价、分析、综合等；应用研究主要是创立高度抽象化、形式化的理论体系，实现信息计量学的内容与形式的高度统一，并指导和扩展信息计量学的应用领域，促成信息计量学与其他学科的综合发展，使信息计量学成为一个开放的体系。

总之，信息计量学的基础与结构是联系的整体，结构是建立在基础之上的。我们可以把信息计量学的有序化结构体系描述成：以信息基本循环图式为核心，以信息计量为轴，以现象学研究、元学研究、方法学研究为层次结构，以理论研究、方法研究、应用研究为三维坐标，以信息及信息流的共时结构为经，以信息及信息流的历时结构为纬，以“双律性”为依据，而不断发展的开放的有序化结构体系。

7.2 文献信息分布特征、规律及其理论解释

7.2.1 文献信息集中与离散分布规律

科学文献的分布遵循着一定规律，反映着科学研究活动及其产品的分布规律性。研究科学文献的分布规律具有重要的理论和实践意义。长期以来，许多学者对文献分布的特点、结构及规律性进行了探讨。这些研究结果不仅说明了科学论文在期刊中的分布是有一定规律的，而且表明集中与离散规律是文献分布的最普遍的基本规律。

（1）文献信息集中规律

① 文献信息的集中传播

这一规律表现在某一学科的大部分文献高度集中在少数期刊中，原因在于这些学科都存在着生产能力很强的核心期刊，表明了科学文献的集中传播规律。依靠少数期刊和传播媒体可以得到大部分所需的文献信息。

② 文献信息生产能力的集中

这一规律表现在某一学科的大部分成果是由少数科学家生产的。原因在于这些学科都存在着生产能力很强的核心科学家，表明了文献的集中生产规律。

③ 文献信息生产资源的集中

这一规律表现在某一学科的大部分资源集中于少数科学家、科学团体以及少数地区。

可以说，文献信息集中规律表现在文献交流过程的各个环节与各种要素的集中效应上。

（2）文献离散规律

① 文献信息的离散传播

这一规律表现在，尽管某一学科的文献在专门期刊中高度集中，但仍有一部分分散在数量很多的相关学科的期刊中，分散的范围与程度取决于该学科与其他学科相互联系和渗透的范围与程度。

② 文献信息生产能力的离散

这一规律表现在，尽管某一学科的大部分成果是由少数科学家生产的，但仍有一部分由其他更多的普通科学家生产。

③ 文献信息生产资源的离散

这一规律表现在，尽管大部分文献资源集中于少数科学家、科学团体以

及少数地区，但仍有一部分资源更加分散于更多的科学家、科学团体和地区。

事实上，文献信息的集中与离散规律是对立统一的、相互依存的。

7.2.2 文献信息分布规律的理论解释

文献信息集中与离散规律的机理主要有两个方面：

(1) 科学发展客观规律的制约

文献信息集中与离散规律是文献交流过程内在规律的反映，尤其受到科学发展客观规律的制约。科学期刊产生的本身就是由学科发展的客观需要所决定的。每一种期刊都有自己的学科和专业性质，其编辑方针、报道内容、稿件选择、发行对象等都是为相应的学科或专业服务的。因此，这些专业期刊势必会集中报道该学科的文献，也就是说学科文献集中发表在该学科的专业期刊上；再加上各个专业期刊自身的能力和特性的差异，使得学科文献高度集中于少数期刊之中，形成文献分布的“堆加效应”。

S. C. 布拉德福曾经指出，分散不是文献混乱的结果，而是来源于科学的统一性原则。科学技术领域的相互联系和渗透是科学技术向深度和广度发展的必然结果。这种发展的显著特点之一，就是学科愈分愈细、愈分愈多，与此同时，各学科之间的联系也愈来愈紧密、愈来愈复杂。科学知识的这种相互联系、互相渗透的情况，导致了科学技术文献异常分散的特点。

(2) 人为控制主观因素的影响

①“马太效应”的影响

文献交流过程中的“马太效应”是对文献集中与离散规律影响的形象概括和称呼。对荣誉的增强使用是“马太效应”的核心，其结果是带来“成功产生成功”。这种作用表现在文献上，就是著名科学家、著作家的论著能很快进入流通渠道，并且得到畅通的传递，出版商竞相约稿，编辑出版；发行机构积极宣传，打开销路；图书情报部门以作者的名望为重要指标收集文献资料，加大复本量，优先加工，迅速投入阅览、外借、宣传、报道等服务项目；他们的著作容易受到广大读者的信任，大家先睹为快，通常都给予良好评价，在写作时竞相引用。这种强化荣誉的趋势也为作者和出版商所利用，声誉高的期刊杂志，作者争先投稿，更容易获得大量的高质量的稿件，就有更大的选择性，等等。由于“马太效应”的影响，形成文献资源的“堆加效应”，出现文献集中现象。

②“最省力法则”的影响

在文献交流过程中，许多现象要受到人为选择因素的影响。而人的选择要受到“最省力法则”（求近律）的支配。这里的“最省力”有广泛的含义。比如：论文的作者要选择专业相近、声誉较高又“最省力”能发表的杂志投稿；各个杂志都要选择专业相符、质量较高、影响较大的最接近该刊要求的论文发表。在某一新的学科的第一批论文写出后，他们集中被合适的期刊选择并在上面发表了。结果这些期刊随着学科的发展，吸引并刊登了越来越多的这方面的论文。与此同时，其他期刊也开始发表这一学科的论文，但是由于质量、专业、心理及获得的途径等原因，一些期刊总在人们心目中享有较高的威望。于是在选择期刊发表他们的论文时，总是把他们的文章发表在本专业的已发表了高质量和名人文章的那些刊物上。投稿数量的增加，使这些期刊的选择性增大，对论文稿件的质量要求提高，因而期刊的质量和威望也随之提高。由于期刊出版的实际篇幅和较高的编辑标准而对这些期刊进行限制，意味着他们要排除可以刊登的文章。正是这种限制的结果产生了布拉德福分布核心区的曲线以及被高质量的相关论文所占据的期刊核心。这种人为选择的结果，导致了文献分布中的堆加效应，大量专业论文集中于一些具有核心性质的期刊上。它们构成了这一专业的期刊核心。如果把每一次选择看成一次成功，则这种成功的累积势必容易导致新的成功。这种“成功产生成功”的机理被认为是布拉德福定律所描述的文献分布规律的基本原因。

7.3 信息计量学定律的数学理论研究

信息计量学是应用数学和统计学等各种定量的方法，对文献信息交流过程中的文献组织、存储、分布、传播、相互引证和开发利用进行定量描述和统计分析，以揭示文献交流过程数量特征和内在规律的一门新兴学科。其中，关于文献的分布规律的研究是最有成效的。许多国家的不同领域的学者曾进行了研究，并提出了不少文献分布的经验模式。其中最有代表性的有布拉德福定律、洛特卡定律、齐普夫定律等，关于它们的数学基础研究也在不断推进，本节分别给出它们的有代表性的成果。

7.3.1 关于齐普夫定律的数学模型研究

关于齐普夫定律的数学模型研究主要有四种理论解释：①齐普夫定律能从不同的随机过程导出，包括希尔（Hill）的波泽-爱因斯坦（Bose-Einstein）模型；布利斯（Bliss）和费希尔（Fesher）的负二项分布以及费希尔的对数连续分布。②许多古典占有率模型推导式能处理双曲线分布，这种解释包括了西蒙的 β 函数和普赖斯的累积优势分布。③芒代尔布罗用信息论方法研究语言的统计结构，对齐普夫定律进行了解释。④海尔登在计量语言学领域中获得的解释。

（1）希尔的推导式

希尔（Hill）使用波泽-爱因斯坦（Bose-Einstein）古典占有率模型，对盒子的随机数推导了齐普夫分布。它证明波泽-爱因斯坦模型能推广成齐普夫定理的形式，其初始条件产生齐普夫定律的形式。他称为“属-种”形式以区别于“等级-频率”形式。两种形式的定义分别是：①“属-种”形式：使类目恰好有 S 各单位的比例在某种特定意义上近似的与 $S^{-1(1+a)}$ 成比例（常数 $a>0$）这种分类单位的任何体系。这与齐普夫第二定律相一致；②“等级-频率”形式：许多量中的第 r 个大的量，在某种特定意义上近似的与 $r^{-(1+a)}$ 成比例，对于 $1\geqslant a>0$ 是在最大利益情况下的一种关系。这相当于齐普夫第一定律。

Hill 的模型描述了“属-种”形式与“等级-频率”形式的一致。他给出了波泽-爱因斯坦推导式的一种简单情况。他和伍德拉夫（Woodlruffe）还推导了 I_n/n_T 概率地收敛于 n 的函数的更强形式。

设有 T 个单位分配到 n_T 个非空的盒子，第 r 个盒子中有 $f(r)$ 各单位，$f(r)\geqslant 1$，$r=1$，2，…，n_T，并有 $\sum_{r=1}^{n_T} f(r) = T$。

这种分配方法是波泽-爱因斯坦形式，其概率为：

$$P_r\ \{f(r)\mid n_T,\ T\} = \binom{T-1}{n_T-1}^{-1}$$

其中，$f(r) = [F(1),\ \cdots,\ F(n_T)]$。令 I_n 是有 n 个单位的盒数，θ 表示具有分布 $F(r)$ 的随机变量，其中 $F(r)$ 是对于给定 T 的 n_T 随机分布 $F_T(x) = P_r\ \{n_T T^{-1}\leqslant x\mid T\}$ 的极限形式。Hill 证明了盒子与单位的比例 I_n/n_T 收敛于分布 $\theta(1-\theta)^{n-1}$，θ 在初始单位中具有唯一分布。当 $T\to\infty$ 时，有：

$$\theta \in \{I_n/n_T \mid T\} \to \int_0^1 y(1-y)^{n-1}\mathrm{d}y = [r(r+1)]^{-1} \tag{7-1}$$

这是齐普夫定律的特有的和重要的形式。这样，Hill 推导了与西蒙和普赖斯的结果类似的等级-频率形式。

（2）普赖斯的累积优势分布

普赖斯描述的累积优势分布可以从多缸模型推导。人们已证明它的公式与西蒙的推导一致，但产生这种分布的方法却是普赖斯独有的。

普赖斯考虑了 n_T 的总体，他们对 r 状态的频率是 $f(r)$，这里 r 是成功总数。因此对于每一个个体，频率之和

$$\sum_{1}^{\infty} f(r) = 1$$

已有成功的平均数

$$\sum_{1}^{\infty} rf(r) = R$$

设总体中增加一个很小的新个体 dn，$R\mathrm{d}n_T$ 个新成功随机的分布在所有个体上。每个先前的成功者将有 $\mathrm{d}n_T/n_T$ 个新的成功。对于以前已有 r 次成功的一类个体 $n_T f(r)$，因为产生进一步的成功只存在于 r 到 $r+1$ 的状态变化中，因此新成功的次数将是 $rn_T f(r)/n_T$。这使得从取得新成功额定值以下的类目中用 $rf(r)\mathrm{d}n_T$ 代替 $R\mathrm{d}n_T$，因此，在第 r 状态中个体数目变成：

$$\frac{\mathrm{d}}{\mathrm{d}n_T} n_T f(r) = \begin{cases} -rf(r) + (r-1)f(r-1) & r>1 \\ -f(1) + 1 & r=1 \end{cases}$$

以及

$$n_T \frac{\mathrm{d}}{\mathrm{d}n_T} n_T f(r) = \begin{cases} -(r-1)f(r) + (r-1)f(r-1) & r>1 \\ -2f(1) + 1 & r=1 \end{cases}$$

普赖斯证明，在 $f(r)$ 对 n_T 独立的情况下，对于一个稳定的分布，

$n_T \dfrac{\mathrm{d}}{\mathrm{d}n_T} f(r) = 0$，因此解得：

$$f(r) = \frac{r-1}{r+1} f(r-1) = \frac{r-1}{r+1} \cdot \frac{r-2}{r} \cdot \frac{r-3}{r-1} \cdots \frac{1}{3} \cdot \frac{1}{2} = \frac{1}{r(r+1)} \quad (7\text{-}2)$$

此式与 Hill 的结果相同。

(3) 西蒙（H. A. Simmon）的解释

西蒙通过对非对称函数的经验推导，详细地说明了齐普夫定理的基础。他指出，一篇文章中词的分布服从下式：

$$f(r) = A\beta(r,\ \rho+1), \qquad \sum_{r=1}^{\infty} f(r) = 1$$

式中 A 和 ρ 是常数，$\beta(r, \rho+1)$ 是参数为 r 和 $\rho+1$ 的 β 函数：

$$\beta(r,\ \rho+1) = \int_0^1 \lambda^{r-1}(1-\lambda)^{\rho} d\lambda = \frac{\Gamma(r)\Gamma(\rho+1)}{\Gamma(r+\rho+1)},\ r>0,\ 0<\rho<\infty$$

由 Γ 函数的性质可知，当 $r\to\infty$ 时，对任何常数 $\rho+1$，

$\dfrac{\Gamma(r)}{\Gamma(r+\rho+1)} \to r^{-(\rho+1)}$，所以

$$f(r) = A\Gamma(\rho+1)\, r^{-(\rho+1)}$$

若令 $a=\rho+1$，$c=A\Gamma(a)$，就有

$$f(r)=\frac{c}{r^{a}}$$，这与齐普夫定律一致。

西蒙研究了正文中词的产生过程，若文章是词的随机序列，他认为，著者选择写在一篇文章中的词的随机过程是一个双重过程。一个过程是著者从他已写下的单词序列中抽样，称为“连带”；一个过程是从著者的其他著作或从别人的著作的单词中抽样，称为“模仿”。设被模仿过程选择的词的比率是 P，被连带过程选择的词的比率是其余数 $1-P$，那么已发生 r 次的词将被选择的概率是：

$(1-P)\,rf(r,\ T)/T$，　　被连带过程选择

$P(1-\omega)f(r,\ T)/T$，　　被模仿过程选择

所以一个词被选择的总概率是

$(r-\omega P)f(r,\ T)/T$

类似地，该词是新词的概率是

$\omega P(n_T/T)$

其中 n_T 是不同词的总数。

根据布什假设：第一，第 $(T+1)$ 个词恰好出现 r 次的词的概率与 $rf(r,\ T)$ 成正比，即与出现 r 次的词的总出现次数成正比；对于相当大的 T，第 $(T+1)$ 个词是前 T 个词中没有出现过的新词，其概率是常数 ω。因此，第 $(T+1)$ 个词的产生取决于下面两条件之一：

① 对于 $r>1$，计算第 r 区间的频率将加上 1，计算第 $r-1$ 区间的概率将减去 1，即：

$$f(r-1,\ T+1)=f(r-1,\ T)-1,$$

$$f(r,\ T+1)=f(r,\ T)+1$$

② 对发生一次的词增加数目，一个新词将产生：

$f(1,\ T+1)=f(1,\ T)+1$，　　$n_{T+1}=n_T+1$

对于稳定状态的分布，概率分布的期望值能代替概率。根据上面的假设和条件，经过复杂的推导，西蒙证明了，若 $f(r)$ 对于 T 独立，那么在稳定状态条件下，对于所有 r 和 T，存在概率分布：

$$f(r)=\frac{1-\omega\rho}{(r-\omega\rho+1)(r-\omega\rho)} \tag{7-3}$$

他与 Hill 和普赖斯在最简单情况下推导出的齐普夫关系式十分相近。由于已知 $\omega\rho$ 非常小，对于大的 r，$\omega\rho$ 接近于 0，(7-3) 式是同 (7-1) 式和 (7-2) 式。

西蒙的（7-3）式是对一篇文章中单词分布的 $f(r)$ 的实际值高度简捷的估计。虽然连带和模仿过程是未知的，但词的真实过程产生的分布却给出来了。

西蒙还将（7-3）式推广到更一般的模型。这个一般模型与齐普夫定律的原始形式被平行地推导出来，若 ω 是第 $T+1$ 个词为新词的概率，令 $\rho=1/(1-\omega)$。其一般模型的最终表达式是：

$$f(r)=\rho\Gamma(\rho+1)r^{-(\rho+1)} \tag{7-4}$$

参数为 $\rho+1$ 的 Γ 函数为一个常数，因而，此式与齐普夫表达式相同。这个模型没有作模仿过程的假设，只作了连带过程的假设。

西蒙之后，许多学者、专家利用不同的方法，从不同的起点，殊途同归，都导出与西蒙模型类似的概率分布。例如，希尔（Hill）、芒代尔布罗（Mandelbrot）、肯德尔（Kendall）、小野寺复生、普赖斯（Price）等人的统一概率模型。这些例子说明，西蒙的数学模型和分布函数是带有普遍性的，具有客观意义的。

（4）芒代尔布罗与布什的解释

芒代尔布罗根据信息论，假定语言的目的是每一个语言符号用最小的努力传播最大的信息。他得到关系式：

$$f(r)=k(r+C)^{-\theta} \tag{7-5}$$

式中 $f(r)$ 是词频，r 是词登记，常数 C 的作用是改善公式与小 r 的拟合，常数 θ 的作用是改善公式与大 r 的拟合。

芒代尔布罗进一步说明了（7-5）式与一个规范词典树一致。他定义一个词典树有 $N+1$ 个树干，树木从 0 到 N，第一个树干对应一个空格（无单词），其余的各对应一个字母。每一个字母干有 $N+1$ 个枝，每个枝对应一个空格和 N 个字。空格仍无意义，其余的枝再对应一个 $N+1$，等等。这样，每一个的末端对应一个给定概率为 $f(r)$ 的单词。

布什用几个公式的推导代替了复杂的芒代尔布罗词典树叙述。他证明了齐普夫定律与芒代尔布罗修正式一致，并进行了统计检验。

（5）海尔登的公式

海尔登-韦林（Herdan-Waring）在其《计量语言学》一书中认为，定量方法在语言学领域应起到一个整体的作用，并提出了其计量分布模型。海尔登在语言学领域运用积分法则，将语言当成一种由人讲话的语调组成的符号系统，不同的词在词语中被找到；再将声音当作语言的随机样本，并写出了它们的表达式。他还研究了以前的语言-声音关系的一般函数，指出了它们的缺点。然后，海尔登利用 Waring 展开式，提出了一个叙词表的概率模型。

Waring 展开式可写为：

$$\frac{1}{P-q}=\frac{1}{P}+\frac{q}{P(P+1)}+\frac{q(q+1)}{P(P+1)(P+2)}+\cdots+\frac{q[r]}{P[r+1]}+\cdots, \qquad (P>q>0)$$

式中：$q[r]$ 表示 q 的升幂阶乘，从 q 乘到 $q+r-1$。$P[r+1]$ 表示 P 的升幂阶乘，从 P 乘到 $P+r$。两边同乘以 $P-q$，得：

$$1=(P-q)\left(\frac{1}{P}+\frac{q}{P(P+1)}+\frac{q(q+1)}{P(P+1)(P+2)}+\cdots+\frac{q[r]}{P[r+1]}+\cdots\right) \tag{7-6}$$

这就是叙词表概率分布，第 r 项表示分布中的 $f(r)$。其期望与方差分别为：

$$\mu=\frac{q}{P-q+1},\quad \sigma^2=\frac{q(P-1)(P-q)}{(P-q-1)^2(P-q-2)}$$

海尔登认为这个模型比西蒙的模型要好。其实，令 $q=1$，则

$$f(r)=(P-1)\cdot\frac{1[r]}{P[r+1]}=\frac{(P-1)\cdot 1\cdot 2\cdots(r-2)\cdot(r-1)}{P(P+1)(P+2)\cdots(P+r-1)}$$

再令 $P=1+\rho$，上式便能变成西蒙的表达式（7-4）。所以一般认为，西蒙公式是 Herdan-Waring 分布的特殊情况。

7.3.2 关于洛特卡定律的数学研究

洛特卡（Lotka）定律描述了科技生产率、著者频率与论文数量之间的关系。其意义可以从多方面理解。从文献计量学方面看，它是指在某一主题领域内，文献作者的分布状况。从人类学的角度来理解，它可以表现为“在人类发展过程中，具有不同个性的个体之间对人类进步做出贡献的差异……”这种差异的机制主要是马太效应（Matthew Effect）。众多科学家对洛特卡（Lotka）定律进行了深入研究。采用的主要方法有：经验方法、理论方法和模型方法等。针对洛特卡定律的时代局限性及其经验定律自身需要不断修正的特点，学者们从分布数据的收集、参数值范围的确定、方法的拟合及检验等诸多方面进行了较为深入地研究。来自不同领域的科学家利用自身学术优势，对洛特卡定律的发展及修订做出了贡献。如休伯特（Hubert）、德莱斯顿（Dresden）、戴维斯（Davis）等人都进行过研究，其内容涉及许多不同学科、时期、地区、类型的科学文献作者分布，从不同角度来检验和修正洛氏定律、普赖斯、布克斯坦（Bookstein）、阿利森（Allison）等人对

洛氏定律提出了修正的可能性。在洛特卡定律的基础上，普赖斯进一步研究了科学家人数与科学文献数量以及不同能力层次的科学家之间的定量关系，提出了著名的普赖斯定律和一些其他重要结论，他还曾试图找出全体科学家总数中杰出科学家的比例关系，为洛特卡定律的开发乃至文献计量学的发展做出了令人瞩目的卓越贡献；而对普赖斯定律的研究，埃格赫做了大量的工作，他把普赖斯定律的表示分为算术表达法和几何表达法，并得到埃格赫公式。埃格赫还采用数学方法对作者—出版物体系与期刊—论文体系之间存在的结构性差异进行了研究，从单作者论文推导出多作者论文的情况，研究表明当 $i \geqslant 0$ 时，洛特卡定律 $\Phi(i) = C/(i+1)^{\alpha}$ 在所有 $\alpha=2, 3, 4, \cdots\cdots$ 时基本上是稳定的，这个结论给洛特卡定律提供了一种新的内在解释。关于作者分布规律的研究形成了以洛特卡定律和普赖斯定律为核心的研究体系。我国学者也开展了大量研究，从理论上讨论了洛特卡定律，澄清了有关参数所带来的某些数据不满足广义洛特卡分布的问题，并利用分形理论建立了洛特卡定律的统计分形模型。而且提出利用偏态分布的原则来改进普赖斯定律：$Y=\beta x(a\ln x+1)$，这是我国学者在普赖斯定律研究方面开拓性的进展。

（1）西蒙的 β 函数

上述西蒙针对科学出版物论文发生机制提出的 β 函数模型也被用于解释洛特卡定律，只是将假设条件略加改动为：

假定 1：第（$T+1$）篇论文是新作者发表的，其概率为 ω，而在最初的 T 篇论文中没有新作者发表的论文；

假定 2：第（$T+1$）篇论文由已发表 r 篇论文的作者发表，其概率与 $rf(r, T)$ 成正比，即与恰好发表 r 篇论文的所有作者发表的论文总数成正比。其中 $f(r, T)$ 是在最初发表的论文中恰好发表 r 篇论文的作者数。

则已发表 r 篇论文的作者数的期望值应该是：

$$f(r) = A\beta(r, \rho+1), \quad r=1, 2, 3, \cdots$$

这里 $\rho=1/(1-\omega)$，A 和 ρ 是常数，$\beta(r, \rho+1)$ 是参数为 r 和 $\rho+1$ 的 β 函数。因而可以进行与上面相同的推导与相同的结果形式，描述了作者分布。

（2）埃格赫公式

若 $f(r)$ 表示发表 r 篇论文作者的数量，于是洛特卡定律可以表示为：

$$\frac{f(r)}{\sum f(r)} = \frac{C}{r^2} \quad 或 \quad f(r) = \frac{A}{r^2} \tag{7-7}$$

其中 $A = C\sum f(r)$ 在样本给定时为一个常数。若按作者发表的论文数量作递减顺序排列，则论文总量可表示为 $\sum_{r=1}^{r_m} rf(r)$，其中 r_m 代表该统计样本中科学生产率最高的作者所发表的论文数量。则存在下列关系：

$$\theta\sum_{r=1}^{r_m} rf(r)=\sum_{r=r_\theta}^{r_m} rf(r) \tag{7-8}$$

其中 $\theta(0\leqslant\theta\leqslant1)$ 为发表了 r_θ，$r_\theta+1$，…，r_{m-1}，r_m 篇论文的作者所发表论文数量总和占所有发表论文数量的百分比。

于是由(7-7) 式可得：

$$\theta\sum_{r=1}^{r_m}\frac{rA}{r^2}=\sum_{r=r_\theta}^{r_m}\frac{rA}{r^2}，\text{即 }\theta\sum_{r=1}^{r_m}\frac{1}{r}=\sum_{r=r_\theta}^{r_m}\frac{1}{r} \tag{7-9}$$

一般说来，在统计数据比较充分时，r_m 与 r_θ 不会很小，根据关系式：

$$\sum_{r=1}^{k}\frac{1}{r}\approx\int_1^k\frac{\mathrm{d}r}{r}+\gamma \qquad (\text{当 } k \text{ 充分大时})$$

$$\sum_{r=p}^{q}\frac{1}{r}\approx\int_p^q\frac{\mathrm{d}r}{r} \qquad (\text{当 } q，p \text{ 充分大时})$$

其中 $\gamma=0.5772\cdots$，为欧拉常数。于是可以得到：

$$\theta\left[\int_1^{r_m}\frac{\mathrm{d}r}{r}+\gamma\right]=\int_{r_\theta}^{r_m}\frac{\mathrm{d}r}{r}$$

$$\theta\ln r_m+\theta\gamma=\ln r_m-\ln r_\theta$$

$$\ln r_\theta=(1-\theta)\ln r_m-\theta\gamma$$

$$r_\theta=r_m^{1-\theta}\cdot\mathrm{e}^{-\theta\gamma} \tag{7-10}$$

设与 θ 对应的高产作者($r_\theta\rightarrow r_m$) 的数量为 $x(\%)$，则

$$\sum_{r=r_\theta}^{r_m}f(r)=x\sum_{r=1}^{r_m}f(r)$$

由于 $f(r)=\frac{A}{r^2}$，$\sum_{r=1}^{\infty}\frac{1}{r^2}$ 收敛，且 r_m 与 r_θ 一般都比较大，所以由上式可以得到：

$$\int_{r_\theta}^{\infty}\frac{A}{r^2}\mathrm{d}r\approx x\sum_{r=1}^{\infty}\frac{A}{r^2},$$

即：

$$\int_{r_\theta}^{\infty}\frac{\mathrm{d}r}{r^2}\approx\frac{\pi^2}{6}x \tag{7-11}$$

将(7-10) 式代入(7-11) 式得到

$$x\approx\frac{6}{\pi^2}\int_{r_m^{1-\theta}}^{\infty}\cdot\mathrm{e}^{\theta\gamma}\frac{1}{r^2}\mathrm{d}r，\text{则}$$

$$x\approx\frac{6}{\pi^2}\cdot\frac{1}{r_m^{1-\theta}\cdot\mathrm{e}^{-\theta\gamma}} \tag{7-12}$$

由人均论文数的定义知

$$\mu = \frac{\sum_{r=1}^{r_m} rf(r)}{\sum_{r=1}^{\infty} f(r)}, \quad 则$$

$$\mu = \frac{\sum_{r=1}^{r_m} \frac{1}{r}}{\sum_{r=1}^{\infty} \frac{1}{r^2}} \approx \frac{\ln r_m + \gamma}{\frac{\pi^2}{6}}, \quad 则$$

$$r_m = e^{\left(\frac{\pi^2}{6}\cdot\mu - \gamma\right)}$$

将上式代入(7-12) 式得埃格赫公式：

$$x = \frac{6}{\pi^2} \cdot \frac{1}{e^{\frac{\pi^2}{6}\cdot\mu(1-\theta)-\gamma}} \tag{7-13}$$

埃格赫公式是建立在洛特卡经典公式上的，因此只有当 $\alpha = 2$ 或接近 2 时才能直接使用埃格赫公式，当 α 的值与 2 相差较大时公式就不能使用了，需要进一步推广。

引理 7-1 若 $\alpha > 1$，则有如下近似等式成立：

$$\sum_{r=1}^{r_m} \frac{1}{r^{\alpha-1}} \approx \int_1^{r_m} \frac{1}{r^{\alpha-1}} dr + \frac{1}{2} \tag{7-14}$$

若 $f(r)$ 表示发表 r 篇论文作者的数量，于是广义洛特卡定律可以表示为：

$$\frac{f(r)}{\sum f(r)} = \frac{C}{r^\alpha} \qquad 或 \qquad f(r) = \frac{A}{r^\alpha} \tag{7-15}$$

其中 $A = C\sum f(r)$ 在样本给定时为一个常数。若按作者发表的论文数量作递减顺序排列，则论文总量可表示为 $\sum_{r=1}^{r_m} rf(r)$，其中 r_m 代表该统计样本中科学生产率最高的作者所发表的论文数量。则存在下列关系：

$$\theta\sum_{r=1}^{r_m} rf(r) = \sum_{r=r_\theta}^{r_m} rf(r) \tag{7-16}$$

其中 $\theta(0 \leqslant \theta \leqslant 1)$ 为发表了 r_θ，$r_\theta + 1$，…，r_{m-1}，r_m 篇论文的作者所发表论文数量总和占所有发表论文数量的百分比。

于是由(7-7) 式可得：

$$\theta\sum_{r=1}^{r_m}\frac{rA}{r^{\alpha}}=\sum_{r=r_\theta}^{r_m}\frac{rA}{r^{\alpha}},\ 即\ \theta\sum_{r=1}^{r_m}\frac{1}{r^{\alpha-1}}=\sum_{r=r_\theta}^{r_m}\frac{1}{r^{\alpha-1}} \tag{7-17}$$

一般说来，在统计数据比较充分时，r_m 与 r_θ 不会很小，根据关系式 (7-14) 得：

$$\theta\left[\int_1^{r_m}\frac{\mathrm{d}r}{r^{\alpha-1}}+\frac{1}{2}\right]=\int_{r_\theta}^{r_m}\frac{\mathrm{d}r}{r^{\alpha-1}}$$

当 $\alpha\neq 2$ 时，

$$r_\theta=\left[r_m^{2-\alpha}+\left(\frac{1}{2}\alpha-r_m^{2-\alpha}\right)\theta\right]^{\frac{1}{2-\alpha}},$$

即

$$r_\theta=\left[(1-\theta)r_m^{2-\alpha}+\frac{1}{2}\alpha\theta\right]^{\frac{1}{2-\alpha}} \tag{7-18}$$

设与 θ 对应的高产作者($r_\theta\to r_m$) 的数量为 $x(\%)$，则

$\sum_{r=r_\theta}^{r_m}f(r)=x\sum_{r=1}^{r_m}f(r)$，则有

$$x\left[\int_1^{r_m}\frac{\mathrm{d}r}{r^{\alpha}}+\frac{1}{2}\right]=\int_{r_\theta}^{r_m}\frac{\mathrm{d}r}{r^{\alpha}}$$

当 $\alpha\neq 2$ 时，

$x\left(\frac{1}{1-\alpha}r_m^{1-\alpha}-\frac{1}{1-\alpha}+\frac{1}{2}\right)=\frac{1}{1-\alpha}r_m^{1-\alpha}-\frac{1}{1-\alpha}r_\theta^{1-\alpha}$，于是

$$x=\frac{r_m^{1-\alpha}-r_\theta^{1-\alpha}}{r_m-\frac{1}{2}(1+\alpha)} \tag{7-19}$$

由人均论文数的定义知

$$\mu=\frac{\sum_{r=1}^{r_m}rf(r)}{\sum_{r=1}^{r_m}f(r)}，则$$

$$\mu=\frac{\sum_{r=1}^{r_m}\frac{1}{r^{\alpha-1}}}{\sum_{r=1}^{r_m}\frac{1}{r^{\alpha}}}=\frac{\frac{1}{2}+\int_1^{r_m}\frac{1}{r^{\alpha-1}}\mathrm{d}r}{\frac{1}{2}+\int_1^{\infty}\frac{1}{r^{\alpha}}\mathrm{d}r}=\frac{\frac{1}{2}+\frac{1}{2-\alpha}r_m^{2-\alpha}-\frac{1}{2-\alpha}}{\frac{1}{2}+\frac{1}{\alpha-1}}，则$$

$$r_m=\left\{\frac{1}{2}\left[\frac{\alpha+1}{\alpha-1}(2-\alpha)\mu+\alpha\right]\right\}^{\frac{1}{2-\alpha}} \tag{7-20}$$

将(7-18)式、(7-20)式代入(7-19)式有

$$x=\frac{\left\{\frac{1}{2}\left[\frac{\alpha+1}{\alpha-1}(2-\alpha)\mu+\alpha\right]\right\}^{\frac{1-\alpha}{2-\alpha}}-\left\{\frac{1}{2}\left[\frac{\alpha+1}{\alpha-1}(2-\alpha)\mu+\alpha\right](1-\theta)+\frac{1}{2}\alpha\theta\right\}^{\frac{1-\alpha}{2-\alpha}}}{\left\{\frac{1}{2}\left[\frac{\alpha+1}{\alpha-1}(2-\alpha)\mu+\alpha\right]\right\}^{\frac{1-\alpha}{2-\alpha}}-\frac{1}{2}(1+\alpha)} \tag{7-21}$$

这是在广义洛特卡定律基础上对埃格赫公式的推广。

7.3.3 关于布拉德福定律的信息维分析

L. 埃格赫（L. Egghe）给出了“情报生产过程”（IPP）的形式理论。根据 IPP 的形式理论，布氏分布的区域描述可以抽象为：对于源的集合 S 中的元素按所含项数的多少排列，然后分成 N 个区，使得每个区中含的项数相等，为 r，存在 y_0 和 $k>1$ 使得第 1 区的期刊数为 y_0；第二区为 y_0k；第三区为 y_0k^2，等等，直到最后一区，所含期刊数为 y_0k^{N-1}。它的明确主题是认识区域差异（即文献的聚散状况）。有差异就有信息，信息是差异的再现。以区域性为特征的布拉德福分布的研究过程实则是文献分布信息的分析过程，为此需要知道系统的信息熵。但熵值的测算并非易事，有时根本难以测量。由于文献分布的无标度性（non-scaling），测出的信息量常常是一个变化的数值，不能作为系统分析的有效判据。不过文献分布明显具有分形特征，于是可以运用分形几何学的方法以分维（fractal dimension）代替信息熵，使得信息分析与分形研究相关联。下面给出布拉德福分布的信息维测算及其分析范例。

（1）布拉德福分布的信息维模型

① 申农（shannon）信息熵与信息量

对于具有 n 种可能的独立结果的随机试验 $X=\{x_i,\ i=1,\ 2,\ \cdots,\ n\}$ 在试验前所包含的平均不确定性数量可表示为：

$$H=-\sum_{i=1}^{N}P_i\ln P_I \tag{7-22}$$

其中 H 为信息熵，P_i 为 x_i 出现的概率且满足：

$$0\leqslant P_i\leqslant 1,\ (i=1,\ 2,\ \cdots,\ N);\ \sum_{i=1}^{N}P_i=1 \tag{7-23}$$

假定试验后，结果是 X 出现，即后验概率分布为：

$$P_i=\begin{cases}1,\ i=i_0\\0,\ i\neq i_0\end{cases}(i=1,\ 2,\ \cdots,\ N) \tag{7-24}$$

此时不存在实验不确定性，熵值为零，故该试验所提供的信息量 I 为：

$$I = H - 0 = -\sum_{i=1}^{N} P_i \ln P_i \tag{7-25}$$

可以看出，I 与 H 数值相等，却是两个不同的概念：H 表示不确定性，I 则表示消除这个不确定性所需要的信息量。

② 布氏分布的信息维

布氏分布的区域描述与分形理论运用的网格化方法如出一辙。由于文献分布具有分形特征，故改变分区的尺度，测得的信息量是一个变化的值，此时可以将其转化为信息维。

将所有期刊，按布氏分布区域描述划分成若干区域，每个区域所含论文数记为 r（尺度），考察各个区域中期刊的出现概率 P_i，由此可以计算出期刊中文献分布的信息量：

$$I(r) = -\sum_{i=1}^{N(r)} P_i \ln P_i \tag{7-26}$$

式中 $N(r)$ 为区域的数目，$I(r)$ 为信息量。改变区域的尺度 r，可得一系列的 $I(r)$ 值。文献分布具有分形性质，满足：

$$I(r) \propto r^{-D_1} \tag{7-27}$$

定义的负幂率，式中 D_1 为信息维。

实际上，存在一个一般的分维（即广义分维）公式：

$$D_q = \frac{1}{q-1} \lim_{r \to 0} \frac{\ln \sum_{i=1}^{N(r)} P_i^q}{\ln r} \tag{7-28}$$

其中当 $q=0$ 时 D_0 为容量维，即豪斯道夫（Housdorff）维；当 $q=1$ 时，D_1 为信息维；当 $q=2$ 时，D_2 为关联维，且有 $D_0>D_1>D_2$。改变参数 q，可以定义无穷多种维数，Dq 可称之为第 q 阶信息维。通常所指的信息维是 D_1，即（7-26）式、（7-27）式定义的分维。（7-28）式可以写成：

$$D_q = -\lim_{r \to 0} \frac{I_q(r)}{\ln r} \tag{7-29}$$

其中：

$$I_q(r) = \frac{1}{1-q} \ln \sum_{i=1}^{N(r)} P_i^q \tag{7-30}$$

称为瑞利（Renyi）熵。

根据 $P_i^q = \exp(q \ln P_i)$，当 $q \to 1$ 时

$$\lim_{q \to 0} \frac{1}{1-q} \ln \sum_{i=1}^{N(r)} P_i^q = -\sum_{i=1}^{N(r)} P_i \ln P_i \tag{7-31}$$

于是：
$$D_1 = \lim_{r \to 0} \frac{\sum_{i=1}^{N(r)} P_i \ln P_i}{\ln r} = \lim_{r \to 0} \frac{I(r)}{\ln r} \tag{7-32}$$

信息维数的大小，可以反映文献分布的聚散程度，当所有论文聚集到一种期刊，系统为零维；这正好与系统的信息熵对应，分布愈均匀，信息熵愈高。用信息维代替信息熵作文献分布的信息维分析，其理论依据之一，便在于此。

（2）Bradford 分布的信息维测算

这里以波普（A. Pope）的统计数据为例，进行布氏分布的信息维测算(见表 7-1)。

表 7-1　　**波普的统计数据**

期刊	相应论文	n	R（n）	期刊	相应论文	n	R（n）
1	261	1	261	2	33	41	3 990
1	259	2	520	1	32	42	4 022
1	220	3	740	5	31	47	4 177
1	211	4	951	1	30	48	4 207
1	205	5	1 156	1	29	49	4 236
1	176	6	1 332	1	28	50	4 264
1	168	7	1 500	1	27	51	4 291
1	164	8	1 664	1	25	52	4 316
1	155	9	1 819	3	24	55	3 488
1	134	10	1 953	1	23	56	4 411
2	120	12	2 193	6	22	62	4 543
1	115	13	2 308	2	21	64	4 585
1	105	14	2 413	5	20	69	4 685
1	102	15	2 515	4	19	73	4 761
1	96	16	2 611	8	18	81	4 905
1	85	17	2 696	5	17	86	4 990
1	80	18	2 776	3	16	89	5 038
1	74	22	3 086	10	13	110	5 326

续表

期刊	相应论文	n	R（n）	期刊	相应论文	n	R（n）
2	79	20	2 934	4	15	93	5 098
1	78	21	3 012	7	14	100	5 196
1	64	23	3 150	9	12	119	5 434
1	63	24	3 213	9	11	128	5 533
2	60	26	3 333	7	10	135	5 603
1	59	27	3 392	8	9	143	5 675
1	53	28	3 445	12	8	155	5 771
1	52	29	3 494	20	7	175	5 911
2	51	31	3 599	14	6	189	5 995
1	45	32	3 644	35	5	224	6 170
1	44	33	3 688	45	4	269	6 350
2	42	35	3 772	68	3	337	6 554
1	40	36	3 812	140	2	477	6 834
2	38	38	3 888	534	1	1 011	7 368
1	36	39	3 924				

设论文总数是 A，期刊总数是 Y，按布氏分布划分成 N（r）个区，这时

$$r = A/N(r) \tag{7-33}$$

进入第 i 个区中的期刊数目为 y_i（r）

于是：
$$p_i = y_i(r)/Y \tag{7-34}$$

$$I(r) = -\sum_{r\to 0}^{N(r)} P_i \ln P_i = -\sum_{i=1}^{N(r)} \frac{y_i(r)}{Y} \ln \frac{y_i(r)}{Y} \tag{7-35}$$

改变 N（r），从而改变 r，得到不同的信息量的值 I（r）（表 7-2），代入信息维公式（7-32）得：

$$D_1 = \lim_{N(r)\to\infty} \frac{\sum_{i=1}^{N(r)} P_i \ln P_i}{\ln(A/N(r))} = -\lim_{N(r)\to\infty} \frac{I(r)}{\ln(A/N(r))} \tag{7-36}$$

表 7-2　　对波普统计数据区所得的统计结果

N（r）	$P_i=y_i/Y$　　（Y=1 011（下面仅列出 y_i/）	I（r）	$ln\frac{A}{N(r)}$
2	33/，978/	0.144	8.211
3	14/，67/，930/	0.316	7.808
4	9/，24/，95/，883/	0.472	7.518
5	7/，13/，36/，117/，838/	0.617	7.293
6	6/，9/，18/，48/，137/，793/	0.750	7.115
7	5/，7/，11/，25/，57/，159/，750/	0.876	6.957
8	4/，5/，9/，15/，32/，63/，173/，710/	0.974	6.826
9	3/，5/，6/，11/，21/，37/，69/，186/，675/	1.089	6.708
10	3/，4/，5/，8/，13/，23/，41/，76/，202/，635/	1.184	6.603
11	3/，3/，4/，7/，10/，15/，27/，44/，83/，214/，601/	1.233	6.507
12	2/，3/，4/，5/，8/，11/，18/，30/，47/，90/，219/，574/	1.351	6.420
13	2/，3/，4/，4/，5/，9/，13/，22/，31/，50/，98/，206/，564/	1.412	6.340
14	2/，2/，3/，5/，5/，7/，10/，15/，24/，30/，55/，103/，220/，531/	1.491	6.265

如图 7-1 所示，在此图中，典型的信息维曲线由具有统计意义的三段构成。

其中，中间直线部分的斜率即为所求的信息维 D 值。相应的范围为无标度区（*non-scaling range*），两个拐点 E，F 的标度值 d_E，d_F 分别为无标度区的上、下限，计算结果 $D_1=0.784$。在无标度区以外的区域就构成布氏分布的核心区和格鲁斯（*Q. V. Groos*）偏移区。

① 当 $d_E=ln\frac{A}{N(r)}$时：$N(r)=\frac{A}{e^{d_E}}$

这时分 N（r）区时，第 N（r）的期刊出现格鲁斯偏移。本例中，这时 N（670）=11，即分 11 区时，第 11 区（602 种）出现格鲁斯偏移。

② 当 $d_F=ln\frac{A}{N(r)}$时：$N(r)=\frac{A}{e^{d_F}}$

这时分 N（r）区时，第 1 区的期刊为核心区。本例中，N（1474）=5，第 1 区（7 种）为核心区。

可见，通过布拉德福分布的信息维分析可以得到通常所需要的结果。对

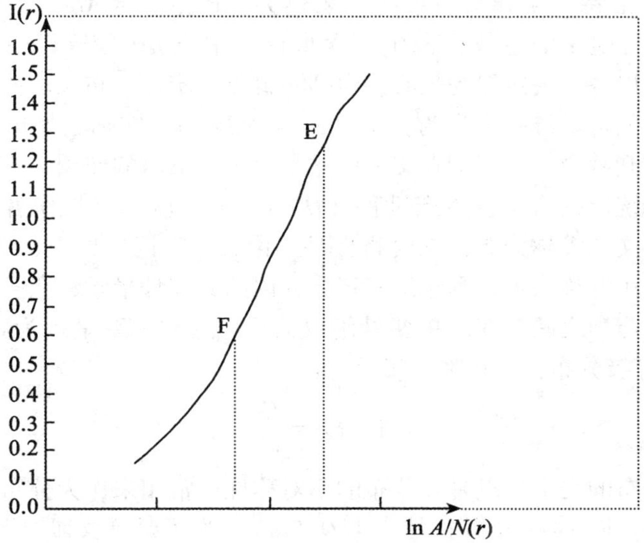

图 7-1 典型的信息维曲线

认识布拉德福分布的本质特征有一定意义。

7.4 信息计量学分布规律的理论体系研究

7.4.1 布-齐-洛定律的一致性研究

7.4.1.1 布-齐-洛定律一致性研究概况

关于布拉德福分布理论的方法论层次研究，主要集中在布-齐-洛分布理论的统一机制、机理和模型的研究。20 世纪 60 年代初人们已开始注意到布拉德福、齐普夫、洛特卡定律在研究方法以及所获结果等方面都存在着某些相似之处。肯德尔（*Kendall*，1960）认为：布拉德福分布其实就是齐普夫（*Zipf*）分布，更为精确的统计学方法可以解释布拉德福定律的直线部分。1969 年，费尔桑（*Fairthorne*）首次将布拉德福、齐普夫以及芒代尔布罗分布同洛特卡的频率分布联系起来。这三种内容各异的分布实际上属于同一类分布体系，而且人们还进一步认为，文献计量学中的种种分布，如流通量按被借阅图书或期刊的分布，引文量按被引期刊或作者等分布规律也属于这一体系。埃格赫将经验定律及其推论分为两类，并给出了每一类的统一表达式。第一类以布氏定律的文字描述形式为核心，包括莱姆库勒定律、芒代尔布罗定律、洛特卡定律等，可统一表达为：$R(r) = A\lg(1-Br)$，式中 $R(r)$ 表示从 1 到 r 的主体来源中所含事件（信息）的累积量，A、B 为常数。另一类以齐普夫定律为核心，包括布鲁克斯定律、布氏定律的图像描述形式等。它们可以统一表达为：$R'(r) = A'\lg B'r$。实际上如果把作者发表作品、期刊刊载论文、字词在文章中重复出现、书籍的使用、文章获得引用这一类现象统统视为信息生产过程（*IPP*），那么就可以将作者、期刊、字词、书籍、文章等称为源，同时将作品、论文、字词的出现、书籍的使用、文章的被引用等称为项，则包括三定律在内的文献计量学的众多分布规律皆可认为是源与项之间存在的单变量函数关系。这种关系呈现为频次-规模分布、频次-等级分布，并且都可表示为：

$$f(r) = \frac{C}{r^{\alpha}}$$

这类分布的突出特点是其分布的不对称性，常用来作为分布的集中程度的指标之一。而 1977 年普拉特（*A. D. Pratt*）为了量度文献计量学中等级-频次分布的集中程度，提出了著名的普拉特指标。前苏联统计学家 *S. D.* 哈顿在总结文献计量学及相关领域的各种经验频率分布后指出，所有经验频率分布基本上可分为两大类型：“*Gaussian*”型分布与“*Zipfian*”型分布。一般认为，自然科学的文献较多的符合 *G* 型分布，而社会科学的文献则一般符合 *Z* 型分布。目前的研究认为，齐普夫定律的结构与其他几个分布定律具有一致性。

对于经验定律有多种不同的解释，西蒙（*Simmon*）于 1955 年提出，但普赖斯又在 1976 年作了简化的成功倍增原理是关于 *IPP* 中源的增长变化的概率理论，虽然他们没有使用 *IPP* 这个术语，但是他们的理论足以灵活地应用到 *IPP* 中。实际上，继西蒙后，芒代尔布罗、肯德尔（*Kendall*），希尔（*Hill*）及普赖斯等人从不同的出发点都导出了 *Beta* 函数类型的概率分布，其中普赖斯的累积优势分布最为著名。其推导过程颇具代表性。而 1990 年布克斯坦（*A. Bookstein*）完整地提出了他的信息计量学的基本理论。与西蒙、普赖斯等人不同，他是从所谓函数分析的观点出发，直接证实了普遍存在的经验负幂分布数学形式，而不是由推导出的 *Beta* 函数出发，再通过极限才能得到负幂分布的数学形式。1977 年，布鲁克斯提出以复合分布的概念去探讨文献计量学中普遍存在的各种分布现象，提出了混合泊松模型。芒代尔布罗用组合分形理论解释了信息计量学中一些定律。利用分形理论研究文献计量学的布-齐-洛分布，可以揭示这些定律在数学上的一致性。

关于布-齐-洛分布的统一性的研究主要集中于两个方面：①定量表达式的一致性；②关于一致性的理论解释。这两方面相互补充、相互促进，形成了文献信息分布规律的理论体系。关于第一方面，主要使用麦克斯韦-玻尔兹曼（*Maxwell-Boltzmann*）的球-箱模型和普赖斯的缸式模型来解释；关于第二方面，主要归结为“马太效应”，“最省力法则”，“成功产生成功”等。两方面相得益彰，比如：用马尔科夫链，对“马太效应”的定量描述等，关于第二方面的理论的定量描述，又成为第一方面的内容。

7.4.1.2　布-齐-洛定律表达式的一致性

布拉德福定律、齐普夫定律、洛特卡定律被认为是文献计量学中最基本的三大定律。它们几乎在相同的时期以不同表达式描述了相似的分布规律；其计量分析单元是共性的：杂志量、单词数、作者群；计量的方法是相似的：通过对文献的调查和统计，取得数据并进行分析归纳来定量地认识文献流。这三个定律最初都是由经验观测得到的，都是按某一具体事项在其主体来源中的出现频率排序而推导出来的，其分布函数也彼此相似。实际上，可以认为它们是一种分布规律的不同表现形式。布拉德福-齐普夫-洛特卡分布系包括信息计量学中几个非指数分布，即布拉德福定律 $R(n)=k\ln(n/S)$，齐普夫定律 $f(r)=k/r$ 及其修正式 $f(r)=k/r^{\alpha}$，洛特卡定律 $f(x)=k/x^2$。诸定律的数学表达式属于同一类型。如果把数学式中主体看作箱，把某一特定量看作投入箱中的球，那么对于布拉德福分布、齐普夫分布、洛特卡分布，箱好比杂志、词汇、著者，球好比相关论文、单词、著者所写的论文。布拉德福分布是积累分布，$R(n)$ 表示 n 以前的累积数，对 $R(n)=k\ln(n/S)$ 微分得

$$\frac{dR(n)}{dn}=\frac{k}{n}$$

与齐普夫公式一致。

齐普夫修正式 $f(r)=k/r^{\alpha}$，作变换

$$r=\left(\frac{k}{f(r)}\right)^{\frac{1}{\alpha}}，微分得$$

$$\frac{dr}{df}=\frac{k^{\frac{1}{\alpha}}}{\alpha}f^{-\left(1+\frac{1}{\alpha}\right)}$$

若 $\alpha=1$，即对于狭义的齐普夫形式，与洛特卡定律一致。因此，这种类型的分布可统一用下式来表达：

$$f(r)=C/r^{\alpha} \tag{7-37}$$

式中 C，α 为常数，一般来说，$1<\alpha\leqslant 2$；$f(r)$ 为含有 r 个具体事项的主体

来源数的分布密度。布氏分布、齐普夫分布、洛特卡分布的一致性是显而易见的。它们描述的是一种普遍存在的社会现象。在许多其他领域，尤其是在社会科学领域内更是一种常见的分布现象。例如，城市按人口的分布、资本主义国家居民按收入多少的分布、书籍按页数多少的分布、生物的属按其种的分布等，只要我们将主体按其具体对象出现的频率排序，就可以得到与（7-37）式相类似的分布形式。这类分布可统称为布-齐-洛分布，或简称布-齐分布系。这种一致性有其社会心理物理学机制。

7.4.1.3　布-齐-洛分布的理论解释

（1）布-齐-洛分布的一般理论解释

布-齐-洛分布揭示了某一具体对象在其主体来源中的集中与离散规律，其重要特点是，我们所考察的具体对象的绝大多数集中于少数主体来源；而具体对象的少部分却分散在大多数的主体来源之中。例如，某一主题的科学文献的80%左右集中在不到20%的期刊上，而20%左右的论文却分散在80%以上的期刊中；大多数作者一生只能发表一篇或两篇文章，而为数不多的一些作者却成果累累，一生发表几十篇或数百篇文章；人们写文章时，总爱选择常用的、传递功能强的词；资本主义国家中大量的财富总是集中于少数人手中，而不多的一点则为大多数人所分享，等等。

在上述分布中为什么会产生这种集中与离散的现象呢？有的研究者认为，在这方面存在着“马太效应”。他们根据的是马太的这样一个论断：“凡有的，还要加给他，叫他有余。没有的，连他所有的，也要夺过来。”这种对富有的还要再给，使他更富有，对贫穷的还要剥夺，使他一无所有的情形，形象地揭露了分配中的集中与分散现象。社会上普遍存在的“马太效应”的心理对文献分布和交流的影响，已在前面作了讨论。

其次是“成功产生成功”。这是导致这种集中与离散现象的重要原因。这里的“成功”有广泛的含义，诸如：论文的写作与发表，收入的增加，杂志声誉的提高，词汇的被选用等。已取得的成功次数越多，就越容易在此基础上获得新的成功。例如，高产作者发表一篇论文十分容易；百万富翁要增加一点收入毫无困难；声望高的杂志更容易获得高质量的稿件。正如普赖斯所指出的：“一篇经常被引用的论文比一篇很少被引用的论文更容易再次被引用；一个发表过许多论文的作者比一个很少发表论文的作者更容易再次发表论文；一种经常讨论某一课题的期刊比一种很少讨论这一课题的期刊更容易再次回到这个课题。”这是个体自身能力和特性的显示，同时也要受到各种环境条件、社会心理、人为选择等因素的影响。

再次是省力法则支配的人为选择的作用。社会科学方面的现象不同于自然过程，其中人为控制的选择因素起决定性作用。例如，我们对文献情报流进行定量研究时，不仅要处理常规的物理空间的定量测度，而且还必须通过人们的思维判断、选择鉴别来领悟精神空间迥然各异的社会行为机理，诸如学科差异、出版背景、传播范围、杂志名望等。在分析和处理文献情报的过程中，人为选择往往起着主导作用。人的选择要受省力法则支配。在这种选择作用下，当一系列同类对象被选择时，有的经常被选择，有的不常被选择，这种频度不均匀的选择结果，实际上表征着被选择对象之间个体特性方面的差异，其本身又可以反过来作为再次选择的依据。如果我们把对象受到一次选择看成一次成功的话，那么这种成功的累积必然容易导致新的成功。普赖斯用“累积优势分布”描述了这种“成功产生成功”的机理。

(2) 布-齐-洛分布的心理物理学机制

我们认为，信息产品首先是主体对客观事物反映的结果，认识决定了主体的心理物理组织。当个体所产生的信息产品进入社会交流系统后，其传播又要受到社会心理物理组织（即社会的人的心理与社会信息系统所组成的心理、技术、符号系统、组织系统）的影响。而布-齐-洛分布正是对信息产品（文献）在交换环节中的不同方面的描述。因而其必然可以在心理物理学中得到解释，关于心理物理学的引入，应首推布鲁克斯。

布鲁克斯（*B. C. Brookes*）的对数透视原理实质上源于心理物理学中的韦伯（*E. H. Weber*）-费希纳（*G. H. Fechner*）律，但是它仅仅是韦伯-费希纳律的特殊形式。他指出：如果我们的感觉机构按某种对数规则工作，那么我们所有的神经系统包括脑神经系统都可能按某种对数方式工作。在他设想的抽象信息空间中，他用对数透视原理导出了与他给出的布拉德福定律的公式类似的公式，他认为是令人惊异的。尽管他的工作肯定了对数透视原理与布拉德福定律的关系，但要解释之，也感到不便。我们还是回到对数透视原理的本源——心理物理学上来探究一下，我们可以清楚地看到布-齐-洛分布的一致性的机制。

心理学是研究人脑如何对客观现实做出反应的一门科学，客观现实中的各种对象系统称为“刺激”，而由它引起的心理活动称为“反应”，心理学企图通过控制一定的实验条件，把外界刺激做成可测的系列变量，进而测量由此引起的一系列相应的心理变化。实验表明，在刺激变量和心理反应变量之间存在着一定的关系，当心理变量有了适当测试手段之后，这种关系就有可能用一种适当的数学关系式表达出来。这导致了心理物理学的诞生。

在晴朗的夏日夜空，人们很容易看到满天繁星，而在白天则很难觉察到它们的存在，这个熟悉的现象告诉人们：对于刺激强度的变化（$\Delta\phi$）的观察与原有刺激强度（φ）之间存在着某种关系，这种关系被心理学家们称为刺激的临界值函数。1834年，德国科学家韦伯（*E. H. Weber*）在研究了所谓提重的辨别试验之后发现，在对对象当中的两个物体进行重量辨别时，刚好感觉到有差别所需要的物理差别量，即差别阀，要比在两个相当轻的物体上产生的差别阀要大。进一步的研究表明，差别阀是刺激强度的线性函数，即：

$$\Delta\phi = C\phi, \qquad 或\frac{\Delta\phi}{\phi} = C \tag{7-38}$$

这就是著名的韦伯律或称为韦伯分数。

1860年，费希纳在韦伯律的基础上进一步提出了如下假设：

① 在一定的刺激范围内，所有的最小可觉差（*JND*）在主观上都是相等的。可作为感觉量的单位。

② 反应量可看做若干 *JND* 单位的总和，这样，韦伯律可以表示为：

$$\frac{K\mathrm{d}\phi}{\phi} = \mathrm{d}r \tag{7-39}$$

这里 K 是一个正常数，dr 是由 *JND* 引起的感觉增量，由于上述假设知，各个 *JND* 所引起的 dr 都是相等的。

解微分方程（7-39）得：

$$r = K\ln\phi + C \tag{7-40}$$

当 φ 取阀限值 R 时，感觉量 r 为 0，即：

$$0 = K\ln R + C \qquad 或 \qquad C = -K\ln R \tag{7-41}$$

将（7-41）式代入（7-40）式，得：

$$r = K(\ln\phi - \ln R) = K\ln\left(\frac{\phi}{R}\right) \tag{7-42}$$

若令 R 为单位 1，则有：

$$r = K\ln\phi \tag{7-43}$$

（7-43）式称为费希纳律。

很容易看出，形式上布拉德福定律的布鲁克斯公式与费希纳律非常相似。

由（7-39）式，得：

$$\frac{\mathrm{d}r}{\mathrm{d}\phi} = \frac{K}{\phi} \tag{7-44}$$

其形式和齐普夫定律相似。

由（7-44）式，得：

$$\frac{d^2 r}{d\phi^2}=\frac{-K}{\phi^2} \tag{7-45}$$

其形式与洛特卡定律相似。

因此，所谓科学生产率是指：科学家在科学上所表现出来的能力和工作效果，通常用其生产的科学文献的数量来衡量。这种衡量说到底是人和社会对科学家的主观评价的客观描述。科学家发表的论文数量（φ）成为科学生产率的刺激的量表，即反映着科学生产率这种刺激的强弱（大小），该刺激在心理上的反应就是科学家生产率高低的感受（r），它满足（7-44）式，即科学家每发表一篇论文提高的生产率（被社会承认的程度）与他已发表的论文数量成反比。比如，一个高产的大科学家，再发表一篇论文，对他影响并不大，而低产者，再发表一篇论文其声望便明显提高。但是（7-45）式有什么意义呢？它的意义就在于使洛特卡定律与心理物理学的联系显现出来，他强调了洛特卡定律所反映的社会心理因素。如果说（7-44）式是个体对科学生产率刺激的反应，那么（7-45）式是社会对科学生产率刺激的反应状况的描述。

按照我们的观点，齐普夫定律描述的是什么呢？客观信息对人产生的刺激，通过思维加工（即反映）形成意识形态的信息产品，即对信息反应的结果，而为了交流，这种反应要客观化，便需要符号，这里是词。所以，词频大小的序号给出了信息单元的刺激强弱的客观度量，而词频是对反映的客观化的度量。词频大小的序号（φ）形成了刺激的量表，词频（r）形成了"反应"的量表。它们满足（7-44）式。

而布拉德福定律所描述的是：社会信息系统（这里主要是期刊系统）对特定类别信息刺激——反映关系的定量描述。从用户考虑其合理性，可以从信号检测模型得到解释，对特定的心理需求，期刊作为交流的工具，他向用户提供一种刺激。它包含有信号和噪音。将期刊按特定类别的载文率高低排序构成期刊的等级。显然期刊等级（φ）给出了特定心理需求刺激强弱的度量，而特定类别载文量相同的期刊可以按非相关论文的载文量排序，相信这将保留更多的有用信息。它满足（7-39）式，从而推出 $r=K\mathit{ln}\left(\frac{\phi}{R}\right)$形式的布拉德福分布公式。

7.4.1.4　布-齐-洛分布的数学模型

自然科学中的随机现象，或者只受偶然因素支配的一系列现象，都可用二项分布或泊松分布模拟，称为泊松分布系，其特征是指数式的。上述布-齐-洛分布，由于加入了人为的倾向性因素，一般服从双曲线型分布。这是一种按几何增长输入而按算术增长输出所发生的分布。这种分布是在“成功产生成功”基础上选择一个同类项目的集合时所引起的。例如，对于布拉德福分布，期刊数量必须成几何增加才能得到相关论文的按算术的增加。如果使用半对数坐标，线性比例的双曲线则变成直线。这是文献计量学中按规律发生的分布的共同特点。为了推导这类分布的统一表达式，则需要新的概率模型。它描述的对象是负幂函数 P（x）= C/x^P，$1<P\leqslant 2$。

设有充分多的箱，总数为 N，在这些箱中输入相同的 R 个球时，求进入了 r 个球的箱的个数 n（r，R）。由布-齐-洛分布的特点，需要作如下两个假设：①新进入的球到达装有 r 个球的箱的概率 P（r，R）与 r 成正比；此假设可以写成 P（r，R）= $C_R r$，C_R 是只依赖于 R 的比例常数。②n（r，R）可以表示为变量分离型：n（r，R）= r（R）Ψ（r），其中 $r\geqslant 1$。这种模型描述的显然已不是纯粹的随机事件，而是带有明显倾向性的过程。例如，如果相关论文随机地、无倾向地分散在杂志中，那么它一定服从二项分布或泊松分布。但事实上它服从负幂型分布，这是因为规模较大的、具有名望的杂志总是较能吸引更多的相关论文。若用箱-球模型说明，就是球被分配到较高级别的箱（已进入了较多的球）的倾向较大。这就是“成功产生成功”机制。

为了推导出负幂型分布 P（x）= C/x^P，对于具有 r 个球的箱数 n（r，R），目的是导出 n（r，R）的表达式。因为有

$$N=\sum_{r=0}^{r_m} n(r,\ R),\ R=\sum_{r=1}^{r_m} r\cdot n(r,\ R)$$

r_m 为入箱的最大球数。在此状态下输入 ΔR 个球，考虑分布函数 n（r，R+ΔR），可以证明，当输入的球以等概率 P（r，R）= 1/N 进入各箱时，有

$$n(r,\ R+\Delta R)=\frac{N}{r!}exp\left(-\frac{R+\Delta R}{N}\right)\left(\frac{R+\Delta R}{N}\right)^r$$

但实际上 P（r，R）不会等概率地入箱，而是由假设①决定了要受到已入箱球数 r 的影响，这使得 n（r，R+ΔR）的方程极难求出。但可以将 n（r，R+ΔR）看成 P 的连续函数，把差分换成微分，忽略 ΔR 的二次项以后各项，通过

$$n(r,\ R+\Delta R)\approx n(r,\ R)+\left(\frac{\partial\ n(r,\ R)}{\partial\ R}\right)\Delta R$$

以及前面的结果，解出

$$\frac{\partial\ n(r,\ R)}{\partial\ R}=P(r-1,\ R)\cdot n(r-1,\ R)-P(r,\ R)\cdot n(r,\ R) \tag{7-46}$$

利用所有事件概率的和为1，做一些变换，再求（7-46）式的递推式，得出的n（r，R）是β函数型分布

$$n(r, R)=V(R)\cdot\beta(r, p) \tag{7-47}$$

由于$\beta(r, p)=\dfrac{\Gamma(r)\Gamma(p)}{\Gamma(r+p)}$，$\lim\limits_{r\to\infty}\dfrac{\Gamma(r+p)}{\Gamma(r)}=r^{P}$，所以

$$n(r, R)=V(R)\beta(r, p)=V(R)\Gamma(R)^{r-P}=Cr^{P} \tag{7-48}$$

这是负幂型分布。这里给出的推导结果的方法基本上属于以西蒙为代表的古典占有率模型一类。假设进入空箱的概率为0，而在西蒙的模型中，新输入的球无论进入空箱还是有球的实箱，都是由一定的概率决定的。显然，西蒙的模型更实际一些。此外，上述模型只考虑了实箱，对空箱在内的总数没有考虑，只有当N→∞时才能使用。

7.4.1.5 布-齐-洛分布的GM拟合

由布-齐-洛分布的心理物理学机制，我们看到，布-齐-洛分布定律关于刺激与反应的度量，都是间接的、不完备的。实际上只能这样，因为我们对刺激与反应的认识还是灰色的，关于布-齐-洛分布的统计结果也只是刺激-反应的一种白化值。那么，我们能通过灰色系统理论给出布-齐-洛分布的描述。根据费希纳的基本假设，JND所引起的dr都是相等的。所以r可以对应于GM模型中的时间变量，这样就可以引入GM模型。

由（7-39）式得：

$$\frac{\mathrm{d}\phi}{\mathrm{d}r}=\frac{1}{K}\phi$$

这个式子实际上只是用于纯心理物理学现象，而布-齐-洛分布明显要受到载体形式、容量等的影响及社会因素的影响，因而我们用：

$$\frac{\mathrm{d}\phi}{\mathrm{d}r}+a\phi=u \tag{7-49}$$

来拟合，更接近实际，其中u是外驱动量。

我们以布拉德福定律为例，选用布拉德福关于应用地球物理学的统计数据来进行GM模型拟合。其结果表明，GM模型比布鲁克斯公式拟合得好。

如果根据不同精度要求，利用残差模型对已建的GM模型修正，拟合精度会更高。齐普夫定律、洛特卡定律也可以建立GM模型。

关于布-齐-洛分布，人们从不同角度进行过许多探索。从当前的研究来看，有两个明显的特点：一是研究视野逐渐扩大。大多数的研究都考虑到它们在理论上和实际中的含义，这些定律已用来描述各种经验关系。二是研究内容不断深化。主要集中在：定律公式，参数估计，适用范围以及寻求解释

这些关系的基本方法。

布-齐-洛分布的心理物理学机制的分析，阐释了它们在理论上和实际上的含义。这一研究奠定了布-齐-洛分布用于其他受心理物理学机制制约的经验关系的基础。关于 GM 模型拟合的研究很好地解决了参数估计的问题，它采用后验的方法去拟合统计数据，而不像以前用统计数据拟合先验公式的方法。这样，方法上更科学，适用范围也将扩大，同时灰色系统理论方法给出了比较、检验各种经验公式拟合精度的方法与途径。

7.4.2 信息计量学分布的一般数学模型

(1)“成功产生成功”的机理分析

①“成功产生成功”的概念

1967 年，B. C. 布鲁克斯建立了一个描述情报与知识之间关系的基本方程：

$$K(S)+\Delta I=K(S+\Delta S)$$

式中：$K(S)$ 为原有的知识结构，ΔI 为吸收的情报量，$K(S+\Delta S)$ 为新的知识结构。这一方程不仅表明知识是通过情报的获取而增加的，而且说明吸收情报量的大小取决于情报接收者原有的知识。不难理解，一个人已有的知识越多、越广，获取新的知识则比较容易。布鲁克斯就是在这种思想指导下，于 1969 年提出了“成功产生成功”概念，即对某一主体来说，已取得的成功越大、次数越多，就越容易获得新的成功。

“成功产生成功”现象是比较普遍的，在图书情报领域也是一种常见的现象。许多文献计量学问题，如一个学科的论文在期刊中的分布，引文对论文的分布或引文对作者的分布，流通的图书、期刊对图书馆部门或对图书馆读者的分布，出版物对作者的分布等，都是“成功产生成功”的结果。因此，对“成功产生成功”机制进行研究，是探讨文献计量学理论基础的一个重要途径。

②“成功产生成功”的概率模型

普赖斯的概率缸模型模拟了“成功产生成功”现象，其期望数符合齐普夫分布。他首先设计了单缸模型，后来又推广到 N 缸的情形。在初始状况下，单缸中有 r 个红球和 b 个黑球。连续从缸中摸球。如果摸到一个红球，叫一次成功。一次成功后便往缸中加 s 个红球。如果摸到一个黑球，叫一次失败。失败后不往缸中加球。显然，当某种出版物或引文在某些时间区间内进一步出版或被引用的概率增加时，单缸模型是适宜的，可以用它来考虑一个作者的文章是否将发表，一种期刊是否将包括某一课题的论文等。多

缸模型对 N 个缸而言，摸球方式是，如果一个红球被摸出，加 S 个红球到缸中；如果一个黑球被摸出，停止继续从这个缸中摸球，转入下一个缸，然后重复上述过程。多缸模型对于描述著者、期刊、引文、流通物等一组现象在“成功产生成功”作用下每一次实验是有用的。以期刊为例，作者将文章投给一家刊物，如果被录用，下次还可能投寄该刊；如果不录用，就改投他刊。严格地说，文献计量学还需要更一般的模型。它必须模拟以一个或多个处于初始状态的缸中独立地抽样，抽样方法是，球从缸中摸出，一次成功加入 S 个红球，一次失败不影响下一次抽样，直到一个特定的失败数产生，然后过渡到一个新的缸抽样，抽法同前一个缸。仍用上面的例子，则是多次投寄稿件到一家刊物不用后，才不往该家刊物投稿。普赖斯运用以上模型方法，得出了相应的概率分布函数，即普赖斯多缸模型。

下面运用普赖斯的模型方法，得出相应的概率分布函数。

首先，考虑单缸的情形，若从单缸中进行 n 次抽样取得成功的数目为 x，以 $P_n(x)$ 表示产生 x 的概率，当 r、b、s 均为 1 时，则 x 的概率函数由下列递推式给出：

$$P_n(X=x)=P_n(x)=\left(\frac{1}{x+2}\right)P_{n-1}(x)+\left(\frac{x}{x+1}\right)P_{n-2}(x-1) \quad (7\text{-}50)$$

这个公式的计算比较复杂，但对于给定的 N 个缸和 $r=b=s=1$ 的特殊情况，普赖斯求得，确有 n 次成功的缸的期望值为：

$$N(n)=\frac{N}{(n+1)(n+2)}$$

n 次或更多次成功的缸的累积期望值为：

$$S(n)=\frac{N}{n+1}$$

单缸的期望是由罗松布朗特给出的。假定缸中最初有 r 个红球和 b 个黑球。当一个红球被摸出时加入 S 个红球，当一个黑球被摸出时加入 S' 个黑球。当 $n\to\infty$ 时，其成功数 x 的概率分布以及 $S'\to 0$ 时的极限概率公式都很复杂，这里从略。但其期望值可由下式求得：

$$E(x)=\frac{r}{S}\left[e^{\left(\frac{Sn}{r+b}\right)}-1\right] \quad (7\text{-}51)$$

可见，成功数是 $\frac{r}{S}$ 的线性函数，是 $\frac{Sn}{r+b}$ 的指数函数。

其次，考虑多缸的情形。如果每个缸中有 r 个红球和 b 个黑球；从一个缸中开始摸球，若摸出一个红球，加入 s 个红球到该缸中；如果摸出一个黑球，则不加球，直到有 k 个黑球被摸出，转入下一个缸中摸球。其过程同前一个缸。在这个抽样过程中，如果 $r=b=s=k=1$，就是普赖斯多缸模型。

由概率论可知，在任意缸中，得到 x 次成功的概率是在第 k 个黑球被摸出前得到 x 个红球的概率。如果令 $\gamma=r/s$，$\alpha=b/s$，$k=1$，经过推导、简化可以得到下式：

$$P(X=x)=\frac{\alpha\gamma^{[x]}}{(\alpha+\gamma)^{[x+1]}}$$

这就是概率论中的 Warring 分布，期望值为 $\gamma/(\alpha-1)$。如果 $\gamma=1$，Warring 分布变成普赖斯称之为“累积优势分布”的尤尔分布：

$$P(X=x)=\frac{\alpha x!}{(\alpha+1)(\alpha+2)\cdots(\alpha+x+1)}$$
$$=\frac{\alpha x!\ \alpha!}{(\alpha+x+1)}=\beta(x+1,\ \alpha+1) \tag{7-52}$$

式中 β 是著名的 β 函数。

再次，求总成功数期望值。令 X_i 是第 i 个缸的成功数，并令 Z 为给定 N 个缸的总成功数，即有 $Z=\sum_{i=1}^{n}X_i$，总成功期望值为：

$$E(Z)=\sum_{i=1}^{n}E(X_i)=\frac{N_r}{\alpha-1} \tag{7-53}$$

研究表明，甚至当 X_i 之间相互不独立时，(7-53) 式也能成立。

但是，为了确定成功数 Z 的实际分布而不是它的期望值，我们必须考虑缸与缸之间的从属性。由于每一个缸的构成相同，每个 X_i 分布不相同，服从 Warring 分布；如果缸数固定为 N 个，那么 X_i 实际上是独立的。由于抽样是从每个缸重新开始，随机过程理论表明，X_i 构成 N 个抽样缸，成功总数为负二项分布：

$$P(Z=z)=\frac{(N+z+1)!}{(N-1)!\ Z!}\left(\frac{\gamma}{\alpha+\gamma}\right)^{z}\left(\frac{\alpha}{\alpha+\gamma}\right)^{N} \tag{7-54}$$

如果 N 变化，则必须得到某个不定成功数 t 的全部抽样缸的概率分布，当 t 充分大时为一泊松分布。其期望值是：

$$E(Q)=\frac{t\alpha}{\alpha+\gamma} \tag{7-55}$$

而确有较大 n 次成功数 Q_n 的概率分布期望，可由下式得出：

$$E(Q_n)=\frac{C}{(\gamma+n)^{\alpha+1}} \tag{7-56}$$

式中 C、γ、α 均为常数。上式恰好就是齐普夫定律的芒代尔布罗修正式。

缸式模型与麦克斯韦 - 玻尔兹曼的球 - 箱模型相比，更具有一般性。以期刊发表某一学科的论文为例，球 - 箱输入模型的假设是，某刊发表某一学科的文献越多，人们将这一学科的论文投往该刊的可能性越大，这种可能性与该刊发表的相关论文成正比。缸式模型的假设是，某刊发表某一学科的论文，便增加了人们向该刊投寄该学科论文的可能性，这种可能性与该刊发表的相关论文数可以成正比，也可以成其他函数关系。此外，球 - 箱模型未考虑一家刊物不用某学科论文时对今后获得该学科论文的影响，而缸式模型却能兼顾这种影响。从理论上讲，缸式模型更充分地考虑了"成功产生成功"的现象，因而更具有一般性。

(2) 布克斯坦的函数解析理论

1990 年，美国情报学家布克斯坦(A. Bookstein) 从函数解析理论出发，直接证实了普遍存在的经验负幂分布数学形式。

以 $f(r)$ 表示具有项数为 r 的个体发生源在各类发生源中所占的份数，如果 $f(r)$ 是普遍适用的(即：① 在情报计量学中，对任何学科领域的有关文献情报群都适用，所不同的只是某些参数值不同；② 对不同时期的文献情报群都适用)，那么 $f(r)$ 中必然会有可调参数(adaptable parameters)，所以可以假设 $f(r)$ 是可分离变量：

$$f(r) = B\xi(r) \tag{7-57}$$

其中 $B>0$ 是一个只与时间变量有关的可调参数，$\xi(r)$ 是一个与时间变量无关、但与学科专业等诸因素有关的定态函数（fixed function），且 $\xi(1)=1$。进一步假设，对同一学科的某类文献情报来说，在 IPP 中对应于时间间隔 t 的 $f(r)$ 与对应于时间间隔 tq 的 $f(qr)$ 在数值上相等，即 $f(r)=f(qr)$。根据（7-57）式可以得到：

$$B\xi(r) = B'\xi(qr) \tag{7-58}$$

因为 $\xi(1)=1$，所以有：

$$B\xi(1) = B = B'\xi(q) \tag{7-59}$$

将其代入（7-48）式得：

$B'\xi(q)\xi(r)=B'\xi(qr)$，于是

$$\xi(q)\xi(r) = \xi(qr) \tag{7-60}$$

这是一个函数方程，可以通过下列步骤给出 $\xi(r)$ 的具体形式。

设 $\Delta r>0$ 为一增量，于是：

$\xi(r+\Delta r)=\xi\left[r\left(1+\dfrac{\Delta r}{r}\right)\right]=\xi(r)\,\xi\left(1+\dfrac{\Delta r}{r}\right)$，因而

$$\frac{\xi(r+\Delta r)-\xi(r)}{\Delta r}=\frac{\xi(r)\left[\xi\left(1+\frac{\Delta r}{r}\right)-1\right]}{\Delta r}=\frac{\xi(r)}{r}\cdot\frac{\xi\left(1+\frac{\Delta r}{r}\right)-1}{\frac{\Delta r}{r}}$$

令 $\Delta r\to 0$，则上式变为

$$\xi'(r)=\frac{\xi(r)}{r}\xi'(1) \tag{7-61}$$

$\xi'(1)$ 是一常数，令 $\xi'(1)=-\alpha$，解微分方程得：

$$\xi(r)=C'r^{-\alpha}$$

其中 $C'>0$ 为常数，于是根据（7-57）式可以得到

$$f(r)=Cr^{-\alpha} \tag{7-62}$$

其中 $C=BC'$，这便是布克斯坦的负幂分布数学模型。

布克斯坦分布模型的一个突出特点就是，在学科选定时，该分布对于时间是稳定的，也就是说，布克斯坦分布的态势不随时间的推移而发生变化。这是一个非常重要但仍需通过大量统计数据加以证明的问题。费尔桑（Fairthorn）曾认为，绝大多数的负幂分布均有这种性质。

（3）混合泊松分布

1977 年，布鲁克斯以布拉德福分布为背景，提出了以复合分布概念探讨情报计量学中普遍存在的各种分布现象。在他看来，对于期刊编委会、读者、文献标引员来说，论文的发表是一个不可预测的随机过程，可将期刊视为独立的泊松发生器（independent Poisson generator），即从源到项的映射服从泊松分布，由这样有限个源组成的集合实际就是由具有不同生产能力的泊松发生器所组成的集合 $S(n)$。

设 $S(n)=X_1+X_2+\cdots+X_n$

其中 X_i（$i=1, 2, \cdots, n$）为一族独立同分布的随机变量，符合泊松分布。并设 n 也是一个符合泊松分布的随机变量，则 $S(n)$ 符合泊松分布。因此在给定的时间 t 内，上述生产过程可视为一个参量为 $\eta_i t$ 的稳定泊松过程，整个体系的产出量将是一个参量为

$$\sum_{i=1}^{n}\eta_i t=t\sum_{i=1}^{n}\eta_i=tR$$

的泊松分布，其中 η_i 为不同源的产出均值。表明该体系具有泊松分布的可加性。

根据产出越高，其信息源数量越少的事实，可以给出最简单的数学假设：

$$dg(\eta)=\frac{k}{\eta}d\eta \qquad (0 \leqslant \eta < m) \tag{7-63}$$

即源的数量分布与项的数量的均值成反比。

由于服从泊松分布，单位时间具有产出能力 η 的源在单位取样时间内被观察到的产出项数的概率为：

$$P=1-\frac{\eta^{K}}{K!}e^{-\eta}=1-e^{-\eta} \qquad (K=0) \tag{7-64}$$

从而均值为 η 的$\frac{k}{\eta}d\eta$个源被观察到有产出项的数量为：

$$(1-e^{-\eta})\frac{k}{\eta}d\eta \tag{7-65}$$

对所有可能的 η 值求定积分

$$\int_{0}^{\infty}(1-e^{-\eta})\frac{k}{\eta}d\eta \tag{7-66}$$

便可得到所有被观察到有产出项的源的数量。

在建立了混合泊松模型及假设的基础上，布鲁克斯导出一个统一的关系式：

$$f(r)=\frac{k}{r!}e^{-m}\cdot\sum_{s=r}^{\infty}\frac{m^{s}}{s!} \tag{7-67}$$

其中 $f(r)$ 为第 r 等级源所产出项的数量；$r=1, 2, 3, \cdots, m>0$，为按照最大等级法定义的等级；k 为因 m 值而易的参数。且具备特性：

① 表达式是频次函数；

② 具有递减收敛性：

$$f(1)>f(2)>f(3)>\cdots \qquad \lim_{r\to\infty}f(r)=0$$

③ 当 m 比较大时，

$$F(r)=\sum_{l=1}^{r}f(r)\approx a+b\lg(r) \tag{7-68}$$

7.4.3 信息生产过程（IPP）

7.4.3.1 IPP 的提出与意义

信息基本循环图式反映的是一般人类信息活动，即情报过程。亦即信息劳动过程、信息生产过程。*L. Egghe* 给出了一个信息生产过程（*IPP*）模型，并讨论了连续的 *IPP*。对于在实践中遇到的大的 *IPP* 来说，连续 *IPP* 是闭合模型。强有力的无穷小分析理论使连续 *IPP* 更容易建模，并可用于研究信息计量学规律，因此有必要在这里较详细地予以介绍。

7.4.3.2　IPP 的形式理论、机理与对偶性

L. Egghe 给出了 *IPP* 的形式理论。并研究了其机理与对偶性。

（1）*IPP* 的定义

定义 7-1　*IPP* 是一个三元组，其形式为：

$$(S,\ I,\ V) \tag{7-69}$$

其中 S= [0, T]（起点为 0，终点为 T 的闭合区间），I= [0, A]，V 是一个递增可微函数

$$V:\ S \rightarrow I \tag{7-70}$$

使得 V（0）=0，V（T）=A。

S 的元素称为源，I 的元素称为项。（对于每一个 $r \in S-\{0\}$ ）V（r）为所有源 $s \in [T-r,\ T]$ 中的累积项数。

（2）*IPP* 中的对偶性

令（S，I，V）=（[0，T]，[0，A]，V）为任意 *IPP*。其对偶 *IPP* 定义为

$$(I,\ S,\ U) = ([0,\ A],\ [0,\ T],\ U) \tag{7-71}$$

其中

$$U(i) = T - V^{-1}(A - i) \tag{7-72}$$

其中 V^{-1} 表示 V 的逆函数。显然，*IPP*（S，I，U）的对偶 *IPP* 是 *IPP*（S，I，V）。

定义 7-2　对于每一个 $i \in I$

$$\sigma(i) = U'(i) \tag{7-73}$$

对于每一个 $r \in S$

$$\rho(r) = V'(r) \tag{7-74}$$

其中 U′，V′分别为 U，V 的导数。

由于 V（0）=0，根据（7-74）得

$$V(r) = \int_0^i \rho(r')\,\mathrm{d}r'$$

同样，从（7-72）可以得出 U（0）=0，因此利用（7-73），对于每一个 $r \in [0,\ T]$ 和 $i \in [0,\ A]$，可得

$$U(i) = \int_0^i \sigma(i')\,\mathrm{d}i'$$

当把 ρ（r）表示为 *IPP*（S，I，V）中的函数时（因此 i=V（r）），ρ（r）变为

$$\rho(i) = V'(V^{-1}(i)) \tag{7-75}$$

这样，有下面的结果：

引理 7-2 对于每一个 $i \in I$，有

$$\sigma(i) = \frac{1}{\rho(A - i)} \tag{7-76}$$

证明：对于每一个 $i \in I$，由（7-75）式及（7-72）式得：

$$U'(i) = \frac{dU(i)}{di} = \frac{1}{V'(V^{-1}(A-i))} = \frac{1}{\rho(A-i)}$$

因此，由（7-73）式得（7-76）式成立（这里由于 V 为严格递增的，所以处处 $\rho \neq 0$）。

函数 σ 和 ρ 都在 [0, A] × [0, T] 上引入一个坐标系，对于 σ 和 ρ，坐标系是不同的。在使用坐标（i，r）时，必须指明它是属于 σ 坐标系（*IPP*（S，I，U）：U（i）= r），还是属于 ρ 坐标系（*IPP*（S，I，V）：V（r）= i）。因此，当且仅当（A−i，T−r）为 ρ 坐标系中的一个坐标时，（i，r）才是 σ 坐标系中的一个坐标（这点可以从（7-72）式看出）。这样，由（7-75）式（7-76）式可以得：

推论 7-1 在 *IPP* 中，我们有

① 在点 $A-i \in I$，ρ（i）是项（相对于源）的密度函数。

② 在点 $i \in I$，σ（i）是源（相对于项）的密度函数。

函数 σ 和 ρ 可被交替地（和等值地）用来定义 *IPP* 的函数及它的对偶函数。在研究中只考虑递增函数 $\rho>0$ 的 *IPP*，并假设 ρ 是个连续函数。这样，$\sigma>0$ 也是递增的连续函数。在研究对偶性 *IPP* 逼近时，函数 σ 和 ρ 是中心工具，函数 σ 和 ρ 分别在（S，I，U）和（S，I，V）中起着同样的作用。

定义 7-3 给定一个 *IPP*，如果存在一个常数 $C>0$ 使得对于每一个 $i \in I$ 有：

$$\sigma(i) = C\rho(i) \tag{7-77}$$

那么函数 σ 和 ρ 有纯对偶性。

定理 7-1 对于每一个 $i \in I$，当且仅当 $\sigma(i)\,\sigma(A-i) = C>0$ 时，使得对于每一个 $i \in I = [0, A]$，有 $\sigma(i) = C\rho(i)$。

证明：从（7-77）式、引理 7-2 及（7-76）式可得。

下面讨论适用于一般 *IPP* 的一般对偶性。

令（S，I，V）为具有对偶函数 σ 和 ρ 的任意 *IPP*，可以引入下列函数：

$$f: [\rho(0), \rho(A)] \to R^{+}\ （正实数）$$

$$j \to i(j)$$

式中 $i(j)$ 作为 j 函数的密度函数(相对于IPP(S, I, V))因此根据定义，对于每一个 $j \in I$,

$$\int_{\rho(0)}^{\rho(i)} f(j)\,\mathrm{d}j$$

表示 $j\in [\rho(0), \rho(i)]$ 的累积函数。同样，在I坐标上有，

$$i'=\rho^{-1}(j) \in [0, i]$$

由推论7-1得

$$\int_0^i \sigma(A-i')\,\mathrm{d}i'$$

因此，我们有源关系：对于每一个 $i\in I$ 有

$$\int_0^i \sigma(A-i')\,\mathrm{d}i' = \int_{\rho(0)}^{\rho(i)} f(j)\,\mathrm{d}j \tag{7-78}$$

这是一个积分方程，是逆滞后的，很难处理，但它与下面容易处理的积分方程是等价的。即有项关系：对于每一个 $i\in I$ 有

$$\int_{\rho(0)}^{\rho(i)} f(j)j\mathrm{d}j = i \tag{7-79}$$

因此，对于每一个 $i\in I=[0, A]$ 有方程组

$$\begin{cases} \rho(i) = \dfrac{1}{\sigma(A-i)} \\ \displaystyle\int_{\rho(0)}^{\rho(i)} f(j)jdj = i \end{cases} \tag{7-80}$$

7.4.3.3 信息计量学分布定律的等价性

信息计量学分布中的频次、规模分布都可表示为：

$$f(r) = \frac{C}{r^{\alpha}}$$

这类分布的突出特点是其分布的不对称性，常用来作为分布的集中程度的指标之一。根据*IPP*理论可以给出一些其等价定律。

(1) 信息计量学分布定律在 $\alpha=2$ 时的等价性

根据(7-80)式，有下面的定理

定理7-2 令(S, I, V)为任意*IPP*，(I, S, U)为其对偶*IPP*，那么下列结论是等价的：

① *IPP*在 $j\in [1, \rho(A)]$ 上满足 $\alpha=2$ 的洛特卡定律；

② *IPP*满足 $\beta=1$ 的芒代尔布罗函数：在*IPP*(I, S, U)中，令 $f(r)$ 为 $r\in [0, T]$ 内的密度函数，则

$$f(r) = G(1+Hr)^{-\theta}$$

其中G，H和 θ 均为常数；

③ *IPP* 满足莱姆库勒函数：在 *IPP*（I，S，U）中，对于每一个 $r \in [0, T] = S$，令 $R(r)$ 为源 $[0, r]$ 中的累积项数，则

$$R(r) = a\lg(1+br)$$

其中 a 和 b 为常数，$R = U^{-1}$；

④ 对于每一个 $P \in N$，$P \geqslant 3$，*IPP* 满足布拉德福定律：把 I 分成 P 个相等的部分，每一部分的长度是 y_0，这样，对于某一个 r_0 和 $k>1$，在与 V 对应的 S 中所分各部分的长度为

$$r_0,\ r_0k,\ r_0k^2,\ \cdots,\ r_0k^{P-1}$$

其中 k 与 P 有关；

⑤ *IPP* 满足任意组布拉德福定律：

$$\sigma(i) = MK^i$$

其中 M，K 均为常数，$K>1$，$i \in [0, A]$。

并且各参数由下列关系：

$$a = \frac{y_0}{\lg K} = \frac{1}{\lg K},\ b = \frac{k-1}{r_0} = \frac{\lg K}{M}$$

$$G = \rho(A) = ab,\ H = \frac{\rho(A)}{C} = b,\ K = k(p)^{\frac{P}{A}}$$

$$C = a,\ y_0 = C\lg k,\ r_0 = \frac{C}{\rho(A)}(k-1)$$

（2）信息计量学分布定律在 $\alpha \neq 2$ 时的等价性

这种情况下也可以证明下面的定理

定理 7-3 令（S，I，V）为任意 *IPP*，那么下列论断是等价的：

① 在 $j \in [1, \rho(A)]$，*IPP* 满足洛特卡定律 $f(j) = C/j^{\alpha}$。（$\alpha \neq 2$）

② *IPP* 满足芒代尔布罗函数 $f(r) = G(1+Hr)^{-\theta}$。（θ 为一般情况）

③ *IPP* 满足莱姆库勒函数：在 *IPP*（I，S，U）中，对于每一个 $r \in [0, T] = S$，令 $R(r)$ 为源 $[0, r]$ 中的累积项数，则

$$R(r) = \frac{C}{2-\alpha}\left[\rho(A)^{2-\alpha} - \left(\rho(A)^{1-\alpha} - \frac{1-\alpha}{C}r\right)^{\frac{2-\alpha}{1-\alpha}}\right]$$

$$\rho(A) = \left(\frac{A(2-\alpha)}{C} + 1\right)^{\frac{1}{2-\alpha}}$$

④ 对于每一个 $i \in [0, A]$，*IPP* 满足布拉德福一般任意组定律：

$$\sigma(i) = \left(\left(\frac{A(2-\alpha)}{C} + 1\right) - i\,\frac{2-\alpha}{C}\right)^{\frac{1}{\alpha-2}}。$$

8 文献信息统计分析法

8.1 文献信息统计的意义和一般概念

"统计"一词起源于拉丁语"Status"，意指各种现象的状态和情况。现在提到"统计"，一般是指统计资料、统计工作和统计学这三个既有联系又有区别的概念。所谓统计资料，是指反映大量现象的特征和规律性的数字资料；统计工作则是搜集、整理和分析统计资料并进行推论的工作。统计资料是统计工作的结果，而统计学则是整个统计工作在理论上的概括和升华。统计学是一门研究统计原理和方法的学问，其基本内容是对研究对象的数据资料进行调查、归纳、分析和解释，并据以揭示其数量特征和客观规律。就其性质而言，统计学属于应用学科或方法论。一般来说，统计学方法的功能可以概括为三个方面：①认识和改造事物的重要工具；②科学管理的有力武器；③宏观控制和微观调节的必要手段。

8.1.1 文献信息统计及其意义

众所周知，任何事物都是由"量"和"质"构成的，而任何事物的发展规律又都在这两个方面表现出来。统计则是从事物的量和质的辩证统一中主要研究其数量方面的，因此，统计学有着普遍的适用性。目前，它已广泛应用于许多学科领域和工作部门。在文献研究和文献工作领域，统计学方法更是一种常用的传统方法。在人类社会中，自从有了文献以来，便产生了一个文献计数的问题。文献统计就是从简单的文献计数开始的。

图书馆诞生以后，有关文献信息的统计活动就一直存在于图书馆的日常业务工作中。随着文献数量的逐步增加，文献统计的必要性更加迫切，其任务更加明确、范围也更加扩大了。近年来，由于图书馆和情报中心科学管理的要求和文献信息工作的需要，许多图书情报单位更加重视对文献信息的统计分析。文献信息统计已经成为文献工作乃至图书情报工作中不可缺少的组成部分，文献信息统计分析方法也已发展成为信息计量学的重要研究方法之一。

所谓“文献信息统计”，是指以某一特定单位对文献或其相关特征信息进行统一的计量。而“文献信息统计分析方法”，则是利用统计学方法对文献信息进行统计分析，以数据来描述或揭示文献的数量特征和变化规律，从而达到一定研究目的的一种分析研究方法。它是在统计学原理的指导下，在长期的文献信息统计实践中逐步形成和发展起来的。

在信息计量学研究中，采用文献信息统计分析方法具有普遍的现实意义，主要表现在以下几个方面：

（1）文献信息定量研究的基础和条件。对各个学科、各种类型的文献，以各种不同的方式进行的文献信息定量分析研究，都离不开文献信息的统计数据。文献信息统计是文献信息研究的基础工作，文献信息数据是开展文献信息定量研究的必要条件。

（2）能揭示文献信息的量变规律。通过对文献信息的统计分析，能够反映出文献的增长变化、分布特征、流通状况、利用程度，从而以数据来揭示文献的数量变化规律。

（3）能为图书情报单位管理和文献情报管理提供依据。图书馆和情报中心必须加强科学管理，这是客观形势的迫切要求。而文献管理是图书情报管理的一个重要组成部分。科学管理要求管理者的决策建立在对事实充分了解和透彻分析的基础上，而这又必须用及时、准确的数据来说明；统计学正是人们揭示和分析数据化事实的有力工具。因此，统计学在文献信息工作领域的应用而形成的文献信息统计分析方法便成为管理中的一种重要工具。

8.1.2 文献信息统计中的一般概念

在统计学中，建立了一套能表示数据特征并具有一定功能的基本的统计概念。这些概念在文献信息统计中经常使用，因此，有必要择其要者作一介绍。

（1）统计总体与总体单位

统计总体是指统计研究对象的整体；而构成统计总体的每个单位就是一个总体单位。例如统计研究的对象是中文期刊，则所有的中文期刊总数（种）就构成统计总体；而每一种中文期刊就是一个总体单位。这两个概念是相对而言的，且随统计研究的不同而变化。

（2）绝对数

亦称绝对指标，是某一指标的直接统计量，如期刊总数、相关论文量、流通量等。它是计算相对数、平均数及其他一切统计指标的基础。

（3）相对数

就是两个指标数值相除所得的商数，一般以百分比表示。相对指标的最大优点是便于比较分析，便于表明统计对象的相互联系和发展程度。

（4）平均数

是统计总体内性质相同的指标数值的总和除以数值个数所得的商。它包括静态平均指标和动态平均指标两大类。由于平均指标在一定程度上消除了某些偶然性，代表着总体数据的一般水平，便于对总体数量水平进行比较，因此，它是一类十分重要的统计指标。在文献统计中常用的平均指标主要有以下四种：

① 算术平均数：是总体标志总量与总体单位总数之比，通常用 x 表示。它有简单算术平均数和加权算术平均数之分。

② 几何平均数：是 n 个数值乘积的 n 次方根，以 M_g 表示。

$$M_g = \sqrt[n]{x_1 \cdot x_2 \cdot \cdots \cdot x_n}$$

几何平均数可用以计算平均发展速度、静态下的某种比率或变量数值之间成几何级数关系的变量数，或极不对称的数值分布的平均数。

③ 中位数：是指在一个变量数列中居于中间位置的数值。它不受极端变量值的影响，有时比平均数更能代表实际水平。其计算公式如下：

$$M_d = \begin{cases} X_{\frac{n+1}{2}}, & n\text{ 为奇数} \\ (X_{\frac{n}{2}} + X_{\frac{n}{2}+1})/2, & n\text{ 为偶数} \end{cases}$$

其中 x_1，x_2，…，x_n 是 n 个按顺序排列的数。

④ 众数：是指变量数列中出现次数最多的数值，一般用 $\hat{x}$ 表示。在对某些现象计算平均数没有实际意义时，需要采用众数作为代表值。众数可以这样确定：对于变量数不多的情况，可以直接找到发生次数最多的那个数为众数；若变量数过多，则要分组统计频数，以频数最高的那一组数的组中值作为近似众数。

（5）统计指数

凡是说明同类现象变动情况的比较指标都可称为指数。统计指数属于相对数指标。它可以表明事物变动的方向和程度，反映研究对象各个时期的水平。因而在计算指数时必然要有两种时期：一个基期和若干个变动期。如计算某情报资料室的期刊量，已知 1981 年为 1 000 册，则以 1981 年为基期，通常以基期的指数为 100%；1982 年增加到 1 300 册，1982 年为变动期，其指数应为：

$$\frac{1\ 300}{1\ 000}\times 100\% = 130\%$$

由于比较时使用的基期不同，统计指数可分为定基指数和环比指数。指数数列如果都以同一时期为基期，则称为定基指数；如果其中每一项指数都以其相邻的前一时期作为基期，则称为环比指数。文献统计中的指数能说明文献的增长速度和其他变化趋势。表 8-1 是某图书馆 1982～1986 年的借书量的有关数据，无论是定基指数还是环比指数都说明了其借书量的增长变化情况。

（6）标志变动度

标志是表明总体单位特征的名称，有品质标志与数量标志之别。标志变动度是指总体内各项标志值（变量值）差别大小的程度，又称离散程度或离中程度。它可用来测定和评价平均指标的代表性。一般说来，标志变动度越小，平均数的代表性越强，反之则代表性越差。其计算方法和指标主要有：

表 8-1　**某图书馆 1982～1986 年借书量统计指数**

年份 指标	1982	1983	1984	1985	1986
借书量（千册）	7.4	8.5	12.7	18.6	25.3
定基指数	100%	$\frac{8.5}{7.4}=115\%$	$\frac{12.7}{7.4}=172\%$	$\frac{18.6}{7.4}=251\%$	$\frac{25.3}{7.4}=342\%$
环比指数	100%	$\frac{8.5}{7.4}=115\%$	$\frac{12.7}{8.5}=150\%$	$\frac{18.6}{12.7}=147\%$	$\frac{25.3}{18.6}=136\%$

① 全距（极差）：是指一个变量数列中最大值与最小值之间的差数。

② 平均差：是变量数列中各个变量值与其算术平均数或中位数的平均离差。其计算公式如下：

$$\text{平均差} = \frac{\sum |(x - \bar{x})|}{n}$$

③ 标准差：是变量数列中各个变量值与其算术平均数离差平方的算术

平均数的平方根。其计算公式如下：

$$标准差\ \sigma = \sqrt{\frac{\sum (x - \bar{x})^2}{n}}$$

④ 标志变动系数（离散系数）：是变量数列的标准差与其算术平均数之比。它能真正反映不同数列水平的标志变动程度。其计算公式如下：

$$V = \frac{\sigma}{\bar{x}}$$

8.2 文献信息统计的原则和指标

8.2.1 文献信息统计的原则要求

在进行各种类型的文献信息统计时，我们必须遵循一些基本的原则，对其数据也有特定的共同要求。这是在文献信息统计中考虑和处理问题的着眼点。为了达到一定的数据标准和统计目的，首先必须明确统计的学科范围、时间区间、文献类型，以及选用什么工具（如文摘、索引）进行统计等。对文献信息统计及其数据的原则要求，可归纳为以下几点：

（1）针对性：有的文献信息统计是图书情报单位的业务统计，有的则是为了某一目的的专题研究的统计。对不同的具体统计项目应有不同的要求，如统计的内容、指标的设置、数据处理的方法等，都要有针对性，不能千篇一律。

（2）准确性：数据和结果的准确性是文献信息统计的核心要求。只有文献数据准确，才能得出可靠的分析结论。在统计中，许多工作都是为这一目标服务的，如明确规定统计界限、指标含义、统计工具要有代表性、数据来源要广泛等，都是保证数据准确，使之更接近于实际。

（3）代表性：在文献信息统计中，有的是全面统计，但严格说来，一般都是抽样统计。这样，就有一个抽样能否代表总体的问题。只有代表性较强，才能提高统计结果的可靠性和分析结论的可信度。例如，在选择某一工具来统计某学科范围的文献时，必须考虑其代表性。

（4）可比性：文献信息统计数据是分析判断的基础，而分析时常用比较方法。因此，在设置文献指标和统计数据时，必须注意数据的可比性。这样才便于比较分析，得出有说服力的结论。

（5）累积性：累积数据可以是绝对数也可以是相对数。在文献信息统计研究中，常常利用文献的累积数来说明问题，如布拉德福定律研究中的 $R(n)$ 就是指的 n 种期刊中的相关论文累积数；在测定核心期刊时，也有所谓累积百分比法。文献数据的累积时间越长，累积量越大，则越有利于提高文献统计的准确性。

以上这些原则要求是互相联系、相辅相成的。在进行文献信息统计时，我们必须统筹兼顾，以便获得较好的综合性效果。

8.2.2 文献信息统计的指标体系

统计指标是指反映总体现象的数量概念及具体数值，一般包括指标名称和指标数值两个部分。一系列相互联系的统计指标所形成的整体，就是统计指标体系。在文献统计中，如期刊量、相关论文量、著者量、流通量，馆藏利用率，读者阅读率等，都是常用的统计指标，而这些指标的组合可以形成一个比较完整的指标体系。统计指标是统计发挥其功能的重要手段，是一切统计研究的基础。文献统计研究主要是通过统计指标来实现的。文献统计指标能够反映文献情报活动的规模、水平、分布比例、增长速度等，因而可以揭示文献活动的特征和规律。

科学文献体系是一个发展变化着的复杂集合，既存在各特征之间的内在联系，又与许多外部因素相互制约。而每一种统计指标只能反映文献情报的某一个侧面。为了从各个不同角度对其进行比较全面的描述，为了通过指标间的对比来研究其内在规律，因此必须设置一系列统计指标，以构成一个科学的指标体系。对于文献情报专题研究项目来说，虽然其统计指标的设置，可以从实际需要出发，灵活掌握，但也要考虑指标间的联系与协调；对于图书情报单位的经常性的文献统计，则更应该设计一套能够反映文献各种特征和文献活动规律的指标体系。而文献统计指标的设置、含义、范围、计算方法等都必须统一规定，要努力做到规范化。这是搞好文献统计、大力提高文献情报定量化研究效率的重要环节之一。

(1) 统计指标的类型

按照不同的划分方法，统计指标有不同的类型。

① 按描述对象分：可分为藏书指标、引文指标、著者指标、流通指标、读者指标等。其中，藏书指标包括图书、文献、资料的数量、品种、质量、价格等；借阅量指标包括各类文献借阅的数量及其与读者数量的比例关系；引文指标包括引文的数量、来源及各种分布；读者指标包括读者的数量、构成等。以上指标是文献统计的主要内容。

② 按数据形式分：有绝对数和相对数指标。前者是简单的量，后者是

成比例的量。

③ 按管理用途来分：有工作评价指标和工作控制指标。工作评价指标是人们用以评价系统的工作情况、进行系统之间比较的指标。如书刊流通量指标反映了图书情报单位的借阅工作量，流通量越大，则流通的工作量越大；流通率指标反映了书刊利用情况，流通率越高，则书刊利用情况越佳。而工作控制指标是管理者用来调节和控制系统的工作的指标，如图书馆的各类藏书的比例反映了藏书的构成情况，管理者可以据此制定合理的文献采购方针，调节藏书结构。有的指标既可以用于评价又可以用于控制，例如拒借率过去一直被当做评价指标，现在运用排队论可以证明，拒借率是管理者控制藏书质量的一个较好的指标。

（2）统计指标的设置

在文献统计中，设置统计指标时必须注意以下几点：

① 统计指标的设置原则。前面讨论的文献信息统计的原则要求，也是设置指标时应遵循的原则；同时还应考虑有利于取得准确数据，要尽量简便易行。

② 指标的概念要明确。对所有统计指标的实质含义和范围都要有明确的规定，以便统计时有一个统一的标准。例如，“馆藏量”指标，有的旧书、赠书、因某种原因暂时未被流通借阅的书等，是否包括在“馆藏量”之内？这都必须作出明确而合理的规定。

③ 指标的计算方法要简便。对于一个科学的统计指标，必须要有一种科学而简便的计算方法，以利于提高统计资料的质量和统计分析的效率。

④ 指标的单位要明确。统计指标的数量表现功能是通过一定的计量单位来实现的。在文献统计中，各类指标的单位都要明确规定，而且统计前后要统一。例如，期刊量的单位是“种”还是“册”？在具体统计中必须明确限定。对馆藏量，有时则同时统计其图书种数和册数，以利于全面反映其藏书状况和复本量等。同时，统计指标的计量单位是针对特定的范围和条件而言的。

8.2.3 信息资源管理中的统计指标

在长期的图书情报工作中，人们提出了许多文献情报及文献工作的统计指标。它们分别从不同的角度定量地反映了图书情报工作的情况，而且大都是文献计量学中常见的指标概念。有些指标将在有关章节中讨论，这里仅介绍几种常用的文献信息统计指标。

（1）流通指标：流通量——通常是指某一时间内文献借出的总数。但从广义上说，凡是通过图书情报单位实现的信息交流，都叫“流通”，其计量就叫“流通量”。目前仍以文献册数为其计量单位。

流通率——是一个相对指标，一般定义为：$p=\frac{N}{M}\times100\%$；其中 N 为统计时间内借阅的文献数量，M 是投入流通的文献总数。

流通速度——指单位时间内的流通数，其单位为册/时间。

这组指标的作用在于能够反映流通工作量的大小、文献传递的速度和利用效率。

（2）藏书利用率：可表示为：

$$s=\frac{\text{全年出借册数}}{\text{全馆藏书总册数}}\times100\%$$

（3）图书周转率——指一年中平均每本图书周转的次数，可表示为：

$$B=\frac{\text{全年图书借阅总册次数}}{\text{全馆藏书册数}}\times100\%$$

（4）读者借阅率：在统计时间内平均每个读者所借的文献数，可表示为：

$$R=\frac{\text{借阅的文献总数}}{\text{借阅的读者人数}}\times100\%$$

（5）拒绝率：一般定义为：

$$H=\frac{\text{读者未借到的文献数}}{\text{读者要借的文献总数}}\times100\%$$

（6）时差系数定义为：

$$k=\frac{\text{当年文献的文摘条数}}{\text{该年文摘总条数}}$$

显然，k 值越大则时差越小，说明其报道速度越快，可作为二次文献评价和选购的依据之一。

（7）情报吸收系数：一般定义为：$I=\frac{N}{M}$，M 是统计时间内发表的文献总数，N 是其中被利用的文献数。该系数也可以相对于某一学科的文献或某种刊物而言。它是衡量情报被社会吸收利用程度的指标。

8.3 文献信息统计的类型和基本步骤

8.3.1 文献信息统计的主要类型

文献信息统计的对象是文献以及一切与文献相关的特征信息指标，如读者、专业术语、书刊购置费、书架长度等。文献的这些相关特征信息都能间接地反映文献数量的变化或被利用的情况，因此，它们也属于文献统计的范围。由于统计的对象、指标或目的不同，文献统计形成了许多相应的类型。例如，就方法和范围而言，有文献的全面统计和抽样统计之分；从性质来看，有文献业务统计和文献专题研究统计之别；按方式来分，则有文献的直接统计和间接统计。通常，按照统计的对象和内容来划分，文献统计及其数据的类型主要有以下几种：

（1）出版物统计

出版物是一个广泛的概念，包括图书、期刊、科技报告、专利文献等各种类型的文献。它是文献统计的主要对象，对其数量进行统计分析是文献计量学的重要内容和途径。早在 1917 年，文献学家 F. T. 科尔和 N. B. 伊尔斯就对解剖学出版物进行了统计分析，并提出了文献情报领域的最初度量；后来大量进行的书目统计也属于这一类型。在文献计量学领域，出版物统计是应用得最广泛、最基本的一种文献统计类型。它有下列一些情形：

① 按国别对书刊等文献量的统计；

② 对各出版社（商）的书刊发行量的统计；

③ 按学科对书刊等文献量的统计；

④ 按语种对书刊等文献量的统计；

⑤ 对科学期刊中登载某学科的文献量的统计；

⑥ 对某学术团体或科研机构发表的专著、论文、专利等文献量的统计；

⑦ 对某著者发表的专著、论文、专利等文献量的统计；

⑧ 对某地区或某一时期的出版物数量的统计。

（2）著者统计：统计著者的论文数有利于掌握科技发展的水平；同时也为人才学、科学学研究提供数据。对著者数的统计有以下几种情形：

① 杰出著者量的统计。在某一段时间内，被引证次数较多的著者被列为杰出著者。国外有些单位还编制了这种杰出著者索引，为文献质量的评价和人才学研究提供依据。

② 分别统计各学科或专业的文献的著者数比例，以便分析它们的研究峰期及发展趋势，为科学学和未来学的研究提供依据。

③ 分别对不同国家中各学科文献的著者数进行统计以便分析和比较这些国家在学科研究上的侧重点、发展现状及趋势等。

（3）科技用语统计

专业术语的组成和数量变化在一定程度上反映着科学技术的交叉渗透、兴衰起伏。因此，对科技用语进行统计和分析亦是文献计量学的一种研究方法和途径。1963 年，D. 普赖斯统计过论文的专业术语的逐年变化情况；R. Tagliacozzo 曾通过对科技用语的统计，进行过技术水平的分析。

（4）引文统计

就是对科学论文或著作所附的被引文献数量进行统计，或者利用引文索引工具来统计有关引文量。以引文数据为基础的引文分析是很重要的常用的一种计量研究方法。早在 1927 年，格罗斯便进行了文献学史上第一次引文分析。后来有关文献计量研究的论文，大多是属于引文分析的。

（5）其他有关文献信息利用的统计

主要是指图书情报单位的业务统计，包括藏书统计、流通统计、读者统计以及其他文献情报服务项目的数量统计等。

8.3.2 文献信息统计分析法的基本步骤

在文献信息统计中，尽管文献统计类型有所不同，但有一些基本的步骤是相同的，概括起来是：

（1）统计调查

统计、搜集研究对象的原始数据和第一手资料。在获取原始数据时，必须考虑以下几点：

① 确定具体方法。如果是小范围的文献统计，一般要求采用全面统计调查方法，即对统计对象的全体进行统计。这样获得的数据代表性强，可靠性高。如果是大范围、长时间的统计，则一般采用部分统计方法，如典型调查统计、重点统计或随机抽样统计等。在统计时，根据不同的研究目的、要求和条件，可以分别采用直接统计法或间接统计法。前者是直接统计各类出版物数量或从原始期刊中直接统计文献量和被引文量；后者则是利用文摘、目录、索引等检索工具或引文分析工具间接统计所需的各类文献量。

② 选准统计工具。如果我们要对某一学科的文献进行统计研究，一般选用文摘、索引、目录等检索工具作为统计对象。例如，利用文摘法来确定分析化学的核心期刊时，以选用文摘条目集中、全面的英国《分析文摘》为宜，而不选用美国《化学文摘》作为统计工具。因为后者对分析化学文献的报道不全，而且很分散，不便于统计。因此，正确选择具有全面性、代表性的数据来源工具是做好文献统计工作的重要环节之一。

③ 明确指标项目。根据统计研究的要求，确定数据指标项目。文献统计指标的内容、范围、单位要明确，而且要较为简便易行，便于取得数据。

④ 统计原始数据。数据要力求准确可靠，尽量避免差错。

（2）统计整理

亦称统计汇总，即对原始数据资料进行分门别类的加工整理，其工作内容包括：

① 计算。在原始数据基础上，根据需要计算平均数、累积数、百分比、对数值等，以扩大数据项目，为统计分析提供更充分的数据。

② 排序。按照一定的要求和规则进行排列，如布拉德福型数据中的等级排列。

③ 表示。文献统计数据可以用统计表或统计图的形式表示出来，用以说明统计指标之间的关系。统计数据结果用统计表格表示，一般比较醒目，一目了然，若用统计图显示，则比较形象直观。

(3) 统计分析

它是整个文献统计分析方法的关键步骤，包括统计数据的结论分析和误差分析。前者是从统计数据出发，分析判断出相应的规律性的结论；后者是对结果的准确性和精确度进行分析。一般来说，从数据得出结论的方法有：

① 理论指导下的分析。在文献计量学的某些理论、定律指导下，可以对统计数据进行分析并得出结论。例如，在文献统计的基础上，利用布拉德福定律的区域分析法，能够判断一组统计数据是否符合布拉德福分布。

② 数值分析。任何事物都具有某方面的绝对数值以及它在总体中所占的相对数值。这些数值是直接分析事物的特性及其与其他事物之间的联系的重要依据。一个事物的历年（月、日）数值的对比；多个事物在同一时期的数值的对比；多个事物历年数值的对比等，是文献统计分析中常用的方法。

③ 图像分析。在文献计量学中，常常把文献统计数据用图像描绘出来，然后对图像进行分析，进而得出相应的研究结论。图像分析的常用方法主要有两种：图像函数值分析和斜率分析。

图像的函数值分析：例如，分析一篇论文的著者数量的变化情况，并从中得出相应结论。首先，统计美国《化学文摘》中在研究时间内的化学化工文献的每篇文章的著者数量，获得原始数据；其次，对原始数据进行整理，计算出历年每一篇论文为一个，两个，三个和三个以上著者的文献占文献总数的百分比，再以著者相对数量为纵轴、年代为横轴进行图像描述（如图 8-1）；然后进行分析。从图中可以看出，一个著者的文献的相对数量正逐年减少，两个著者的文献的相对数量在逐年增加，增长最显著的是三个和三个以上著者的文献的相对数量。由于科学成果主要通过文献反映出来，因此，文献的合著性增强能够反映科学劳动的集体性加强。根据这个重要前提和图像的走向，我们可以得出结论：在现代科学时期，科学劳动的集体化趋势明显加强。

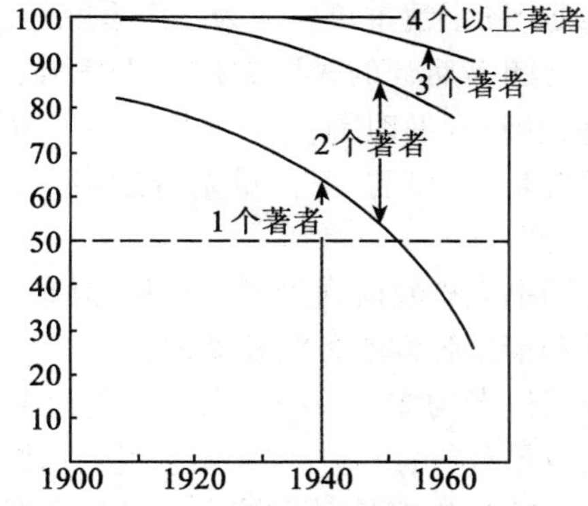

图 8-1 化学化工文献的著者分布图

图像的斜率分析：在数学分析中，图像的斜率（或曲线走向）一般被看做是曲线的变化速率的几何量度。因此在图像分析中，斜率往往是研究事物发展速度与趋向的重要依据。一般来说，图像的斜率愈大，说明研究对象的发展速度也愈快。情报分析中的外推法就是基于上述思想的一种分析方法。

8.4 文献信息统计分析法的应用

文献信息统计分析方法的应用是相当广泛的。它既可以提供统计数据，与其他分析方法配合起来应用，又可以作为文献计量研究的一种完整方法单独运用。我们利用文献信息统计分析方法，不仅可以揭示文献量变规律，鉴定核心期刊，制订文献搜集与管理策略，确定检查工具的规模及选词原则等，而且还能进行科学学、预测学方面的一系列研究。这里仅讨论主要的几个方面。

8.4.1 在信息资源管理中的应用

图书情报的科学管理必须建立在文献情报数据及定量分析的基础上。通过文献统计分析方法，我们可以获得各项文献数据，例如，馆藏量、流通量、引文量、历年文献增长量、读者到馆率等。这些文献数据及其变化情况反映着文献工作的实际水平，是衡量文献工作效率的尺度，也是改善图书情报管理的重要依据之一；据此，可以制定合理的文献工作方针，检查各项业务工作的情况，评价和调节各部门工作的进展，预测图书情报事业的前景等。另外，还可分析某个图书情报单位作为一个系统的运行状况，例如：

① 采编子系统中，图书期刊的采购方向是否正确，能否基本上满足读者的需求，新书著录是否迅速及时等；

② 工作岗位的设置是否合理，工作量是否适当，馆员的分工是否符合人尽其才的原则等；

③ 制卡、排卡、图书上架及流通管理的质量如何；

④ 目录使用情况和情报咨询服务效益如何；

⑤ 读者分析，包括读者构成、情报需求、文献利用及核心读者的分析；

⑥ 图书馆自动化效果分析；

⑦ 行政管理机构，特别是馆长对全馆人员及设备的最佳分配和利用等管理水平的分析。

8.4.2 在信息用户和文献信息利用研究中的应用

文献信息统计分析方法是情报用户（或读者）研究的基本方法之一。目前，在图书馆中普遍进行着读者统计，情报中心也形成了类似的用户统计。它们的主要根据是资料借阅卡（或借阅证）、借阅登记簿和解答咨询登记簿等。用户统计资料是情报用户研究的重要素材。这些统计资料和数据反映了用户的构成和数量及其动态变化，提供了用户与文献资料数量的比例关系。通过用户（读者）统计和简单的计算，就可以掌握情报中心直接服务的用户的有关情况，以便在此基础上开展情报用户的分析研究。

对文献利用情况及规律的分析研究更离不开文献统计分析方法。以文献利用研究为内容的文献统计分析方法主要利用两个方面的统计数据：图书情报中心的文献资料利用情况的统计和引文统计数据。图书情报中心通过出借、阅览、复制、翻译以及解答咨询等方式向用户提供文献情报资料。文献的被利用情况，是在上述各种服务记录的基础上统计出来的，包括文献资料被利用的数量，被利用文献的学科、文种、类型，以及利用文献的用户人数的分布等。统计表明：流通同样次数的期刊组中的期刊数量近似构成等比级数，即形成布氏分布。根据期刊的分布，可以经过逐月的统计而建立每种期刊的流通变化曲线，以此预测未来一年的流通要求，指导文献的搜集，建立合理的馆藏。因此，通过文献统计分析，既可以确定不同文献的利用率，还可以为图书情报管理提供科学依据。

8.4.3 在文献信息规律研究中的应用

文献信息统计分析方法已被广泛应用于对文献规律的研究中，例如，文献增长规律、老化规律、分布规律、被利用规律的研究等。图书情报单位的文献利用情况统计以及引文统计，都反映了不同学科的各种类型文献，在不同时期被利用的情况。根据文献逐年被利用情况的统计数据，可以分别描绘出不同学科（或类型、语种等）文献的老化曲线，从而揭示文献的老化规律。在文献规律研究中，文献信息统计分析方法常与其他方法配合使用。

8.4.4 在学科发展规律研究中的应用

文献信息统计分析方法在预测学、科学学与科技管理的研究中有着广泛的应用。例如，通过相关文献的统计分析，可以评价和预测某一学科或技术领域的研究水平、发展特点以及变化趋势，测定某一课题的吸引力和某种选题的准确性，分析某一研究人员或机构的研究成就和某种方法的效果等。

通过统计某学科的文献数量及其变化情况，来分析研究该学科的发展及其趋势是文献计量学的基本方法之一。现根据某学科各年代文献数量的统计，得到了如图 8-2 的曲线图：

从图 8-2 中可以看到，图（a）表示该学科正处于诞生阶段；图（b）表示该学科已形成，正处于迅速发展时期；图（c）表明该学科将趋于成熟；图（d）表示该学科已完全进入成熟阶段，文献量达到饱和状态，曲线进入平稳区段；图（e）说明该学科可能是产生了新的分支学科，或者是已彻底成熟、出现衰落趋势。由此可见，上述图形较为直观地揭示出一个学科诞生、发展、成熟、分化（或衰落）的整个历史过程，从而为我们研究学科发展的特点和规律提供了定量依据。

下面，我们再举一个实例，以进一步说明文献信息统计分析方法的基本步骤及其应用。

例：通过文献数量统计，分析我国情报学研究的发展。

（1）统计调查：某研究者对我国情报学文献量进行了统计。他们选用新中国成立以来至 1980 年的 115 种有关期刊作为统计对象；设计年份、文献篇数、文献类别（专业领域）三个统计指标项目；然后逐刊进行统计。

（2）统计整理：在原始数据统计的基础上，按照需要分项进行整理。

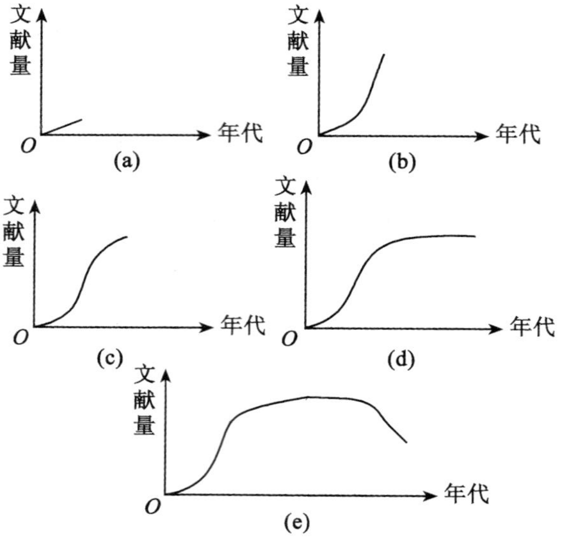

图 8-2　某学科文献量的年代分布曲线

① 计算：累计总数是：2 800 篇；分三个阶段，按文献类别计算文献量；

② 排列：将文献数据分别按年份次序、按三个阶段、类别进行排列；

③ 表示：取年份与相应的文献绝对量（篇）作图，如图 8-3 所示；按三个阶段、文献类别列表，如表 8-2 所示。

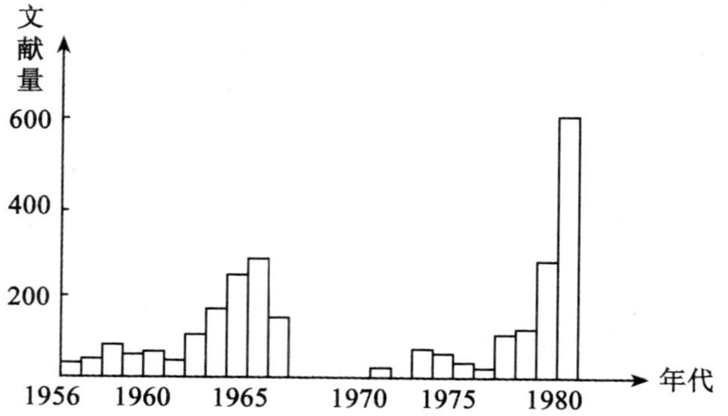

图 8-3　我国情报学文献量的年代分布

表 8-2　我国情报学文献量年代分析（新中国成立以来至 1980 年）

文献量（篇）　阶段 类别	第一阶段 1956~1966	第二阶段 1967~1976	第三阶段 1977~1980	小计
情报学理论	34	5	187	226
工作体制与组织	114	4	162	280
情报资料搜集	155	75	165	395
情报资料的编辑、出版	104	3	72	179
情报研究	25		82	107
情报检索	243	39	235	517
情报服务	131	20	35	186
中国情报事业	209	15	77	301
世界各国情报事业	168	10	128	306
情报网	107	38	138	283
总计	1 290	209	1 281	2 780

（3）统计分析：从以上情报学文献的统计数据可以看出我国情报学的产生与发展以及今后的趋势。当然，这里有一个重要前提，就是文献量的增长是学科发展的重要标志。根据这个前提和文献量统计数据，可以得出如下结论：我国情报学的发展是分三个阶段进行的：

第一阶段（1956~1966 年）是情报学产生和初步发展阶段；

第二阶段（1967~1976 年）是停滞阶段；

第三阶段（1977 年以后）是情报学研究全面开展和蓬勃发展时期。这一时期，不仅文献数量急剧上升，而且情报学还广泛渗透到社会科学和自然科学的许多领域，登载情报学文献的期刊增至 99 种，其中专业期刊 29 种，相关学科期刊 32 种，自然科学期刊 22 种，社会科学期刊 16 种。这些数字说明，这一时期情报学研究的规模之大和发展速度之快是前所未有的。

8.5　数理统计方法及其应用

8.5.1　数理统计方法概述

一般来说，传统的统计是一种用数字表示事物真实特征的方法，往往强调其数据的全面性和精确性。但在实际中，由于许多客观的原因，在很多情况下人们难以对整个总体对象进行统计，即使进行这类统计，所取得的数据也是不完全、不精确的。这时，人们一般不去（也不可能）完全观测总体，而是从总体中任意抽取一部分样本进行观测以取得数据，然后采用一定方法加以整理获得情报、分析研究形成意见，再对总体作出推测性的判断。图8-4既表示了这一过程，又说明了统计总体与样本的关系。由于样本是总体的组成部分，根据辩证唯物论原理，局部的样本特征在某种程度上能够反映总体的特性。在这种思想指导下，由于统计实际的客观需要和统计学的发展，逐渐形成了一个新的数学分支——数理统计。

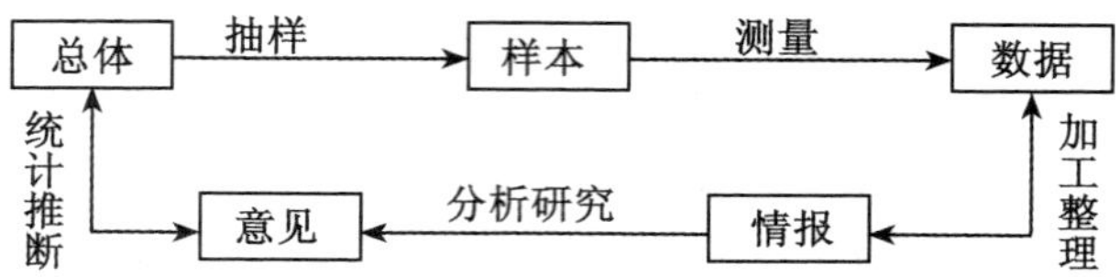

图 8-4

数理统计方法，就是以概率论为理论基础，根据试验或观察得到的样本数据，对研究对象总体的客观规律性作出合理的估计和判断的一种新兴的统计方法。数理统计的内容非常丰富，主要包括随机样本、抽样分布、参数估计、假设检验、回归分析和方差分析等。概括起来，数理统计的研究主要是两个方面：一是研究如何从总体中抽出样本，抽多少，怎样抽的问题，即抽样方法问题；二是研究如何对抽样的结果（样本数据）进行合理的分析，作出科学的推断，即统计推断问题。数理统计在一定程度上是由于人们无法对付过多的数据而产生和发展起来的。它是一种通过样本推断总体的新兴方法，适用于处理随机性的统计对象。

8.5.2 数理统计方法的应用

由于获取样本数据远比获取总体数据容易，分析局部资料也比分析总体资料要简单得多，因此，数理统计方法的应用相当普遍。在文献情报工作和研究中，应用数理统计方法不仅非常必要，而且也是可能的。其应用方法和内容主要有两个方面：

（1）抽样统计

在图书情报领域的统计中，为了减轻统计工作量，常常采用抽样统计方法。例如，为了统计全年读者到馆率，比较简捷的办法是应用数理统计方法来进行。就是将一年划分为若干个时间单位（如周、日、小时等），从中抽出若干个单位，统计读者到馆人数，计算平均值，然后乘以全年总共的时间单位数，得出全年读者到馆人数。这个简单的方法，就是一个由样本推断总体的过程。而这种方法的理论依据和可靠程度等问题，可由数理统计的理论来解决。

（2）统计预测

对未来的情况是无法统计总体数据的，只能根据已往情况的统计数据来推断未来情况，这就是统计预测问题。例如，某地新建一个公共图书馆，为了确定文理科阅览室规模的合理比例，要根据读者数、阅览量等方面的统计数据作出相应的估计。由于依据的数据只是过去情况的反映，根据这种数据作出的关于未来的推断，只能是由样本对总体的推断。为了保证推断可靠，必须借助数理统计的理论和方法。

同时，图书情报领域的统计对象大多是随机事件，而数理统计方法在处理这类对象的统计时有独到的优点，能够为解决图书情报领域的计量问题提供有力、合适的工具。因此，数理统计方法在图书情报领域正在发挥着越来越大的作用。

数理统计方法在图书情报领域的应用，远远超出了图书情报单位工作统计的范围，还广泛应用于图书情报研究中。例如，文献计量学中要用 x^2 检验法分析检验某个文献计量公式是否与某学科文献的数据拟合；要用回归分析方法确定某些公式的系数；回归函数模型也是常用的数学模型之一。在情报研究中，可将回归分析用于情报预测；用 x^2 检验法分析德尔菲法的稳定性。在情报检索领域，符号检验可用于推断两种检索条件下获得的文献样本有无显著性差异等。

在信息计量学中，数理统计方法有着重要的应用，主要包括抽样方法、统计推断、参数估计、假设检验和回归分析方法的应用等。这里仅举一个实例来说明数理统计方法的应用。

例：某公司测定其情报检索系统（即将出售的）的平均检准率为 0.64，标准差 σ 为 0.0613269。一位想购买该系统的用户对 10 个不同提问进行了检索试验，检出相关文献的比例的结果如下：0.69，0.58，0.62，0.49，0.59，0.58，0.62，0.68，0.61，0.71。根据这些数据，用户能够确定是否接受该公司自己的测定结论吗？

为此，可运用数理统计检验方法，按下列步骤进行：

① 建立零假设：H_0：$\mu=0.64$

H_1：$\mu\neq0.64$

② 确定显著性水平 $\alpha=0.05$，查表得：$|Z_{\alpha/z}|=1.96$；

③ 对于样本数据，计算 $\bar{X}=0.617$；

④ 计算检验统计量，即 $Z=\frac{\bar{x}-\mu}{\sigma/\sqrt{n}}=\frac{0.617-0.64}{0.0613269/\sqrt{10}}=-1.186$

⑤ 由于 $|Z|<|Z_{\alpha/z}|$，因此，接受零假设。也就是说，在 0.05 的显著性水平下，该用户可以接受这个公司的测定结果。

9 数学模型分析法

9.1 数学方法及其意义

9.1.1 数学方法的概念

数学是一门重要的基础学科。它是伴随着人类生产、生活中的“数”和“形”的问题而产生的。从公元前数学的萌芽，到后来的常量数学、变量数学，经历了一个漫长的过程。19 世纪以来，数学的发展有了深刻的变化，产生了许多新的分支学科。近几十年来，运筹学科的产生，信息论、系统论、控制论的问世，电子计算机的发明及应用，模糊数学的出现等，都大大促进了数学的发展。现在，数学已发展成为分支众多、结构庞大、应用面极广的系统的学科体系。

在各种客观现象和活动中，一切可以抽象出来的“量”以及这些“量”之间的关系，都是数学的研究对象。数学方法，就是以数学理论为指导，采用数字与符号以及逻辑推理，对事物的“量”进行分析和计算，从而揭示其数量特征和规律的一种科学方法。随着科学技术的发展，数学方法已广泛应用于各门学科或各类研究中。

9.1.2 数学方法的特征

数学及其方法具有一些明显的特征，主要有以下几个方面：

(1) 定量性

任何客观事物都是由“量”和“质”构成的。采用数学方法进行研究时，则主要是从“量”的角度出发，进行定量描述或计算，来揭示事物的客观规律，从而达到一定的研究目的。

（2）抽象性

数学具有极强的抽象性，即在研究时，先撇开具体的研究对象及其“质”的属性，而只保留它的“量”的属性，并从中归纳出具有普遍指导意义的数学形式和结论。这种抽象性反映着事物多样性中的同一性，把具有同样规律的具体事物联系在一起，是数学能动地反映客观世界的表现之一。

（3）精确性

一方面它以数的形式保证任何两个对象在某一共同属性上比较的精确性；另一方面，它以严格的逻辑推理保证了结论的正确性。

（4）预测性

数学方法是一种严密的推断方法，它可以从已知的认识和应用的概念公式与结论出发，纯理论性地推导出未知情况的结论。因此它可以先于人们的实践而获得研究对象的认识，对客观世界的规律具有预测性。

（5）适用性

数学方法的适用性很强，能广泛应用于各个学科和各类研究之中。

9.1.3 数学方法应用的意义

马克思曾经说过，一种科学只有当它达到了能够运用数学时才算真正发展了。英国《经济学家杂志》曾发表“数学是科学的接生婆”一文指出“没有数学，我们的文明还会停留在黑暗的时代”。在科学技术的各个领域中，数学方法的应用具有重要的意义。

在情报学图书馆学领域，数学方法正发挥着愈来愈大的作用。首先，数学是人类认识客观世界的有力武器。数学方法用严密的推理、精确的描述、简洁的形式揭示和描述事物的规律。因此，较之定性分析方法来说，以数学方法为主的定量分析方法是一种更为精细、更为有效的研究方法。随着现代科学研究的深入和研究对象的复杂化，不仅使一些精密科学，如物理、化学等越来越离不开数学这一强有力的工具；而且一些过去以描述为主，与数学联系不多的学科，如生物学、经济学，以及情报学图书馆学等也处在日益数学化的过程之中。其次，一门科学从定性的描述进入定量的分析和计算，是其发展到成熟阶段的重要标志。采用数学方法，是情报学图书馆学本身从定性分析的低级阶段向定量分析的高级阶段发展的必由之路，而科学的这一转折和进步，必然有赖于数学的应用。事实上，由于情报学采用了大量的数学方法，所以在对规律的分析描述方面比图书馆学要精细得多。例如，它曾经利用数学、统计学方法揭示了文献情报流的几个基本定律，为情报学奠定了理论基础。在当前的情报学基础理论、情报分析、情报预测、情报检索等研究中，数学仍是一种重要的分析方法和预测方法，是存储和检索理论与方法的主要发明手段和论证手段。因此，数学方法的应用无疑将大大推动情报学图书馆学的发展。

9.2 数学模型法原理

模型是理论抽象思维与客观现实之间的中间环节，也是沟通理论与实践的联系桥梁。数学模型法就是运用数学理论和方法，以数学表达的形式和符号来描述研究对象中的各种因素之间的数量关系，从而揭示其规律的一种研究方法。马里蒂查（Malitiza）指出："一个完善的数学模型比一千个事实还要珍贵。"因为模型不仅说明现在，而且可以预测未来。因此，随着科学的发展，数学模型法已广泛应用于许多学科的研究中。由于信息计量学具有定量学科的性质和担负着定量分析的任务，因此，数学模型方法是信息计量学的最基本的重要方法之一，也是一种常用的有效的分析研究方法。

在图书情报领域乃至信息计量学中，能否应用数学模型方法，首先取决于在本领域是否具有应用的客观基础；其次要有一定的科学背景；再次是在比较成熟的条件和时机下产生较大的客观需求；同时还要看数学是否具备解决该领域问题的工具和能力。

9.2.1 客观基础

情报学是介于自然科学和社会科学之间的综合性边缘学科，具有极强的应用特征和吸收能力。数学模型方法能够应用于情报学图书馆学之中，其主要原因在于图书情报客观世界中存在着应用数学方法的客观基础。具体表现在以下几个方面：

(1) 信息资源管理领域中普遍存在数学现象

在图书情报系统和图书情报工作中存在着大量的数学现象。

① 情报基础理论研究中数学理论广泛应用

在情报基础理论研究中拟用数学公式定义情报概念，并从中提炼出纯粹的量的关系，例如，情报量的定义，情报系统的概念等。从宏观的角度研究文献情报流的动态特性，发现其总体上的动态分布呈现出一定的数学规律，从而建立了文献计量学中的五大定律。

② 情报检索语言中的数学现象十分明显

首先，任何一种检索语言（分类法、主题法、叙词法等）都有着严密的数学结构，而且可用图论、集合论的模型描述这种结构，并可用于主题词表逻辑错误的检查等。其次，类名和主题词的选定是编制分类表和词表的一个重要问题。要使词表有较大的实用价值，就必须选择那些使用频率适中的词。也就是说，一个词能否入选，与该词在文献中出现的频率有关。研究表明，词频的分布一般呈现双曲线分布，在文献中则服从齐普夫分布。根据这个规律，则可以推算词表的体积和与该词有关的文献量。此外，在估计一个分类表或词表的符号系统表达概念的能力大小和一个索引的体积大小时，要用到“组配”的概念。而组配实际上是数学中排列与组合的另一种表达方式。

③ 情报检索系统中数学方法大量应用

在情报检索系统中，存在着文献集合、标引语言集合、提问集合等。为了提高计算机的检索效率，必须根据标引语言将提问与文献加以形式化，找出它们之间对应的关系，才能提炼出较好的数学模型。目前，检索系统的数学模型很多，例如集合论模型、矩阵-向量模型，概率模型和模糊集合论模型等。

④ 目录学，尤其是现代目录学与数学有着密切的联系

书目信息的分布是有一定规律的。在对书目信息进行统计和情报分析时，不仅要用到统计学知识，而且要借助于微积分和函数论的方法。对目录之间的“参见”关系或“引用”关系的结构，不仅可以用一个网状图表示出来，而且可以用邻接矩阵对这些关系进行“运算”。书目信息的代码化，实质上就是用最小的符号系统组成尽可能多的书目信息的问题。这是个明显的数学问题。它涉及代数编码、信息论、数论等分支学科。如何压缩书目信息使之代码化、通用化是机读目录应用研究的重要课题之一。这类问题的研究实际上是对随机现象的研究，而概率论与数理统计是研究随机现象的有效的数学工具。

⑤ 藏书建设和读者研究中，往往要进行各个方面的数量统计

例如，某类文献的增长速度、各类图书文献的数量比例，某主题的文献分布等。通过统计，人们发现书刊资料的纵向发展和横向分布都有一定规律。读者的人数、职业、情报需求、语种分布，在某个范围内也呈现出一定的规律性。这些数学现象，为在这方面引进数学模型方法提供了客观条件。

⑥ 情报分析和预测中，也存在着数学现象和数量规律

在情报分析与预测中的研究对象，一般需要了解和掌握其数量特征、表现，并要采用数学模型方法去研究和解决问题。

（2）信息资源管理中的许多随机现象呈现出规律性

例如，文献增长符合普赖斯曲线，某主题的文献在期刊中分布和馆藏图书利用率的分布服从布拉德福定律；文献中词频的分布服从齐普夫定律；文献著者的分布服从洛特卡定律；读者到馆率服从泊松分布等。

（3）信息资源管理领域存在着可以模拟的系统

例如，计算机检索系统、词表系统、机读目录系统、服务排队系统等。这些可用数学模型模拟的系统以及呈现规律性分布的随机现象，是我们应用数学模型方法解决图书情报工作中实际问题的基础。

9.2.2 科学背景

数学模型方法是建立在科学知识数学化的基础之上的。所谓科学知识的数学化就是利用数学公理、定理、公式等手段和方法来解决有关科学知识领域内的问题，就是纯粹数学在其他科学知识范围的运用和推广，即数学方法的普遍运用和推广。科学知识的数学化是一个十分广泛的概念，不仅包括在各种科学对象的研究中运用已有的数学方法和数学手段，而且要找到那些特殊的数学途径进行研究，得出合乎实际的结论，并在实践中应用所得的结果。数学模型方法就是在这种科学知识数学化的背景下，形成和发展起来的。

科学知识的数学化对于情报学的发展有着直接的影响。这是因为，一方面数学提供了科学语言最合适的规范化方法，另一方面情报学中的许多问题是和检索系统的设计和利用相关的，而任何一类情报检索系统的主要组成部分，如检索语言、文献标引及相应的逻辑——语义学的规则等，都是最大限度被规范化的。情报学的许多问题（如情报检索）总是离开语言的具体内容，对被规范化的部分进行纯粹的代数（逻辑）运算。这说明，对情报的组成因素进行规范化和有序化，正是情报学运用数学的基本出发点。目前在情报学中数学的应用，主要是对科学的某一范围内所积累的经验资料的数学加工，建立适用于实际现象的数学模型。

9.2.3 实际需要

如上所述，图书情报领域中普遍存在的数学现象，虽然需要运用数学方法去研究和解决。特别是由于学科的发展、文献数量的激增以及电子计算机的使用，使得对应用数学模型方法的客观需要愈来愈迫切了。例如，如何进一步弄清激增中的文献情报流的动态规律，以对付“情报危机”、文献存储中的文字符号长度问题、文献本身的信息代码化问题、计算机管理系统数学模型的判定、管理和评价问题等。这些问题的提出及解决，都有赖于数学模型方法的应用。

随着现代数学的发展，数学作为一门工具性学科不断提高了自身的能力和适宜性。对于图书情报领域里的数学现象、数量关系和量变规律，数学能够提供有效的工具和手段，从纷繁复杂的现象中抽象、归纳出相应的数学模型，进而揭示出一般规律性。这样，数学模型方法的应用定将使情报学图书馆学的研究不断深化，从而促进其发展。

9.3 数学模型的类型

9.3.1 模型及简化模型

在科学研究中，如果两个对象具有某种相似性，则它们之间就存在原型——模型关系。模型方法是一种从现象到本质，从特殊到一般、从无序到有序的寻找规律的有效方法。模型有多种制定方法，也有各种不同类型。在图书情报工作中使用较多的有以下三类模型。

（1）行为模型

根据所要研究的系统的运动和功能，则可以构造其行为模型。例如，程序设计图，检索步骤及工作流程图，情报分析中的“鱼刺图”等。

（2）结构模型

根据系统的结构建立的模型，如机构关系图等。

（3）数学模型

根据系统的整体或部分的内容关系用某种数学语言来描述的模型。

由于图书情报系统中随机的，人为的因素较多，故在建立模型时很难十全十美地全部考虑进去。当将某些因素忽略或将模型的某些部分删掉、合并而又不太损害模型与原型的相似性时，我们称这个新模型为简化模型。在图书情报系统中，一般都是简化模型。

9.3.2 数学模型的类型

数学模型是用某种数学语言描述系统的结构和行为而构造出来的，它除了从宏观的角度模拟出系统的结构和运动规律外，主要是从微观上、从量的方面描述出系统的结构、联系以及运动规律。因此，数学模型具有更为精细和准确等特点。

由于研究对象的复杂性和研究方法、目的的多样性，数学模型存在着许多不同的类型。按照不同的划分标准和方法，数学模型的类型结构显示出不同的形态。

(1) 按照研究对象的性质来划分

① 必然现象的数学模型

常用各种方程，特别是微分方程表达。

② 随机现象的数学模型

一般用概率论和数理统计来描述，所以又称为概率模型。

③ 模糊现象的数学模型

这种模型是用模糊数学理论对没有明晰的数学概念的模糊性客体进行分析研究，作出模糊判断。

④ 突变现象的数学模型

常用拓扑学奇点理论和结构稳定性理论等数学工具来描述。

(2) 按照表达的形式来划分

① 解析式和图像模型

通过函数关系或图像可以描述系统的基本性质和运动特征，因此解析式和图像本身就是一个系统的模型。例如，图书馆读者借阅人数随时间的变化曲线，布拉德福定律的数学表达式和图像描述等。这类模型一般用于只有一两个变量的情形。

② 方程组模型

方程可以描述系统的结构和运动。当系统存在多个变量，并且这些变量互相制约，使系统最终处于一种“平衡”状态时，可用方程组模型来描述。例如，情报系统的微分方程组模型。

③ 图表模型

图表可以描述系统的状态变化，当系统发生状态变化时，对应的各种状态值也随之改变，若将这些状态值按一定格式排列起来，就成为该系统某方面特性的图表模型。这类模型较为直观、便于比较。例如，情报检索系统的检全率、检准率图表模型。

(3) 按照描述的方法来划分

① 集合论模型

如果系统成分可以划分成几类，而各类之间的关系又可以清楚地描述出来。那么这个系统就可以用集合论思想和方法模拟，从而构造出集合论模型。例如，主题词表系统的集合论模型。

② 概率模型

描述具有随机性的系统的模型。如文献情报流分布的概率模型，情报检索系统概率模型等。

③ 代数模型

主要是指矩阵-向量模型。如果系统的成分受一系列因素的影响，而每个成分又可以用这些因素的一组值表达出来，那么就可以用矩阵-向量模型来模拟这个系统，例如引文系统的矩阵向量模型等。

9.4 数学模型的建立

9.4.1 数学模型法的基本步骤

一般来说，对图书情报系统进行管理和控制要经历以下步骤：首先要确定目标，其次根据某种理论建立模型，并找出其内部子系统和元件遵循的一般规律；然后找出可利用的信息及其产生方法和计算方法，并据此确定控制的步骤和措施，最后进行模拟试验，检验模型的功能及可靠性。在整个过程中，建立数学模型是一个重要的关键性环节。

信息计量模型是信息的某些特征依从关系的数学描述。它是建立在对所研究对象的性质、规律及各方面的相互联系进行定性分析的基础上的。经验表明，建立数学模型的基本方法是：对于研究对象，依据有关的科学理论和定性分析的结果确定几个基本量，用所确定的量描述研究对象的状态、特征和变化规律；对这些量进行分析和简化，确定各个量之间的关系，形成一个待解的数学问题，列出数学方程，然后解上述方程，求出数学问题的解，并对数学解作出解释和评价，以形成对所研究的对象的判断和预见。具体来说，建立数学模型方法的基本步骤如下：

（1） 确定目标

按照具体项目的研究目的和要求，确定研究的目标，也就是说通过研究要解决什么问题，达到什么目的。

（2） 搜集原始数据

通过在实际工作中积累或研究时进行统计，搜集所需要的数据。数据要尽量准确、全面，以保证计量结果的正确性。

（3） 建立模型

建立模型是理论抽象思维与客观现实之间的中间环节。模型的质量取决于它反映客观现象及其结构的能力。因此建立模型是进一步研究的基础，是创立理论的重要阶段。

在建立模型时，首先要对研究对象加以“形式化”，也就是说，先要将系统中的成分及其关系用一些简单的符号和规则表达出来，抽象出各因素之间的数学关系。“形式化”的结果要与系统原型基本上保持一致。其次，确定基本的量值和参数，加工成具体的模型，然后检验模型的可靠性和精确度。

文献信息计量模型的建立和运用，需要以情报学理论为基础，因为构成模型的各个要素以及它们之间的相互联系，要靠理论分析来揭示和阐明，因此，模型既是计算文献数量变化的公式，又是严密揭示参与这一模型的各因素之间关系的表达式。分析这些公式，就可以掌握情报工作中各方面、各环节互相制约、互相协调的关系，指示工作方向，寻找最优化工作模式，以取得最佳经济效果。

（4）确定参数

根据一定时期的实际统计或样本资料，运用数理统计方法估算出方程式的各个参数。其参数估计的具体方法将在下一节中一起讨论。

（5）验证理论模型

根据实际统计观察资料，运用数理统计的假设检验原理，验证已估算参数值的模型所包括的变量（有哪些变量）、变量的结合形式（方程的具体形式）和变量的结合程度（参数的具体数值）能否代表客观情况，从而判断理论模型是否正确反映了客观实际。

（6）预测和决策

预测和决策是密切相关的，也是进行文献计量分析的最终目的。预测和决策是否成功，主要取决于前面几个步骤的基础。

9.4.2 建立数学模型举例

（1）建立引文系统模型的步骤

下面以引文系统矩阵模型为例，介绍建立数学模型的方法。

一般来说，科学文献之间总是相互联系和相互引证的，引文索引正是文献之间的这种引证与被引证关系的描述，这就是建立引文系统矩阵模型的出发点。建立引文系统模型的步骤如下：

① 找出引文系统的基本成分——文献

② 确定影响这些成分的因素——一系列文献

③ 用这些因素的一组值来描述系统成分

当文献 A 引用了文献 B，用“1”表示，否则，用“0”表示。这样就可以构造出该引文系统的矩阵模型。例如，若知文献 A 被文献 B、C、I 引用，B 被 D，F 引用，C 被 E、F、G、H、I 引用，E 被 G、H、I 引用。这时，可用“列”表示系统成分，“行”表示影响因素，则用下面矩阵表示该引文系统。

	A	B	C	D	E	F	G	H	I
A	0	1	1	0	0	0	0	0	1
B	0	0	0	1	0	1	0	0	0
C	0	0	0	0	1	1	1	1	1
D	0	0	0	0	0	0	0	0	0
E	0	0	0	0	0	0	1	1	1
F	0	0	0	0	0	0	0	0	0
G	0	0	0	0	0	0	0	0	0
H	0	0	0	0	0	0	0	0	0
I	0	0	0	0	0	0	0	0	0

根据以上矩阵，可以得出任意两篇文献的耦合度；还可以进行“滚雪球”式的检索、自动扩检以及一系列的引文分析。

（2）对信息资源管理系统建立模型时必须注意的事项

最后应当指出，在对图书情报系统建立模型时必须注意以下几点：

① 根据研究对象的性质选用合适的模型

首先要分清所研究的对象属于哪一类现象或可近似地看做是哪一类现象，如必然现象、随机现象、模糊现象等，然后再有针对性地选用合适的模型。

② 要有充分的定性分析作基础

定性分析是认识事物的基础。在建立数学模型时，首先必须对研究课题进行全面深入的调查，弄清本质的和非本质的，必然的和偶然的等因素，去粗取精、去伪存真、综合考虑、系统分析，从而找出事物的属性、特点、实质、发展规律以及事物之间的内在联系，这样才能提炼出一个能够较好反映系统结构和功能的数学模型。

③ 要讲究策略

对于一些较为复杂的研究对象，例如，图书情报管理系统，由于它不是简单的机械系统，而是一个受到多个复杂的随机因素、尤其是人为因素影响的系统，在建立模型时，不可能把各个因素全部考虑进去，只能抓住关键的因素和基本的关系，而往往要忽略一些次要的因素，尽量排除随机因素的影响，或者建模时暂时不予考虑，待到实施时再补充修正，这是一个策略问题，必须予以注意。

④ 对数学模型的检验不能求全责备

因为数学模型本身只是对系统的模拟，而不是系统的真实写照，因此它不可能无所不包，也不可能是完全精确的，在很多情况下只能是近似的简化模型。对于一个特定系统来说，一般只能用一种数学模型描述，而在有些情况下，一个系统可以用多种数学模型描述，这就要根据系统控制的目标以及人们对其中数学现象揭示的程度而定。但根据不同的数学模型对系统加以控制可能有不同的结果。

9.5 数学模型的检验

文献信息计量模型建立之后，为了判断所建立的模型是否正确反映了客观实际并估计其符合程度，必须对理论模型进行检验。一般来说，这种检验工作应从三个方面来进行。首先是理论检验，看模型是否符合情报学和信息计量学的一般理论原则；其次是统计检验，目的在于检验模型参数估计值的可靠程度或分布性质；再次是实际检验，即利用扩大样本的方法或根据样本以外的某一时期和某一范围的实际观察值进行对比检验，以判断模型估计值的稳定性和样本容量变化时的灵敏度以及模型的适用范围等。本节主要讨论数学模型的参数估计和统计检验的方法及其应用问题。

9.5.1 参数估计及其应用

9.5.1.1 数理统计常用的参数指标

在数理统计中，一般常用的参数指标有以下三类：

(1) 位置特征参数

例如，均值、中位数、极大值、极小值等，其中最重要的是均值。它表示总体的平均水平和集中趋势。

(2) 散布特征参数

例如，极差、均差、标准差、方差、变异系数等其中最重要的是方差和标准差。前者表示参数值相对于均值的散布程度，后者说明参数值相对于算术均值的平均距离。

(3) 分布特征参数

例如，偏度系数和峰度系数等，表示总体密度函数图形的对称程度和凸平度。

所谓参数估计，就是根据样本数据得出未知总体的基本参数的数值，主要估计随机变量或总体的均值和方差。在文献及其相关媒介的统计中，当从总体中独立地抽取一批样本时，只要其样本量充分地大，就可当作正态分布处理。例如，读者每天到馆人数、图书每日拒借数、图书页数、价格、图书出借天数、不限借阅量的图书馆的读者借阅册数的分布等。这样，就需要从样本数据出发，通过参数估计，考察其参数值和分布特征。同时，几乎每一次图书情报统计都涉及平均数的计算，而平均数往往与数学期望及其他参数有着密切关系。因此，随着数理统计方法的广泛应用，使得参数估计已成为文献统计研究的重要工具和数学模型方法的不可缺少的重要环节。

9.5.1.2 参数估计的方法

参数估计的方法很多，有数字特征法、最小二乘法、矩量法等。参数估计可分为点估计和区间估计。

(1) 点估计

如果总体 x 的分布函数的形式为已知，但它的一个或多个参数为未知，若得到了 x 的一组样本观察值 x_1，x_2，…，x_n，很自然地会想到用这组数据来估计总体参数的值。这就是参数的点估计问题。其主要方法有：

① 数字特征法：这是用样本的数字特征来估计与之相宜的总体数字特征的方法。例如，我们分别用样本平均值与样本方差来估计总体均值与总体方差，即有

$$\hat{\mu} = \hat{\mu}(x_1, x_2, \cdots, x_n) = \frac{1}{n}\sum_{i=1}^{n} x_i = \bar{x}$$

$$\hat{\sigma}^2 = \hat{\sigma}^2(x_1, x_2, \cdots, x_n) = \frac{1}{n-1}\sum_{i=1}^{n}(x_i - \bar{x})^2 = S^2$$

其中，S^2 的正平方根 S 称为样本标准离差，数字特征法的直观意义最明显，是最常用的方法之一。

② 顺序统计量法：样本中位数 $\tilde{x}$ 和样本极差 R 的观察值都是由样本实现按大小次序排列而确定的，所以它们都叫做顺序统计量。在总体为连续型、且概率密度为对称的情形下，为方便起见，常用样本中位数来估计总体均值 μ：$\hat{\mu}=\tilde{x}$。样本极差本身就是衡量总体离散程度的一个尺度。在需要估计正态总体标准差 σ 的场合，可使用样本极差 R 来估计 σ 其关系式如下：

$$\hat{\sigma} = \frac{1}{d_n}R \tag{9-1}$$

其中 d_n 的值可以查表。d_n 还可近似地取为 $\frac{1}{d_n} \approx \frac{1}{n} \cdot \sqrt{n-\frac{1}{2}}$，$2 \leqslant n \leqslant 10$。这种方法因无烦琐计算，使用起来最为方便。但用样本极差 R 来估计 σ，不如用 S 来得可靠（$n>2$ 时）；当 n 愈大，两者可靠程度的差别也愈大。在 $n>10$ 时，如果要用 R 来估计 σ，可将数据分成个数相等的组，求出各组数据的极差，然后用这些样本极差的平均值作为（9-1）式中的 R，

取得 σ 的点估计 $\hat{\sigma}$。

③ 极大似然估计法：这种方法的主要思想是：如果在一次观察中一个事件出现了，那么我们可以认为此事件出现的可能性很大。我们可以估计一个 $\hat{P}$，使事件的概率达到极大值。一般来说，用频率来估计概率，无疑是合理的。实际上，求仅含一个未知参数 θ 的总体的极大似然估计值 $\hat{\theta}$ 的问题，就是求似然函数 L 上的最大值问题。利用极大似然估计法可求正态分布的参数 μ 的估计值。在图书情报统计中常用样本平均值 X 作为总体均值的估计量，就是这个道理。

样本统计量作为估计量是否正确地反映了总体，有三个评选标准，即一致性、无偏性和有效性。从统计方法要求来看，我们自然要求一个估计量具有一致性，然而用一致性来衡量估计量好坏时，要求样本容量适当地大，但往往难以办到。无偏性在直观上比较合理，但并不是每一个参数都有无偏估计量，无偏性的直观意义就是没有系统偏差。在平均数中，则有算术平均数、中位数等数是总体期望 μ 的无偏估计。有效性无论在直观上还是理论上都比较合理，所以它是一个常用的标准。

（2）区间估计

大家知道，可以用样本平均值 $\bar{x}$ 估计总体 μ，用样本方差 S^2 估计 σ^2，并且这种估计是比较好的。但在图书情报单位的实际统计工作中，尤其在涉及调查研究的结论时，人们往往不以得到近似值为满足，还需要估计误差，确定近似值的精确程度。由于我们事先并不知道未知参数的真值是多少，所以只能根据样本的情况，估计出一个范围，并确定这个范围包含未知参数真值的可靠程度。这种形式的估计就称为区间估计。

如果我们在一个总体平均数 μ 未知，而总体方差 σ^2 已知的正态总体中抽样，样本容量为 n，则得到的随机变量 X 服从一个均值为 μ 和方差为 $\frac{\sigma^2}{n}$ 的正态分布。若以 α 表示概率值，再经过推导可以确定总体参数落在区间 $(\bar{x}-Z_{\frac{\alpha}{2}}\frac{\sigma}{\sqrt{n}}, \bar{x}+Z_{\frac{\alpha}{2}}\frac{\sigma}{\sqrt{n}})$ 内的概率是 $1-\alpha$。这个随机区间称为 μ 的 100 $(1-\alpha)$% 置信区间，区间端点称为 μ 的 100 $(1-\alpha)$% 置信限，百分数 100 $(1-\alpha)$% 称为置信度。例如，若取 α 为0.05，则置信度为 95%。

但是，怎样对未知方差的情况找到 μ 的置信区间呢？一个很自然的想法，就是利用样本方差 S^2 代替 σ^2。这就涉及随机变量 $\frac{\bar{x}-\mu}{S/\sqrt{n}}$ 的分布。经过推导，可以得到有名的 t 分布密度函数。这个分布的函数只与样本容量 n 有关，知道了 n，$P_n(t)$ 就完全确定了。t 分布的概率可以从 t 分布表上查到。对于给定的 α 值一列，自由度 $n-1$ 一行，给出相应的 $t_{\frac{\alpha}{2}}$ 值。这时 μ 的区间是 $(\bar{x}-t_{\frac{\alpha}{2}}\frac{S}{\sqrt{n}}, \bar{x}+t_{\frac{\alpha}{2}}\frac{S}{\sqrt{n}})$。

对于文献信息计量研究来说，区间估计的理论和方法有着重要意义。因为，区间估计理论说明，由样本可以得到总体参数的估计量，而总体参数的真值在这个估计量的附近，其误差是能计算的。这样，我们在着手统计工作时，可根据对数据的精度要求和总体的分布情况，找到适当的样本容量。当参数的点估计完成后，可以计算真值所在的区间，如果区间过大，点估计的意义显然不大，这时就要考虑增加样本；另一方面，对有些无法增大样本的情况，若估计的区间过大，则不应轻率地根据样本对总体作出结论。例如，某一篇调查科技人员利用情报和科研水平的论文中，列举了这样的数据：调查 435 个研究机关，研究水平得分的数学期望是 248.7；调查 148 所大专院校，研究水平得分期望是 250。但其调查方法是抽样调查，因而研究水平得分的数学期望必然会有误差。文章作者不加分析地断言“大专院校的科研水平略高于研究机关”，这就十分缺乏说服力。因为，248.7 和 250 这两个估计量非常接近，其置信区间很可能出现重叠现象。

9.5.2 假设检验及其应用

9.5.2.1 假设检验的概念与意义

假设检验是统计推断中的两个基本问题之一，也是数学模型方法的一个重要步骤。

在统计中，人们把对有关总体特征作的某种假定称为“假设”，一般又将所要检验的假设称作零假设。根据样本信息去检验（判断）总体某一假设是否成立的工作，就称为假设检验或统计检验。假设检验的基本思想，就是某种带有概率性质的反证法思想。具体地说，为了检验一个假设是否成立，可以先假定其成立并接受它，看是否会导致不合理的结果。如果结果不合理，则拒绝假设，否则就接受假设。所谓导致不合理结果，就是看是否会导致在一次试验或观测中出现小概率事件。

在文献情报统计研究中，常常需要根据事物的局部资料对其总体情况进行推断，其中都有一个假设检验问题。这些假设检验有着许多不同的类型。如果按总体对象来分，如正态总体的检验和非正态总体的检验，其中又分为对一个总体和对两个总体的检验。若就检验指标和目的而论，有参数检验和非参数检验两大类。前者往往是假定总体服从正态分布，而对其均值或方差进行检验，如 Z 检验，t 检验、F 检验、x^2 检验等，后者则是检验总体的其他特征，有总体分布检验，拟合程度检验等，如 x^2 检验法、概率纸检验法、符号检验、秩和检验、相关系数检验等。

9.5.2.2 假设检验的基本步骤

尽管假设检验的类型和方法很多，但一般都是按照以下几个基本步骤来进行的：

（1）构造待检验的零假设及其对立假设；

（2）选取适当的显著性水平值 α，确定临界区域的位置；

（3）选择适合的检验统计量，查表得出其临界值；

（4）计算统计量的观察值；

（5）比较统计量的观察值与临界理论值，如果其观察值落在临界区域内，则拒绝零假设，否则就接受零假设。

在这里，α（$0<\alpha<1$）值的选择很重要。因为在样本容量和统计量固定时，选定 α 后，临界值 k 就随之确定，然后可以按照统计量观察值大于还是小于 k 作出决定。因此，数 k 实际上是检验假设的一个标准，也是估计量的误差限度。数 α 被称为检验的显著性水平。拒绝 H_0 假设的区域（如，$|\bar{x}-\mu_0|>k$）称为检验的拒绝域（临界区域），拒绝域的边界点叫做临界点。

9.5.2.3 假设检验的方法

假设检验的方法主要包括，z 检验（又称 μ 检验）、t 检验、x^2 检验、F 检验、x^2 检验法（皮尔逊法）等。这里主要介绍 x^2 检验法及其应用。在后面还将结合具体实例讨论其假设检验方法。

（1）t 检验

这是用服从 t 分布的统计量检验正态总体均值的方法。假设样本容量为 n，当总体方差为未知时，我们查自由度为 $n-1$ 的 t 分布表以确定拒绝域；当总体为已知时，则查自由度为 ∞ 的 t 分布表，即标准正态分布表，以确定拒绝域。这时检验法又称为 μ 检验法。我们还可以用 t 检验法来检验二正态总体均值差的假设。

（2）F 检验

它是一种用服从 F 分布的统计量来检验二正态总体法差的齐性的方法。

（3）x^2 检验

设样本 x_1，x_2，…，x_n 来自方差 σ^2 为未知的正态总体 N（μ，σ^2），则

可利用服从 x^2 分布的统计检验 σ 的各种假设。

（4）曲线拟合

上述各种参数假设检验法都是在总体分布形式为已知的前提下进行讨论的。但在实际问题中有时不能预知总体服从什么分布，这时就需要根据样本来检验关于总体分布的各种假设。其方法有：

① 正态概率纸：概率纸是一种判断总体分布的简便工具，使用它们，既可以很快地判断总体分布的类型，也能粗略地估计总体的数字特征，概率纸的种类很多，如检验总体分布是否为正态的正态概率纸等。

② x^2 检验法：在图书情报研究中的某些随机问题，有的需要检验总体分布的假设，有的则是检验一组观察数据是否符合某种分布形式。例如为了检验某一学科的文献是否服从布拉德福定律，我们对这个学科的文献在期刊上的分布作一统计，得到一组样本。由于事件的随机性，不可能设想这一组样本的观察值都恰好等于根据布拉德福定律计算的理论值。即使稍有偏差也是允许的。但这种偏差究竟允许多大呢？又如，人们常常用某个给定函数 $F(x)$ 来表示随机变量 X 的分布。但这种分布模型与实际观察值的差异程度如何？这都需要进行拟合检验。所谓拟合程度，是指所建立的模型与观察到的实际情况之间相互符合的程度。检验观察值与理论值之间拟合程度的方法叫做拟合优度检验，主要有 x^2 检验法、r^2 检验法等。

x^2 检验法可以叙述如下，这种方法是在总体 x 的分布未知时，根据它的 n 个观察值 x_1，x_2，…，x_n，来检验关于总体分布的假设，即检验 H_o：总体 X 的分布函数为 $F(x)$ 的一种方法。若总体分布为离散型，则假设应写成 H_0：总体 X 的分布为：$P\{x=t_i\}=P_i$，$i=1$，2，…；若总体分布为连续型，则假设相当于 H_0：总体 X 的概率密度为 $f(x)$。在检验时，$F(x)$ 的形式及参数必须是已知的。如果参数未知，先用最大似然法估计参数，然后再作检验。

x^2 检验法的基本思想是：把随机试验结果的全体分为 K 个不相容的事件 A_1，A_2，…，A_k。于是，在假设 H_0 下，我们可以计算 $P_i=P(A_i)$，$i=1$，2，…，K。显然，在 n 次试验中，事件 A_i 出现的频率 f_i/n 与 P_i 有差异。一般说来，若 H_0 为真，则这种差异并不显著，若 H_0 为假，这种差异就显著。基于这种想法，皮尔逊用统计量（该统计量虽然也记作 x^2，但其定义与 x^2 分布不同）：

$$x^2=\frac{(f_i-nP_i)^2}{nP_i} \tag{9-2}$$

作为检验理论概率 nP_i 与观察概率 f_i 相拟合程度的尺度。并已证明，若 n 充分大（一般大于50），则不论总体属于什么分布，统计量（9-2）式总是服从自由度为 $k-r-1$ 的 x^2 分布，其中 r 是被估计参数的个数。

x^2 检验法的具体步骤是：

A. 建立零假设 H_0，$F(X)$ 是 X 总体的分布函数；

B. 对给定的分布 $F(X)$，计算 $P_i = F(\boldsymbol{a}_i + 1) - F(\boldsymbol{a}_i) = P\{\boldsymbol{a}_i < x \leqslant a_i + 1\}$ 并计算 nP_i；

C. 计算 $x^2 = \sum\limits_{i=1}^{n} \dfrac{(f_i - nP_i)^2}{nP_i}$；

D. 若 $x^2 \geqslant x_a^2$，拒绝 H_0，反之接受 H_0。（$x_a^2(k-r-1)$ 可以在 x^2 分布表上查到）。

必须注意的是，x^2 检验法是在无限增大时推导出来的，所以在使用时必须注意要满足样本容量足够大以及 nP_i 不太小这两个条件。根据计算实践，要求样本容量要大于50，以及每一个 nP_i 都不小于5，而且最好能在10以上，否则，应适当合并区间，使之满足 nP_i 不小于5的要求。区间合并后，自由度（即 $k-1$）则要相应减少为合并后的区间数减1。

x^2 函数在情报学图书馆学研究中的作用超出了检验的范围。对于某些社会科学领域，人们提出一个函数描述一组随机事件，有时并不是为了获得某些定量的结果，而是对事物的总轮廓总趋势作大致的描述。对于这种目的的研究，当然不一定要求观测值数据与函数在某个 α 显著水平下拟合。这时，x^2 函数可以帮助我们比较两个函数模型，看哪一个模型更加接近观察数据，也就是说哪一个模型的拟合优度高些。同时对于一个给定的、以函数形式表达的定律，不同对象有不同的拟合情况，这能为人们研究这些对象提供线索和依据。此外，x^2 检验法在测定德尔菲法的稳定性方面具有重要作用。

③ 判定系数 R^2 检验法。对于回归模型与观察值的拟合程度，常常利用统计量 R^2 来检验。它可根据样本数据（或回归系数）来计算，表示能解释的因变量的离差平方和占因变量的总离差平方和的比率。

其计算公式如下：

$$R^2 = \frac{\sum \hat{y}^2}{\sum y^2} = \frac{\sum y^2 - \sum \delta^2}{\sum y^2} = 1 - \frac{\sum (Y_i - \hat{Y}_i)^2}{\sum (Y_i - \bar{Y})^2} \tag{9-3}$$

R^2 称为量度拟合优度的判定系数。通常在0至1之间取值。R^2 越接近于 1，说明其模型越接近于实际情况，即模型的拟合程度越高。如果 $r^2=0.88$，就说明回归直线与观察值间的拟合是较好的。在实际中有时也用相关系数 R 来衡量，但 R 对两个变量的关系的密切程度有时估计过高，而用 R^2 检验则能得出更为合理的结论。

（5）符号检验及秩和检验

用于检验一个总体的中位数等于一个指定数的假设。它只需满足如下两个一般的假定，就可以运用：①进行抽样的总体是一个连续总体，②该总体有一中位数 M。

假设我们检验 H_0：$M=M_0$ 及相对的 H_1：$M<M_0$。如果抽样的总体中位数真正是等于 M_0，我们期望有一半的观察值大于 M_0，约一半的观察值是小于 M_0 的。就是说，如果零假设成立，则任何给定的观察值超过 M_0 的概率是 1/2（正号与负号是一样多）。如果在样本中得到很多的观察值是小于 M_0 的，我们将倾向于接受这一假设，而不接受零假设。

符号检验不需要很多条件，计算简单，并能用于两个总体的比较。因此，情报检索中常用这类检验来估计系统的性能。但符号检验要求数据成对出现。许多情况下的数据不一定成对出现，这时可采用秩和检验方法。

秩和检验就是将待检验的两组数据混合，按大小顺序排列，每个数据所对应的序号称为它的“秩”；计算数据较少的那一组数据所对应的秩之和，记为 T，其数据个数记为 n_1，另一组数据的个数记为 n_2，对给定显著性水平 α，查秩和检验表，得秩和下限 T_1、上限 T_2；如果 $T_1<T<T_2$，则认为这两组数据无显著差异，否则就说明它们之间有明显差异。这种检验比较直观、简便，在信息利用方面也比符号检验更充分。

由此可见，由于统计检验的类型和目的不同，解决问题的方法也不相同。所以，在实际检验中，一个重要的问题就是必须选用适合的统计量和方法。统计量的选择是根据所要检验的类型，样本容量以及有关总体参数的信息而定的。例如：

① 若 σ^2 为已知，不论总体的正态性和样本容量如何，一个总体或两个总体（$\sigma_1^2=\sigma_2^2=\sigma_0^2$）均可以采用 Z 统计量和标准正态分布进行显著性检验，而 σ^2 未知，但样本容量较大（$n>30$）时，则可利用 Z 统计量来检验一个总体的均值。

② 若 σ^2 未知，而样本容量又较小（$n<30$）时，只要总体服从正态分布，则一个总体或两个总体（$\sigma_1^2=\sigma_2^2$）的值都可应用 t 统计量检验。

③ 一个正态总体的方差可采用 x^2 统计量检验，而两个正态总体方差的检验可采用 F 统计量来进行。

表 9-1 列举了部分假设检验的基本情况，可供选取适当的检验统计量和方法时参考。

表 9-1 统计检验一览表

分类	分布形式	零假设	已知条件	统计量	拒绝域	统计表	自由度	检验名称
一个总体的参数检验	$N(\mu_1,\sigma^2)$	$\mu=\mu_0$	μ_0,σ_0^2	$u=(\bar{x}-\mu_0)/\frac{\sigma_0}{\sqrt{n}}$	$\lvert u\rvert>u_{\frac{\alpha}{2}}$	正态表		$u(z)$检验
		$\mu=\mu_0$	μ_0	$t=(\bar{x}-\mu_0)/\frac{S}{\sqrt{n}}$	$\lvert t\rvert>t_{\frac{\alpha}{2}}(n-1)$	t 表	$f=n-1$	t 检验
		$\sigma^2=\sigma_0^2$	σ_0^2	$x^2=\frac{1}{\sigma_0^2}\sum_{i=1}^{n}(x_i-\bar{x})^2$	$x^2<x^2_{1-\frac{\alpha}{2}}(n-1)$ 或 $x^2>x^2_{\frac{\alpha}{2}}(n-1)$	x^2 表	$f=n-1$	x^2 检验
		$\sigma^2\leqslant\sigma_0^2$	σ_0^2	$x^2=\frac{1}{\sigma_0^2}\sum_{i=1}^{n}(x_i-\bar{x})^2$	$x^2>x^2_{\alpha}(n-1)$	x^2 表	$f=n-1$	x^2 检验

续表

分类	分布形式	零假设	已知条件	统计量	拒绝域	统计表	自由度	检验名称
两个总体的参数检验	$N(\mu_1,\sigma_1^2)$ $N(\mu_2,\sigma_2^2)$	$\mu_1=\mu_2$	$\sigma_1^2=\sigma_2^2=\sigma_0^2$	$u=\dfrac{\bar{x}-\bar{y}}{\sigma_0\sqrt{\dfrac{1}{n_1}+\dfrac{1}{n_2}}}$	$\vert u\vert>u_{\frac{\alpha}{2}}$	正态表		$u(z)$ 检验
		$\mu_1=\mu_2$	$\sigma_1^2=\sigma_2^2$	$t=\dfrac{\bar{x}-\bar{y}}{\dfrac{\sqrt{(n_1-1)S_1^2+(n_2-1)S_2^2}}{\dfrac{n_1+n_2-2}{\sqrt{\dfrac{1}{n_1}+\dfrac{1}{n_2}}}}}$	$\vert t\vert>t_{\frac{\alpha}{2}}(n_1+n_2-2)$	t 表	$f=n_1+n_2-2$	t 检验
		$\sigma_1^2=\sigma_2^2$		$F=\dfrac{S_1^2}{S_2^2}$	$F<F_{1-\frac{\alpha}{2}}(n_1-1,n_2-1)$ 或 $F>F_{\frac{\alpha}{2}}(n_1-1,n_2-1)$	F 表	$f_1=n_1-1$ $f_2=n_2-1$	F 检验
		$\sigma_1^2\leqslant\sigma_2^2$		$F=\dfrac{S_1^2}{S_2^2}$	$F>F_{\alpha}(n_1-1,n_2-1)$	F 表	$f_1=n_1-1$ $f_2=n_2-1$	F 检验
总体分布检验		$F(X)$ 是 X 总体的分布函数	$F(X)$ 的形式及参数	$x^2=\dfrac{(f_i-nP_i)^2}{nP_i}$	$x^2\geqslant x_{\alpha}^2(k-r-1)$	x^2 表	$f=k-r-1$	x^2 检验法

9.6 数学模型分析法的应用

数学模型在对研究对象的定量描述、定量分析以及进行定量预测等方面，都有着特殊的功能。因此数学模型法在科学研究中被普遍采用。在情报学图书馆学特别是信息计量学领域，数学模型方法有着广泛的应用。

在图书情报领域运用数学手段是以文献的计数和图书馆统计为起点的。到20世纪初，随着文献数量的不断增长，对文献流的研究提上了议事日程，并运用统计学方法发现了文献情报流的一些统计规律，后来人们又力图用数学理论解释这些定律。20世纪60年代以来，由于电子计算机引入图书情报领域，使得数学模型方法在更广的范围里和更深的程度上应用到情报学图书馆学中。在应用过程中，往往是先移植已有的数学概念、公式和方法，再根据图书情报工作的特殊环境和条件对其进行限制和修正。同时，由于图书情报领域的问题往往涉及人为因素，图书情报管理系统是物和人的混合体系，因此应用数学模型方法往往有一定的难度，需要我们从数学方法和情报科学的结合上深入研究，才能取得较好的效果。

目前，数学的主要分支学科，如微积分、线性代数、集合论、概率论与数理统计、运筹学、信息论、系统论、模糊数学等都已不同程度地应用于情报学图书馆学的各个分支领域，提出了许多有关的数学模型。其应用主要体现在以下几个方面：

9.6.1 在信息资源管理中的应用

数学模型方法和计算机技术已成为现代图书情报管理的支柱，极大地改变了传统的图书情报管理的概念和技术。在图书情报系统应用数学模型方法时，首先要对图书情报系统的各种变化因素进行定性分析，确定其内在的联系，找出要进行定量描述的主要因素及其关系，然后再选择适当的模型结构来进行描述，从而建立恰当的数学模型。选择模型结构基本上有两种方法，一种是采用统计模型建立方法（如回归法和方差分析法），通常假定结构是线性模型的，这是最常选用的方法。另一种方法是根据基本原理推导出模型的结构，例如，在研究大学图书馆流通量是怎样随着学生总数、搜集数量和流通方针等的不同而变化时，我们可以使用概率理论基础和其他研究成果来确定未来的流通情况，而未来的流通情况是与过去的流通情况线性相关的。在图书情报系统可以建立整体数学模型，但一般都是描述某一方面或某一环节的模型，例如图书使用模型、资源分配模型、图书馆网模型、情报存储管理模型等。

（1）图书使用模型

图书馆的一个基本元素是单独的一本书或一本杂志，而图书使用模型就是描述这一基本元素的一种部件模型，它能够对整个系统模型的建立作出贡献。

P. M. 莫尔斯提出了一本书在特定的时间周期中的平均流通量与感兴趣的最后一个时间周期中的流通量线性相关。具体地说，他找到了这样一个关系式：

$$y(t) = a+by(t-1)$$

它是与过去图书流通量相关的未来图书流通量的恰当描述。他使用从美国麻省理工学院科学图书馆得到的数据，发现对于5年或不超过5年的图书，其 $\boldsymbol{a}\approx 0.40$，$b\approx 0.50$，而较陈旧的图书，其 $\boldsymbol{a}\approx 0.2$，$b\approx 0.5$。由于它的某一时间周期的输出只取决于紧邻的上一时间周期的输出，所以这个模型可以叫做马尔可夫模型。后来一些学者研究发现，不同学科类型的图书馆的参数 $\boldsymbol{a}$，b 会有不同的数值；比较陈旧的书刊的参数 a 会下降。在获取这些经验结果的过程中，C. 陈还通过制订一个处理有偏差的流通数据的方法扩展了莫尔斯模型。

（2）资源分配模型

图书馆管理都可以被看做是把有限资源分配给各种图书馆服务而使总的系统性能达到最大的过程。这就是一般称作资源分配问题的实质。

克拉夫特和希尔把杂志选择作为一个资源分配问题进行了考察。为了把杂志的价值同需求等同起来，他们研究了一个方法，使杂志收藏主题对成本限制的总价值最大。当他们的判定变量只可能有两个值（即0代表不选择的杂志，1代表被选择的杂志）时，便可使用动态规划来解决这个最佳化问题。

（3）图书馆网模型

图书馆网的设计，研究和使用中的问题常常是很复杂的，同时还要涉及大量数额的经费，因此可以根据在提高性能和节省成本方面的可能收益幅度来证明建立模型工作的正确性。

W. B. 劳斯和S. H. 劳斯使用图论概念和排队论思想研究了一个图书馆网模型，目的在于预测几个变通的网络工作方针对网络性能的影响。网络工作方针包括服务需求的传送、服务交送和有关几个可供选择的计算机技术和通信技术实现方法的判定。其网络性能包括三个组成部分：①满足一项要求的概率；②从需求提出到得到所希望的服务的平均等待时间；③满足一项需求的平均成本。这种模型方法已在伊利诺斯图书馆和情报网等许多系统中应用。同时，它与资源分配方法结合起来，以便拟定一种能把一些单个图书馆当作网络（系统）表示的方法。

（4）情报系统的微分方程组模型

为了建立一个平衡系统，首先画出情报系统内部信息交流流程图，从情报交流过程中提炼出“量”的交流过程，以此来定义情报系统，并规定了各种情报量，然后用一组微分方程模拟情报交流过程，从而制定一个描述情报系统的微分方程组模型。

9.6.2 在信息检索中的应用

数学理论和方法在情报检索中应用比较早，也较为系统和成熟，提出了很多数学模型。例如，1967 年提出的 Swets 的概率论和数理统计模型；1968 年的 G. Salton 的集合论模型；1976 年的 A. Bookes 等的集合论模型；1976 年的 T. Radecki 等的模糊集合模型；1977 年的 Van Rijsbergen 等的概率模型；以及矩阵模型、向量模型、线性方程组模型等。此外，针对文献标引问题、检索决策过程问题、检索系统的评价问题等，人们也提出了不少的数学模型。这些模型都是在提高计算机检索系统检索效率的共同目标下提出来的，但其出发点和功能却各不相同。集合论模型主要是以检索系统结构主要部分的分类以及划分出的集合之间的关系为出发点，概率模型是以检索系统中随机事件的概率的揭示为出发点，矩阵向量模型则是以检索系统中抽象出来的“概念空间”作为其出发点的。在使用价值上，它们也各具特色，有的简单实用，有的检索速度快而且效果好。但概率模型和模糊集合论模型还处在试验阶段。

（1）集合论模型

目前，图书情报工作中真正能用上集合论思想和方法的还数情报检索系统（包括词表系统、目录系统）。在检索系统中，存在文献集合、标引语言集合、提问集合等。检索系统可以看成不同集合的联合体，而检索过程可以看成这些集合之间的运算过程，实际上就是集合之间关系的数学描述。如果根据标引语言把提问与文献加以形式化，找出它们之间的对应关系，便可提炼出检索系统的数学模型。

（2）矩阵向量模型

检索系统的矩阵向量模型的出发点是每篇文献和提问都有一些可以用概念词表达的揭示其内容的独立属性，而每个属性都可以看成是概念空间（属性空间）的一个维数。同时，把整个文献库看成一个向量空间，而提问和命中文献之间的函数关系通过一个矩阵函数式表达出来。这个模型是对检索系统的更精细、更本质的描述，提高了检索速度和效率。但它较为复杂，对词表的稳定性和计算机容量的要求较高，使用起来较为困难。

9.6.3 在文献信息规律研究中的应用

在文献情报流规律的研究中，数学模型方法的应用比较广泛。并取得了不少成果。人们用以描述文献情报流规律的数学模型就有文献增长曲线、文献衰老曲线、文献离散分布曲线、文献集合模型、文献分布概率模型、情报流矢量动态模型等。

9.6.4 在学科动态研究中的应用

数学模型法可以实际应用于科学学和科技管理的研究中，是揭示科学技术发展规律的一种有效方法。这里，我们仅举一例来说明数学模型法在这方面的应用及其基本步骤。

众所周知，根据文献数量的变化可以估测学科的衍生、发展等变化趋势。对文献数量与学科发展的这种变化关系建立数学模型，大致要经历以下步骤：

(1) 首先要确定目标、搜集原始数据资料

其具体数据如表 9-2 所示。

表 9-2　　**1992~2001 年中国传播学专著文献量统计表**

年份	文献量 y_i	年份编号 t_i	文献量对数值 $\lg y_i$
1992	11	1	1.0414
1993	14	2	1.1461
1994	13	3	1.1139
1995	8	4	0.9031
1996	11	5	1.0414
1997	26	6	1.4141
1998	23	7	1.3617
1999	28	8	1.4472
2000	49	9	1.6902
2001	33	10	1.5851
	$\sum_{i=1}^{10} y_i = 216$	$\sum_{i=1}^{10} t_i = 55$	$\sum_{i=1}^{10} \lg y_i = 12.7442$

(2) 建立模型

由于文献情报现象要更多地受到人为主观因素的影响，对它的认识只能靠观察记录而不能进行重复试验。因此，上述问题的计量要靠统计观察资料进行估算，其变化规律可用数学和数理统计方法来体现其过程。我们现用数理统计学中的如下方程来加以表述：$\hat{y} = ka^{bt}$。

(3) 估算参数

从方程式可以看出，学科衍生，发展及变化的趋势取决于模型中 k、a、b 的值，现取对数进行计算，即有：

$$lg\hat{y} = lgk + btlga$$

将有关观察数据代入公式，求出 a、k、b 参数值如下：a = 1.8629、k = 7.4628，b = 0.2702；从而得出 $\hat{y}_{11} = 47$，即预测出2002年的文献量。

(4) 验证理论

将预测结果与实际情况进行比较，找出差异，予以修正。一般用标准误差来检验其符合程度，其计算公式如下：

$$标准误差\ S = \sqrt{\frac{\sum_{i=1}^{n}(i期实数 - i期预测数)^2}{n}} \qquad (i = 1, 2, 3, \cdots, n)$$

(5) 预测和决策

上述计算结果，可以用来决定馆藏所必需的物质条件，预测学科的衍生及传统学科的发展动向，确定检索工具的报道量，为合理采购和收藏文献提供依据，并将其向有关情报用户进行宣传介绍，以提高文献情报的利用率。

9.7 回归分析法及其应用

9.7.1 回归分析原理

在现实世界中，普遍存在着变量之间的关系。这些关系一般分为两大类：确定性关系与非确定性关系。确定性关系的变量之间的关系可用函数关系表达，非确定性关系则不然。例如文献量与年代的关系，尽管我们知道文献量的增长与年代呈指数关系，但由于文献产生的随机性，我们却不能单纯根据一个表达式就确切地知道某一年代的文献量是多少。又如根据一个学科文献量的增长或减少，可以推想这一学科的兴起或成熟，但这种关系也不是十分确切的、唯一的。图 9-1 中散布的点、两根直线都可以是它们的近似，但又都不能唯一地确定它们。这类关系中至少有一个随机变量在起作用。我们把变量之间这种相关、但又不能由一个或几个变量之值完全确定出另一个变量之值的非确定性关系称为相关关系。

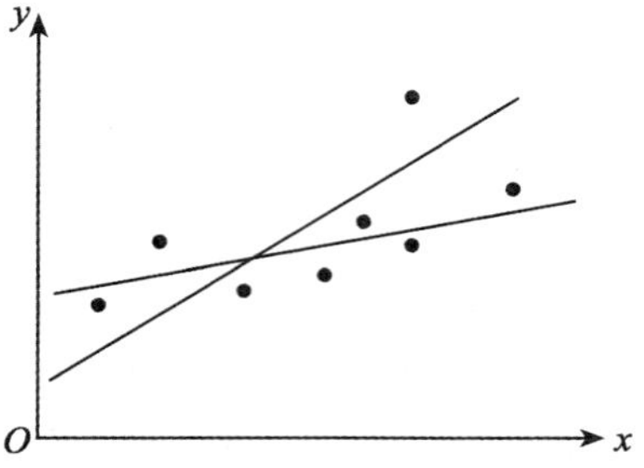

图 9-1　相关关系非确定性

相关关系虽不是确定的，但在大量观察的情况下，往往呈现出一定的规律性。从观察值的散点图上，一般就可看出变量关系的统计规律。例如从图 9-1 中可以看到，它们的散点分别大致地围绕一条直线（或曲线）散布。这就是相关关系的变量间统计规律性的一种表现。于是，图 9-1 中直线（或曲线）的函数表达式 $y=f(x)$，便能够作为观察结果的一种近似描述。也就是说变量间的相关关系尽管不是函数关系，仍然可以借助相应的函数近似地表述它们的规律性，这样的函数就称为回归函数。如果回归函数是一个线性函数，则称变量之间是线性相关的。

回归分析就是处理和研究变量之间相关关系的一种数理统计方法。其主要内容有：从相关变量的观测数据出发，确定其定量关系，即回归函数。对回归函数的可信程度进行统计检验，从影响某一变量的许多变量中，分析和判断哪些变量的影响是显著的，哪些变量是不显著的；利用所求得的回归函数进行决策、预测和控制，以达到一定的研究目的。在文献情报领域，由于相关关系十分普遍，因而回归分析有着广泛的应用。它能帮助我们从一个变量取得的值，去估计另一个变量的值；可以用于发现规律、验证规律，解决变量间的各种相关关系问题。因此，回归分析是信息计量学中常用的研究方法之一。

从相关关系得到的回归图像有线性的和非线性的。因此，与之对应的回归函数也有线性的和非线性的之分。但无论是线性回归还是非线性回归，在进行回归分析时都要经历几个基本步骤。下面以一元线性回归为例说明其要点。

（1）分析和确定自变量与随机变量的相关关系，描绘出回归图像

在分析和确定自变量与随机变量的相关关系后，对总体抽样观测，获取一系列样本数据，对其观测数据列表显示并进行必要的计算，以扩充所需数据，根据观测数据描绘出回归图像。

（2）根据回归图像，寻找相应的函数表达式

散点图可以帮助我们粗略地了解用什么形式的函数估计随机变量 y 更合适。如果回归图像近似直线，则可假设相应的函数表达式为：$\hat{y}=a+bx$，式中 $\boldsymbol{a}$，b 为待定系数。

（3）确定系数

确定系数 $\boldsymbol{a}$，b 是建立回归函数的关键步骤。在 $\hat{y}=a+bx$ 中，$\boldsymbol{a}$，b 必须符合最小二乘法原则。在估计 $\boldsymbol{a}$，b 时，使 y 的观察值 y_i 与 $a+bx_i$ 偏差的平方和 Q（$\boldsymbol{a}$，b）为最小的一种确定回归系数的方法，就叫做最小二乘法。它是求经验公式的一种常用方法。

对于总体（X，Y）的样本观测值为（x_i，y_i）（$i=1$，2，3，…，n）则偏差的平方和为：

$$Q(a,\ b)=\sum_{i=1}^{n}(y_i-\hat{y}_i)^2=\sum_{i=1}^{n}(y_i-a-bx_i)^2$$

我们希望 $Q(\boldsymbol{a},\ b)$ 最小，其最小值记为 $Q(\hat{a},\ \hat{b})$ 系数 $\hat{b}$ 称为回归系数，则 $\hat{y}=\hat{a}+\hat{b}x$ 就是我们要求的回归函数。

根据微分原理，要 Q 最小，则需要取关于 $\boldsymbol{a}$，b 的偏导数，并令其等于零：

$$\begin{cases}\dfrac{\partial Q}{\partial a}=-2\sum\limits_{i=1}^{n}(y_i-a-bx_i)=0\\[2ex]\dfrac{\partial Q}{\partial b}=-2\sum\limits_{i=1}^{n}(y_i-a-bx_i)x_i=0\end{cases}$$

解方程组，得 $\boldsymbol{a}$，b 的估计分别为：

$$\hat{a}=\bar{y}-\hat{b}x$$

$$\hat{b}=\frac{\sum\limits_{i=1}^{n}(x_i-\bar{x})(y_i-\bar{y})}{\sum\limits_{i=1}^{n}(x_i-\bar{x})^2}$$

式中，$\bar{x}=\frac{1}{n}\sum_{i=1}^{n}x_i$，$\bar{y}=\frac{1}{n}\sum_{i=1}^{n}y_i$。

根据 $\hat{a}$，$\hat{b}$ 的计算公式，即可求出 $\hat{a}$ 和 $\hat{b}$，从而确立回归函数。

(4) 检验回归函数

主要进行线性假设的显著性检验。其检验的方法很多，如 t 检验、F 检验、相关系数检验、作图检验等。这里只给出 t 检验的计算方法和公式：

如果 $\frac{|\hat{b}|}{\hat{\sigma}}\sqrt{\sum_{i=1}^{n}(x_i-\bar{x})^2}>t_{\frac{\alpha}{2}}(n-2)$，

式中：$\hat{\sigma}=\sqrt{\hat{\sigma}^2}$，$\hat{\sigma}^2=\frac{1}{n-2}\sum_{i=1}^{n}(y_i-\tilde{y}_i)^2$

则在显著性水平 α 下拒绝假设 H_0：$b=0$，认为回归效果是显著的，亦即 y 与 x 之间存在着线性关系 $y=a+bx$；若上式不等号反向，就认为回归效果不显著。其原因可能是：

① 影响 y 的除 x 外，还有其他不可忽略的因素；

② y 与 x 的关系不是线性的，而是存在着其他的关系；

③ y 与 x 无关。

如果研究的问题是非线性回归问题，则可以通过某些函数变换化为线性回归问题，然后再按照上述步骤建立其回归函数，并进行回归分析。

9.7.2 一元线性回归分析法及应用

(1) 一元线性回归分析法简介

回归分析，包括一元回归分析和多元回归分析。研究两个变量间的相关关系的称为一元回归分析，研究多个变量间的相关关系的，称为多元回归分析。下面我们主要讨论一元线性回归分析问题。

设随机变量 y 与变量 x 之间存在某种相关关系，这里 x 是可以控制或可以精确观察的变量，如时间等。因此，x 不作随机变量，而被当做通常的变量。由于 y 的随机性，对于 x 的每一确定值，y 有它的分布。因此，若 y 的数学期望存在，则它们的值随 x 取确定值而确定。显然，我们可以通过一组样本来估计 y 的数学期望，从而可以解决两类问题：

① 在一定置信度下，当 x 取某一值 x_0 时，估计出随机变量 y 取值的情况，即所谓预测问题；

② 在一定置信度下，控制自变量 x 取值的范围，是 y 在给定的范围内取值，即所谓控制问题。

随机变量 Y 的数学期望是 x 的函数，记作 $\mu=\mu(x)$。这个函数 $\mu(x)$ 称为 y 对 x 的回归。回归分析的基本内容是用来估计 $\mu(x)$，然后利用估计的结果，作出预测或控制。在信息计量学领域，回归分析大都用于预测、发现或验证规律，而较少涉及控制问题。

(2) 一元线性回归分析法的应用

下面结合实例介绍一元线性回归分析方法及主要步骤。

① 获取样本数据

我们对表 9-2 的数据重新整理，得到表 9-3，并进行回归分析，定量地探讨传播学文献的量变规律及发展趋势。

表 9-3　　**1992 ~ 2001 年中国大陆传播学专著文献量统计表**

年份	1992	1993	1994	1995	1996	1997	1998	1999	2000	2001	Σ	$\bar{x}$，$\bar{y}$
年度编号 x_i	1	2	3	4	5	6	7	8	9	10	55	5.5
文献量 y_i	11	14	13	8	11	26	23	28	49	33	216	21.6

如何求 y 对 x 的回归呢？我们先将每对观测值 (x_i, y_i) 标在直角坐标系中，从中可以看到，用 x 的线性函数 $\boldsymbol{a}+bx$ 来估计 y 的数学期望是合理的。用线性函数 $a+bx$ 来估计 y 的数学期望的问题称为一元线性回归问题。

② 假设回归函数

假设 y 的期望 $E(y)=\boldsymbol{a}+bx$，且对于 x 的每一个值，$y\sim N(\boldsymbol{a}+bx, \sigma^2)$，其中，$\boldsymbol{a}$，$b$，$\sigma^2$ 都是未知参数，并且不依赖于 x，因此，就有：

$$y=a+bx+\varepsilon \tag{9-4}$$

式中 ε 为随机变量，$\varepsilon\sim N(0, \sigma)$。如果由样本得到的(9-4)式中的 $\boldsymbol{a}$，b 的估计量为 $\hat{\boldsymbol{a}}$，$\hat{b}$，则对于给定的 x，$a+bx$ 的估计为 $\hat{a}+\hat{b}x$ 记作 $\tilde{y}=\hat{a}+\hat{b}x$，而方程

$$\tilde{y}=\hat{a}+\hat{b}x \tag{9-5}$$

成为 y 对 x 的线性回归方程。

③ 估计 a，b 求出线性回归方程

为了求 y 关于 x 的线性回归方程，所需计算数据列表 9-4：

表 9-4　**1992 ~ 2001 年中国大陆传播学专著文献量线性回归方程**

	1992	1993	1994	1995	1996	1997	1998	1999	2000	2001	Σ
x_i	1	2	3	4	5	6	7	8	9	10	55
y_i	11	14	13	8	11	26	23	28	49	33	216
x^2	1	4	9	16	25	36	49	64	81	100	385
y^2	121	196	169	64	121	676	529	784	2 401	1 089	6 150
xy	11	28	39	32	55	156	161	224	441	330	1 477

$$n = 10,\ \bar{x} = \frac{1}{n}\sum_{i=1}^{n} x_i = 5.5,\ \bar{y} = \frac{1}{n}\sum_{i=1}^{n} y_i = 21.6$$

$$\sum_{i=1}^{n}(x_i - \bar{x})^2 = \sum_{i=1}^{n} x_i^2 - \frac{1}{n}\left(\sum_{i=1}^{n} x_i\right)^2 = 385 - \frac{55^2}{10} = 82.5$$

$$\sum_{i=1}^{n}(y_i - \bar{y})^2 = \sum_{i=1}^{n} y_i^2 - \frac{1}{n}\left(\sum_{i=1}^{n} y_i\right)^2 = 6\ 150 - \frac{216^2}{10} = 1\ 484.4$$

$$\sum_{i=1}^{n}(x_i - \bar{x})(y_i - \bar{y}) = \sum_{i=1}^{n} x_i y_i - \frac{1}{n}\sum_{i=1}^{n} x_i \sum_{i=1}^{n} y_i = 1\ 477 - \frac{55 \times 216}{10} = 289$$

根据 $\hat{a}$，$\hat{b}$ 的计算公式，由上列数据可得：

$$\hat{b} = \frac{\sum_{i=1}^{n}(x_i - \bar{x})(y_i - \bar{y})}{\sum_{i=1}^{n}(x_i - \bar{x})^2} = \frac{289}{82.5} \approx 3.5$$

$$\hat{a} = \bar{y} - \hat{b}\bar{x} = 21.6 - 3.5 \times 5.5 = 2.35$$

故所求的回归方程为：

$$\tilde{y} = 2.35 + 3.5x$$

④ 线性假设的显著性检验

由公式得到的 $\hat{a}$，$\hat{b}$ 是 a，b 的点估计。我们知道，对于随机变量，仅有点估计是不够的，任意一组样本(x_i, y_i)都可以根据 $\hat{a}$，$\hat{b}$ 的公式确立系数，从而得到一个线性回归方程。y 是否真的与 x 有线性关系呢？这就需要统计检验。

检验 x 与 y 之间的相关性，有多种方法。实际中常用统计量：

$$R = \frac{\sum_{i=1}^{n}(x_i - \bar{x})(y_i - \bar{y})}{\sqrt{\sum_{i=1}^{n}(x_i - \bar{x})^2 \sum_{i=1}^{n}(y_i - \bar{y})^2}}$$

检验其相关性。当 $|R|$ 较大时，则认为 x 与 y 之间存在线性关系。通过计算 $R = 0.9$，所以可以认为线性相关性是显著的。

如果采用 t 检验方法检验回归效果，其计算如下：显著性水平 $\alpha = 0.05$，因 $\hat{b} = 3.5$，$\sum_{i=1}^{n}(x_i - \bar{x})^2 = 82.5$，

$$\sum_{i=1}^{n}(y_i - \bar{y})^2 = \sum_{i=1}^{n}(y_i - \bar{y})^2 - \hat{b}^2\sum_{i=1}^{n}(x_i - \bar{x})^2 = 1\,484.4 - 3.5^2 \times 82.5$$
$$= 473.78$$

所以 $\frac{\hat{b}}{\hat{\sigma}}\sqrt{\sum_{i=1}^{n}(x_i - \bar{x})^2} = |\hat{b}|\sqrt{\frac{n-2}{\sum_{i=1}^{n}(y_i - \bar{y})^2}\sum_{i=1}^{n}(x_i - \bar{x})^2} = 3.5 \times \sqrt{\frac{8 \times 82.5}{473.78}} = 4.13$

从 t 分布表上查 $t_{\alpha/2}(n-2) = t_{0.25}(8) = 2.306 < 4.13$，所以拒绝假设 H_0，即认为回归效果显著。

9.7.3 非线性回归分析法及应用

在信息计量学领域，非线性相关问题是很常见的。若已知一批数据接近非相关关系，那么如何确定非线性回归方程呢？这是图书情报研究中经常碰到的问题。

当变量之间存在非线性关系时，一般应该用回归曲线来描述，但直接求回归曲线方程式是不容易的。不过在某些特殊场合，非线性问题可以通过变量置换化成线性问题处理。例如，人们认为文献的增长率是年代的指数函数，一般表示为 $y = ae^{bx}$，两边取对数，便有 $\ln y = \ln a + bx$。令 $\ln y = y'$，$\ln a = a'$，则有 $y' = a' + bx$，这是线性方程形式。现在通过实例来说明这类回归方法及其应用。

例如，1946 年《新中华杂志》上发表杨家骆根据历代各种目录整理出的我国古代出版书籍的统计数据，各代出版书籍部数如表 9-5 所示。

表 9-5　　我国各代出版书籍部数

西汉及汉前	1 033	五 代	720
东 汉	1 100	宋	11 519
三 国	1 722	西夏辽金元	5 970
晋	2 438	明	14 024
南 北 朝	7 094	清	126 649
隋 朝	10 034		

我们试图根据表 9-5 的数据，证明我国古代文献符合指数增长规律。我们以 100 年作为时间 x 的单位，以 1000 部作为书籍 y 的单位，y_i 的指示对应时间 x_i 的图书累积数。所需数据及计算列于表 9-6。

表 9-6　　我国古代文献的指数增长情况

x	y	y'	x^2	y'^2	xy'
0. 25	1. 033	0	0. 08	0	0
2. 20	2. 133	0. 74	4. 84	0. 55	1. 63
2. 80	3. 255	1. 19	7. 84	1. 42	3. 33
4. 20	5. 693	1. 74	17. 64	3. 03	7. 31
5. 89	12. 787	2. 55	34. 81	6. 50	15. 02
0. 07	22. 821	3. 13	82. 81	9. 80	28. 39
9. 60	23. 591	3. 16	92. 16	9. 99	30. 34
12. 79	35. 110	3. 56	163. 58	12. 67	45. 53
13. 68	41. 080	3. 71	187. 14	13. 78	50. 75
16. 44	55. 104	4. 01	270. 27	16. 08	65. 92
19. 11	181. 653	5. 20	365. 19	27. 04	99. 37
Σ 96. 03		28. 99	1 226. 34	100. 84	347. 59

$n = 11$，$\bar{x} = \frac{1}{n}\sum_{i=1}^{n} x_i = 8.73$，$\bar{y}' = \frac{1}{n}\sum_{i=1}^{n} y'_i = 2.64$，

$$\sum_{i=1}^{n}(x_i - \bar{x})^2 = \sum_{i=1}^{n} x_i^2 - \frac{1}{n}\left(\sum_{i=1}^{n} x_i\right)^2 = 388.00$$

$$\sum_{i=1}^{n}(y_i-\bar{y})^2=\sum_{i=1}^{n}y_i^2-\frac{1}{n}\left(\sum_{i=1}^{n}y_i\right)^2=24.44$$

$$\sum_{i=1}^{n}(x_i-\bar{x})(y_i-\bar{y})=\sum_{i=1}^{n}x_iy_i-\frac{1}{n}\sum_{i=1}^{n}x_i\sum_{i=1}^{n}y_i=94.51$$

将以上数据代入公式，得

$$\hat{b}=\frac{\sum_{i=1}^{n}(x_i-\bar{x})(y_i-\bar{y})}{\sum_{i=1}^{n}(x_i-\bar{x})^2}=\frac{94.51}{388.00}=0.24$$

$$\hat{a}'=\bar{y}'-\hat{b}\bar{x}=2.64-0.24\times8.73=0.54$$

所以，$\tilde{y}'=0.54+0.24x$，转换为原式，即有

$$\tilde{y}=e^{0.54}e^{0.24x}=1.72e^{0.24x}$$

这样，我们便得出了历代文献量增长与年代成指数关系的表达式。

我们用相关系数 R 检验上述结果，即有：

$$R=\frac{\sum_{i=1}^{n}(x_i-\bar{x})(y_i-\bar{y})}{\sqrt{\sum_{i=1}^{n}(x_i-\bar{x})^2\sum_{i=1}^{n}(y_i-\bar{y})^2}}=\frac{94.51}{\sqrt{388\times24.44}}=0.97$$

由于该系数接近于 1，因此可以认为古代图书文献量的增长是指数式的。

10 引文分析法

在科学领域里，文献信息的引证分布具有一定的规律性，这是信息计量学理论的重要组成部分；同时，作为一种方法，引文分析又具有广泛的应用。因此，文献信息引证规律和引文分析方法在信息计量学中占有举足轻重的地位，具有重要的理论意义和实际作用。

10.1 引文分析的基本概念和方法

10.1.1 引文分析的基本概念

(1) 参考文献与引证文献

在科学文献体系中，科学文献之间并不是孤立的，而是相互联系的。科学文献的相互关系突出地表现在文献之间的相互引证方面。众所周知，一篇文章或一本著作在编写过程中，一般都需要参考其他有关文献。这就使得一篇完整的科学论文通常要包括两部分：作者的正文部分和附于其后的参考文献部分。人们认为这些参考文献反映了作者在构思自己的论文时，吸收或利用早期研究者的概念、方法、技术等方面的情况。

首先，应明确“参考文献”和“引证文献”两个术语在概念上的区别。普赖斯在论及引证与被引证关系时曾建议：每一篇被引文献，对于引证者（论文作者）来说，就是有了一篇参考文献（Reference），而对于被引证者来说，则是有了一篇引证文献（Citation）。例如，本文引证了普赖斯的一篇文章中的一段话，那么我们便有了一篇参考文献；而对于普赖斯说来，就是有了一篇引证文献。所以，同一篇文献对于不同的对象，其意义是不同的，其名称各异也是十分自然的事。如果以射线箭头指向被引文献，而箭尾指向引证文献，就可以清楚地表现出科学文献之间纵向继承和横向联系的交流态势，通常将这种相互引证的关系结构称为引文网络（Citation Network）（见图 10-1）。引文网络包含丰富的有关文献交流、学科联系以及科学发展的有益信息，通过对这些信息数据的统计和分析，可以追溯科学发展的历史，评价科学发展的规模和趋势。

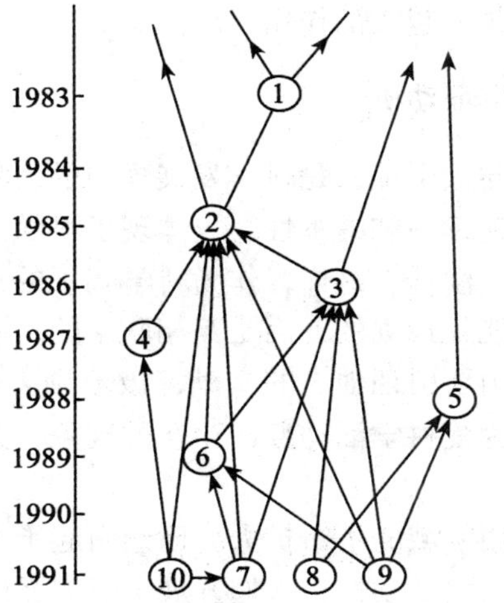

图 10-1　引文网络图（带有编号的圆圈代表文献）

（2）引文分析

通常在发表科学论文或著作时，作者往往采用尾注或脚注等形式列出其“参考文献”或“引用书目”。这样就形成了科学文献之间的引证与被引证的关系。引证文献是科学文献的基本属性之一，科学文献的相互引证关系是引文分析的主要依据。

所谓引文分析（Citation Analysis），就是利用各种数学及统计学的方法和比较、归纳、抽象、概括等逻辑方法，对科学期刊、论文、著者等各种分析对象的引证与被引证现象进行分析，以便揭示其数量特征和内在规律的一种文献计量分析方法。

引文分析是 20 世纪 20 年代才出现的。1927 年，P. L. K. Gross 等人进行了文献学史上第一次引文分析。他们统计了化学专业的某些期刊论文的参考文献并进行了分析，得出了化学教育方面的核心期刊。

在后来发表的文献计量学方面的论文中，有关引文分析的论文越来越多。例如：M. B. Line 和 A. Sandison 提出的文献老化问题；M. K. Buckland 讨论的文献老化与文献分散问题等，都是在引文统计的基础上进行的引文分析。由于各个学科、各个地区和各个时期的科学论文之间的引证现象往往有其自己的特征和规律，比如，它们可以反映一篇论文、一个科学家、一种科学期刊在科学发展过程中所起的作用，反映科学论文之间、科学家之间、科学期刊之间、科学专业以及科学学科之间的相互联系与区别。因此，引文分析方法得到了广泛的重视和应用。实践证明，这种方法可以有效地应用于许多领域，正在发挥着越来越大的作用。

10.1.2 引证行为与引证动机

科学文献的引证与被引证，是科学发展规律的表现，体现了科学知识和情报内容的积累性、连续性和继承性，也体现了科学的统一性原则以及多个学科之间广泛的交叉、渗透。这样，作为科学知识的记录和科研成果直接反映的科学文献也不可能是孤立的，而是互相联系的。科学文献作者在创作科学论文时，不可避免地要引证他人的文献，汲取别人的经验和成果。因此，科学工作者的引证行为是科学活动普遍存在的现象，是科学交流不可缺少的部分。

引文分析方法应用领域的不断扩大，已经引起了人们的广泛关注和深入研究。对于各种各样的引证动机，人们开展了多方面的探讨。科学文献的作者一般不会在论文中无缘无故地引证与其论述主题完全无关的文章。文献的相互引证有多方面的原因。温斯托克（M. Weinstock）在进行系统归纳后指出，文献被引证有以下 15 种原因：

（1）对开拓者表示尊重；

（2）对有关著作给予肯定；

（3）验证其所用的方法及仪器；

（4）提供背景性材料；

（5）对自己的著作予以更正；

（6）对别人的著作予以更正；

（7）评价以前的著作；

（8）为自己的论点寻求充分的论证；

（9）提供研究者现有的著作；

（10）对未被传播，很少被引或未被引证的文献提供向导；

（11）验证数据及物理常数等；

（12）核查原始资料中某个观点或概念是否被讨论过；

（13）核查原始资料或其他著作中的起因人物的某个概念或名词；

（14）否定他人的著作或观点；

（15）对他人的优先权提出异议。

以上15种引证动机，对于科学发展、文献交流来讲，属于正常动机，其引证行为构成真实科学过程和知识过程的一部分，由此而产生的引证与被引证也必然会从各个角度、层次反映科学发展的客观现状和规律。

从根本上说，文献的相互引证是由科学本身的发展规律和研究活动规律所决定的。科学学的研究反复表明，科学知识具有明显的累积性、继承性，任何新的学科或新的技术，都是在原有学科或技术的基础上分化、衍生出来的，都是对原有学科或技术的发展，也就是说，科学技术的发展是连续的。同时，由于科学的统一性原则，现有的各个学科之间都是彼此联系、相互交叉、相互渗透的。因此，任何一项科学研究，都必须在前人成果的基础上，吸取他人的经验来进行。这样，作为科学知识的记录和科研成果反映的科学文献也必须是相互联系的。在撰写科学论文时，作者不可避免地要引证其他有关的文献，为论证自己的观点寻找依据、查考资料。在发表科学论著时，作者列出其所引证过的参考文献，一方面是为了说明引证资料的出处，以强调其可靠性，同时也便于读者查考、核对，或在此基础上进行更深入的研究；另一方面也说明作者讲究科学道德，尊重他人劳动。这都是科学活动中必须遵循的行为准则。由此看来，科学文献的相互引证是科学发展规律的表现，也是科学活动中普遍存在的一种必然现象。

但是，在引证活动中，也存在一些与上述目的相反的动机和行为。索恩（F. C. Thorne）将其归纳为以下几种：

（1）为阿谀某人而引证；

（2）为互相吹捧而带有偏见的引证；

（3）以自诩为目的的引证；

（4）为支持某一学术研究派别利益的不正当引证；

（5）迫于权威压力的引证。

显然，这样的引证行为不可能真实反映科学发展、交流的实际过程，只能造成混淆和污染。也正是由于这些非正常引证行为的存在，使许多专家、学者对引文分析评价的客观性和准确性产生质疑，提出责难。因此，应该深入研究引文分析方法的机理，不断改进引文数据处理的数学模式，使其能够真正反映科学发展规律的实质。

10.1.3 引文分析的基本类型和步骤

（1）引文分析的基本类型

几十年来，随着引文分析的广泛应用，其技术方法不断丰富并逐渐完善。从目前情况来看，引文分析大致有3种基本类型：

① 从引文数量上进行研究，主要用于评价期刊和论文等。

② 从引文间的网状关系或链状关系进行研究。科学论文间存在着一种引证关系网络，如A被B引，B被C引，C又被A引等。研究这种关系主要用于揭示学科的发展与联系，并展望未来前景等。

③ 从引文反映出的主题相关性方面进行研究，主要用于揭示科学的结构和进行文献检索等。

若从引文的其他不同特征出发，还可派生出许多类型的引文分析。例如，从引文的语种、国别、年代、作者等进行的引文分析。

（2）引文分析的基本步骤

利用引文分析方法进行研究时，一般都有以下几个基本步骤：

① 选取统计对象

根据所要研究的学科的具体情况，选择该学科中有代表性的较权威的杂志，确定若干期及若干篇相关论文作为统计的对象。

② 统计引文数据

在选取的若干篇论文中，分项统计每篇论文后面引文的数量，引文的出版年代、语种、类型，论文作者的自引量等。统计项目可根据具体的研究目的和要求，灵活掌握，自行确定。或者直接从《科学引文索引》等工具中，选取有关的引文数据，作为引文分析的基础。

③ 引文分析

在获取的引文数据的基础上，根据研究的目的，从引文的各种指标或其他不同的角度进行分析。例如，引文量的理论分布分析，引文量的集中、离散趋势分析，引文量随时间增长规律的分析，引文的主要指标分析，包括自引量、引文语种、文献类型、年代、国别等项目的分析。

④ 作出结论

根据引文分析原理和其他一般原则进行判断和预测，从而作出相应的分析结论。

在引文分析的基本步骤中，引文统计是关键的一环。我们无论采用哪种类型的引文分析，都必须在引文统计数据的基础上进行。因此，引文统计是引文分析的前提。

在进行引文统计、搜集引文数据时，首先必须选准统计对象，即可提供引文资料的文献源。可供引文统计时利用的文献源有许多种，例如，述评性期刊以及其他基本出版物等，还可以直接从原始期刊中的论文来统计引文数据。

目前，最为有用的可供进行引文分析的工具主要是美国《科学引文索引》（*SCI*）和《期刊引证报告》（*JCR*）以及《中国科学引文索引》等。事实上，也只有引文索引能够反映科学论文之间的引证和被引证关系，只有期刊引证报告能够反映期刊之间的引证和被引证关系。在进行引文分析时，可根据分析所要达到的目的和要求，选择适当的工具作为统计分析的对象。

科学引文虽然由众多作者所引证，又分别出自不同的来源期刊或文献中，而且在很大程度上受到人为控制因素的影响，具有较大的随机性。但是，我们对大量的科学引文进行统计分析时，便可发现，科学引文具有一定的分布结构和规律性。对科学引文的分布理论和规律进行研究，是信息计量学的重要内容之一。

10.2 引文分析的主要工具

10.2.1 美国《科学引文索引》（SCI）

《科学引文索引》（*Science Citation Index*，简称 *SCI*）由美国科学信息研究所（Institute For Scientific Information，简称 ISI）编辑出版。1961 年创刊，当年收录期刊 613 种；1961～1965 年为不定期出版，到 1965 年共出版了三卷；1966 年起改为季刊；1979 年改为双月刊，并自该年起每年发行上一年度世界范围内的期刊引证报告（*Journal Citation Report*，简称 *JCR*）；另出年刊和 5 年累计本，JCR 在年刊中。

随着计算机技术，通信技术和高密度存储技术的发展，美国 *SCI* 又出现了磁带版、联机版、光盘版和网络版等多种版本。需要指出的是，一般来说，*SCI* 指印刷版和光盘版，而磁带版、联机版和网络版均为 *SCI* 的扩展版（*SCI-Expanded*，简称 *SCI-E*）。

SCI 报道世界上近 50 个国家和地区的科技期刊，部分会议录和学术丛书，也报道少量的书评。内容涉及生命科学、物理化学、临床医学、农业、生物、工程技术等 100 多个学科专业，是一种跨学科的国际大型综合检索刊物。

10.2.1.1 美国 SCI 印刷版的结构简介

SCI 现在为双月刊，也有年刊和 5 年累计本。现在的双月刊每期有 6 个分册，A、B、C 三个分册为引文索引（Citation Index），D 分册为团体索引（Corporate Index）和来源索引（Source Index），E 和 F 两分册为轮排主题索引（Permuterm Subject Index）。下面将以 2001 年第三期为例来说明 *SCI* 当

前的结构。

（1）概括性的总体介绍

相当于序言部分。这部分简要介绍*SCI*的组成、使用、功能、规则和特点等基本情况，并包括一个统计概况对比表，此表列出了1955年至当年前一年*SCI*的来源出版物、来源文献、参考文献的统计资料。在这部分的最后，给出了来源出版物的目录，由一个按出版物缩写名字顺排列的缩写与全新的对照表和一个新增出版物列表组成。

（2）引文索引（Citation Index）

这是*SCI*正文的第一部分，反映历年文献被来源文献引证的情况。根据被引文献类型和作者情况的不同，又可以分为四种类型。这四种类型都由被引证项和引证项组成。其中，引证项的著录格式和条目排列顺序在四种类型中都相同，其著录项目依次是：引证作者、出版物缩写、卷、起始页、年份、文献类型代码；其条目排列顺序与著录项目顺序相同，即按引证作者字顺排列，作者相同的，按出版物缩写字顺排列，以此类推。由于引证项在四种类型中都是相同的，因此以下将只在作者引文索引中对引证项做详细说明。

① 作者引文索引（Author Citation Index）

著录有个人作者署名的被引文献，检索入口词是被引文献第一作者。被引证项著录项目依次是：被引作者姓名，被引文发表年份，被引出版物缩写，卷，页等。其条目排列顺序与著录项目顺序相同，引证项位于被引证项下。

② 团体作者引文索引（Corporate Author Citation Index）

著录作者是某团体或机构的被引文献，按其出版或发行单位字顺编排。收录范围包括圣经、合同、报告、告示（新闻快报）、书和会议录等。美国和其他国家的政府出版物都可在相应的出版发行单位下找到。著录格式除了被引文献发表年份位于被引证项最后，且给出年代全称（如2000）外，其他各项都相同。

③ 匿名引文索引（Anonymous Citation Index）

著录未署名的被引文献，按被引出版物缩写字顺排列。著录项目少了被引作者项，其他的与作者引文索引相同。报纸、杂志和其他卷、页不明确的出版物，在缩写后给出出版的月和日。

④ 专利引文索引（Patent Citation Index）

著录被引证的专利文献，严格按照专利号排序，正文前有一个专利国别简称表。

（3）团体索引（Corporate Index）

位于第四分册的开始，是根据来源索引中作者单位的所在地及名称编制的一种索引。它分成地区和机构两部分。在索引正文前，先介绍了本分册可能用到的代码、规则、来源出版物目录、来源索引和团体索引的使用指南以及机构和地理名称的简写表。然后进入索引正文。

① 地区部分（Geographic Section）

根据作者单位所在地的国名或州名字顺排序。美国部分单列一表，位于最前面，按州名字顺排列。

② 机构部分（Organization Section）

检索入口词是某机构，下面列出此机构所属国家和地区（美国的机构没有国家名）。

（4）来源索引（Source Index）

根据来源文献（引证文献）作者姓名字顺编排而成，反映来源文献的详细情况。由于其索引项来源于引文索引的引证项，所以在引文索引中出现过的项目，其规则都与引文索引中引证项的对应项相同。按作者情况的不同，又分为匿名来源索引和来源索引两种情况。

（5）轮排主题索引（Permuterm Subject Index）

相当于传统的主题索引，它把“来源索引”中报道的论文标题中所有有实际意义的词抽出来，轮流作为主要词和次要词进行组配。按主要词字顺编排，以数字开头的主要词紧跟在 Z 开头的条目后。在检索正文前，有一个全禁用词表和一个半禁用词表，全禁用词表的词既不能作为主要词也不能作为次要词，半禁用词表中的词不能作为主要词，但可以作为次要词。

10.2.1.2 美国 *SCI* 印刷版的发展变化

从 1961 年创刊到现在，*SCI* 在不断的发展变化着，主要体现在以下几个方面：

第一，从 1996 年第二期开始新增加了团体作者引文索引（Corporate Author Citation Index）部分。

第二，各种代码及其含义的变化。语言代码方面：1993 年第四期之前语言代码只有 37 种，而从第四期开始一下增到 48 种。专利国别代码方面：1995 年第二期前只有 40 种代码，且代码大写字母数从 2~4 不等；从 1995 年第二期开始猛增到 53 种，且都统一用两个大写字母表示。文献类型方面：其文献类型和各类型收录范围等都有所变动。比如，从 1989 年开始，*SCI* 只收录选出的 500 种出版物的会议论文摘要，而以前收录所有来源出版物的论文摘要；1991 年新增再版类型（Reprints），1996 年新增新闻、消息类（News Items）；1989 年之前，书目（Bibliographics）被归入评论性文献（Reviews），而 1989 年独立成为一种类型；1996 年，讨论性文献

（Discussions）被归入编辑型文献（Editorial Material），技术札记（Notes）被归入论文（Article），而这两种类型都消失；从 1996 年开始，年鉴（Chronologies）不再被收录。这些代码的变化显示了 *SCI* 收录范围逐步扩大，著录更加规范，代码的含义更加明确。

第三，著录格式也有所变化。在引文索引中，引证文献年代现在给出全称，如 1997，而原来则只给出后两位数字，如 97。在来源索引中，现在新增了 ISI 的索取号，而原来没有此项。著录格式的变化使得用户区别引证项和被引证项更容易，检索文献更方便，获得原始文献的渠道更多。

第四，卷数及其内容的变化。随着收录范围的扩大，*SCI* 的卷数也在不断变化。1988 年第五期前，只有 A，B，C，D 四分册。A，B 为引文索引，C 为来源索引，D 为轮排主题索引；1988 年第五期到 1996 年第二期增加到五分册（A，B，C，D，E），A，B，C 为引文索引，D 为来源索引，E 为轮排主题索引；而 1996 年第三期开始到现在一直为六分册（A，B，C，D，E，F）。

第五，其他方面的变化。每期的第一部分（概括性的总体介绍）在 1990 年第一期前位于来源索引所在分册，即 1988 年第五期前位于 C 分册，而 1988 年第五期到 1990 年第一期前位于 D 分册，但 1990 年后则一直位于每期第一分册（A 分册）。另外，页脚的著录也有所变化，从 1996 年第三期第一分册的中间（P477）开始，页脚下有 SCI BIMONTHLY AUTHOR CITATION INDEX，PG . 1，SCI BIMONTHLY SOURCE INDEX，PG . 323 等著录。此著录告诉用户当页的位置以及所属类型，而以前的却没有，不熟悉的用户必须翻到各部分的起始页才能知道他在查的是什么索引。这些细小的变化给用户带来了极大的方便。

10.2.1.3 美国 *SCI* 网络版及其使用

SCI 网络版（SCI Expended，《科学引文索引扩展版》）收录了覆盖 150 多个学科领域的 6 000 多种重要期刊，比印刷版和光盘版多2 300余种，并包括其全部的参考文献，是权威的科学技术文献检索工具。它不仅可用于查找最新的研究成果（文摘和所引证的参考文献），还提供文献被引证情况的检索。独特的引文检索体系，使它成为普遍使用的学术评价工具。SCI 网络版数据库每周更新。SCI 网络版提供最新文献的检索和回溯检索，回溯数据到 1945 年，英文文摘到 1991 年。每周除了新增加文献记录约 17 750 条外，新增约362 000条引证参考文献，及 700 余条引证专利记录，目前总计 1 700 万余条文献中约 70 %可检索到英文摘要。目前，北京大学、清华大学、武汉大学和中国科学院等单位的图书馆订购了 SCI 网络版，可在以上各校的校园网或院域网进行检索访问。

(1) 美国 SCI 网络版的检索

美国 SCI 网络版可以通过两种网络途径检索，一种是 *Web* 版的 *ISI* Web of Science（登录网址：*http*：//*www*. *isinet*. *com*），如图 10-2；另一种是联机

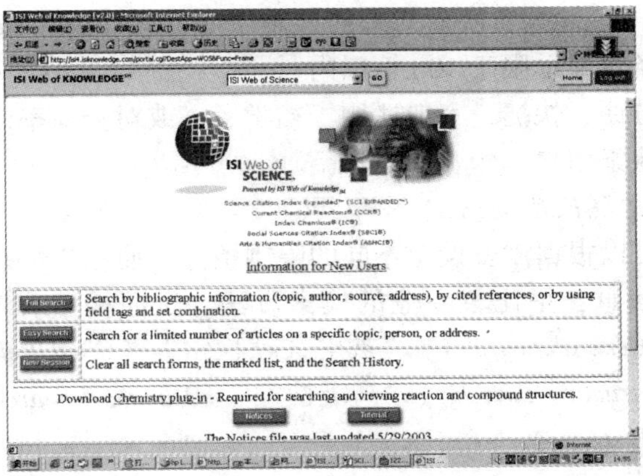

图 10-2　*ISI* Web of Science

版的 SCI *Search*，可在美国 *Dialog* 信息服务系统中进行联机检索。其数据库提供两种检索方式，一种是简易检索（*Easy Search*），见图 10-3；另一种是全面检索（*Full Search*），见图 10-4。

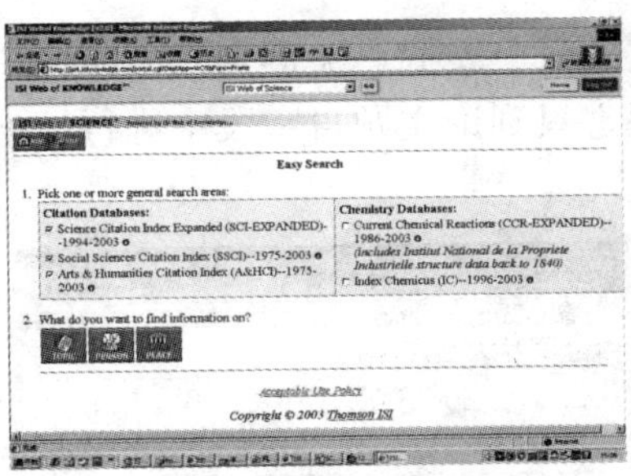

图 10-3　简易检索（*Easy Search*）

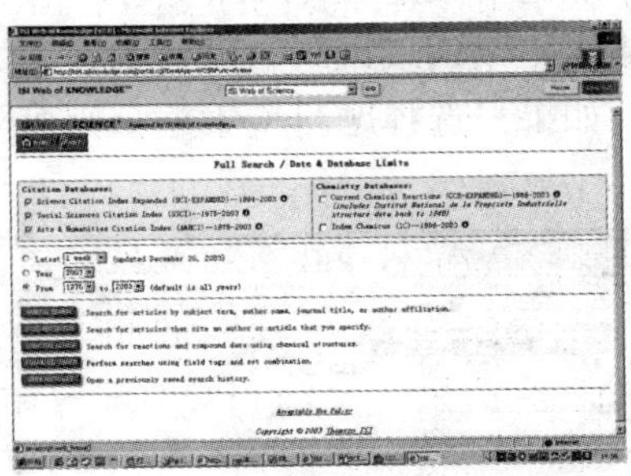

图 10-4　全面检索（*Full Search*）

① 简易检索（*Easy Search*）

简易检索提供三种检索途径，即主题（*TOPIC*）、人名（*PERSON*）和地名（*PLACE*），系统通过一系列简单的提示符或者提问式引导检索。

主题检索可输入题名、文摘或关键词等中的有关词汇；人名检索可输入来源著者、引文著者以及文献中涉及的人物，其中通过来源著者及引文著者进行人名检索时，允许使用截词符，可输入人物的姓的全称、空格及人物名字的首字母，也可只输入姓，在“姓”后加截词符；地名检索则可输入著者单位名、国家、城市甚至邮编信息等。三种途径都可以使用逻辑运算符 *And*，*Or*，*Not*，*Same* 等。检索结果的显示由用户设定，可按相关程度或日期排序。检索条目显示限于 100 篇以内。

这种方式方便、快捷，一般适用于初学者，或对查新率或系统响应时间有较高要求的检索用户。

② 全面检索（*Full Search*）

全面检索可以根据需要设定不同的限制条件，使用户可以查到最新、最全、最准确的信息，是比较专业的检索方法。全面检索有四个检索选项，“一般检索”（*General Search*）、“被引文献检索”（*Cited Reference Search*）、“结构检索”（*Structure Search*）、“高级检索”（*Advanced Search*）以及查看历史记录（*Open Histories*）。

A. 一般检索（*General Search*）

使用该检索选项可通过主题、作者、期刊和作者地址展开检索。在一个或多个检索途径中，输入关键词或短语，用布尔运算符相连（*AND*，*OR*，*NOT*，*SAME*）。用通配符（＊或?）可扩大检索范围。不同的检索途径自动用 *AND* 运算符相连。检索结果可对语种、文献类型和排序方式进行限制。检索结果显示在概览（*Summary*）页，见图 10-5，图 10-6，图 10-7。

● 主题检索途径（*Topic*）

输入检索词或词组，默认为在论文题目、文摘、关键词三个字段中进行检索；如果只选择题目检索框，则可限定只到论文题目字段中进行检索。

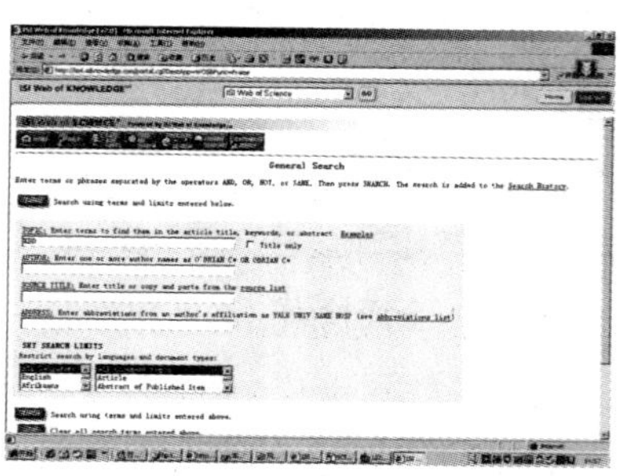

图 10-5　一般检索（*General Search*）

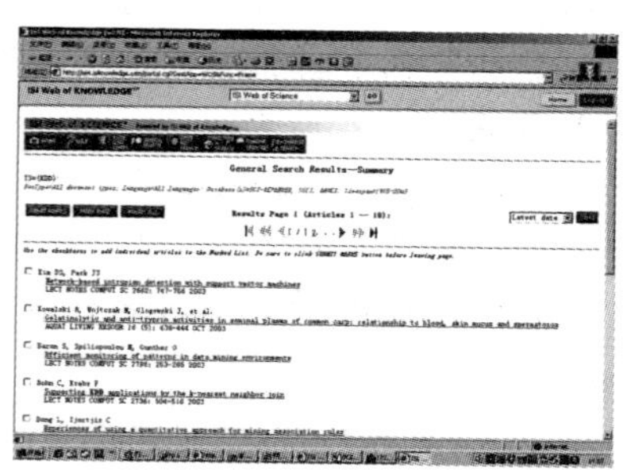

图 10-6　一般检索结果——概览（*Summary*）

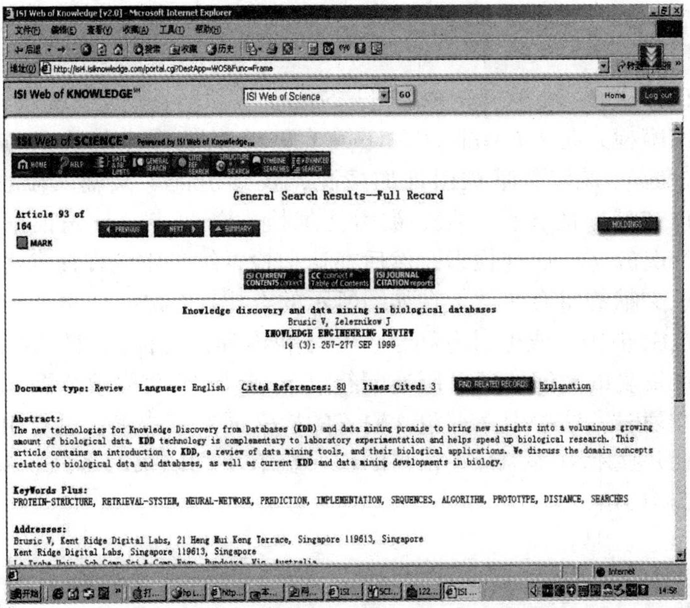

图 10-7　一般检索——全记录（*Full Record*）

- 著者检索途径（*Author*）

输入著者/编者姓名，“姓”在前，后跟一个空格和“名”的首字母，“名”的首字母最多取 5 个。如果著者“名”的首字母不能完全确定，可以在已知的首字母后用截词符号“ ”（空格）截断，没有“名”首字母也可只输入姓。

- 来源期刊名检索途径（*Source Title*）

输入来源期刊名称的全部或部分（可用截词），也可以从期刊表中调入期刊名，检索期刊中所刊登的论文记录。

- 著者地址检索途径（*Address*）

输入地址词，例如机构名称、城市、国家或者邮政编码，检索某个机构发表的文章。机构名和地名通常被缩写，查在线帮助系统获取地址缩写表。

检索的结果输出有两种格式：题录概览格式（*Summary*）和全记录格式（*Full Record*）。前者给出文献的题名、著者、来源期刊名称及其卷期、页号，每屏显示 10 条记录，可链接到全记录格式；全记录格式除了概览格式的信息外，还有文献语种、类型、参考文献数和被引文献数。在全记录格式中，可对选中的文献做标记，点击“馆藏状态（*holdings*）”的图标可了解本地已加入馆藏的记录；点击“相关记录（*related records*）”的图标可浏览与该文献引证同一篇文献的文献信息，这种功能显示了学科交叉渗透的情况。

B. 被引文献检索（*Cited Reference Search*）

被引文献检索是 *ISI* Web of Science 的一个功能强大的检索方法。通过被引文献检索可查询文献被引证的情况，找到引证了某篇文献（或专利、专著、会议文献）的各种文献。被引文献检索分两步：首先根据需要了解其被引证情况的文献展开检索，然后在这一检索结果中选择该参考文献以查找引证了该文献的所有文章。在如图所示的查找（*Lookup*）页，输入被引作者姓名、被引期刊（或被引专利号、专著名称等，通称被引研究工作），以及被引文献发表的时间，还可用通配符（＊或?）扩大检索范围。查找后出现一个引文列表，这些引文都包含输入的检索词。第二步，进行引文索引后首先会找到并显示引文，有些相同的引文会有不同的书写形式，见图 10-8，图 10-9，图 10-10。

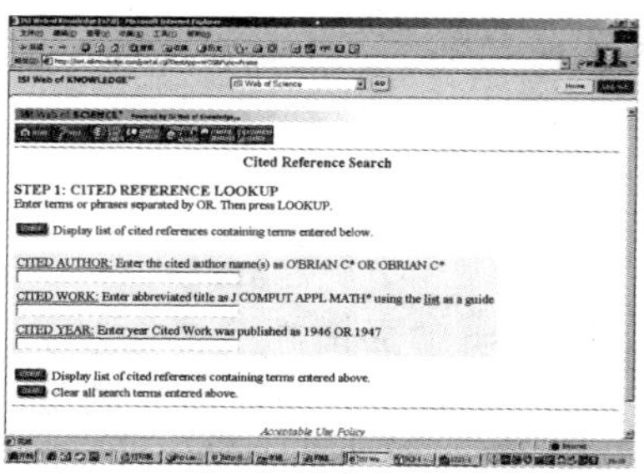

图 10-8　被引文献检索（*Cited Reference Search*）——查找（*Lookup*）

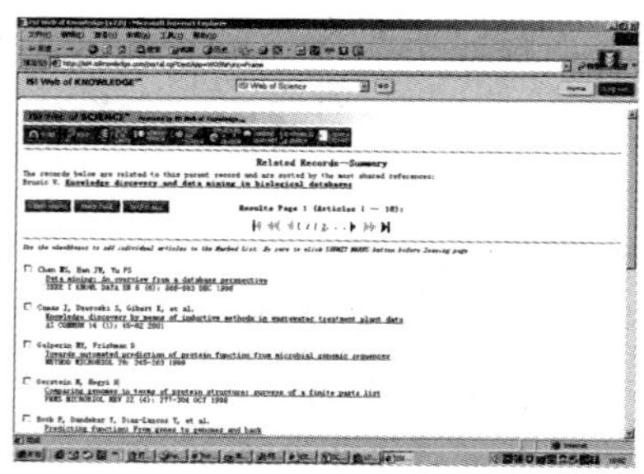

图 10-9　被引文献检索——概览（*Summary*）

通过被引文献检索可了解一个已知观点，或一项发明是如何被证实、利用、延伸和完善的。引文检索包括被引著者、被引著作（专著、期刊、专利等）以及年代等检索途径，或任意组合检索。

● 被引著者检索（*Cited Author*）

输入被引文献第一著者的姓名，如果引文涉及 Web of Science 收录为来源文献的期刊论文，可以输入被引文献著者中任何著者的姓名。著者“姓”最长不能超过 15 个字符，15 个字符后进行截词，“姓”后跟空格和最多 3 个“名”首字母，第一个首字母后可用截词符。

● 被引著作检索（*Cited Work*）

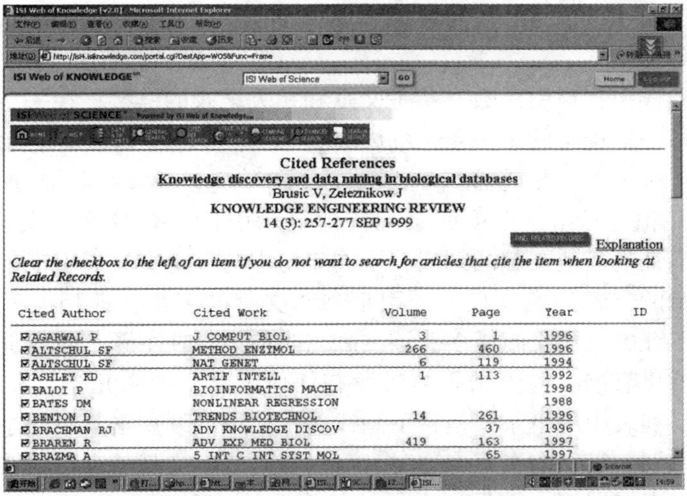

图 10-10　被引文献检索——某篇文章的引证文献列表

通过刊登被引文献的期刊或图书名称检索被引文献。被引出版物名称最多只能输入 20 个字符，期刊名使用缩写，图书可以输入书名中前面一些重要的字符。对于专利，可以在被引出版物字段中输入专利号。

● 引文年代检索（*Cited Year*）

通过引文出版物出版的年代检索被引文献。输入 4 位数字的出版年，或者输入用 *OR* 逻辑运算符连接的一系列出版年、专利公布日期。

C. 结构检索（*Structure Search*）

结构检索用于检索化学反应和化合物的化学结构。

D. 高级检索（*Advanced Search*）

高级检索用允许使用检索项标记进行更复杂的检索，并能进行检索系列组合。

（2）美国 SCI 网络版的特点

和其他版本一样，SCI 网络版主要也是用以检索论文被收录和被引证的情况。然而，它不是简单地把其他版本照搬到网上，无论从检索功能、收录范围，还是从更新周期等方面来看，它都比其他版本强大得多。更重要的是，它将传统的引文索引和先进的 *Web* 技术相结合，不仅使数据库内的所有信息都相互链接，而且还允许链接到许多其他信息数据库，构成了一个具有无限扩展能力、灵活、强大的浏览工具，而非传统意义上的数据库。总结起来，美国 SCI 网络版的特点主要体现在以下几个方面：

① 特色链接。又分为内部链接和外部链接。

● 内部链接

内部链接包括被引次数、参考文献和相关记录的链接。在一条被检中的来源记录即一篇论文的全记录（*Full Record*）中可以看到该篇论文的被引次数（*Times Cited*）、参考文献（*Cited Reference*）和相关记录（*Related Record*）。用鼠标点击这三项就会相应地显示引证该篇论文的文献的列表，该篇论文引证的其他文献的列表，不同年份中与该论文共同引证同一篇或几篇参考文献的文献列表（按共同引证参考文献的多少，即相关度排序，和当前记录引证的相同文献越多，该文献与当前记录在主题上越靠近，在列表中的位置就更靠前，检索结果数目没有任何限制，命中几条，显示几条）。一般来说，列表中的记录都是带下画线的，如果继续点击某条记录，它又会相应的链接到一篇新的文献，这时又可以看到该篇文献的全记录格式了。这样就可以实现层层深入挖掘，方便地检索到更多的对口文献。并且，随着 *ISI* 数据库的更新，各种数据也会做相应的变动。但是，列表中有些记录可能没有下划线，而无法进一步查看，这是因为此条记录未被 *ISI* 收录，或者该记录发表的年份不在所购买的年限内。

● 外部链接

外部链接包括与原始文献、图书馆馆藏 *OPAC* 系统和其他二、三次文献信息资源数据库的链接。点击文献全记录中的“*Full Text*”按钮就可以直接看到当前记录的原始文献，不过前提是同时购买了该论文所在期刊的电子版。点击“*Holdings*”按钮即可自动接入图书馆的馆藏 *OPAC* 系统，了解其馆藏记录（此链接必须是在用户的要求下，由 *ISI* 为你定制）。与二、三次文献信息资源数据库链接包括：

A. 与 *ISI Chemistry Server*（*SM*）的链接，该链接使 *SM* 进行的文献调研可以经过 Web of Science 获得更多的相关参考文献及其全文的资料，而在 Web of Science 中找到的文献通过 *SM* 可获得更进一步详细的化学反应信息，只需点击全记录界面中的“*Reaction*”按钮，便可了解有关的化学反应的过去、现在和将来；

B. 与德温特专利文献索引数据库 Derwent Innovations Index 链接，该链接提供基于 *Web* 的自 1963 年以来的 40 多个专利发布权威机构的专利文献信息；

C. 与 Web of Science Proceedings 的链接，包括 ISTP（Science and Technology Proceedings）和 ISSHP（Social Science and Humanities

Proceedings）两大会议录数据库；

D. 与 *BIOSIS Previews* 的链接，帮助研究人员迅速、全面地获得生命科学及其相关领域的学术信息；

E. 与 *NCBI* Gen Bank 的链接。Gen Bank 是由美国国家卫生院维护的基因和蛋白质序列数据库，其中包括由 *NCBI* 提供的所有公开的 *DNA* 和蛋白质序列信息，有 400 多万条基因序列的记录。

② 充分利用 *WWW* 网罗天下的强大威力，SCI 网络版彻底改变了传统的文献检索方式：通用的浏览器界面，无须安装任何其他软件；全新的超文本格式，所有的信息都相互关联。

③ SCI 网络版每周更新，并且每次更新即更新整个系统中的所有链接，包括被引次数，参考文献，相关文献的链接；而 SCI 光盘版带摘要的每月更新，不带摘要的每季度更新，并且只更新当年的资料和数据，过去的光盘无法被更新。

④ SCI 网络版允许检索整个数据库或指定检索年份，目前数据可回溯到 1945 年，并且可以检索所有被引证的著者，而非仅仅是第一著者；SCI 光盘版回溯到 1980 年，可以基于每个年度进行跨年度检索，但其检索结果必须加以再整理，并且只能检索第一著者。

⑤ SCI 网络版可以直接收录纯电子期刊，便于及时反映相关研究成果。但是，电子期刊的表现格式多样（*PDF*，*HTML*），版本繁多（手稿、预打印稿、提交稿、修改稿、定稿等），且有些纯电子期刊不够正式，有时难以对其内容等做出正确判断，影响链接内容的准确性，需要制定统一的标准和规则。

10.2.1.4　美国 SCI 各种版本的比较研究（表 10-1）

表 10-1　**美国 *SCI* 各种版本的比较**

指标	网络版	带文摘光盘版	光盘版	联机版	印刷版
收录范围	6 000 多种期刊，包括光盘版以及最新期刊目次的期刊	3 500 多种期刊	3 500 多种期刊	6 000 多种期刊，包括光盘版以及最新期刊目次的期刊	3 500 多种期刊

续表

指标	网络版	带文摘光盘版	光盘版	联机版	印刷版
出版周期	周更新，回溯数据至 1945 年	月更新，回溯数据至 1991 年，含年度累积于两张光盘	季度更新，回溯数据至 1980 年，含年度累积于 1 张光盘	月更新，在 Dialog、DIMDI、STN 系统中回溯数据至 1974 年，在 Datastar 系统中回溯数据至 1980 年	双月出版，回溯数据至 1961 年
检索方式	窗口式，提供超链接入口，分快捷式和完全式检索，界面友好，只需网络基础，无需专门知识，可在线帮助	菜单式，界面上提供了快捷键，只有一种 DOS 界面，检索软件需要专门学习，可在线帮助	菜单式，界面上提供了快捷键，只有一种 DOS 界面，检索软件需要专门学习，可在线帮助	命令式，不能在检索界面上提供便捷信息入口，检索软件需要专门学习，可在线帮助	书本式，手工检索，检索入口固定，检索方法需要专门学习
提供信息	完整的书目信息和著者提供的文摘，1997 年开始，提供作者的电子信箱以及期刊出版商的网址	书目信息，文摘，参考文献篇数，相关文献数（最多 20 篇，不能被激活），是一种文摘型检索工具	书目信息，参考文献篇数，相关文献数（最多 20 篇，不能被激活），是一种题录型检索工具		书目信息，是一种题录型检索工具
输出格式	结果可按相关度，日期或第一作者姓名排列输出，每次下载限十篇	顺序固定，由检索软件决定，每次下载量没有限制			

续表

指标	网络版	带文摘光盘版	光盘版	联机版	印刷版
查全率	可带有模糊检索功能	精确检索	精确检索		
检索时间	有 Internet 和 Intranet 两种选择，受网络出口和传输速度的影响	有单机和局域网两种方式，速度较快	有单机和局域网两种方式，速度较快		
用户费用	定购价格较光盘版昂贵（1999 年为 60 000 美元）	定购价格较网络版低（1999 年单机版为23 000美元，多客户版为45 000美元）			
系统维护	与最终用户无关	最终用户需要下载支持局域网检索的软件，光盘局域网需专人维护，工作量大	最终用户需要下载支持局域网检索的软件，光盘局域网需专人维护，工作量大		
其他	支持跨年度检索，支持按非第一著者检索，可以直接在网上填写登记表，申请全文传递服务	可以基于每个年度进行跨年度检索，但检索结果必须加以整理	可以基于每个年度进行跨年度检索，但检索结果必须加以整理		

10.2.2 美国《基本科学指标》(ESI)

美国《基本科学指标》(*Essential Science Indicators*, *ESI*) 是由世界上著名的学术信息出版机构美国科学信息研究所 (Institute For Scientific Information, 简称 ISI) "研究服务组" 于 2001 年推出的衡量科学研究绩效、跟踪科学发展趋势的基本分析评价工具，是基于 ISI 的科学引文索引数据库 *Science Citation Index* (简称 *SCI*) 和 *Social Science Citation Index* (简称 *SSCI*) 所收录的全球 8 500 多种学术期刊的1 000多万条文献记录而建立的计量分析数据库。它通过 ISI *Web of Science* 提供服务，是 ISI 网络集成服务平台的一个重要组成部分。*ESI* 从引文分析的角度，针对 22 个专业领域，分别对国家、研究机构、期刊、论文以及科学家进行统计分析和排序，主要指标包括：论文收录数、论文被引频次、论文篇均被引频次。用户可以从该数据库中了解在一定排名范围内的科学家、研究机构（大学）、国家（城市）和学术期刊在某一学科领域的发展和影响力，确定关键的科学发现，评估研究绩效，掌握科学发展的趋势和动向。通过 *ESI* 可以系统地、有针对性地分析国际学术文献。作为 ISI *Web of Knowledge* 的一部分，*ESI* 为科学研究者提供了一种动态的、综合的、基于网络的研究分析环境。

10.2.2.1 美国 *ESI* 的结构

ESI 的主要内容包括引文排位 (Citation Rankings)、高被引论文 (Most Cited Papers) 以及引文分析 (Citations Analysis) 三大主要模块。其中引文排位模块包括科学家、机构（大学、企业、政府部门或学术研究机构等）、国家和期刊排名表，高被引论文模块包括高被引论文 (Highly Cited Papers) 和热门论文 (Hot Papers) 列表，引文分析模块包括基线 (Baselines) 和研究前沿 (Research Fronts) 列表。引文排位页面和高被引论文页面还提供了与顶尖论文页面、时间序列图的链接。除此三个主要模块之外，*ESI* 还提供对其各种表格和数据进行评论的内容，包括 In-Cites、特殊话题 (Special Topics)、科学观察 (Science Watch)。图 10-11 是 *ESI* 页面结构图，反映了其中各个页面之间的关系，*ESI* 首页见图 10-12。下文分别对这些模块予以介绍。

(1) 科学家排名

被引频次是同行认知的一种形式，通常反映的是科研群体对于科学家的依赖程度。甚至可以说，高被引科学家形成科研群体的实质核心。许多高被引科学家以荣誉奖项的方式获得同行认知。*ESI* 根据科学家论文被引频次的 10 年总和对科学家进行排位。ISI 的引文索引数据库收录了大约 300 万名科

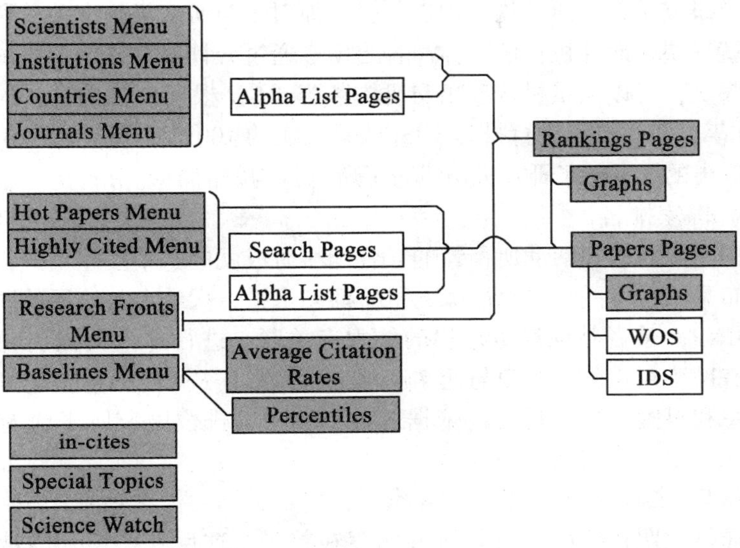

图 10-11　*ESI* 页面结构图

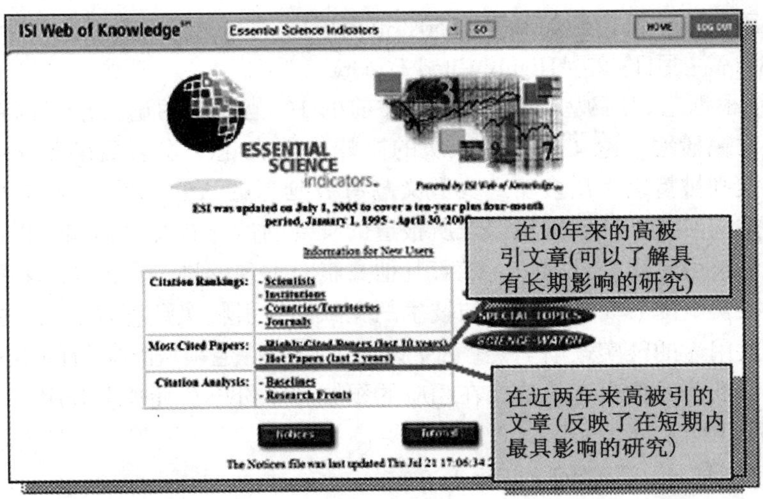

图 10-12　Essential Science Indicators（*ESI*）首页

学家，其中大约只有 5 万名被收录于 *ESI* 中，这些科学家在 10 年内的被引频次总数位列所有科学家的前 1%。

（2）机构排名

科学研究是在科研机构之内进行，因而对于与研究机构有关的科研人员的认知就反映在研究机构的整体声誉当中。通过合计研究机构层级的出版物与引文频次，可以衡量机构产出与机构声誉。*ESI* 根据各机构论文的被引频次的 10 年总和对机构进行排位。ISI 收录了大约 100 万个研究机构组织，其中 *ESI* 选出的 3 000 家研究机构代表了所有机构的前 1%。

（3）国家排名

如同出版与引文活动所衡量的，各国科研成就的水平参差不齐，科研成就的分布是不平衡的。一个国家的科研活动水平，大致上与该国的国民生产总值（GNP）或者其他经济产出的能力有关联。进行单论文被引频次的国家比较有助于纠正国家规模与论文产出上的差异。*ESI* 根据各国论文的被引频次的总和对国家进行排位。依据总被引频次，排位国家属于前 50%范围以内。

（4）期刊排名

同样的，期刊在声誉及影响方面存在差异，这反映在期刊的被引频次上。*ESI* 提供了长期的期刊引文排位。我们还可以通过查询 ISI 出版的《期刊引证报告》（*Journal Citation Reports*，*JCR*）与短期引文行为进行比较。依据总被引频次，排位期刊属于前 50%范围以内。

（5）高被引论文（Highly Cited Papers）

ESI 根据论文的被引频次，选择靠前的 1%范围内的论文形成高被引论文列表。一般地，论文的被引频次的高峰出现在论文发表后的第 2～4 年，某些论文则被持续引用多年。少数文献有着延迟的认知。模式上差异很大，这与论文的形式、所属领域以及所报道的发现的性质有关。例如，报道发现的论文的被引频次上升很快，随着其他文献对发现的进一步阐述，其被引频次也会很快下降。而报道方法与技术的文献的被引频次则随着方法与技术的传播以及用途的证实逐渐上升。*ESI* 设定了相对特定领域与年份的不同的被引频次标准，保证入选的论文在相应的领域和年份里，其被引频次属于靠前的 1%范围以内。

（6）热门论文（Hot Papers）

热门论文指的是与相同领域和出版年的其他论文相比，出版后很快就有高被引频次的论文。热门论文的选择也是基于一定的条件，但是选择的时间段相当短，亦即，论文的出版年龄不能超过 2 年，而且是在当前的 2 个月里被引。这意味着论文必须在很近的一段时间里得到关注。每一领域及时间段都设定了入选条件，按照相应的条件，0.1%的论文得以入选。

（7）基线（Baselines）

基线是横跨大的论文组的累积被引频次的测度，这些大的论文组具有一定被引频次。基线由“篇均被引频次”和“百分点”两个表格组成。

① 篇均被引频次（Citations per paper）。*ESI* 计算 1994~2004 年共 10 年里每一年的平均被引频次，这基于从论文出版年到当前的被引累计数，见表 10-2。平均值等于单篇论文被引频次之和除以论文总数。全部 10 年的平均数在“all years”栏中给出。各单独学科领域以及全部学科领域的被引频次均被给出。农业科学 1994 年 7.87 的平均被引频次，含义是，农业科学领域 1994 年出版的论文从该年到现在平均每篇被引用 7.87 次。各领域（或者全部领域）的 10 年平均值可以被用作科学家、机构、国家以及期刊排位表给出的单篇被引值的基线。独立年份的学科领域平均值可以用于进行该年份出版的论文的比较，无论这些文献属于 *ESI* 列出的高被引论文，还是来源于《科学引文索引》的论文。

② 百分点（percentile）。“百分点表示的是一个被引基准”，在这一基准或者高于这一基准，论文的固定比例开始下降。百分比通常是 1%，用在这里表示按照被引频次排序的顶尖论文的固定比例。*ESI* 选定的学科领域和年份的百分比数字有 0.01%、0.1%、1% 和 10%。被引频次是高度倾斜的，许多论文并非频繁地被引，相对地，高被引论文仅占很少的一部分，这大概是一种铁定的分布规律。选择的方法之一是将论文按照被引频次降序排列，然后选择先前的一定比例的论文。百分比表显示的是各领域、全部领域和各年份的 4 个不同的百分比标准的被引频次入选条件。如 1994~2004 年 22 个学科论文各年度的百分点，表示某学科某年度被引频次居前0.01%、0.1%、1%和 10%的论文入选条件。例如，1994 年农业科学论文被引频次为 281 的入选条件，选出的是占 1994 年农业科学领域出版的论文总数 0.01%的论文。

（8）研究前沿（Research Fronts）

科学研究区域，特别是那些学科发展前沿的区域，特点表现在科学家紧密联系的模式上。模式以多种方式展现，包括正式的和非正式的。其中突出的是一个科学家对另一个科学家工作的引用。引用的形式反映了科学家如何在他人工作的基础上达成自己目标的精心选择的过程。这种引文网络结构可以根据若干篇原创性成果的核心文献来描述某个特定研究领域的现状。在 *ESI* 中完成这一目标的工作是“研究前沿分析”（RESEARCH FRONT ANALYSIS）。研究前沿是一组由高频被引核心文献和近期引证这些核心文献的论文所确定的自然科学和社会科学的专业领域，核心文献代表了一系列当

表 10-2　**1994 ~ 2004 年 22 个学科论文篇均被引频次**

学科	1994	1995	1996	1997	1998	1999	2000	2001	2002	2003	2004	All Years
所有领域	15.32	14.38	13.10	12.25	10.90	9.60	7.95	5.97	3.83	1.61	0.24	8.46
农业科学	7.87	7.53	7.22	6.55	6.10	5.41	4.60	3.28	1.96	0.83	0.11	4.56
生物学与生物化学	26.87	24.41	22.25	21.51	18.66	16.27	13.78	10.30	6.56	2.83	0.39	14.97
化学	13.49	12.51	11.70	10.86	10.04	8.78	7.45	5.50	3.81	1.63	0.24	7.64
临床医学	18.00	17.54	15.63	14.38	12.80	11.27	9.40	7.07	4.59	1.95	0.26	10.09
计算机科学	4.47	4.48	4.09	4.03	3.80	3.20	2.38	2.02	1.44	0.45	0.08	2.35
经济管理学	8.95	8.11	6.49	5.99	4.96	3.96	3.05	2.07	1.28	0.45	0.09	3.99
工程学	5.30	4.93	4.61	4.52	3.87	3.40	2.83	2.18	1.29	0.52	0.08	2.97
环境 / 生态学	14.33	13.11	12.23	10.94	10.20	8.46	7.07	4.82	2.94	1.12	0.20	7.29
地学	14.78	13.69	12.59	11.43	10.33	8.39	6.61	4.89	2.75	1.23	0.22	7.45
免疫学	33.62	31.65	28.71	25.85	24.25	20.61	17.76	13.58	8.58	4.10	0.52	19.06
材料科学	7.60	6.91	6.50	5.80	5.40	4.76	4.11	3.10	1.92	0.78	0.10	3.97

续表

学科	1994	1995	1996	1997	1998	1999	2000	2001	2002	2003	2004	All Years
数学	4.97	4.63	4.32	3.77	3.27	2.92	2.22	1.57	1.01	0.41	0.06	2.55
微生物学	23.31	22.27	20.39	19.55	17.54	15.23	12.64	9.50	6.03	2.53	0.32	13.53
分子生物与遗传学	42.50	39.20	35.70	34.00	31.17	27.80	22.94	17.45	11.30	4.79	0.72	24.11
交叉学科	2.52	3.19	2.97	3.64	4.09	5.27	4.75	5.95	5.94	3.63	0.71	3.76
神经科学与行为科学	30.00	27.66	24.52	22.60	20.28	17.87	14.72	11.15	6.83	2.67	0.32	15.89
药理学与毒理学	15.51	14.93	13.26	12.72	11.13	10.30	8.67	6.66	4.46	1.74	0.23	9.01
物理	11.87	11.37	10.70	9.60	8.81	7.85	6.78	5.10	3.44	1.59	0.27	6.91
植物学与动物学	10.73	10.23	9.47	8.51	7.40	6.43	5.26	3.91	2.38	0.97	0.18	5.89
精神病／心理学	15.86	13.64	12.11	11.32	9.87	8.75	6.63	4.93	2.80	1.09	0.19	7.87
社会科学 — 概论	5.59	5.42	5.12	4.75	4.35	3.66	2.96	2.08	1.29	0.51	0.11	3.26
空间科学	17.46	17.36	16.22	16.20	14.17	14.51	10.37	9.60	5.72	3.23	0.58	11.09

代引证文献所依赖的研究主题的基础文献，研究前沿根据结合的 *SCI* 和 *SSCI* 数据库，每年更新一次，目前已建立 1994～2004 年各年的研究前沿文件。每个研究前沿文件的统计指标有：显示研究前沿学科动向和主题的一系列主题词；组成该研究前沿的高频被引核心文献和近期引证这些核心文献的论文数量；这组论文被引总次数；平均被引频次；平均出版年份。通过研究前沿可以追踪和推测学科或专业的发展动向和趋势。

（9）顶尖论文（Top Papers）

顶尖论文是某一科学家、机构、国家以及期刊在特定领域和年限中的被引频次排名在前 1%的论文。在引文排序的科学家、机构、国家以及期刊排位表中，若该对象有符合顶尖论文标准的文章，则在该项记录的“VIEW”列有顶尖论文的链接。如图 10-13 所示，顶尖论文列表中按照文章的引用频次降序排列，也可从页首的“Sorted by”下拉菜单中选择另外的排序方式。每条顶尖论文的记录包括该文章的引用频次，时间序列图，题目，作者国家，来源期刊，作者地址。达到了一定的 *ESI* 论文被引次数标准的作者、机构、国家以及期刊有相应的链接，通过链接可以查看该对象的排名情况。如果想查看该文章包括文摘、引文信息等完整记录，可点击图中该记录右上角的紫色按钮“GO TO WEB OF SCIENCE”，注意，只有订阅了 *Web of Science* 的用户才可使用该功能。

图 10-13　顶尖论文视图

（10）*ESI* 中的图表页面

ESI 的图表页面有两种，为了使读者有更直观的了解，现将两种图表的格式列出。一种是顶尖论文图表和高被引论文图表，这是从单篇的顶尖论文页面和高被引论文页面进入的，例如，如图 10-13 所示，每条论文记录的第一项“被引频次”的右边有一个图标，点击进入到单篇论文的被引频次图表页面，页面中只有一个图，显示的是被选论文的被引频次随时间变化的趋势，以被引年次为横轴，被引次数为纵轴，一年为一单位，如图 10-14 所示。

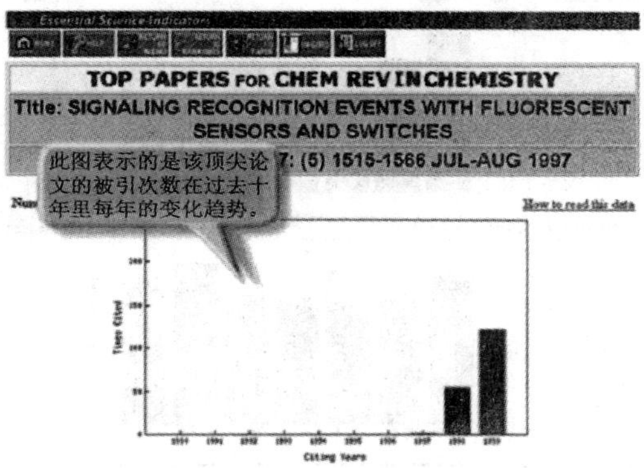

图 10-14　顶尖论文被引次数年度变化趋势

另一种是高被引论文时间序列图，从科学家、机构、国家以及期刊排序页面进入，包括三种图形，如图 10-15。

① 以 5 年为一时间段的论文数：显示在过去的 10 年被分成以 5 年为一时间段的时间序列中出版的论文（论文、综述、会议论文以及研究札记）数量发展趋势。

② 以 5 年为一时间段的引用频次：显示在过去的 10 年被分成以 5 年为一时间段的时间序列中出版的论文被引用总数发展趋势。

③ 以 5 年为一时间段的篇均被引频次：每个柱状图形显示的是 5 年期引用频次的平均值或者论文数与被引次数的比值，每次计算只包括每 5 年期内的论文数与被引用次数。

每个图都是以被引年次为横轴，过去的 10 年被划分成有重叠部分的以 5 年为一区间的时间序列，分别以论文数，被引次数，篇均被引次数为纵轴绘制出的柱状图。

（11）引证信息（In-Cites）

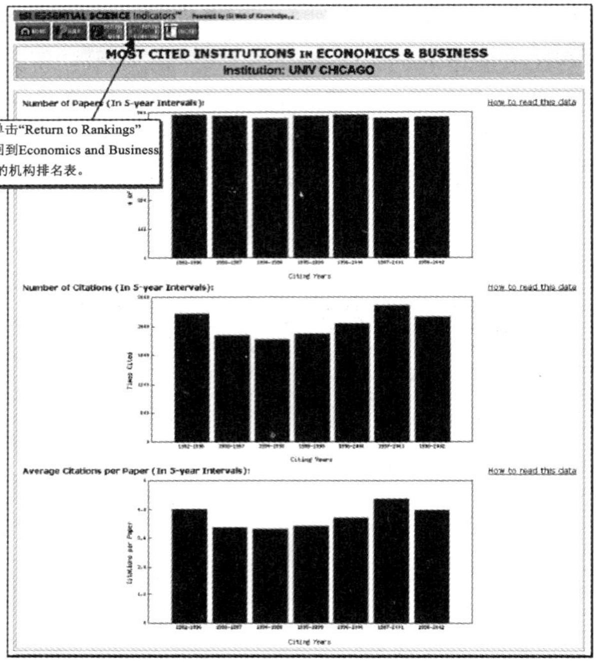

图 10-15　高被引论文时间序列图

除各种排位以及其他计量数据外，*ESI* 还为我们提供定期更新的编辑点评材料的选本。这包括 In-Cites，一种收录与 *ESI* 收录的各数据类型有关的述事与述评的文集。在专为 *ESI* 所写的以述事和原始述评为特色的访谈栏目里，科学家们讲述有关他们的高被引论文的幕后花絮，以及关于他们所在领域的应用展望以及其他未来发展的述评。此外，“特写”（feature articles）还指出新兴的学科领域、高被引研究机构、不同国家的研究状况、具有高影响因子的期刊以及其他的话题。

（12）特殊话题（Special Topics）

特殊话题基于对选定的专题领域内文献的分析，对该领域给予深度的审视。点击某一给定话题，将会显示有关该话题的数据，这些数据包括领域的成长、该领域的高被引论文、科学家、研究机构以及国家等方面。特殊话题代表的是一种较窄的文献标准。*ESI* 采用一种联合词汇检索和研究前沿分析结合的方法来确定话题。

（13）《科学观察》（*Science Watch*）

ESI 还包含一年前的《科学观察》的材料。《科学观察》是 ISI 研究部 1990 年推出的反映科学进展和成就的新闻周刊。其特点是基于最近和最热的基础研究的引文分析。其典型内容是，选定领域的高被引科学家、机构排序，检视热点领域或者新兴领域，跟踪国家或者国际科研趋势。另一个特色是刊登国际顶尖科学家的访谈录。每一期包括生物学、医学、物理学以及化学的十大热门论文，这些热门论文在出版两年内，且在最近的 2 个月里有着相当高的被引频次。每一列表都伴随专家述评。其读者对象为科学决策者、大学、企业的管理人员、科学期刊的编辑以及任何想透彻了解当代科学研究主要进展的人。另外还有各大学在化学、免疫学、临床医学、电气工程以及其他领域内的被引证影响的排序，与学术带头人的会谈，甚至世界最有成就的科学家的故事等。

10.2.2.2 美国 *ESI* 的功能

(1) 美国 *ESI* 的检索功能

根据检索对象和检索要求的不同，检索方法也不尽相同，检索结果也随之改变，下面分别介绍引文排序、高被引论文、引文分析部分的检索。为了使读者有一个更为清晰和直观的了解，我们附加了大量的图片加以说明。

① 引文排序

针对引文排序部分，*ESI* 主要提供了两种检索途径："by field"（按学科检索）和"by name"（按名称检索），科学家、机构、期刊和国家的检索界面和原理基本相同，下面分别以机构排序和科学家排序为例详细介绍它的检索过程。

一般用户可以从 http://www.isiwebofknowledge.com 或者 http://www.isinet.com 登录 ISI *Web of Knowledge*^{SM}平台（需要账号），本例是从武汉大学图书馆提供的试用账号登录的。登录界面如图 10-16 所示，在页首的下拉菜单中选中 ISI Essential Science Indicators，单击"Go"按钮，进入 ISI *Essential Science Indicators* 的主页（图 10-17）。要从引文排序部分中检索科学家、机构、国家以及期刊的排序，可点击相应的链接。以机构排名为例，选中"institutions"进入到机构排名菜单，如图 10-18 所示，检索途径分为两栏，"by field"（按学科检索）和"by name"（按名称检索）。

A. by field 检索

by field 栏中的下拉菜单中列出了 *ESI* 包含的 22 个学科。如果想检索特定研究领域的高被引机构排名，可在"by field"栏中的下拉菜单中选择该领域。

检索结果：以"Economics & Business"为例，选中该领域后可以看到

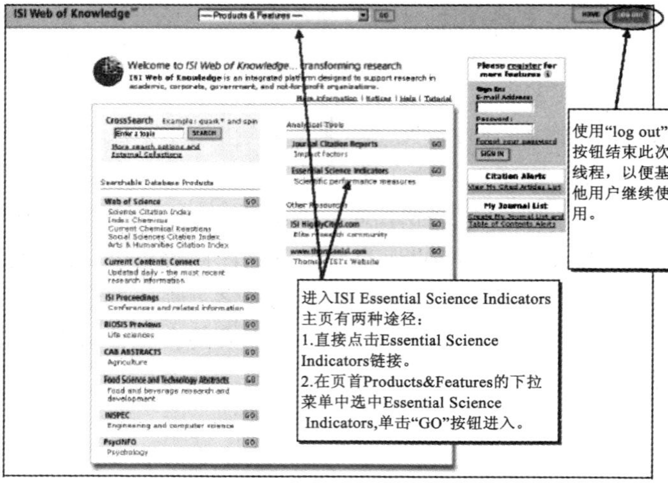

图 10-16　ISI *Web of Knowledge*^{SM}平台

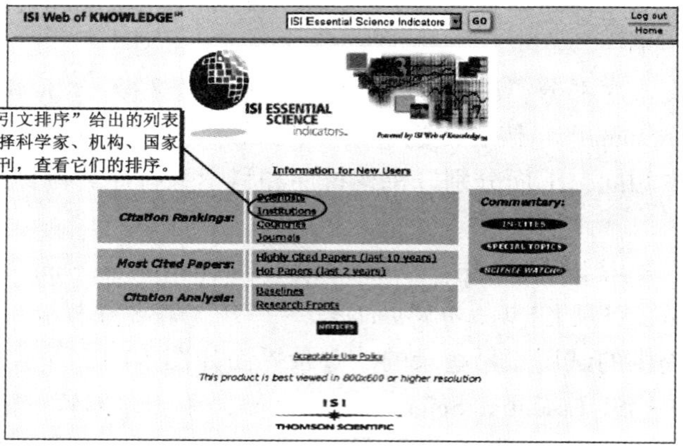

图 10-17　ISI *Essential Science Indicators* 的主页

该领域内机构排序结果，如图 10-19。缺省排列顺序是引文总数。也可以使用"SORTED BY"旁的下拉菜单选择"论文总数"、"篇均被引频次"、"机构名称字顺"重新排序。

排序表分成 5 列。第一列是各机构排名的序号。第二列"VIEW"中的文章图标可以查看该机构在 Economics & Business 领域中排名前 1%的顶尖论文列表（如图 10-19）。前 1%的顶尖论文数与后面"PAPERS"（论文

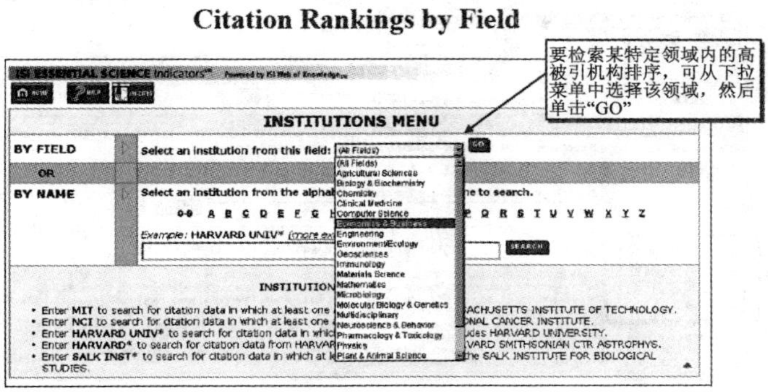

图 10-18　机构排名页面

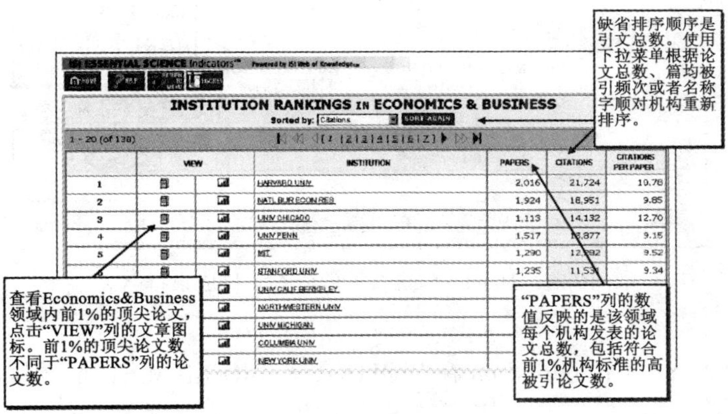

图 10-19　Economics & Business 学科机构排名表

总收录数）列中的数字不同。点击“VIEW”列中的图表图标可以看到该机构引文数据的图形解释。前面已经提到过*ESI*的图表内容，这里不作赘述。第三列是机构名称，可链接到该机构的各学科论文被引次数排序表。后三列依次是该机构10年中的论文总数，被引次数总数，篇均被引频次。

B. by name 检索

以科学家排序为例，首先从引文排序菜单中选择“scientists”进入到科学家排序页面。

步骤1：对于每个数据元素，科学家、期刊、国家和机构，可以使用名称字顺表搜索姓名或直接输入姓名（图 10-20），例如，输入Hendrickson WA即显示有关此人所有排名前1%的研究领域内论文的排序表，如图 10-21。

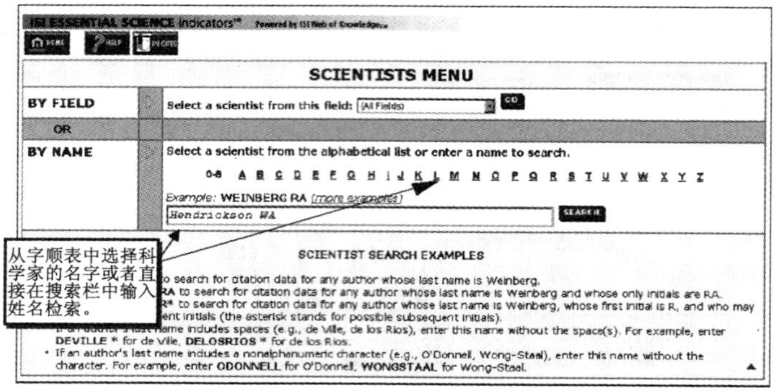

图 10-20　科学家排名检索页面

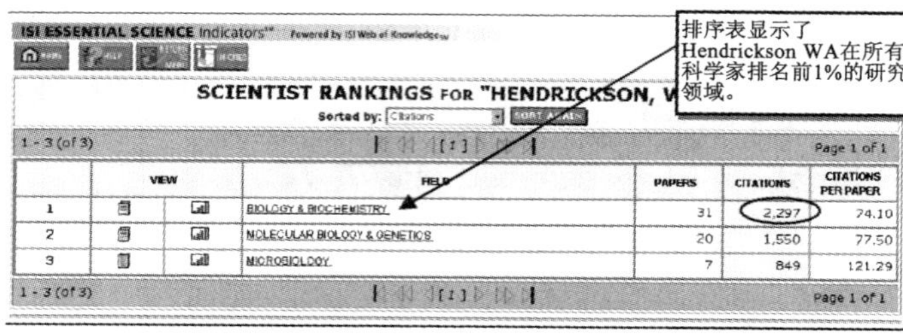

图 10-21　Hendrickson WA 的所有学科成果排名表

步骤 2：注意 Hendrickson 在 BIOLOGY & BIOCHEMISTRY 领域内论文的被引次数为 2 297 次，点击表中带下画线的“BIOLOGY & BIOCHEMISTRY”可以查看此人在该领域内的排名，如图 10-22。

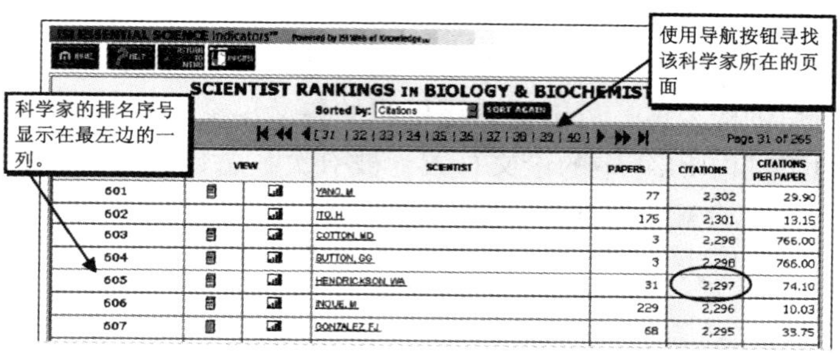

图 10-22　Hendrickson 在 BIOLOGY & BIOCHEMISTRY 领域内的科学家排名表

步骤 3：使用页首的导航按钮可找到包含 Hendrickson 姓名的页面。此例中 Hendrickson 在 BIOLOGY & BIOCHEMISTRY 领域的 31 篇论文被引用 2 297 次，平均每篇论文被引用 74.10 次。按照总被引次数 Hendrickson 在此领域的科学家中排名第 605 位。

② 高被引论文的检索

高被引论文和热门论文的检索方法和检索结果的基本相同，有两种方式：by field 和 by searching，只是高被引论文是从近 10 年加上当年月份的所有论文中挑选出来的，而热门论文要求是引文和来源文献是近两年内发表而且只统计最近两个月内的引文数。下面以高被引论文的检索为例介绍：

A. by field 检索

首先，从 *ESI* 的主页进入高被引论文页面，如图 10-23 所示，将会看到高被引论文菜单分为两个部分，一部分为 by field 检索，另一部分为 by searching 检索。如果想查看某一领域内的前 1%的论文排序可从 by field 栏中的下拉菜单中选择，然后点击“GO”，即可看到选中领域内的高被引论文列表。

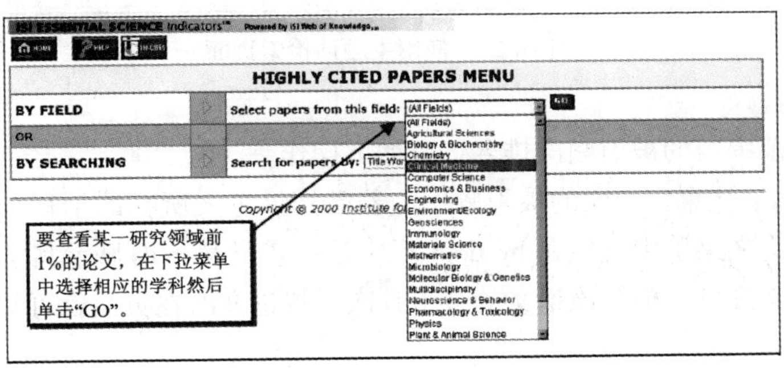

图 10-23　高被引论文检索页面

B. by searching 检索

ESI 还为高被引论文提供了 5 种检索途径，可以通过在图 10-24 的 by searching 栏中的下拉菜单中选择检索途径：主题，科学家姓名，机构名，国家和期刊名，在随即显示的搜索页面中（如图 10-25）输入名称，然后单击“SEARCH”，即可显示想要搜索的高被引论文页面，如图所示。

在搜索出如图 10-26 所示的高被引论文结果时，若想要知道某论文在其

图 10-24　高被引论文 BY SEARCHING 检索

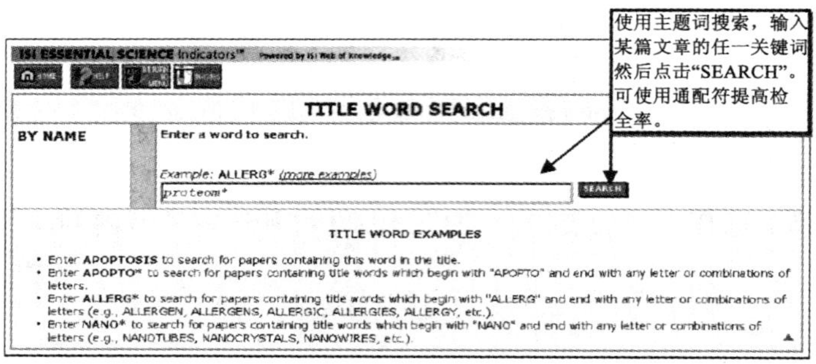

图 10-25　使用主题词检索页面

学科领域范围内的被引频次排名，可如下操作。

步骤 1：注意该论文的被引频次。若已知该论文所在的学科领域，可回到高被引论文菜单中直接在 by field 栏中选中该学科，即显示其学科领域的高被引论文排名。根据该论文的被引频次寻找论文所在页面就可知道论文排名位次。

步骤 2：若不能确定该论文的学科领域，在如图 10-26 所示的页面中的论文记录里查看来源期刊（Source），点击带有下划线的期刊名，即出现该期刊所在的学科排名表（图 10-27）。

步骤 3：回到高被引论文菜单（图 10-23），在 by field 栏中选中该学科，即显示该学科高被引论文列表，利用导航按钮，根据总被引次数的排列次序找到该论文所在位置，前面的序号为该论文在化学领域内的被引次数排名。如被引频次为 169 的论文可根据导航按钮找到该论文所在页面，如图 10-28，它在化学领域的被引频次排名是第 918 名。

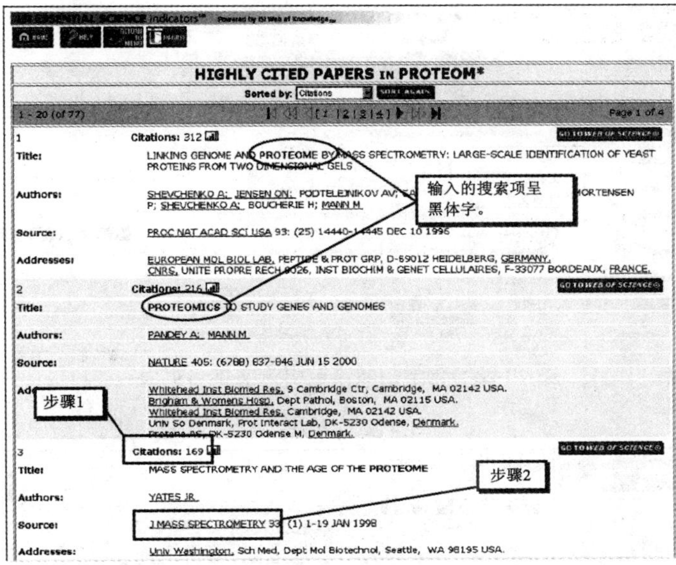

图 10-26　按学科领域搜索的高被引论文排名表

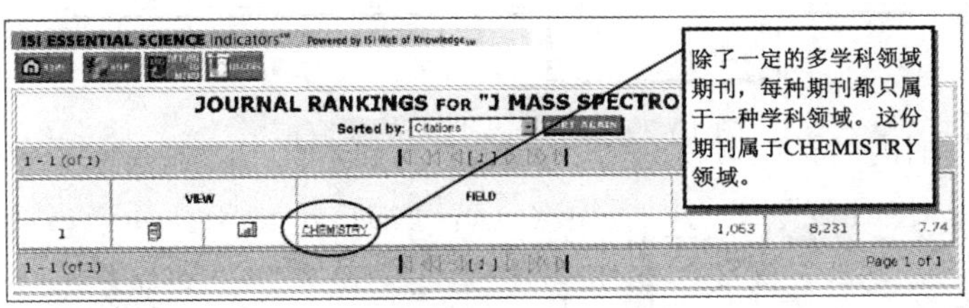

图 10-27　某期刊所在的学科排名表

③ 研究前沿

研究前沿的检索方法与引文排序大致相同，只是在检索结果的表格中的FRONTS栏里是一排从核心论文的标题中抽选出来的专业术语，如图 10-29，点击左边的论文图标可看到组成该前沿的核心文章列表。

④ 检索规则

ESI 提供的对主题和关键词的自然语言查询不支持逻辑运算符。可以输入一个单独的词，短语，或者词尾带有通配符“ * ”的截词，字符不区分大小写，但如果使用非字母、数字的字符或常用词（称为禁用词），返回结果为空值。例如高被引论文检索中的标题检索：

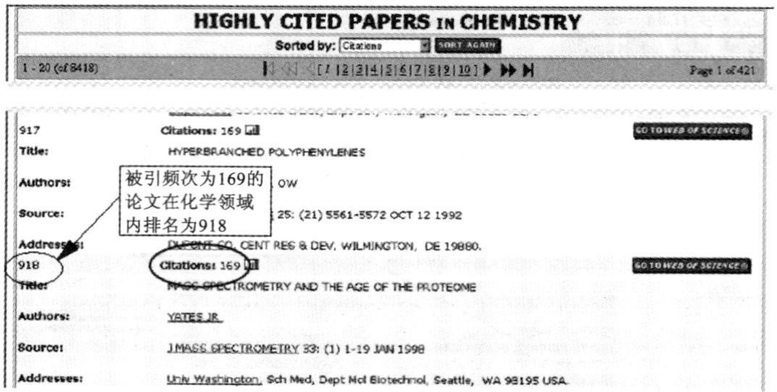

图 10-28　化学领域高被引论文排名页面

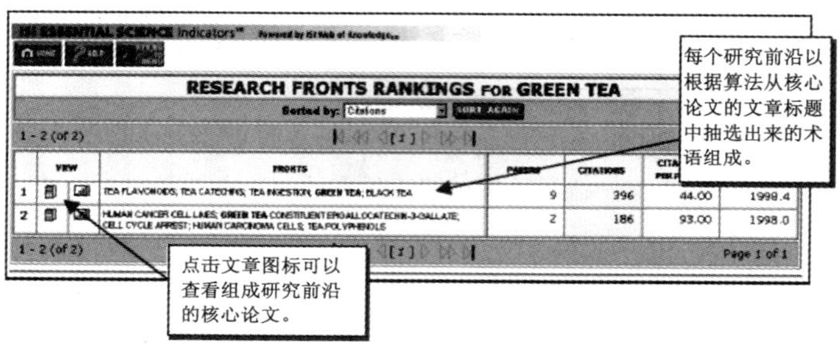

图 10-29　GREEN TEA 的研究前沿

“apoptosis” 检索出标题中含有 apoptosis 的论文。

“apopto *” 检索出标题中含有 apoptosis，apoptotic 等的论文。

“monoclonal antibod *” 检索出的论文记录，其标题含有 monoclonal antibody 或 monoclonal antibodies 等。

更详细的检索规则和名称在此就不一一介绍了。

（2）美国 *ESI* 的评价功能

ISI *Essential Science Indicators* 是一种基于网络的综合性科学文献检索工具，同时它还具有强大的引文分析与科学评价功能。作为一种基本的科学计量分析评价工具，*ESI* 具有以下评价功能：

- 分析某个公司、研究机构、国家以及期刊的科学研究绩效；
- 跟踪自然科学和社会科学领域内的研究发展趋势；
- 分析评价员工、合作者、评论家以及竞争对手的能力；
- 测定某一专业研究领域内科学研究成果的产量和影响力。

此外，通过 ISI *Essential Science Indicators* 还可以进行学科结构、学科关系以及科学发展史的研究。*ESI* 为文章引文提供了链接，从某学科范围内的期刊、文献的引文所反映的主题相关性，可以了解某一学科的结构；从不同学科的期刊、文献引用的网状和链状关系，可以提示各学科之间的联系；并且，通过“研究前沿”可以展现某项目或事件的发生和发展，提示某思想或方法的改善、扩充和修正等，了解各学科领域的前沿问题，从而得到完整的科学发展史，并预测未来的发展方向和热点问题。

ISI *Essential Science Indicators* 可以为科学评价提供重要数据源，帮助回答诸如以下这些问题：在免疫学领域，哪些论文是被引用最多的文献？在农业科学领域正在出现哪些新的研究领域？哪些国家在化学研究领域影响最大？在分子生物学领域谁是被引用最多的研究人员？在地球科学领域哪些期刊是最有影响力的期刊？这些问题的答案无疑是科学评价的重要指标之一。

根据 *ESI* 所提供的评价功能，那些在政府部门中主要从事科技政策或经济政策制定的工作者，在大学、公司、政府部门以及私人实验室中从事科研项目的管理人员，从事监测和评估科学研究的专家学者以及科学出版部门的工作人员、大学或者公司的招聘人员等都将成为 *ESI* 数据库的主要用户。*ESI* 数据库不仅为科学评价提供了大量实用的科学数据，而且能够实现与 ISI *Web of Knowledge*、ISI Document Solution 和 *Science Watch* 的链接。

总之，*ESI* 的评价功能主要体现在下述 5 个方面：对科研成果的评价；对科技人才的评价；对科研机构的评价；对科学出版物的评价；对科学学科本身的评价。

10.2.2.3 美国 *ESI* 的特点

ISI *Essential Science Indicators*（ISI 基本科学指标）将帮助研究人员确定关键的科学发现，评估研究绩效，掌握科学发展的趋势和动向。通过 ISI *Essential Science Indicators*，可以系统地、有针对性地分析国际学术文献，因为它能提供综合全面的定量数据、清晰准确的统计以及与其他信息资源的有价值的连接。

ISI *Essential Science Indicators* 这一信息体系的特点在于：

（1）基本的分析工具。利用 ISI *Essential Science Indicators* 可以对科学文献进行复杂全面的分析：分析公司、研究机构、国家和学术期刊的研究绩效；确定科学与社会科学研究的基本趋势与方向；了解在各个研究领域中最领先的国家、期刊、科学家、论文和研究机构；确定特定研究领域中的研究产出与影响；评估潜在的合作者、评论家、同行和雇员。

（2）服务对象的广泛深入。ISI *Essential Science Indicators* 能为各个领域

的专家所面临的复杂问题提供及时的答案：政府部门中制定科学、技术或经济政策的官员；大学、企业、政府部门或私人研究机构中研究项目的管理人员；政府部门、企业、学术出版单位或学术基金会等机构中的分析人员或信息专家；对学术研究进行观测和评估的专家；科学出版领域的成员；大学或企业中的招聘人员。

（3）综合全面的数据、论文和课题。ISI *Essential Science Indicators* 收集和分析 ISI *Science Citation Index Expanded*™、ISI *Social Science Citation Index* 中所收录的 10 年来高质量学术刊物中出版的研究文献及其参考文献（引文），数据来源于全球 8 500 多种期刊中的 1 000 多万篇文献，运用引文分析等科学计量学的研究方法和工具，按以下分类提供相关的数据：科学家，大学、企业及政府研究机构，国家，期刊，高引用率论文/热门论文，并包含评估研究影响的基准，提供专家的指导，如来自科学家和研究人员的编辑注释。另外还有高引用率的论文、热点课题、研究前沿、重点课题以及"*Science Watch*"。

（4）与其他信息资源的连接与整合。ISI *Essential Science Indicators*℠ 由 ISI *Web of Knowledge*℠ 提供动力与支持。ISI *Web of Knowledge* 是一个基于互联网（WWW）所建立的新一代学术信息资源整合体系。ISI *Web of Knowledge* 采用"一站式"信息服务的设计思路构建而成。凭借独特的引文检索机制和强大的交叉检索功能，将来源于学术期刊、技术专利、会议录、化学反应、研究基金、Internet 资源、学术分析与评价工具（ISI *Essential Science Indicators*）、学术社区及其他高质量信息资源整合在同一系统内，提供了自然科学、工程技术、生物医学、社会科学、艺术与人文等多个领域中高质量、可信赖的学术信息，兼具知识的检索、提取、管理、分析与评价等多项功能，从而大大扩展和加深了信息检索的广度和深度。通过 ISI *Web of Knowledge* 平台，ISI *Essential Science Indicators* 的用户可直接连接到各种不同的信息资源，从而了解世界范围内各个学术领域的渊源、变化、动态、走势及其应用情况，如 ISI *Web of Science*、ISI 会议录（ISI *Proceedings*）、技术专利（*Derwent Innovations Index*）、BIOSIS Previews、ISI *Current Contents Connect*、学术社区（ISIHighlyCited. com）、化学反应（ISI Chemistry）、研究基金（ISI eSearch）、ISI Document Solutions（ISI 文献传递服务）、NCBI *GenBank Databases*（美国国家生物技术信息中心 GenBank 数据库）。

由于 *ESI* 比 *SCI* 晚诞生了整整 40 年，通过这 40 年的摸索，ISI 公司的情报专家和计算机专家提供了更加完善的数据服务，所以它的评价功能更加的强大和全面，利用起来也更简捷。*ESI* 除具有 *SCI* 的一般评价指标如论文数和论文自变量之外，它的评价范围更广，提供的服务是经过深加工的产品，不只是像 *SCI* 那样由用户自己去检索数据然后再进行数据的分析和挖掘，它本身就包含了这方面的服务。所以我们可以看出，*ESI* 将检索功能和评价功能融合在一起，是基于检索基础上的评价结果的呈现，以评价为根本目的。

这一大型索引工具的出版和发行，在一定程度上提供了引文分析所必需的大量数据，成为定量评价的强有力的工具，其他国家和地区也纷纷利用定量指标进行大学排名、科研评价等活动。事实上，科研量化评价已经成为国际上的通行做法和普遍趋势。在这种国际趋势的推动下，我国也逐渐重视科学评价活动中定量指标的应用，并进行了一些大胆的探索和有益的尝试。尤其是近几年来，美国 *SCI* 在我国得到了广泛的应用，成为科学项目评价和科研成果评审中必须提到的重要指标之一，其影响不断扩大，在科研、教学中起到了一定的导向作用。

10.2.3 国内引文分析的主要工具

我国目前有 5 家文献情报单位研制出版自己的引文数据库产品，以印刷型出版物或数据库等形式发行。

(1)《中国科学引文数据库》

《中国科学引文数据库》(*Chinese Science Citation Database*, *CSCD*) 是由中国科学院和国家自然科学基金委共同资助，由中国科学院文献情报中心创建于 1989 年，其网络版建于 2002 年，在中国产生了巨大影响。《中国科学引文数据库》先后被中国科学院院士主席团、第四届青年科学家奖组委会、国家自然科学基金委、国家重点实验室办公室等在重要的科研管理工作中指定为查询库，同时被很多高等院校和科研院所指定为人才选拔和绩效评估的查询库。由此可见其权威性，并被誉为“中国的 *SCI*”。

2002 年版《中国科学引文数据库》收录我国数学、物理、化学、天文学、地学、生物学、农林科学、医药卫生、工程技术、环境科学和管理科学等领域出版的中英文科技核心期刊和优秀期刊 1 000 余种，其中核心库来源期刊 670 种，扩展库期刊为 378 种，已积累从 1989 年到现在的论文记录近 100 万条，引文记录近 400 万条，内容丰富、结构科学、数据准确。系统除具备一般的检索功能外，还提供新型的索引关系——引文索引，使用该功能，用户可迅速从数百万条引文中查询到某篇科技文献被引用的详细情况，还可以从一篇早期的重要文献或著者姓名入手，检索到一批近期发表的相关文献，对交叉学科和新学科的发展研究具有十分重要的参考价值。中国科学引文数据库除提供文献检索功能外，其派生出来的《中国科学计量指标数据库》等产品，也成为我国科学文献计量和引文分析研究的强大工具。

《中国科学引文数据库》可查询专著、期刊论文、会议文献、专利和其他非正式出版物的被引用情况，可查询科技期刊被引情况，可查询论文发表情况，可查询专题文献。

《中国科学引文数据库》网络版从 2002 年开始研制，与中国科学学科文献库、中国科学文献目次库集成为“中国科学文献数据库服务系统”提供统一服务。《中国科学引文数据库》网络版提供两种途径的检索：来源文献检索和引文检索。

1999 年 6 月，《中国科学引文数据库》与清华大学的中国学术期刊（光盘版）电子杂志社联合成立中国科学计量评价研究中心。

该数据库目前提供网上免费查询服务。通过《中国科学引文数据库》可查询某作者、某期刊被其他期刊论文引用的情况，查询结果可用于产生各期刊的被引频次和影响因子。登录网址：http：//sdb. csdl. ac. cn/index. jsp

（2）《中国科技论文与引文分析数据库》

《中国科技论文与引文分析数据库》（*Chinese Science and Technology Paper and Citation Database*，*CSTPC*）是在中国科技信息研究所历年开展科技论文统计分析工作的基础上，由中国科技信息研究所和万方数据创建、开发的一个具有特殊功能的数据库（1989 年）。其收录范围为中国自然科学统计源刊和主要社会科学类核心源刊，涉及自然科学领域的各个专业。该数据库集文献检索与论文统计分析于一体，既是科技人员查找有关参考文献的重要依据，又是各级科技管理部门和各科研机构、高等院校了解全国和各单位、各部门科技论文发表情况的重要工具。

该数据库的主要功能有：查找国内发表的重要科技论文；了解历年来我国科技论文统计分析与排序结果；了解各地区、部门、单位、作者以及各学科及基金资助论文发表的详细情况；开展科技论文的引文分析。

（3）《中文社会科学引文索引》

《中文社会科学引文索引》（*Chinese Social Sciences Citation Index*，*CSSCI*）由南京大学中国社会科学研究评价中心与香港科技大学于 1998 年研制，其网络版也建于 1998 年，它是国家、教育部重点课题攻关项目，并作为我国社会人文科学主要文献信息查询与评价的重要工具，填补了我国社会科学引文索引的空白。*CSSCI*（2001）严格挑选了中国大陆出版的中文人文科学、社会科学学术期刊 419 种，海外出版的期刊 17 种，论文 57 000 余篇，可以检索论文收录和文献被引用情况。光盘数据自 1998 年起年度更新，

2001 年数据于 2003 年 11 月提供上网。

《中文社会科学引文索引》（*CSSCI*）的主要功能：

● 利用 *CSSCI* 开展人文、社会科学研究

CSSCI 主要从来源文献和被引文献两个方面向用户提供信息，还可提供特定论文的相关文献情况，为科研人员的研究工作提供了方便。

● 利用 *CSSCI* 进行社会科学研究评价与管理

CSSCI 所收的期刊是严格按期刊影响因子分学科排序位次和国内知名专家的定性评价相结合而产生出来的。因此，*CSSCI* 所收录的论文和被引情况可作为社会科学研究评价指标之一。

● 利用 *CSSCI* 进行人文、社会科学期刊评价与管理

CSSCI 系统可以提供期刊的多种定量数据，由期刊的多种定量指标可得相应的统计排序，由此可评价期刊的学术影响和地位。

（4）《中国人文社会科学引文数据库》

《中国人文社会科学引文数据库》由中国社科院文献情报中心研制，该数据库 2002 版收录了 1999 年至 2001 年的学术文献记录 34 万条，引文记录 120 万条，学科范围涉及人文社会科学研究的各个领域。收录的来源期刊 600 多种，产品年度更新。

（5）《中国引文数据库》

CNKI《中国引文数据库》（*Chinese Citation Database*，*CCD*）由中国学术期刊（光盘版）电子杂志社。其收录范围来源于中国学术期刊（光盘版）电子杂志社出版的源数据库产品中的文献和参考文献，如：目前世界上最大的连续动态更新的 CNKI《中国期刊全文数据库》、《中国优秀博硕士学位论文全文数据库》、《中国重要会议论文全文数据库》、《中国重要报纸全文数据库》、《中国图书全文数据库》、《中国年鉴全文数据库》等。目前实现了 CNKI 的期刊、图书、论文、报纸类文献的引用文献和被引用文献的链接，现已达到 360 余万篇。随着数字资源的扩增，CNKI《中国引文数据库》中的文献类型及数量也将随之不断增长，相应地，各类型引用文献和被引用文献的链接也将动态增长。CNKI 中心网站的《中国引文数据库》数据为日更新。

10.3 引文分布规律及主要指标分析

科学引文虽然由众多作者所引证，又分别出自不同的来源期刊或文献中，而且在很大程度上受到人为控制因素的影响，具有较大的随机性。但是，我们对大量的科学引文进行统计分析时，便可发现，科学引文具有一定

的分布结构和规律性。对科学引文的分布理论和规律进行研究，是信息计量学的重要内容之一。

10.3.1 引文结构及意义

科学文献是科学技术发展的客观记录，也是科学技术体系结构的反映。科学文献的引证与被引证，从文献使用的角度反映了科学与技术之间、学科之间的相互联系。由于科学技术体系结构的影响，各个年代各种类型的数量繁多的科学引文也形成了相应的分布结构。许多研究表明，科学论文之间的引证与被引证现象具体地、定量地体现着科学在纵向上的继承与发展关系和横向上的各学科之间的差别与联系。由引证关系形成的科学论文之间的引文链（Citation Link）和引文网络将小至一项项具体研究课题、大至一个个学科彼此联系在一起，使整个科学成为一个跨越时间和空间范围的立体的、完整的网络系统。科学引文的体系结构，可从不同的角度以各种基本要素来描述。科学引文都具有一些基本要素，如引文的文献类型、学科内容、语种、年代、引文出处等。按照不同的要素和指标来描述，科学引文的分布主要有以下一些类型：

（1）引文量按频次的分布；

（2）引文按年代的分布；

（3）引文按学科或主题的分布；

（4）引文按文献类型的分布；

（5）引文按语种的分布；

（6）引文按国别的分布；

（7）引文按作者的分布；

（8）引文按期刊的分布。

10.3.2 引文量的分布规律

引文量是某一主体对象含有的参考文献（被引文）数量。它是引文链的基本特征之一。通过引文数量的分析，不仅可以揭示引证与被引证双方的相互联系，而且还可以从定量的角度反映出主体之间的联系强度。如果两篇论文或两种期刊之间的引文数量大，就可以认为它们之间的引文强度大，说明其联系较紧密。因此，对引文数量进行分析研究，是揭示科学文献引证规律的重要内容和途径。从目前研究来看，引文量的分布规律可从下列几个方面来分析。

（1）引文量的理论分布

将一定量的论文的引文量数据进行分析比较，便可发现其变化规律表现为以平均数为中点，接近中点的频次最多，离平均数远的频次趋于减少，形成中间高、两极低的正态理论分布。如果频次的分布不对称，理论分布就呈偏态。例如，农业科学研究论文中的引文量频次分布，属于正向偏态分布。如果研究对象的引文量平均数，难以直接从统计中获得，也可以根据数理统计的方法，用样本的平均数来估测总体的平均数，并用一个可靠的区间范围来表达，同样可以达到预期的目的。

(2) 引文篇数分布

即每篇研究论文平均占有的引文篇数的分布。它不仅反映了论文作者引证文献的广度和深度，而且还能说明引文与被引文的学科内容之间的联系强度。因此，引文篇数分布是引文分布结构的一个重要方面。在进行引文分析时，一般都要开展引文篇数分布规律的分析。

对某些学科论文的引文分析表明，一篇研究论文的引文篇数以 5~15 篇的频次最高；而引文分布在 5 篇以下或 15 篇以上的论文数量是逐渐减少的。据国外统计，大约 90% 的期刊论文列出了被引文献，每篇论文所引证的参考文献平均为 15 篇，其中约有 12 篇来自定期刊物。

一篇科学研究论文的引文量多少，原则上取决于“以需设引”。引文过多可能使新的科技信息不突出，过少又不能提供足够的引文背景线索。文献的信息含量与冗余程度对引文数量关系影响极大。引文篇数分布要受到许多因素的影响，主要有以下几方面影响因素：

① 引文篇数分布与论文的学科性质有关

经引文调查分析可知，在我国科技文献中，理论研究论文的引文篇数大于开发与应用研究论文的引文量，如表 10-3、表 10-4 所示。在统计的 7 年间，《科学通报》的每篇论文平均引文量为 6. 3 篇；而《锻压机械》等 17 种行业性和专业性技术刊物的平均引文量为 2. 8 篇。前者是后者的 2. 3 倍。这说明我国理论研究界文献建设基础较强，从事这类研究工作的科技人员相对地善于使用文献，而且理论研究论文的引文量基本稳定，大体上在 6~7 篇/篇之间；反之技术性刊物引文量相对的要少一些，但有递增的趋势，特别是 1978~1979 两年的引文量增长迅速。我国科技期刊平均引文量的增加，反映了我国科技文献的流通与利用效率的提高；也说明从事开发与应用研究的科技人员加强了情报观念，提高了情报意识，更多地利用科技文献。

表 10-3　　**1973～1979 年《科学通报》论文的平均引文量**

项 目	1973	1974	1975	1976	1977	1978	1979	合计
论文量（篇）	51	64	82	53	79	153	299	781
引文量（篇）	216	473	504	324	573	1 153	1 738	4 945
平均引文量（篇/篇）	4. 2	7. 3	6. 1	6. 1	7. 2	5. 8	5. 8	6. 3

表 10-4　　**1973～1979 年《锻压机械》等 17 种期刊论文的平均引文量**

项 目	1973	1974	1975	1976	1977	1978	1979	合计
论文量（篇）	518	460	584	570	513	570	567	3 782
引文量（篇）	729	1 248	1 360	1 444	1 482	1 950	2 540	10 753
平均引文量（篇/篇）	1. 4	2. 7	2. 3	2. 5	2. 8	3. 4	4. 4	2. 8

② 引文篇数分布与论文语种有关

一般来说，外文文献的平均引文量比中文每篇论文的引文量要高。例如，对当前农业科学研究论文中引文的抽样统计分析表明：100 篇外文论文共引证文献 1 604 篇，引文最多的一篇为 42 篇，最少的一篇为 3 篇；每篇论文的平均引文量为 16 篇，其中 13～17 篇最多，占 35%，其次为 18～22 篇，频次为 22（占 22%）。而在 100 篇中文论文中，共引证了文献 1 055 篇，引文最多的一篇引证 39 篇文献，最少的一篇论文引文为 2 篇；每篇论文平均引文量为 10 篇，其中7～11篇的最多，其频次为 37，其次为 2～6 篇，频次为 31。可见，每篇外文论文的引文数量，平均比国内要多 6 篇。它反映了国内外论文作者在文献利用上的差距。

③ 引文篇数分布与人为因素有关

有些科技人员在进行某项研究时，查阅了许多科技文献，对他来说也从中获得了一些启发，但在撰写论文时，却未能全部体现在“引证文献”中，最后出现在参考文献之列的引文数量，一般只是所查阅的全部文献的三分之一到二分之一。

10. 3. 3　加菲尔德引文集中定律

许多研究表明，科学引文的分布具有集中与离散的特征。引文分布的这种集中性与离散性是相对于一定的测度指标而言的。引文按年度、语种、文献类型等的分布，都表现出这种集中与离散的趋势。我们这里主要讨论引文按来源期刊的分布、引文篇数的频次以平均数为中心的分布所表现的集中与离散规律。

（1）加菲尔德引文集中定律

美国加菲尔德的引文计量研究表明，《科学引文索引》数据库中所有参考文献的75%来自不到1 000种被引期刊；500种期刊发表的被引文献占*SCI*收录参考文献的70%。

某年出版的385万条被引文的一半只是发表在250种期刊上。与之相反，另外一半引文却分散在2 000多种期刊中。加菲尔德发现，一个学科的非核心期刊在很大程度上是由其他学科的核心期刊构成的。他认为实际上所有学科的核心期刊合在一起不会超过1 000种，或许甚至少于500种。这就是加菲尔德引文集中定律。

对中文科学引文的分析也得出了同样的结果，发现我国的引文分布情况不仅符合加氏定律，而且，被引期刊集中化的趋势更加明显。统计数据表明，《中文科学引文索引》（*CSCI*）的参考文献的一半来自被引期刊总数的不到3%；而被引期刊总数的25%就承担了90%的引文量；被引文总数的75%只涉及72种被引期刊。

（2）引文在不同类期刊中的集中与分散

根据布拉德福定律，一个科学家需要参考和阅读的期刊论文有3个来源：1/3来自本学科的数量很少的一组核心期刊；1/3来自数量较多的另一组期刊，它们主要由本学科的非核心期刊构成；另外的1/3来自数量更多的一组非本学科领域的期刊。如果将这3类期刊依次称为A类、B类和C类期刊的话，很明显，某一学科的引文主要集中来自数量很少的A类期刊；而另一部分引文却分散在数量很大的其他类的期刊中。同时，对某一学科来说，C类期刊的分布情况可以从各学科期刊之间的引证关系反映出来。通过对各学科期刊相互引证次数和引证系数的测定，可以确定某一学科C类期刊的分布范围。一般来说，自然科学各学科的C类期刊主要是由综合性期刊和技术性期刊构成的。

（3）引文量的集中与离散趋势

对每篇论文所占有的引文平均数和标准偏差（S）的测定，可以反映出某一学科平均引文量的集中与离散趋势。例如，对当前农业科学研究论文中引文的抽样调查表明，中文引文量的平均数 $\bar{X}=10.55$篇/篇，外文引文量的平均数 $\bar{X}=16.04$篇/篇，这在一定程度上代表该组资料的集中趋势。但这样所得的平均数是否真正代表该组的集中趋势，还必须进一步测定它的离散趋势。离散趋势愈小，表明平均数所代表的集中趋势愈精确。“离散趋势”亦即“离势”的大小，一般以标准差（S）表示。

在实际工作中，求平均数（$\bar{X}$）和标准差（S）最简单的方法是利用频次分配表按等级差法计算。中文期刊的（$\bar{X}$）= 10.4，S=6.75。外文期刊的（$\bar{X}$）= 16.2，标准差 S=6.82。S 是表示绝对离势的大小，它与平均数的大小有一定关系。如果平均数不同，还要计算其相对离势。相对离势的大小用变异系数 V 表示。中文论文引文量 $V=\frac{S}{\bar{X}}\times 100\% = 64.56\%$。同样，求得外文论文引文量的 $V=42.1\%$。

从标准差来看，中文期刊和外文期刊论文的引文量离势大小比较一致，说明不论中文外文，其平均数的代表性都是较好的。但从变异系数 V 来看，中文期刊大于外文期刊，说明外文论文的引文量相对来看距离平均数的离势要比中文论文为小，这是因为外文论文的引文量较中文论文为大的关系。这从一定程度上反映外文论文在研究工作的水平和情报所能提供的文献数量，相对于中文来说，占有一定优势。

10.3.4 引文测度的主要指标分析

科学引文的指标分析，对于改善文献信息工作和管理，提高文献信息定量研究的水平都具有重要意义。引文指标分析包括引文年代、引文语种、引文类型、引文国别、引文作者（特别是著名大师）、引证经典著作等的分析。下面选择引文中几项主要指标加以分析。

（1）引文年代分析

从时间的角度对引文分布规律进行分析是引文分析的主要内容之一。它可以反映出被引文献的出版、传播和利用情况，特别是在文献老化和科技史的研究中，引文年代分布的分析更是一种广泛应用的有效方法。

早在 1965 年，普赖斯在对引文进行大量统计分析工作后就提出了“最大引文年限”的问题，并指出：文章被引证的峰值是该文章发表以后的第二年。这也就是说，当年发表的文献，所用的被引文大量来自前两年。“最大引文年限”反映了科学文献最活跃、最有生命力的时期。这一重要参数的确定，不仅对于文献信息规律等理论研究产生重大影响，而且有利于有效地确定各学科领域文献剔旧的最佳时限，使文献利用率达到最佳值，对文献出版发行工作等都具有指导作用。因此，这一课题引起了许多学者的研究，并提出了一些修改意见。例如前苏联学者柯果塔特可夫提出，文献被引证的峰值大约在其发表后的 2~4 年。在不同时期、不同学术环境条件下，各学科文献的“最大引文年限”是不同的。我们应当用发展的眼光来对待普赖斯的结论。

许多研究表明，引文的分布随时间呈现出一定的规律性。一般来说，随着年度的由远而近，引文量呈增长趋势，即时间愈近，被引证的文献愈多，见表 10-5。

表 10-5 农业科学引文年代分布

组	年度区间	中文文献频率	频率（%）	外文文献频率	频率
1	<1930	10	0. 9	9	0. 6
2	1930～1934	4	0. 4	7	0. 4
3	1935～1939	7	0. 7	13	0. 8
4	1940～1944	9	0. 9	18	1. 1
5	1945～1949	1	1. 0	36	2. 3
6	1950～1954	24	2. 3	39	2. 4
7	1955～1959	98	9. 3	64	4. 0
8	1960～1964	64	15. 5	148	9. 3
9	1965～1969	121	11. 5	258	16. 1
10	1970～1974	185	17. 5	424	26. 4
11	1975～1979	415	39. 3	568	35. 4
12	>1979	7	0. 7	20	1. 2

如果以引文年代为横轴，各年引文量为纵轴，在坐标图上描绘各年数据点，然后用一条线连接起来，便可得到一条引文年代分布曲线。通过对造成曲线曲率变化原因的分析，不仅可以了解文献的传播利用情况，而且可以研究科学发展的进程和规律。

通过对有关引文年代分布曲线的分析，我们可以大致确定被引文献投入使用的周期。中文被引文献从出版到被利用的平均时间差大约是半年，而外文文献要两年左右。科学文献被引证的最佳年限，中文文献大致为出版后的2～5 年；而外文文献为 3～8 年。科学工作者使用的引文，大多是近 10～20

年内发表的文献；而20年以前的文献就很少被人利用了。

根据以上结论，我们可从文献利用的最佳年限出发，确定文献的服务方式和保存年限，从而为文献的科学管理提供定量的依据，同时也从一个侧面反映出科学事业的发展水平。这是因为引文数量的多少在很大程度受文献源的限制，而科学论文发表的多寡又从一个角度反映科学事业本身的状况。因此，引文年代分布规律的分析是研究科学文献的出版和交流情况乃至研究科学进程的一个重要途径。

引文随时间的分布规律，要受许多因素的影响，诸如学科性质、文献类型、文献语种、文献服务质量以及一些人为的社会因素等。大体上说，新兴学科、边缘学科文献的平均被引证时间要比其他学科长一些；理论性文献比应用性文献、科学文献比技术文献引证时间长；原始研究文献又比其他文献引证时间长；专著的引证时间长，而期刊论文则较易过时，等等。

在引文年代分布中，国内文献与国外文献的差异是一个值得注意的特点。简言之，引文中的中文文献集中在最近几年，一般近5年的文献就占70%~80%；外文虽然也比较集中，但下降比较平稳。20年以前的中文文献在引文中所占比例极少，而外文的则仍占相当大的比例。从表10-6可以看出，利用引文法确定的几个学科的中文文献的半衰期均为2年左右，而外文则在7~8年，差距甚大。这些引文年代分布的数据，对于文献的收集、剔旧及确定中、外文期刊资料的服务方式等都具有指导意义。

表10-6　　**三种文献的中外文半衰期比较**

文种	物理学	自动化技术及计算机科学	中国科学
中文	1.8	2.0	2.2
外文	7	7.3	8.5
总体	6.1	6.3	7.1

(2) 引文语种分析

被引证文献是由不同语种的文献构成的。某一语种的文献被引证量愈大，则说明该语种比较重要和常用。考察和分析引文语种的分布，对于人们有计划地引进外文文献、译文选题、外语教育等都颇有参考价值。对《大气科学》、《金属热处理》等10种期刊1979年367篇论文的3 054篇引文的统计分析表明：中文文献占整个引证文献的 27%，英文文献为 58%。这说明在目前情况下，只要掌握英文、加上中文，就足以查阅所需文献的 85%。英文引文所占百分比特别高，一方面说明国际上以英文发表的有关学科文献数量多，另一方面也说明我国科学工作者多数是以英语为工具检索国外资料的。此外，也与图书情报部门订阅英文书刊比其他文种多有关系。

统计表明：一般来说，英文、中文、俄文文献在被引文献中占有较大比重。其中英语仍然是我国科学工作者使用最多的语言，并将成为主导趋势（见图 10-30）。

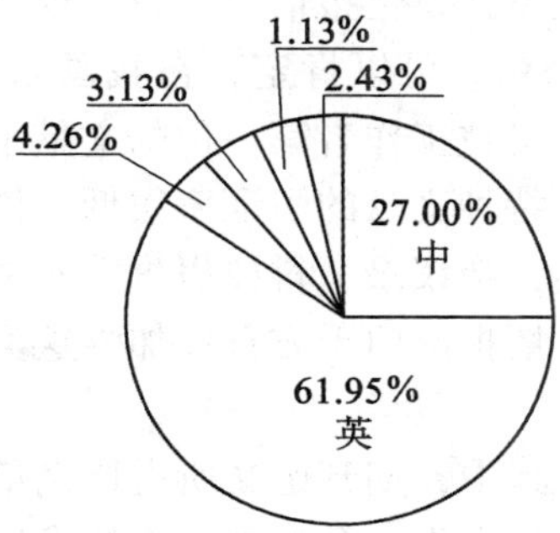

英文61.95%，中文27.00%，俄文4.26%
日文3.13%，德文2.43%，其他文种1.1%

图 10-30　中国化学工作者使用语言的情况

同时，对于不同学科或专业来说，引文语种分布是不尽相同的。例如，《数学学报》61 篇论文的 435 篇引文中，没有一篇日文文献，相反，德文和法文却占有一定比例。《环境科学》41 篇论文的 442 篇引文中，中文比重最大，竟高达 47%。

（3）引文文献类型分析

科学研究中引证的文献面很广，有期刊、图书和特种文献。《科学通报》是我国综合性学术刊物，它发表我国各个学科或专业的理论研究论文，具有广泛的代表性。因此，以《科学通报》为样本进行引文的文献类型分析是比较合适的。《科学通报》中出现的特种文献有：专利说明书、科技报告、会议文献、技术标准、产品样本和目录及学位论文。引文类型的分布如表 10-7 所示。

表 10-7　　**1973~1979 年《科学通报》的引文类型分布**

文献类型	1973	1974	1975	1976	1977	1978	1979	合计	百分比
图书	37	72	69	61	77	206	354	876	18
期刊	170	351	408	256	454	816	1 292	3 807	76. 8
特种文献	3	1	4	5	16	10	24	63	1. 2
中文内部资料	6	12	23	2	29	61	65	199	4

表中的数字说明，大量提供情报信息、及时反映科研动态的是期刊，期刊论文占整个引文的 76. 8%。可以肯定，在我国目前条件下和未来一段时间内，期刊将始终是我国科技工作者第一位的文献来源，可见广辟期刊情报源有很大的意义。此外，特种文献的引证率很低，说明这类文献的宣传和服务是一个薄弱环节。其实，会议录、科技报告等非书非刊资料，所反映的内容更新、动态更快，作为情报部门千方百计加强这类文献的收集和服务是很重要的工作之一。

一般来说，在被引文献中，期刊论文所占比例最大，其次是图书，特种文献中的专利说明书、科技报告、会议文献、技术标准、产品样本、学位论文等的被引率近年来有上升的趋势。

（4）引文的国别分析

由于科学研究的需要，任何一个国家的科技工作者都不可避免地要引证别国的科学文献。这样就形成了引文按国家分布的情况。对引文的国别分析，特别是各国文献互引情况的统计分析，可以探明各国互引文献的状况，弄清国际文献交流的数量和流向。这对于我们研究各国的科学发展水平和技术实力，制定合理的技术引进政策和提高我国的综合竞争力，都具有非常重要的意义。

对于引文的国别分析，可以进而求出文献交流比 α 和引证参考文献的偏离值，进行各国文献互引的深入研究。A 国与 B 国文献交流比的定义为：

$$\alpha=\frac{A\text{ 国引用 }B\text{ 国参考文献总数}}{B\text{ 国引用 }A\text{ 国参考文献总数}} \tag{10-1}$$

如果 $\alpha>1.0$，那么 A 国引证 B 国的文献较多；如果 $\alpha=1.0$，那么 A、B 两国彼此引证文献数目相等；如果 $\alpha<1.0$，那么 B 国引证 A 国的文献较多。可见，文献交流比是衡量不同国家互相引证文献的一个相对量度指标。

某一国家的科技工作者在特定时期内所发表文章的总数，可在一定程度上衡量一个国家科研能力的大小。如果这个国家的科研力量能够单独决定该国引证文献数量的话，那么可以推断出该国所引证的文献数量被别国引证的文献量一样多。

（5）引文按作者的分析

引文按作者的分布是了解和评价某学科或专业的科技工作人员绩效的重要依据，对于客观评估机构和科研人员学术水平有重要参考价值。同时，根据论文频次分布数据，还可绘出拟合度很高的布-洛分布曲线，作为对信息计量学经验分布的验证。

类似上述列出的方法，还可以作出引文关于学科、机构等的分布。

10.3.5 科学文献的自引分析

在作者的引证文献行为中，有时是引证其他作者的论文或著作，而有时则是引证自己以前发表的文献。这种限于本身范围内的引证称之为“自引”。自引是一种重要而常见的引文形式，产生自引的原因主要是作者希望把目前的工作与先前的工作相联系，是研究成果不断深入、继承和发展的表现。因此，自引是一种必然的文献现象，也是科学文献交流的基本属性之一。同样，自引分析也是引文分析的一个重要组成部分。通过对自引过程特殊规律的分析研究，可以揭示各个国家、各个学科、各类专业、各种团体、各个语种、各种期刊之间的关系，反映科学研究的进展水平和动态，并能阐明科学社会中的一些趋势和规律。

在自引分析中经常要用到两个测度指标：“自引率”（Self-Citing rate）和“自被引率”（Self-Cited rate）。前者是指某类自引次数在该类总引证次数中所占的比例；而后者是指某类自被引次数在该类总被引次数中所占的比例。具体计算公式结合自引的类型详细说明。

（1）学科自引

某一学科或专业领域的文献引证本学科或专业的文献的现象，称为学科自引。通过学科自引率的统计可以评价学科的相对稳定性，分析学科的吸收能力。学科自引率可以用下式表示：

$$\text{自引率}=\frac{\text{引证本学科文献的次数}}{\text{引证文献的总次数}}\times 100\% \qquad (10\text{-}2)$$

学科自引率的大小可以作为学科独立性、稳定性以及学科之间相互联系程度的量度指标，对于文献收集与科研管理具有重要的参考价值。

（2）国家自引

某一国家或地区出版的文献中引证本国或本地区文献的现象，称为同一国家（地区）文献自引。引证本国的文献称为国家自引。其自引率为：

$$自引率=\frac{引证本国文献的次数}{引证文献的总次数}\times 100\% \tag{10-3}$$

通过对同一语种某专业文献自引或同一国家（地区）文献自引的统计，可以分析该国学者在该学科专业领域中的水平和所处的地位。一般情况下，如果一个国家在某学科领域中占领先地位的话，则其同一国家、同一语种文献的自引率就较高。

类似的自引还有地区自引、机构自引等，这种计量指标可以突出“地域”的特色，并反映有关学科的水平和科研工作的连续性。

（3）期刊自引

刊载在某一种期刊上的论文，引证同一种期刊以前发表的论文的现象，即该期刊自己援引自己的文献的这种现象，称为期刊自引。期刊自引率是评价期刊质量的重要指标之一。

美国的《期刊引证报告》是这样计算期刊的自引率的：

$$自引率=\frac{该刊自引的引文次数}{该刊所有引文总次数}\times 100\% \tag{10-4}$$

（4）著者自引

某一作者在其著作中引证自己过去所发表的论文或自己与别人合著的论文，成为著者自引，其自引率为：

$$自引率=\frac{引证本人或与别人合著发表的论文次数}{被引证文献的总次数}\times 100\% \tag{10-5}$$

著者自引率可以用来说明某学科领域内科学家队伍的稳定情况以及该学科发展现状及今后的趋势。

（5）同一语种文献自引

某一语种的文献引证同语种文献的现象，称为同一语种文献的自引。自引率公式为：

$$同语种文献自引率=\frac{引证同一语种文献的次数}{引证文献的总次数}\times 100\% \tag{10-6}$$

10.4　科学期刊的引文分析

科学期刊报道大量的学术论文及其参考文献，而且时限短、内容新，可以全面反映科技发展与文献交流的现状与趋势，所以研究科学期刊的使用情况和相关影响是引文分析的重要组成部分。《科学引文索引》的巨大成功，正是建立在对期刊文献的统计分析之上，并由此促进了《期刊引证报告》（*JCR*）的出版，成为 *SCI* 的重要补充。本节将专门讨论有关科学期刊引文分析的问题。

10.4.1 期刊文献的分散与集中规律

前面的章节中曾详细介绍过文献计量学中的经典分布——布拉德福文献分散定律。布拉德福定律描述了期刊论文的分布规律。根据布拉德福定律，一个科学家需要参阅的期刊论文来自三个部分：1/3来自本学科中数量较少的核心期刊；1/3 来自数量较多的本学科的非核心期刊；而最后 1/3 来自数量更多的非本学科领域的期刊。这是从期刊发表论文的角度分析的，表明科学文献在科学期刊中呈现分散的分布态势。

美国的引文分析专家——加菲尔德教授曾根据期刊引证报告（*JCR*）提供的数据制成引文累积量按被引期刊数量的分布曲线（图 10-31）。

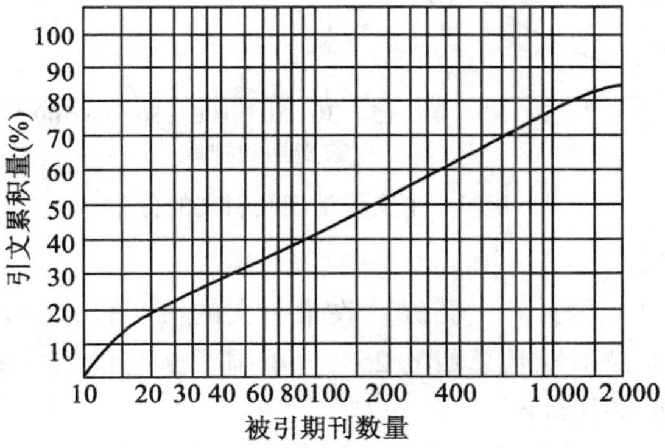

图 10-31 引文累积量按被引期刊数量的分布

加菲尔德据此而进行的引文计量研究表明：在 1969 年的“科学引文索引”数据库中所有引文的73%来自不到 1 000 种期刊；500 种期刊提供的参考文献占 *SCI* 收录引文的 70%；而不足 200 种期刊的论文却占 *SCI* 数据库中期刊被引文献量的 50%以上；2 000 种期刊所载论文就占到引文总量的 84%左右。进一步的研究还表明，在 *SCI* 所有被引期刊中仅有 540 种被引次数超过 1 000 次；962 种期刊超过 400 次。这说明被引文献高度集中于少数的“核心期刊”中。这种集中趋势比布拉德福定律描述的论文分布更加明显。而且布拉德福定律揭示的往往是单一学科或特定专业的统计结果，而引文索引揭示的则是所有自然科学各学科被引期刊文献的宏观结果，即在更广泛的意义上证实了布拉德福定律。通过对中文科技期刊的引文分析也得到类似的结果，如图 10-32 所示。

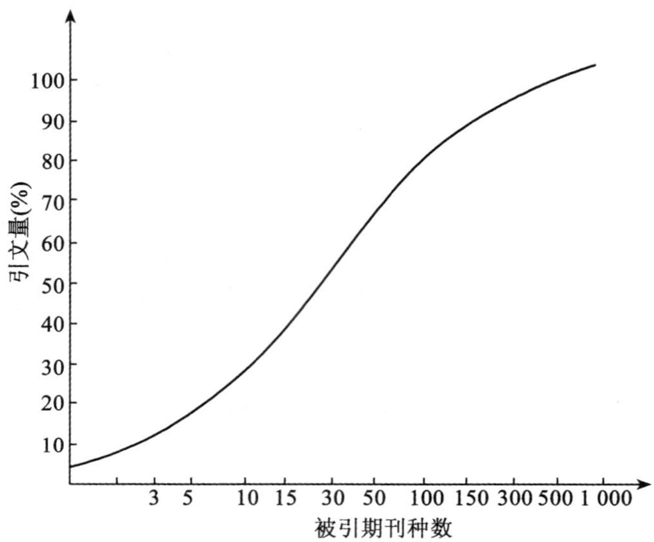

图 10-32　中文科学期刊引文的分布

《中国科学引文索引》（*CSCI*）收录引文的一半仅来自占被引期刊总数的 3%的期刊；而被引期刊总数的 25%就承担了 90%的引文量；引文总数的 75%只涉及 72 种被引期刊。

加菲尔德根据多年的统计数据，进行了深入的研究分析，并最终提出著名的加菲尔德引文集中定律（Garfield's Law of Concentration）。

（1）对于整个自然科学来说，各学科的核心期刊总和大致不会超过 1 000种，甚至可能只有 500 种。对于不同的学科，其集中程度不尽相同。

通过加菲尔德提供的被引期刊分布曲线（图 10-31）可以看出，前1 000 种期刊就大致包含被引文献总量的 75%～80%，而 500 种期刊就已包含近 70%的被引文献量，显示了相当高的集中程度。造成这一集中趋势的主要原因是，对于参考文献的选择，较之期刊收集论文的选择，更加突出了用户使用的意愿和行为，人为控制因素更强，选择也更为苛刻，从而造成文献的更加集中。

（2）任何一个学科所需要的“尾部期刊”，即布拉德福定律中所描述的非本专业的科学期刊，绝大多数构成其他学科的核心期刊。由于布拉德福定律通常是按给定专业的论文来讨论，可以将刊载论文的期刊按载文率分为核心期刊区、一般期刊区和非本专业期刊区。而加菲尔德定律是针对整个自然科学各个学科的被引期刊统计讨论的，所以某些专业的“尾部期刊”其实包含于另一些专业的核心期刊区中，形成各学科期刊“核”“尾”相叠的结果，造成多学科期刊文献在宏观上更加高度集中，同时使得核心期刊的作用更大，应用范围也更加广泛。

由于根据用户反馈信息来评价期刊具有更大的客观性和实用性，所以对于任何一个图书情报部门，在确定核心期刊时，采用加菲尔德定律比布拉德福定律更具有明显的优越性。

10.4.2 评价期刊的主要测度指标

科技期刊在科学技术活动中一直起着非常重要的作用，是科学交流的主要工具。它在科技文献中占有非常突出的地位，提供科学家和专家们所需全部科技情报的70%以上，被人们誉为“整个科学史上最成功的无处不在的科学情报载体”，是科学家之间的一种正式、公开和有秩序的交流媒介。为此，常常需要对科技期刊在科学活动和文献交流中所起的作用及其质量的优劣做出客观、全面的评价，以得到改进和完善的方向和途径。引文分析方法是达到这一目的的最有效的方式之一，它通过各种计量指标，对科技期刊进行综合和客观的评价。下面简单介绍一些常用的期刊评价计量指标。

（1）期刊载文量

期刊载文量（number of articles published）是描述期刊生产论文能力的基本指标之一。其定义为，在给定时间内，期刊发表的全部论文数量。这是一个绝对数指标，根据统计需要，它可以是期刊刊载的全部论文量，也可以是特定学科或专业的论文量。

（2）期刊引证率

期刊引证率（citing rate of journal）是描述期刊吸收外部文献能力的基本指标之一。其定义为，在给定时间内，期刊引证的全部参考文献数量。根据统计需要，也可以分别统计期刊引证多学科，多语种的参考文献量，以及相互之间的比例关系，以反映该期刊综合吸收文献信息的能力。

（3）期刊被引率

期刊被引率（cited rate of journal）是从用户使用的角度评价期刊的基本指标之一，带有鲜明的引文分析的特点。其定义为，在给定时间内，期刊被引证的全部次数。该指标以客观使用的数量直接反映了期刊在科学发展和文献交流中所起的作用。一般讲，其值越大，作用就越重要。但是由于该指标采用的是绝对数量，所以有时也难以准确地评价。例如，载文量大的期刊往往容易比载文量小的期刊获得更多的被引量。为了避免这种偏差，常常需要引进相对数量指标，以统一评价标准。

（4）平均引文率

平均引文率（mean citation rate）是反映期刊平均引文水平的统计量，以修正由于载文量大小不同带来的偏差。按照期刊的引证与被引证角度，可以有两种不同的平均引文率。

① 平均引证率。在给定时间内，期刊引证参考文献的数量除以相应期刊的载文量。它表示期刊每篇论文被引证参考文献的平均水平。平均引证率通常可以反映期刊吸收信息的能力和学术水平的高低，以及科学交流程度的高低。平均引证率不但可以评价期刊，也可以评价著者、学科、国家、地区、机构等。

② 平均被引率。在给定时间内，期刊所载文献被引的数量除以该刊的全部载文量。它表示该期刊每篇论文被引证的平均水平。平均被引证率高，一般可以认为该刊的学术水平较高。但是在该定义中，时间间隔的选择没有明确的规定，而随着时间的推移，文献的被引率将逐年下降。究竟选择哪一个时间段才能最准确地反映期刊的被引证水平呢，这就是下面要讨论的两个重要的计量指标——影响因子和即年指标。

（5）影响因子

影响因子（impact factor，IF）是加菲尔德在 1972 年提出的一个评价期刊的重要指标。该指标是一个相对数指标，主要用以调整和修正大刊、老刊凭借发表论文绝对数量而在期刊被引上所占的优势，同时选择期刊被引数量达到最高峰时来计算其平均被引率，所以更能反映期刊被使用的真实情况。普赖斯曾提出，科学论文一般在其发表 1~2 年后，被人们了解接受，并达到被引证的峰值阶段。加菲尔德正是按照这一思想，定义了影响因子的计算公式：

$$\text{影响因子}=\frac{\text{某刊前两年发表论文在该年的被引证次数}}{\text{该刊前两年发表论文总数}} \tag{10-7}$$

例如，某期刊 2005 年的影响因子就等于《科学引文索引》全部来源期刊在 2005 年引用该期刊 2003 年和 2004 年两年间发表论文的次数除以 2003 年和 2004 年两年内该期刊所发表的全部论文数。通常，影响因子越大，可认为该刊在科学发展和文献交流过程中的作用和影响力较大，亦可认为其质量较高。

美国科学引文索引社所编制的《期刊引证报告》(*JCR*)中,定期公布 *SCI* 所收集的 3 800 多种期刊的影响因子,为人们评价上述期刊提供了极大的便利。我国近年来也开展了这方面的研究工作,中国科技信息研究所从 1997 年开始公布中国科技论文统计源期刊的多种计量指标,为我国各级科研管理部门开展期刊评价提供了条件(见表 10-9)。

近年来,随着人们对引文分析研究的深入,开始认识到有多种科技期刊的引文峰值区域不一定都集中于论文发表的第 1~2 年,有些学科或地区的期刊的引文峰值区域可能会延至第 3 年、第 4 年……因此有人提出更一般的影响因子定义。

$$\text{影响因子} = \frac{\sum_{i=1}^{m} n_{k-i}}{\sum_{i=1}^{m} N_{k-i}} (m = 1, 2, 3\cdots) \tag{10-8}$$

其中 n_{k-i} 代表第 k 年对期刊在 $k-i$ 年发表论文的引证次数;N_{k-i} 则代表该刊在 $k-i$ 年发表的论文数量。如果按此公式,则加菲尔德定义的影响因子可表示为:

$$\text{影响因子} = n_{k-1} + n_{k-2}/N_{k-1} + N_{k-2} \tag{10-9}$$

信息计量科学家鲁索(R. Roussean)曾对随机选取的 107 种不同学科或专业期刊的值按 $m=2$,3,4 分别进行了计算比较。结果发现,当取 $m=3$,4 时,所计算的影响因子大多数均大于加菲尔德定义的影响因子($m=2$),同时也产生顺序各异的期刊排队序列。表 10-8 是鲁索对某些数学期刊取 $m=2$ 和 $m=4$(1985 年)的比较结果,读者可从中看出两种影响因子计算公式的差异。

表 10-8　　**按 $m=2$,4 的影响因子的数学期刊排序**

A	B	C	D
COMMUN ALGEBRA	1	3	2
P K NED AKAD A MATH	2	14	12
DISCRETE MATH	3	8.5	5.5
NAGOYA MATH J	4	12	8
MATH SCAND	5	8.5	3.5
B SCI MATH	6	7	1

续表

A	B	C	D
J MATH SOC JPN	7.5	5	2.5
P AM MATH SOC	7.5	13	5.5
B SOC MATH FR	9	1	8
J NUMBER THEORY	10.5	6	3.5
Q J MATH	10.5	2	8.5
ANN SCI ECOLE NORM S	12	11	1
MATH USSR SB	13	15	2
CAN J MATH	14	10	4
STUD MATH	15	4	11

表中：A：期刊缩写名

B：按 $m=2$ 计算的影响因子排序

C：按 $m=4$ 计算的影响因子排序

D：同一期刊排序的差值

因此，关于 m 值的确定还是一个有待讨论的问题，在一般的评价中，还是采用加菲尔德的影响因子公式为宜。

（6）即年指标

期刊论文被用户利用的速度或时差也是评价期刊的一个重要指标。质量上乘的期刊及其优秀论文总是被用户争相阅读，尽快吸收利用。为描述用户这方面的使用趋势，加菲尔德又引入了即年指标这一新的评价标准。即年指标（Immediacy Index，也称当年被引指数）是用于测度期刊被利用速度的指标，也是衡量期刊重要性的一种依据。它一般为期刊某年发表的论文在当年被引证的篇均次数。如果用 n_k 表示某刊在第 k 年发表的论文在当年被引的总次数；N_k 表示在第 k 年发表的论文总数，IMI 表示即年指标，则有：

$$IMI_k = n_k/N_k \tag{10-10}$$

即：

$$\text{即年指标}=\frac{\text{该刊某年发表的论文在当年的被引次数}}{\text{当年发表论文的篇数}}$$

简单地讲，即年指标就是用某刊当年发表论文的被引次数除以该刊当年的论文数，用以表征期刊的“即时反应速率”，所以，即年指标有时也被称为当年被引指数。表 10-9 是中国科技论文统计源期刊物理类期刊的影响因子，即年指标及其他计量指标。

表 10-9　　中国科技期刊计量指标（片断）——物理类期刊

期刊名称	1994 年论文数	1995 年论文数	1994 年和 1995 年论文被引频次	总被引频次	1996 年论文数	1996 年论文被引频次	影响因子	即年指标
物理学进展	14	20	25	98	44	0	0. 7353	0. 0000
应用激光	86	106	78	161	98	9	0. 4063	0. 0918
声学学报	55	65	41	205	120	18	0. 3417	0. 1500
发光学报	64	70	42	94	78	2	0. 3134	0. 0256
光谱学与光谱分析	147	146	89	271	149	5	0. 3038	0. 0336
物理学报	290	277	170	744	295	15	0. 2998	0. 0508
高压物理学报	46	47	26	89	48	5	0. 2796	0. 1042
物理	116	108	60	175	141	3	0. 2679	0. 0213
光学学报	283	352	170	521	381	40	0. 2677	0. 1050
天体物理学报	54	52	28	75	62	5	0. 2642	0. 0806
高能物理与核物理	169	164	81	218	163	16	0. 2432	0. 0982
工程热物理学报	95	111	48	192	109	6	0. 2330	0. 0550
应用声学	57	50	23	90	61	3	0. 2150	0. 0492
核聚变与等离子体物理	35	40	16	45	41	1	0. 2133	0. 0244

续表

期刊名称	1994年论文数	1995年论文数	1994年和1995年论文被引频次	总被引频次	1996年论文数	1996年论文被引频次	影响因子	即年指标
强激光与粒子束	92	101	41	122	107	7	0. 2124	0. 0654
声学技术	25	42	14	49	45	1	0. 2090	0. 0222
原子与分子物理学报	74	74	30	76	87	5	0. 2027	0. 0575
波普学杂志	61	78	28	79	82	6	0. 2014	0. 0732
化学物理学报	91	94	31	98	101	7	0. 1676	0. 0693
计算物理	79	89	28	121	81	1	0. 1667	0. 0123
光子学报	102	114	35	78	219	17	0. 1620	0. 0776
低温与超导	47	47	15	28	55	1	0. 1596	0. 0182
CHIN J NUCLEAR PHYSICS	67	69	20	29	42	1	0. 1471	0. 0238
量子电子学	51	69	16	63	80	2	0. 1333	0. 0250
质谱学报	48	59	14	33	54	1	0. 1308	0. 0185
数学物理学报	79	67	17	82	66	0	0. 1164	0. 0000
低温物理学报	85	78	18	62	74	2	0. 1104	0. 0270

续表

期刊名称	1994年论文数	1995年论文数	1994年和1995年论文被引频次	总被引频次	1996年论文数	1996年论文被引频次	影响因子	即年指标
CHINESE PHYSICS LETTERs	207	200	33	66	256	3	0.0811	0.0117
理化检验物理分册	102	99	16	57	94	0	0.0796	0.0000
COMMUN THEOR PHYS	147	155	21	42	166	2	0.0695	0.0120
影像技术	36	36	4	5	52	0	0.0556	0.0000
物理测试	73	78	4	19	76	0	0.0265	0.0000

(7) 期刊自引率

所谓期刊自引率（self-citing rate）是指某期刊全部参考文献中，引证该刊自己发表的论文所占的比例，其定义为：

$$\text{期刊自引率} = \frac{\text{引证该刊自己发表的论文的次数}}{\text{期刊参考文献的总数}} \tag{10-11}$$

(8) 期刊自被引率

期刊自被引率（self-cited rate）是指某期刊全部被引次数中，被该刊本身引证次数所占的比例，其定义为：

$$\text{期刊自被引率} = \frac{\text{被该刊自己引证的次数}}{\text{期刊被引证的总次数}} \tag{10-12}$$

例如，*Americal Journal of Physics* 在 1990 年总共被引证 1 090 次，其中被该刊自己引证 151 次，那么自被引率为 13.8%。

可以看出，上述两个定义的分子在数值上是一样的，但分母却相差较大，因此，它们是从两个角度描述了期刊的自引状况，本刊自己的引证情况和被其他刊物使用的情况。

利用期刊的自引率和自被引率可以对期刊进行多方面的评价和推断。

一般来说，期刊自引率和自被引率均较高时，表明该刊专业交流较少，学科环境较封闭，是一个专业性强，相对独立的期刊；若期刊自引率较高，而自被引率偏低，则表明该刊学术地位较高，选材范围稳定，常为其他刊所引证，交流充分。反之，则结论相反。若期刊的自引率和自被引率都偏低，则表明该刊报道范围大，内容丰富，并广为其他刊所引证。同时，利用自引率与自被引率分布的集中与分散的程度，还可以判断期刊是专业性期刊，还是综合性期刊。

总之，通过对期刊自引率和自被引率的统计分析，可以帮助我们对期刊的学科性质、专业方向、选材范围和交流程度等多方位的性质有更清楚的了解、评价，便于对期刊的收藏、管理与使用。

以上所列举的是在科学期刊的引文分析中经常使用的一些计量指标，通过对它们的统计分析就可以对期刊进行各类评价，使我们对科学期刊的功能、性质和作用做到心中有数，从而达到科学评价与科学管理的目的。

10.4.3 《期刊引证报告》（*JCR*）

10.4.3.1 *JCR* 出版概况

JCR 是美国科学情报研究所（*ISI*）继编辑出版《科学引文索引》（SCI）之后，又连续出版的另一种新型的期刊引证分析的工具——《期刊引证报告》（Journal Citatian Reports），简称 JCR。

《期刊引证报告》（JCR）是从 1975 年开始编辑出版的。它是 SCI 年度索引中的一个新的组成部分，以后逐渐单独成册，按年度出版。《期刊引证报告》是《科学引文索引》的副产品，它是在多年积累的 SCI 数据库的基础上，专门对期刊的引证与被引证关系进行系统归类、整理、分析，并通过计算机自动处理编辑而成。迄今为止，它是国际上公认的权威期刊评价工具。1975 年第一次出版的 JCR 就是根据 1974 年的 SCI 数据编制而成，反映了 2 400 种来源期刊，40 000 篇来源文献和 4 248 065 篇参考文献之间的引证和被引证的关系。

JCR 版本情况：①按其学科范围分为科技版（JCR *Science Edition*）和社科版（JCR *Social Sciences Edition*）两种。JCR 科技版收录了科学技术领域 5 000 余种期刊的引文分析评价信息；JCR 社科版收录了社会科学领域 1 600 余种期刊的引文分析评价信息。②按其载体形式分为印刷版、光盘版和网络版三种。

《期刊引证报告》(JCR) 是开展期刊评价和其他引文分析的重要工具。利用 JCR 所提供的统计数据，可以清楚地了解期刊引证和被引证的情况、引证频率、引证网络，以及自引的情况；JCR 可以为客观评价科技期刊提供可靠的依据，方便地定量评价期刊的相互影响和相互作用，正确地评估某种期刊在科学交流体系中的作用和地位，确定核心期刊群等。因此，《期刊引证报告》是利用引文分析方法，开展文献计量学、科学计量学研究，以及科技管理的有力和方便的工具。

10.4.3.2　JCR 印刷版的编排结构

JCR 由五大部分组成：期刊排队部、来源期刊数据表、期刊半衰期表、引证期刊表和被引期刊表。

(1) 期刊排队部 (*Journal Rankings*)

这个部分由 9 个小部分组成，其中第一部分最为重要，称为期刊分类表，由 13 项内容组成，按来源期刊缩写刊名的字母顺序排列而成（见表 10-10）。

第 1 列为等级序号，按期刊缩写刊名字顺排列。第 2 列为刊名缩写。第 3、4、5、6 列依次列出了期刊在相应年代被 SCI，SSCI 和 A&HCI 的来源文献所引证的情况。其中第 3 列为期刊各年被引证次数之和；第 4、5 两列分别为前 1~2 年该刊被引证的数量；第 6 列则为第 4、5 列中引文次数之和。从第 7 列到第 9 列列出了期刊发表论文的情况，即期刊产出信息，其中第 7 列和第 8 列分别为前 1~2 年该刊发表论文的数量；第 9 列为第 7、8 列的论文数之和。在这些数据的基础上，第 10 列计算出该刊在该年的影响因子。第 11 列和第 12 列则为该刊在当年的引证情况，其中第 11 列为该刊在当年的被引数量，第 12 列为该刊在当年发表论文的数量。在此基础上，第 13 列计算出该刊的即年指标。

表 10-10　**期刊排队部片断（选自 1987 年 *JCR*，加菲尔德，1988）**

<table>
<tr><th rowspan="2">等级序号</th><th rowspan="2">期刊名称（缩写）</th><th colspan="4">1987 年对以下各年的引证量</th><th colspan="3">以下各年的论文发表量</th><th rowspan="2">影响因子</th><th rowspan="2">1987 年论文被引量</th><th rowspan="2">1987 年发表论文量</th><th rowspan="2">即年指标</th></tr>
<tr><th>各年累积量</th><th>1986</th><th>1985</th><th>1986+1985</th><th>1986</th><th>1985</th><th>1986+1985</th></tr>
<tr><td>1</td><td>A VAN LEEUW JMICROB</td><td>809</td><td>47</td><td>34</td><td>81</td><td>75</td><td>40</td><td>115</td><td>0.704</td><td>2</td><td>40</td><td>0.050</td></tr>
<tr><td>2</td><td>AAPG BULL</td><td>3 233</td><td>128</td><td>235</td><td>363</td><td>100</td><td>131</td><td>231</td><td>1.571</td><td>19</td><td>112</td><td>0.170</td></tr>
</table>

第二至第六部分所含内容信息与第一小部分相同，但编排顺序不同，以便于从不同的角度考察期刊的排序情况。其中第二部分是按照期刊历年被引总量排序；第三部分按照影响因子排序；第四部分按照即时指标排序；第五部分按照期刊当年发表的论文的被引数排序；第六部分按照前 1~2 年发表的论文在当年的被引数排序。

第七部分是社会科学期刊分类表，按照期刊缩写刊名排列，所含内容与第一部分期刊分类表相同。

第八部分为 *SCI* 来源期刊按主题类目进行的分类，在每一类中按影响因子数值排序，同时给出期刊的被引半衰期（按伯顿的“半衰期”定义）。

第九部分是所有来源期刊的字顺表及在第八部分所使用的主题分类表。根据这一部分的表，可使用户迅速确定某刊所属的类目。

（2）来源期刊数据表

JCR 的第二部分是来源期刊数据表（Source Data Listing），它按来源期刊刊名字顺排列，并列出期刊发表论文的有关数据，包括：

① 每种期刊在统计年的论文发表数量；

② 上述论文引证参考文献的数量；

③ 每篇论文引证参考文献的平均数量。

上述数据按照综述性文章、非综述性文章以及两者之和分别给出（见表 10-11）。

表 10-11　**来源期刊数据片断（选自 1987 年 *JCR*，加菲尔德，1988）**

期刊名称	非综述性论文			综述性论文			综述性论文与非综述性论文之和		
	来源文献量（S）	参考文献量（R）	R/S	来源文献量（S）	参考文献量（R）	R/S	来源文献量（S）	参考文献量（R）	R/S
J ANTMI-CROB CHEMOTH	245	4 192	17. 1	5	259	51. 8	250	4 451	17. 8

（3）期刊半衰期表

JCR 的第三部分是期刊半衰期表，包括三部分。

第一部分按来源期刊刊名缩写字母顺序排列，表 10-12 中列出了：

表 10-12　**期刊半衰期表（第一部分）（选自 *JCR*，加菲尔德，1988）**

引证半衰期	引证期刊		1987 年	1986 年	1985 年	1984 年	1983 年
4.9	LASER SURG MED		0.84	8.09	24.13	38.16	50.11
1982 年	1981 年	1980 年	1979 年	1978 年			
57.82	64.22	68.46	72.08	75.94			

① 引证期刊逐年引证数量的累积分布百分比数据；

② 引证半衰期（Citing Half-life）（按伯顿定义）。

第二部分给出了被引期刊的有关数据（见表 10-13）：

① 1978~1987 年间该刊发表的文章在当年被引证数量的累积分布百分比；

② 期刊的被引半衰期（Cited Half）（按伯顿定义）。

表 10-13　**期刊半衰期表（第二部分）（选自 *JCR*，加菲尔德，1988）**

被引半衰期	被引期刊		1987 年	1986 年	1985 年	1984 年	1983 年
2.9	LASER SURG MED		4.72	24.99	50.44	73.64	89.18
1982 年	1981 年	1980 年	1979 年	1978 年			
94.81	96.61	100.0	100.0	100.0			

第三部分按被引半衰期降序列出了被引期刊一览表。

（4）引证期刊表（Citing Journal Listing）

引证期刊表按照期刊缩写刊名字顺列出所有的引证期刊。表中依次给出了影响因子，刊名（缩写）、该刊引证其他期刊文献总数，1978~1987 年间各年引证其他期刊文献的数量，1978 年以前引证其他期刊文献总数。在引证期刊下，列出被该刊引证的期刊（按被引次数降序排列）（见表 10-14）。

表 10-14　　**引证期刊表片断（选自 *JCR*，加菲尔德，1988）**

IPF 引证期刊 IPF 被引期刊	引证、被引证总量	每年引证、被引证量										1978 年前引证、被引证总量
1.15 J AM STAT ASSOC	2 416	1987 49	1986 145	1985 203	1984 200	1983 161	1982 165	1981 157	1980 118	1979 96	1978 97	1 025
1.15 J AM STAT ASSOC	391	12	29	42	37	26	22	34	17	17	15	140
1.19 ANN STAT	170	5	9	18	22	12	17	18	8	10	8	43
1.10 BIOMETRIKA…	153 …	1 …	9 …	8 …	8 …	13 …	7 …	4 …	6 …	5 …	8 …	84 …

（5）被引期刊表（Cited Journal Listing）

被引期刊表按照缩写刊名字顺列出被引期刊。格式与引证期刊表相同，依次给出了影响因子、缩写刊名，被引总数及多年被引数量分布。在被引期刊下，列出引证期刊（按引证次数降序排列），见表 10-15。

表 10-15　　**被引期刊表片断（选自 *JCR*，加菲尔德，1988）**

IPF 被引期刊 IPF 引证期刊	被引证、引证总量	每年被引证、引证量										1978 年前被引证、引证总量
0.53 J CHEM ENG DATA	1 691	1987 27	1986 76	1985 95	1984 103	1983 76	1982 97	1981 84	1980 65	1979 60	1978 77	931
0.53 J CHEM ENG DATA	247	12	26	28	23	15	18	16	5	6	5	93

续表

IPF 被引期刊 IPF 引证期刊	被引证、引证总量	每年被引证、引证量										1978 年前被引证、引证总量
0.86 FLUID PHASE EQUILIBR	172	0	5	16	7	11	16	12	7	7	11	80
0.82 J CHEM THERMODYN …	95 …	0 …	1 …	13 …	4 …	4 …	9 …	4 …	2 …	1 …	3 …	54 …

10.4.3.3 *JCR* 网络版（*JCR*® Web）简介

JCR® Web 包括两个版本：分为科技版（*JCR* Science Edition）和社科版（*JCR* Social Sciences Edition）*JCR*。*JCR* Science Edition 提供 *Science Citation Index Expanded*™ 中所收录的科学技术领域 5 000 余种期刊的引文分析评估信息；*JCR* Social Sciences Edition 提供*Social Sciences Citation Index*® 中所收录的社会科学领域 1 600 余种期刊的引文分析评估信息。

JCR Web（图 10-33）是一个综合性、多学科的期刊分析与评价报告，它客观地统计 ISI *Web of Science* 收录期刊所刊载论文的数量、论文参考文献的数量、论文的被引证次数等原始数据，再应用文献计量学的原理，计算出各种期刊的影响因子、即年指标、被引半衰期等反映期刊质量和影响的定量指标。

JCR Web 对于每一份被收录期刊，提供给用户的期刊统计分析指标包括：每种期刊在当前年被引证的总次数（Total Cites）、每种期刊的影响因子（即该刊前两年发表的文章在当前年的平均被引次数（Impact Factor）、每种期刊当前年发表的文章在当前年的平均被引次数（Immediacy Index）、每种期刊当前年的文章总数（Articles）、每种期刊论文研究课题的延续时间（Cited Half-life）、每种期刊的引证期刊列表（Citing Journal）、每种期刊的被引证期刊列表（Cited Journal）、每种期刊的影响因子在近几年的变化情况（Trends）、每种期刊的来源数据情况（Source Data）等。

JCR Web 对于每一种期刊引证报告的具体结构和指标定义如下（图 10-34）：

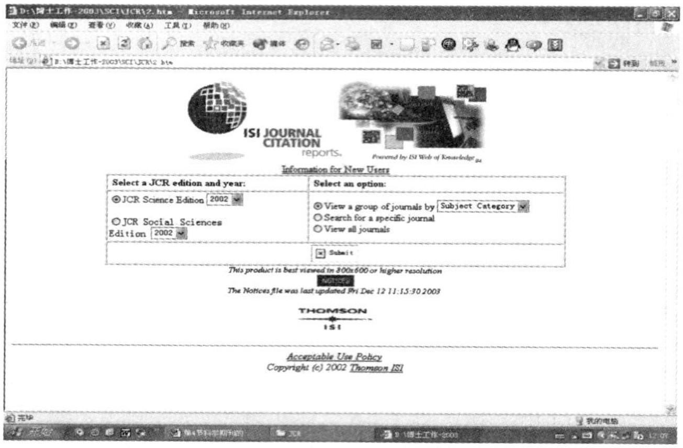

图 10-33　*JCR* 网络版主页

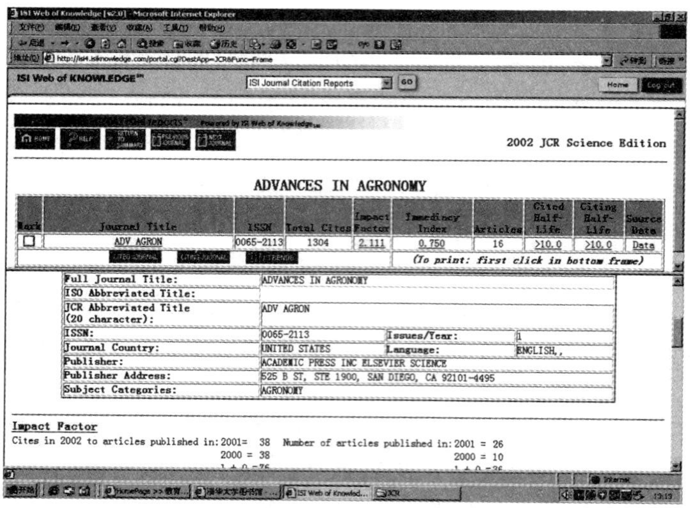

图 10-34　*JCR* Web 检索结果界面——期刊引证指标及结构

点击图 10-34 页面的每一个指标项，即可得到该指标的详情页面。

① 总引证次数（Total Cites）。该期刊在当年被其他期刊（ISI 所收录）所引证的总次数。

② 影响因子（Impact Factor）。评价和比较一种期刊相对于同学科中其他期刊影响力和重要性的指标。例如，总结论文被引证的频率从而决定要订

购的期刊。

③ 即年指标（Immediacy Index）。评价期刊中的论文被引证的速度，或者在同一年内期刊中的论文被引证的频率。有利于比较新兴学科或尖端学科的期刊。

④ 论文数量（Article Counts）。只包括原始研究论文和综述性论文。社论、书信、新闻和会议摘要不包含在论文计数中，因为它们一般不被引证。

⑤ 被引半衰期（Cited Half-life）。被引论文的持久性标准，从当前年份开始往前，引文数目达到截至现在被引期刊的总引证数 50%的年份数。

⑥ 引证半衰期（Citing Half-life）。从当前年份开始往前，引文数目达到截至当年引证期刊提供的总引证数 50%的年份数。通过与被引半衰期比较，可以评价编辑策略。

⑦ 来源数据（Source Data）。提供期刊对原始研究进行综述的依据以及所含参考文献数目。

⑧ 被引证期刊列表（Cited Journal Listing）。按照引证一个特定期刊的频繁程度排列引证期刊。此引证链接可以解释期刊的主题方向，指向最接近它的同类或竞争期刊，并组成特定专业的期刊网络。

⑨ 引证期刊列表（Citing Journal Listing）。按照被引证一个特定期刊的频繁程度排列被引证期刊。此引证链接可以解释期刊的主题方向，指向最接近它的同类或竞争期刊，并组成特定专业的期刊网络。

⑩ 影响因子趋势图（Impact Factor Trend Graph）。影响因子趋势图（图 3-35）描述了特定期刊在过去 5 年内的影响因子，它测量了该期刊的“average article”在特定年份内被引证的频率，并将该期刊在过去 4 年的影响与当年影响进行比较。同时，也使得 *Web of Science*® 用户链接到 *JCR* Web。

⑪ 期刊刊名（Journal Title）。*JCR* 中期刊的刊名通常被缩写，缩写包括副标题和标题。刊名全名包括在期刊的全记录（Full Record）中。

⑫ 标记期刊（Marking a Journal）。点击“Mark”下的选项框，然后点击“Update Marked List”按钮，将标记期刊显示到 Marked Journal 列表。可以在 Summary 列表或 Full Record 中标记期刊。

⑬ 链接到 Ulrich™（Go to Ulrich™）。在 Full Record 页面上，点击“Go to Ulrich”按钮，可以直接链接到 Ulrich's Periodicals Directory™（乌利希期刊目录）。没有订购 Ulrichsweb. com 的 *JCR* 用户的检索页面没有此链接按钮。

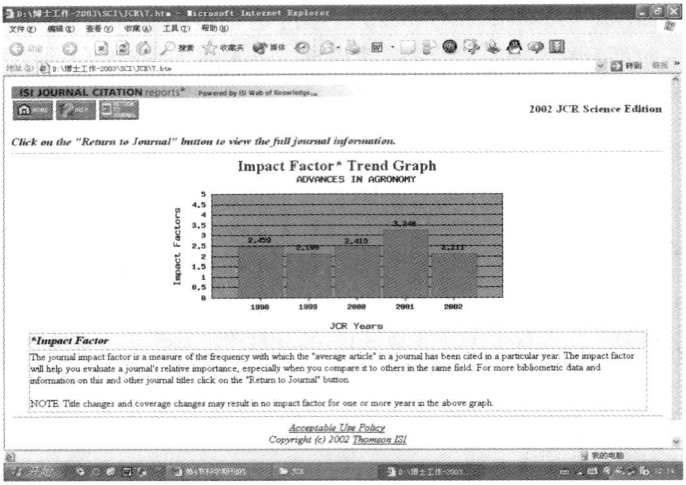

图 10-35 *JCR* Web 期刊影响因子趋势图

10.4.3.4 *JCR* 的应用

通过 *JCR* 可以获得综合评价期刊的大量有意义的数据，如来源期刊的分类数据，期刊产生论文数，期刊引证率及平均引证率，期刊的影响因子、半衰期和即年指标等。利用这些指标和数据，可以进行多方面的定量分析研究，从而为文献学、情报学和科学学的许多定量研究提供了便利的条件和新的用途。下面简单介绍 *JCR* 的一些实际应用领域。

（1）期刊研究和选择——确定核心期刊

JCR 的主要职能，就是解释期刊之间相互的关系、程度及分布。因此，利用 *JCR* 中的期刊被引率等数据指标，可对科学期刊的重要性进行定量的综合评价，确定单学科或多学科的核心期刊；通过某学科被重要期刊引证的期刊表和引证重要期刊的期刊列表的比较分析，可确定和选择应收藏的非本专业的相关期刊；分析不同学科之间文献在利用上的联系程度；还可以学科引证率的大小判断某些特殊期刊的专业性质。例如，如果期刊影响因子较大，一般说明该期刊更面向基础研究，具有理论性质，等等。

在讨论布拉德福定律应用时，曾经介绍过利用期刊登载相关论文的数量分布确定核心期刊区，最终得出核心期刊的数量和具体核心期刊表。但由于相关论文的界限比较模糊，判断标准不一，加之并没有相应的提供期刊登载相关学科论文数量的工具书，使得利用布拉德福定律确定核心期刊难以实际操作，尤其是确定全部自然科学领域的核心期刊就变得更加难以实施。

而应用加菲尔德期刊文献集中定律和 *JCR* 提供的引证数据，可以根据用户使用的数据以及科学期刊相互之间的引证关系很容易地确定学科核心期刊表及全部科学领域的期刊表。

例如，希望确定某一学科或专业的核心期刊，这时可以选定该学科或专业中具有代表性的期刊 1~2 种，然后通过 *JCR* 中的引证期刊表去查该刊所引证过的期刊，并按这些期刊的总被引次数或影响因子排序，最终得到该学科或专业的核心期刊。如果将引证期刊表与被引期刊表结合使用，还可以获得该学科所需的相关专业的期刊。因为通常在引证期刊表中除了本专业期刊以外，还有许多与该专业有关的期刊，但被引期刊表中则主要是该专业的期刊，比较这两部分期刊，即可获得所需的相关专业期刊。

至于确定多学科甚至全部科学领域的核心期刊，可以利用 *JCR* 提供的期刊总被引次数和影响因子等指标数据，通过必要的数学处理，进行综合排序，以最终确定。

（2）期刊老化规律的研究

根据 *JCR* 提供的被引文的年代分布和持续时间，可以判断某类期刊的“老化”速度，对期刊的老化规律进行研究。应用该结果直接指导期刊服务方式和确定保存年限和剔旧标准。如果结合期刊流通数据，还可以开展多方面的文献老化理论、应用研究。

（3）对期刊进行综合性评价

由于 *JCR* 全面地提供期刊的各类数据，如生产输出数据，使用反馈数据，年代分布数据和评价指标数据，所以，除了上面提到的两项应用以外，还可以对期刊进行其他方面的综合性的评价。

① 确定期刊之间的联系程度或学科关系

通过分析两种期刊相互引证的重叠部分，可以判断两种期刊联系的密切程度和学科关系。进而得出期刊群、簇等，方便使用管理。

② 判断期刊的学科性质

通过被引期刊表提供的被引次数，可以判断期刊的学科性质和专业领域，高被引的期刊组成核心期刊群。

③ 对期刊进行科学的管理

（4）进行科学学研究

对科学学研究来说，*JCR* 具有重要的作用。通过分析期刊之间的相互作用，可以在一定程度上认识学科之间的相互交叉和渗透情况，有助于揭示科学发展的一般规律。

通过 *JCR* 数据，有可能对期刊的各个方面进行客观、准确的评价、评估，为科学地管理期刊提供依据，可以正确地了解和判断期刊的学术地位、学科性质、用户信赖程度，以及在科学活动和文献交流中的作用和影响等。但应当指出的是，由于语言等方面的原因，*SCI* 和 *JCR* 都是以美、英等国的文献为主，对我国的文献报道相应较少。因此，我们应该大力提倡并尽快编制《中文科学引文索引》和《中文期刊引证报告》。可喜的是，中国科技信息所、中国科学院和清华大学中国学术期刊电子杂志社等单位近些年已陆续推出了相应的年度报告，如《中国科技论文统计报告》、《中国科学计量指标：论文与引文统计》和《中国学术期刊综合引证报告》。

10.5 引文网络与聚类分析

科学文献的引证与被引证，使得大量文献分群聚类。仔细观察 10.1 中介绍过的引文网络图（图 10-1）就不难发现，在文献的引证关系中，除了文献之间单一的相互引证关系之外，还存在两篇或两篇以上文献同时引证同一篇文献，或两篇文献同时被别的文献共同引证等多种复杂各异的网络或聚类关系。这便是这一节要重点研究的内容，即以多篇文献之间的联系程度作为计量单位的引文分析，它们构成了文献聚类、学科聚类分析的理论基础。

10.5.1 引文耦合与同被引的概念

（1）文献耦合

在科技文献的被引文献中，人们经常可以看到不同文章的作者不约而同地引证某篇或某几篇完全相同的文献。针对这一现象，美国麻省理工学院的教授开斯勒（M. M. Kessler）于 1963 年首次提出了“文献耦合”（Bibliographic Coupling）这一术语。开斯勒在对《物理评论》（*Physical Review*）期刊进行引文分析研究时发现，越是学科、专业内容相近的论文，它们参考文献中相同文献的数量就越多。于是，他把两篇（或多篇论文）同时引证一篇论文的论文称为耦合论文（Coupled papers），并把它们之间的这种关系称为文献耦合。

所谓“文献耦合”是指引证文献通过其参考文献（被引证文献）建立的耦合关系。具体地说，如果 A 和 B 两篇文献共同引证了一篇或多篇参考文献，或者说它们共同具有一篇或多篇同样的参考文献，则称 A 和 B 两篇文献具有引文上的耦合关系。具有耦合关系的论文可以认为它们必然在学科内容上存在某种联系或相关性，其耦合程度可以用“耦合强度”指标来衡量。“耦合强度”的量度单位是 A 和 B 共有的参考文献的篇数。如果两篇文献具有一篇相同的参考文献，那么这两篇文献的耦合程度为 1 个引文耦（或称耦合单位）；以此类推，若两篇论文有 n 篇相同的参考文献，那么这两篇文献的耦合程度为 n 个引文耦；显然，耦合程度越高，意味着两篇文献在学科内容与专业性质上越接近，文献间联系也越紧密。

一般来说，“引文耦合”是指在两篇引证文献之间建立的关系，但也不局限于 2 篇，可以是 n 篇，$n \geq 2$。引文耦合是相对而言的。随着耦合的对象不同，耦合标准而有不同，可形成具有不同特点的引文耦合群。其耦合范围可用“耦合幅度”这一指标来衡量。因此，引文耦合现象使大量科学文献分群聚类，不仅提供了从文献被使用的角度检索文献的可能性，提高了文献情报服务的针对性和效率；而且还为研究文献的引证结构和规律、主题相似性及学科结构等问题开辟了新的途径。

“文献耦合”理论的基本出发点是：凡共同引证一篇或多篇参考文献的两篇引证文献之间必有相互联系。事实上，“耦合”概念不仅仅局限于同时引证的两篇论文本身之间的关系，它揭示的是一类普遍存在的关系，即两个（或两个以上）不同主体与同一客体之间的关系。因此，可以将开斯勒提出的“文献耦合”概念予以推广，相对于文献的学科主题、期刊、著者、语种、国别、机构、发表时间等特征对象来说，都可以发生耦合关系。也就是说，“耦合”概念还能反映同时引证的两个（或多个）著者之间的耦合关系。例如，如果我们不以文献为单位，而以期刊为主体，若两刊同时引证了另一期刊的论文，则称这两种期刊具有耦合关系。同时，可把两刊同引某刊一次计为一个引文耦（或称引刊耦）。引文耦越多，表明这两刊的亲缘关系越密切。

科学论文及其相关媒介广义上的耦合现象，使一些表面上看起来没有联系的主体对象客观地被耦合起来，从而揭示了科技文献体系的内在联系和结构关系。因此，从广义上来理解和分析“耦合”概念，对全面理解信息计量学的研究对象和范围，促进信息计量学在科学学等领域更为广泛的应用，都具有一定的理论和现实意义。

刚开始时，开斯勒是把文献耦合作为一种新型的检索工具。假若用户已有一篇相关的论文 P_0，通过检索系统就可以检索出与 P_0 有耦合关系的全部论文簇 G_A（P_0）。开斯勒将 G_A（P_0）称作 P_0 的逻辑参考文献（logical reference）。作为检索工具，文献耦合有以下独特的优点。

① 文献耦合不依赖于任何人工检索语言和词汇，所有的处理都由计算机自动匹配计算完成，因而避免了由于语言、语法、词汇习惯不一致所造成的种种困难，提高了检索效率和质量。

② 与其他类型的引文索引检索一样，文献耦合不需要专家阅读或判断，这给图书情报部门检索管理带来很大便利。

③ 文献耦合作为检索工具，可以突破传统静态分类的限制，同时，随着基础论文 P_0 继续地被别人引证，逻辑参考文献簇 G_A（P_0）也会不断地扩大，论文数量不断增加，反映出科学研究新的变化和方向。

尽管一些学者对文献耦合概念从理论上提出异议，但新的 *SCI* 光盘版仍通过文献耦合向用户提供那些与该索引论文关系最为密切的论文。

（2）同被引

在分析文献的引证关系时，不仅可以从论文具有相同参考文献的角度来看，而且还可以从一篇论文被后来的文献共同引证的角度来研究文献结构的动态规律。1973 年，美国情报学家亨利·斯莫尔（Henry Small）和前苏联情报学家依林娜·马沙科娃（Irina Marshakova）分别在研究文献的引证结构和文献分类时，同时首次提出了文献"同被引"（Co-citation）的概念，作为测度文献间关系程度的另一种方法。

所谓文献同被引，就是指两篇（或多篇）论文同时被后来的一篇或多篇论文所引证，则称这两篇论文（被引证论文）具有"同被引"关系。换言之，如果 A 和 B 两篇（或多篇）文献，不管其发表的时间如何，只要同时被后来一篇或多篇论文引证，则称 A 和 B 两篇文献具有"同被引"关系。而且以引证它们的论文（引证文献的数量）多少来测度其同被引程度，即定义同时引证这两篇论文的论文篇数为同被引强度（Co-citation Strength）或同被引频率（Co-citation Frequency）。用集合论的语言描述同被引强度更容易理解。假设 A 是引证了文献 X 的论文组成的集合，B 是引证了文献 Y 的论文组成的集合，则 $A\cap B$ 是同时引证了 X 和 Y 的论文组成的集合，那么 $A\cap B$ 中的元素数即为文献 X 和 Y 的同被引强度。若同时引证这两篇论文的文章越多，则它们的同被引频率越高，说明它们之间的关系越密切。同时，文献的同被引相关簇的跨度可用"同被引幅度"指标来衡量，若簇内的同被引文献越多，则其"同被引幅度"就越大。

斯莫尔在 1973 年提出文献同被引概念，是作为描述科学领域内重要概念之间关系和模拟科学知识真实结构的一种方法。他以"粒子物理学"专业为例，进行了期刊论文的同被引分析研究，得到图 10-36 的结果。

从引文网络图中可以看到，两对来自 1968 年的关系甚为密切的重要文献：Lovelace-Veneziano 和 Gell-Mann-Glashow，两者的同被引强度超过了 49，它们通过 Gell-Mann 和 Weinberg 早期的论文被联系起来。

同被引关系也可以用于情报检索，例如，以多次被引证的论文为基础建

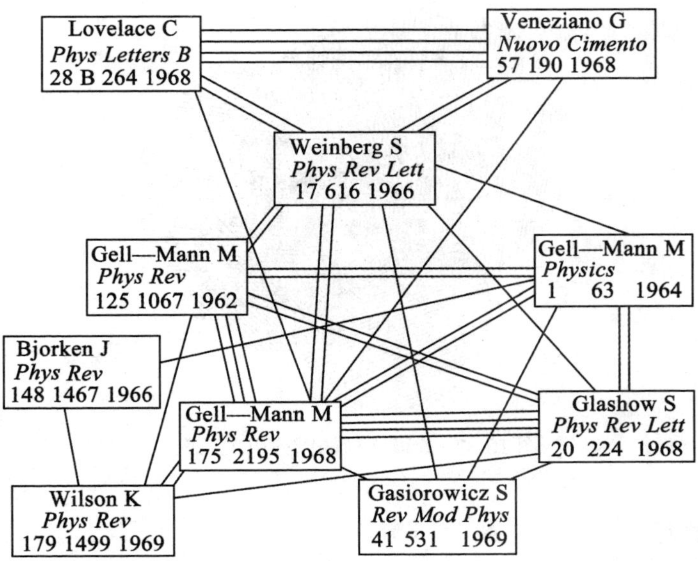

同引强度	连线
1~6	无
7~12	1
13~24	2
25~48	3
≥49	4

图 10-36 粒子物理学期刊论文的同被引网络图

立的二次索引，使人们可以利用同被引检索点检索出有关的新文献。

同被引关系除了表现在两篇文献之间外，还存在三引乃至多引的同引关系。斯莫尔在 1974 年提出的圆环模型，形象地表现了双引、三引及多引等在内的同被引关系。斯莫尔仍以粒子物理学的 6 篇文献（1972 年数据）的被引数据为对象，求出文献间的距离，然后给出相应的圆形图（图 10-37）。

该图使文献之间的同被引关系形象化，并具有主题感。斯莫尔利用此模型对三引的同被引联系进行了数量分析，与实际结果非常符合。

与文献耦合的概念相类似，同样可以将“同被引”的概念推广到与文献相关的各种特征对象方面，从而形成各种类型的“同被引”概念，例如期刊同被引、著者同被引、主题同被引等。广义上的同被引现象是一些无外部联系的特征对象客观地被同时引证它们的作者联系起来，从不同角度揭示了文献引证之间的复杂的结构关系，为全面进行引文分析、研究引文结构提

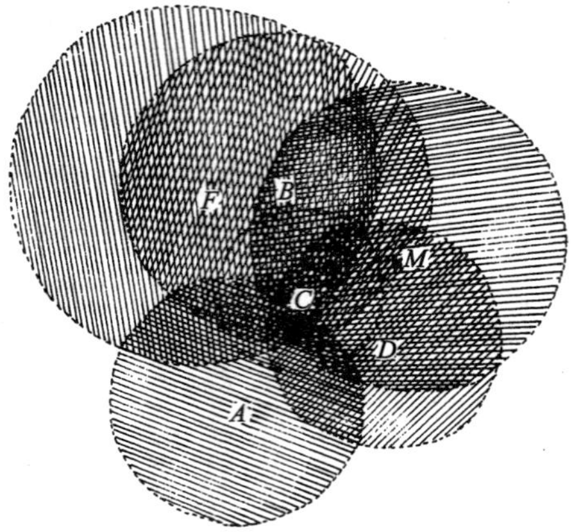

图 10-37　6 篇文献的同被引关系图

供了新的途径。

（3）引文耦合与同被引的异同

科学文献的耦合与同被引关系是既有联系又有区别的两个概念。它们都是指两篇论文通过另外一篇或多篇论文建立起来的关系，所以都可以反映出文献之间的联系程度和结构关系，在引文分析中属于同一种类型：即以文献之间的联系程度作为计量单位的网络结构分析，从引文角度揭示论文的主题相似性，以及相互之间作用和联系。这两种分析方法都可用于研究文献关系，进行文献检索和揭示学科结构等。但由于这两种方法观察处理问题的方向及主客体不同，也使两者存在着明显的区别，归纳起来有以下几点：

① 引文耦合反映的是两篇引证文献之间的关系，同被引反映的是两篇被引证文献之间的关系。前者是由两篇文献的作者共同建立的，后者是由引证它们的作者各自建立的。

② 引文耦合强度是固定不变的，同被引强度则随时有可能发生变化。这是因为对于任意两篇已发表的论文来说，其后的参考文献是固定不变的。因此，引文耦合后的关系就不会改变，也就长期地得到固定和承认。对于具有"同被引"关系的两篇文献来说，同被引的特性决定了它们始终处于"被动"地位，它们之间的关系总是等着其他文献来建立，其强度也是以后来其他文献的需求量来增加，所以同被引后的关系仍处于变化之中。

③ 引文耦合反映的文献间的关系是一种固定的长久的关系，而同被引反映的则是变化的或暂时的关系。因此，引文耦合形成的模型是静态结构模

型，而同被引则是动态结构模型。

④ 引文耦合是回溯的，属于“回向引证”，而同被引则是展望性的，属于“前向引证”。

⑤ 对于研究和解释科学文献的内在联系与规律，描绘科学发展的动态结构来说，“同被引”比“引文耦合”更具有优越性，更适应当代情报科学研究的对象是不断变化和发展的特点。为了便于比较，我们将“引文耦合”与“同被引”之间的区别归纳为表 10-16。

表 10-16　　**引文耦合与同被引的比较**

项目 内容 序号	引文耦合	同被引
1	反映引证文献之间的关系。	反映被引证文献之间的关系。
2	必须由两个（或两个以上）引证文献的作者共同建立。	可以由一个引证文献的作者单独建立。
3	关系媒介是被引文献或参考文献。	关系媒介是引证文献。
4	其程度以“耦合强度”指标衡量(共同的参考文献数)。	其程度以“同被引强度”指标衡量(共同的引证论文数)
5	耦合强度固定不变。	同被引强度随时改变。
6	表示引证文献之间固定而长久的关系，反映静态结构。	表示被引文献之间变化而暂时的关系，反映的是动态结构。
7	处于主动的引证地位。	处于被动的被引证地位。
8	回溯性的，属于“回向引证”。	展望性的，属于“前向引证”。
9	被引文献　引证文献 C←A ↑ B 先发表　后发表 A 与 B 为文献耦合关系。	引证文献　被引文献 C→A ↓ B 后发表　先发表 A 与 B 为同被引关系。

10.5.2 耦合分析

对以文献引证为中心的各类耦合关系的分析和研究，不仅可以丰富信息计量学的研究和方法，开拓新的应用领域，而且能为科学学、预测学、科技管理等方面的研究提供新的有效途径。

前面已经介绍过文献的耦合关系可以作为一种新型的检索工具，完成特殊类型的主题族性检索。耦合关系还有另一方面的重要应用就是研究学科的内部结构，划分出在学科、专业相近的一个个耦合强度较高的论文簇，并且给出簇与簇之间疏密不同的联系，形成论文之间相互影响作用的引文网络。

同时，因为文献耦合所揭示的是一类普遍存在的主客体之间的引证与被引证关系，因此可以将“文献耦合”的概念予以推广，利用耦合概念反映诸如学科、期刊、著者、语种、国别、机构、时期等多种特征对象的相似耦合关系。

耦合分析方法是信息计量学和科学计量学中非常重要且独具特色的一种计量分析方法，在文献学、科学学、预测学和科技管理中有着广泛的应用，并不断开拓其新领域。下面介绍几类重要的耦合分析方法。

（1）文献耦合分析

文献耦合分析也称为引文耦合分析，是最基本的耦合关系分析。它以被引论文作为联系媒介，把表面看起来毫无关系的论文联系起来，反映了引证文献之间的相互关系，在一定程度上揭示了科学学科之间的内在发展规律和组织结构。对于文献学、情报学、科学学、预测学等方面的研究都有一定意义。

对于文献耦合，可以从以下几个方面进行分析。

① 通过引文相关论文簇分析学科之间的联系。在文献的耦合分析中，往往形成许多所谓的逻辑参考文献簇 G_A（P_0），即具有耦合关系的若干论文形成的论文簇。这有可能形成两类引文相关簇：一是闭式结构的，即在一簇引证文献中，如果其中每篇论文都与簇内任何一篇论文至少有一个耦合单位，则这簇论文就形成一个簇内的相互关联的闭式结构。二是开式结构的，即在若干论文中，如果每篇论文都与另一篇基准论文（如属于 A 学科）至少有一个耦合单位，则这些引文就形成一个与簇外任意一篇论文相关联的开式结构。显然，这些引文相关簇在一定程度上揭示了学科文献之间的相关关系，反映出学科内容之间的某些联系，或同属于一个学科，或是某学科的分支学科，以及交叉学科和边缘学科等。

② 通过引文网络分析文献体系结构和学科结构。引文耦合现象在客观

上把众多表面毫无关系的论文联系起来，形成一个个相关论文网络。事实上，具有耦合关系的论文网络必然具有某些共同属性。这种由论文之间的引证关系决定的网络属性把无外部联系的众多论文组成有序结构。通过分析这些结构就可以研究文献情报流的结构和规律性，进而研究整个学科的结构和发展规律。

③ 为文献检索提供新的途径。因为引文耦合现象能够把科学论文按其引证关系组合为具有各种属性的相关簇，从而提供了从文献使用的角度进行检索的可能性。这种从耦合关系出发查找相关文献的方法在一定程度上弥补了传统文献检索的不足，扩大了检索范围，从而大大提高文献的检准率和检全率。

④ 有助于评价经典文献，回溯科学发展轨迹，确定当前科学研究热点，以及了解科学之间的交流规律等。

（2）期刊耦合分析

这是文献耦合分析的推广。所谓期刊耦合是指以每种期刊为统计单元进行的耦合。具体地讲，就是 n 种（$n\geqslant2$）期刊同时引证其他期刊论文时，则称这 n 种期刊之间的关系为“期刊耦合”，其耦合强度以同时被引证的期刊种数（或次数）来衡量，称之为期刊耦合频率或期刊耦合强度。

期刊耦合现象在客观上把众多的期刊按照引证关系结合为一个个有序的相关群，在一定程度上揭示出期刊之间的相互关系，为研究文献情报流的结构和规律以及学科之间的联系提供了客观的基础和条件。期刊的耦合分析主要有以下三个方面：

① 判断期刊之间的关系和联系程度。当某两种期刊具有耦合关系时，说明这两种期刊在某种属性上有一定联系，或者同属某一专业领域，或者虽属不同学科的期刊但其中的论文有某种联系；揭示出它们在学科内容上的相互交叉关系；而且，其耦合强度的大小及增减，反映着它们之间联系的强弱及其变化。

② 判断期刊的专业性质。通过期刊引证论文的“耦合强度”和“耦合比例”，可以判断出期刊的专业性质。

③ 从期刊耦合关系出发，通过期刊论文的内容分析，可以判断学科之间的相互关系和联系程度。

（3）著者耦合分析

这是从论文之间的耦合关系自然引申到著者之间的耦合关系。所谓著者耦合是指以一个个著者（含团体著者）作为基本单元进行的耦合。具体地说，就是 n 个著者（$n\geqslant2$）在文献中同时引证了某一个（或多个）著者所发表文献的情况，则称这 n 个著者具有耦合关系。这种耦合的媒介是被引证文献的作者，其耦合强度以同时被引证著者的数量来衡量。这种测度称为著者耦合强度或著者耦合频率。

著者耦合分析反映了著者之间的客观联系，在一定程度上揭示了学科专业人员的组织结构，这种分析方法在图书情报学、科学学和人才学领域都有广泛的应用。

① 通过著者群体网络分析学科研究的状况和发展趋势。著者耦合现象在客观上把无外部联系的众多著者组合成一个个有序的群体网络，这些有序群体都是按其中著者所写的论文的属性来进行分类的。某学科论文著者群体在数量、质量及结构形式等方面的状况和发展变化，反映着该学科研究的队伍状况、学科发展过程及其趋势，从而为信息计量学和科学学的研究提供了新的途径。

② 根据相关著者群的组成，可以建立必要的科研同行通信网络，从而促进信息传递和学术交流。

③ 在情报检索中，可以从耦合著者群中的著者姓名出发，利用“著者目录”或“著者检索”就能找出某专业课题的同行著者所发表的全部有关文献，从而为该学科课题的研究提供针对性较强的定题检索服务。

由此可见，通过著者耦合分析，可以了解特定学科领域论文著者群体的网络结构形式，著者队伍的现状及其发展变化，学科发展过程及其趋势。利用著者网络，可以扩大情报传递和学术交流，促进科学研究的发展。

（4）学科耦合分析

所谓学科（或专业）耦合是指以学科为基本单位进行的耦合。具体地讲，就是属于某 n（$n \geqslant 2$）个学科（或专业）的文献共同引证了别的学科（或专业）的文献时，称这 n 个学科具有耦合关系。其耦合程度以被引证的学科数量多少来测度。这种测度指标称为学科耦合强度或学科耦合频率。

显然，学科耦合属于回溯性的耦合。它所形成的是有关学科的相关群，利用这种耦合关系，可进行以下分析。

① 利用学科耦合结构判断学科之间的关系。通过引文统计，可以确定学科之间的耦合关系结构及其耦合强度。很显然，耦合相关群中的学科之间以及与被引证学科之间，必然有一定联系；而且，若某两门学科的耦合强度较大，则说明这两门学科之间关系密切，有着交叉渗透的趋势。如果某些学科不耦合、或者耦合强度不大，则表明它们之间的关系不密切。

② 从学科耦合关系的变化了解学科发展的状况和变化规律。如果统计并确定不同时期的某些学科耦合关系及其耦合强度，不断跟踪并比较分析学

科耦合结构的变化，则能了解该学科发展的来龙去脉以及复杂的变化关系。而且，耦合强度的增大，说明相关学科的关系加强了；反之，则意味着它们朝分化独立的趋势发展。

③ 为专题文献的选择和搜集提供定量依据。利用学科（或专业）耦合强度来判断学科之间的相关程度，从而为文献选择和收藏提供依据。

可见，通过学科耦合分析，可以判断学科之间的关系和联系程度、分支层次关系，及其交叉渗透趋势；同时，也可从学科耦合关系的变化了解学科发展的状况和变化规律，进一步预测学科分化组合的发展趋势。

此外，还有文献所属的国别耦合、地区耦合、机构耦合、语种耦合等，利用这些耦合关系都可以进行相应的分析，还可得出许多有益的结论。

10.5.3 同被引分析

与耦合分析类似，我们也可以研究和进行各种类型的同被引分析。对广义的各种类型的“同被引”关系的分析和研究，是引证分析的重要内容之一。它不仅能丰富信息计量学的研究内容和方法，而且对于科学学、人才学、预测学等方面的研究都有一定的意义。

（1）文献同被引分析

文献的“同被引”是一类最基本的同被引关系。它主要体现了同被引的参考文献之间的结构关系，进而揭示和反映学科之间的某些联系。对这种文献间的同被引关系进行分析，主要有以下几个方面的意义：

① 通过文献的同被引相关群的分析，可进行文献学方面的理论研究。例如，从分析同被引文献的类型、语种等方面的组成及联系切入，可以研究科学文献体系的特征结构以及分布、利用等方面的规律。

② 通过文献同被引群体网络及其变化，可进行科学学方面的研究。例如研究学科之间的相互关系、联系特征和发展变化状况及趋势等。

③ 为制定文献采购策略和模型提供依据，为文献检索开辟新的途径。

由此可见，通过文献同被引分析，可以了解同被引文献群的特征结构，学科、文献类型、语种等的分布形式，以及科学文献体系中互相引证的规律性。通过分析同被引文献群网络结构及其变化趋势，可进行科学学和科技管理方面的研究，研究学科之间或整个科学体系中相互联系、相互作用的发展变化状况及其趋势。

（2）期刊同被引分析

这是文献同引分析的推广。所谓“期刊同被引”是指以期刊为基本单元而建立的同被引关系。具体地说，就是 n 种（$n \geqslant 2$）期刊的论文被其他期刊同时引证时，则称这 n 种期刊具有“同被引”关系。其同被引程度以引证它们的期刊（引证期刊）种数（或次数）多少来衡量，这个测度指标称为期刊同被引强度或期刊同被引频率。

显然，期刊同被引关系把数量众多的期刊按被引证关系联系起来，进而从利用的角度揭示了各学科期刊之间的相互关系和结构特征。对期刊同被引关系可作如下分析：

① 根据期刊的同被引关系及强度，可以判断某些期刊的学科（或专业）性质。

② 为确定核心期刊提供依据和新途径。期刊的同被引反映了它们之间的某种学科或专业上的联系；而且若同被引频率较高，则说明这种专业关系比较密切，进而为确定核心期刊提供依据和新的途径。

（3）著者同被引分析

著者同被引也是由文献同被引关系引申发展而来的。它以著者作为同被引分析的计量单位，研究 n 个（$n \geqslant 2$）著者发表的文献同时被其他文献著者引证的情况，其同被引强度以引证文献的著者的数量来衡量。

著者同被引是通过同被引文献的著者建立同被引关系，使众多的著者按照同被引关系形成一个著者相关群，揭示出学科专业人员的组织结构、联系程度，并进而反映出学科专业之间的联系及其发展变化状况。

① 通过同被引著者群的构成了解同行著者的情况。当 n 个著者被某一专题文献的著者同时引证时，则可以认为这 n 个著者以及引证著者都是该专题研究的同行，而且若同被引频率越高，则说明它们之间的学科专业关系密切。从同被引著者群可以获知同行著者的数量、构成、活动规律等方面的许多情况。若把某专题研究的同行著者（科研人员）联合起来组成协作网，加强学术交流，开展联合攻关，将大大促进该学科研究的深入和发展。

② 通过同被引著者群数量及核心著者群数量的变化推测学科的发展趋势。著者的数量和结构的变化，在一定程度上反映了学科及科学体系的发展变化、兴衰起伏、分化渗透等趋势。在同被引关系网络中，著者数量和结构方式的变化可作为判断学科动态变化的一个依据。通过定期考察和分析这些方面的变化，就可以跟踪和推测学科或专业的发展方向和趋势。因此，目前著者同被引分析已成为科学学、预测学、人才学常用分析方法之一。

③ 为文献检索提供新的途径。从具有同被引关系的著者出发，可以进行某专题的定题检索服务，并能提高文献检索的针对性和效率。

（4）学科同被引分析

这是以整个学科作为研究对象进行的同被引分析。所谓学科的同被引是以学科为基本单元而建立的同被引关系。学科同被引分析以学科作为同被引分析的统计单位，研究 n（$n \geqslant 2$）个学科的文献被其他学科文献同时引证的情况，其同引强度以引证它们的学科的数量来衡量。如果 n（$n \geqslant 2$）个学科的文献被其他学科文献同时引证时，则称这 n 个学科具有同被引关系。其同被引程度以引证它们的学科（引证学科）的数量多少来衡量，这种测度称为学科同被引频率或学科同被引强度。同被引频率越高，说明这些学科的关系越密切、性质相近、交叉渗透程度高，从而揭示了各学科之间或者一个学科的各分支学科之间的结构关系和联系程度。对此，可作如下分析和研究：

① 根据同被引学科群的构成分析学科间的关系和科学体系结构。通过同被引关系，众多学科（或专业）聚集成一个个学科群体，形成一种网络。这种学科群体网络关系和结构，不仅在微观上能揭示某些学科间的相互交叉和依赖关系，而且从宏观的角度，在一定程度上反映了科学体系的学科构成和结构特征，进而为科学学的研究提供了新的方法和途径。

② 根据同被引学科群的数量变化，预测学科的发展趋势。具有同被引关系的学科群在数量、结构方式等方面的变化，在某种程度上反映了学科（或专业）的分化、渗透和综合趋势。通过统计并分析不同时期的学科（或专业）同被引关系，同被引关系的分析，就能追溯或跟踪学科发展过程及趋势。这对于科学学、预测学的研究具有一定意义。

③ 通过学科同被引关系的分析，可以了解和研究学科情报的来源、组成和交流规律，进而为情报学的研究提供素材和依据。

由此可见，通过学科同被引分析，可以宏观了解科学体系的学科构成和结构特征，推测学科发展趋势，了解科学知识与信息的交流规律。

10.5.4 引文的聚类分析

聚类分析是最常用的降低维数技术的多元统计方法之一。它属于降低维数技术的范畴。聚类分析的结果通常是网络图或是树状图，从图中可以分析求出需要预测判断的目标。

文献聚类分析（Cluster and analysis of literature）是聚类分析技术在引文分析领域的具体应用。文献聚类分析根据引文的不同特征，进行引文的分群聚类和分析研究。一般来说，引文聚类分析主要是指专业聚类的分析。由于引文之间都具有一定程度的学科专业相关性，根据专业属性，引文可聚集成为一个个聚类群体。对引文的专业聚类进行分析是引证分析的重要内容之一，无论对于文献情报学还是科学学的研究都具有重要的意义。

双引聚类分析是近些年才发展起来的一种情报分析技术，也是引文分析法的一个重要组成部分。这种分析方法主要是从文献计量和专业聚类的角度来分析科学研究的动态结构或测度科学家的成就。通常，文献聚类分析以《科学引文索引》（*SCI*）和《社会科学引文索引》（*SSCI*）作为研究的出发点，通过调查、统计、分类、整理、分析等一系列步骤，最后达到一定的研究目的。

10.5.4.1　*主要原理*

根据“双引”概念，可以这样来理解双引聚类分析法的原理。如果以某作者在他的某篇文章中至少同时引证了两篇文献（亦称文献对），那么这两篇文献就被认为对作者同时起了作用。当同样的文献对被许多作者的文章共同引证时，便聚集成引文的类群。也就是说，被共同引证的文献对不仅具有引证文献内容专业上的共性，而且还充当了引证作者之间的媒介，使他们建立一种彼此可以相互认识的联系基础。从另一角度上讲，当一位作者创作论文时，它需要科学传统，必须参考与他的论文有关的过去发表的文章。这些参考文献的被利用，是为了鉴别作者在创作自己的论文中吸取的或引证的早期研究者的概念、方法和装置等。因此，引证作者提供的被引文在某种程度上正式表达和解释了他们在从事科学研究时的思想方法和理论实质。所以，在研究科学文献的引文时，通常只需浏览被引的有关条目就可知道引证作者所从事的科研领域和研究方向。

事实上，每篇学术论文一般不止引证两篇参考文献。据美国耶鲁大学教授普赖斯（D. Price）在1970年的调查，每篇科学论文参考文献的数量通常在10~22篇之间。1980年，通过对大量正式论文的调查统计，《科学引文索引》更精确地指出，平均每篇科学论文引证参考文献为15.9篇。此外，在一篇文章中，作者同时引证不同专业聚类的文献也是可能的。一般来说，双引的常常是两个聚类的文章。当代科学论文的这些特征不仅为考察和解释科研活动的内部结构及规律提供了充分必要的条件，同时还从根本上保证了引文聚类的来源。

10.5.4.2　*方法步骤*

就方法而言，双引聚类分析的基本步骤如下：

① 寻找双引论文对、编制双引总目录：实际上双引聚类指的就是一个按照一定的双引强度将文献对分类处理的技术过程。具体来说，所谓“聚类”就是利用论文间的同被引关系把本来无外部联系的论文“聚”在一起而形成“类”的过程。其中，同引强度是具有同引关系的论文能否有资格聚为一类的判断标志。所以，双引聚类分析的第一步是寻找具有双引关系的论文对。为此，首先必须对所要研究的学科中已发表的文献进行全面的调查统

计，摘出被引证频率较高的文章及其参考文献中各有关条目，分类编排并制成索引目录，以便从中寻找它们之间的双引关系。对于任意两篇文章，只要具有双引关系，就把它们单独抽出来作为一个文献对编排在一起。在此过程中，将发现许许多多的文献对，因而编目工作必须分步进行。编目时，一般采用双向著录法，就是分别按照 AB 顺序或 BA 顺序，将每个文献对（两篇文献）单独著录，并制成两个目录表，最后再把它们汇集成双引文献总目录表。

② 进行专业聚类：利用双引文献总目录，进行专业聚类，从中产生各学科的专题文献簇，完成聚类的过程。在双引聚类过程中，如何选定合理适中的阈值是保证聚类顺利进行的“瓶颈”，同时也是决定聚类规模大小及其成败的关键所在。在许多论文对中，谁有资格参加聚类，需要规定一个入类标准。这就是选定双引强度的阈值问题。一般认为，当同引强度大于所选定的阈值时，那么该论文对就可聚集成簇，形成一个专题。该簇中所反映出来的文献也就是该专题中的核心文献；而同引强度小于阈值的论文对不能入类，则用来表示簇与簇之间的关系。阈值的选定不可太低也不能太高。若太低，势必影响聚类水平及其分析精度。若太高，又会使整个聚类系统失去平衡。一般地说，选定阈值应根据具体情况，以每个专题簇中的文献比较纯一，相互间的关系比较明朗清晰为原则。实际上，聚类项目越多，规模越大，选定阈值问题也就越复杂。目前，*SCI* 存储的数据量已经每年达到 900 多万篇，在利用它们进行各种专题的双引聚类时，选定的阈值往往达到 15~17。

③ 进行各种专项性研究和分析：双引聚类分析方法，可用于分析和研究学科之间的关系和动态结构；考察科学活动的规律与结构；评估科学家的能力与表现，衡量他们对实际经济效果的影响，为评奖和遴选工作提供重要的参考依据；同时还为科学学、科学史的研究提供了一种重要手段。

由于科学引文来源广泛，数据量浩大，加之论文间的双引关系错综复杂，因此引文聚类过程通常得借助和运用计算机系统来实现。通过计算机程序进行加工、整理、分类、编目以后，大量的引文就将按照各自所属的学科专业归类，形成专业课题的文献聚类簇。最后通过调查产生的高引证率的文章，把它们各自引证的聚类簇有机地组合并联络起来，利用计算机屏幕上显示的聚类映像，就可鉴别各专业学科的分布形态以及联系的远近程度，从而实现考察科技活动与结构的目标。

由此可见，文献的聚类分析主要指以耦合强度或共引强度等作为基本计量单位，对给定的引证文献集合或被引文献集合、学科或专业内容联系比较紧密的文献进行分类聚合的定量处理技术。这种技术可以将内容联系密切、学科性质接近的论文聚合为一个个文献簇，并定量给出簇与簇之间的联系程度，根据这些定量数据指标，我们就可以给出某一学科专业论文的聚类分析网络图或树状图。

导出这种客观存在的潜在网络图，无疑对分析文献间的联系，科学的组织结构，学科或专业的发展趋势，国家、地区或机构科研工作的规模、状况具有巨大的作用，为开展科学计量学研究、文献服务情报分析和科技管理提供参考数据和决策依据。文献聚类分析方法伴随现代信息技术的发展和大型引文数据库出现而不断发展，已成为科学学、情报学和现代科技管理应用研究中常用的基本方法之一。

由于聚类分析方法涉及的数学知识较多，例如矩阵、多元统计、向量分析等，所以不做过多的理论探讨，仅举一个实际例子，使读者对这方面有一个基本了解，并大致掌握数据处理的方法。

10.5.4.3 加菲尔德对自然科学进行的聚类分析

加菲尔德在 1972 年，利用 *SCI* 的引文数据库对整个自然科学进行了学科聚类分析研究。他的原始处理数据源包括 867 600 条被引文献，93 800 篇来源文献和 2 400 种期刊，基本涵盖了当时自然科学中的所有领域。聚类处理工作大致可分为如下步骤：

（1）确定阈值，初选原始文献

首先要确定被引证次数的阈值，即选择论文的质量标准，保证被引次数较高的论文入选聚类，从而使聚类工作有实际意义。阈值大小的选择与数据处理规模有关。加菲尔德根据他的数据处理规模，将入选阈值定为 10，最终初选被引文献 1 832 篇，来源文献 16 927 篇。

（2）对被引文献进行配对和匹配工作

加菲尔德进行的是同引聚类分析，所以首先对入选的 1 832 篇被引文献进行论文配对，按照排列组合的公式计算，共可以配得约 170 万对论文对，然后逐一与来源文献进行匹配，筛除（计算机处理），最后得到 20 414 对论文对。该数目仅占可能配对总数的1.2%，同引强度范围为 1～31，平均值仅为 1.78。“情报计量学引论”的著者 L. 埃格赫和 R. 鲁索曾提醒读者，绝大部分论文对根本不会被同引。看来在此得到验证，同时说明整个自然科学的学科体系还是比较开放的，知识结构也比较松散。

（3）进行聚类分析

加菲尔德取同被引强度为 3.6 和 10 三种阈值对上述 20 414 对文献进行聚类，其结果如表 10-17 所示。

表 10-17　　　　**不同阈值的聚类文献数量**

阈值	文献对数量	配对的文献数量	未配对的文献数量	文献簇的数量
3	3 067	1 310	522	44
6	791	594	1 238	47
10	213	193	1 639	18

注：表中的文献簇的数量不包括由两篇文献构成的文献簇。

从表中可看到，阈值为 3 的聚类结果形成 44 个文献簇。表10-18是这 44 个文献簇的详细分类表，这些文献簇代表了当时科学最基本的结构单元和研究前沿。

表 10-18　　　　**阈值为 3 的聚类团分类表**

学科或专业	参加聚类的文献数	配对数	团伙序号
生物医学	801	2 205	3
化学	92	291	17
核物理	41	59	1
粒子物理	32	99	2
澳抗原	15	70	10
酶的晶体结构	12	30	27
板块构造学	10	35	13
病毒传染细胞	9	25	4
核磁共振	9	8	5
视觉的神经生理学	7	14	29

（4）绘制学科聚类图

根据聚类分析所得出的科学的基本单元，就可绘制学科聚类图。科学家斯莫尔根据加菲尔德的数据绘制了同引聚类图（图 10-38），详尽表示出学科、专业间的复杂关系。

从图 10-38 中可以看出：

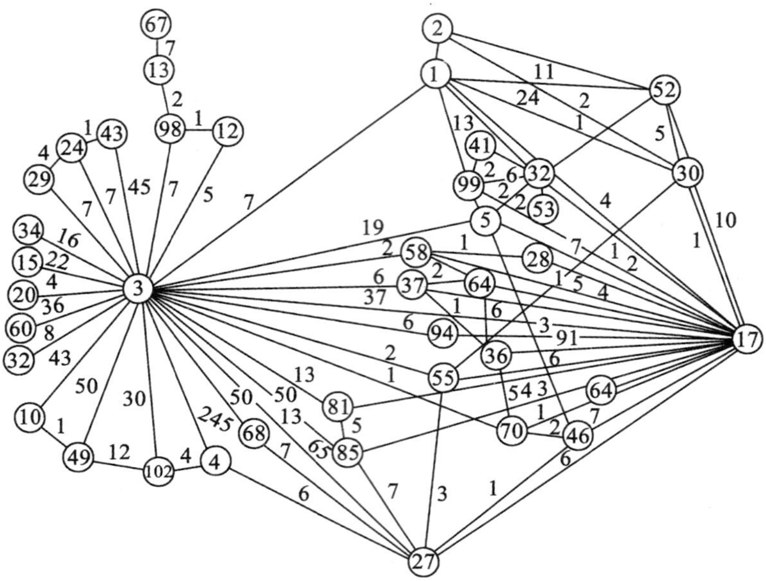

图 10-38 同被引聚类图

① 物理学（由簇 1，2 构成，拥有 73 篇文献），化学（簇 17，拥有 92 篇文献）和生物医学（簇 3，拥有 801 篇文献），关系最为密切，构成学科聚类图的主要部分，是当时自然科学科研工作的重点。

② 在这几门学科中，化学的地位最为突出，它与几乎所有的学科联系紧密，说明化学是自然科学中各学科的结合点。

③ 生物医学具有比较封闭的学科体系，与自然科学中的其他学科、专业联系较少。

除了网络图形以外，在阈值确定以后，还可以得到树状图形（图 10-39）。在绘制树状图形时，需要将同引强度换算为相似系数（换算有多种选择，可参阅有关专著）。这时将横坐标表示相似系数，作为文献相似性标度，而纵坐标则表示聚类文献的编号。图的右面为树状图的根端，表示全部上述文献的集合，由右向左，徐徐展开，至左端则达到树梢部分，它们表示参加聚类的每一篇文献。树状图中每一节点表示两个下级文献组合为一个上级组，节点的横坐标表示相应的相似系数，它们代表类的水平（-1 至 1）。

从图 10-39 中可以看出，对于不同的等级标准 S 可以得到各种聚类结

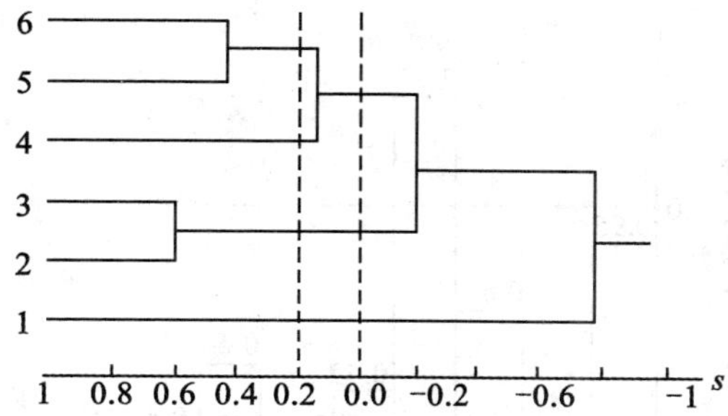

图 10-39 聚类的树状图形

果。若令 $S=0$，可得到 A（1），B（2，3）和 C（4，5，6）三个文献簇。而令 $S=0.2$，则得到 A（1），B（2，3），D（4），E（5，6）四个文献簇。

10.6 引文分析法的应用

引文分析法自 20 世纪 20 年代产生以来，获得了普遍重视和应用。特别是《科学引文索引》和《期刊引证报告》的问世，为引文分析法的应用提供了极为有利的条件和工具。目前，引文分析技术日趋完善、应用不断扩大，已发展成为文献计量学的重要方法之一。引文分析法作为一种应用范围很广的实用技术，不但在图书情报领域及文献学领域有重要的应用，例如，确定核心期刊，建立新型的检索系统；而且在科技管理方面也有非常广泛的应用，例如，科学水平的考察，科技人才的选择，科技期刊的评价，科技发展预测等，都能发现引文分析法应用的实践。据评价，引文分析是科学计量学在当代最杰出的贡献。本节主要讨论引文分析方法的应用范围和评价，并举实例说明引文分析的方法步骤问题。

10.6.1 引文分析法的应用领域

（1）测定学科的影响和重要性

通过文献引证频率的分析研究可以测定某一学科的影响和某一国家某些学科的重要性。从图 10-40 可以看出其他国家引证前联邦德国的科技文献的情况。由图可见，高度位于 1 以下的学科，其文献引证频率低于其他国家文献的平均引证频率；而高于 1 的学科，则大于平均引证频率。据此可以得出结论，前联邦德国的化学研究对其他国家的影响较大，而医学研究对其他国家的影响较小。

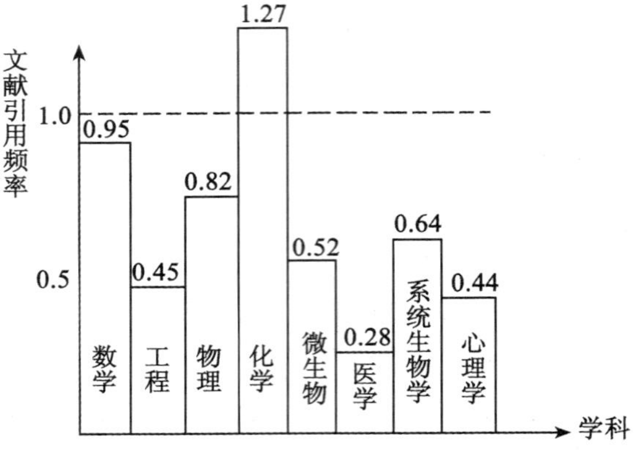

图 10-40　其他国家引证前联邦德国科技文献的频率

（2）研究学科结构

科学引文与被引文之间往往有着学科内容上的联系。通过引文聚类分析，特别是从引文间的网状关系进行研究，能够探明有关学科之间的亲缘关系和结构、划定某学科的作者集体，分析推测学科间的交叉、渗透和衍生趋势，还能对某一学科的产生背景、发展概貌、突破性成就、相互渗透和今后发展方向进行分析，从而揭示科学的动态结构和某些发展规律。早在 1974 年，加菲尔德运用计算机系统，通过引文分析，描绘出 1972 年和 1973 年生物医学领域各主要课题、各课题相互间的关系以及新课题产生的示意图，从而反映出生物医学研究的内部结构。

（3）研究学科情报源分布

通过文献间的相互引证关系，分析某学科（或专业）文献的参考文献的来源和学科特性，不仅可以了解该学科与哪些学科有联系，而且还能探明其情报的来源及分布特征，从而为制定本学科的情报管理方案和发展规划提供依据。例如，通过引文统计分析，可以看出环境保护科学的情报源分布非常广泛，来自农林科学、卫生学、生物化学等 12 个学科的文献占总引文量的 75%（如图 10-41）。根据这一特点，可制定相应的情报工作策略。

（4）确定核心期刊

引文分析法是确定核心期刊的常用方法之一。这种方法的主要特点是从文献被利用的角度来评价和选择期刊，比较客观。加菲尔德通过引文分析，研究了文献的聚类规律。他将期刊按照期刊引证率的次序排列，发现每门学

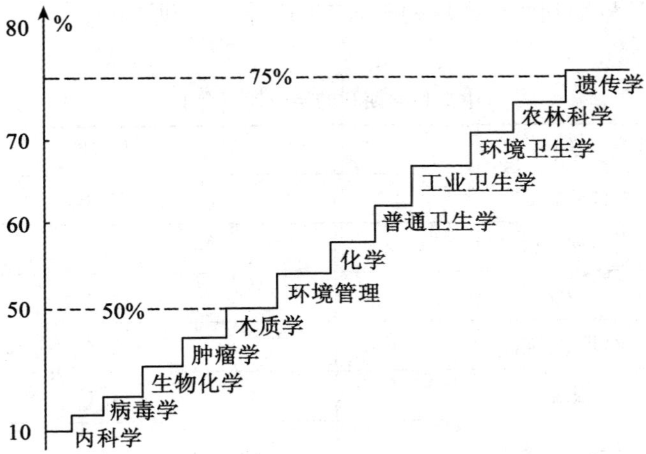

图 10-41 环保科学情报源分布

科的文献都包含有其他学科的核心文献。这样，所有学科的文献加在一起就可构成一个科学整体的、多学科的核心文献，而刊登这些核心文献的期刊不过 1 000 种左右。据 1974 年的《期刊引证报告》分析，在这 1 000 种期刊中，其中 206 种期刊所发表的文献就占整个核心文献的 50%。利用期刊文献的集中规律可以确定核心期刊。对中文科学期刊引文的分析表明，占引文总数 75%的文献来自 72 种被引期刊。这些期刊不仅被本学科中的期刊频繁引证，而且它们往往也是其他类期刊引证的对象。因此，我们可以认为它们构成了中文自然科学期刊的核心。

（5）研究科学交流和情报传递规律

利用科学文献的“引文链”和“引文网络”研究情报流的方向、过程、特点和规律，从而分析科学发展的历史和规律。

（6）研究文献老化和情报利用规律

目前，有关文献老化的研究一般是从文献被利用的角度出发的。D. 普赖斯曾利用引文分析探讨文献的老化规律。通过对“当年被引指数”和“期刊平均引证率”分析，他认为期刊论文是由半衰期截然不同的两大类文献构成的，即档案性文献和有现时作用的文献。科学文献之间引文关系的一种基本形式是引文的时间序列。对引文的年代分布曲线进行分析，可以测定各学科期刊的“半衰期”和“最大引文年限”，从而为制定文献的最佳收藏年限等管理方案、对文献利用进行定量分析提供依据。某学者根据引文法测定的中文各学科期刊的半衰期列于表 10-19 中，可供参考。

表 10-19　**中文科学期刊的半衰期（年）**

学科	半衰期
社会科学	3. 8
自然科学	3. 3
数学	5. 2
物理、力学	2. 5
化学	4. 7
地学、天文学	4. 7
生物	4. 8
医药、卫生	4. 2
农业、林业	5. 9
技术科学	3. 2

研究表明，一个学科的引文年代分布曲线与其老化曲线极为相似。这有力地说明文献引证分布反映了文献老化的规律性。因此，从文献引证的角度来研究文献老化和情报利用规律是一种有效的途径和方法。例如，1980 年“生物化学”引文的年代分布曲线就呈现出负指数曲线形式（见图 10-42）。

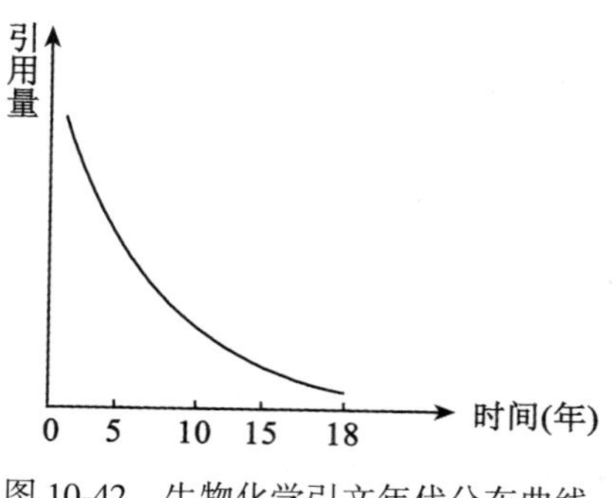

图 10-42　生物化学引文年代分布曲线

（7）研究情报用户的需求特点

利用引文分析法进行情报用户研究是一种重要途径。根据科学文献的引文可以研究情报用户的情报需求特点。一般来说，附在论文末尾的参考文献是用户（作者）所需要和利用的最有代表性的主要文献。因此，从引文的特点，可基本上反映出用户利用正式渠道获得情报的主要特点。尤其是某特定的情报中心对其所服务的用户所发表的论文的引文分析，更具有直接的指导意义。通过对同一专业的用户所发表的论文的大量引文的统计，可以获得与情报需求有关的许多指标，如引文数量、引文的文献类型、引文的语种分布、引文的时间分布、引文出处等。这些指标在一定程度上能说明用户情报需求的主要特点。

（8）科学水平和人才的评价

通过对科学文献的被引率和持续时间等指标，可以对有关国家或学术机构的科学能力和学术水平进行比较和评估。在人才评价方面，也常采用引文分析方法。这是因为某著者的论文被别人引证的程度是衡量该论文的学术价值和影响的一种测度。同时，也从科研成果被利用的角度反映了该著者在本学科领域内的影响和地位。因此，引文数据为人才评价提供了定量依据。从对历年诺贝尔奖金获得者的论文被引证情况的统计来看，物理学、化学、医学领域中诺贝尔奖金获得者中，其论文被引次数最高者（L. D. Landan）为1 888 次，最低的也有 79 次（J. H. D. Jensen），只有 6 名低于 200 次。可见，这些科学界的精英的论文的引证次数是很高的。

10.6.2 引文分析法的应用举例

为了说明引文分析方法的应用及其步骤，我们举一个利用引文法进行文献利用规律研究的例子。

根据文献信息计量学的原理，对当前农业科学研究论文中文献资料利用动态的引文分析，可按以下步骤进行：

（1）选取分析对象

在国内期刊中选择农业科学研究牵涉面较大的《中国农业科学》、《遗传学报》、《作物学报》及《土壤学报》四种刊物 1980 年各期，国外期刊选择 *Agronomy Journal*、*Heredity*、*Crop Science* 及 *Soil Science* 四种期刊的1980年各期。由于随机抽样可以使样本有广泛的代表性，即代表一般的农业科学家水平，而不是集中在少数有名望的科学家名下。因此，在上述国内外各四种期刊中，随机抽样，各取出 100 篇论文作为统计分析的对象。

（2）统计引文数据

在选出的中外文各 100 篇论文中，分项统计每篇论文的引文数量、引文出版年份、论文作者的自引量、引文的语种、引文文献的类型等。在随机选取的 100 篇中文论文中，共引证了文献 1 055 篇，其中引证文献最多的一篇论文，共引证文献 39 篇，最少的一篇论文，引证文献为 2 篇；100 篇外文论文共引证文献 1 604 篇，引文最多的一篇为 42 篇，最少的一篇为 3 篇。从以上统计中粗略可以看出，同样是 100 篇论文，外文文献的引证量多于中文 549 篇；每篇外文论文作者的引文数量，平均比国内作者要多 6 篇，它反映了国内外论文作者在文献利用上的差距。

为了进一步的分析，一般需要对原始统计数据进行分组处理，通常分组组数（K）是按 $K=1+3.3\lg N$ 求得的。其中 N 为样本容量，即 $N=100$。因此 $K=7.6$，即大约可分为 8 组。组距（i）由每篇论文的最高引文量和最低引文量之差除以 8 求得。然后分别定出组限和组中点值以及相应的频次（f）、等级差（d）等，详见表 10-20 和表 10-21。

表 10-20　**100 篇中文论文的引文频数分布和简化计算表**

组	组限	组中值	频数（f）	等级差（d）	fd	fd^2	$f(d+1)^2$
1	2~6	4	31	−3	−93	279	124
2	7~11	9	37	−2	−74	148	37
3	12~16	14	16	−1	−16	16	6
4	17~21	19	9	0	0	0	9
5	22~26	24	5	1	5	5	20
6	27~31	29	0	2	0	0	0
7	32~36	34	1	3	3	9	16
8	37~41	39	1	4	4	16	25
Σ			100		−171	473	231

表 10-21　　**100 篇外文论文的引文频数分布和简化计算表**

组	组限	组中值	频数（f）	等级差（d）	*fd*	fd^2	$f(d+1)^2$
1	3～7	5	12	−3	−36	108	48
2	8～12	10	14	−2	−28	56	14
3	13～17	15	35	−1	−35	35	0
4	18～22	20	22	0	0	0	22
5	23～27	25	14	1	14	14	56
6	28～32	30	1	2	2	4	9
7	33～37	35	1	3	3	9	16
8	38～42	40	1	4	4	16	25
Σ			100		−76	242	190

（3）引文分析

从上面两个表中可以看出，中文每篇论文的引文量以 7～11 篇的最多，其频次为 37（占 37%），其次为 2～6 篇，频次为 31；外文每篇论文的引文量以 13～17 篇的为最多，其频次为 35，其次为 18～22 篇，频次为 22。从频次分配所得的印象，要比平均数的意义更为深刻。根据表中的数据，可以进行各个项目的引文分析。本例进行了以下几个方面的分析：

① 引文量的集中趋势与离中趋势；

② 引文量的理论分布；

③ 引文的主要指标分析，包括自引量的分析，引文语种的分析，引文文献的类型分析，引文量的增长分析。

（4）作出结论

在引文数据及其分析的基础上，可以得出相应的结论。

① 农业科学书刊情报资料的利用情况可以通过农业科研论文的引文量分析加以探讨。其结果表明，目前我国农业科研工作者在引文数量和情报工作在提供文献的利用水平上有待提高。

② 为了提高农业科技和图书情报工作者的服务能力和研究水平，掌握英语和日语，可以获得 90%的情报量，值得提倡。

③ 在所分析的2 659篇引文中，期刊占半数以上。因此，各图书情报部门应加强期刊订购和流通工作，适当增加期刊的经费，同时应做好常用期刊的相关期刊和边缘期刊的调查研究工作，为定题服务及选择期刊提供依据。

④ 对50年来引文量的分析表明，以近20年来的引文量占优势，为80%，近10年的为60%。为此，做好近20年来图书、期刊及新近资料的提供工作是很重要的。同时对研究书刊资料老化剔旧工作有一定的参考意义。

⑤ 引文量随时间进展而迅速增加，呈指数函数曲线，其数学模型为 $y=ae^{bx}$。本例计算国外文献近50年来的利用趋势曲线方程 $\hat{y}=4.39e^{0.098x}$，同时根据这个模型可估测近50年中任何一年的引文量，从而分析文献资料的利用动向。

10.6.3 引文分析法的局限性

虽然引文分析法具有广阔的应用和意义，但是也存在着一定的局限性。著者引证文献是一个人为控制的思维和判断过程，而作为其表现形式的引证文献，仅仅是宏观的、表面的测度。因此，引证规律的研究有待深化，引文分析受到许多限制因素的影响。

（1）文献被引证并不完全等于重要

例如，有些具有错误观点或结论的论文，后人出于批评商榷，被引次数可能很高。另一方面，被引次数较少的文献也不能一概认为不重要，它受到许多因素的限制，如发表的时间、语种、学科专业等，被引次数上的微小差别也不能完全说明质量上的优劣，它有很大的随机性，只有当这一差别很大时，才能说明问题。

（2）著者选用引文受到可获得性的影响

索普（M. E. Soper）研究指出，著者引证的文献，大部分是个人收藏的文献，小部分是在本部门和就近图书馆的资料，而其他城市和国家的资料所占比例甚小。这说明著者选用参考文献以方便为准则，以占有为前提。同时，还要受到著者语言能力、文献本身年龄和流通状况，以及二次出版物报道上的影响。

（3）引文关系上假联系的影响

引证文献的原因多种多样，两篇论文可能出于完全不同的原因或从不同的角度引证同一篇早期文献，一篇可能是引证其方法，另一篇可能是引证其结果，那么这两篇文献在内容上的联系就可能是虚假的。引文有些是发生在前言和篇名中，有些是发生在正文中，有些发生在结论或讨论中。在这些情况下，作者对原著的引证内容和程度是不相同的。引文对原著的关系和重要性也各不相同，但在目前的引文分析中，对它们都是同等看待，不加区分的。这样也容易造成假关系。新刊的论文得不到大量引证；小型期刊被引率往往低于大型期刊；引而未用或用而未引的情况也有发生。文献引证中的这些现象都会影响引文分析法的应用和效果。

（4）马太效应的影响

有的研究者认为，在文献引证方面也存在着马太效应的影响。人们往往以“名著”、“权威”作为选择引文的标准，有的确是出于需要，也有的则是为了装饰门面、抬高自己论文的身价。一种期刊因为发表名人的文章而为众人所引证，以至引起连锁反应，结果其被引率很高。这种马太效应的心理作用，掩盖和影响着文献引证的真实性。

11 计算机辅助信息计量分析法

计算机辅助信息计量分析就是针对某一特定学科或课题，借助有关的计算机系统进行信息的统计、分析、模拟、推理，并给出相应的统计分析结果的研究工作。随着计算机系统性能的不断改进，功能的不断增加，信息计量研究对计算机的依赖与日俱增，不管是理论研究，还是实际应用都离不开计算机，从收集数据、整理数据到统计分析数据，各个环节都是在计算机的协助下完成的。随着文献信息持续激增，计算机处理信息日益普及，信息检索系统广泛使用，信息计量研究不断深入，计算机对信息计量研究就变得更加重要，计算机辅助信息计量分析研究已经成为信息计量学研究的重要内容和发展的新趋势。

11.1 计算机辅助信息计量分析的意义

11.1.1 提高信息计量分析的效率

目前文献信息计量研究的问题、环境和以前大不一样了，传统的手工方式已经无法满足它的需要了。首先，文献信息计量研究的深度不断加深。现在的全文数据库文本中任何知识单元包括单字都可以作为检索入口和计量单元，文献信息计量研究的计量单元已经深入到了单字一级，分析深入到了文献的内部，也就是从以篇、册、本为单位的文献单元转向了知识单元和文献相关的信息，如题名、主题词、关键词、词频、知识项、引文信息、著者、出版者、日期、语言、格式等。其次，文献信息激增。由于科技的突飞猛进，新知识激增，记录知识的文献不断飞速增长。而文献计量研究又需要大规模系统的资料，因为文献信息计量学是一门定量性、实用性很强的学科，无论是理论研究还是实际应用都必须要有一定规模的数据资料支持，系统化、规范化的数据资料是文献信息计量分析的前提，毫无疑问，手工方式已经无法获取现在文献计量研究所需的资料。计算机在统计和处理数据方面所具有的独特功能和高效率，有效地解决了文献信息计量研究所面临的这些难题。例如，计算机可以从数据库中迅速调出某次文献信息计量研究所需的数据并进行整理分析，假如这些工作由人工来做，很可能需要几个月，甚至更长的时间，而计算机很可能几个小时甚至是几分钟就能完成，它使文献信息计量研究获取大量全面数据变得极为简单。

过去文献计量学的统计分析存在两个较突出的问题：一是大多数计量分析是依靠手工统计进行的，工作量非常大，效率又低；二是作为计量分析对象的数据不完备，表现在选题范围狭窄，时间跨度太短，文献类型单一。因此，充分利用当前计算机化的数据库检索系统，对于实现文献计量分析的自动化，扩大选题范围和类型，提高研究效率等方面具有重要意义。

计算机不仅获取数据准确高效，更为关键的是有些计算机系统还能对文献的知识单元和与文献相关的信息进行统计分析，并且是大规模的高效分析，这已成为文献信息计量深入研究的必备手段与途径。例如，美国的社会科学统计软件包（SPSS）就可进行相关分析与回归分析等。而欧洲航天局情报检索系统不仅具有信息检索功能，还可以根据用户的要求，在命中的文献集合中，统计关键词、作者、机构名称、代码等的出现频率，可以了解某一学科的发展状况和预测其发展前景；另外还可以了解某一新材料、新技术、新工艺等已渗透到哪些领域，以及某一技术领域与哪些领域发生了联系等情况。

11.1.2 提高信息计量分析的可靠性

过去文献信息计量分析对象的数据不完备，表现在选题较窄，时间跨度太短，文献信息类型单一。不少计量分析没有把更多的信息源包括进来，计量分析的视角小，局限性大，以偏概全的分析结论可信度低，难以描绘某一领域研究进展的全息图景。文献信息计量分析的结论是否准确首先取决于计量对象的数据的典型性与完备性，否则将引出片面的结论。要针对大数据量进行统计分析，必须改变手工作业的现状。因此，充分利用当前计算机化的数据库系统、实现计量分析的自动化是必要的。由于信息计量学分析方法发展较快，在统计、计算、建模和分析等各类数据处理方面越来越复杂，也提出越来越高的要求。有些方法的参数很多，建模和求解难度很大，已非人工所能胜任。因此需要利用计算机辅助分析，计算机技术的发展为文献计量分析开辟了广阔的前景。随着电子计算机的普及使用和大型文献数据库的建立，对计算机辅助的文献计量研究将为解决引文分析所需要的数据获取和分析统计等提供强有力的技术支持，成为文献计量分析法取得突破性进展的重要途径。全文数据库、全文检索的实现，社会信息化网络化水平的提高，电子通讯网的拓展使文献计量分析在更细致、更精确的层次上进行，其结果的准确性和可靠性也将提高。

11.1.3 促进信息计量研究的精确化

20世纪以来，文献信息计量学的理论研究取得了一系列的突破，如文献指数增长规律、文献分散规律、文献老化规律和引证规律等，此后整个理论体系一直在不断完善中，现在已经成为计算机辅助文献信息计量分析的理论指导和依据。由于这些规律一般都是数学模型化，非常适于计算机处理要求，从而奠定了文献信息计量研究模型化的坚实基础。如何建立文献信息计量规律的数学模型正成为文献信息计量学研究的重点，2003年8月在北京召开的第9届科学计量学与信息计量学国际会议就把“科学发展及信息计量规律的数学建模”作为会议主题之一。文献信息计量研究的规模化的基础就是要建立大型的功能齐全的数据库，目前中外都已经建立了不少数据库，如世界最著名的引文索引，美国的《科学引文索引》（*Science Citation Index*）简称*SCI*，创刊于1963年，是由美国人加菲尔德创立的美国科学信息研究所编辑出版的，是一种国际性的、多学科的综合性索引，目前已经建立了相应的数据库，并且在网上提供服务。

11.1.4 拓展信息计量学的研究领域

信息计量学是定量分析的学科，需要以大量的、系统的数据作为分析研究的基础和支撑条件。随着文献计量学研究的不断深入，对数据量的要求也越来越高，采用手工方式获取数据越来越难以满足系统研究的需要。这就要求要获取全面、充分的原始数据来支持分析过程和结论，因为文献之间相互引证和原始数据来源是引文分析的物质基础，全面、充分、翔实的数据来源是保证引文分析结果正确与否的首要条件。然而在当今文献情报激增的形势下，文献统计的数量越来越大，数据的时间跨度也越来越长，传统的手工方式已远远不能满足用户的高层次需求了。随着文献计量学分析应用范围的拓宽，根据不同目的和要求，新的概念，新的分析方法，新的指标体系与数学方法层出不穷，如矩阵法、模型法、回归方法等，新方法的引进又增加了手工计算的复杂程度及不可靠性。因此，文献计量学分析研究手段的现代化已经成为一种必然趋势。

随着计算机的广泛应用和信息技术的发展，文献计量学分析的方法日益多样化。例如计算机辅助引文分析可以探索发展更深层次的，有效性和可靠性更高的引文分析方法。又如，被引聚类分析与内容词分析相结合，是引文分析的一种新方法。同被引聚类分析可以对重要的参考文献分门归类，形成引文网状图；通过计算同类文献相似度以及类与类之间的主题相异性，检验聚类的效果，有利于对文献主题进行深层次的、具体的微观研究并作出科学的解释；定量化、模型化的分析方法是近年来引文分析发展的一个显著特征，灰色线性微分模型对历时测量的引文数据进行拟合，可建立文献老化历时测量的实测方法。

11.2 计算机辅助信息计量分析的可行性

11.2.1 计算机和网络技术的发展为其奠定了基础

计算机的应用从最早的科学计算扩大到了非数字型的字符处理。它的这一转变引起了图书情报工作的革命。由于第三代计算机的问世，其硬件和软件得到了很大的改进，极大地提高了对图书馆自动化的适应性与吸引力，使计算机用于文献处理早已成为现实。与此同时，计算机情报检索系统得到了迅速发展。计算机在处理数据和进行统计方面，具有独特的功能和极高的效率。

首先，一次输入数据，计算机可根据不同要求进行不同方面的统计分析、多种形式输出。次外，计算机获得动态数据比较容易，可及时增添数据、更新方便及时，再次统计极其容易，可容易获得文献随时间变化的动态数据。

其次，利用先进的计算机手段，可进行复杂的计算与模型处理，也可利用仿真计算，能够深度开发收集到的数据，使这些数据更具有实际的指导意义，并进一步深化信息计量学的理论与应用研究。目前计算机已经能够对数据库进行检索、筛选、统计和做出图表。利用数据库和计算机的功能进行信息计量分析不仅是可行的，也是极其必要的。

再次，从计算机图书情报系统的多功能综合开发来说，这是一条重要的途径。目前，国内图书情报领域的计算机系统大多是文献型检索系统，其利用率不高是一个相当普遍的问题。原因虽然是多方面的，但其功能单一，没有从多种角度开展综合利用，不能不说是一个重要的原因。如果能够从各类型各层次的用户情报需求出发，适应各种不同的研究需要，全面改进和增强计算机系统的功能，无疑会吸引各方面的用户，扩大信息服务范围，进而提高整个系统的利用效率。

近年来，国内外数据库系统、全文本检索系统、多媒体系统获得了极大的发展，提供以统计分析为基础的数字结果越来越受到用户的重视。同时，书目检索系统也大大增进了自己的功能，除了提供系统的书目文献信息外，还增加了许多有关统计分析方面的数据库。人工智能技术的发展为更高一级的计算机化的文献计量学研究提供了可能。网络技术与信息资源网络的出现和发展，为网络上的文献信息的统计分析研究提供了基础和条件。

11.2.2 文献数字化的发展为其创造了条件

利用计算机开展文献计量学研究，必须建立适用于信息计量研究的有关数据库。而数据库的发展不断扩充了有关计量功能，增强了定量分析的能力和适应性。特别是美国《科学引文索引》数据库的出现和发展，不仅为信息计量学的研究提供了一种十分有效的现代化工具，而且为适用于信息计量学研究的数据库的建设创造了经验。通过引文数据库，既可利用计算机进行自动统计和分析，还可衍生出新的数据文档，开展多方面的研究。例如，匈牙利科学院图书馆在引进和利用美国 *SCI* 光盘，建立科学引文索引数据库，进行信息计量学研究方面做了许多有意义的工作。他们进行了科学计量指标的研究，已建立起一个关于世界范围的出版活动和引文影响的综合性定量指标体系的数据文档，利用计算机可随时从多角度对文档中的数据加以分析。同时，还对科学通信过程进行了研究，试图以随机模型的形式分析科学出版物的出版和引证的过程与规律。电子出版物具有信息计量功能和知识项聚类功能，为信息计量学开拓了新的应用领域和发展途径。作为一种全文数据库，电子出版物的文本中的任何知识单元甚至每个单字都是可以检索和统计的。这样，就有可能使文献计量学的计量单元从一篇篇文献而演化到文献中的各个知识单元，甚至单字一级，从而使信息计量分析成为可能，并达到新的分析深度。这是一个重要进展，表明文献计量学已经发展到文献信息计量阶段，并继续向信息计量学境界发展。许多公用的计算机化的情报检索系统，例如国外的 DIALOG 等联机检索系统以及国内的“中文科技期刊篇名数据库”等数据库系统，目前主要被作为情报检索的工具，而很少被作为文献计量的数据源加以使用，这些检索系统中一些功能可用于文献计量分析，应该引起重视和加以利用。

11.2.3 信息计量学的发展为其提供了理论原理

无论是手工进行的还是计算机化的文献信息计量分析，都必须在科学的理论原理指导下才能顺利地从数据中获得充分而正确的结论。信息计量学发展至今，其理论体系和分析方法日趋完善，这为计算机辅助文献信息计量分析提供了理论指导和依据。这是因为，一方面，信息计量学的研究对象和所揭示的规律一般都可数学模型化，具有适合于计算机处理要求的特点，这为利用计算机进行检验、计算和发展这些规律提供了客观依据和可能性；另一方面，从手工的和计算机辅助的文献统计分析过程来看，有着许多共同的特点，可以说，其基本原理是一致的，只是计算机辅助文献信息计量分析可以获得更大量的更全面的数据，在更大规模上进行高效率的分析。因此，信息计量学的理论原理和分析方法对于计算机辅助的文献信息统计分析来说不仅是适用的，而且其分析研究同样离不开文献计量学的理论原理的指导。

11.2.4 国外的研究进展为其提供了经验

虽然目前计算机辅助信息计量研究工作不如计算机辅助设计、计算机辅助制造甚至文献检索那样普及，但事实上，国外却早在进行这方面的研究，尤其是在一些发达国家，这一研究工作越来越受到图书情报界和信息管理领域的重视，而且获得了不少令人鼓舞的研究成果和进展。有的利用文献检索系统广泛开展文献信息的计量分析工作；有的建立了主要供文献信息计量分析使用的数据库；有的统计软件已商品化，正在广泛推广应用。在研究内容上，不仅涉及分析理论、建库、扩充功能、程序设计等理论和技术问题，而且其应用研究也十分广泛和活跃。例如，美、俄、英、日等国利用专利文献数据库大力开展技术评价与预测工作。英国德温特专利公司在微机上对 WPI 文献库进行多种分析与处理，借助这种处理用户可以从化合物结构入手获得 WPI 中的相应主题词、同义词，最终获得专利，还可以由此了解某公司拥有的专利的年代分布等情况。美国专利与商标局现在拥有一个庞大的专利文献数据库，利用计算机对美国各个技术领域进行分析研究，并定期出版各类研究报告，或为特定用户编制专门的研究报告。美国科学信息研究所利用 *SCI* 数据库进行文献的同被引聚类分析，研究各国的科研状况、科学发展规律、人才评价等。俄罗斯也利用美国化学文摘（*CA*）数据库和俄罗斯化学数据库分析高分子聚合物的世界专利的数量增长变化情况。日本通过 *INSPEC* 和 *CA* 数据库进行文献信息检索和统计分析，用定量方法确定日本科研人员在物理、电工和化学领域的活动能力等。所有这些事实都说明，计算机辅助的文献信息计量学研究不仅是完全必要的，而且是切实可行的。这为我国开展计算机辅助的文献信息计量分析提供了可资借鉴的范例和成功经验。

20 世纪 90 年代以来，对计算机辅助的信息计量分析的研究不断增加，取得了不少成果，其应用也越来越广泛。计算机辅助信息的计量研究在理论分析的基础上，着重进行了计算机辅助信息计量软件工具的设计与开发工作，实现了重组建库以及多种资料统计分析功能；计算机辅助计量分析方法的建立和成熟，标志着信息计量研究的方法体系已基本形成，并日趋完善。近年来，我国引文索引数据库等一批数据库的研究成功和出版发行，为文献信息的自动化统计和分析提供了必要的工具和条件。

11.3 计算机辅助信息计量分析的基本原理

11.3.1 计算机辅助信息计量分析的主要方式

计算机辅助信息计量分析的方式有三种：

① 利用计算机建立文献信息计量学研究的数据库系统，主要用于文献计量学研究的计算机数据库系统。在建立这种系统时，首先要从文献计量学本身的原理与规律出发，按照不同的研究目的和要求，进行不同类型的文献计量信息系统的设计。例如，若建立核心期刊的评价和选择系统，首先应该分析研究布拉德福定律的内容与特点，对选择标准进行分析，然后运用一定的算法将这些规则模型化，描绘出计算机运行框图，以便在计算机上实现。

② 利用和改进现有的情报检索系统。就是根据文献信息计量研究的要求，在原有的情报检索系统的基础上，利用计算机增加数据，扩大统计与分析范围，使之适合文献信息计量分析。可以在充分利用现有系统功能的基础上，根据文献计量学研究的特点和需要，对这些系统进行全面改进，如增加有关的数据记录、扩大统计范围、增加定量分析功能等，就有可能使文献计量分析作为书目情报检索系统的一种辅助手段和功能，从而有利于综合开发和利用。这样，一方面可为摆脱书目数据库发展面临的利用率低下的困境找到一条新的出路，另一方面又能为计算机化的文献计量学研究提供高效率的现代化手段和条件。无论是从经济成本和社会效益来看，还是从设计和技术角度考虑，利用和改造现有计算机情报系统是发展自动化的文献计量研究的一条重要而有效的途径。近年来，国内外不少大型情报检索系统都在增加提

供数据、事实情报和统计分析的能力。

③ 利用下载技术和链接技术建立专用于文献信息计量研究的数据库。在新建、改造和发展适用于文献计量学研究的有关计算机数据库系统时，采用下载是一条新兴的重要技术途径。它主要是利用网络数据库采用通讯手段下载数据，传递后存储在某一局部的存储介质上以供暂时或永久性使用。它适用于从大型计算机系统所含的多种数据库中套取所需数据，存储在本地机的存储介质上，供脱机分析研究或进一步处理，建立个人或部门的数据库，以供专门的应用。

从分析数据方面考虑，计算机辅助文献信息计量分析的方式有两种：①利用计算机软件进行相关分析和回归分析、统计词频等分析。②利用文献信息计量学基本规律的数学表达式和计算机软件建立文献信息计量规律的数学模型。计算机辅助文献信息计量分析，它比传统的信息计量分析在处理数据方面更为全面、准确、高效，而基本原理是一致的。

11.3.2 计算机信息计量分析系统的结构与功能

信息计量分析系统的结构包括：①数据处理系统。它的主要任务是完成数据的录入、修改、处理的工作。②检索系统。它的作用是为用户提供被引文献的检索、来源文献的检索，统计结果检索以及检索结果的显示、下载和打印。它包括用户界面、输入分析子系统、索引库、输出分析子系统。③统计分析系统。它的作用是以来源文献索引和引文索引为基础，获得对来源文献、机构发文、引文情况、期刊被引情况、作者发文等统计分析结果，此外，还应该根据文献计量学的原理和规律探索有关的问题，形成新的认识。

信息计量分析系统的主要功能有：①处理数据的功能。文献计量分析研究采用的是定量分析的方法，需要具体数据支持，因而处理数据的功能是文献计量分析系统的基本功能。任何文献计量分析系统都必须要有获取资料、整理资料的功能。②统计功能。文献计量分析系统一般可以根据各种需求来进行具体统计，如作者的发文统计、机构的发文统计、学科的发文统计等各种统计。③评价功能。文献计量分析系统可以通过对发文情况，论文、著作的被引情况统计排序，来对科研成果、科技人才、科研机构、出版物等进行评价。④查询功能。利用文献计量分析系统，用户可以查询被引文献、来源文献和统计结果。现在的文献信息计量分析系统不仅为用户提供了全文、作者、关键词、文摘、引文、刊名、机构等多个检索途径，而且还提供了布尔逻辑检索、截词检索、二次检索等检索方式。在检索结果方面，有的检索系统不仅可以检索到全文，它的聚类检索还可以检索到同类文献、引用文献和被引用文献。要使用计算机进行文献计量自动处理和生成，首先要确定它的数学模型。在利用数据库检索系统所获得的原始数据经过计算、排序和表示后，必须在文献计量学的某些理论和定律的指导下，对统计数据进行处理、分析并得出结论。其数据统计分析软件可选用通用软件包如 SPSS，可以采用多元方差分析、因子分析、聚类分析等常用方法。

11.3.3 计算机辅助信息计量分析的步骤

计算机辅助文献信息计量分析与传统的文献信息计量分析在本质上是一样的，都采用定量分析方法，不同之处在于利用计算机可以收集到更为全面、准确的数据，整理分析数据的速度快，分析结果的可信度更高，因而也要经历三个基本步骤，即数据收集、数据整理、数据分析。

（1）数据收集

计算机辅助文献信息计量分析方法收集数据主要是利用计算机通过有关数据库或信息网络来收集。计算机技术发展至今，已经完全符合文献处理的要求，各种各样的数据库如雨后春笋般发展起来，并且数据库的质量和功能都在不断改进，有效地推动了计算机辅助文献信息计量分析的发展。利用计算机收集数据，首先要根据统计分析的目的，选择合适的统计工具，即选择全面的、具有代表性的、符合研究目的的数据库。其次，收集数据要保证数据的准确性和代表性。虽然计算机是从数据库中直接获取数据，比手工方式更为准确，更全面，但也不能保证数据没有遗漏、没有错误，所以收集数据前，一定要注意数据的代表性，并尽可能地扩大收集的范围，收集之后，要对数据进行检查，尽可能地避免错误。

（2）数据整理

通常情况下，由计算机收集来的数据都是杂乱无章的，很难找到其中的规律，但利用计算机对原始数据进行分门别类地加工整理后，其中的规律就容易观察了。整理数据首先要根据需要，对原始数据进行平均数、累积数、百分比、对数值计算，为统计分析提供更有价值的数据。其次要根据一定的规则进行排序。最后要用统计表或直观的统计图的形式把数据表示出来，帮助科研人员判断数据的分布形式。

（3）数据分析

统计分析的目的不同，分析数据的方式也不一样，具体包括这两种：①检验定律。在文献计量学的某些定律的指导下，对数据进行统计分析，看这组数据是否符合定律所论述的规律，检验定律的准确性。②发现规律。从统计表和统计图中，根据数据的大致分布状况，判断数据服从何种分布，确定数据可能服从的模型分布，然后依据具体数据，利用计算机统计软件进行回归分析，进一步确定参数的数值。由于不能肯定该数学模型是否合适，必须对其进行检验。检验过关后，就可以进行分析研究，如利用一些算法，确定研究对象在各个阶段的发展状况，也可以通过比较分析，预测其未来的发展趋势。

11.4 引文数据库的建立与数据挖掘分析

11.4.1 引文分析数据库

计算机引文系统必须建立在计算机化的引文网络之上。首先要有一个文献数据库，库中记录能详细反映客观存在的各个文献及其特征；另一方面，库中文献不是孤立地存在于系统中的，而是相互联系的。引文系统是要能反映现实世界中文献集合的相互引用关系的，因此要求在进行系统的总体设计时考虑选择合适的文件记录结构，设计出合理的库结构，建立库中文献的联系。其次，建立引文系统的主要任务是促使引用分析手段的计算机化，因此该系统要能充分利用计算机资源及其强大的功能，通过编制高效实用的应用程序来实现手工系统下引文分析的各项功能，如对作者、主题、来源期刊等事项进行统计，研究引证文献的分布特性，进行引文耦合和同时被引研究等。由于计算机的应用，建立起来的新的引文系统不仅能快速、方便、准确地实现手工系统的全部功能，而且还应能实现一些手工条件下难以实现或无法实现的功能，如《中文科学引文索引》的编辑出版，在大量数据基础上进行的期刊研究、学科研究与预测等功能。

引文分析系统主要由数据录入系统、引文分析系统和引文检索系统三部分组成。数据录入系统是一个典型的事务型处理系统，而引文分析系统是一个典型的分析型系统，两者之间存在着巨大的差异，引文分析系统必须把分析数据从录入系统中提取出来，按照分析处理的需要进行重新组织，建立单独的分析处理环境。而数据仓库正是为了构建这种新的分析处理环境而出现的一种数据存储和组织技术。引文检索系统要想按照用户的检索需求，快速输出检索结果，必须要对数据进行科学、有效地组织，为此引文检索系统建立多个索引数据库。如来源索引库、引文索引库、个人作者索引数据库、团体作者索引库、关键词词库等各种数据库。

11.4.2 引文分析系统的设计

引文系统是一个具有多种功能的综合系统，按其实现功能、完成任务的不同，可将其分成如下几个子系统：

（1）建库子系统

它担负着文献库的输入与维护任务，这是整个系统的关键，是其他子系统进一步实现其功能的基础。这一系统能实现文献的录入、修改、删除的功能，能自动建立起文献间的引用关系，并具有数据转换的功能。它是一个典型的事务处理系统，要求进行频繁的增删改等数据存取操作，每次操作的数据量小、处理时间短，数据完整性和参照完整性约束要求高，可以用传统数据库系统理论和方法进行构造。

（2）索引库

索引库是为了准确快速提取数据，而按不同的方式将数据组织起来的数据库。具体分为：来源索引库（主要记录所收录的文章的题录等信息）、引文索引库（主要用来存放来源文章中被引用文献的信息）、个人作者索引库（用于记录来源文献的个人作者信息）、团体作者索引库（主要用于记录来源文章中的团体作者的信息）、关键词词库（用来存放来源文献标引的关键词的数据库）等。有了这些数据库，当用户使用关键词检索时，检索系统会直接到关键词词库提取数据，使用作者检索时就去个人作者索引库提取数据，总之，索引库会根据输入分析子系统传来的信息提取数据，再传给输出分析子系统。

（3）检索子系统

主要实现两大功能，一是传统的文献检索功能，如单项检索、组配检索等；一是引文系统特有的引用检索，主要包括回溯检索和引证检索。由于它需要提供快速、有效、灵活、多途径、全方位的检索手段，帮助用户准确迅速地找到他们需要的信息，因而对响应时间的要求极高，基本上是得到用户的检索请求后，就要在几秒钟，至多几分钟之内从数据库中把数据提取出来。

（4）统计子系统

利用计算机的计算功能，快速准确地对各种文献特征进行统计，进行引用关系的统计，并以报表或图形方式输出。

（5）智能分析子系统

主要是在引文分析理论的指导下，利用各种统计数据进行一些综合性的研究，有序地输出核心期刊、核心论文等，或进行规律验证。

（6）编辑子系统

借助计算机实现中文科学引文索引的编辑出版，编制来源索引，主题索引、机构索引、期刊引用报告等。

（7）输出分析子系统

输出分析子系统要对提取出来的数据类型进行判断，转换成用户选择的数据类型输出，比如有的输出只需要作者、题名、刊名、出版时间，而有的要求加上文摘。与数据录入系统不同，它的数据很少或者不会更新，每次检索涉及大量的数据访问，对于响应时间要求不高。其次，许多综合度较高的分析无法从数据录入系统的数据模式中直接得到相关的数据，必须进行专门的数据抽取，计算出大量的中间数据。最后，分析型需求是无法事先确定的。

（8）用户界面

检索系统的用户界面一般都提供篇名、关键词、作者、刊名、全文等各种检索途径，以及逻辑检索、截词检索、二次检索等检索方式，以便用户能更清楚把自己的检索需求表达出来。输入分析子系统接收到由服务器传来的用户检索请求，就会判断用户的输入类型、输入内容以及系统应采取的行动。比如分析用户在哪些途径输入了检索内容，取出对应的输入值，检索各途径的输入有无组配并取出具体的检索词和组配词，然后构造成检索式并把检索式传递给索引库。

引文分析系统主程序设计要选择合适的程序设计语言，利用该语言提供的强大功能，可加快系统开发速度，高效地实现系统目标。引文系统研究的重点是引文与被引用文献之间的数量关系，由文献学知识我们知道，引证文献之间存在着一个对应关系，若干对文献的这种对应关系就形成了表，所以选用关系数据库来支撑系统，体现这种对应关系将是最好的选择。数据结构设计的好坏，直接影响到系统功能的实现。所以在系统设计初期应认真进行数据结构的设计，构造最优的数据库模式，使系统能有效地存储数据，满足各种用户的信息要求和处理要求。如果在数据库投入使用后才发现问题，再进行修改、维护，代价将十分昂贵。数据库的逻辑数据结构设计常采用的一种方法是实体-联系图方法，即通过认识、分析现实世界，从中抽取实体、实体间联系，建立数据库概念模型的一种方法。通过对现实世界文献系统中文献流及文献间引用关系的研究，可以知道引文数据库中涉及的实体主要是文献集合，作者群，主题词库和期刊集合，涉及的联系主要有引用关联，论文-著者关联，论文-期刊关联，论文-关键词关联等。

引文分析系统的总体设计中还应考虑到如下几方面的问题：①文献库的

建立。文献的引文往往覆盖面广，时间跨度大，学科范围涉及广，来源期刊品种多，文献类型多样化，为了能全面反映引文之间的关系，这就使得引文库总是越扩越大，这给建库工作带来很大的工作量，因此有必要在系统实施之前确定合适的引文收录范围，使其既能保证一定的覆盖面，又不至于系统太庞大。由于引文系统中的基础数据库仍是一般意义上的文献库，因此可以考虑利用已有的文献库中的数据进行转录，并通过适当的方法建立文献间的联系，形成引文库，以减少重复劳动，减轻繁重的数据录入工作。②统计分析的效率。引文数据库一般来讲是一个庞大的数据库，在对这个库中记录进行检索、统计和分析之时，就不得不考虑如何组织数据，如何设计最佳算法，提高程序运行的效率，缩短响应时间，增加系统的可用性。③人机界面的友好。设计好的用户界面，使用户能更方便地使用系统，随时有所收获，有所进步，已成为系统设计人员和开发人员必须面对的重要问题。成功的系统绝不会强迫用户以非自然的方式去考虑数据，因此用户界面设计时要尽可能地与一些通用的系统相一致，要使数据输入尽可能地类似手工系统中的使用习惯，使用的命令简单易懂，数据输出清晰直观，并根据不同的用户提供相应的联机帮助或提示。

11.4.3 中文社会科学引文索引网络版设计案例分析

南京大学中国社会科学研究评价中心在2000年开始研制《中文社会科学引文索引》(*CSSCI*)网络版系统，使用户能够通过Internet方便地检索到*CSSCI*的信息。目前已经在因特网上提供服务（网址为http://www.cssci.com.cn或http://cssci.nju.edu.cn）。

（1）系统目标

*CSSCI*网络版系统研究的目的在于为用户提供方便、开放的信息服务。个人用户需要查询自己所发表论文的影响，科研机构则希望通过*CSSCI*的信息来了解本机构的科研水平与综合实力。因此，系统根据用户的需求设定了以下目标：首先，用户利用*CSSCI*需要查询某项成果的渊源，于是系统提供了来源文献浏览与检索，该查询主要向检索者提供最近发表的文献及相关信息；同时，在来源文献检索结果的基础上可以选中所需文献，检索得到此篇文献的参考文献与相关文献。其次，用户需要根据所掌握的一篇早期发表文章来查找最新的与其相关的文献。系统在设计时提供了被引文献检索，通过被引查询信息可以了解某类研究的新进展，或某项成果的被引情况。另外，用户可以从网上得到*CSSCI*所收录的期刊的种类和名称。最后，对于那些需要检索但是上网又不很方便的用户，网络版还提供了委托查询，为用户提供

便捷的信息服务。

（2）系统结构设计

基于以上系统目标，*CSSCI* 网络版在设计时采用了完全的 B/S 模式。对于系统管理员而言，其功能在于用户的管理，为了便于管理，系统管理员只要输入正确的口令密码就可以在因特网上对用户的信息、费用进行浏览、修改，这样便于管理员及时了解网络用户的需求。对于检索用户，系统主要为其提供信息服务，因此要求具有开放性和交互性，以便于通过因特网上的 WWW 界面方便地进行查询，在 B/S 模式下，应用系统的程序代码、数据及支撑软件全部集中在服务器端，客户端不必加载支撑软件，仅需一个浏览器。使用这种 B/S 结构，既减轻了客户端的负担，有利于系统的维护和使用，又充分利用了 WWW 浏览器开放交互的功能。为了用户检索的方便性与易行性，系统设计了来源文献检索与被引文献检索两个不同的检索界面。

《中文社会科学引文索引》数据库的三大功能模块为：数据处理模块、数据查询模块、统计分析模块。数据处理模块的主要任务是，完成系统数据的录入、修改、处理与数据字典的维护工作；信息查询模块则为提供快速、有效、灵活、多途径、全方位的检索手段，统计分析模块的作用为以来源文献索引和引文索引为基础，获得对来源文献、机构发文、引文情况、期刊被引情况、作者发文量等统计分析结果。这些统计对促进学科的发展、推动各机构的学术活动、核心期刊重新排序、了解各学科核心作者群等都是一个有力的分析工具。

（3）系统功能

① 来源文献浏览与检索。为了提供全方面的检索，来源文献检索提供了主检索项和辅助检索项。主检索项包括：作者姓名、标引主题词、文章题名、刊物名称和机构名称等检索点；辅助检索项包括：作者地区、学科分类、发表年代、文章类型等检索点。用户可以根据这些检索点自由组配，对自己的检索结果进行筛选。

② 被引文献检索。对于被引文献检索，系统提供了以下检索点：引文作者名、引文题名、被引文类型和被引文发表年代。用户可以通过各检索点的组合进行检索。

③ 用户管理。用户在网上注册后，填写表单，缴纳一定费用后即可以进行任何检索。网站根据用户的检索类型将对并发用户数进行控制。

（4）系统界面设计

界面是系统与用户沟通的桥梁，因特网上用户知识背景差异很大，用户界面的设计应力求简洁、方便和易用，使每个用户都能对系统的功能一目了然，不需要专门的培训就可查找到所需的信息。因此，系统应尽量将所有的操作放在同一屏幕区域上，减少操作次数。本系统用户界面分为两部分，上面一排菜单按钮，可以很方便地进行来源文献检索、被引文献检索以及用户信息管理之间的切换，检索入口，包括主检索项、辅助检索项和提交按钮，用户检索出来的结果分屏显示，可以方便的翻页显示；结果可以选择性地查看其详细信息，包括参考文献与相关文献信息。来源文献检索界面由菜单按钮与检索点组成，考虑到不同用户的需求，对作者名称、期刊名称、机构名称和基金等检索点可以进行精确、前方一致、模糊三种匹配方式；对于篇名词、标引词则提供三个输入框供输入短语，期间关系为“与”关系。譬如个人用户需要检索某位作者的来源文献，就可以在作者框内输入人名，比如在期刊名称中检索“情报”，以精确检索可以检索出 0 篇文献，以前方一致可以检索出 691 篇文献，而以模糊检索可以检索出 1 225 篇文献，这样的检索策略可以满足不同用户的需求，而在界面上则有机地结合在一起，方便了不同用户检索。被引文献检索界面同样由菜单按钮与检索点组成，除了检索点不完全一样外，功能的实现完全一致。

（5）系统收费管理

由于 *CSSCI* 项目在研究、制作等方面花费了大量的费用，故系统设计时进行了用户收费设计，考虑用户的检索要求将收费模式分为三种：包库制、收费制以及委托查询制。对于团体组织用户，他们希望能够对数据进行全面的检索，譬如学校，研究单位等，他们可以选择包库制，就是指某个具体机构在其限定的 IP 地址范围内，均可以在任何一台计算机、任何时间段使用该数据库，此类用户在申请时需填明并发检索用户数以及 IP 地址段，以缴纳不同的费用。而对于一般个人用户，他们只是为了某项研究或者个人的情况需要 *CSSCI* 数据。他们可以选择收费制，在缴纳一定的费用后，就可以进行检索，网站根据每次的检索结果扣除用户的费用。委托查询是为了那些不方便上网检索又需要这方面数据的用户准备的，网站将根据用户的委托查询请求以及其结果收取一定量的费用。

（6）系统数据库建设

CSSCI 数据库是本检索系统的重要组成部分，它充分利用了南京大学图书馆在信息收集、分类标引、加工处理方面的优势，选用了中国国内 1998 年出版的中文人文科学、社会科学学术期刊 496 种，来源文献 6 万余篇，被引用文献近 28 万篇。在不久的将来，该数据库还会收录香港地区及世界其他地区人文社会科学主要中文学术期刊 200 多种，而 1998 年前后的期刊也将陆续收入。数据库由来源文献数据库、相关文献数据库、被引文献数据库

以及相关代码库等组成，并进行实时的更新，与电子版的数据保持一致。

11.4.4 引文数据的挖掘分析方法

11.4.4.1 统计分析方法

信息计量学是建立在对文献信息统计基础之上的，统计学方法是信息计量学的最基本的方法之一。统计学主要适用方法包括描述统计学如表格、测度的标度、图形表示、中心趋势测度、离散测度；概率论如概率分布函数；推理统计学如假设检验与显著性检验；抽样理论多元统计学如多重回归与相关、主分量分析、多维标度等。统计学主要用来研究文献信息本身的数量关系，如一、二、三次文献之间的数量平衡关系；文献与所含信息量之间的数量关系；文献与著者之间的数量关系；文献与科学技术之间的数量关系；文献随时间、国家、语种等分布的数量关系；文献与引用及用户之间的数量关系等。引文分析都是建立在文献统计基础上的对文献系统行为过程的描述，通过等级序列分析，对期刊、作者、文章、语种、文献类型、时间分布、引文率等引文指标进行分析、比较和排列，研究引证规律和评价质量，此外，还可以对文献信息的流向规律、文献老化、论文的集中与离散等进行研究。

11.4.4.2 聚类分析法

在引文数量分析的基础上，对引文网状关系进行分析，对若干重要的、有代表性的分析对象进行“文献耦合”和共引或多共引聚类分析，可以揭示学科结构特点、研究热点、发展源流及专业相关程度和科学交流方式。其中共词分析与共引聚类分析是研究引证关系和文献微观结构的有效方法。

（1）同被引聚类分析

同被引聚类分析可以用来表示某一学科或专题的研究结构和状况。在此基础之上，对某学科和专题的高被引论文的连续同被引聚类分析则可以动态地反映该学科和专题的变化情况。其过程是收集某主题相关文献的参考文献，截取被引次数超过一定阈值的论文；阈值可根据样本量和研究目的而定，适当参考其他因素，然后将高被引论文两两配对，统计它们共同被引用次数，得到高被引论文的同被引矩阵；再将同被引矩阵通过系数转换成相关矩阵，对所得的相关矩阵，选择适当的测试指标和聚类方法（包括相似系数和聚类过程的选择），进行共引聚类确定一定的聚类水平，最后得到相应的聚类谱系图，如采用某种距离法（最大、最小、平均）进行聚类分析，形成聚类分析树状图。引文共引聚类分析的目的是在形成的被引文献类中，同类内主题越相似，类与类之间的主题差别性尽量大，同类内主题的相似程度可从计算值的大小反映出同类内主题的相似程度。类与类之间的主题相异性越大，引文共引聚类的效果越好。连续、动态的高频被引论文的同被引聚类分析能够反映某一专题研究的结构及这些结构的发展过程。

（2）共词聚类分析

共词聚类分析主要原理与同被引聚类分析相似，主要是对一组词两两配对，统计它们在同一篇文献中出现的次数，以此为基础对这些词进行聚类分析，从而反映出这些词之间的亲疏关系，进而分析这些词所代表的学科和主题的结构变化。共词聚类分析特点是分析和聚类的指标是词（叙词或自由词），词与词之间的关系代表着概念间的关系，因而聚类处理之后所形成的类应当能够比较简单明了地揭示学科或主题的结构与变化。文献证明对某一专题文献的高频主题词进行共词聚类分析是可行的，其表现形式清晰，与单纯的主题词统计、排序，进而分析研究热点的文献计量方法相比，共词聚类不仅寻求高频出现的词，更注重这些词之间的联系，从而更好地反映了概念之间的关系。

同被引聚类分析是通过对以往发表的论文的引用情况表现人们目前关注的焦点；而共词聚类分析则是对当前发表文献的直接统计，反映的是目前已有论文所集中关心的主题。因此，其功能、结果是一致的，但在表现手段上不同。共词分析更简单、也更易于被人们理解。用共词聚类分析和同被引聚类分析相结合研究科学结构时，具有互补性。同被引聚类分析可以对重要的参考文献分门归类，形成引文网状图，研究和揭示文献的内在联系，描述科学发展和动态结构的方法。由于同被引聚类分析是以整篇文献为单位，因此在揭示文献主题相似性方面跟文献的内容词分析相比，其针对性、研究深度和精确性明显不足。其他文摘词、题名词、分类代码标引词、内容词分析是为了提高和优化引文共引聚类分析的效果，弥补其不足。可见同被引聚类分析以文献为单位，侧重于文献类组的划分，共词聚类分析侧重于文献的主题内容，共词聚类分析可以对聚类中形成的文献类组进行相似性验证。通过计算同类内文献主题相似度以及类与类之间的主题相异性，检验聚类的效果，有利于对文献主题进行深层次的、具体的微观研究并做出科学的解释。两者互相结合，具有独特的优势。

（3）主题词链聚类分析

利用文献间关键词链的强度进行聚类分析，在技术上和推广上，比同被引聚类分析更方便。其原理是若两篇（或多篇）科学文献有一个（或多个）相同的关键词，则这两篇（或多篇）文献或其相应著者间必然存在一种潜在的关系，这种关系则称之为科学文献关键词链。此法可用于预测某一学科研究的热点和有关文献的联系。

11.4.4.3　引文索引数据库的链接挖掘分析法

目前的引文数据库大多提供了相关的链接。如 *Web of Science* 基于超文本格式设计了许多相互链接。这些链接能够帮助迅速找到所需要的信息，同时为知识发现提供了有关的依据。*Web of Science* 的链接分成内部数据链接与外部数据链接两种。内部数据链接包括：①被引次数（Times Cited）链接。在一条被检中的来源记录即一篇论文的全记录（Full Record）中，可以看到该篇论文被引次数。可了解该篇论文被其他哪些论文所引用、出处。既可以查看到它的完整题录信息，又可以看到它的被引次数。"Times Cited" 链接可了解哪些论文引用了它的这篇论文。通过层层链接，及时了解某一研究领域目前的进展状况和发展方向。②参考文献链接。显示当前来源记录所引用的参考文献的列表，作者引用的参考文献，如图书、期刊论文、专利和其他文献都可以作为检索途径，可以看到该条记录的全记录，帮助了解某一研究课题的发展历史，揭示研究者在吸取前人研究成果时的取向。③相关记录链接。通过相关记录（Related Records）链接，可以查看在不同年份中与当前所检索的记录共同引用同一篇或几篇参考文献的一组引文，即相关记录，并按共同引用参考文献的相关度排序，当前记录引用的相同文献越多，该文献与当前记录在主题上越靠近，因而该文献在列表中的位置就更靠前。相关记录是进行扩检手段，无需调整或更换先前的检索式。可揭示研究课题之间的相关性，为研究某一课题提供具有连贯性的、相互关联的资料。外部数据链接通过与各种来源的信息产品以链接，通过统一的检索界面进行检索，即可获得所需信息。与原始文献链接提供浏览全文的 "Full Text" 链接，可以直接看到当前记录的原始文献，它还将所有被收录的期刊原始文献作全文链接；与图书馆公用目录系统的链接，了解图书馆是否有馆藏记录；与二、三次文献信息资源数据库链接，如与德温特专利文献索引数据库、社会科学和人文科学两大会议录数据库链接等。通过链接挖掘分析，可以分析引文的关系和规律，可以从引文链反映出的主题相似性方面进行研究，可以进行聚类和相关分析。

11.4.4.4　相关分析法

利用知识发现的相关分析法对引文数据进行挖掘，可以研究科学发展的有关规律。如科学发展的继承性可以从文献的引用与被引用关系上体现出来。通过对引证关系的挖掘分析，可以揭示科学研究的脉络，发现科学理论和方法的历史演变过程。通过文献耦合与共引的分析，可以揭示科学的整体化发展趋势，探讨科学的交叉渗透性和科学发展的规律。通过引文分析法对科学系统进行共时性和历时性分析来研究科学发展的层次结构性和动态性，探讨其发展趋势。还可以借助于共引聚类分析和多维标度分析相结合的方法，研究科学结构以及专业子结构之间的超微观结构关系。用引文按年代分布所构成的历史图和引文的网状关系进行研究，能够揭示科学产生背景、发展概貌、突破性成就以及未来发展的方向等；根据引文分析的结果，一方面可以揭示各国政策、人才政策和战略的现状，另一方面，还可以探索科学研究与科技政策、文化背景之间的关系；研究跨国科学交流、不同国家之间情报的输出和吸收的关系，可以把引文的数据量看成是一国引用他国研究成果的指标，通过各国引文量的定量相关分析，反映各国科学发展的相对水平；跨国科学交流的定量研究，实际上是通过情报交流的定量研究来实现的，而定量研究情报交流的关键是构造引文交叉矩阵。首先需要选定研究领域和研究国别，并选取富有代表性的期刊，然后进行引文统计分析。国家的情报交流量可以用一国引用他国文献的数量来衡量。

11.5 计算机辅助信息计量分析法的应用

计算机辅助文献信息计量分析的应用范围是非常广泛，不仅在图书情报本领域内能具体应用，而且还可以应用于许多相关领域，如管理学、科学学、社会学、人才学、历史学等领域的研究中。例如，《中国科学引文索引》也具有 *SCI* 同等的价值，既补充了 *SCI* 中有关中国期刊种数的不足，又能客观地提供各类数据作为科学的评判依据。目前该数据库已被国家自然科学基金委员会列为中国科学院院士推选人指定查询库、自然基金委国家杰出青年基金指定查询库、自然基金委资助项目后期绩效评估指定查询库，高校及科研机构职称评审、成果申报、晋级考评指定查询库。*CSSCI* 和 *SCI* 等引文检索工具一样，为社会科研工作者提供了其他检索工具所不具备的独特的检索功能和检索点，为科研机构和科研管理部门提供了评价作者、机构、地区的学术生产力和学术影响的量化工具。借助引文索引的统计数据，可以看出学术论著、学术刊物和学术研究人员、学术机构的深入影响。

11.5.1 在科学研究中的应用

任何科学研究和技术创造最终都要以文字的形式反映出来，因而科学文献的数量和质量能基本反映科技发展情况。通过计算机辅助文献信息计量统计分析，了解科学文献的内容构成和数量变化，就可以评价或分析科技发展的历史和现状，以及预测其发展趋势。研究学科的交叉渗透、科学发展重点的转移、科学发展所处的阶段这些学科动态情况，都可以通过利用科学文献的引证关系，统计各学科文献数量来进行。科学研究意在创新，所谓创新就是去发现前人没有发现的事物，去探索别人没有探索过的领域，去解决别人不能解决的问题，去介绍不为众人所知的知识等。所以，科学论文之间不是孤立的，论文的创作都需要参考其他有关论文，有的作为理论依据，有的作为比较对象，有的取其数据，有的补充其不足，有的借以说明自己的创新，有的用来对某一问题研究作历史回顾。通过论文之间的这种相互引证与被引证关系，追溯某一观点或某一发现的过程，了解这些观点和创造是否被应用、被修正、被实施、被人发展创新。因此，计算机辅助文献信息计量分析能为科学研究创新提供理论依据及评价和引导性信息。通过严谨的评估和高标准的挑选机制选择源期刊，利用论文之间相互引证的关系最自然、有效地揭示学术研究之间的内在联系，从而便于研究人员掌握各种不同学科、不同领域相关研究的交叉和互动，为科学研究的立项、规划、发展和深入提供了高质量、全方位、可信赖的信息资料。

11.5.2 在信息资源领域的应用

具体包括以下几个方面：①确定核心期刊。所谓核心期刊是指针对某一学科或专业领域来说，刊载大量专业论文和利用率较高的少量重要期刊。核心期刊不是一成不变的，会随着学科的发展而不断变化，每隔几年就需要重新测定，以便及时反映期刊的新变化，而通过计算机辅助文献信息计量统计分析，在评价期刊质量，确定核心期刊方面的优势是非常明显的，不仅获取数据的量大，范围广，评价结果比较客观，而且准确高速，测定时间明显缩短。②深化信息计量学的理论研究。利用计算机系统可以获取大量的全面的数据，可以对信息计量学的经典定律进行更高层次的检验、计算和推导，促进文献信息学理论的进一步研究。③用户研究。利用计算机系统可以统计分析用户的行为，研究用户的兴趣爱好，然后图书情报可以以此为据，不断提高服务质量。④文档分类。引文属于文献的外部特征之一，文献之间的引用关系、文献之间的共引以及引用耦合现象在一定程度上体现了文档之间的相关性。利用这种关系可以为文档的分类提供有价值的信息。这种应用可以作为传统分类方法的辅助和补充。独立作为一种分类方法是不可靠的，也是不可行的，因为它的前提是文档库中已有文档是分过类的。⑤期刊引用报告对其收录的源期刊对每个研究领域的期刊进行动态的评估、排序，列出源期刊在该领域的影响因子。这样做不仅可以追踪前人的工作，了解研究者的工作被他人引用的情况，还可以了解该研究领域的研究群和最有成效的机构和学者，为查找边缘学科的焦点或开拓新的研究领域提供大量信息。还可以揭示和测定文献成果对科学研究的影响程度，并为开拓新的研究领域提供信息。同时，给图书情报机构提供信息，根据评估结果和排序选择订购期刊。

11.5.3 在竞争力分析中的应用

在针对某一特定的技术领域进行课题立项、研究开发、专利申请和专利发展战略研究时，必须了解该领域的专利文献在国内外的发展状况，知晓其他公司在该领域已对哪些技术主题申请了专利，从而为该领域的科研开发提供参考和依据，避免重复性的工作。而要对每个领域中所包括的成百上千篇专利文献进行量化分析，就必须对这些专利文献进行检索、筛选、统计，并画图制表分析。利用计算机能够对专利数据库进行检索、筛选、统计和做出图表，如采用计算机分析、统计数据库中专利文献著录项的方式，对专利文献量可用计算机随时对所需的数据项目进行检索、排序和统计分析，并可做出各种统计分析图表来直观地反映各国、各公司在不同地区和时期申请专利的数量和内容，从中了解在全世界范围内，各个技术领域的发展历史、现状、未来发展趋势和在各个国家内各公司的竞争态势。

计算机辅助文献信息计量分析对数据库检索系统的选择要求比较严格，要求研究者对所选数据库检索系统的结构和软件有较为详细的了解，预先确定其是否符合既定研究目标的要求。由于传统的手工或自建数据库都是按照既定的研究目标来设计其结构和软件的，而现有的国内外数据库及其检索系统主要是为信息检索服务设计和生产的，在某些方面不完全符合信息计量学研究的需要。所以数据库特别是专业数据库及其检索系统的选择必须符合既定研究目标的要求，其次还必须注意其主题词是否规范化、标引深度如何，不然的话，则有可能导致片面的乃至错误的结论。

11.6 计算机辅助信息计量分析的发展方向

11.6.1 向深度和广度发展

随着数据库的不断发展，从起初的只记录了著者、书（篇）名、文摘等著录项的书目数据库，到现在的引文索引数据库、全文数据库，促进了计算机辅助文献信息计量分析的深度不断加深，广度不断加宽。引文索引数据库可以提供引文索引、专利引文索引、机构索引和关键词轮排索引等索引方式，使它不仅为计算机辅助文献信息分析提供了强大的数据支持，而且还提供了一种多功能的工具。而全文数据库把文献的计量单位深入到了单字一级，使计算机辅助文献信息分析的深度进一步加深。目前各种专业数据库和综合性数据库不断涌现，正是因为数据库提供的原始数据越来越全面，使得计算机辅助文献信息分析涉及的学科范围越来越广泛，如社会学、经济学、教育学、管理学、医学、农业等很多学科都涉及了。

11.6.2 向实用化方向发展

计算机辅助文献信息计量分析研究的应用范围很广，除了应用于图书情报领域，还广泛应用于科学管理、科学决策、科学预测甚至是科学技术领域。信息计量学的指标还可用于人才、科研成果质量、科研机构乃至整个国家科技水平的评价。另外由于计算机辅助文献信息计量分析的数据和研究成果比较真实可靠，可以为有关部门的管理和决策提供依据。

11.6.3 向集成化方向发展

引文分析系统是一个典型的分析型系统，引文分析系统必须把分析数据从录入系统中提取出来，按照分析处理的需要进行重新组织，建立单独的分析处理环境。而数据仓库正是为了构建这种新的分析处理环境而出现的一种数据存储和组织技术。具体地说，在录入系统和分析系统之间，通过数据转换程序将源数据取出并转换为目标模式，然后装入数据库；通过联机分析处理服务从多维数据库提取多维分析数据；分析人员使用联机分析工具透过联机分析服务访问多维数据库进行引文分析。系统的源数据的组织方式是面向应用的，分析系统的数据的组织方式是面向主题的，相比而言，抽象程度比较高，这两种类型的数据的转换是实施数据库的关键。联机分析是一门与数据库密切相关的软件技术，是专门设计用于支持复杂的分析操作。它的多维数据分析模式是针对特定问题的联机数据访问和分析，通过对信息的很多种可能的观察形式进行快速、稳定一致和交互性的存取，允许分析人员对数据进行深入的观察。多维数据分析模式把数据分析工作看作是对一个数据立方体的旋转、切片、切块等一系列操作过程。数据立方体由变量和维组成。变量是数据的实际意义，也就是人们所关心的数值度量指标；维是人们观察数据的某个特定角度。多维与变量组成一个多维的数据结构，就是数据立方体，而立方体的设计则成为多维数据分析的关键问题。联机分析处理的性质和特点使得它可以成为引文分析的有力工具。事实也证明，数据仓库技术和联机分析处理技术特别适合引文分析系统的要求。

11.6.4 向模型化方向发展

信息计量学的基本定律揭示了信息计量学的基本规律，为计算机辅助文献信息计量分析建立数学模型提供了理论指导和依据，功能强大的计算机系统则是建立数学模型的工具。一旦建立起计算机辅助文献信息计量分析的数学模型，统计分析工作会变得更为容易，只要将数据输入模型中，根据目的设定统计分析的条件，结果会很快出来。这样计算机辅助文献信息计量分析不仅简单准确，而且效率也会大幅度地提高。

11.6.5 向智能化方向发展

计算机辅助文献信息计量分析可以分为三个主要的阶段：计算机辅助数据处理阶段、系统支持阶段和智能化阶段。

（1）数据处理阶段

在文献信息计量分析中，数据处理的工作量越来越大，因此需要利用计算机来处理、编辑、分类、统计等工作。从扩大数据处理的通用性和提高工作效率出发，一般是采用通用的软件。计算机辅助文献计量分析数据处理阶段可以提高效率和应用范围。

（2）系统支持阶段

其中主要的目标是由计算机和数据库构成分析系统，不但从单项工作而且从整体上支持文献信息计量分析，实现更高程度和更大范围的自动处理。主要是构造专用的数据库和设计分析系统，或根据需要对有关的数据库内容进行改造。

（3）智能化阶段

智能化阶段是计算机辅助文献计量分析的高层次阶段，它不仅仅满足于逻辑推理、定量计算或固定程序，而应该具备灵活性的分析判断能力，多路的推理、处理模糊问题的本领和模糊识别的能力，实现数据处理向知识处理的转变。计算机辅助文献信息计量分析将利用数据挖掘技术等新的成果，采用关联、序列、聚类、分类等方法从大量完整、彼此关系不明确的敏感性信息中找出隐含的、事先未知的有用信息，揭示数据内在的复杂性，进行深层次的分析，自动获得更多、更有价值的信息。

12 信息计量学在信息资源管理与研究中的应用

信息计量学有着非常广泛的应用领域。从应用领域来说，主要是两个方面：一是在本体领域，即图书情报领域中应用；二是在相关领域中应用，如在管理学、科学学、政策学、预测学、人才学、社会学、历史学，以及科技管理工作中应用。信息计量学在图书情报领域中的应用，既涉及它在图书馆学、情报学、文献学和档案学的理论规律研究中的应用，又包括在图书情报管理与工作中的实际应用。它不仅是图书情报学规律研究的有力工具，而且可以作为图书情报工作科学管理的一种基础理论。信息计量学的所有定律和计量分析方法都可应用于图书情报工作中，诸如在文献评价与选择、收藏方针的制定、书目的编制与评价、经费分配、采编决策、流通管理、书刊剔旧、馆藏优化、信息检索、读者工作、信息服务、图书馆集成管理系统建设与评价、网络信息收集与服务等方面，都具有普遍意义和指导作用。其应用范围非常广泛、内容十分丰富。

12.1 信息计量学与核心期刊的测定

核心期刊（Core Periodicals）的研究和测定是文献计量学在图书情报领域中应用的重要组成部分，也是应用较早、较为成熟，而且使用和影响都十分广泛的一个重要的应用领域，具有一定的代表性和说服力。这里，我们运用文献信息计量学的理论和方法，讨论核心期刊的理论基础和形成机制、核心期刊的概念和测定的意义，以及测定核心期刊的文献计量方法体系。

12.1.1 核心期刊的理论基础和形成机理

各种期刊的情报价值有大有小，在情报信息交流中所发挥的作用各不相同。这种情报价值交流作用的大小往往取决于相关论文在期刊中的分布状况。那么这种分布到底是怎样的呢？它是否遵循一定的规律性呢？

长期以来，许多学者都围绕这些问题展开了广泛的探讨。在这方面研究最早并卓有成效的学者当首推英国著名文献学家 S. C. 布拉德福教授。他在长期的科学研究和文献工作中感受到，对于某一课题、专业或学科领域来说，相关论文在期刊中的分布是极不均匀的。一种面向某一专业学科的期刊，除了集中发表本学科的论文外，还可能刊登别的学科的论文。换句话说，对一个专家有用的论文，不仅会集中在本学科的专业期刊上，而且也时时可能分散在其他学科的期刊上。这些“其他学科”期刊的数量，随着它们研究领域与学科的关系密切程度的变小，以及本学科的相关论文在每种期刊中的分布密度的减小而变大。在这种定性分析的基础上，布拉德福还进一步做了定量的统计研究，揭示了论文在期刊中的分布规律，即著名的布拉德福文献分散定律。这一定律不仅说明核心期刊的客观存在，而且还揭示了文献分布的集中与离散规律。

事实上，在期刊论文的实际分布中，这种分布现象具有普遍性。对于某一特定学科或专业来说，少数期刊所含的相关情报量很大，而多数期刊的相关情报量却较小，或者说，某一学科的大量论文高度集中在少数期刊中。这就是“核心期刊效应”。其结果是，产生了各个学科或专业的“核心期刊”。

这种文献分布的集中规律还可用许多统计数字来说明。据文献报道，对法国《文献通报》（物理学）的统计表明，90%的文摘条目集中来自只占总数 30%的期刊；美国《化学文摘》摘录的 9%的期刊，就提供了文摘条目总数的 75%；日本《科学技术文献速报》的统计数据也说明，各学科的大多灵敏相关论文都集中在少数的核心期刊上，如果掌握化学化工期刊的 13%~15%，就可以从中得到 70%以上的相关论文。因此，我们只要掌握本专业或本学科的核心期刊，就能较快地比较集中地获得所需要的大部分情报。

但与此相反，仍有少量的相关论文却高度分散在大多数的非核心期刊中。这些期刊报道的相关论文往往是学科交叉、分散性大、情报量小，或者仅与本专业间接相关。这不仅从反面说明了掌握核心期刊的重要性，而且还证明了科学文献分布具有离散性特点。事实上，文献分布的集中规律与离散规律是对立统一的、相互依存的。因此，人们将其统称为文献分布的集中与离散规律。

由于科学文献分布的集中与离散规律是客观存在的，而且具有普遍适用性，这就必然会导致核心期刊的形成。很显然，科学文献分布的集中与离散规律是核心期刊存在的理论基础，也是核心期刊测定工作的基本依据。从这一规律出发，对核心期刊的形成机理至少可作两个方面的理论解释：一是受科学发展客观规律的制约，这是因为科学期刊的产生和发展是由学科发展的客观需要所决定的，而且每一种期刊都有自己的学科和专业性质，使得该学科论文高度集中于少数核心期刊上，形成文献分布中的"堆加效应"。二是某些人为控制的主观因素也会影响文献的分布和核心期刊的产生及发展，例如"马太效应"的影响，使大量的文献"堆加"在少数核心期刊上，形成文献分布上的集中现象。同时，在文献生产和交流过程中，许多现象要受到人为选择因素的影响，而人的选择要受"最省力法则"（求近律）的支配。例如，论文的作者一般要选择专业相近、声誉较高且又"最省力"能发表的杂志投稿；各种期刊都要选择专业相符、质量较高、影响较大的论文发表。这种人为选择的结果，导致了文献分布中的堆加效应，使大量相关论文集中于一些具有核心性质的期刊上，它们构成了某个专业的核心期刊。如果把每一次选择看成是一次成功，则这种成功的累积势必容易导致新的成功。这种"成功产生成功"的机理，被认为是核心期刊形成的基本原因之一。

12.1.2 核心期刊的概念和测定的重要意义

所谓"核心期刊"（Core Periodicals），是指针对某一学科或专业领域来说，刊载大量专业论文和利用率较高的少数重要期刊，就称为该学科（专业）的核心期刊。从测定的指导思想和目的来看，核心期刊有两种基本的类型：一是"学科核心期刊"；二是"馆藏核心期刊"。尽管这是两个不同的概念，但它们都具有核心期刊的共同特征和优势。在没有特别说明的情况下，我们所说的"核心期刊"，一般是指学科的核心期刊。从特性来看，核心期刊都具有客观性、相对性和动态性等共同特点。

如前所述，在文献生产和信息交流过程中，核心期刊是客观存在的，它既受文献分布集中与离散规律的制约和影响，也会因测定方法的不同而异；这些期刊对某一学科来说是核心期刊，而对另一学科来说就可能不是核心期刊了；并且，核心期刊也不是一成不变的，它会随着学科的发展和文献领域的变化而呈现出动态性的特点。因此，核心期刊的测定不能一劳永逸，而要不断地加以调整和完善，或者隔 5 年左右重新修订一次，以便及时反映期刊的最新变化。

核心期刊的测定是文献信息计量学实际应用的一项重要内容。研究和评价期刊质量，科学地确定核心期刊的范围，对于获得高密度的情报源，对于图书情报单位建立基本的核心馆藏，对于广大科学工作者重点阅读本专业期刊内容等，都有着重要的意义。具体有以下 3 个方面：

（1）图书情报单位科学管理上的需要

目前，期刊的发行量很大。任何一个单位要把这些期刊订全，既没有必要，也不可能。这是因为各学科、各专业确实存在着少数主要的核心期刊。我们只要有选择地订购少数核心期刊，就能满足读者的大部分的信息要求。此外，若订刊上没有重点，不分主次，势必给文献的贮藏、管理和服务等造成困难，必然带来人力、物力、财力和书库利用上的浪费。因此，研究和评价期刊的质量，科学地确定核心期刊，不断提高订刊的合理性和准确性，乃是图书情报领域的重要研究课题，也是提高图书情报单位科学管理水平的一个重要环节。

（2）科技工作者重点阅读的需要

据不完全统计，目前世界上有科技期刊 6 万种左右，每年发表的论文在 400 万篇以上。仅以 *CA* 为例，它摘录的期刊约 15 000 种，摘录文献约 50 万篇以上。一个科学家或工程技术人员，面对数量如此庞大的文献，要想将本学科范围内的文献全部浏览或阅读一遍几乎是不可能的。毫无疑问，任何科研人员都只能有选择地重点阅读本专业的核心文献。若掌握了核心期刊，则查找和利用科技文献可以事半功倍，能花较少的精力，获得更多的情报量，为达此目的，就必须研究和掌握有关学科的核心期刊。

（3）提高信息检索和文献信息服务效率的需要

只有了解各种期刊的特点与优缺点，掌握重要论文的出现规律与搜集途径，把握一批高质量的核心期刊，才能有针对性地做好信息检索和文献情报服务工作。在解答咨询和定题服务时，也必须充分利用各专业的核心期刊，提高文献情报服务的工作效率。因此，研究和测定核心期刊是建立合理馆藏、开展文献情报服务的一项重要的基础工作。

12.1.3 核心期刊的测定方法——文献信息计量方法体系

就期刊数量而言，核心期刊只占期刊总数的一小部分。目前，无论是基础学科还是技术领域，与之有关的期刊数量都相当庞大。如何从大量的期刊中选择和确定少数的核心期刊，确实不是一件轻而易举的事情。有关的研究和实践表明，测定核心期刊的关键是要选准一种比较科学的、适用的方法。

自从提出核心期刊的概念以来，就有一个如何测定核心期刊的方法问题。

目前，测定核心期刊普遍采用了文献信息计量学方法，已经形成了一个方法体系。虽然测定方法多种多样，但基本上有两种类型：一是利用信息计量学工具和指标直接选定各学科的核心期刊。例如，美国的《科学引文索引》（*SCI*）及其副产品《期刊引证报告》（*JCR*）提供了期刊被引量、影响因子等计量指标，比较这些数据的大小便可直接选定核心期刊；二是利用文献计量学方法，按照一定的基本步骤来测定核心期刊。如果从测定的标准来划分，主要包括以下 4 类方法（6 种具体方法）：①以载文量为标准的方法，包括布氏定律法及百分比补偿和累积百分比法（80%法）；②以摘引率为标准的方法，包括文摘法和引文法；③以流通量为标准的方法；④综合评价法，主要是将几种方法同时运用，综合判断核心期刊。下面介绍测定核心期刊的各种具体方法。

12.1.3.1 布氏定律法及百分比补偿

布拉德福定律为测定核心期刊提供了一种科学方法。目前，这种方法已广泛应用于测定各学科的核心期刊。一般说来，利用布拉德福定律测定核心期刊又有 3 种具体做法。

（1）区域分析法

首先，将某一时期内某一学科或专业的期刊，分别统计各刊的相关论文载文量；其次，应用布拉德福的等级排列技术，按照载文量从大到小的顺序依次将期刊进行排列；然后根据具体情况将这些期刊分成若干个区（一般为 3 个区），使每个区的文献数量大致相等。这时，第一区的期刊即为该学科领域或专业的核心期刊。

（2）图像分析法

这是根据等级排列的统计数据作图，利用图像分析来确定核心期刊的方法。其具体做法是，首先统计各种期刊的相关论文数，并累积两组数据：n 和 $R(n)$；其次，用 $\lg n$ 作横坐标，$R(n)$ 为纵坐标作图，得到布拉德福曲线；然后找到上升曲线部分与直线部分的交点 C，C 对应于 $\lg n_C$，则 n_C 为核心期刊数；最后列出排在前面的 n_C 种期刊。这些期刊就是某学科的核心期刊（见图 12-1）。

（3）布氏定律法及百分比补偿

虽然布拉德福定律已成功地用来测定核心期刊、编制核心期刊目录，但它也有一定的局限。这是因为布拉德福定律对期刊的排列，是以其刊载某一主题的论文的绝对数量为依据的。这种统计方法，对于每期刊载论文较少，然而却是对口的小型专业期刊来说，就有可能被排除在核心期刊之外。为了

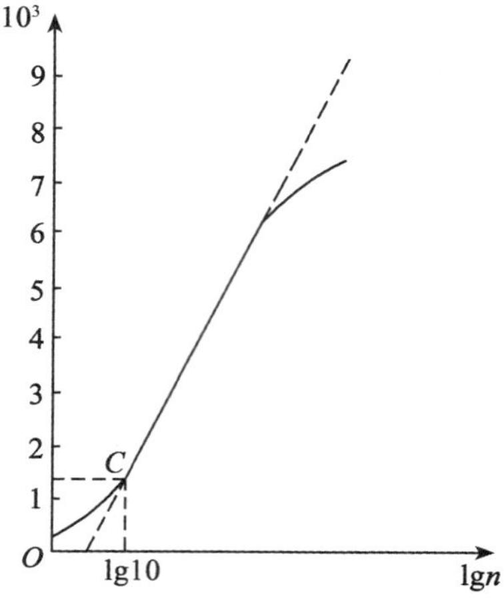

图 12-1　情报学核心期刊的测定

弥补布拉德福定律在测定核心期刊方面的这个缺陷，国外有人提出了“百分比分布”（Percentage Distribution）的方法。这种方法就是：首先，统计并计算每一种期刊所刊载的某一主题的论文占该期刊全部论文的百分比；其次，将各种期刊按其百分比的大小次序排列；然后，选定一个合适的比例（如 50%）作为标准，高于这个百分比值的期刊可确定为该学科的核心期刊。显然，这种方法的优点是：由于百分比的计算，与期刊的规模无关，因而就使得那些小型的，然而却是对口的专业期刊不致被淘汰于核心期刊之外，使确定的核心期刊更能符合本专业领域内使用的实际情况。实践证明，利用布氏定律法及百分比补偿来测定核心期刊是一种行之有效的方法。

12.1.3.2　累积百分比法（80%法）

这种方法是将某一领域的期刊按相关载文量的多少递减排列，然后依次累计排在前面的 n 种期刊的载文量，并求出前 n 种期刊的累积载文量与所统计的全部期刊总载文量的百分比；若达到了选定的要求，则前 n 种期刊为核心期刊，否则，还须计算 n 以后的期刊，直到达到这个比值为止。由于一般要求百分比达到 80%，所以这种方法亦被称为“80%法”。

以上两种方法都是以期刊的相关论文载文量为标准来测定核心期刊的。由于考虑了期刊载文的数量，在一定程度上能够满足测定核心期刊的要求，而且比较简便、直接。但是，布氏定律法和累积百分比法存在一些缺点，主要是单纯强调了数量，无法对每一种期刊的质量进行评价，而质量也应是确定核心期刊的一个重要标准；同时只考虑了期刊刊载某一主题文献的绝对数，而忽视了每种期刊中某专业文献在该期刊所载文献总数中的百分比（即相对数），这就造成了一些专业性很强，但载文量不大或刊期较长的重要期刊不能入选为核心期刊。而百分比补偿能够较好地解决这一缺陷（对累积百分比法亦可进行相对百分比补偿），使上述两种测定核心期刊的方法更趋完善和实用。

12.1.3.3 文摘法

文摘法是测定核心期刊的常用方法之一。其基本思想是：根据被二次文献摘录的频率大小将期刊依次排成顺序目录，并以此作为期刊重要程度及选择的依据。凡期刊中被摘录或索引的论文数量较大者，可选为核心期刊。利用文摘法测定核心期刊的具体做法是：

（1）选准统计的文摘杂志

采用文摘法必须选择该学科领域内国际上著名的带有权威性的文摘杂志、题录或索引作为统计分析的依据。当一个学科拥有两种以上的文摘杂志时，选准用作统计分析的文摘杂志尤为重要。一般以选用中等文摘杂志为宜。在确定用作统计分析的文摘杂志的年代和期限时，应尽量采用该刊最近的卷、期，一般以统计一年为妥。统计的时期太短，所得核心期刊欠准确，带有一定偶然性；统计的时期越长，所得出的核心期刊自然越准确，但费时太多。因此，一年期限是比较适中的。

（2）统计期刊的被摘录量并排序

统计一年内该文摘摘录某学科的各种期刊的文献量，并将它们按文摘量大小排序。

（3）计算累积文摘率

由高位往低位计算，排在前面的累积文摘量占期刊文献总摘录量的比例（即累积文摘率）达到70%时（一般取此标准），则相应的期刊可确定为该学科的核心期刊。

（4）进行交叉对比

如果某学科有多种著名文摘杂志时，取其一种作为主体，采用上述方法作统计，并作出该文摘杂志的核心期刊表（称为主表）。同时取另一种著名文摘杂志作辅助，以同样方法作出它自己的核心期刊表（称为副表）。然后，用副表和正表进行对比，加以验证。如果两张核心期刊表中均含有某刊，则保留；如果一张表中有，另一张表中没有，则删除。经核对验证之后，重新整理正表中所保留的核心期刊，并重新给以序号（若某刊在两表中序号不同时，当以主表为准）。经过这样两道工序所得出的核心期刊，其准确度、可信度都比较高。文摘法的局限性主要有3点：

① 文摘是按照期刊的绝对文摘量来排序的，因此一些小型专业期刊很难进入核心期刊的行列；

② 一些具有较多读者和较高使用价值的科普性、广告性、技术性的应用期刊，由于往往不被文摘杂志所摘录，因而也被排挤在核心期刊之外；

③ 文摘率往往要受到文摘源和文摘员素质等种种条件的限制，实际上比较重要的期刊和重要文章被漏摘的现象时有发生，这也会影响核心期刊测定的准确性。

尽管如此，文摘法仍不失为确定核心期刊的行之有效的方法。这种方法的统计比较单一和可靠，其结果比较准确和可信，是一种最基本的常用方法。

12.1.3.4 引文法

引文法是测定核心期刊的常用方法之一。其基本思想是：根据期刊在一次文献中被引用的频率大小将期刊排列成顺序目录，靠前的被大量引用的期刊被认为是某学科的核心期刊。根据其具体做法不同，引文法又分以下3种情况：

（1）分析多种杂志的引文法

就是选择某一学科的多种期刊作为母本，统计它们全年发表的论文及其参考文献数量，然后分析这些参考文献的出处，并将这些原始期刊按被引次数排列，排在前面的可定为该学科的核心期刊。

（2）分析单一期刊的引文法

就是选择某一学科领域中的一种较权威、较常用的期刊作为母本，按照上述方法统计1~3年的全部引文数据，被引次数多的可定为该学科的核心期刊。被引次数的标准可根据具体情况自行规定。这些方法又可分别采用“一步法”或“二步法”来进行。上述两种情况只需作一次引文统计和排序便可完成。因此，通常又称为“一步法”。所谓“二步法”，就是在“一步法”的基础上，选择数量更大的一组核心期刊作为母本期刊，再进行一次引文统计和排序，以便得到更为全面和准确的核心期刊结果。

（3）利用引文工具的引文法

美国《科学引文索引》（*SCI*）为我们利用引文法测定核心期刊提供了有力的工具和条件。通过分析“*SCI*”的一定时期内的被引文数量及其来源分布，结果发现其中500~1 000种期刊是最重要的。这些期刊基本上可满足人们80%的需要。因此，可将“*SCI*”的前500种期刊列为多学科核心期刊。这个多学科核心期刊表往往也是测定专业性核心期刊的参考依据，可以供我们直接利用。

根据《期刊引用报告》（*JCR*）提供的数据，不仅可以分析某种期刊被引用的次数，而且可以分析该刊每篇论文平均被引用次数和当年指数等。以这些指标为依据，可以评价期刊质量，确定核心期刊，形成了许多具体的引文分析方法。

利用“*JCR*”确定单学科核心期刊极为方便。只需从某学科公认有代表性的一种期刊源出发，查引用期刊部可得到若干种被引期刊。再将这些期刊各年的被引次数相加，取被引总次数较多者，可确定为该学科的核心期刊。

对于公共图书馆和综合性情报中心，由于涉及专业和学科较为广泛，往往需要确定多学科核心期刊。若利用“*JCR*”测定多学科核心期刊，则可查其被引期刊部，选被引次数较高者作成期刊排队表。这种期刊表一般是利用*SCI*数据库由计算机直接输出的，从而避免了直接查表。例如，加菲尔德对2 000种期刊引用情况的分析和马丁（Martyn）等对英国全部科技期刊的评价，就是利用这种方法进行的。

引文法从期刊被著者利用的角度来评价期刊的质量，其结果比较客观；同时这种方法不仅可以测定专业性核心期刊，而且也可用于测定多学科综合性的核心期刊；若利用“*SCI*”和“*JCR*”等大型工具，则可大大减轻手工统计的繁重负担，提高引文分析的精度和效率。总之，依据引文来确定核心期刊，的确是图书情报部门选择期刊的一种重要方法，因此它得到了比较广泛的应用。但是必须指出，引文法也存在其局限性，主要是：

① 被引率只是衡量期刊优劣的一个参考性标准，而不是唯一标准。只有使用率高的期刊才算是质量高的期刊。被引率高并不完全等于使用率高；而只有被引率高，阅读率也高，才表明该刊的使用率高。例如，有些期刊被引率高，部分原因是由于自引率高，有些利用率高的实用性刊物，其被引率并不一定是高的。

② 新刊得不到大量引用，有的著者用而未引。规模较大的期刊利用的概率显然要高一些。因此，引文数据在反映期刊实际使用率方面存在误差。

③ 引文分析往往只注意分析期刊论文的引文，而对会议录、论文集、科技报告等类型的出版物中的引文却没有给以足够的重视。

12.1.3.5 流通率法

根据期刊被读者使用（借阅）的频率，也可以产生一个反映读者实际需要的顺序目录，可作为确定核心期刊的依据。具体来说，就是对馆藏杂志在一定期间内的出借次数、馆内阅览次数、复制量及外借文献的使用次数进行统计分析，流通频率较高者即为核心期刊。在分析期刊流通情况时，还应考虑拒绝率较高的期刊、本馆对外申请复制和互借的情况。

根据期刊流通情况衡量其质量、确定核心期刊的方法简单易行，比较符合实际。但是此法只能测定本馆既有期刊的质量，受本单位、本地区情况的局限；而且存在相同读者间的重复借阅、借了不用、指导性期刊的借阅次数少等情况，因而其统计结果也不能全面反映使用情况。

12.1.3.6　综合评价法

从以上讨论中可以看出，期刊被引用、被摘录、被流通的次数都说明了期刊的利用情况，可以用来作为判断期刊的重要性、确定核心期刊的依据，但它们又各有短处。为了取长补短，提高核心期刊测定的准确性和有效性，我们可以综合上述 3 种方法，提出一个较为理想的综合评价法。综合法的原理如图 12-1 所示。

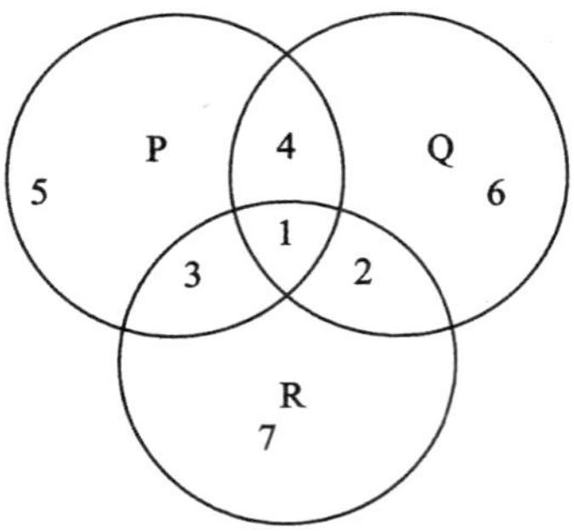

图 12-1　综合法原理

图 12-1 中 P、Q、R 分别代表引文法、文摘法、流通法所得到的核心期刊，将 P、Q、R3 个圆相交，组成 7 个区：

（1）$P\cap Q\cap R$ 区：是 P、Q、R 三部分相交的区域，代表同时被引用、摘录和流通的期刊。它们是非常重要的核心期刊。

（2）$\overline{P}\cap Q\cap R$ 区：是 Q、R 两部分相交区，代表只被摘录、流通而很少被引用的期刊，如新刊、科普性期刊、科技新闻等。

（3）$P\cap\overline{Q}\cap R$ 区：代表只被引用、流通而很少被摘录的期刊。

（4）$P\cap\overline{Q}\cap\overline{R}$ 区：代表只被引用、摘录，但很少被流通的期刊。

（5）$P\cap\overline{Q}\cap\overline{R}$ 区：代表只被引用的期刊。

（6）$\overline{P}\cap Q\cap\overline{R}$ 区：代表只被摘录的期刊。

（7）$\overline{P}\cap\overline{Q}\cap R$ 区：代表仅被流通的期刊，而它们被引用和摘录的频次很低。

按照各区期刊的重要程度，可以排成下列顺序表。这个顺序表可作为选取核心期刊的依据。

——被引用、摘录和流通的期刊。

——被摘录、流通，但很少被引用的期刊。

——被引用、流通，但很少被摘录的期刊。

——被流通、但既很少被摘录也很少被引用的期刊。

——被摘录、引用，但很少被流通的期刊。

而其他两个区则不予考虑。在实际应用中，综合法一般都能收到较好的效果。

最后，值得指出的是，以上这些方法既是数量指标的衡量，同时也包含了质量标准的要求。这是因为：论文能否被期刊发表，有一个选择过程。目前，许多期刊对投来稿件的录用率仅为10%左右；一般来说，被期刊正式发表的论文往往都达到了一定的质量标准。而期刊论文的被摘录、被引用，无疑也是一种选择的结果，其本身就是达到某种质量标准的具体反映。因此，那种认为利用文献计量学方法测定核心期刊是"只看重数量而不顾质量"的观点显然是片面的、不符合事实的。但是，我们也必须清醒地认识到，上述的每一种测定方法都只是从一个角度出发，用一种标准来测定，这就不可避免地会存在一定的局限性。这是不足为奇的，也是正常的。目前，在多种方法尚不能完全克服其固有的局限性的情况下，努力探索新的更为科学的测定方法尤为重要。

因此，我们应提倡和推广综合评价方法，并做到两者结合：一是将几种定量测定方法相结合，同时运用；二是将定量测定方法与定性分析方法相结合，互相取长补短。只有这样，才能使测定的核心期刊更为准确，更加符合实际。

12.2 信息计量学与文献情报收藏管理

12.2.1 确定最佳期刊收藏方案

对于图书情报单位来说，如何确定文献收藏方案，使自己的馆藏始终保持最佳状态，这是做好图书情报工作的基础，也是一项经常性的重要任务。

前苏联著名情报学家 A. И. 米哈依洛夫在《科学交流与情报学》一书中介绍了一个例子，把布拉德福定律与文献老化的负指数规律结合起来使用，以便求出某一学科的期刊收藏最佳方案，即所谓布鲁克斯 $P\%$ 收藏方案。

按照布鲁克斯的定义，如果收藏了所有刊登一篇以上相关论文的期刊，就算是 100%的收藏。设期刊数量总数为 N，当 N 未知时，则可用图解法求出，先作布拉德福分布图，再求出斜率 K，该 K 值近似于 N。关键在于如何解决从 100%的期刊总数（N）中选购 $P\%$的期刊的最佳化问题。

布鲁克斯首先引进了一个“期刊效益”（Utility）的概念。因为文献的情报价值或效益随它们“年龄”的增长而下降，刊登它们的期刊效益也随之下降。但是，期刊效益的下降不能直接用该期刊的年龄来衡量。因此，他以某一期刊的论文一年内被引用的次数当做该刊的效益，并假定：①效益概念具有相对性，仅适合于具体学科的期刊收藏情况；②所收藏的每种期刊的效益是以相同的速度减少的。根据上述效益概念和假设，可以制定出计算期刊相对效益和老化程度的可靠方法。为了确定从 100%的期刊总数中选购 $P\%$的期刊的最佳方案，有三种可采用的方法。

（1）学科载文率最高控制方法

最简单的方法，是从布拉德福分布中抽出 n 种载文率最高的期刊使

$$N\ln\left(\frac{n}{S}\right)=N\ln\left(\frac{N}{S}\right)\times P\%$$

由上式可求出 n：

$$n=S\cdot\left(\frac{N}{S}\right)^{\frac{P}{100}}$$

由于布拉德福分布中的 N、S 已知，对于确定的学科、专业来说可求得 n。例如，若 $N=600$，$S=1.5$，$P\%=50\%$时，则 $n=30$，若$P\%=76\%$，则 $n=90$。也就是说，要搜集该学科 50%的论文，只要订购相关论文载文量最高的 30 种期刊就够了。

这种方法的优点是可以把订购 $P\%$的期刊经费控制到最小。但由于它不考虑剔旧，故书架利用率低。

（2）剔除时间控制方法

较大量地收藏期刊，经过一段时间，当某些期刊的总效益低于某一最低值后，剔除这些期刊。剔除时间由下式计算：

$$a^t = \frac{U\ (t)}{U\ (0)} = 1 - P\% = f$$

其中 f 为未被利用效益的相对值。例如，若 $a=0.87$，$P\%=0.5$ 时，则 $t=5$（年），若 $P\%=0.25$ 时，则 $t=10$（年）。

这种方法的优点是收藏全，缺点是用一个时间标准剔除期刊，会把核心期刊同别的期刊一起剔除，而实际上核心期刊的剩余效益比有的期刊初始效益还高。

（3）剩余效益控制方法

确定一个最低值 a，当某种期刊的剩余效益 $U\ (t)$ 降至原来的最低值时，便将该刊从收藏中剔除。同时，收藏中剩下的期刊应保证包括指定学科的 $P\%$的论文。

此外，根据布氏定律，一个科学家需要参考和阅读的期刊论文来源于A、B、C 三类期刊。对于各类期刊的收藏策略应该根据单位的性质而有所区别。对于一个自然科学综合性情报机构或图书馆来说，应侧重收藏布氏定律中各学科的 C 类期刊和 A 类期刊。C 类期刊主要是由综合性和技术科学方面的重要期刊构成。A 类期刊是指各学科的核心期刊。一个专业性情报机构或图书馆应着重收藏本学科的 A 类期刊和 B 类期刊以及少量重要的 C 类期刊。尤其是 B 类期刊要尽量收齐。B 类期刊主要是指本学科领域的非核心期刊。当然，这只是原则性的划分。在实际工作中，要根据具体情况和上述方法制定合理的文献收藏的最佳方案。

12.2.2 选择文献搜集最佳方式

图书馆和情报机构的文献搜集工作有多种方式，有订购、交换、复制等。在什么情况下，采用哪一种方式更为经济、更为合理，这是值得研究的问题。例如，任何一个图书情报单位都只能订购有关学科期刊的一部分，如果读者需要另一些期刊中的论文时，就可采取复制的方式来解决。问题是要求确定，哪些期刊必须订购，而哪些期刊通过复制其中的论文更为经济和有效。我们可以利用布拉德福定律来定量地解决这类问题。

设 A 为某一种期刊的平均订价。P 为这一期刊全年刊登的关于某一学科的全部文章的复制平均价格，那么当 $A>Pr$ 时，复制这些文章比订购刊载这些文章的期刊更合算。这样，问题在于确定一种期刊在布拉德福分布中的等级序号。从这种期刊起，以后每种期刊全年刊登的关于该学科的文章累计量小于 r。如果 N 为期刊总数，则 N/r 是全年刊登的有关文章累积数不小于 r 的那种期刊最低级数。r 值可由 $r=A/P$ 式求出，N 为给定数。但 N/r 值可能要作某些修正，因为它是由布拉德福分布的直线段推出，应满足 $N/r \geqslant c$ 的条件，其中 c 为核心期刊数。利用上述办法节约的经费由下式计算：

$$S=1-\frac{1}{r}-\frac{1}{N_r}\left[R\ (N)\ -R\left(\frac{N}{r}\right)\right]$$

式中 N 和 r 值已知，R (N) 及 R (N/r) 可用图示法算出，按所分析的期刊数据，做一个布拉德福分布图，确定图中直线部分的斜率 k，就可求出 R (N) 与 R (N/r)。求出的 S 便是节约经费的比例。但在实际工作中，S 可用下列近似公式计算：

$$S=1-\frac{1+\ln r}{r}$$

例如，当 $N=2\ 000$，$r=5$，图示法算得 $S=0.48$，即节约了 48%的经费。采用近似公式计算，从式中可以看出，若 r 接近于 1 时，S 接近于 0。也就是说订购期刊经费与复制其中有关文章的经费的比值不是很大时，采用这种方法无多大意义。目前，国外采用上述方法很普遍。在国内，随着情报服务技术的改进和复制费用的降低，这种方法将会得到推广应用。

12.2.3　利用布氏定律制定文献采购策略

一个图书馆或情报中心在进行情报搜集时，如何把有限的资金合理地分配在文献采购上，这是一个值得研究的重要课题。

就期刊而言，这里要解决两个问题：一是如何确定期刊的订购数量，二是如何优先选购高质量的对口期刊。也就是说必须制定一个合理的文献采购策略。期刊采购策略应该是先根据本单位的经费等条件确定一个可能的收藏目标（如覆盖论文总数的比例），其次核定应订购的期刊数量，然后应用布拉德福定律选择那些最能达到这一目标的情报密度最高的期刊。

（1）确定适当的要求比例

为了得到有关某一主题的 100%的文献，需要很大数量的情报源。对于大多数图书馆和情报中心来说，要达到这个收藏要求是不可能的。即使达到了这个比例，那么从成本-效益的角度来衡量也是不合算的。比如，为了使收藏范围从 80%上升到接近 100%，就需要花很多经费。这后面的 20%的收藏范围，就很可能需要同前面 80%一样多的费用，甚至超过它的费用。因此，在进行文献采购时，应根据情报服务的需要和经费的可能确定一个适当的要求比例。一般来说，应收藏本专业领域 50%~90%的文献。

（2）计算期刊订购数量

根据预先确定的论文比例要求，利用下式可以求出覆盖这些文献的期刊数量。例如，某一领域有 500 种期刊，现要求收藏该领域中相关论文数量的一半，即 $f=1/2$，若 $S=5$ 则应订的期刊数量为：

$$n=S\left(\frac{N}{S}\right)^{f}=5\times\left(\frac{500}{5}\right)^{\frac{1}{2}}=50\text{（种）}$$

即订购载文率最高的 50 种期刊便可满足要求。若每种期刊的平均年度订费为 11 元，则订 50 种期刊需 550 元。反之，如果知道订费和期刊数量，利用上式同样可以求出其论文比例。

（3）优先订购核心期刊

根据布氏定律的原理，绝大部分的期刊论文来自少量的核心期刊。文献情报搜集的基本原则就是优先搜集那些情报密度最高的情报源。因此，为了达到预定的收藏目标我们必须优先采购相关领域的核心期刊。除了利用第一节中介绍的方法确定核心期刊外，还可根据期刊论文的布拉德福分布曲线来确定优先采购的范围。在这方面，布拉德福定律具有实际指导意义。

12.2.4 利用文献老化规律指导剔除工作

科学文献的老化规律，对于及时剔除陈旧资料，建立最佳馆藏具有指导性的意义。

期刊收藏是需要成本的。为了节省经费，国外许多图书馆在期刊收藏到一定年限后，便着手剔除。

（1）利用文献老化指标指导文献剔除

文献老化数据是开展书刊剔旧的重要依据，对于一个学科、一个图书情报部门来说，有以下用处。

① 利用半衰期确定剔除时间

文献半衰期是文献老化的重要度量指标，是给出文献剔除的时间依据。文献老化速度即半衰期是不容易改变的。文献老化规律具有长期守恒性趋势。因而在确定文献收藏年限时，可用已经获得的有关学科的半衰期数据来衡量。图书情报部门可以首先按照前面介绍的半衰期的计算方法确定文献的半衰期，然后，根据部门的收藏重点库存容量等因素，确定文献收藏时间。

② 利用老化系数确定剔除方案

文献的老化系数是文献老化的重要指标，由于老化系数具有守恒性，图书情报部门在进行文献剔除工作时，可以根据前人统计研究得出的老化系数用来制定计算期刊相对有益性和老化程度的方法，进而可以指导书刊的剔旧工作。制定出计算期刊相对有益性和老化程度的可靠方法，对于图书情报工作有着重要的实际意义。

③ 利用普赖斯指数确定剔除方案

普赖斯指数是文献老化的重要度量指标，即可用于某一领域的全部文献，也可用于评价某种期刊、某一机构、甚至某一作者和某一文章的老化特点。区分出“有现时作用的”与“档案性”文献，以指导文献剔除工作。

④ 利用剩余有益性指标确定剔除方案

期刊剔除只有在期刊效益下降到一定限度后才能进行，否则，剔旧后节约下来的期刊收藏成本不够支付复制费用。如果不是剔除，而是将期刊缩微保存，也必须在期刊效益下降到一定值后才适宜进行。剩余有益性指标为我们提供了衡量某一类型和内容的情报需求的期刊剩余有益性的指标。图书情报部门可以首先测定文献的剩余有益性，再作出是否提出剔旧的决定。

不管哪种方式，都涉及期刊管理的最佳化问题。利用文献老化规律可以确定期刊收藏的最佳方案。因此，文献老化规律在期刊管理中有很大作用。

（2）用于指导剔除工作的其他文献计量指标

除了文献老化数据以外，许多文献计量指标都可以作为指导剔旧的依据。例如：

① 载文量

期刊管理显然需要一个效益指标，而期刊效益的减少却不能直接用每一种期刊的年龄，即它们出版以来所经历的年数来衡量。举个简单的例子，设期刊 A 全年刊登某一学科相关文章 100 篇，期刊 B 全年刊登同类文章 50 篇，由于同一学科文章老化速度相同，过若干年后，A 的效益比 B 高出一倍。因此，在期刊剔旧时必须考虑其载文量的多少。也就是说，对载文量多的“核心期刊”其保存年限显然应该长一些。

② 引文量

期刊效益的评价就是用引文数量来衡量的。根据引文数据来确定期刊保存期是一种常用的方法。

③ 流通数据

科技人员利用文献，其时间分布是有规律性的。从期刊出借的统计来看，涉及 1~3 年的最多，以后就逐渐减少了。这个规律及流通数据完全可以作为图书馆剔除陈旧资料的一个重要依据。

④ 读者反馈数据

读者的利用情况和意见，对于书刊剔旧很有参考价值。

根据以上计量指标的统计数据，结合本单位的库房面积大小、基本馆藏的需要、本单位今后发展等具体情况，便可制定出文献剔旧的合理方案，从而确定自己的最佳馆藏。

12.2.5 文献购置经费的最佳分配

在图书情报单位，如何合理分配经费是一个必须解决的实际问题。尤其是现在，在文献激增、价格上涨、经费紧缩的情况下，这个问题显得更为突出了。一般来说，文献购置经费的分配原则是：既要少花钱，又要保证重点文献的购进，最大限度地满足广大读者的情报需求。这种文献购置经费的最佳分配方案，可利用文献计量学方法解决。其基本思想包括以下几点：

（1）合理控制新购文献的比例

新增文献与原有馆藏应有一个合理的比例，也就是说馆藏更新（包括剔旧）的速度要适当。对于某一学科或专业来说，其收藏文献的更新速度要与学科的发展速度相适应。我们知道，学科的发展速度与文献数量的增长有着密切的联系。因此，文献计量数据能为确定新购文献的比例提供定量依据。

（2）确定各学科文献的比例

这个比例的确定是以文献计量的各种指标统计为依据的。例如，对各学科文献的流通统计、各类读者的分析、读者流量的比较等，都可以说明对各学科文献需求上的差别。

（3）保证质量、重点选购

文献购进是以需要为前提的，但各学科文献、各种文献都有轻重缓急之分、质量高低之别。在经费分配上，必须既要照顾一般、又要保证重点。而重点文献的确定是以文献计量研究为基础的。例如，对于期刊来说无疑应该重点选购评选出来的核心期刊。

在文献经费最佳分配的研究中，人们引入了两个概念。一是"边际效用递减律"：在文献领域里，其意思是说，随着文献的增加，其边际效用递减呈现一定规律性。根据这一原则，我们可以合理地确定某种书刊的复本量以及掌握文献提供的最佳量。二是"期刊商品值"概念：某刊定价与本刊一年使用次数的比值称为该刊的商品值。商品值低的继续订购，高的则停订。这一概念把期刊使用次数与该刊定价结合起来分析，同时从使用和经济效益两个方面来评价期刊，为期刊订购和经费分配提供了一个综合性量度指标。

怎样建立一个文献购置经费最优分配的数学模型问题，自 20 世纪 60 年代以来便有人探讨，但至今还没有形成一个周密而且实用的模型。这方面的研究有待深入。

12.2.6 图书上架预留位置的计算方法

图书上架时，在每类图书后面要预留多少位置才合适呢？这实际上就是要对每类图书今后的馆藏增长情况进行预测。这与文献计量学中的文献增长量变化的研究相类似，考虑的基本关系都是文献量随时间增长的关系。不过，这里的文献量是以厚度（厘米）为单位，基础数据是历年来各类图书按年增加的厚度。在此基础上找出图书增长量随时间变化的关系曲线和方程式，再据此预测今后的趋势，从而计算出各类图书的预留位置长度。

目前，许多图书、情报部门在图书资料分类排架时，每类后边预留多长空位大多是无依据的。多数是在书库后边留空架，因此经常出现倒架现象，造成管理上的混乱。为了避免大的倒架，一般采用每类图书后面留一定空位的办法。预留空位长度的计算有两种方法：

（1）简易计算方法

① 求出比例常数 K：

$$K=\frac{\text{书架空位长度（厘米）}}{\text{已存图书总长度（厘米）}}$$

② 求出各类图书的预留空位长度：等于 K 与各类图书厚度的乘积；

③ 对计算结果进行个别调整，再确定各类图书的预留位置。

（2）回归分析法

① 各类图书的厚度随时间变化，前者为固变量，后者为自变量。统计历年来这两个变量的数据，并作图，发现厚度随时间的增长而增厚，大致呈线性关系，可进行回归分析。

② 根据统计数据，求出回归系数、确定某类图书的回归方程。

③ 从回归直线方程计算该类图书在今后几年所需的预留位置数值。

12.2.7 文献收藏工作的评价

文献的搜集和管理是图书情报部门的一项重要任务。这项工作的好坏直接影响着图书情报服务的质量和效率。因此有必要对各单位的文献收藏工作进行科学评价。文献收藏是否充分、合理、经济，是否能满足读者的情报需求，或者说文献利用率如何，这是评价文献收藏工作的一般原则。具体来说，其评价的内容和方法有以下几个方面：

（1）文献读者占有率

文献收藏决策优化定量标准的制定，是文献管理理论中的重要研究课题。有人提出用“文献读者占有率”作为其定量评价的标准。

文献收藏，既要使文献系统收藏文献的可能度满足一定的标准，又要使读者系统使用文献的满足度达到一定的要求。文献采编与收藏的目的就是为了使用和占有一定的读者。文献收藏的可能度与读者使用文献的满意度二者并合的标准可以用文献的读者占有率来描述。文献读者占有率的变化具有马尔柯夫性。利用读者占有率及其变化的逐年预测，可以精化期刊收藏，制定文献采编的优化决策方案。

下面从文献的使用频率出发，给出文献读者占有率的几个概念：

① 全占有率

单位时间内（如一年），某类文献的读者数与读者总数的比率，可用于评价和调整图书情报机构的文献收藏方向。

② 部分占有率

单位时间内（如一年），某种文献的读者数与同类同文种文献读者数的比率，可用来精选核心期刊。

③ 文种占有率

单位时间内（如一年），某种文献的读者数与同类不同文种文献读者数的比率，可为期刊采编中的文种选择提供依据。

文献读者占有率的评价标准要受情报经济学的约束。我们可以应用专家评估法和读者需求调查的统计数据相结合，确定一个标准值，高于该值的可以采编收藏一次文献，低于该值的可以通过收藏二次文献，利用复制手段向其他文献中心索取。

（2）文献利用率

文献的利用效率如何，是对文献收藏状况的客观评价。因此，图书馆或情报机构的出借率、复制量等表达文献利用效率的统计数据都可以作为评价文献收藏工作的依据。

（3）馆藏结构

应用文献信息计量方法分析和评价馆藏，主要是利用已确定的各学科核心期刊表和最佳图书目录与有关图书馆的馆藏目录逐一进行比较，便可对馆藏的完整性和质量作出评价。这样还可以评价一个城市、地区或国家的图书馆对某一学科或专业领域的书刊资料的入藏情况，重复入藏的范围和程度以及未入藏书刊的特点和原因等。

12.3 信息计量学与信息检索

12.3.1 检索工具完整性的测定

检索工具的质量直接关系到检索效率。因此，在文献情报检索中，应该对所使用的检索工具有一个基本的估价。对文摘、索引等书目检索工具完整性的测定，可利用布拉德福定律来进行。其具体做法是：

① 统计要检验的文摘或索引的实际数目数量和摘引的期刊数量；

② 根据从实际统计中得到的某学科期刊 n 和 $R(n)$ 的一组数据，利用 $R(n)=K\lg n$，求出期刊总数（$N=K$），再根据公式 $R(N)=K\lg N$ 求出该学科的论文总数；

③ 以实际值与理论计算值比较，便能测定其完整性。

例如，按布氏定律公式计算，1970 年的《热带文摘》应摘录至少发表过一篇热带或亚热带农业文献的期刊是 643 种，应摘录的相关论文是 2 784 篇。但实际上该文摘该年只摘录了 374 种期刊和2 284篇论文。因此，该文摘漏摘期刊 269 种，漏摘期刊率高达41. 8%,漏摘论文 500 篇，其漏摘率为 18%。换句话说，该文摘具有58. 2%的期刊完整性和 82%的论文完整性。

在图书馆和情报机构的管理中，检验期刊论文索引完整性是一项重要工作。一般的做法是，抽出几种载文量较高的期刊，统计其相关论文载文量和被索引率，并以此来估计索引的完整性。这种方法既费时又费力，且随机性大，不易估计准确，如果利用布氏定律来测定，就方便多了。其具体做法是，将期刊按布拉德福等级排列，若要检验的几种期刊所载的论文数与全部期刊的相关论文总数之比为 f，则有：

$$N\lg\frac{n}{S}=fN\lg\frac{N}{S}\qquad(0\leqslant n\leqslant N)$$

则

$$\frac{n}{S}=\left(\frac{N}{S}\right)^{f}$$

所以

$$n=S\cdot\left(\frac{N}{S}\right)^{f}\tag{12-1}$$

利用（12-1）式，可以测定某一已知规模（已知 n）的索引，其报道量占论文总数的比例（求 f），从而检验该索引是否达到原定覆盖面要求，反过来，如果要求一个索引（或文摘）要报道一定比例的论文量，则至少要摘引多少种期刊，从而确定该文摘索引的摘录范围，例如，若要求一个索引报道 2 000 种期刊载文量的一半（已知 $S=5$），那么它至少要摘录多少种期刊呢？这时，可将 $N=2\,000$，$S=5$，$f=0.5$代入（12-1）式中，

$$N=5\times\left(\frac{2\,000}{5}\right)^{0.5}=100\ (\text{种})$$

可知，只摘引 100 种载文率最高的期刊，就能报道 2 000 种期刊所载全部相关论文的 1/2。

索引的完整性可通过索引的实际数据与根据布氏定律计算的理论值的比较来确定。如果实际值的末端距理论计算值下降很远，则索引的完整性差。国外有人研究了计算机输出的关于肌肉纤维方面的 MEADLARS 目录和计算机科学目录，如图 12-2 和图 12-3 所示。

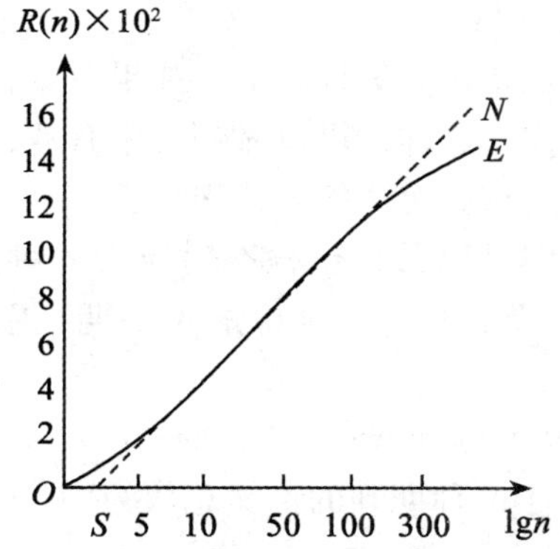

图 12-2　MEADLARS 目录的实际值与计算之比较

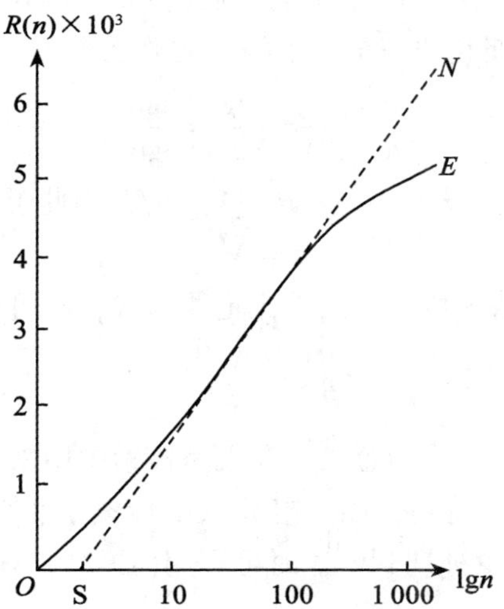

图 12-3　计算机科学目录的实际值与计算之比较

图 12-2 中，期刊数的实际值 N 与计算值 E 均为 313，$R(N)=1\,402$，$R(E)=1\,346$，$S=3.6$，$C=18$。而图 12-3 中，$N=750$，$E=522$，

$R(N)=4\,050$，$R(E)=3\,436$，$S=3.4$，$C=13$。可见，实际值与估计值相差很大，因此该目录是不完整的。

12.3.2 布氏定律用于信息检索

布拉德福定律在信息检索中的应用，主要有三个方面：

（1）预计检全论文总数

在文献检索中，往往要预先估计一下，如果对 n 种期刊进行全面检索大致会得到多少篇相关论文。这样，可以做到心中有数，也便于对检索效果进行评价。这类问题可应用布氏定律的公式来计算。

根据布氏定律，我们可以预计全检率对应于 n 种期刊的关系。当 N 足够大时，则有 $K\approx N$。因此，预计完全检索 N 种期刊中的 n 种期刊的论文数为：

$$R(n)=N\lg n \qquad (c\leqslant n\leqslant N)$$

同理，预计完全检索所有 N 种期刊的论文总数为，

$$R(N)=N\lg N$$

（2）估计检索范围

由前面两个式子，我们可以得出，预计在 n 种期刊中完全检索的论文数量与预计在全部 N 种期刊中完全检索的论文数之比为：

$$\frac{R(n)}{R(N)}=\frac{N\lg n}{N\lg N}=\frac{\lg n}{\lg N}$$

在第 12.2 节中，我们已设 $R(n)/R(N)=f$，因此可得，

$$n=N^{f} \tag{12-2}$$

如果将其推广到用参数 S 修正后的布氏定律形式，则可得到：

$$n=S\left(\frac{N}{S}\right)^{f}$$

这两个公式都有着实际应用的意义。在文献检索中用来估计检索的范围。例如某学科大约有 400 种期刊，如果打算从中检索出相关论文总数的 1/2 或 1/3，则至少要检索多少种期刊？这时可利用(12-2)式计算：

$N^{\frac{1}{2}}=400^{\frac{1}{2}}=20$（种）；$N^{\frac{1}{3}}=400^{\frac{1}{3}}=7$（种）　　（取最近的整数）

也就是说，只要查找载文率最高的前 20 种期刊，就能得到该学科文献的一半；若要得到该学科文献的三分之一，则只要在前 7 种期刊的范围内进行检索就能达到要求。（12-1）式、（12-2）式还可用来指导期刊订购工作。

（3）计算检全率

对于一组有关某一主题的期刊论文检索数据，我们可以考察它是否符合布氏定律。如果符合，则可求出该主题的期刊总数；然后与实际检索到的期刊数进行比较，便可求出相对于理论计算值的检全率。下面举一个实际例子来说明。

表 12-1 列出了有关维生素期刊文献的检索数据和计算值。

表 12-1　　有关维生素期刊文献的检索数据和计算值

n	$R(n)$	
	实际查到值	计算值
5	269	268
10	386	383
15	463	452
20	509	500
25	537	537 参考点
38	562	567
40	597	615
60	638	682
80	664	730
100	684	768
146	730	830
(167)	—	(853)

表中，n 为按载文率渐减排序的期刊序号，$R(n)$ 为前 n 种期刊的累积论文数。表中所列的实际检索数据，是符合布氏定律的。这是因为

$$R(5)=269\text{（查到数）};$$

$$2R(5)=538$$

而　　$$R(5^2)=R(25)=537\text{（查到数）}$$

因此，选择 $n=25$ 为参考点可求出维生素的全检期刊总数（N）。根据布氏定律的数学公式

$R(25)=K\lg 25=537$

则　$K=537/\ln 25=537/3.22=167$（以下均取自然对数）

又有　$N=K=167$（种）

相应的 $R(N)$ 值为

$$R(167)=K\lg 167=167\times 5.12=853\ (\text{篇})$$

所以，对表 12-1 中的数据，在一次完全检索中预计可以找到的有关期刊数为 167 种，但实际为 146 种；预计全检论文总数为 853 篇，实查到 730 篇。相对于理论计算值而言，可分别求出期刊和论文的查全率：

$$\text{期刊查全率}=146/167\times 100\%=87.4\%;$$

$$\text{论文查全率}=730/853\times 100\%=85.6\%$$

12.4　信息计量学与用户研究

读者（或称用户）是图书情报服务的对象，也是文献的使用者和情报的吸收者。读者是文献的相关媒介之一，信息计量学与读者研究有着一定的联系。信息计量研究能以“量”的概念宣传读者、服务读者；各种文献规律的定量描述和揭示，有利于读者研究特别是定量研究的深入，信息计量学的某些方法可用于读者研究中。信息计量学研究的深入，将大大改善读者工作，提高为读者服务的效率。

12.4.1　用户分布符合布氏定律

图书馆和情报中心的读者服务一直都是凭经验进行的，没有量的准确概念。我们利用文献计量学的方法，通过文献计量和读者统计可以得出一些规律性的结论。比如说，统计某一时期内读者流量和每个读者利用期刊的次数，如果利用布拉德福的等级排列技术，按利用次数渐减的顺序将读者进行排列，然后分组，使各组的期刊利用次数大致相等，那么相继各组的读者数量之比成等比数列，也就是说，读者流量分布符合布拉德福定律，例如，对美国艾伦（Allen）纪念医学图书馆 1908 年 3 月读者利用期刊情况的统计表明，读者（用户）的最小核心包括 13 人，利用期刊 110 次；以下依次为 18 人，利用 108 次，24 人，利用 107 次……可见，相继八组的读者数之比成几何级数，$1:(1.4):(1.4)^2:\cdots:(1.4)^7$，即符合布氏分布。同时还可看出 3 月份在 1、2、3，4 组中有 86 个读者，76 种期刊被流通。根据读者的分布，可确定读者的最小核心（即主要用户），并借助于《医学索引》确定这一核心中读者所感兴趣的领域，即找出有关出版物来。此外，通过建立期刊论文的分布，还可确定用户最感兴趣的核心期刊。通过读者分布和期刊分布的研究，就可以使图书馆或情报中心的馆藏保持一种有序状态，为读者提供最适用的文献情报资料。

12.4.2 指导用户利用期刊

布拉德福定律对于指导读者阅读文献具有实际意义。具体来说，就是利用布氏定律的原理，指导读者选择阅读重点文献，从而节省时间提高获取情报的效率。

对于某一学科的某一时期的期刊论文进行文献计量统计和处理，若用 y 轴表示发表论文数量的累计百分比，x 轴表示刊登这些论文的期刊数量的累计百分比，便可得到该学科期刊论文的布拉德福分布曲线。图 12-4 是某学科的 155 种杂志发表 375 篇论文的布拉德福分布曲线。

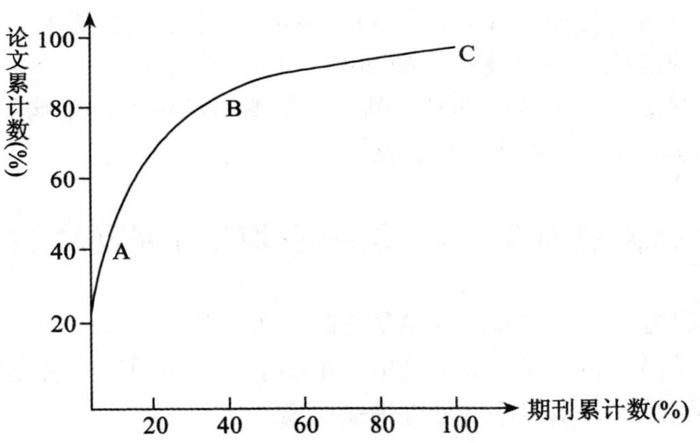

图 12-4　期刊论文布氏分布曲线

从图 12-4 中可以看出，有 155 种期刊共载论文为 100%，其中 30 种期刊刊登论文为 66%，5 种期刊刊登论文为 33%，这就是说，读者要了解这个学科的进展，只需阅读 5 种核心期刊，就可以得到这个学科的 33%的论文，如果经常阅读 90 种期刊，可以得到全部论文的 66%。用“核心期刊”这种量的概念指导读者，可大大地提高读者利用期刊的效率。

12.4.3 指导读者选购和阅读最佳图书

我们知道，从文献计量的角度可以评价和鉴定出版物质量，为书刊采购和指导读者阅读提供科学依据。图书情报单位指导读者选购和阅读重点图书，主要是为读者推荐和提供“最佳图书”以及相应的“核心出版社”。为此，必须确定各个学科的最佳图书清单。利用文献计量学研究确定核心图书时，其方法之一是先根据某一学科的原始期刊或文献索引杂志，统计其刊登的或被摘引的该学科的期刊论文，然后统计每篇文章后面被引文献中的被引图书的次数，最后按图书被引次数的多少排序，序位靠前的若干种图书即为该学科领域的最佳图书。例如，鲍曼（Baughman）从《社会科学和人文科学索引》（*Social Sciences and Humanities Index*）第24卷（1970~1971年）中摘出社会学方面的446篇期刊论文，并统计其后面的被引文献总数为11 130篇，其中图书资料（包括图书、技术报告、学位论文、政府文献等）有6 840篇。在6 840篇图书资料中，被引两次或两次以上者共759篇，被引五次或五次以上者仅99篇。鲍曼把这99种图书称之为“社会学最佳图书”。因此，它们是有关社会学的图书馆必须购买和收藏的图书资料。同时，他还发现格伦科自由出版社（Free Press of Glencoe）是上述最佳图书的主要出版者，它出版的最佳图书占其总数的26%。利用上述方法，我们可以确定各学科的最佳图书。这些最佳图书清单，既是图书情报部门采购图书的依据，也是读者选购和阅读重点图书的指南。

12.5 文献信息流集中与离散规律的研究及举例

文献情报流的集中与离散规律是文献分布的基本特征之一。布拉德福定律对此进行了揭示和描述。这里给出一个例子，以说明这类研究的基本过程和方法。在实际工作中，读者可以举一反三。

2002年我们曾对《情报学报》创刊20年来发文及引用文献进行了系统的计量分析。其中一个重要方面是在大量文献统计的基础上，根据布拉德福定律，运用等级排列和图像分析技术，研究了情报学文献的集中与离散的分布规律，并根据图像分析结果，确定了情报专业的中外文核心期刊。

12.5.1 研究方法

《情报学报》无疑是情报学的核心期刊，其引用文献的来源期刊分布，反映了情报学文献情报源的分布。于是我们对中国科学技术情报学会、中国科学技术信息研究所编辑出版的《情报学报》创刊20年来的引用文献来源期刊按中外文分别进行了统计分析。

把统计数据按等级排列制成表12-2、表12-3，表中A代表期刊种数，B为引文量，C为A的累积数，D为$A \times B$的累积数，E为$\lg C$。并以$\lg n$为横坐标，$R(n)$为纵坐标，绘制成情报专业文献的布拉德福分布图12-5、图12-6。

表 12-2 中文来源期刊等级排序分布统计表

A	B	C	D	E	1	28	21	3 028	1. 322
1	926	1	926	0	1	24	22	3 052	1. 342
1	485	2	1 411	0. 301	1	22	23	3 074	1. 362
1	320	3	1 731	0. 477	1	19	24	3 093	1. 380
1	218	4	1 949	0. 602	4	18	28	3 165	1. 447
1	153	5	2 102	0. 699	1	15	29	3 180	1. 462
1	132	6	2 234	0. 788	3	13	32	3 219	1. 505
1	127	7	2 361	0. 845	1	12	33	3 231	1. 519
1	103	8	2 464	0. 903	6	11	40	3 297	1. 602
1	80	9	2 544	0. 954	8	10	48	3 377	1. 681
1	69	10	2 613	1	4	9	52	3 413	1. 716
1	67	11	2 680	1. 041	2	8	54	3 429	1. 732
1	47	12	2 727	1. 079	6	7	60	3 471	1. 778
1	46	13	2 773	1. 114	10	6	70	3 531	1. 845
1	36	14	2 809	1. 146	13	5	83	3 596	1. 919
1	35	15	2 844	1. 176	24	4	106	3 692	2. 025
1	34	16	2 878	1. 204	31	3	137	3 785	2. 137
1	33	17	2 911	1. 231	56	2	191	3 897	2. 281
1	31	18	2 942	1. 256	214	1	412	4 111	2. 615
2	29	20	3 000	1. 301					

表 12-3 外文引文来源期刊等级排序统计表

A	B	C	D	E	1	14	14	772	1. 146
1	183	1	183	0	2	12	16	796	1. 204
1	155	2	338	0. 303	3	11	19	829	1. 279
1	96	3	434	0. 477	3	10	22	859	1. 342
1	78	4	512	0. 602	4	8	26	891	1. 415
1	54	5	566	0. 699	7	7	33	940	1. 519
1	41	6	607	0. 788	4	6	37	964	1. 568
1	36	7	643	0. 845	10	5	47	1 014	1. 672
1	29	8	672	0. 903	14	4	61	1 070	1. 785
1	23	9	695	0. 954	16	3	77	1 118	1. 887
1	18	10	713	1	45	2	122	1 208	2. 086
3	15	13	758	1. 139	163	1	285	1 371	2. 455

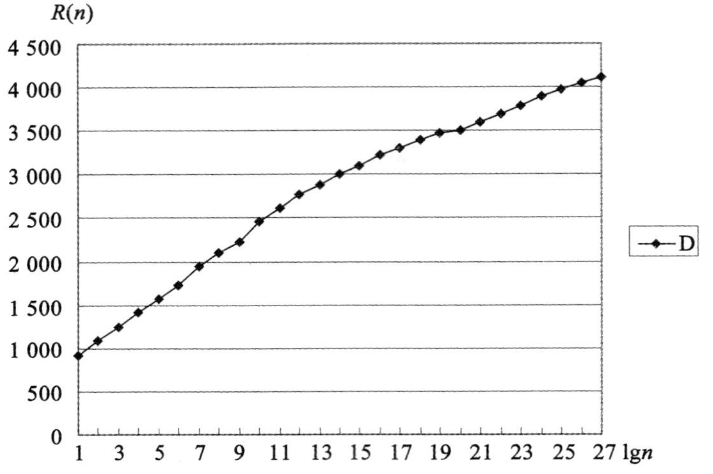

图 12-5　中文来源期刊等级排序分布图

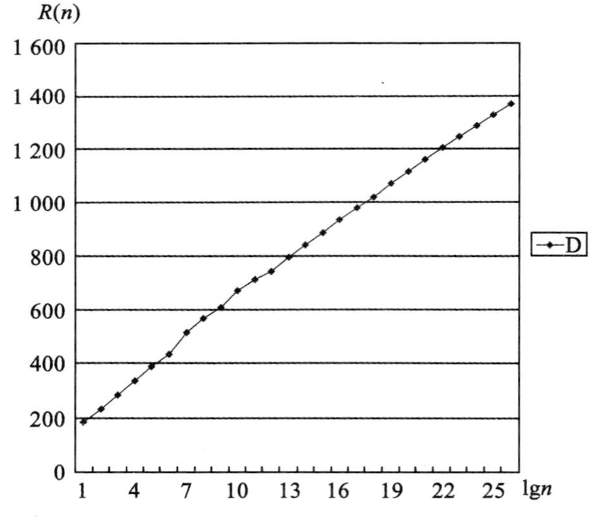

图 12-6　外文来源期刊等级排序分布图

12.5.2　研究结果

通过统计发现，1982~2001 年《情报学报》的引用文献的中文来源期刊有 412 种，前 7 种来源期刊的引文量占总引文量的 57.4%，前 33 种来源期刊的引文量占总引文量的 78.6%，我们确定其按等级排序列入表 12-4;

引用文献的外文来源期刊有 285 种，前 10 种来源期刊的引文量占外文总引文量的 52.01%，前 22 种来源期刊的引文量占外文总引文量的 62.65%，我们确定其按等级排列列入表 12-5 中。

表 12-4　　**中文重要来源期刊表**

序号	刊　　名	引文量	累计引文量
1	情报学报	926	926
2	情报科学	485	1 411
3	情报学刊	320	1 731
4	科技情报工作	218	1 949
5	图书情报工作	153	2 102
6	现代图书馆情报技术	132	2 234
7	情报理论与实践	127	2 361
8	情报业务研究	103	2 464
9	计算机世界	80	2 544
10	中文信息学报	69	2 613
11	中国图书馆学报	67	2 680
12	图书情报知识	47	2 727
13	情报科学技术	46	2 773
14	大学图书馆学报	36	2 809
15	中国信息导报	35	2 844
16	国外情报科学	34	2 878
17	计算机与图书馆	33	2 911
18	计算机科学	31	2 942
19	情报资料工作	29	2 971
20	图书与情报	29	3 000
21	情报杂志	28	3 028
22	中文信息	24	3 052
23	南京大学学报	22	3 074
24	科学学与科学技术管理	19	3 093

续表

序号	刊　　名	引文量	累计引文量
25	大学图书馆学通讯	18	3 111
26	图书馆杂志	18	3 129
27	系统工程理论与实践	18	3 147
28	图书馆	18	3 165
29	中国科技期刊研究	15	3 180
30	计算机研究与发展	14	3 193
31	世界图书	13	3 206
32	图书馆论坛	13	3 219
33	信息系统工程	12	3 231

表 12-5　　**外文重要来源期刊表**

序号	刊　　名	引文量	累计引文量
1	*J. Am. Soc. Information Sci.*	183	183
2	*Information Process & Manage*	155	338
3	*J. Doc.*	96	434
4	*J. Inform. Sci.*	78	512
5	*Hmu Cep*（俄）	54	566
6	*Commun. ACM*	41	607
7	*Online*	36	643
8	情报管理（日）	29	672
9	*Annual Review of Information Science*	23	695
10	*International Classification*	18	713
11	*Am. Doc.*	15	728
12	*J. ACM*	15	743
13	*Database*	15	758
14	*Scientometrics*	14	772
15	*ACM SIGIR FORVM*	12	784

续表

序号	刊　　名	引文量	累计引文量
16	*IBM J. Res. & Doc.*	12	796
17	*Computer*	11	807
18	*Decision Support System*	11	818
19	*Alib Proc.*	11	829
20	*Nature*	10	839
21	*Library and Information Science Reseach*	10	849
22	*The Electronic Library*	10	859

12.6 文献信息利用规律的研究及举例

文献信息利用规律的研究有利于开发科学情报资源，提高情报服务的针对性和有效性，是情报学、图书馆学领域普遍关注的重要课题之一。利用文献信息计量的方法，从定量的角度来研究文献信息利用规律可收到较好的效果。下面举例说明这类研究的方法和分析的内容以及一些规律性的结论。

12.6.1 文献信息利用规律的研究方法

（1）直接统计与调查法

这种方法就是直接对读者利用图书情报部门文献资源利用情况进行统计，或对读者群体发放调查表进行统计，从而得出规律性结论，用来指导图书情报工作。

在统计与调查中要对读者进行分类。一般可以：

① 按照读者工作所属的学科范围进行分类；

② 按读者的职业进行分类；

③ 按读者信息需求的表达情况进行分类；

④ 按读者对信息的使用情况分类；

⑤ 按读者的能力与水平分类；

⑥ 按读者信息保证的级别进行分类；

⑦ 按读者接受服务的方式进行分类。

例如，中国科技情报学会曾经进行了一次“科技人员利用文献情况综合调查”。其中，将科技人员按能力与水平，依据其职称分为高级、中级、初级人员，调查了我国科技人员利用期刊的现状。并从科技人员常用期刊分类、科技人员利用期刊的一般情况、中文期刊利用情况、外文期刊利用情况、各种类型期刊利用比较、不同职称人员利用期刊情况、利用期刊的交叉情况等多个角度对科技人员利用期刊情况进行了分析。通过调查统计表明：期刊在我国科技人员所利用的文献源中占有重要地位，其中公开发行的中文期刊的利用率较高，外文期刊则以英、日、俄文刊物利用较为普遍；高级、中级、初级职称人员利用外刊率依次呈下降趋势，中文期刊利用情况则恰好与之相反。

（2）引文分析方法

通过引文分析方法可以把握文献利用规律，是文献计量学中最主要的方法之一。

例如，2002 年，我们曾对《情报学报》创刊 20 年来发文及引用文献进行了系统的计量分析。《情报学报》无疑是情报学的核心期刊，因此对其引用文献的系统计量分析一定程度上反映了情报学研究者对文献的利用情况。

① 引用文献数量的分析

首先对《情报学报》20 年来载文篇数、附参考文献的论文数量、参考文献篇数、篇均引文量、未附参考文献的论文数量等项目逐年进行了统计。统计结果表明，情报学论文中附有参考文献的论文数量与比例呈现逐年增长的趋势，引用文献总量也在增加，呈现增长的趋势，说明在情报学研究中研究者越来越注重学习和吸收借鉴已有成果，尊重他人劳动，同时也反映出《情报学报》用稿与编辑的日益规范化以及质量的提高。有趣的是，篇均引用量并不呈现增长的趋势，而且 1993 年以后呈现微弱减少的趋势，这说明情报学研究从过去的引进、介绍、学习、继承向创新性研究发展。整个变化状况可以由图 12-7 看出。

由图 12-8 我们可以清楚地看到，《情报学报》中附参考文献的载文中，有 5 篇引文的文章为 124 篇，有 4 篇引文的文章为 120 篇，有 3 篇引文的文章为 115 篇，有 6 篇引文的文章为 111 篇，有 7 篇引文的文章为 92 篇，它们共占有参考文献的文章的 40. 87%。这就是说，是以 5 为中点，再向两边延伸的近似的正态分布，而不是以每篇论文附有的引文量平均数 9. 01 篇为中点展开的，而有些学科的引文量分布规律是以篇均引文量的平均数为中点向两边展开的正态分布或偏正态分布。这种差异的产生有很复杂的原因，可能主要是学科特征与期刊差异所造成的。

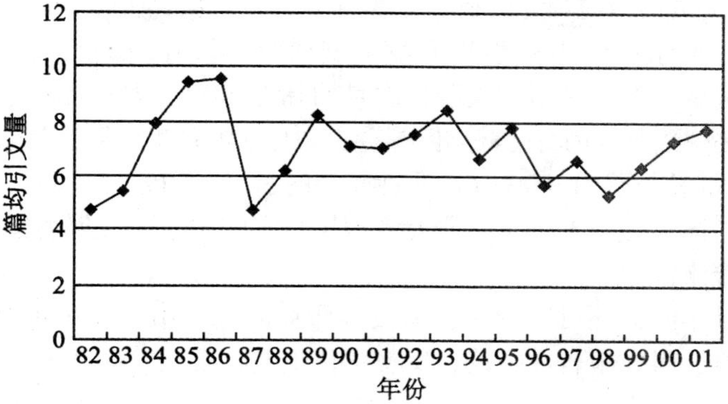

图 12-7　引文量年代分布图

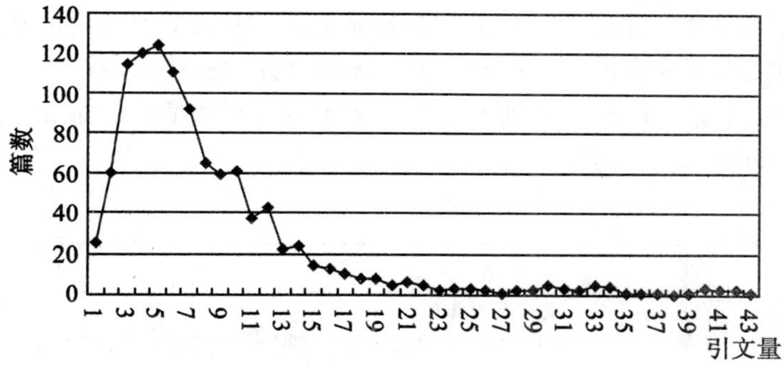

图 12-8　引文量分布图

② 引用文献的语种统计分析

统计表明，引用文献的语种主要有中、英、日、俄、法、德等，而其中中文文献平均占到 69. 28%，而英文是最主要的外国语种，占整个引文的 28. 13%，占外语引文的 91. 57%，无论中文外文的引用文献数量都呈增长的趋势，外文中英文所占比例逐渐增加，其他语种逐渐减少，而集中于英文。中文引文所占比例较为稳定，特别是 1991 年后呈现平稳状态，说明从 1991 年后我国的情报学研究已进入稳定的发展阶段，或者是我国的文献提供等情报服务已能够较多地满足研究者的需要，而不像 20 世纪 80 年代初期那样主要是依赖于外文资料（例如，1982 年的引文中外文占 60%）。但也从另一方面说明，《情报学报》的作者对外文文献的利用有所下降，这与其他学科学报作者利用外文资料的水平有一定差距。这个问题值得我们深思。

③ 引文量类型的统计分析

我们对《情报学报》引用文献类型进行了统计。从统计中可以看到，情报学研究的主要中文引文类型依次是期刊、图书、会议论文、报纸、学位论文、科技报告、网络、标准等。其中，中文期刊论文最多，占了62.10%，图书占了21.40%。这两种类型的引文占了绝大多数，为83.50%，说明期刊、图书是我国情报学研究者利用最多的主要的文献类型，也是他们主要的情报来源。

从统计中我们还可以看出，情报学研究的外文引文来源依次是：期刊、图书、网络、科技报告、会议论文、学位论文、报纸、标准等。其中，外文期刊论文最多，占了46.62%，图书占了26.83%。这两种类型的引文占了绝大多数，为73.45%，说明期刊、图书也是我国情报学研究者利用外文引文的主要的文献类型，也是他们的主要情报来源。

两者比较可以看出，对外文引文来源而言，网络文献与科技报告两种类型比在中文中更为重要，反映出我国情报学研究的科技报告较少，网络信息资源建设也不足，而网络文献无论是中文还是外文都是较新而且日益重要的信息源，如图12-9所示。

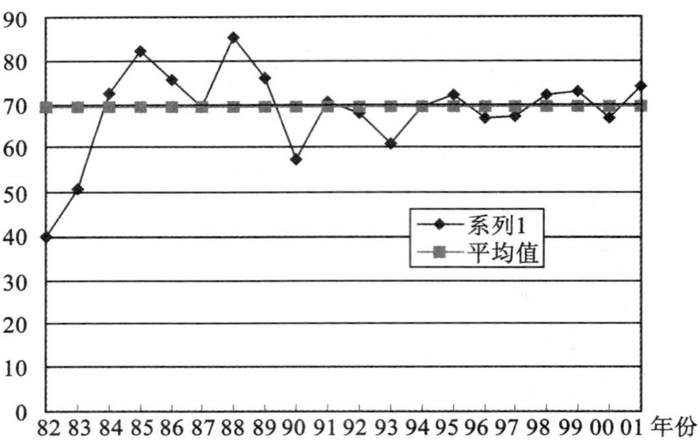

图12-9　中文引文所占比例变化图

④ 引文年代的统计分析

图12-10给出了中、外文引文各年合计的数量分布图，可以看出平均的最大引文年限为2年。这与D. 普赖斯在30多年前研究英文引文的最大引文年限为2年的结论是一致的；还可以明显地看出中文引文分布的峰值高于外

文引文分布，下降速度也快。大于 10 岁的中文引文量就不及外文引文量了。这说明中文文献传播利用快捷，并不能说明中文文献老化快而外文文献老化慢。这主要是由于：一方面是我国情报学研究发展的历史阶段的特殊性所决定的，我国情报学的历史短、发展快、统计数据的范围基本包括了我国情报学恢复和发展的整个时期，各年中文引文来源的时间范围就小，造成合计数据的相对集中；另一方面，我们引用的外文文献都是经过认真筛选的较为重要、较为著名、较为经典的文献，被引作者也相对集中于少数著名情报学专家。此外，统计数据只来源于国内中文期刊，这也是其原因之一。所以比较中、外文文献老化要有一定的前提条件。

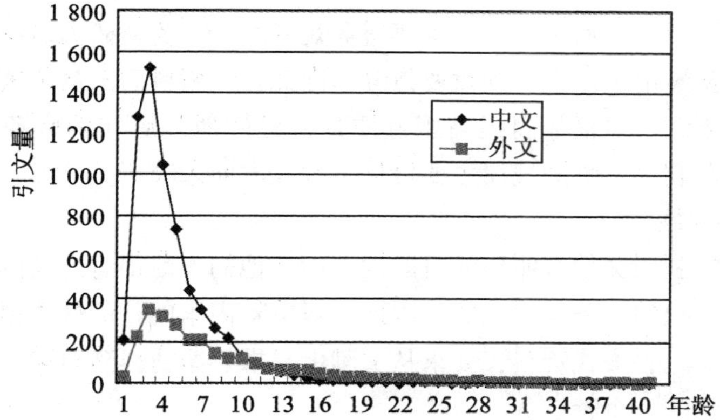

图 12-10　中、外文引文的年龄分布

⑤ 引文学科的统计与分析

引用文献的学科分布受学科分类体系的影响，我们采取宜粗、明确、易分辨的原理，按引文的实际引用状况，对引用文献进行了分类并按引用量大小排序。从统计结果我们看到，引文所涉及的学科有 29 个，情报学的自引占了一半，为 50. 78%。在相关学科中，计算机、图书馆学、经济学、语言学、科学学、文献学的引用文献占到了相关学科引用文献的 83. 12%，它们是与情报学关系密切的主要的相关学科，特别是计算机科学与图书馆学的引证率分别为 12. 8% 和11. 35%。其他所涉及的学科依次有系统论、法律、数学、哲学、社会学、统计学、管理学、教育学、出版学、工业技术、信息论、生物学、档案学、心理学、控制论、传播学、化学、未来学、物理学、医学、地理、军事等。情报学是开放的边缘性、综合性学科，在相关学科中社会科学与自然科学的学科数几乎各占一半，但在引用文献量中社会科学学科的引文量占绝对优势，为66.49%，这说明情报学与社会科学的联系更为密切，具有较强的社会科学的学科性质；同时，也可能是《情报学报》的作者具有社会科学知识背景的居多，对社科文献更为熟悉，引用更为得心应手的缘故。

⑥ 引文来源期刊的统计分析

通过来源期刊的统计分析可以掌握情报学研究利用文献的范围及核心期刊，其研究结果已在上一节给出。整个研究结果反映了情报学研究者利用文献的规律性，有一定的指导意义，研究方法也有一定的示范性。

12.6.2 科技人员利用文献信息规律的研究

科研人员是图书情报部门的主要服务对象之一。为科研人员搜集、整理和提供文献是情报工作的一项重要任务。因此，探索科研人员阅读文献的规律，将有助于图书情报部门提高服务质量，更好地开展知识服务。研究表明，科研人员利用文献的规律主要可从下列几方面来分析。

（1）目的性

科研人员利用文献有明确的目的性，因为他们一般都有自己的研究方向和课题，所承担的任务是明确的，因此，对文献需求的目的性很强，往往带着科研中的问题去查找资料，要求从文献上寻求答案或得到启发。这是科研人员利用文献的一个特点。

（2）全面性

任何科学研究工作，都需要占有充分的资料。为了研究一个科学技术问题，必须搜集和占有足够的丰富的材料，才能为分析研究提供可靠的、充分的依据，才能反映问题的本质。为此，科研人员一般都注意以下几点：

① 首先考虑需要搜集哪些文献资料，怎样去搜集才能达到全面性的要求。

② 不从主观出发，尊重客观事实。

③ 必须保证文献资料最大限度的可靠性和准确性。

④ 以冷静的、公正的、科学的态度对全部文献资料进行分析研究，不先入为主，不存成见和偏见，没有充足的根据不下结论。

⑤ 在分析研究中，发现尚缺什么文献资料，或哪些材料不足，便积极寻找补充。

（3）系统性

科研人员对文献资料的要求，不仅目的明确而且系统性很强。就内容来说，既需要有与研究课题有关的专业文献资料，也要有其他学科的文献资料。就文字、类型、时间、学派等方面来说，既要中文文献，也要外文文献。目前更多的是要阅读外文文献，既有图书，也有期刊，还有专利文献，会议文献等特种文献，既需最新的文献，也需要过去的文献，同时对各种不同派别、不同观点的文献资料也要求系统地查阅。只有这样，他们才能全面、系统地分析问题，使科研工作建立在较为宽广的基础上。

（4）时间性

科研人员从事某一课题研究时，最迫切需要的是尽快掌握这一课题的各国研究动态。由于科学技术的发展异常迅速，从研究、发明到应用的周期愈来愈短，同时，科技文献的老化现象也在不断加快。据国外统计，科技文献被科研人员利用的平均寿命只有 5 年左右。有人认为，现在科学技术文献的发表或利用，如果延误了一年半至两年，其情报价值就要丧失约 30%。因此，科研人员对文献的时间性要求很强，注重利用最新的科技文献。

（5）阶段性

科研人员利用文献的另一个特点是阶段性。一般来说，科研工作要经过选题、调研、实验、总结、评议等阶段，各个阶段的具体要求不同，因此他们对文献的需求和利用有明显的阶段性。

首先，在普查文献的基础上选择科研课题；在课题确定以后，还要深入查阅文献。其目的是：

① 了解前人对本课题做过哪些研究，以避免重复或重蹈前人的覆辙。

② 了解对本课题的研究有哪些可供参考的资料、数据、技术和方法。

③ 从前人类似的研究中，吸取对研究方法、建立假说和进行分析有所帮助的思维方法。

④ 了解有关科学领域的最新动向和进展，以扩大眼界、全面考虑问题。例如，我国科学家研究人工合成胰岛素时，就查阅了大量文献才解决了科研方向问题。

在总结、评议阶段，科研人员也要引用别人的成果，参考有关同行的文献资料，以便撰写高质量的论文或书面报告，进行分析、对比和评价。

（6）技巧性

科研人员利用和阅读文献，首先一般要利用检索工具进行系统的检索，力求查准、查全并浏览有关的文献综述、文摘、书评、研究动态之类的资料，查找有哪些文献资料可以利用，做出自己的资料索引。其次，对查到的文献进行阅读。阅读时，他们往往采用三种方法，即“侦察”、“浏览”和“精读”。

综上所述，科研人员利用和阅读文献的基本特点是：目的性十分明确，要求全面系统，时间要求快，内容要求新，而且还有一定的阶段性和技巧性。研究和明确这些规律，图书情报部门就能有效地开展服务工作，提高服务质量。

13 信息计量学在科技管理与预测中的应用

科技管理是研究现代科学技术管理的基本原理和方法的新兴学科。它是在现代管理科学、科学学、科技史、人才学、系统论、自然辩证法等学科基础上发展起来的横跨自然科学和社会科学两大领域的综合性学科。

信息计量学与科技管理学特别是科学计量学有着十分密切的联系。从管理的角度讲，没有评价就没有管理，没有科学的评价就没有科学的管理。因此，从信息计量的角度来探讨和评价科学学、人才学、预测学、科技史等方面的研究和管理，是一个崭新的有效途径。本章主要讨论信息计量学在科学学研究、人才评价、科技预测等方面的应用。

13.1 信息计量学与科学学研究

13.1.1 基本原理

科学学是一门研究科学本身发展规律和组织结构的学科。科学学的发展规律，在很大程度上是由人才、经费与成果的消长演变、增长速度、学科构成及其比例关系来体现的。而这些方面的发展变化又集中反映在科学文献的各种变化上。这是因为科学文献是科技知识和成果的客观记录，是科学存在的表现形式。任何一项科学研究和技术创造，都要以拟写必要的科学文献为其最后阶段。同时，科学技术也是借助科学文献来继承和发展的。因此，科学文献的数量和质量无疑是对科学技术水平的一种量度。根据科学文献的内容构成和数量的变化规律，可以归纳总结、分析或评价科学技术的历史和现状，以及预测整个科学系统的发展趋势和发展规律。具体地说有以下几个方面：

(1) 科学文献量可以反映科学或技术发展的程度和阶段；

(2) 科学文献量的国家分布或语种分布，反映不同国家某项科学技术的研究力量和技术优势；

(3) 科学文献量的增减变化速度反映科技发展的速度，文献量的翻倍周期一般可作为衡量科技发展的尺度；

(4) 文献量的突变反映了科技发展的转折性变化：由增长趋势向平缓趋势、衰落的趋势转变，或从发展过程向衰退过程转变等；

(5) 科研机构发表的文献量可以反映该机构的技术实力和研究成果，等等。

同时，信息计量学对科学文献规律的揭示和描述，也充分反映了科学发展的一定面貌、特点和规律。因此，利用信息计量方法，可以研究科学的结构和发展规律，进行科技成果、人才、地区和机构的评价，开展科学技术预测等。总之，信息计量学不仅能够应用于科学学领域，而且为科学学研究提供了崭新的途径和有效的方法。

13.1.2 基本内容

信息计量学在科学学研究中的应用主要体现在以下四个方面：

13.1.2.1 研究科学发展特点

现代科学的发展具有许多突出的特点，这充分表现在科学文献的数量及其变化上。因此，可以利用科学文献信息的数量及其变化从计量的角度进行科学发展特点的研究。信息计量学研究表明，科学发展具有以下特点：

(1) 科学发展速度加快

信息计量学的研究表明，现代科学文献的数量是指按指数规律增长的。美国《化学文摘》从 1907 年创刊以来，发表第一个 100 万条文摘用了 32 年，第二个 100 万条用了 18 年，……第五个 100 万条只用 3 年 4 个月，而最近的 100 万条仅用了两年多的时间。这种科学文献的迅速增长是科学发展速度加快的具体体现。

(2) 科学发展具有继承性

科学发展的继承性从文献的内容联系和利用上都可以充分反映出来。从科学引文来看，其内容是前后连贯的。科技人员不仅要利用最新的文献，而且还要查阅过去的文献。也就是说，科学的发展具有明显的继承性特点，而科学技术的继承和发展正是借助于科学文献来实现的。

(3) 科学发展具有阶段性

文献的数量、主题词的数量和学科的发展阶段有着密切的联系。在科学的萌芽阶段相关文献很少；随着学科的逐步发展，相关文献数量迅速增加；当学科发展到比较成熟的阶段时，文献数量有一个稳定时期，甚至略有下降，一直到该学科发生衍生综合趋势的时候，文献数量才又上升，开始一个新的循环。主题词的数量与学科发展阶段的关系也与此类似。Ю. А. 史列捷尔曾尝试用“词库”体积的变化来定义情报量。按照他的理论，情报能使学科结构发生变化，因而使反映学科新分支新课题的主题词数量也会减少或增加。这就说明主题词数量与学科发展有着一定的联系。

(4) 学科间具有交叉渗透性

在科学研究中，各学科之间交叉渗透日益严重，边缘学科不断出现，使得许多科研课题单靠某一学科的知识是难以完成的。事实上，单一学科的期刊也是很少见的。据对 1 129 种常见外文期刊的调查，涉及 4 个以上学科的几乎占 60%以上。学科文献在内容上的交叉渗透正是学科之间交叉渗透特点的反映。

(5) 科学发展重点的转移

对各学科文献数量、文摘条数以及词频的统计，往往能反映各学科的比重和发展速度，从而说明科学发展重点的转移情况。例如，20 世纪 70 年代以来，美国《化学文摘》中生物化学文摘条数所占比重愈来愈大，从 1967 年的 28%增加到 1979 年的 41%，远远高于有机化学等化学分支的文摘比重。这主要是由于这些年来生物化学上升为一门重要的热门学科所致。

(6) 科学劳动的集体性

同一篇文献的著者数量的增加反映了科学劳动集体化趋势的加强。欧美工业革命前后，一个人往往可以单独胜任一个课题的研究，这时绝大多数文献是以个人名义发表的；随着科学不断向深度和广度发展，科研难度的加大，一个人已难以单独胜任一个课题的研究了。许多研究项目都必须依靠集体的力量才能完成，其成果则是集体智慧的结晶。因此，表现为合著的文献愈来愈多。D. 普赖斯对美国《化学文摘》的统计分析表明：1910 年，一个著者的化学文献占 80%以上；而 1963 年，一个著者的化学文献只占 32%，二个著者的占 43%，三个著者的占 15.5%，三个以上著者的占 9.5%。在数学文献方面也出现类似的趋势。科学文献的合著性体现了科学劳动的集体化特点。

13.1.2.2 研究科学结构

科学作为一种系统，其结构具有层次性和动态性。著名科学学家贝尔纳指出：科学研究每前进一步，都要重新建立科学结构的模式。从信息计量的角度，利用书目（篇目）分析法、引文分析法和词频法都可以阐明科学发展的某些规律和科学的结构，从而为科研管理和科技决策提供依据。

（1）利用书目（篇目）分析法研究科学结构

书目（篇目）分析法是一种以书目（篇目）信息的统计数据为基础的分析研究方法。广义地说，书目信息是指书目中的所有著录项目和符号，但一般主要是指分类号、书名（篇名）、著者、出版项、主题词、语种、稽核项等。由于书目信息对文献内容的说明作用和对检索文献的指示标记作用，以及与书目外部的包括情报现象在内的社会现象之间存在着的天然联系作用，这表明书目信息之间实际上存在着环环相扣的网络链接关系。因此，书目信息与学科之间在数量上和内容上都有着一定的联系，这种联系就是我们利用书目分析法进行情报分析、研究科学结构的依据。可从两个方面来理解该研究原理。

① 书目结构往往反映出学科结构。科学知识的各个领域、各个课题之间，存在着一定的联系，而知识的载体和文字表现形式如图书、期刊、主题词、关键词、分类号等在一定程度上反映了这种有机联系。人类知识的语义性质使得书目信息在一定程度上反映了知识本身，因为书目信息是知识的一些概念的语言和符号表达形式。书目信息的结构（参见、属分、并列、组配、等同……）反映了这些概念之间的关系，也更形象、更简练地反映了知识（或学科）的结构。例如，各门学科领域内的期刊名称、主题词的数量之比，一定程度上能反映各门学科知识增量（情报量）的比例或者人们对各门学科知识的需求程度；同时，主题词表达的各类知识之间的亲疏程度是不同的，因而同一学科的专有主题词常常在同一篇文献中出现，而不同学科的专有主题词则不轻易在一篇文献中相会，常言道："物以类聚，人以群分。"同样，在一部综合性大型文摘中，同一学科的期刊、著者、出版者等在正文和分类索引中总喜欢聚类在一起。因此按分类号统计文摘刊物中的文摘条数，往往能反映各学科或分支的比重和发展速度。

② 书目的数量变化往往反映学科发展的动态特征。由于"人类社会具有对科学情报进行评价的某种机制"，而这种评价的结果使迫切为人们所需要的学科应运而生，迅速发展。这种现象反映在书目中就是新的主题词和新的关键词的产生，新的分类号的出现，以及热门学科的文献、关键词和主题词数量迅速增加等。同时，文献、关键词、主题词的数量变化往往反映着科学发展的兴衰起伏；文献的数量与学科发展阶段也有着密切的联系；文献数

量与科学家数量和科技成果的数量同样是密切相关的。此外，文章的惯用句式、常用词句及其搭配方式与作者的研究课题、习惯嗜好有关。因为对于常用词汇及其之间的搭配，不同作者由于课题不同、经历不同、习惯不同而有着不同的使用频率，从而产生其特有的“词频科学指南”。因此，从上述这些方面出发，对众多书目信息、篇目信息进行统计，并从整体上进行分析，就可以推断出科学学研究的一些很有意义的结论。

（2）利用引文分析法研究科学结构

首先，科学引文与被引文之间有着一定的内在联系。众所周知，科学论文在科学系统的大环境中并不是孤立的，而是通过引证关系相互联系，构成科学文献间的网状结构。因此，引文与被引文之间必定在科学内容上存在联系和相关性，使得科学论文以学科构成脉络。那么，可以通过文献间的这种相互引证关系求本溯源，按学科划分，从而找到科学论文的学科联系，进行科学文献结构和科学结构的研究。

其次，论文被利用的频次是其学术水平和价值的一种客观测度。科学论文被引证，说明其情报内容在整个科学交流过程的末端被人利用了，而论文被利用的多寡是学术水平和价值的一种测度。

因此，可以从引文的数量和结构来分析研究科学的结构，将引文分析用于研究科学结构和科学史，改善科学管理和制定科学政策，可以避免依靠主观判断和人为控制的传统评价方法所带来的不准确性，真实反映客观实际规律。目前，引文分析方法，如同引分析、聚类分析等，已成为研究科学结构的一种有效的重要方法。

引文分析在科学结构研究上的应用，主要包括科学结构的静态研究、动态研究（时序研究）以及超结构研究等。

① 科学结构的静态研究：引文聚类中形成的网络图可用于微观科学结构的静态研究。当一个专业的文献处于同被引聚类，并通过同被引聚类又得到若干聚类，他们分别代表某个专业。若用一结点（圆圈）代表一个聚类，结点中的数字为聚类号，结点间连线表示聚类间的关联，线弯上的数字为二聚类同被引强度。这样就可得到聚类之间的关联网络图。利用这种网络图便可分析有关学科或专业之间的联系及其程度。

② 科学结构的动态比较研究：这种研究是在静态研究基础上进行比较。一般通过对几年的比较，找出其变化趋势。其使用的方法有：

A. 等高线图法：若用点代表文献，点旁的文字为著者及发表年代；各点之间的距离取决于同被引强度，同被引强度越大，点间距离越近，等高线的高度正比于每篇文献的被引次数。那么，利用这种等高线图可以剖析几年间某项研究进展的动态结构。

B. 框图法：其原理是将聚类分析中的网络图法和动态分析中的等高线图法结合。首先从某一聚类出发，得到若干小聚类，然后取出同被引强度为某一阈值的聚类，绘成框图，以方框代表小聚类，并用数字标出方框内所含文献数。框间连线即为同被引关联，在线旁标出二聚类同被引强度。这样形成的框图能反映出学科（或专业）的聚类结构及其学科之间的紧密程度。

③ 超结构的微观研究：这是利用所谓二维空间图来描述跨学科的宏观聚类。在聚类研究中发现，总会出现跨几个学科的宏观聚类，这种情况常见于大专业中的子结构形成的超结构，以及方法论一类的文献，常常涉及各学科。若用点表示方法性论文，点间距离与它们的同被引强度成反比，距离越近，联系越紧密。这样便可得到某学科的方法论文献的二维空间图。

（3）利用词频分析法研究学科发展结构

词频分析法实际上是篇目分析法的一种特例。近年来有学者通过对某学科或某领域的关键词在篇名、摘要、关键词以及全文中出现的频次，分析研究和评价该学科、领域动态发展的趋势和特征。

13.1.2.3　研究科技史

对于科技发展史的研究来说，信息计量学已经成为一门重要的研究技术。这是因为不仅书目资料而且引文数据都能提供历史情报资料，同时，每一篇论文都是科学发展过程中特定事件的记录，而每个历史事件都是在不同的时间点上发生的。科学文献的引证更能体现这些事件的由来和发展，揭示某些科学思想或实验技术的发展进程。特别是对引文按年代分布所构成的历史图和引文间的网状关系进行研究，能够探明某一学科的产生背景、发展概貌、突破性成就，以及今后发展方向等。

科学进展的时序研究是科技史研究的重要内容和途径。历史图形象地描述了科学进展的概貌。它是建立在不同时间的引文关系上的。论文之间引文关系的一种基本形式是引文的时间序列，也就是引文的时间分布。若每篇论文都是科学发展过程中的一个重要问题，而被引次数多者为关键问题，按照时间序列进行的文献引证关系就描述了这个关键问题的由来与发展。那么，若用小圆圈代表这些关键问题，并按时间先后标以序，用号连线代表关键问题之间的引文关联，用箭头表示引证关系，则可绘出其历史图。

为了检验这种历史图的准确性，曾从《基因代码》一书出发，编制了两个历史图，第一个图按书中所提到的观点找出重要历史论文和这些论文间的关联。第二个图则是以该书提供的研究者姓名和主题查《化学文摘》、《医学文摘》等，再编制引文索引及其引证关系。将两个图进行比较发现，引文网络与《基因代码》一书所描写的关系相同者占 65%。当将引文网络中的问题按引文关联的量和方式权衡时发现，被引次数最高者与书中的判断完全一致。这说明，这种图对某一时期科学发展的具体环节能够定量地描绘一种科学进展轮廓，而且还可实现计算机化编图，从而更加系统、可视化地再现科学历史的发展进程。因此，可以说引文网络图开创了进行科技史研究的一种新形式。

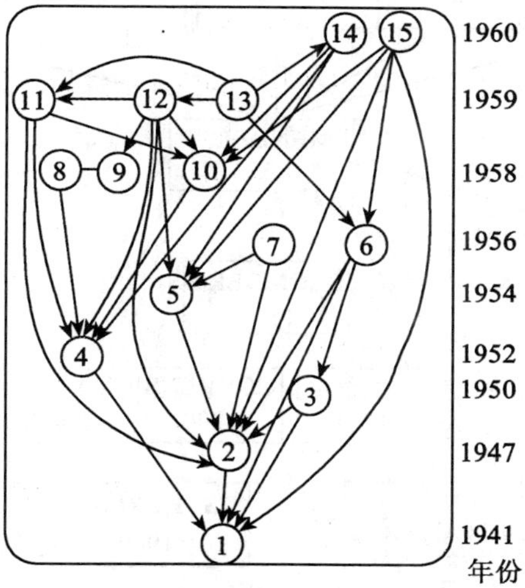

图 13-1　15 篇有关核酸论文的引文网络

1960 年，艾伦根据上述构想，利用有关核酸染色的论文及其相互引证关系按时间顺序给出了 20 世纪 40~60 年代核酸染色方法的发展过程，同时也清楚地勾勒出文献的相对重要性和相互作用影响。例如从图 13-1 中可看出文献 2 明显是该领域中最重要的一篇文献，因为它曾多次被不同时期文献所引证。

此外，通过引文网络图还能纠正科学史中疏漏的一些问题。例如，在科学史研究中，人们曾认为孟德尔 1865 年发表的那篇有关遗传学的重要论文长期没有引起重视，直到 1900 年才被学术界发现。但通过遗传学的引文网络图（图 13-2）可清楚地看出，在 1900 年之前，该论文至少被 4 位科学家所引证。孟德尔的这项成果甚至还被第九版的不列颠百科全书的一篇题名为

《杂交》的论文所引证过，表明科学界对该论文的认识和重视。又如，通过上述引文网络图还能发现，在科学发展过程中的一些反常现象。由图可知，达尔文（Darvin）在其1876年发表的一篇文章中引证了霍夫曼（Hoffman）的文章（1869年），但为什么不引证孟德尔的那篇文章呢？要知道在霍夫曼的那篇文章中曾引证了孟德尔的文章达5次之多！这显然是科学史学家感兴趣的问题。以上例子充分说明了引文分析法在研究科学发展过程中的有效性和普及性。

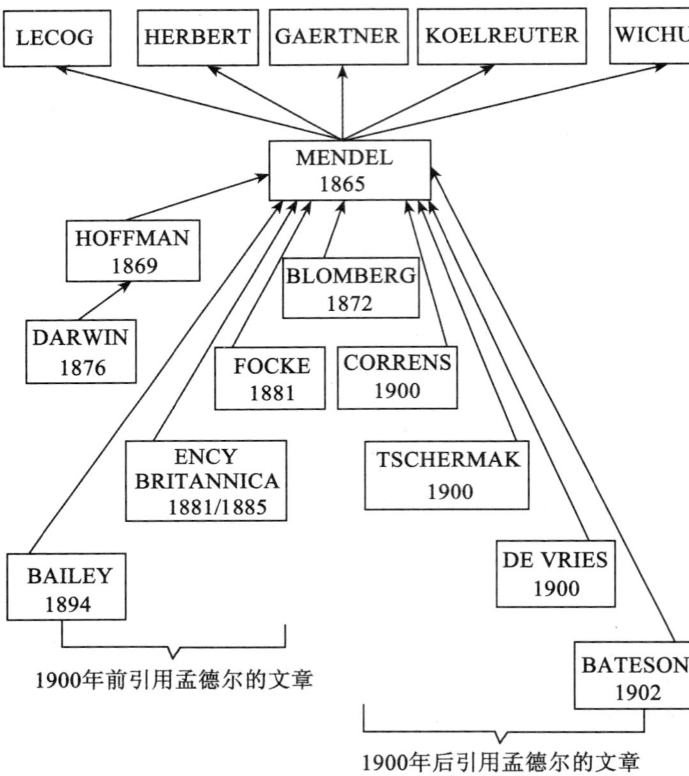

图 13-2　孟德尔 1865 年论文构成的引文网络

13.1.2.4　研究科技政策

信息计量学在科技政策研究中的直接应用也较为广泛，例如，科学家的分布、科学生产率的测定等，都能为科技政策的制定提供依据。

D. 普赖斯在统计分析世界各国科学家人数时发现：1967年世界科学家

的90%居住在世界上最发达的14个国家中；最发达的40个国家的科学家人数占全世界科学家总数的99%。也就是说，分布在其他100多个较穷的国家中的科学家人数仅占全世界科学家总数的1%。因此，他的结论是：科学家的分布与一个国家发达与否有着密切的关系。

科瓦奇（Kovach）利用1967~1976年的《科学论文著者人名录》，统计正在发表论文的科学家的人数来测定各国的科学生产率，并分析了各国科学家的活动趋势。结果发现：西班牙的科学生产率的增长速度最快，大大超过了南非、新西兰、巴西、尼日利亚和伊朗的平均增长速度。他还发现，在大多数西欧国家中，虽然从事研究和发展的人数在增加，但其科学生产率却大大低于上述平均增长速度。他认为，出现这种情况主要与这些国家严重的政治和社会动乱有关。

另外，英哈伯（Inhaber）按人口多少将世界上的城市分为五大类，然后统计各类城市每1 000人中有多少个科学家，结果表明：科学家大多集中于各类大城市中。因此，他提出了在一个国家里科学家在地理位置分布上应该怎样才算合理的重大政策性问题。

13.2 信息计量学与人才评价

科学技术人才是国家的宝贵财富。科技人才的数量和质量是科技能力的重要标志之一。如何识别和评价人才是一个值得研究的重要课题。

由于人的德才总会通过各种方式表露出来，因而就为我们评价和发现人才提供了各种途径和方法。国内比较通用的方法是：通过科技成果的评议和鉴定、定期考核、实践考验以及各种竞赛等活动来评选和发现人才。通过各种学术会议和学术交流活动可以发现优秀论文；各种学术期刊编辑部门可以通过对来稿的审查，发现具有创造才能、提出新理论、新思想、新观点的人才。上述这些方法虽然也是可行的，但一个共同的缺陷就是缺少定量分析。目前，国外普遍采用信息计量学的方法来评价科学人才。许多研究表明，从信息计量的角度定量地对人才进行评价，其结果比较客观、准确。特别是美国《科学引文索引》以及《社会科学引文索引》的问世，为信息计量学在人才评价方面的应用开拓了极为广阔的前景。

13.2.1 信息计量学评价人才的原理

在科学活动中，科学文献与科学人才有着一定的内在联系。这种客观联系正是我们从信息计量的角度来评价人才的依据。利用信息计量学方法评价人才的原理主要有以下两个方面：

（1）科技人员的成就和学术造诣与其发表的文献数量有关

前苏联著名情报学家 A. И. 米哈依洛夫曾经指出："每个科学家发表的文章数目，可以作为他的科学劳动效率足够准确和客观的指标（自然，这里讲的仅仅是相对的衡量）。"这是因为科技人员的成就是以科技成果来体现的，而科技成果一定要用文献的形式表达出来才能推广应用，才能得到社会的承认。在应用技术方面，专利文献数量与发明创造的数量几乎是 1∶1；在基础理论方面，文献与科学发现虽然不是一一对应的关系，但总的来说，两者还是成正比关系的，不过比例系数要小得多，因为一项科学理论的发现往往要多篇文献加以论述。从宏观上看，整个文献的数量与社会生产力的发展成正比关系。从微观上来看，发表的文献数量是该著者科技成就和贡献的一种量度。一般来说，科技人员的发明越多，成就越大，他的文献，特别是专利文献以及在重要刊物上发表的文献就越多。因此，发表文献的数量可以作为评价科学人才的一种依据。

（2）科技人员的成就和学术造诣与其发表文献的被引次数有关

科技人员发表的论文并不是每一篇都被引证为参考文献的。据国外统计，历史上发表的科学文献被引证 10 次以上的占 25%，5 次以上的占 50%，2 次的占 9%，1 次的占 10%，约 6%的文献从未被引证过。此外，科技计量学研究也表明，一个科学家正常情况下一年大约发表 4 篇论文，这些论文有近 1/4 在发表之后无人引证。通常若一篇论文每年被引证 4 次或 4 次以上，则可列为"经典文献"。尽管引文的动机和行为多种多样，但不管怎样，总是因为其中有观点、有材料，也就是说有一定的价值，能帮助著者解决一定的问题。因此，文献的被引次数的多少，在一定程度上反映了文献的质量和价值，从总体上反映了该文作者在学术界的影响和地位以及对社会的贡献，从客观和使用的角度证明了发表论文的价值和作用。而且，对于某一著者来说，发表的文献越多，被引的次数也可能会多。因此，著者的文献被引率既从质量上也从数量上反映了文献的价值，从而可以衡量著者的学术水平。所以，科技人员发表的文献的被引率是评价科学人才的重要指标之一。

13.2.2 信息计量学评价人才的方法

根据上述原理，利用信息计量评价人才的方法主要有两种：书目（篇目）分析法和引文分析法。

（1）书目（篇目）分析法

就是统计某一时期内各位科技人员在公开出版物上发表的文章的篇数，

并作为篇目，然后将各种篇目进行比较，发表文章多的一般被认为成果较多。这种方法简单、直接，但不够充分，通常要和其他方法配合使用。

（2）引文分析法

应用引文分析方法评价科研人员及其成果，现在一般采用4项指标，即论文总数、被引证总数、每篇论文的被引次数和高被引论文数。这是一种主要的常用方法，简单易行。其具体做法是：直接统计或者利用《科学引文索引》数据库统计出在一定期间内科学家所写论文的总被引次数；谁的被引次数高，谁就中选，这种方法比较客观和可靠，因而在评选人才中得到了广泛应用。

20世纪80年代以来，在欧美发达国家里，引文分析方法在评价科学家及其成就方面，已成为传统的同行评议的有效辅助手段，并大有取而代之的趋势。因为与同行评议比较，引文分析方法更为定量、客观，较少人为因素的干扰，费用、时间也更为节省。在美国，有人曾把引文分析方法与同行评议作为对比研究，对一所大学中467名要授予博士学位的生物化学研究生作考评。一方面是按常规方法，聘请152位生物化学家做同行评议专家，另一方面则是大胆地采用引文分析方法评价。结果发现，两者竟有惊人相似的结论，而显然引文分析方法更加方便、客观、准确、易行。

13.2.3 评选杰出科学家

利用《科学引文索引》这样的大型数据库所提供的范围广泛、学科齐全的数据评选世界杰出科学家，是引文分析方法在评价科学家方面的重要应用和光辉典范。加菲尔德曾作过三次这样的大规模的引文统计，以评选世界范围的杰出科学家。其具体情况如下：

13.2.3.1 引文统计概述

（1）1977年，加菲尔德第一次利用*SCI*中的引文索引，从1961～1975年近3 000多万条引文中选出了250名科学家。当选者论文需被引证4 000次以上，而一般作者在15年内平均被引次数仅为50次。这次评选的特点是仅仅统计第一著者的论文，不涉及合著者。当选的250人平均年龄为63岁；其中获诺贝尔奖者42人，占250人的17%；有151人是至少属于一个科学院的院士，占总数的60%，其中1/4的院士为诺贝尔奖获得者。这些数据足以说明引文分析法评选人才是有成效的。

（2）1978年，加菲尔德第二次利用*SCI* 1961～1976年期刊论文数据库，选出了300名科学家。为了弥补第一次的不足，这次统计的特点是将第一著者的“引文索引”与有合著者记录的“来源索引”合并统计。当选者论文被引次数为 5 496 次，第一著者平均被引数为1 794 次，合著者平均被引次数为 3 702 次，合著者被引远远高于第一著者，说明将合著者计算在内比较合理。这 300 人平均年龄为 54 岁；有 160 人至少为一个科学院的院士，占总数的一半多；获诺贝尔奖者 26 人，占总数的 8. 67%；有 177 人得过各种奖励，占总数的59%。因此，在300 人中既非科学院院士，又非得奖者为数甚少。可见，用引文分析法评价人才的结果是比较可靠和准确的，不失为一种客观可行的评价方法。

（3）1981 年，加菲尔德进行了第三次引文统计。他根据 1965～1978 年 14 年的 *SCI* 数据库数据，选出在世科学家所撰论文（包括第一著者或合著者在内），计算其论文被引次数，按照被引次数的多少排序，再从中选出被引次数最多的千名科学家，占全世界百万科技研究人员的千分之一。在 14 年内，每个著者平均被引3 811次，算是选中。然后查出每人的通信地址，通过信函调查其专业、出生年、现在服务单位、写过哪些著作、得过哪些奖、是哪些科学院的院士及其正确的全名等。其结果是：

① 被引证次数。千名科学家在 14 年内每人平均发表论文 121 篇，有 32 篇用第一著者名义发表，89 篇用合著者名义发表。被引证次数平均为 3 811 次，每年平均 272 次。

② 性别与年龄。千人表中女性科学家约为 23 名；平均年龄为 53 岁，其中 42～61 岁的占 77%，最年轻的 33 岁。一般认为科学家发明最佳年龄为 37 岁左右，但随着科学水平和规模的提高和扩大，最佳年龄有向后推的趋势。

③ 诺贝尔奖获得者与科学院院士。千人表中获诺贝尔奖者共 44 人，超过了 1965～1977 年医学、化学、物理学获诺贝尔奖者总数的一半，可见获奖者都是撰写论文较多，被引次数也较多的。其中，有 378 人获得院士称号，最多的是有机化学家 R. B. Woodward 获有 12 个院士称号。院士平均年龄是 58 岁，非院士为 51 岁。

④ 各学科科学家的比较。将千人表中科学家按 38 个专业分类列出其论文被引次数、院士数、诺贝尔奖得奖数、出生年等情况，发现各学科之间差别较大，人数最多的为物理学家、生物化学家、免疫学家、内分泌学家等。

⑤ 国别和机构分析。统计调查表明，科学家人数与国家的综合国力有关，科学发达、国势强盛，科学家人数必然也多。例如美国有 147 个单位，拥有 736 名科学家，现将国别机构数和科学家数列于表 13-1。应该指出的是，前苏联只有 1 名科学家入选，这完全是 *SCI* 引文不全所致。*SCI* 对前苏

联和日本的引文统计是非常不够的。同样，在同一国家内部，人才大多集中在各国的著名单位中，越是有名的学府，拥有科学家越多。

表 13-1 千名杰出科学家所属单位国别统计表

国别	机构数	科学家数
美国	147	736
英国	28	85
瑞典	6	42
法国	7	26
加拿大	9	23
前联邦德国	9	21
瑞士	10	13
澳大利亚	6	12
日本	8	11
以色列	4	10
丹麦	3	4
意大利	3	4
比利时	2	3
荷兰	3	3
阿根廷	1	1
捷克斯洛伐克	1	1
芬兰	1	1
匈牙利	1	1
挪威	1	1
西班牙	1	1
前苏联	1	1
共计	252	1 000

13.2.3.2 引文分析结论

通过上述引文统计分析，可以得到如下结论：

① 引文法评选人才是可行的。从三次引文统计的评选结果来看，在广泛调查的基础上以被引次数为依据来评选人才是恰当的，其结果比较符合实际、总的趋势是正确的。引文法还可用于选聘人才、解决学术上的纠纷，无论是对个人或单位的评价都有一定的成效。

② 引文法可用于预测未来获奖者。

③ 引文法可用于评价团体的科研能力和绩效。一般来说，列有被引次数最高的文献篇数越多，该单位的声望越高。据 1973～1975 年 *SCI* 数据，认为美国国家卫生院生物医学研究方面的文献占全美的 3.4%；在 *SCI* 所用 12 种生物医学评论期刊中，有 7.5%的著者是属于该院的科学家。这说明美国国家卫生院人才济济，研究很有成效。

④ 确定引证经典作。从 250 人表中选出每个科学家其文献被引次数最多的篇名作分析，250 篇文献中有 13 篇被“现期期刊目次”（简称 CC）作为《被引文献经典作》（*Citation Classics*）。经典作是 *Current Contents*，1977 年创办的，按 CC 分册六个类报道，每类每周报道被引次数最多的一篇，生命科学类报道两篇。到 1981 年 7 月已发表了 750 篇经典作。经典作是引文分析的重点之一，从中可以获得许多有益的结果，例如，可用于评定最佳期刊。

⑤ 合著文献的被引率高。从 300 人表中选出每个科学家其文献被引次数最多的 300 篇文献，只有 35 篇是一个作者，每篇论文平均作者为 3 人，被繁引文献的作者大多是合著者，其中，2～4 个著者的文献占多数。因此，合著现象确实是值得重视的，也就是说 300 人表比 250 人表更能反映事物的客观性。

13.2.3.3 引文法评价人才的局限

引文法虽是人才评价的一种有效方法，但也受到某些因素的限制。例如，使用原始资料和引文习惯问题，制表时发生的问题，合著者的计分问题等。今后的发展趋势将是增加引文统计对象，扩大专业范围，增加专利、专著、标准等统计品种，合理处理合著现象，使引文法更趋完善。

13.2.4 预测未来获奖者

（1）文献被引次数与著者的荣誉、职称有关

加菲尔德的三次引文分析都表明，被评选的杰出科学家中，诺贝尔奖获得者和科学院院士所占比例很大，而非得奖者为数甚少。据统计，1961～

1971年间诺贝尔奖获得者在前一年的平均被引数为222次；一位被选为美国NAS的院士，被选前一年的平均被引数为99次；而一般作者仅6.1次。这个统计说明，荣誉越高，其文献被引次数越多。这一引证现象在一定程度上反映了文献被引次数与著者的荣誉职称的联系。

（2）预测诺贝尔奖获得者

从前面的讨论中可以看出，科学家发表的论文被引证的次数作为一种客观评价标准，既可测度科学进展的成就，也可预测科学发展的未来。加菲尔德曾利用*SCI* 1968年所提供的数据成功地预测了1969年诺贝尔奖获得者人选。表13-2是按1967年被引次数多少排序的前50名科学家名次表。在表中便有两名科学家（Derk H. R Barton（41）和 Muray Gell-Mann（6））获得了1969年的诺贝尔奖。同时，在1981~1982年度获诺贝尔奖的13人中，有6人早就出现在加菲尔德统计的千人表中。1982年美国国家科学院提升的60名院士中，有17人出现在千人表中。这些数据足以证明引文分析方法的准确性，通过对这些科学家研究工作的分析，还可预测未来科研发展的趋势和动向。

加菲尔德最初研制《科学引文索引》主要是为了提供一种新型的检索工具。但近年来的发展越来越证明《科学引文索引》更多的是在科技评价管理方面的应用，除了科技人才的评价，人们还开始运用引文分析这一有力武器，对科研机构、国家、地区的科研能力、学术活动进行评价，也取得了很好的效果。

表13-2　　**按照被引次数排序的前50名科学家名次（1967年）**

等级序号	姓名	被引次数	等级序号	姓名	被引次数
1	LOWRY OH	2 921	26	ELIELEL	721
2	CHANCE B	1 374	27	STREITWIESERA	717
3	LANDAU LD	1 174	28	MULLIKEN RS	712
4	BROWN HC	1 150	29	JACOB F	711
5	PAULIN GL	1 063	30	BORN M	710
6	Gell-mann	942	31	BRACHET J	706
7	COTTON FA	940	32	WINSTEIN S	702
8	PEPLE JA	933	33	ALBERT A	687
9	BELLAMY LJ	906	34	LUFT JH	674

续表

等级序号	姓名	被引次数	等级序号	姓名	被引次数
10	SNEDECOR GW	904	35	DEDUVE C	673
11	BOYER PD	893	36	VONEULER US	668
12	BAKER BR	876	37	FIESER LF	666
13	KOLTHOFF	853	38	HUISGEN R	661
14	HERZBERG G	842	39	NOVIKOFF AB	655
15	FISCHER F	826	40	GOODWIN TW	643
16	SEITZ F	822	41	BARTON DHR	632
17	DJERASSI C	801	42	FISHER RA	631
18	BERGMEYER HU	754	43	BATES DR	627
19	WEBER G	750	44	FLORY PJ	626
20	REYNOLDS ES	748	45	STAHL E	626
21	MOTT NF	741	46	DEWARM JS	619
22	ECCLES JC	737	47	GILMAN H	618
23	FEIGL F	729	48	FOLCH J	618
24	FREUD S	727	49	DISCHE Z	614
25	PEARSE AGE	726	50	GLICK D	609

13.3 信息计量学与地区、机构科研评价

在实施科学管理的过程中，一个世界性的难题是：如何才能科学地评估科学自身的工作成果、效率？如何才能科学地评价国家、地区及科研机构的科研水平、学术地位？匈牙利著名科学计量学家布劳温（T. Braun）教授根据美国《科学引文索引》（*SCI*）的数据，利用科学计量指标和引文分析方法来评价某一国家、地区及科研机构的科研水平和学术地位排序，绘制世界科学地理图，取得了很好的结果，他所开创的科学计量评价方法也得到广泛的应用。下面简单介绍早期布劳温（T. Braun）与舒伯特（A. Schubert）在这方面的研究评价工作。

13.3.1 布劳温的科学计量研究

在科学计量研究中，最诱人的目标之一就是创立评价科学的指标系统，研究各种多样的科学机构、团体的发展状况。布劳温教授选择了除去美国、前苏联、英国、前联邦德国、法国、日本6国的世界32个国家自然科学文献与引文影响的比较分析，概略地提出了一种科学计量评价的指标系统，评价和分析了各国的科学现状和发展趋势。

（1）数据处理原则

布劳温首先确定对*SCI*在1976~1980年间收录的论文，全部作了处理，并特别注意1980年对1978~1979年论文的引证率的统计分析。

在论文范围上，只计量期刊发表的论文和相关的出版物，重点统计论文、报告、专论、评论、通讯及技术说明等几类出版物。为便于计量和论文的筛选、分类，对每篇论文进行技术处理，确定出版日期、出版物类型、著者国籍和学科领域。由于所处理的论文有200万篇之巨，无法一一按各自学科归类，因此按照平斯基法，即首先把期刊按学科作出归类，然后，论文即按期刊所属学科分类。在期刊分类的过程中，首先列出各学科包括的核心期刊表，然后，在统计计算期刊之间相互作用情况的前提下，作出全部期刊集合的学科分类，一些多学科的综合性期刊，就分解为按百分比分属于各个学科。最终，布劳温将全部论文归并为如下几个学科领域：①临床医学、②生物医学、③生物学、④化学、⑤物理学、⑥地学与空间科学、⑦工程科学、⑧心理学、⑨数学、⑩其他。

（2）用于科学评价的科学计量指标

布劳温为了综合地评价32国的科技现状，定义了12项计量指标：

① 第一著者人数。给出1978~1979年间，各个国家及各学科领域有关论文的第一著者人数。

② 论文数量。给出了每个国家及其在每个学科领域的有关论文数量。

③ 论文的学科分布。计算在1976~1980年间，各个国家发表论文的学科分布及百分数。

④ 未被引证过的论文数量。根据《科学引文索引》，该指标给出了1978~1979年间，每个国家及其在每个学科领域所发表的未被引证过的有关论文数量。

⑤ 未被引证过的论文所占的百分数。未被引证过的论文占1978~1979年间发表的全部相应论文总量的百分比。

⑥ 高被引论文的数量。按国家和学科分别统计，发表于1978~1979年

间的论文，被引证10次以上的有关论文的数量。

⑦ 高被引论文所占的百分数。该指标表示，高被引论文占1978~1979年间发表论文总数的百分比。

⑧ 实际引文率。按国家和学科统计，发表于1978~1979年间的论文在1980年被引证的次数。

⑨ 期望引文率。将某一国家或某一学科在不同期刊发表的论文数分别乘以相应期刊的影响因子，所得乘积之和即为该国或该学科的期望引文率。

⑩ 相对引文率。实际引文率与期望引文率之比，即为相对引文率。相对引文率可进行跨学科的比较。

⑪ 平均引文率（影响因子）。将1978~1979年间发表的有关论文在1980年所得的被引数量除以1978~1979年间发表论文总数所得的商，即是平均引文率。

⑫ 平均影响因子。按国家和学科，把发表于1978~1979年间的有关论文的期望引文率，除以所述有关论文数所得的商，既是平均影响因子。平均影响因子提供了有关论文质量的信息，即刊载相关论文的各种期刊的质量信息。平均引文率与平均引文影响因子之比，即是相对引文率。

13.3.2 舒伯特等人的计量研究

继布劳温开创引文分析方法评价国家、地区科研活动状况的先河之后，舒伯特（A. Schubert）等人根据*SCI*统计数据对全世界96个国家的114种主要学科专业的水平以及在世界上的相应地位进行了综合评价，利用科学计量学指标体系，反映了1981~1985年之间，世界各国及地区科研活动的水平和文献交流的状况（见表13-3）。

舒伯特采用的科学计量指标与布劳温的类似，主要包括科技文献的出版量、引证及被引证的绝对数量和各种相对数量。

① 文献出版量。主要指*SCI*收录的科研论文、综述、学术性短文及信函四类文献的数量。

② 出版份额。出版份额指某国或地区出版数量占全世界出版总量（根据*SCI*的收录范围统计）的百分数。

③ 引文数量。在*SCI*引文索引中，某国或地区论文被引证的数量。

④ 引文份额。指某国或地区论文被引数量占全世界引文总量的百分比。

⑤ 期望引文率。通过影响因子计算的某国、某地区或某期刊的平均引文率（参阅布劳温指标中的期望引文率）

⑥ 实际引文率。指通过*SCI*数据库实际统计的被引文献的平均引文率。

⑦ 相对引文率（RCR）。指实际引文率与期望引文率的比值。

表 13-3 **96 个国家、地区(1981 ~ 1985 年)主要科学计量指标一览表(节选)**

(包括所有自然科学领域)

国家和地区	文献出版量	占世界文献量(%)	引文量	占世界引文量(%)	期望引文率	实际引文率	相对引文率	发文指数	引文指数
USA	706 114	36.81	3 029 147	50.82	4.08	4.29	1.05	1.00	1.00
UK	171 858	8.96	572 999	9.61	3.18	3.33	1.05	1.00	1.00
USSR	139 501	7.27	97 285	1.63	0.79	0.70	0.89	1.00	1.00
Japan	134 107	6.99	343 723	5.77	2.84	2.56	0.90	1.00	1.00
Germany-FR	112 625	5.87	345 696	5.80	2.84	3.07	1.08	1.00	1.00
France	89 538	4.67	250 460	4.20	2.90	2.80	0.97	1.00	1.00
Canada	80 001	4.17	235 231	3.95	3.10	2.94	0.95	1.00	1.00
Indian	50 581	2.64	48 680	0.82	1.62	0.96	0.59	1.00	1.00
Italy	43 706	2.28	101 079	1.70	2.84	2.31	0.81	1.00	1.00
Australia	42 775	2.23	120 697	2.03	2.89	2.82	0.98	1.00	1.00
Netherlands	32 657	1.70	114 787	1.93	3.31	3.51	1.06	1.00	1.00
Sweden	31 543	1.64	115 554	1.94	3.16	3.66	1.16	1.00	1.00

续表

国家和地区	文献出版量	占世界文献量（%）	引文量	占世界引文量（%）	期望引文率	实际引文率	相对引文率	发文指数	引文指数
Switzerland	23 454	1.22	106 958	1.79	3.75	4.56	1.22	1.00	1.00
Israel	20 422	1.06	54 889	0.92	3.29	2.69	0.82	1.00	1.00
Poland	16 879	0.88	22 721	0.38	1.92	1.35	0.70	1.00	1.00
Germany-DR	16 732	0.87	23 622	0.40	1.45	1.41	0.97	1.00	1.00
Belgium	16 395	0.85	50 523	0.85	3.03	3.08	1.02	1.00	1.00
Denmark	15 798	0.82	54 844	0.92	3.04	3.47	1.14	1.00	1.00
Spain	15 660	0.82	25 828	0.43	2.57	1.65	0.64	1.00	1.00
Czechoslovakia	14 624	0.76	17 619	0.30	1.44	1.20	0.83	1.00	1.00
Finland	12 066	0.63	32 748	0.55	2.82	2.71	0.96	1.00	1.00
South-Africa-R	10 439	0.54	15 508	0.26	1.91	1.49	0.78	1.00	1.00
Austria	10 297	0.54	20 524	0.34	2.10	1.99	0.95	1.00	1.00
Norway	9 785	0.51	27 113	0.45	2.82	2.77	0.98	1.00	1.00
New-Zealand	9 424	0.49	18 432	0.31	2.26	1.96	0.86	1.00	1.00

续表

国家和地区	文献出版量	占世界文献量（%）	引文量	占世界引文量（%）	期望引文率	实际引文率	相对引文率	发文指数	引文指数
Hungary	8 988	0.47	16 063	0.27	2.13	1.79	0.84	1.00	1.00
PR-China	8 347	0.44	4 716	0.08	1.24	0.56	0.45	1.00	1.00
Brazil	6 987	0.36	10 116	0.17	2.51	1.45	0.58	1.00	1.00
Argentina	5 396	0.28	8 289	0.14	2.60	1.54	0.59	1.00	1.00
Egypt	4 788	0.25	3 561	0.06	1.42	0.75	0.53	1.00	1.00
Bulgaria	4 687	0.24	3 553	0.06	1.28	0.76	0.59	1.00	1.00

$$RCR=\frac{\text{实际引文率}}{\text{期望引文率}}$$

⑧ 发文指数（*AI*）。其具体定义如下：

$$AI=\frac{\text{某国在给定领域发表的论文量占世界论文总量的份额}}{\text{该国在全部科研领域发表的论文量占世界论文量的份额}}$$

⑨ 引文指数（*AAI*）。其具体定义为：

$$AAI=\frac{\text{某国在给定领域发表的引文量占世界引文总量的份额}}{\text{该国在全部领域内的引文量占世界引文总量的份额}}$$

综合评价以上指标，就可以大致估计和推测某一国家或地区的科技发展水平和文献交流的状况、趋势。

在表 13-3 中的 *AI* 值均为 1，其原因是这里的统计数据包括了自然科学的所有领域，不是特指某一个给定的学科。如果特定某一个学科，则 *AI* 及 *AAI* 值一般不会为 1。

13.3.3　科研机构的评价

利用引文分析方法进行科研机构的统计评价也同样是非常客观有效的，而且近年越来越多地被人们用来评价各类科研机构的科研状况及绩效排序。例如，表 13-4 是中国科技信息研究所和国家教委计划司在 1993 年通过 *SCI* 数据库收录各个科研机构的论文数，导出的世界高校论文产出排名榜。此排序对于全面地了解世界高校学术水平排序情况，以及我国高校在世界环境中的位置和差距，具有很重要的指导意义。

表 13-4　　**1989 年 *SCI* 收录论文最多的 50 所大学**

位次	大学名称	国别	论文数（篇）
1	哈佛大学	美国	5 548
2	华盛顿大学	美国	5 132
3	加利福尼亚大学洛杉矶分校	美国	3 963
4	东京大学	日本	3 430
5	哥伦比亚大学	美国	3 293
6	康奈尔大学	美国	3 199

续表

位次	大学名称	国别	论文数（篇）
7	密执安大学	美国	3 188
8	斯坦福大学	美国	2 925
9	多伦多大学	加拿大	2 917
10	加利福尼亚大学旧金山分校	美国	2 910
11	约翰霍普金斯大学	美国	2 751
12	威斯康星大学（麦迪逊）	美国	2 737
13	京都大学	日本	2 722
14	耶鲁大学	美国	2 568
15	大阪大学	日本	2 514
16	麻省理工学院	美国	2 410
17	加利福尼亚大学伯克利分校	美国	2 410
18	明尼苏达大学	美国	2 378
19	加利福尼亚大学圣迭戈分校	美国	2 374
20	宾夕法尼亚大学	美国	2 346
21	佛罗里达大学	美国	2 320
22	莫斯科大学	俄罗斯	2 262
23	加利福尼亚大学戴维斯分校	美国	2 177
24	俄亥俄州立大学	美国	2 128
25	剑桥大学	英国	2 108
26	伊利诺斯大学（URBAN）	美国	2 037
27	杜克大学	美国	2 028
28	亚利桑那大学	美国	1 938
29	牛津大学	英国	1 928
30	匹兹堡大学	美国	1 927

续表

位次	大学名称	国别	论文数（篇）
31	南加利福尼亚大学	美国	1 901
32	东北大学	日本	1 871
33	得克萨斯大学休斯敦分校	美国	1 864
34	北卡罗来纳大学	美国	1 789
35	芝加哥大学	美国	1 788
36	不列颠哥伦比亚大学	加拿大	1 758
37	隆德大学	瑞典	1 754
38	依阿华大学	美国	1 730
39	莱顿大学	荷兰	1 691
40	宾夕法尼亚州立大学	美国	1 680
41	麦基尔大学	加拿大	1 670
42	得克萨斯大学圣安东尼奥分校	美国	1 645
43	罗马大学	意大利	1 615
44	慕尼黑大学	德国	1 605
45	西北大学	美国	1 593
46	得克萨斯农业与机械大学	美国	1 587
47	卡罗林斯卡学院	瑞典	1 578
48	普渡大学	美国	1 553
49	阿尔伯塔大学	加拿大	1 534
50	加利福尼亚理工学院	美国	1 517

13.3.4 我国科研的评价研究

（1）中国科技论文统计与分析

随着国际上科学管理理论及应用的不断发展，我国也开展科研评价方面的研究工作。中国科技信息研究所从 1987 年开始，对中国科技人员（包括台湾省）在国内外发表论文数量和论文被引证情况进行统计分析，迄今已近 20 年。同时，每年向社会公开发布统计结果，已成为我国科技界关心和瞩目的一件大事，受到社会各界的普遍重视。

中国科技信息研究所开展的这项统计工作，经过多年的改进和积累，已经形成比较严谨和完整的体系，国际论文数据取自美国三种在国际上颇具权威性的检索工具，《科学引文索引》（*SCI*），《工程索引》（*EI*）和《科学技术会议录索引》（*ISTP*），代表了当今世界科学研究的最高水平，国内数据则直接取自我国 1 214 种主要科技期刊，集中了我国最重要的研究学术论文和技术开发成果，使统计结果具备学术性和权威性。

目前，中国科技论文统计分析的方法和数据，已广为利用，成为我国大多数高等学校、科研机构、医疗部门和各类企事业单位进行科研管理、学科评估和人才评估的重要依据和有力工具，提高了我国科技管理的水平，推动了我国科技事业的发展。

在这种评价管理方式的鼓励和引导下，我国许多高校和科研机构已经形成较活跃的学术竞争气氛，使我国科研的整体水平大幅度提高，优秀人才脱颖而出，科技论文的国际影响和世界地位逐步上升，形成良好的发展态势。下面以 1996 年的统计结果为例，简要说明科研评价工作。

① 我国科技论文在世界所处的位置和影响

1996 年，按照 *SCI*、*EI* 和 *ISTP* 的数据统计，我国科技人员在国际上发表的期刊论文和会议论文共 27 569 篇，比上一年增长 4.4%。按论文数排序，我国位居世界第 11 位。如果按主要反映自然科学基础研究结果的 *SCI* 收录论文数统计，我国有 14 459 篇，进到世界第 14 位；按工程系列 *EI* 收录的论文数统计，我国有 9 147 篇，居世界第 6 位；国际会议论文数 3 963 篇，位居世界第 11 位。按三系统计算，论文总数超过我国的国家有美国、日本、英国、德国、法国、加拿大、意大利、俄罗斯、澳大利亚和荷兰。

论文在国际上被引证的次数的多少，反映了论文国际影响的大小。从 1991~1995 年我国被 *SCI* 收录的论文共 32 978 篇，这些论文在 1996 年共被引证 8 826 篇，15 800 次（其中自引 2 360 篇，2 991 次），被引证率约为 0.27，被引证论文平均每篇被引证 1.79 次，都远远低于国际上的平均被引率 2.23。

② 中国科技论文在国际上被引证频次的排序

这里的被引证统计是指 *SCI* 所收录的我国科技人员发表的论文在国际上被引证的次数。表 13-5 为 1991～1995 年 *SCI* 收录我国科技论文在 1996 年被引证的情况。1993～1995 年 *SCI* 收录论文在 1996 年被引证较多的 10 所高校和 10 所研究所的排序分别列于表 13-6 和表 13-7。

表 13-5　**1991～1995 年 *SCI* 收录我国科技论文在 1996 年被引证情况**

年代	收录论文数（篇）A	被引证论文数（篇）B	被引证率 B/A	被引证次数 C	C/B	C/A
1991	5 408	1 196	0. 221	2 121	1. 773	0. 392
1992	6 224	1 582	0. 254	2 790	1. 764	0. 448
1993	6 645	1 923	0. 289	3 570	1. 856	0. 537
1994	6 721	2 227	0. 331	4 242	1. 905	0. 631
1995	7 980	1 898	0. 238	3 077	1. 621	0. 386
合计	32 978	8 826	0. 268	15 800	1. 790	0. 479

表 13-6　**1993～1995 年 *SCI* 收录论文在 1996 年被引证较多的 10 所高校**

高等学校名称	1993～1995 年收录论文数（篇）A	1996 年被引证论文数（篇）B	1996 年被引证次数 C	B/A	C/A	C/B
南京大学	1 009	378	790	0. 375	0. 783	2. 090
北京大学	707	237	455	0. 335	0. 644	1. 920
清华大学	551	173	321	0. 314	0. 583	1. 855
复旦大学	542	185	372	0. 341	0. 686	2. 011
中国科技大学	602	178	334	0. 296	0. 555	1. 876
兰州大学	485	145	232	0. 317	0. 507	1. 600
吉林大学	385	128	249	0. 332	0. 647	1. 945

续表

高等学校名称	1993~1995年收录论文数（篇）A	1996年被引证论文数（篇）B	1996年被引证次数C	B/A	C/A	C/B
南开大学	361	107	200	0.296	0.554	1.869
山东大学	295	99	148	0.336	0.502	1.495
浙江大学	328	102	165	0.311	0.503	1.618
总计	5 238	1 732	3 266	0.331	0.624	1.889

表13-7 **1993~1995年*SCI*收录论文在1996年被引证较多的10所研究所**

研究单位名称	1993~1995年收录论文数（篇）A	1996年被引证论文数（篇）B	1996年被引证次数C	B/A	C/A	C/B
中科院物理所	623	232	453	0.372	0.727	1.953
中科院上海有机化学所	330	202	483	0.612	1.464	2.391
中科院长春应化所	381	147	272	0.386	0.714	1.850
中科院金属所	269	93	158	0.346	0.587	1.699
中科院化学所	230	86	187	0.374	0.813	2.174
中科院大连化物所	158	75	174	0.475	0.101	2.320
中科院福建物构所	114	55	89	0.482	0.781	1.618
中科院理论物理所	182	73	151	0.401	0.830	2.068
中科院上海光机所	189	54	83	0.286	0.439	1.537
中科院兰州化物所	125	54	98	0.432	0.784	1.815
总计	2 601	1 071	2 148	0.412	0.826	2.006

③ 国内论文合著情况

1996 年，1 227 种国内科技期刊共收录论文 116 778 篇，涉及作者 340 473 人次，每篇论文平均 2. 9 个作者，单个作者撰写的论文为 27 271 篇，占总数的 23. 3%，76. 7%的论文为合著论文，合著类型如表 13-8 所示。

表 13-8 **国内论文合著类型分析**

合著类型	论文数（篇）	占合著论文数百分比（%）
同单位合著	61 112	69. 0
同省（市）合著	14 868	16. 8
跨省（市）合著	10 773	12. 1
国际合著	1 844	2. 1
合著论文总数	88 597	100. 0

④ 国内论文作者的年龄、职称、性别分布

据对 20 502 篇附有作者年龄数据的论文进行统计，论文作者中 35 岁以下的为 12 453 篇，占 49. 8%，30~45 岁的 5 132 篇，占20. 5%,46~59 岁的 5 940 篇，占 23. 7%。45 岁以下占 70%。

据对 30 732 篇附有作者职称数据的论文进行统计，有高级职称者撰写论文 14 685 篇，占 47. 8%，研究生为 5 258 篇，占 17. 1%。

据对 25 180 篇附有作者性别数据的论文进行统计，男性为20 993篇，女性为 4 187 篇，男女比例的比为 5 ∶1。

通过以上的简要说明可以看出，该项统计分析结果具有多种评价功能，可清楚地了解我国以及各类高等院校、研究机构的科研发展情况，人才组织结构，机构学术水平分布，学科交流态势等情况，为科学地管理科研工作、技术创新活动提供定量数据和决策依据。

（2）中国科技期刊计量指标研究

第 10 章已经讲过，美国“科学引文索引”社编辑的《期刊引证报告》（*JCR*）在评价科学期刊方面发挥了巨大的作用。为了对中国科技期刊在科学活动和文献交流中所起的作用及其质量优劣做出较为客观、准确的评价，中国科技信息研究所编辑了“中国科技期刊计量指标”，并进而改进编辑成《中国科技期刊引证报告》（*CJCR*），填补了我国在这方面的空白，大大方便了广大科技工作者，期刊编辑部和科技管理部门科学地评价、选择和利用期刊。表 13-9 是该“报告”的部分实例。

表 13-9　《中国科技期刊引证报告》(化工期刊部分)

CODE	期刊名称	总被引频次	1995、1996年发表论文(篇)	1995、1996年论文在1997年被引次数	影响因子	1997年发表论文(篇)	1997年发表论文当年被引频次	即年指标	论文地区分布数	基金论文	被引半衰期
T003	工程塑料应用	163	175	113	0.646	96	1	0.010	17.2	13	0.95
T014	塑料工业	179	156	95	0.609	73	2	0.027	19.2	17	1.81
T022	中国塑料	127	163	71	0.436	95	2	0.021	17.6	26	1.55
T005	硅酸盐学报	364	239	78	0.326	127	3	0.024	17.8	63	4.69
T074	天然气化工	123	158	47	0.298	84	5	0.060	16.0	20	3.00
T007	化工学报	272	227	61	0.269	116	9	0.078	15.4	76	4.24
T002	高分子通报	72	68	17	0.250	36	1	0.028	10.8	11	3.50
T071	碳素	54	74	17	0.230	42	0	0	14.4	2	4.20
T009	化学反应工程与工艺	77	122	27	0.221	68	19	0.279	14.4	14	1.25
T008	化工冶金	73	127	28	0.221	73	11	0.151	11.4	26	1.82
T010	离子交换与吸附	144	187	41	0.219	102	4	0.039	17.2	40	3.77
T013	人工晶体学报	89	141	28	0.199	40	4	0.100	14.2	20	3.08

续表

CODE	期刊名称	总被引频次	1995、1996年发表论文（篇）	1995、1996年论文在1997年被引次数	影响因子	1997年发表论文（篇）	1997年发表论文当年被引频次	即年指标	论文地区分布数	基金论文	被引半衰期
T070	日用化学工业	127	168	29	0.173	82	1	0.012	20.2	5	5.86
T053	感光材料	42	101	17	0.168	53	0	0	14.2	1	2.80
T075	中国胶粘剂	54	132	21	0.159	82	1	0.012	20.8	5	2.33
T067	合成纤维	66	91	14	0.154	65	2	0.031	13.6	1	5.67
T025	化学工业	143	167	25	0.150	72	5	0.069	18.8	19	6.66
T018	合成橡胶工业	111	245	34	0.139	130	5	0.039	15.8	20	3.92
T051	玻璃与搪瓷	61	131	18	0.137	71	2	0.028	16.2	4	4.50
T015	碳素技术	52	117	16	0.137	60	2	0.033	14.0	9	2.88
T021	华东理工大学学报	133	264	35	0.133	138	6	0.044	2.6	64	4.03
T060	煤化工	21	79	10	0.127	41	0	0	11.6	1	2.13
T072	无机盐工业	126	174	22	0.126	105	2	0.019	22.8	2	6.08
T016	高校化学工程学报	42	136	17	0.125	74	2	0.027	12.8	44	2.33

续表

CODE	期刊名称	总被引频次	1995、1996年发表论文(篇)	1995、1996年论文在1997年被引次数	影响因子	1997年发表论文(篇)	1997年发表论文当年被引频次	即年指标	论文地区分布数	基金论文	被引半衰期
T054	海湖盐与化工	48	156	19	0.122	84	1	0.012	15.4	1	2.50
T004	硅酸盐通报	87	157	19	0.121	101	1	0.010	17.0	20	3.60
T017	林产化学与工业	68	112	13	0.116	57	0	0	12.6	21	4.50
T019	中国医药工业杂志	261	464	52	0.112	216	3	0.014	23.8	9	4.33
T020	北京化工大学学报	46	137	15	0.110	76	7	0.092	1.6	18	2.33
T063	现代化工	108	299	33	0.110	161	1	0.006	22.6	10	3.39

13.4 信息计量学与科技预测

13.4.1 信息计量与科技预测

（1）科技预测的基本概念

科学技术预测（Scientific & Technology Forecasting）是根据预测学的基本原理以及科技发展的历史和现状，对科学技术的发展前景及其对社会进步的影响程度进行分析和推测，从而得出预见性的结论。对未来科学技术发展的正确分析和科学预测，是正确决策和科学管理的重要前提和保证之一，对于推进我国科技进步和创新能力，提高综合国力具有十分重要的意义。

科学技术预测主要包括以下五个方面的内容：

① 科学预测——关于科学发展前景的预测。主要预测整个科学体系的发展趋势，分析各学科的分化、交叉、渗透、综合的演变方向；预测现有学科的发展前景、可能出现的新学科特别是边缘学科和综合学科；预测某些科学理论的实用价值、科学技术化的发展趋势和周期演变的规律等。根据信息计量学应用于科技预测的基本原理，可以评价和预测某一学科或知识领域的发展动向及其前景。

② 技术预测——关于技术的发展前景的预测。主要预测某些重大技术领域的发展前景、可能出现的技术发明、新材料、新工艺、新设备和新方法，预测新技术的应用领域等。

③ 产品预测——利用信息计量方法可以预测产品开发和应用前景。例如，日本情报学专家小森隆通过对塑料、橡胶和纤维的关键词出现次数的统计分析，对 3 大高分子材料的产品结构及发展前景进行了预测，其结果与后来日本化学工业的生产产量的实际情况大体相符，因此其预测结果基本上是准确和令人信服的。

④ 科技事业预测——关于科学技术事业未来前景的预测。主要预测科研体制、科技队伍、科技图书、情报资料、科技交流、技术引进、技术转移等的发展前景。

⑤ 科技对经济、社会影响的预测。主要预测科学技术对社会、经济发展等各方面的影响。

（2）利用信息计量法进行科技预测的基本原理

科技预测是通过对各种历史的和现有科学技术发展轨迹进行探索性外推分析来实现的，而这些发展轨迹大都以科技文献的形式存在。科技的发展必然带来科技文献量的增加。科技论文是基础研究工作的主要产出形式，而专利则代表着一个国家的创新能力。科技文献和专利的数量和结构的变化以及相互引证的规律反映了相应的科学技术领域的发展特征。科技论文数量和专利拥有量已经成为评价一个国家（地区）科研和创新能力的主要依据，也是衡量一个国家综合国力的重要指标。从某一时期各国科技论文数量和专利拥有量，可以粗略了解世界科技发展趋势和走向。因此，通过信息计量来预测科学技术的发展前景和趋势，是科技预测的一个新的重要途径。

众所周知，一个学科的成长一般要经历萌芽、发展、成熟、分化的过程，在这个过程中，表述该学科研究成果的文献在数量和内容构成上也要相应地发生变化。也就是说，当一个学科萌芽时，只有少数几篇文献，其内容也大多是一些实验事实和学科概念的讨论；当学科发展时，则文献数量显著增长，内容日渐完整和成熟，理论性文献明显增多；当学科发展到成熟阶段时，文献增长变慢并逐渐达到饱和状态，应用文献的比例增大，标志着该学科已经成熟，很少有新的发展。如果分化出新的知识领域，则该门学科的文献量又迅减。这说明一个学科本身的成长过程与其文献在数量和内容构成上的变化有着密切的联系。这种联系正是我们利用信息计量来预测学科发展动向及前景的重要依据。此外，现代科学技术发展的一个明显特点，就是学科之间的相互渗透。学科之间的相互联系和渗透与文献之间的相互引证息息相关。科学文献之间的引证与被引证现象反映了科学专业或学科之间的相互联系，也标志着科学技术的继承和发展关系。由引证关系形成的科学文献之间的引文链，具体而生动地体现了科学的结构。因此，我们利用学科成长与其文献在数量、内容构成和相互引证的变化之间的密切关系，就能追踪和预测某一学科的产生、发展、分化、相互渗透及其动向等。利用文献与技术之间、文献与科研课题之间的关系，同样可以进行相应的科学技术预测。

（3）利用信息计量法进行科技预测的方法和基本步骤

科技预测的方法基本上可分为三大类：定性方法、定量方法和综合方法。如专家咨询法（关键技术法）、深入研究法、德尔菲法、情景分析法、类推法、趋势外推法、头脑风暴法、层次分析法、平滑法、回归分析法、相关矩阵法、决策树法等。信息计量方法是科技预测中新发展起来的重要方法之一。

通过信息计量进行科技预测的基本步骤是：

① 分析预测对象，确定预测目标；

② 搜集有关资料，统计文献数据；

③ 在对有关资料和数据进行归纳、分析的基础上，建立预测模型，并

通过分析研究得出结论；

④ 检验其结论的可靠性、准确性。

（4）利用信息计量法预测世界各国科技发展态势

据统计，在 1997~2001 年的 5 年中，世界科技论文总体上呈现逐年增长的趋势，图 13-3 是根据 *SCI* 统计得到的世界科技论文总数在 5 年中的变化。图 13-4 分别列出了 12 个国家和地区论文数的变化情况。从中可以看出，除了俄罗斯因前期国家政治体制的较大变动所带来的影响而使之论文数有所减少外，各个国家和地区的论文数都有不同程度的增长，显示出世界科技向前发展的趋势。

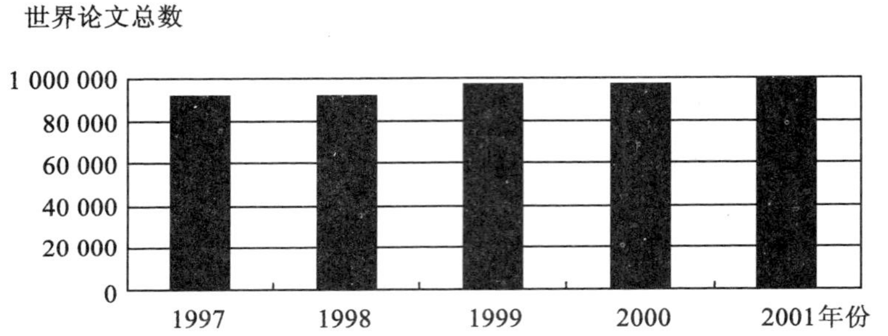

图 13-3 1997~2001 年世界科技论文总数变化情况

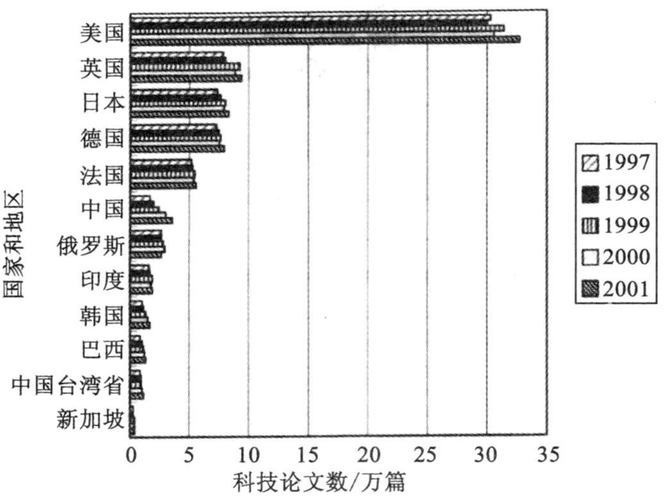

图 13-4 1997~2001 年 12 个国家和地区科技论文数变化情况

从 5 年中各国论文数总量占世界份额看，科技发达的国家占有绝对的优势。通过图 13-5 可以看出，美国、英国、日本、德国和法国 5 年的论文总数达到 4 787 483 篇，占世界论文总数的份额为63. 06%。美国的论文总数为 1 549 388 篇，约占世界论文总数的 1/3。与之相比，发展中国家所占比例较低。虽然中国近期论文数量增长较快，但所占份额只有 2. 66%。

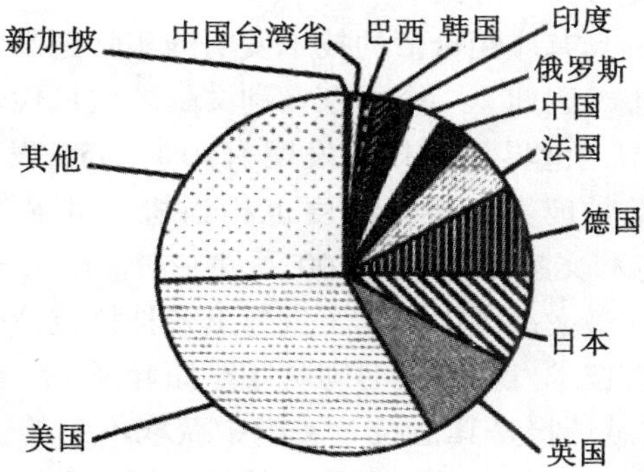

图 13-5　1997～2001 年 12 个国家和地区累计科技论文总数占世界论文总数的比例

五年中世界论文的年均增长率为 2. 21%。从图 13-6 可以看出，科技发达国家中的美国、法国和俄罗斯的年均增长率低于世界年均增长率，而发展中国家和地区的年均增长率全部高于世界年均增长率。中国的科技论文年均增长率达到 20. 62%，是世界年均增长率的近 10 倍。增长率超过 10%的发展中国家还有新加坡、韩国和巴西。

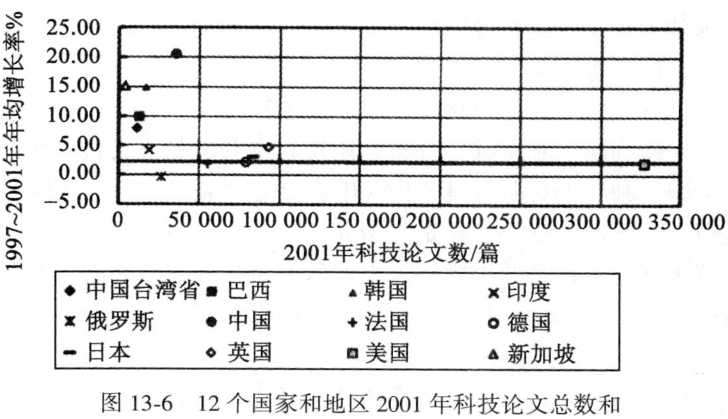

图 13-6　12 个国家和地区 2001 年科技论文总数和 1997～2001 年平均增长率的对比

总的来说，对于世界科技论文数的产出，发达国家占的份额十分大，但增长率却较低，高于世界增长率的只有英国和德国。而发展中国家虽然科技论文产量还较低，但增长率却是非常高的。

13.4.2 利用专利文献进行技术评价和预测

13.4.2.1 重要的技术情报源

专利文献是各种具有应用价值的技术发明的实际记录，它包含有相当丰富的详尽的技术情报。因此，一个国家专利文献的数量代表着一个国家创新能力的高低。据介绍，世界上的技术发明有90%~95%发表在专利文献上。目前，专利文献的数量庞大，增长速度也相当快。世界专利累计量已达3 700万件，每年的专利文献出版量有100万件左右。由大量专利文献所组成的专利文献库不仅在最大范围内搜集了世界上各种科技情报，而且几乎把所有技术领域里的重大技术发明都按时间顺序存储起来了。据统计，世界上有80%~95%的专利文献情报是其他技术文献中获取不到的。因此，在现代科技情报工作中，专利文献是一种极其重要的技术情报源。

随着科学技术的迅速发展，作为发明家贡献给社会的知识财富的专利文献越来越受到科技界和情报界的重视。人们想从专利文献中获取所需要的技术情报的活动日趋频繁。实践证明，专利文献不仅告诉人们关于某一项专门技术的新发明或其改进，而且还蕴藏着大量技术动向和经济情报。如通过对专利文献库内专利文献量的增长的分析，以及将各种专利文献进行重新组合、统计、分析，从中得到一些十分有意义的数据，以此来进行对某些专门技术的评价和预测；还可以从中获悉发明家们正在积极开拓哪些新的科技领域，哪些科技领域近年来取得了更多的突破，同时也可以了解到各种技术领域里的各国技术水平，比较各国的发展速度、技术动向以及各专业领域里主要厂商的技术活动等。

13.4.2.2 美国“技术评价与预测办公室”概况

为了更好地利用专利文献，开拓利用现有专利文献进行技术评价和预测的方法，美国专利与商标局于1971年开始设立“技术评价和预测办公室”(OTAF)。该办公室的任务主要是：搜集、汇总、分析、整理资料，编导、出版有关技术评价和预测的出版物，根据政府机构或私人企业、公司提出的要求撰写和提供专题报告，其内容主要是利用专利文献数据开展技术评价和预测等。

技术评价和预测办公室的工作方法和步骤大致是：

① 先确定需要着手研究的主题，再根据主题查找有关类别。确定类别

是以利用专利文献进行技术评价和预测的基础，也是技术评价和预测工作入门的第一步。

② 类别确定后，分析人员提出数据要求，由计算机专利文献数据库提供有关类别所需要的数据。

③ 分析人员将根据这些数据进行统计、分析、对比、鉴别，从而得到一些十分有意义的结论，并书写分析报告。

美国专利局的技术评价与预测计划的主要研究成果反映在 OTAF 的出版物上。其出版物可分为两大类：即公开出版的、有统一标题、编号的报告和专为某些用户编制的“特别研究报告。”第一类出版物在美国《政府报告通报与索引》（*GRA&I*）上有报道，这为检索提供了很大的方便。

公开出版物主要有以下三种：

①《技术评价与预测报告》。这是 1973 年开始出版的一套具有连续编号的较完整的资料。其内容大体分为三部分：概貌性的统计评价；对特定领域的分析；有关专利活动分析的方法与数据选择标准的讨论。

② 专利概述。到 1983 年初，这一出版物共报道了四种，即合成燃料、太阳能、微电子学与生物技术。每份“专利概述”集中讨论一个技术领域内专利活动的情况。其内容包括：活动概述；专利拥有情况分析；当年一年内有关专利的第一页，反映了所有的著录内容及摘要、插图；引证情况分析等。

③ 工业专利活动。该报告首次于 1981 年出版，至 1982 年再版，内容有所更新，此后一直不定期出版。它是该评价办公室与美国国家技术情报服务处（NTIS）合作的成果，主要是列出发明专利较多的机构名单，按时间或字母顺序排列分析。

《特别研究报告》是只供提出要求的用户使用的。按标准程序编制的特别报告有以下几种形式：

① 技术概貌报告。它先按国家、公司列出某一技术领域内一定年份里发表的专利件数和日期，再按公司列出若干专利号、名称。这种报告可以显示出某一具体技术领域内国家、公司所处的地位，由此可判断它们的技术实力。

② 机构概貌报告。这种报告以专利分类为线索列出某国、某公司或若干公司在一定期限内所获得专利的专利号与名称。

③ 多个公司专利活动概貌报告。

④ 由标准工业分类确定的产品报告。

30 多年来，美国专利局实行技术评价与预测计划取得了一定成果。这些成果有的可以直接为我们开展科研、发展对外贸易服务，有的对我国开展专利活动分析、促进专利文献利用、以获取更多的技术情报方面都具有借鉴作用。

13.4.2.3　专利活动分析

专利文献的利用有两种基本方法：一种是通过对专利文献内容的分析获得情报，其重点集中在具体的一篇篇专利说明书的技术内容上，这是广大科技工作者、工程技术人员所熟悉的方法；另一种是通过对专利活动的分析获得情报，主要是利用信息计量分析的方法对专利文献从整体上加以研究，以了解技术发展的现状，预测技术发展的趋势。它所获得的情报包括：谁（或哪个公司、哪个国家的人）何时在哪一领域内发表了多少专利，某一领域内有关某一具体技术发表了多少专利，专利的利用情况，以及有关这种情况的预测，从而可以知道哪些技术领域内研究与发展工作特别活跃，或有了突破性的发展。据此还可以进一步预测市场上即将有些什么新产品问世。同时，可根据各公司的专利数推断它们的科研力量、技术实力和学术水平；大范围内的分析还可以揭示一个国家的技术能力与水平。例如，美国国家科学委员会（NSB）每年提出的“科学指标报告”中有关科技能力的分析就把专利活动作为一项重要指标。这些情报，对于我们开展技术引进、技术贸易、提高竞争能力都具有十分重要的意义。

专利活动分析的方法是可行的，其原因主要有：

（1）专利文献具有新颖性、先进性、实用性。

（2）社会上的研究发展工作能直接、全面而及时地反映在专利文献中，这种情报功能是任何其他形式的情报源不可能具备的。

（3）专利文献数量巨大，形成了一个完整的专利文献库。

（4）专利说明书都含有许多标准化了的著录项目和申请日期、批准日期、转让情况、优先权、分类等，这就有可能深入各篇文献内部，对不同的著录内容做统计分析。

（5）许多国家有了计算机建立的专利文献数据库，为利用计算机分析日趋频繁、活跃的专利活动创造了条件。

13.4.2.4　开展技术评价和预测

利用专利文献开展技术评价和预测，是通过专利活动分析方法来进行的。在专利文献库提供的数据基础上，可进行下列技术评价和预测分析：

（1）评价技术进展和动向

技术进展与专利文献之间有着十分密切的联系，这是利用专利文献来进行技术评价和预测工作的基本前提。通过对专利文献库里各小类中专利文献量的增长情况的分析，可反映出各科技领域里技术进展的情况、发明者的注意力、新技术动向等；对等同专利数量的分析能在一定程度上反映出其他一些国家的技术动向。

（2）确定最活跃的技术领域

各类别专利文献量增长的速度可反映出当代世界技术发展的动向，从而确定最活跃的技术领域。首先按照化学、电子、机械三大领域各自排出文献活动最活跃的 50 个小类，我们便会发现电气领域的“通用可编程数字计算机系统”在 1976~1978 年三年内增加了 693 项新专利；“混合型数字数据处理系统”三年内增加了 552 项新专利。这两个最活跃的类别三年内所增加的专利文献量约占电气领域所有最活跃的 50 个小类所增加文献量的 16%。在机械领域里，“太阳能加热器”、“太阳灶和太阳炉”、“用太阳加热源的加热系统”这三项有关太阳能的小类，专利文献量增长幅度最大，而且外国专利只占 10.7%~14.5%，而同一时期，总的外国专利所占的比例平均为 37%。这 50 个小类三年内总共增加 6 014 项新专利，其中约有 30%是有关能源技术的。综上分析可见，能源技术是近年来飞速发展的技术领域，美国的能源技术特别在太阳能方面领先于其他国家。

13.4.2.5 *技术评价和预测举例*

（1）从美国专利数的变化评价和预测世界各国创新能力

美国不仅是基础研究产出大国，也是专利拥有量大国，美国本土专利或其他国家获得的美国专利较为集中地体现了世界各国的创新能力。表 13-10 为美国专利商标局 2002 年 4 月在《技术评估与预测报告》（*Technology Assessment and Forecast Report*）中发布的美国和世界各国和地区在美国获取的专利数量。通过对表 13-10 分析可以得出以下结论：

表 13-10　**美国专利局授予的各国及地区专利数（1997~2001 年）**

地域	1997	1998	1999	2000	2001	5 年累计	所占比例
世界总数	124 146	163 209	169 146	176 087	184 051	816 636	100.00%
美国	69 922	90 701	94 090	97 014	98 663	450 390	55.15%
日本	24 191	32 118	32 514	32 923	34 890	156 636	19.18%
德国	7 292	9 582	9 895	10 822	11 894	49 485	6.06%
法国	3 202	3 991	4 097	4 173	4 456	19 919	2.44%

续表

地域	1997	1998	1999	2000	2001	5 年累计	所占比例
英国	2 904	3 726	3 900	4 090	4 356	18 976	2. 32%
中国台湾省	2 597	3 805	4 526	5 806	6 545	23 279	2. 85%
韩国	1 965	3 362	3 679	3 472	3 763	16 241	1. 99%
新加坡	100	136	152	242	304	934	0. 11%
巴西	67	88	98	113	125	491	0. 06%
中国	66	88	99	163	266	682	0. 08%
印度	48	94	114	131	179	566	0. 07%

① 1997~2001 年的 5 年中，美国专利数为 2 548 929 件，美国本土为 450 390 件，只占总数的 55. 15%，也就是说，将近一半的专利是其他国家或地区在美国获取的。由此可见，在美国本土出现的世界性技术竞争也是很激烈的。美国的技术优势相当部分也被其他国家取得。

② 从各年和 5 年累计的专利数可以看出，包括美国在内的各国或地区都是呈正增长，显示出世界的创新能力愈发强劲。

③ 美国取得的专利数和所占比例显示科技发达国家具有较大的优势。首先是日本，专利数占美国专利总数的份额已接近 20%；德国、法国和英国也占有 2%以上的份额。相比之下，发展中国家就较弱，但韩国专利数所占美国专利份额已接近 2%。中国专利数较少，所占份额较低，显示出的技术创新能力还较弱，至少在与美国的技术竞争中还处于劣势。

（2）以半导体技术为例进行技术评价和预测分析

在美国专利文献库的 1976~1978 年最活跃的 150 个小类中，特别令人瞩目的是半导体技术。在电气领域的最活跃的 50 个小类中，有 19 个小类是有关半导体技术的（固体器件、系统和电路等），所增文献量约占整个 50 个小类所增文献量的 45%；而且在机械领域有 5 个小类、化工领域也有 2 个小类是有关半导体器件和技术的。由此可见，半导体技术仍然是目前世界上最为活跃的现代化技术之一。它是一门综合性技术，其高速度发展可从文献量的大幅度增长反映出来。

通过上述各类专利中，国别、公司分布、增长速度比较等图表分析，可以得出以下结论：

① 高速度发展的半导体加工技术。从专利文献的申请和批准的相对增长率和实际增长量来看，大多数半导体加工技术是在20世纪60年代后期开始有了新的突破，并始终保持高速度发展的势头。

② 从美国专利文献库的所有类型来看，美国本身的专利量约占一半以上，而在大多数半导体加工技术的类别里美国本身的专利量比例在70%~80%，有的甚至在90%以上，绝对控制了这一技术领域，但其他国家在半导体加工技术方面获取的美国专利也日趋增多，有急起直追的趋势。

③ 大部分半导体加工技术的专利控制在少数十几家公司里。这些公司之间的技术竞争十分激烈。我们可以从历年各公司所获取专利量及其内容的变化看出它的技术活动趋向。

13.4.3 利用信息计量方法预测学科发展趋势

根据信息计量学应用于科技预测的基本原理，可以估测某一学科或知识领域的发展动向及其前景。现举例说明其基本方法与过程。

13.4.3.1 基本方法举例

(1) 确定目标

在化学中，色谱法是20世纪60年代以来迅速发展起来的一种新型分离分析物质的方法。它是利用吸附剂对各种待测组分的吸附程度不同而达到鉴定与分离的目的。我们利用信息计量学的方法，对国外1965~1978年间色谱法文献数量和内容构成的变化作一剖析，就可以描绘出该学科当前的发展轮廓及其趋势。

(2) 文献统计与分析

为了掌握有关色谱法的全部文献资料来源，首先必须选择一种报道色谱法全部文献资料内容的检索工具作为分析研究的对象。美国《化学文摘》“分析化学”只报道了“无机分析化学”和“有机分析化学”两小类，而分析化学应用技术则散见于其他各部分，这就给文献统计工作带来很大困难。因此，我们选用英国《分析文摘》（*Analytical Abstracts*）和《色谱杂志》中的题录部分作为分析研究对象；并统计《分析文摘》中摘录的条数，1965年约6 640条，1970年约9 820条，1975年约8 980条。表13-11中列出了各种分析方法的文献在分析化学文献总量中所占百分比。

表 13-11　**各种分析方法的文献在分析化学文献总量中所占百分比**

分析方法	1965 年	1970 年	1975 年
色谱法（%）	24	30	27
气相色谱法（%）	8	11	9
光谱法（包括电子顺磁法、核磁共振法、光度法）（%）	36	37	36
电化学法（%）	10	13	20
重量法、容量法及其他方法（%）	30	20	17

以上数字说明，从 1965 年到 1975 年，经典分析方法（重量法、容量法及其他方法）所占比重下降将近一半；光谱法应用最广，一直居于首位；色谱法由 1965 年的第三位跃居到 1975 年的第二位，有了较大的发展。

为了弄清色谱法各分支的发展情况，统计了《色谱杂志》中 1970 年、1975~1976 年（上半年）、1977~1978 年（上半年）三段时间内全部题录条数，它们是按照气相色谱法、液相色谱法、纸色谱法、薄层色谱法等四大分支排列的。统计结果按各分支文献所占的百分比列于表 13-12 中。

表 13-12　**色谱法各分支文献所占的百分比**

色谱法分支方法	1970	1975~1976	1977~1978
气相色谱法（%）	29	26	25
液相色谱法（%）	26	39	45
纸色谱法（%）	13	7	5
薄层色谱法（%）	32	28	25

表 13-12 说明，20 世纪 70 年代以来纸色谱法文献量显著减少，液相色谱法文献量增多，已居于第一位。

我们还统计了各种色谱方法按实验技术的文献量分布情况（%），结果列于表 13-13 中。

表 13-13 数字说明，20 世纪 70 年代以来实验技术柱效与柱子填充方面的文献所占比重最大，这反映国外色谱法当时研究的重点。

表 13-13　　各种色谱方法按实验技术的文献量分布情况

实验技术	1970 年	1975~1976 年（上半年）		1977~1978 年（上半年）	
	气相色谱法（%）	气相色谱法（%）	液相色谱法（%）	气相色谱法（%）	液相色谱法（%）
检测器	21	19	16	19	17
柱效与柱子填充	17	22	33	28	33
设备与材料	22	24	14	18	20
物理、化学性质测定	10	9	4	5	5
自动化	13	16	8	17	—
其他	17	10	25	13	25

（3）结论

利用信息计量的方法剖析国外色谱法有关文献的结果，勾画出色谱法当前发展的轮廓，即 20 世纪 70 年代以来，国外液相色谱法取得显著进展，其科技重点是提高柱效与改进柱子填料。这也是色谱分析法研究的发展方向。

13. 4. 3. 2　应用信息计量法评价和预测世界两大热点——基因和纳米

21 世纪是生命科技和信息科技高速发展和广泛应用的时代，而纳米科学和技术将促进包含着两个领域的所有技术的发展。目前所有科技发达国家的政府和企业都对纳米科技给予大量的投入，试图抢占 21 世纪科技战略制高点。许多西方国家和企业已将纳米技术列为国家机密和商业机密，严格控制对外出口。包括中国在内的发展中国家也不甘落后，向纳米研究领域进行了一定投入，开展研究和开发利用。

目前在生命科学的研究中，基因研究相当活跃，研究成果大量涌现。2002 年 6 月 26 日，美国、日本、德国、法国、英国和中国六国科学家共同宣布人类基因组测序工作草图绘制完成。这项重大研究成果标志着人类在研究自身的过程中迈出了关键的一步。

这两项热点研究领域，仍将有许多新理论有待探索和发现，目前还主要以研究论文的形式发表。因此，从各个国家和地区纳米和基因研究论文发表的数量及其变化趋势的统计，可以反映出各个国家和地区科技研究能力和在国际上所处的地位，还可以看出该学科发展的走向。

(1) 基因论文的数据统计与分析

① 1997~2001 年世界基因论文的产出情况分析

基因作为生命科学领域的一个研究热点，研究成果丰硕，以文献形式发表的数量很大。从表 13-14 看，随着 *SCI* 论文总数的逐年增加，基因论文产出量也是逐年上升，与总数的比例基本上保持在2. 1%,趋于平稳增长。

表 13-14　**世界基因论文数和所占比例**

年份	基因论文数（篇）	*SCI* 论文总数（篇）	所占百分比（%）
1997	15 994	745 819	2. 1
1998	16 557	770 591	2. 1
1999	16 542	785 222	2. 1
2000	16 371	778 453	2. 1
2001	17 098	815 463	2. 1

② 各国及中国台湾省的基因论文数产出情况分析

1997~2001 年的 5 年间，各年的基因论文数呈逐年上升之势。通过表 13-15 可以看出，美国、日本、英国、德国和法国 5 个科技强国所产出的基因论文数占基因论文总数的比例已经达到 81. 33%。与之相比，发展中国家的中国和韩国在此期间产出的基因论文数占总数的比例分别为 1. 61% 和 1. 68%，稍高于俄罗斯。而其他的发展中国家和地区都达不到 1%。

表 13-15　***SCI* 收录的基因论文数及部分国家地区相关情况**

年份	1997	1998	1999	2000	2001	总计	份额（%）	年均增长率（%）
世界	15 994	16 557	16 542	16 371	17 098	82 562	100	1. 71
美国	7 254	7 080	7 096	6 833	7 295	35 558	43. 07	0. 22
英国	1 436	1 603	1 577	1 338	1 303	7 257	8. 79	-1. 94
德国	1 356	1 446	1 455	1 427	1 539	7 223	8. 75	3. 30
法国	1 055	1 192	1 156	1 098	1 156	5 657	6. 85	2. 56

续表

年份	1997	1998	1999	2000	2001	总计	份额（%）	年均增长率（%）
日本	2 131	2 299	2 319	2 234	2 469	11 452	13.87	3.90
俄罗斯	161	180	146	204	225	916	1.11	10.73
中国	145	196	239	330	422	1 332	1.61	30.77
印度	76	106	77	91	133	483	0.59	19.11
巴西	69	92	136	140	142	579	0.70	21.38
韩国	201	254	256	313	365	1 389	1.68	16.51
新加坡	27	30	39	42	47	185	0.22	15.18
中国台湾省	135	134	123	191	210	793	0.96	14.07

从各年基因论文数占总论文数的比例比较，中国呈现快速增长趋势，1997~2001年所占的百分比分别为0.9%、1.2%、1.4%、2.0%和2.5%。而美国则呈现下降趋势，1997~2001年所占的百分比分别为45.4%、42.8%、42.9%、41.7%和42.7%。

1997~2001年世界基因论文年均增长率为1.71%。日本、德国和法国高于此值，美国和英国低于此值，而且英国出现了负增长。中国、印度、巴西、韩国和新加坡情况比较接近，论文数所占比例较低，但论文数的年增长率都高于世界年均值。中国台湾省的增长率也超过了世界年均值。中国的年均增长率是最高的，达到30.77%。

（2）纳米论文的数据统计与分析

① 1997~2001年世界纳米论文的产出情况分析

纳米作为世界研究的另一热点，发展非常迅速，加之广阔的应用前景，使各国都加大了科技投入。因此从论文的产出数量看，呈现出逐年上升的趋势，纳米论文数占 *SCI* 论文总数的比例也呈现出逐年上升的趋势。从表13-16可以看出，1997~2001年的5年间，纳米科技论文数由2 798篇增加到7 656篇，增加了近3倍，所占总数的比例由0.38%增长到0.94%，增加了2.5倍，且增长势头仍在继续。

表 13-16　世界纳米论文数和所占比例

年份	纳米论文数（篇）	*SCI* 论文总数（篇）	所占百分比（%）
1997	2 798	745 819	0. 38%
1998	3 599	770 591	0. 47%
1999	4 866	785 222	0. 62%
2000	5 439	778 453	0. 70%
2001	7 656	815 463	0. 94%

② 有关国家及中国台湾省的纳米论文产出情况分析

1997~2001 年的 5 年间纳米论文产出呈现上升趋势，论文产出总量为 24 358 篇。通过表 13-17 可以看出，科技发达的 5 个国家美国、英国、日本、德国和法国共计产出 14 673 篇，占总数的 60. 23%。中国在此期间的论文数为 2 482 篇，占总数的比例为 10. 19%。按照 5 年产出的纳米论文数排序，中国居世界第三位，仅次于美国和日本。1997~2001 年中国各年纳米论文产出数占世界纳米论文总数的比例分别为 8. 22%、7. 83%、9. 57%、10. 86%和 11. 92%，其增长趋势也是十分明显的。2001 年的数据与 1997 年相比，美国纳米论文产出所占的份额由 28. 31%增加到 32. 38%，增加了 3. 97 个百分点；日本纳米论文产出所占的份额由 12. 76%增加到 13. 35%，增加了 0. 59 个百分点；中国则增加了 3. 70 个百分点。

表 13-17　***SCI* 收录的纳米论文数及部分国家和地区相关情况**

年份	1997	1998	1999	2000	2001	总计	份额（%）	年均增长率（%）
世界	2 798	3 599	4 866	5 439	7 656	24 358	100	29. 09
美国	795	1 041	1 269	1 333	2 479	6 917	28. 40	35. 97
英国	103	130	165	188	337	923	3. 79	36. 58
德国	258	332	412	475	733	2 210	9. 07	30. 60
法国	209	220	288	334	531	1 582	6. 49	27. 78
日本	357	450	564	648	1 022	3 041	12. 48	31. 00
俄罗斯	134	144	200	215	318	1 011	4. 15	25. 44

续表

年份	1997	1998	1999	2000	2001	总计	份额（%）	年均增长率（%）
中国	230	282	466	591	913	2 482	10.19	42.29
印度	42	62	95	109	224	532	2.18	55.27
巴西	8	10	28	36	85	167	0.69	92.42
韩国	27	48	116	151	329	671	2.75	91.87
新加坡	8	15	34	50	85	192	0.79	82.81
中国台湾省	23	29	45	52	122	271	1.11	57.86

从1997~2001年世界和12个国家及地区的纳米论文数的平均增长率来看，世界均值为29.09%，在科技发达的5个国家中，除法国外，都高于世界平均增长率，而对于包含中国在内的发展中国家和地区，年均增长率都大大高于世界平均增长率，特别是论文数所占比例还不高的巴西、韩国、新加坡、印度和中国台湾省，年均增长率不仅高于世界，也高于中国。

（3）结论

由以上两个世界热点研究领域研究产出论文的数据分析，大致可得出结论：

① 1997~2001年两大热点研究领域产出论文数仍呈上升之势。

② 两大热点研究领域中，5年累计基因论文数为82 562篇，纳米论文数为24 358篇，前者是后者的3.4倍，显示出生命科学时代已经来临。而从年平均增长率来看，基因论文数的世界年平均增长率为1.71%，纳米论文数的世界年平均增长率为29.09%，后者是前者的17倍，显示出纳米研究的发展速度超出了基因研究的发展速度。

③ 从世界各个国家和地区两大热点研究领域的论文产出看出，科技发达的美国、英国、日本、德国和法国5个国家所占有的份额在基因领域中约为80%，在纳米领域中约为60%。由此看来，大量的有关科研成果仍被这些科技强国掌握。但是中国在纳米研究领域已有所突破，拥有较多的论文产出，所占世界份额已经超过了10%。

④ 就两大热点研究领域产出的论文的年平均增长率来看，虽然发展中国家和地区产出论文的绝对数量所占份额较低，但增长率却高于世界平均水平，而且远远超过科技发达国家，显示出发展中国家和地区的发展后劲。

13.4.4 利用信息计量方法预测产品开发和应用前景

1980年初，日本科学技术情报中心的小森隆利用信息计量分析方法，研究并展望了20世纪80年代高分子材料的发展前景，提出了《从70年代的情报来看80年代的高分子工业》的分析报告，收到了较好的效果。

小森隆首先利用JOIS—S联机检索系统，调查统计了1978年4月至1979年12月期间的全套《科学技术文献速报》所发表的有关高分子材料的文献数量；然后从JOIS—S理工学数据库中检出了有关人造纤维、橡胶、塑料（包括涂料、黏接剂）、各种聚合体的文献32 000件；并按照JICST叙词表选择关键词，统计塑料、橡胶、纤维等主要名词出现的次数，所得结果列于表13-18、13-19和表13-20中。

表13-18　　主要塑料关键词出现的次数

塑料名词	次数
热塑性塑料	10 314
丙烯树脂	1 777
缩醛树脂	206
氟树脂	658
聚酰胺	1 129
聚亚胺	305
聚烯烃	2 991
聚乙烯	2 071
聚丙烯	851
聚氯乙烯	1 391
聚碳酸酯	418
聚苯乙烯	1 539
热固性塑料	2 893
酰胺树脂	216
环氧树脂	1 429
不饱和聚酯	449
增强塑料	1 527

表 13-19　　主要橡胶关键词出现的次数

橡胶名词	次数
苯乙烯-丁二烯橡胶	268
丙烯腈-丁二烯橡胶	177
异戊间二烯橡胶	130
氨基甲酸乙酯橡胶	134
乙烯-丙烯橡胶（包括 EPOM）	173
氯丁橡胶	116
硅橡胶	173
丁二烯橡胶	174
天然橡胶	286

表 13-20　　主要合成纤维关键词出现的次数

纤维名词	次数
丙烯纤维	315
聚酰胺纤维	705
聚酯纤维	184
聚烯烃纤维	189
人造丝	333
醋酸纤维	65
三醋酸纤维	22

根据对塑料、橡胶和纤维的关键词出现次数的统计，小森隆对三大高分子材料的产品结构及前景进行了预测，得出了如下结论：

20 世纪 80 年代塑料工业的产品品种形势是：热塑性塑料仍占主要地位，其中聚烯烃（包括聚乙烯在内）、丙烯树脂、聚苯乙烯仍是令人瞩目的产品；聚氯乙烯塑料仍不失“热门”品种。

80 年代橡胶品种趋势尚不明显，有待继续判断；表 13-20 的数据表明人们对天然橡胶产品的关注，说明正积极进行有关天然橡胶的改性、天然橡胶与合成橡胶混炼的研究；可以断定 80 年代天然橡胶的技术将有更大的发展。

80 年代的纤维品种中，聚酯纤维仍将占压倒优势；聚酰胺纤维同样将引起人们的极大兴趣；醋酸纤维却愈来愈被冷落。

通过对有关橡胶、塑料主要用途的文献数量统计（表 13-21），可以预测它们的应用前景。

表 13-21　**橡胶、塑料的主要用途的文献数量**

用途	文献数
包装材料	1 098
其中：食品包装	337
建筑材料	820
其中：复合材料	127
汽车工业	584
航空、宇航工业	218

根据表 13-21 的数据，可以推断：

① 橡胶与塑料今后仍将作为包装材料而被大量利用；作为建筑材料的趋势已见明朗，主要是做外装材料、配管材料、隔音与绝热材料。

② 增强塑料和其他复合材料作为结构材料的应用，无疑将愈来愈多。

③ 由于橡胶与塑料大量作为包装材料，80 年代，必须特别注意其回收和综合利用的问题。

从以上分析我们可以看出，在利用信息计量学方法进行科技预测时，文献统计数据是制作预见性情报的基础，但有了数据还必须结合相关科技知识，灵活地运用，深入地加以分析，这样才能扩大预测结果。例如，从表 13-18 中可知，环氧树脂一词出现的次数颇多，这说明科研与生产部门都在重视它；环氧树脂是增强塑料的主要原料，所以它必将推动增强塑料的发展。与此同时，玻璃纤维生产亦应相应地跟上了。为了生产具有高强、耐热、耐火等特殊性能的增强塑料，碳纤维、硼纤维、酰胺纤维也要有一个相应的发展。

小森隆利用信息计量方法进行的上述研究，虽然存在一定的误检和漏检，关键词也不一定代表文献等误差，但仍然正确地预测了高分子材料的总的发展趋势。他的结论还从有关品种的产量统计中得到支持和佐证，与 20 世纪 80 年代初日本化学工业的生产实际大体相符，因此，其预测结果基本上是准确和令人信服的。

14 信息计量学的新发展——网络信息计量学

14.1 网络信息计量学概述

14.1.1 网络信息计量学的概念

网络信息计量学，英文为 webometrics 或 cybermetrics，是随着网络的发展和网络信息资源激增而产生的一门新的计量分析学科。首先提出网络信息计量学概念的 T. C. Almind 认为：网络信息计量学包括了所有使用信息计量和其他计量方法对网络通信有关问题的研究，“信息计量方法所使用的手段完全可以应用到万维网上，只不过是将万维网看做引文网络，传统的引文由 Web 页面所取代”。① 可见，网络信息计量学是综合采用文献计量、信息计量、统计学方法、计算机技术和网络技术等对网络信息规律进行计量分析的一门科学。从网络信息计量学的研究对象、方法、内容和目标等方面来看，网络信息计量学是采用数学、统计学等定量分析方法，对网上信息的组织、存储、分布、传递、相互引证和开发利用等进行定量描述和统计分析，以揭示其数量特征和内在规律的一门新兴分支学科，是信息计量学的一个新的发展方向和重要的研究领域，具有广阔的应用前景。

---

① Almind T. C., Ingwersen P.. Informetric Analyses on the World Wide Web: Methodological Approaches to ‘Webometrics’. *Journal of Documentation*, 1997, 53 (4): 404~426

14.1.2 网络信息计量学的研究意义

随着网络迅速发展及网络信息计量学的广泛应用，其研究分析结果给用户提供了多方面的帮助，日渐引起人们的共同关注。网络信息计量学的提出不仅扩展了信息计量学的研究范围，而且对网络的发展与利用起着重要的作用。

第一，通过网上信息的计量研究，可为网上信息的有序化组织和合理分布、网络信息资源的优化配置、网络管理的规范化和科学化提供必要的定量依据，从而改善网络的组织管理和信息管理，提高其管理水平，促进其经济效益和社会效益的充分发挥；可以了解网络信息的分布情况，掌握网上的信息交流情况；可根据网络链接的结构，分析站点的集中度和联系程度，进行网络结构的布局安排，合理配置资源，指导网络建设和网站管理。对于网络用户的详细分析，根据用户特征调整网站风格，最优化地选取网络的视点、焦点，科学地组织网络资源。

第二，有助于网络资源的开发利用。通过对网络信息资源分布规律的计量研究，能使人们准确地把握网络信息分布的状况；随着网络信息资源的迅速增长，网络信息资源的评价显得越来越重要，它可以帮助和推荐网络，对网页信息及其有关的组织机构进行定量分析评价，可确定核心信息的来源；研究网络信息资源的评价指标，为信息资源的开发利用提供依据；通过网络用户的信息需求和上网习惯的定量研究，可以为优化网络站点的结构提供参考，或提供个性化服务，从而使用户更快地找到所需的信息。网上的信息量巨大而且分散，也就是说，同一类信息分散在网络的很多地方，使信息的查准率和查全率受到了一定的限制。通过网络信息计量学分析方法，确定某一信息相对集中的网站，就可指导人们进行有目的地查找网络信息，同时也可促进信息的进一步集中。通过统计分析，可以得到某个网站的被访问次数，被经常访问的栏目，从而预测该网站的发展前景。

第三，通过计量方法研究因特网上的信息交流和学科知识结构特点，分析和建立新的科学发展指标，有利于研究网络环境下的科学信息交流和传播，分析和掌握学科发展状况，探讨学科的发展趋势，如学科的独立性、吸收能力、渗透性、地位、发展动态和方向等，为制订有关科学研究政策提供参考。如可通过利用网页的同被链接或网络电子期刊的同被引情况，了解一个学科的知识结构。美国伯克利加州大学信息管理与系统学院的 Ray Larson 教授就曾利用搜索引擎收集到有关地球科学文献的同被引情况数据，用同被引频率矩阵分析了地球科学、地理信息系统、卫星遥感等学科相互关系以及发展趋势，为有关学科的发展规划提供了依据。

第四，提高网络信息检索的效率。利用网络信息计量学的原理和方法可以帮助网络信息检索效率的提高。因特网是一个开放的网络，而庞大的用户群所产生的信息需求是复杂多样的，多数人没有分类、主题法的背景知识，无法产生明确的检索提问，因此要求网络信息的提示方式以用户需求为出发点，通过用户对已有网站的点击率来统计分析用户的需求特点及倾向，从各个层次、角度完善网络全新的检索控制途径，建立容量庞大、语种多样的大型数据库检索系统，使检索从单一的查询工具向网络全功能服务发展，而且有可能实现对个人信息需求的关注，更好地为每一个用户服务。

第五，为有关的决策服务。通过对网络信息的计量分析，有助于了解和掌握社情民意，了解有关的市场行情动态，分析和发现某一问题的动态和热点，预测有关的发展趋势，为有关的决策服务。随着网上信息的日益增长，有必要对网络信息进行计量分析，以发现有关的规律，为社会经济发展服务。

14.1.3 网络信息计量学的研究对象和内容

14.1.3.1 网络信息计量学的研究对象

网络信息计量学研究对象是网络的信息。作为网络信息计量学研究对象的网上信息，可以分为三个层次：第一层次是以“比特”形态存在的网络最基本的信息单元，其类型包括数字信息、文字信息以及集文字、图像和声音于一体的多媒体信息等；第二层次是关于网上文献的信息及其相关特征信息，网上文献既涉及一次文献，又包括二次、三次文献；第三层次是关于网络结构单元的信息，包括以网络站点、数据库等结构为单元的信息资源。在第一层次上，网络信息计量学通过对信息量和信息流量的计量分析，为人们掌握网络资源整体状况提供必要的数据。除了对网络资源整体规模进行计量分析外，还可对不同学科、不同地区、不同语种以及多媒体信息等进行计量分析，从而让人们掌握各类信息的数量特征和内在规律。在第二层次上，网络信息计量学将更具体深入地研究网络文献资源状况。在科学技术领域里，某一学科的文献量及其增减变化是该学科发展变化的晴雨表。通过对文献数量和内容变化的分析，能追踪某一学科或技术领域的产生、发展及相互渗透等。不仅如此，通过对网络文献相关特征信息进行分析，还可以总结出网络文献资源潜在的规律。例如，通过分析著者信息，可以发现具有不同数量论文的作者的分布规律，进而揭示科学工作者生产科学文献的能力，并可以据此预测科学家数量的增长和科学发展的趋势等。在第三层次上，网络信息计量学通过对网络站点或数据库等结构单元进行研究，从宏观上揭示网络文献的特征和规律，帮助人们更好地管理和利用网络信息资源。

14.1.3.2 网络信息计量学的基本内容

网络信息计量学具有综合性的特点，涉及理论、方法、技术和应用等方面，目的是研究有关的理论基础，探索有关技术和方法，分析网络信息的计量方法在具体应用中的可行性，并就有关的计量管理问题提出相应的对策。研究的主要内容包括：

（1）网络信息计量学的基本问题研究

①网络信息的类型和特点；②网络信息计量的基本原理；③网络信息计量的基本方式；④网络信息计量的意义和作用；⑤网络信息计量的发展趋势等。

（2）网络信息计量学的理论问题研究

①网络信息分布规律；②网络信息增长规律；③网络信息老化规律；④网络信息关联规律；⑤网络信息离散规律等。

（3）网络信息计量学的方法问题研究

①基本测度指标；②网络信息内容的测度；③网络信息结构的测度；④网页的链接分析；⑤网页的影响因子（Web Impact Factor，WIF）分析；⑥网络信息使用规律的测度；⑦统计分析方法；⑧数据挖掘方法等。

（4）网络信息计量的技术问题研究

①网络信息计量系统的机理与设计；②文本信息计量技术；③多媒体信息计量技术；④多语言信息计量技术；⑤智能代理（Agent）计量技术；⑥网络信息的计量评价系统；⑦扩展标识语言（XML）等环境下网络信息计量问题等。

（5）网络信息计量的应用问题研究

①网上电子期刊、电子图书等信息的计量分析；②数字图书馆信息的计量分析；③网络站点的增长、分布、联系等的计量分析；④网络经济信息的计量分析及其在电子商务中的应用；⑤网上学科或技术领域的信息产生、发展及相互渗透规律计量分析等。

（6）网络信息资源计量管理对策问题研究

①网络信息资源配置计量问题；②网络信息价值的定量评价；③网络信息过滤的定量分析；④网络信息服务的定量评价；⑤网络信息共享效率的计量；⑥网络信息的成本效益定量评价，等等。

14.1.3.3 网络信息计量学的研究重点

由此可见，网络信息计量学涉及范围很广，内容非常丰富。根据当前的研究现状来看，网络信息计量学研究的重点内容主要在以下几个方面：

（1）网络媒体信息本身的计量分析

这方面的研究主要是为了进一步了解网络信息的组织规律、发展趋势，从而为进一步研究网络信息的管理奠定理论基础。网络化的不断发展使人们对情报检索的要求越来越高。传统方式是通过人工对声音、图像等用文本进行注解，再用基于文本的数据库管理系统来进行检索，而人们不断发展的对情报需求的心理特点要求对各种信息进行直接准确的检索。因此，首先要考虑的是建立容量足够大的多媒体信息数据库以完整保存信息；其次，以图像为例，构建各种特征索引数据库，将颜色、纹理、形状等视觉特征内容通过绘制直方图、共生矩阵及轮廓线等数据模型进行量化；对于声音，可以对声音的各种属性特征如音调、响度、音色等进行分离，对其特征值进行赋值，在检索时通过赋值检索或示例匹配方式，将其特征值限制在一定的相似范围之内或通过选择示例声音进行匹配，从而得到精确结果；利用层次分析法将用户对声音的主观评价转化为对声音服务的要求的客观反映等，以指导网站建设。

（2）网络站点结构的计量分析

研究各个国家的域的等级——频次分布、网页之间和网页内部、外部的超文本链接，运用解释和模拟网络结构和增长的理论工具进行模型研究，即通过构建网络结构的模型来研究网络，诸如网络的相互链接及拓扑结构。网络站点作为网络时代的“知识地图”成为网络信息计量学所关注的问题。不仅网络文献保持着聚类关系，网站之间也有着独特的引用关系。网络文献之间不仅是参考文献的著录方式，更多的是使用了超级链接；不仅是链接参考文献的条目，有可能通过点击可以得到引用文献的全文。网络信息计量学研究的正是网络中的 Web 网页之间的链接引用关系，同被引与引文耦仍然可以用于提示站点之间的相关性。网络结构单元包括站点、聊天室、讨论组、电子邮件等，对以上网络结构单元中的信息增长、信息老化、学科分布、信息传递，以及各单元之间的相互引证和联系等的计量研究，将是网络信息计量学研究的重要组成部分。网络信息计量学研究由一个节点和链构成的信息资源网络，是一个非线性结构的超文本系统，不仅适合表达多媒体信息资源，还善于构造和表示网络信息资源之间多方面，多层次的复杂关系。超文本可以超学科、超年代地组织文献。网页的链接机制与文献计量学研究的引文机制有许多相似之处，但也存在一些区别。与传统的引文分析方式相比，网页链接分析的数据已经数字化，并利用计算机进行，可以自动操作，交互性强，并能对有关的数据进行多方面的深度分析。网页的链接分析范围更广，除了引证分析外，还包括参考、应用、相关等，有时甚至是一些意义不太大的广告；链接涉及的载体类型多，包括文本、声音、图像、动画等；网页变化大，链接的动态性强，常常处于不断的变化中。链接数量多，数据量大。这些特点使得网页的链接分析带来许多新的问题，值得研究和探讨。

（3）网上文献信息的计量分析

网络信息计量学是在文献计量学基础上发展起来的，但网络信息的特点决定了网络信息计量学有其新的内容体系和研究方法，因而需要制定新概念、新指标，探索新规律，包括著者分布规律、文献分散、增长与老化规律、引文规律以及对这些规律的理论解释和数学模型的研究。①对著者分布规律的研究。网络文献著者多以集团出现或根本不署名，这给计量研究带来了很大的不便。如果最终仍以个人著作量大小来进行评价的话，不妨以团体作为一个评价单位进行统计，由该团体根据其成员在论文生产中的贡献给予加权评定，然后回馈给网络，进行最后的计量分析，以揭示著者的分布规律。②对文献分散规律的研究。目前网络成为人们发表论文的又一载体，网上论文不必经过传统的审查挑选即可发表，而网站自身的建设将会影响论文的分布，产生网络文献集中与分散的矛盾现象，是否存在“少数网站中堆积了大量有价值的信息，大量网站稀释了有价值的信息”的规律是网络信息计量学的研究内容之一。③对文献增长规律的研究。对网上文献增长规律的研究，有助于对科学知识增长规律的认识。网络环境下，从事学术研究的人们需要建立专业化功能更强的搜索引擎，使其从单一的查询工具向因特网全功能服务发展，将采集到的网络文献按多种文献特征进行标引，形成庞大而全面的索引数据库，为研究提供完备的分析数据，也从中揭示网上文献增长规律。④对文献老化规律的研究。网络的高时效性使文献发表的时滞问题得到缓解，保证了最新科研成果及时公布。然而，网络信息更新速度之快也使网络环境下的文献有稍纵即逝的感觉，对信息的利用也产生了重大影响，这就需要网络信息计量学家对网络文献半衰期的概念进行更加细致和完善的界定与探索，使网络文献管理趋于合理化。⑤对文献引文分析的研究。利用传统的引文分析指标——同被引和引文耦等来表明文献之间的定量化关系，可以反映出科学研究的理论方法的演变过程，也可以勾勒出科学研究的足迹与脉络。这一方法同样也成为网络信息计量学研究中不可缺少的一项重要内容。对于网络文献，应当在继承传统的基础上有所发展，对“相关文献”、“引文数”、“被引数”等一系列指标实现选择范围的稳定性、连续性、明确性，使分析数据更为可靠与有效。

（4）网页影响因子分析

网络信息计量学研究方法之一是链接分析法，通过计算网络影响因子，能评价出某一科学领域最有影响和最具权威的站点。Ingwersen 发表了《网络影响因子计算》的文章①，对计算网址的影响因子的可行性和可靠性做了研究。他对网络影响因子的定义为：在一给定时间，某个国家的网址（或某个网址）被其他网址和其自身所链接的网页数目的逻辑和除以该国家（或该网址）的所有网页数。这里需要注意的是定义中提到的"网页数目"的和，不是指链接次数的和而是链接页数目的和。Web 空间网络影响因子有 3 种计算方法：①自链接 Web 影响因子，测量所测 Web 空间自身页面之间的链接。②外部 Web 影响因子，测量外部链接到所测 Web 空间的链接。③整体 Web 影响因子，测量到 Web 空间的所有链接。网络影响因子测量实例结果分析是为了检验 WIF 可用作评价测量工具，比如外部 WIF、自链接 WIF、整体 WIF、域网页数目等。相比较起来，外部 WIF 是 Web 空间以外站点链接到 Web 空间内站点的程度，外部 WIF 是 Web 空间影响的最好反映，整个 WIF 的趋势似乎紧随外部 WIF 的趋势。Ingwersen 通过对 7 个国家（挪威、英国、法国、丹麦、瑞典、芬兰和日本）网址和 4 个主要域名（gov，org，com，edu）的研究，得出了 3 个有趣的结论：①由于用作搜索引擎的 Alta Vista 只能统计链接到某个网页的网页数目而不是链接的次数，因此自链接不会影响网络影响因子的结果。4 个主要域名的自链接 WIF 值平均为 0.5，"com" 的自链接 WIF 值为 0.59，平均来自外部的链接页的 WIF 值为 0.39。②对于非主要域名的个人网址，其 WIF 的可信度要小得多。③在做 WIF 计算时可以利用计算结果发生的变化作为评价网络引擎性能的一个测度。Alastair 在 1998 年 10 月也进行了相关的研究。他选取的研究对象是澳大利亚的大学网站和电子期刊网站，并把研究结果与通过传统的研究方法得出的结果进行了对比。采用的方法与 Ingwersen 类似，但是考虑 Alta Vista 布尔逻辑运算的不一致性，他采用了一些方式进行计算。他得出的结论是，大学或者研究机构的网络影响因子是评价其网络影响力的一个有用指标，但是对电子期刊则不然。Owen Thomas 和 Peter Willett 在 1999 年对英国

① Peter Ingwersen. The calculation of Web Impact Factors. *Journal of Documentation*, 1998, 54（2）：236~243

大学图书情报学系网站的网络影响因子做了分析①。所使用的工具还是 Alta Vista，但是所用的语法与上述几种方法稍有不同。他们用 url 语法测度某一网站所包含的网页数，并且其对链接到每一个网站的前 100 个网页做了研究（如果网页数目不足 100 的话，则选取全部），并将这些网页按主题分为：个人主页、主题页（专门论述某个主题的网页）、机构的主页、指南页（提供一些网址的链接）、资源页（提供文本、声音、图像等资源）等几种。他们发现链接到图书情报学系网站的网页中有很多是来自非图书情报主题的网页甚至是商业性的网页，他们认为链接分析的数据不适合用于对图书情报系的研究能力进行定量研究。目前网络影响因子的概念在实际应用中还只是一个相对粗浅的提法，因而所得出的结论也存在很多问题。但网络影响因子测定方法为给定的科学领域提供了一个潜在的和有用的方式，去评价该站点是否最有影响和最具权威。

（5）网络数据库中的知识发现

知识发现作为一个多学科研究领域，近年来逐渐为人们所重视。知识发现是指对数据中隐含的、以前不知道的、潜在有用的信息的有价值的提取。知识发现技术包括信息检索、统计学、机器学习、模式识别等。知识发现在目标及方法上与文献信息计量学有许多共同点，例如，文献计量学中的聚类分析技术可以看成是知识发现在文献和引文数据库中的一个应用。由于知识发现是针对数据库中呈指数增长的内容的开发方法，因而，对于网络这个呈指数增长的分布数据库，数据挖掘也可用于网络环境下的知识发现。但由于网络的分散性、多元性及动态性，在网络环境下的知识发现或网络挖掘显得较为困难。网上知识挖掘主要包括 3 个方面，即对网页内容、链接结构以及网络使用者的信息使用行为的研究。其中对链接结构的研究是知识挖掘的重点。在对链接结构的研究中，可视化理论法是一个极好的研究工具。Broder 等利用 2 亿网页和 15 亿个链接给出了看起来像“领结”形状的网络结构曲线图，构建了网络曲线的数据库模型。研究结果表明，网络的宏观结构比以前人们在小规模范围内所构建的模型要复杂得多。这一模型无论对人们更好地了解网络结构的特性还是在机器的知识发现方面都具有一定价值。除了对网络结构的探索，通过应用信息计量学方法在网络上进行问题跟踪，从而获得了以前未知的有用知识外，数据和文本挖掘技术为信息分析提供了极大的可能性。Bar-Ilan 在 1999 选择 informetrics 为主题在 6 个主要搜索引擎进行了

① Thomas. O., Willett P.. Webometric analysis of department of librarianship and information science. *Journal of Information Science*, 2000, 26 (6): 421~428

一段时间的搜索和跟踪①。由于网络的动态性，随着时间的变化，有些文献消失了，而又有新的文献产生了，表现出研究对象的不确定性及研究结果的不可重复性。2000 年他用同样的方法对同样的问题做了更为详细的跟踪，并将网络环境下的问题跟踪模式与文献数据库和引文数据库的模式作了比较。

14.1.4 网络信息计量学的主要特征

网络信息计量学是以网络计量工具为手段，以文献计量方法为基础，以网页分析和引文分析为重点，探讨网络发展的一般规律，它对改进网站质量、有针对性地提供信息资源具有重要作用。网上信息资源是以字节为单位的数字化信息，它使信息的表达出现了质的飞跃，从根本上改革了原始信息的生产、采集、获取、提供和服务的传统模式。信息资源数字化、多媒体、宽带化的技术突破，使得信息内容的加工方式也正向空前的广度和深度拓宽。网络信息内容的加工将以单元化知识为单位，对包含在信息内容之内的“潜在知识”进行存储和加工，实现信息内容加工的自动化和智能化。因此，进行网络信息计量学研究的样本（数据）和文献计量学研究的样本（数据）有很大的差异，无论是在收集内容、方法还是加工处理方式上均有不同之处。过去文献计量学的样本收集过程只是工作量大但操作简单，并且数据类型标准化，便于直接进行计量分析。而收集加工网络信息计量学的样本则要复杂得多，一是海量的信息搜索具有一定难度，二是网络信息的组织和描述没有完全规范和统一。因此，网络信息计量学必须制定新的规则和寻求新的方法。总的来说，网络信息计量学具有如下特点：

（1）计量方便。由于网络站点和数据库自身具备了计量功能，各自的信息资源收藏状况便于人们掌握；如果设置了 WWW 服务器，还可以自动记录浏览人次及一些具体登录信息，如登录名、登录时间、浏览文件、用户端主机及 IP 地址等。这些数据资料不仅可供人们研究文献信息的增长、学科分布及信息传递等规律，而且能准确反映用户来源分布和信息需求等情况。利用网络数据库的统计工作，变得简单易操作，既为研究人员提供有价值的信息，又可以加快科学的研究和应用。同时，可以有效地利用网络数据库进行各种计量分析：如获取某一方向科学文献的期刊分布和各种期刊的载文率；获取某一研究方向的作者分布；获取某一研究方向年度文献数量分布；

① J. Bar-Ilan. The Web as an information resource on informetrics? A content analysis. *Journal of the American Society for Information Science*, 2000, 51 (5): 432~443

根据获取的文献量对某个研究机构的科研能力和研究方向进行评估；综合进行网络信息计量研究等。

（2）统计全面。网络信息计量学利用网络数据库进行信息统计，保障了统计数据的全面性，可以包括各方面的内容，而且大大减少了工作量。网络信息计量研究中所用的工具更为先进，研究途径更为多样。大多数的研究都用网络搜索引擎来搜集研究数据，利用计算机辅助分析处理原始研究数据。

（3）结果准确。在信息计量学研究过程中，数据库的质量直接涉及研究结果的准确性。以往靠手工统计时，经常发生一些重复登录或计算的现象，而且一旦出现差错，则难以检查和纠正。而使用网络数据库进行统计时，有些指标完全可以由一个人完成，既便于检查又使其结果准确无误。计算机辅助分析工具使得分析减少了人为的主观性，更加客观。

（4）学科新颖。网络信息计量学是与现代信息、网络技术联系在一起的，顺应了时代需求。它已在经济学等领域有了较为普遍的应用。文献计量的思想由来已久，从早期求得一个规模性的数量大小的信息，到从数量中提取更多的文献宏观信息。网络信息计量学的诞生更好地包罗了其所处社会时代产生的对新知识的研究，利用定量化这一硬科学的特有属性，使得软科学具有了说理充分的特征。目前网络信息计量学尚处于初步的研究阶段，如何探求其在网络环境中的新规律、新指标、新模型，以及在网络研究中的新应用是网络信息计量学面临的主要课题，具有较大的生命力。

（5）方法精致。网络信息计量学使用了概率论与统计学对网络中的数据进行科学分析，得出网络本身所适用的数学模型，从而揭示网络文献及信息资源的新规律。有人甚至利用计算机的优势，将文献计量学的基本定律编制成程序，使得他人研究时，只需按要求输入相应的数据，即可得出分析结果。

（6）应用广泛。网络信息计量学可以应用在网络信息管理的各个方面。网络信息计量学适用于文献检索研究、引文分析、站点评价、搜索引擎研究、信息资源建设以及网络信息优化处理，对网站和搜索引擎的评价提出了网站设计与美观、主办机构权威性、信息时效性、信息来源的权威性、简单易用、链接是否有效、用户支持等评价指标，在研究因特网上的学科知识结构、指导网络信息资源建设、促进网络健康发展等方面有着广阔的应用前景。

（7）更新较快。由于网络信息变化频繁，以此作为研究对象的网络信息计量学应该不断补充、完善和更新，不断寻求新的方法，发现新的规律。

14.2 网络信息计量学的产生与发展

14.2.1 网络信息计量学的产生背景

网络信息计量学是在特定的社会背景和技术条件下形成和发展起来的。首先，信息资源数字化、网络化以及网上文献信息数量激增，不仅为网络信息计量学的产生提供了必要的基础和条件，而且还产生了迫切的实际需求，从而促进了该学科的形成和发展。其次，电子文献信息的统计分析及研究成果为该学科的形成奠定了基础，积累了经验。第三，是信息计量学发展的客观需要。随着网上文献信息的日益增长，文献计量学和信息计量学的研究对象和范围必然要随之扩展到网络领域，这是学科发展的客观要求和必然趋势。第四，是加强和改善网络管理的迫切需要。随着网络化的日益普及，加强网络管理已成为当务之急，而实施量化管理则是其主要的途径之一。网络信息计量学的研究成果必然会为网络管理的定量化和科学化提供理论指导和定量依据。而网络管理的定量化又会促进网络信息计量学的全面发展。

网络信息计量学可以说是文献计量学发展的产物。早在1990年，Paisley就提出了将情报计量方法应用到电子通信领域，“现在的书、刊、报纸中的大部分文本信息将来都会被包含在电子数据库中，所收藏的大量电子信息将来会成为文献计量学研究的主流”。1996年Mckiernan根据文献计量学引文（Citation）含义，提出了“Citedsites”的概念，用以研究网页之间的引用关系①。1997年，Almind等人在*Journal of Documentation*上发表的文章《万维网上的情报计量分析：网络信息计量学方法门径》，首次提出了“网络信息计量学”（Webometrics）一词。网络信息计量学的研究开始以文献计量学在网络中的应用的面目出现的，如以文献计量学（Bibliometrics）和因特网(Internet)为检索词在LISA历年数据库中可以发现类似于网络文献计量学的研究，从20世纪90年代以来一直保持着增长，随后以Cybermetrics和Webometrics为主题的研究在网络上大量出现。1997年在西班牙马德里创刊的网络电子期刊*Cybermetrics*是科学计量学、信息计量学和文献计量学的国际电子期刊，选题范围包括文献计量学、科学计量学方法在网络信息分析中的应用，这一网络电子期刊的诞生，标志着网络信息计量学研究已经逐步

① Mckiernan. Citedsites (sm): Citation Indexing of Web resources. http://www.public.iastate.edu/~cyberatacks/cited.htm

从传统信息计量学中分离出来而形成一门独立的新兴学科。1997 年，Lawrence 和 Giles 对商业搜索引擎的网络空间覆盖范围进行了全面而深入的研究，并首次引入了“可索引的万维网”（Indexable Web）的概念——能被搜索引擎编入索引的万维网。1997 年 12 月他们对包括 Alta Vista、Excite、Hotbot、Infoseek、Lycos、Northernlight 在内的 6 个主要商业搜索引擎进行了试验。结果显示，可获得索引的网页达 32 亿个，单一引擎的索引能力为 3%~34%不等，这可能与这些引擎的网络带宽、存储能力和计算能力有关。他们指出了克服单一引擎局限性的方法，从而获得全面的检索结果，一方面可将几个主要引擎结合起来使用，也可通过利用一些具有自动抓取功能的研究型搜索引擎来获得信息。另外，Clarke 和 Willet 就搜索引擎评价的方法学问题作了讨论①。除了对以前研究工作评价外，还提出了现实可行的搜索引擎评价方法，并作了比较，发现 Alta Vista 的性能明显优于 Excite 和 Lycos。Rousseau 于 1999 年对 Alta Vista 和 Northernlight 进行了 21 周的连续跟踪研究，每天使用 3 个同样的单一词作为检索词对此二引擎的索引结果进行比较②。正如预期的那样，Northernlight 的检索结果呈稳步增长，这与网络发展的步调是一致的。然而，Alta Vista 的结果在一特定日期前始终处于很大的变化之中，检索结果不稳定，直到 Alta Vista 重新启动新的更为稳定的引擎结构，剔除了无效链接，才进入到一个相对稳定阶段。因此 Rousseau 建议利用中值筛选来降低这种不稳定性对检出结果的影响。

由于网络在学术交流中作用日益增大，因此网络信息计量学对网页类型和质量的研究、对网址或网页的本质、结构及性能的分析显得尤为重要。1997 年 Almind 和 Ingwersen 用多种文献计量学方法对北欧国家的网页的链接种类及类型做了研究。其方法包括对网页的分等级取样以及为了对网页进行分析而采取的网页下载。分析结果表明每个网页平均提供 9 个链接。另外，他们还比较了北欧各国在科学类网页中所占份额与在引文索引中的分布，事实是这些国家在网络中的显示度远远高于在通常的印刷型文献数据库中的比重。Rousseau 认为对网页链接关系的研究与对发表文章的引文研究相似，但又不尽相同。他对网址的分布模式和进入网页的链接作了分析，发现在他所

---

① S. J. Clarke, P. Willett. Estimating the recall performance of Web search engines. *Aslib Proceedings*, 1997, 49 (1): 84~89

② R. Rousseau. Daily time series of common single word searches in Alta Vista and Northernlinght. Cybermetircs. 2/3. paper. 1999 (http://www.cindoc.csic.es/cybermetrics/articles/v2ilp 1. html)

研究的343个网址中，最高层域名服从洛特卡分布，而且对这些网址的引用也符合洛特卡分布，自引比例约为30%。1998年，Ingwersen提出可以把文献计量学的期刊影响因子应用到网页的评价中去。例如，网页的影响因子（Web Impact Factor，WIF）——某一类型的域名或网页被链接之和与有关域名或网页之和的比例，可以用来分析在一定的时期内相对关注的网页情况。Website. net仿照《科学引文索引》的做法编制了一个“网页引用分析工具”（Web Citation Indexes，WCI），用来统计分析网页引用情况，研究网页链接之间的关系和规律，监测网页链接的变化情况等；Brin等提出了“Pagerank”算法，根据一个网页链接其他网页的数量和质量来判断一个网页的质量和权威性；Kleinberg提出了“HITS”算法，并作了进一步的改进；英国南安普敦大学的“开放期刊计划”（Open Journal Project）开发了一个网页自动链接工具，根据语义的相似性定量分析，可将电子期刊有关的内容和有关的网页进行自动链接，并可以对有关文章的引证关系进行定量研究。许多学者在网上搜集数据进行交互式调查和计量分析，有的采取问卷调查和数据分析的方法专门对网络用户群体进行定量研究。2001年，美国伯克利加州大学信息管理与系统学院根据一定的指标对网络各类型的信息进行计量，分析其产生、分布、增长和过载等原因和规律。研究人员发现，2001年全球由纸张、胶片以及磁、光存储介质所记录的信息生产总量达到5万亿兆字节，约等于1999年全球信息产量的两倍。世界范围内信息生产量以平均每年30%左右的速度递增。美国科学基金会近年来也资助了有关网络信息配置和控制的定量分析研究项目。

近年来，我国在网络信息计量学方面的研究发展也很快。前几年网络信息计量学尚处于萌芽阶段，只有几篇介绍性文章，内容以介绍国外有关研究的情况为主，研究方法主要还是将文献计量学的原理扩展在网络信息的计量分析应用中去。目前网络信息计量学已经成为信息管理领域的研究热点问题。武汉大学信息管理学院邱均平教授还承担了国家自然科学基金、教育部研究基地信息资源研究中心重大项目有关网络信息计量的研究，已经取得较大的进展。

但总的来说，目前国内外有关网络信息的计量研究还在起步阶段。基本状况是：①基于实证和应用的研究较多，理论方法的研究较少，相关的理论和方法许多方面至今仍然没有成熟；②基于某一方面和专题的研究较多，而从整体上进行综合分析的较少，缺乏系统的研究；③基于一般性的问题介绍较多，而对某一方面的深入研究较少，目前还缺少具有普遍规律意义的认识。

14.2.2 网络信息计量学研究的发展趋势

目前网络信息计量学的研究还是初步的阶段，它要作为一门独立的成熟的学科尚需时日。网络信息的交流远不限于科学交流，因此，如何在网络信息的无序传播中发现一些规律性的东西，有待网络信息计量学研究的进一步深入。目前，网络信息计量学还存在许多问题。首先，实证研究多于和先于理论研究。从发表的文章来看，或者是从网络信息的引文或被引分析入手，或是从网络信息的分布规律入手，或是从用户特性分析入手，进行一定的量化处理，几乎没有单从纯理论层面进行分析的。其次，网络信息计量学研究对象具有不确定性、实验结果具有不可重复性。网络的动态变化使得 Web 页每时每刻都在大量增加，加上个人网站和个人主页自由进出互联网，使得网络搜索软件每时每刻都会搜索到新站点、新网页，自动加到搜索引擎数据库的索引库中，从而使不同时间段的检索结果数量不同。再次，在过去的文献计量学中，只要统计参考文献数据即可完成引文分析任务，而在网上，引用与被引用关系变得十分复杂。构成网站的是网页，组成网页的可能是文章及参考文献，也可能是印刷本期刊论文的电子版本。网页和网站则可能共同成为搜索引擎数据库中的记录，而搜索引擎和数据库又都成为元搜索引擎搜索的对象，因而既存在有网页论文引用的参考文献，网站和网页之间包含的友情链接同样也构成了引用与被引用；元搜索引擎则是目录的目录，其引用关系十分复杂，通过搜索引擎方可显示完整的链接关系。网络信息变化频繁，载体形式多样。这些问题不断给网络信息计量学的研究带来挑战。

网络信息计量学的产生和发展丰富了信息计量学的研究内容。网络信息计量学的研究成果可以指导网络信息检索，帮助用户选取高质量的站点和搜索引擎，指导网站人员建立最佳网站，联系网站和用户，构建用户与网站良好关系。每个学科欲取得突破性进展，需要解决两大问题：一是知识信息的表达与组织必须从物理层次的文献单元向认识层次的知识单元或信息单元转换；二是知识信息的计量必须从语法层次向语义和语用层次发展。这两个方面的突破有赖于网络信息计量学的深入研究和发展。网络信息计量学研究的突破带来信息计量的可操作性与有效性，必将为网络的知识信息组织与管理提供有效的工具和方法，进而消除和缓解网络时代信息无序带来的知识积累与利用间的矛盾，使各学科的社会功能得以实现。网络信息计量学的根本任务是不断开拓新方向、发现新问题、采用新手段、开发新的网络计算工具和方法，探讨网络信息计量学的有关规律。

展望未来，网络信息计量学的理论体系将更加完善，形成如同目前文献计量学的系统化的规律性的认识，研究出有关的模型和定量分析指标体系，开发出越来越多有关的数据收集和分析工具，研究重点更加面向应用，在实际应用中将取得更大的成效。

14.3 网络信息计量学的研究方法

网络信息计量分析方法主要包括网络信息统计方法、数学模型分析方法、引文分析法、书目分析法、系统分析法等各种定量方法在网络信息计量分析中应用的原理，适用性和操作程序，以及必要的修正、改进和完善等。

14.3.1 网络信息计量学研究的数据搜集方法

（1）网上日志文件数据库搜集方法

Web 服务器生成的日志文件有时是原始的文件，有时是由第三方统计机构在服务器端加入的模块生成的。因此，采用这种搜集方法有助于定制自己格式的日志文件，保证其真实性和可靠性，并降低传递日志文件所产生的网络流量，便于第三方机构进行网站访问量的认证度量工作。具体方法及测度指标如下：①对于访问者，先采用 IP 地址来标识，不同的 IP 地址代表不同的访问者。当来访的 IP 地址相同时，需通过跟踪文件来标识访问者，不同的跟踪文件表明不同的访问者。在服务器端加入的模块生成的含有扩展内容的日志文件，可识别出访问者的跟踪文件。②网站访问量指标的度量方法为：一次浏览器请求即算作一次页面阅览，请求或命中即为了获得服务器上的一个资源，可以是文本、图像或任何可以被包含在页面内的元素。使用日志文件进行统计时，日志文件中一条记录就是一个请求，通过对这些记录的统计便获得度量的数据。③访问者特征的指标及度量的方法是：从日志文件中获得浏览器类型的信息，从而获得统计数据。具体是通过浏览器字符串来得到浏览器的语言。

（2）网上信息数据调查收集法

采用计算机网上自动搜寻、网上联机调查和网下抽样调查等方法，收集因特网上网计算机数、用户人数、用户分布、信息流量分布、域名注册状况、各个互联网络国际出口带宽以及 WWW 站点数量的分布等，同时收集网络用户的个人信息，如网民男性与女性的比例、用户的年龄段、地域分布、文化程度、行业分布、职业、上网行为及心理研究等。中国互联网络信息中心、新兴的网络咨询公司如中国互联网实验室每年公布的中国互联网发展状况统计报告就包括这部分内容。主要测度有：①网民监测（Audience

Measurement)。利用监测软件记录网络软硬件使用情况、网络安全状况，以及网民上网行为、网上交易、网上娱乐和接触网上广告的情况，并通过网络和数据库技术自动进行汇总分析。②网站监测（Website Measurement）。利用监测软件监测网站的流量、浏览时间、网民的网上行为模式、使用网上服务和接触网上广告的情况，并接受网站的委托进行数据的深度开发。③在线调查（Online Survey）。利用网络技术在网上收集固定样组的人口特征资料，调查网民的分布情况，研究网民上网心理和上网习惯、网民对网站的评价等，以便深入理解网络用户的行为，更好地挖掘网络在线监测的结果。④离线调查（Offline Survey）。利用传统的问卷调查、深度访谈和群组讨论等调查手段了解网民对互联网的态度。

（3）搜索引擎数据收集方法

网络搜索引擎能够根据用户的需求找到相关信息。但如使用搜索引擎工具进行网络计量研究，要求搜索引擎必须具有下面几个条件：①具有能够包括所研究的网络环境的所有网页及其链接的大型数据库；②具有能够辨别一定网络环境下网页数量和链接数量的搜索命令；③具有统计网页和其链接结果的布尔逻辑命令。

14.3.2 网络信息计量学的主要研究方法

网络信息计量学是信息技术、网络技术和文献计量学理论的有机结合，其理论基础是文献计量学，而文献计量学是以文献或文献的某些特征的数量为基础来论述与预测科学技术现象与规律的科学。网络信息计量学必须采用新的计量指标，建立相应的数学模型，完备网络信息资源之间的新的定量关系，利用各种数据估计相应的参数，然后将数学模型应用于实践，最后将实际应用中的问题反馈到网络信息计量学中，以便在不断的发展中完善网络信息计量学的理论体系。在网络信息计量学的研究中，应当采用“指标-模型-应用”体系。首先，对所研究问题进行充分的理论分析，将影响其自身评价的因素及内在联系揭示出来，根据这些因素对问题的影响程度列出主次，确立相应的评价指标。其次，将所得各因素与问题指标建立关系，搜集数据进行统计分析，选择相应函数估计参数，确立数学模型。最后，将数学模型应用于实际科研工作中，在反复应用过程中发现不足，改进模型，推进学科发展，以便更好应用到实践中去。

（1）网络链接分析法

链接分析法是网络信息计量学方法之一。网络链接的自组织性所带来的链接的社会性意义，以及网络链接所起到的间接评价功能，都使网络超链接分析成为一个极有潜力的情报分析工具。在网络上，各个公司、社会组织之间则通过网络的链接形成错综复杂的链接关系。可以得知，相同的引用链接形式才能满足同质链接数量上的可加性的要求，实现从复杂链接关系到简单数量关系上的转换。因此，在研究中研究方法的选择必须同时满足定性定量研究的要求。Web 站点之间链接为给定的科学领域潜在地提供一个有用方式，去决定最有影响和最有权威的站点，理论上被高度数量链接的站点被认为是一个核心信息源。

（2）相关分析法

任何相关分析都建立在资料和数据的基础上，因此，进行网络相关分析的第一个环节必然是根据研究目的，开展调查和试验，并对所获得的数据、资料进行整理。在搜集和整理数据、资料的过程中，首先要坚持定性分析与定量分析相结合的原则，以确保数据和资料能揭示变量之间的内在联系。其次，样本应有充分的代表性。在网络数据分析研究中，由于网络覆盖面极广，总是采用一定的抽样方法，对抽样所得样本进行研究。样本的代表性决定了分析的科学性和可靠性。样本的代表性在很大程度上取决于样本量的多少，样本量越大，样本的代表性就越强。再则，在对样本进行筛选的过程中，还应注意样本的可比性。样本的选择必须遵循统一的标准，只有符合条件的样本数据才能被用于相关性分析。否则，样本不具有可比性，数据资料自然也不能真实地反映相关关系。由于网络数据分析的研究范围非常广泛，研究对象和内容极其丰富，因而在网络数据分析中所采用的相关分析方法和形式也是多种多样。在这些类型中，既有定性方法和定量方法，也有拟定量方法；既有描述和数字的形式，也有图形、表格和矩阵的形式。各种方法相互渗透，交叉使用。一般来说，为了便于观察和明确变量之间的相关关系的形式和密切程度，常利用相关表、相关图和相关矩阵进行初步研究。

（3）内容分析法

内容分析是对文献内容进行系统的定量分析的一种方法，其目的一般是弄清或测度文献中本质性的事实和趋势。通过将文献内容分析、整理、有序化等步骤，可以实现信息内容的部分量化，试图运用定量编码主题作客观、系统的分析。内容分析是以媒体所载信息内容为对象，在进行内容分析的过程中，研究人员与被分析的对象之间没有任何互动，所以分析结果较为客观。系统性主要体现在抽样和评价过程中。在抽样过程中，内容分析的范围是根据研究需要确定的，应该包括全部样本。样本范围一旦确定，研究者必须采取科学的抽样方法，按特定的程序抽取，以使样本的每个单位都有同样的几率被计量。对于评价过程而言，自始至终使用的评价规则应当只有一套，所有被分析的内容应以完全相同的方法处理，各个编码员接触研究材料的时长应相同，分析和编码过程必须一致，统计按预先设计的程序进行。从样本范围内随意选取可证明自己观点的分析单位进行阐述，或用不同标准和规则处理不同的样本，都会使内容分析丧失系统性。由于内容分析法是一种基于定性研究的量化分析方法，定量是其显著特征。内容分析法将用语言表示的信息内容转换为用数量表示的资料，并将分析的结果用统计数字描述。内容分析是一种定性和定量结合得十分紧密的方法，其结果绝不仅仅是频数统计值，也是对信息内容进行透彻理解和分解的过程。它通过对信息内容“量”的分析，找出能反映信息内容的一定本质方面又易于计数的特征，从而能克服定性研究的主观性和不确切性的缺陷，达到对信息“质”的更深刻、更精确的认识。内容分析并不试图取代定性分析，相反，它促进定性分析的系统化。这就使分析工作在一定的客观性基础上增添了一个新的观察问题的角度，增加了分析的客观性和准确性。

（4）统计分析法

统计分析法是利用统计、概率的原理对关系中各属性进行统计分析，从而找出它们之间关系和规律的一种方法。常用的统计分析法有判别分析、因子分析、相关分析、多元回归分析等。判别分析是建立一个或多个判别函数，并确定一个判别标准，然后对未知属性的对象，根据测定的观察值，将其划归为已知类别中的一类。因子分析是用较少的综合变量来表达多个观察变量，根据相关性大小把变量分组，使得各组内的变量之间相关度较高，不同组变量间的相关度较低。相关分析是用相关系数来度量变量间的相关程度。回归分析是用数学方程来表示变量间的数量关系，方法有线性回归和非线性回归。目前有不少研究机构就是采用这种简单易行的方法，对网站数量、服务器数量、网络用户的特征及网络发展的增长率进行分析。如网络咨询调查公司、中国互联网络信息中心、中国网络研究与发展中心以及一些政府机构等就是通过对网络服务器的数量、网络用户的特征及网络发展的增长率等指标进行统计分析的。但这种方法也存在一定的缺点。由于网络发展迅猛及网络结构日益复杂，一些统计数字不可避免地包含一些估计值，因而需要构建一些宏观的测量统计指标体系。

（5）可视化方法

信息可视化技术是帮助人们表现数据或隐含信息的手段，目的是辅助人们得出某种结论性观点。因此，信息可视化技术通常用在解决问题的后期阶段，并且需要以信息采集和处理技术为基础。数据可视化技术的主要特点是：①交互性。用户可以方便地以交互的方式管理和开发数据。②多维性。可以看到表示对象或事件的数据的多个属性或变量，而数据可以按其每一维的值，将其分类、排序、组合和显示。③可视性。数据可以用图像、曲线、二维图形、三维体和动画来显示，并可对其模式和相互关系进行可视化分析。计算机可视化的理论与技术对网络信息的显示、分析产生了很大的影响，对于理解各种网络空间现象，加快信息处理以及寻找科学规律起着不可替代的作用。可视化功能允许对大量抽象的数据进行分析。海量的数据只有通过可视化变成形象，才能激发人的形象思维。从表面上看来是杂乱无章的海量数据中，找出其中隐藏的规律，为科学发现、开发和业务决策等提供依据。其应用将随着理论与技术的不断提高，逐步渗透到社会生活的各个领域。

（6）数据挖掘法

数据挖掘是从数据集合中自动发现隐含的、有意义的知识，进而预测未来可能发生的行为的一种方法。数据挖掘主要有以下五类功能：①预测趋势和行为。数据挖掘自动在网络数据库中寻找预测性信息，以往需要进行大量手工分析的问题，如今可以迅速直接由数据本身得出结论。②关联分析。数据关联是数据库中存在的一类重要的可被发现的知识。若两个或多个变量的取值之间存在某种规律性，就称为关联。关联可分为简单关联、时序关联、因果关联。关联分析的目的是找出数据库中隐藏的关联网。③聚类。数据库中的记录可被划分为一系列有意义的子集，即聚类。④概念描述。概念描述就是对某类对象的内涵进行描述，并概括这类对象的有关特征。概念描述分为特征性描述和区别性描述，前者描述某类对象的共同特征，后者描述不同类对象之间的区别。生成一个类的特征性描述只涉及该类对象中所有对象的共性。⑤偏差检测。偏差包括很多潜在的知识，如分类中的反常实例、不满足规则的特例、观测结果与模型预测值的偏差等。偏差检测的基本方法是寻找观测结果与参照值之间有意义的差别。数据挖掘可用于对一个站点上的各种特征进行深度研究，诸如站点的流量测度及各个国家的 IP 地址的分布、用户利用网络的日志等，但它不能用来研究整个网络的特征。

14.4 网络信息计量学的应用

网络信息计量学的产生顺应了时代的需求。目前主要的应用有以下几个方面。

14.4.1 分析网络用户的特性及信息需求

在因特网快速发展的同时，用户也在迅速增长，掌握用户的信息需求和上网习惯对于网站来说极为重要。以网络计量工具为手段，以信息计量学方法为基础，以网页分析和引文分析为重点，探讨网络发展的一般规律，对网络管理与发展有极大指导意义。如对用户的类型及需求信息的调查研究对于改进网站质量、有针对性地提供信息资源具有重要作用，通过对数分析法调查用户及浏览器的特征，可以迅速提供网站管理人员所需的第一手信息。通过 Web 记录数据的分析，就可以根据用户的访问兴趣、访问频度、访问时间动态地调整页面结构，改进服务。有针对性地提供网络服务，以便更好地满足访问者的需求。网络使用记录分析的主要目的就是获得用户在网上的浏览模式，也就是了解用户在网上的行为。在网络使用记录分析中用到的方法有关联规则、序列模式、频繁遍历路径等，可对用户的行为进行预测和聚类分析等。网络使用记录的分析也可以结合其他数据一起进行分析，以获得更详细的信息。对网络使用记录中的序列模式进行分析，并利用所获得的知识，协调用户与网站信息空间的交互，能为所有访问该站点的用户提供针对具有类似浏览模式的用户群体的个性化服务。对网络使用记录进行有效的定量分析，揭示其中的相关关系、时序关系、页面的类属关系、用户类属关系、频繁访问路径、频繁访问页面等规律，不但可以为优化 Web 站点的结构提供参考，更重要的是还可以为网络服务的组织者决策提供依据。网络使用记录分析可以发现用户的浏览模式和特点，进而辅助改进 Web 站点文件的组织结构，从而使用户更快地找到所需的信息。因此，通过分析一定时期内用户的访问信息便可以发现该站点的相似用户群体、相关页面和频繁访问路径、不同地区的用户情况、行为模式，掌握用户行为与时间的关系以及周期行为等。由于用户上网行为的随意性和不易记录等特点，一些学者进行用户研究时，大多采用以下两种措施：一是使用专用软件进行动态跟踪；二是在网上进行交互式调查。

14.4.2 对搜索引擎进行比较研究

搜索引擎是网上的导航工具，它是通过采集、标引众多网络站点来提供全局性网络资源控制与检索机制，并对全球网络中所有的信息资源进行集合、整理和分配，方便用户查找所需的信息。虽然搜索引擎越来越多，功能越来越完善，但查全率、查准率、可到达性等都不尽如人意。这些可以借助网络信息计量学的分析结果进行改善。根据链接深度分析结果，对不同类型的网站进行不同深度的遍历，同时删除无效链接，挖掘更多的信息资源，提高查全率和查准率。根据信息计量学方法分析搜索引擎检索性能的研究目前已相当多，这些研究已经成为事实上的网络信息计量学应用领域。1999 年搜索引擎的覆盖能力与一年前相比明显萎缩，功能最强大的搜索引擎网页覆盖率不到16%。Direct Hit 和 Google 采用了广泛使用的知名度作为排列相关页面的方法，Google 使用了入选链接的数量和来源作为网页排序标准，Direct Hit 使用了以前检索过的页面所使用的次数。因此，搜索引擎选择链接并不完全是机会均等，而是有所取舍，因此要采取一定的方法来对搜索引擎进行评价。

14.4.3 指导网络信息资源的建设与组织管理

网络信息混乱无序的原因之一就是没有规范的表达方式和组织管理，这给网络信息的分析计量工作设置了一定的障碍。因此，如果每个信息发布者都依照一定的标准或某些网络信息计量指标来表达和组织网络信息资源，即网络信息资源能以某种规范的形式存在，其规律就会比较容易发现，信息用户利用网络就会更便捷，而网络信息的价值也更能够得到体现。网络信息计量学通过对网络信息资源分散规律的研究，能使人们准确把握网络信息分布的状况；同时，对网站、数据库等信息组织机构进行定量分析评价，人们可确定出核心信息的来源。探索网络信息的特点与组织方法，有利于指导网络信息资源的组织建设。因特网在全球迅猛发展和快速普及，并且日益渗透到人们生活的方方面面。然而，人们对于因特网的知识结构及其信息资源的发展状况却知之甚少。网络信息计量学的兴起为我们确切把握因特网的发展状况，加强网络信息资源的组织管理提供了可能性。对于因特网的知识结构，国外已有学者进行了一些初步的探索，有的是根据主题特征进行计量，有的是根据国别特征进行计量。在这方面，T. C. Almind 将信息计量学方法应用于万维网上，利用 Alta Vista 收集研究数据，通过对丹麦在网上的出现频次及其科学数据库的发展情况的定量分析，得出了丹麦的网络发展严重落后于其他北欧国家的结论，其研究具有开创性的意义。又如，通过对节点和链路的统计分析，有助于优化网页的链接设计，减少不合理的链接，如悬空链或死链。通过语义距离测量分析，有利于聚集相关的网页，自动建立超文本链接。根据网络链接的结构，可分析站点的联系程度和集中度，进行网络结构的布局分析，合理配置资源。由于网络使用记录数据提供了用户访问网页的信息，因此可以与网络内容和网络链接结构分析集成起来，用于网络页面的等级划分、网络文档的分类和多层次网络信息库的构造。对网络使用记录进行序列模式分析并利用所获得的知识，可以改善网站的组织，按照大多数访问者的浏览模式对网站进行组织或重组，尽量为大多数访问者的浏览提供方便；根据具有相同浏览模式的访问者所访问的内容来改进用户与网络信息空间的交互。

14.4.4 研究网络环境下的科学信息交流

可以通过分析建立新的科学发展指标，为有关科技决策提供参考。通过对因特网上的有关各学科的站点、讨论组、电子期刊等的计量分析，可以掌握科学信息在网络上的分布状况；通过对相关网站之间的链接用于被引分析乃至利用专用软件分析特定对象的电子邮件使用情况，可以了解网上的科学信息交流情况。例如，尼泊尔学者戴哈尔（T. M. Dahal）① 将科学计量方法用于 Web 上的科学信息交流和科技信息指标分析，他运用了引文分析包括对超链接的分析方法，还将信息计量学的重要定律用于对网上信息分布规律的分析，从而对因特网对科技研究机构之间的科研合作、信息流动和科技政策实施的影响作了探索性的研究。Web 服务器日志或缓存日志反映了相应地区的网络访问特性，而访问特性受文化背景、风俗习惯、宗教信仰、政治经济等因素的影响，各个国家、地区、民族都会有差异，因此不同国家的 Web 服务器日志或缓存日志所反映的访问特性可能会存在差异。通过有关的比较分析，可以发现不同网站的特点和关系，发现不同国家和地区用户对网络信息资源利用的情况，了解不同国家和地区的网络信息交流和传播规律。

14.4.5 研究网络信息资源的评价方法

因特网为人们提供了海量的信息资源，然而由于网上的信息良莠不齐，又缺乏权威的认证，而用户的信息处理能力又是有限的，这使网络信息资源的开发利用受到极大的限制，为此，有必要对网络信息资源进行评价。结合网上资源的特点，可以采取定量分析与定性分析相结合的方法。定量分析方法提供了一个系统、客观、规范宏大的数量分析方法，结果更加直观、具体，是评价网上信息的发展方向。定量分析可以通过各种查询引擎和主题指南及各站点提供的相关站点链接，统计有关某一类型和某一特定主题站点出现的频次，从而选择出常用站点；通过各站点被访问次数统计排序来确定常用站点；统计电子期刊订购人数、文章被访问和下载次数、超文本链接次数，并借鉴文献计量学中的引文分析法，利用科学引文索引对网上出版的电子期刊进行被引频次、影响因子分析；运用层次分析法进行网络信息资源的

---

① Dahal T. M.. Cybermetrics: The Use and Implications of Scientometrics and Bibliometrics. In 3rd Conference on Science and Technology. Royal Nepal Academy of Science and Technology 1999

评价，综合人的主观判断来分析复杂的定性问题的拟定量方法等。就像引文分析可以用于确定核心期刊源一样，对网站的链接的分析可以用于确定网络信息资源的权威性和可靠性。引用分析中衡量学术期刊重要性的指标之一是“影响因子”，在因特网上影响因子对应于统计指向某一网页的链接数目后对该网页作出的排序，站点引用分析对应的是某个站点网页被其他站点引用的情况的统计分析，也就是该网页可能被其他网站搜索提问命中的结果数的多少，采用计分法和线性代数方法对中心网页和权威网页分数进行计量分析。网络信息计量学研究成果和分析结果给信息用户提供了许多参考依据。在不断发展和变化的网络环境中，不断开拓新方向，发现新问题，采用新手段，开发新的网络计量工具与方法，是网络信息计量学的根本任务；探讨网络信息计量学研究规律、选取适当的搜索引擎对数据进行正确分析和量化处理也是网络信息计量学研究内容。对网页的主题、关键词、超文本链接及其他特征量做定量分析，对于搜索引擎来说具有重要意义。

14.4.6 应用于网站关系的计量分析

网络没有统一的资源管理机构和统一的信息索引标准，信息缺乏有效的管理，有价值的信息与无价值的信息混杂在一起，给需要它的用户带来很大的困扰。因此，可以用网络信息计量学的统计方法对网络资源进行研究。互联网上的网站很多，从信息管理的角度看，应该对这些提供不同信息的网站归类，可以用信息计量学中的统计方法，对网站的访问次数加以统计，确定出访问次数较高的网站，同时，对这些网站的知识含量和资源的被利用率加以统计，例如，可以记录某个栏目的访问次数，由此确定某一方向的主要网站，引导人们相对有目的地访问自己需要的网站。“核心网站”的相对认可，势必会扩大网站的知名度，从而推动网站的建设，增加网站的利用价值。在互联网上，某一特定的信息在网站上的分布也是既集中又分散，即某些少数网站对该信息的载有量特别高，而大量的网站载有量较低，则载有量特别高的便是核心网站，载有量较低的大量网站便是相关网站。引用分析主要研究某个站点被其他站点引用情况的统计分析，也就是确定该网站可能被其他网站搜索提问命中的结果数的多少。运用布拉德福定律对核心期刊的测定方法就能找出所需的核心网站，由此便解决了网络信息检索中如何准确、快速查找信息资源的问题。引文分析法可以在网络信息计量学中应用。由于网页有外部的链接，也有内部的链接，因此对网站的各种超级链接进行引文分析是一个很有价值的研究方向。网络信息计量学在对它进行利用的同时，也对它的一些分析指标进行了改进。

A. 网站的引文数。指某一具体网站引用其他站点资源的次数。运用这个指标可以表明引用主体施引能力的大小。其计算方法为计算出每一个学科的全部网络文献的引用文献数量即可。

B. 网站的平均引用数。指以每篇网络文献为单位的引用数。运用它可以消除一些网络上的不可比因素，是一种以每篇论文为基础的量值概念。这样避免了某些学科的网络文献引用数过高而造成的一些分析失误。这一指标可以衡量一种学科、一个网站的平均引用能力。计算公式为：网站的平均引用数=站点中每篇文献引用次数之和/该站点文献数总和。

C. 网站的自引数与自引率。科学文献的自引是一类相当普遍的现象。相对文献及其相关媒体的不同主体特征对象，可以发生各种自引现象。自引率高的站点说明该站点具有连续性和报道的准确性。但自引率高的站点会造成该站点发展艰难、排他等不利学科发展的弱点，其公式可表达为：网络站点的自引率=站点引文中与该同名的被引用的文献数/该站点引文数之和。

国内外一些网络信息计量学学者如 P. Ingwersen、R. Rousseau、T. C. Almind 对网络自引现象曾作过研究，得出一些相关研究成果和指标体系：①站点自引率的统计：站点自引率是指在一定时间内刊登论文的引文中引用该站点上发表论文与总引文的比率，可用来分析站点的报道方向，用以判断该站点选择范围是否具有连续性与稳定性，同时反映该站点在本学科领域的地位和作用，也能体现该站点的专业性强弱。②时间自引的统计：某年网络上某站点文献的自引率是指年引用当年文献数量占全年引用总数的比例，反映了对所发表文献引用速度的快慢和所占比例，是评价站点重要性、新颖性和及时性的定量指标之一。引起时间自引率低的主要原因是站点更新的时滞较长。③学科自引率：对学科自引率的统计与分析，可考察研究学科的发展特点和规律。学科文献自引率高，说明学科发展较成熟、稳定、相对独立性较大。利用学科文献的自引率可以分析某学科的吸收能力，衡量学科与其他学科的交叉渗透和联系程度。学科自引率低，表明其引文较开放，分布广，易于采纳其他学科的新思想和方法，吸收外界的成果较多，从而说明该学科的吸收能力较强，与其他学科交叉频繁，渗透深入，联系较广泛。④网站的被引用数：网站的引用数是指一个站点、一个学科引用其他站点文献的频率数。如果将“引用数”用来衡量引用主题吸收其他站点文献的能力，那么“被引数”则是表明被引用客体对周围的影响能力。一个站点被引用数高则说明该站点频繁地被其他用户访问，而且还可以说明它具有较高的资料价值、学术价值、使用价值。尤其在网络信息时代，因特网站点繁多，资料丰富，有效运用被引用数来衡量一个站点的有用价值，帮助用户更快、更好、更容易地找到自己需要的数据起到良好的支持作用与指导作用。由于网络环境的特殊性，某些方法在应用过程中必将不断得到改进与发展。

目前国外利用定量方法分析网页链接关系主要有两种算法：一种是 Brin 和 Page 提出的“Pagerank”算法，另一种是 Kleinberg 提出的“HITS”算法。两者都是根据一个网页链接其他网页的数量和质量来判断一个网页的质量和权威性。“Pagerank”直接采用链接模式的矩阵。其基本思想是：一个网页被多次链接，则这个网页可能是重要的；一个网页虽然没有被多次链接，但被一个重要的网页链接，则这个网页也可能是重要的；一个网页的重要性被均分并被传递到它所链接的网页上。而“HITS”则增加了一个转换的矩阵，既分析某一网页被多个网页链接的“权威性”质量，又分析网页链接其他网页的“集中性”情况。如一个网页本身并不突出，很少被链接，但它提供了最为突出的链源。通常“集中性”好的网页是指向“权威性”好的网页，结合起来可以发现有关的结构规律。当然，这种算法的不足之处是都是静态的，单纯用已经存在的链接模式去分析，显然不能适应 Web 不断变化的要求。如何对网页链接进行动态的分析仍需要进一步探讨。

14.4.7 应用于网络信息老化的研究

网络信息计量学可应用于网络信息资源的老化研究。在互联网上，一个网页或网站可能随时增加新内容而成为新网页、新网站；也可能因过时而从网上消失；个人主页和网站也可因内容长期未更新而被主页空间提供者关闭；一些网站也可能因不善经营而关闭，加上一些网站不时更新，使得网络信息资源变化迅速。这同样也带来了信息老化的加速，甚至可能其速度高于信息增长速度。因此，也可以利用信息计量学的老化规律来研究网络信息资源的老化规律。以其高速变化的特性来看，网络信息资源的半衰期会越来越短。用 HTML 文件的最后修改日期这一信息十分有助于进行半衰期分析。因为网络信息时刻在变化，有时得不到准确的发布时间。因此一些学者提出可以利用最后的修改时间作为半衰期的计量指标。此外，网络信息引用的相关链接也可以进行网络文献引文半衰期分析，从而判断该信息的领先和时效程度。

14.4.8 在数字图书馆建设中的应用

网络信息计量学的研究成果将能有效地应用于数字图书馆领域，并能提高数字图书馆建设工程的科学性和精确性。数字图书馆的馆藏范围主要包括三个方面：一是在图书馆现有馆藏的基础上，将其中有价值、有特色的文献资源数字化；二是各种形式的电子出版物；三是网络数据库和网络信息。前两种馆藏资源以纸质或电磁等媒体形式存在，具体有形，在选择入藏和计量分析等方面可以沿用传统的原则和方法。而第三种信息资源则是存在于网络环境中，属于虚拟资源。对于数字图书馆而言，这部分资源是不可或缺的。随着网络技术的发展，网络信息资源必将逐渐成为数字图书馆的资源的主体。网络信息量的剧增既较好地满足了人们的信息需求，又给数字图书馆的建设和管理带来了许多实际困难。为了解决这些困难，就必须加强对网络信息规律的研究，提高管理的效率。这样，便要求有先进的理论作指导，有充分的数据作依据。网络信息计量学无论从其研究对象与研究目的，还是从其研究方法与内容体系来看，都是适应这一要求的，它能对数字图书馆的资源管理进行科学的指导，并提供定量依据。数字图书馆一方面应合理分配馆藏空间，另一方面要进行动态馆藏的维护。网络信息计量学可以为此提供定量依据和科学方法，在探明各类型信息数量特征的基础上，分析其增长和老化规律，判断信息的价值和时效性，从而指导数字图书馆的馆藏资源建设。其次，数字图书馆将走出以馆藏为中心的定位，着眼于满足用户的信息需求。在网络信息计量学的指导下，数字图书馆建设将能更好地实现这个目标。网络信息计量学对网上信息的多层次研究，能有效地指导网络信息资源建设，提高数字图书馆的管理水平。网络信息计量学研究网络信息资源的数量特征和内在规律，对数字图书馆具有重要的指导意义，它的应用前景十分广阔。

14.5 案例：国家图书馆网站被链接情况的计量分析

14.5.1 研究的意义

国家图书馆在图书馆事业发展过程中一直发挥着重要作用，它馆藏丰富，品种齐全，是名副其实的国家总书库、全国书目中心、图书馆信息网络中心、全国图书馆的学术研究中心以及对外交流中心。在现代信息技术的推动和支持下，图书馆事业发展进入了一个新的发展阶段——数字图书馆，为各国政府提供了一个传播本国文化和共享他国文明的平台。国内外国家图书馆都纷纷建立连接国际互联网的网站，图书馆网站将构筑起图书馆工作与社会新的桥梁，开启社会了解图书馆工作新的窗口，让图书馆工作走近社会公众，发挥应有的社会作用。

链接是网站的普遍现象，网站只有通过与其他的网页及其自身内容的链接，才能相互交换信息，扩大使用价值。网站的不同链接体现了不同的信息功能，具有不同的特征和规律。链接分析法与传统文献的定量评价法——引文分析法比较相似，引文分析法的主要依据和研究内容是科学文献之间的引用与被引用关系，而链接分析法的研究内容是站点之间的链接与被链接关系。另外研究表明：站外链接关系反映的是被链接网页被利用与被推荐的总体情况，与被链接网页质量存在正向联系。图书馆网站被链接情况可以反映出它的知名度、内容多寡和丰富程度、开放和影响程度以及信息资源的开发和利用程度，还可以反映出图书馆网站被链接者的情况和偏好等，研究图书馆网站被链接的特点和规律对于搞好图书馆网站建设具有借鉴和指导意义。

14.5.2 调查对象与方法

（1）调查对象及目的

调查中国、美国、法国、英国、日本、德国、西班牙 7 国国家图书馆的网站，主要目的是：①通过与美国、法国、英国的国家图书馆网站被链接量的对比，来了解中国国家图书馆网站与这些处于世界发展前列的国家图书馆网站的差距；②日语、德语、西班牙语语种的网页较多地链接了中国国家图书馆网站，而且作为母语不是英语的国家，日本、德国、西班牙的国家图书馆网站的发展情况对中国国家图书馆网站的发展具有借鉴意义。

（2）调查时间

本次调查的时间为 2003 年 7 月 5 日。

（3）链接检索工具、条件及网址

本次调查利用搜索引擎 Fast Search（Fast Search 与其他搜索引擎相比，具有检索网页最多、检索功能最强，使用方便简单等优点）来检索网站的被链接情况，具体地说，就是进入 http：//www.hotbot.com 页面，选择 Advanced Search（高级检索）。在高级检索里面，对语言、域名、时间等选项进行了设置，其他选项保持默认形式。至于检索网址，为了避免相同地址而不同协议（如 http 协议、ftp 协议）的网页被检索出来，采用了 http 协议的网址全称，如表 14-1 所示。

表 14-1　　　　**中、美、法、英等 7 国国家图书馆网址**

中国国家图书馆	http：//www. nlc. gov. cn
美国国家图书馆	http：//www. loc. gov
法国国家图书馆	http：//www. bnf. fr
英国国家图书馆	http：//www. bl. uk
日本国家图书馆	http：//www. ndl. go. jp
德国国家图书馆	http：//www. ddb. de
西班牙国家图书馆	http：//www. bne. es

14. 5. 3　调查结果与分析

（1）7 个国家图书馆网站被链接量

考察被链接次数的时候，对检索条件采用了 4 种设置方式：默认设置（包含所有情况的设置）、语言设置（分别为简体中文、繁体中文、英语、法语、日语、德语、西班牙语、朝鲜语）、域名设置（分别为. com、. edu、. net、. org）。7 个国家图书馆网站被链接量如表 14-2 所示。

表 14-2　　　　**中、美、法、英等 7 国国家图书馆网站的被链接量**

检索条件		中国	美国	英国	法国	日本	德国	西班牙
默认设置		820	99 883	20 662	18 186	1 817	1 479	1 659
语言	简体中文	392	115	20	12	14	5	11
	繁体中文	25	69	56	10	25	8	7
	英语	100	95 027	14 568	1 189	187	286	374
	法语	2	229	179	**7 555**	11	48	47
	日语	23	113	97	77	**1 381**	14	8
	德语	4	348	154	181	9	**861**	38
	西班牙语	7	225	116	127	10	34	**914**
	朝鲜语	21	146	44	38	67	3	7

续表

检索条件		中国	美国	英国	法国	日本	德国	西班牙
域名	. com	161	43 133	944	986	306	141	464
	. edu	23	3 921	341	227	23	33	47
	. net	77	1 595	132	211	69	29	30
	. org	26	22 566	401	442	51	92	94

从网站被不同语种的网页链接的情况来看，网络的被链接量受语言的影响，7 国的国家图书馆网站的被链接次数最多的都是本国的母语网页（表 14-2）。除法国（42%）以外，其他的均在 50%以上（中文包括中文简体和中文繁体），英国为 71%，日本为 76%，美国竟高达 95%。从这个角度来讲，国家图书馆的主要服务对象还是本国的用户。另外，除母语是英语的美国和英国外，其他 5 个国家的被链接次数排第二位的都是英文网页（表 14-2），一方面由于英语是国际通用语言,另一方面也和这些国家图书馆网站都有英文版有关。

另外，网络的被链接量还受区域影响，大多数国家图书馆网站在本国、本地区的影响力和知名度远远大于其他地区的影响力和知名度。例如，亚洲地区的中国和日本的国家图书馆网站被中文、日文以及朝鲜文网页的链接次数远远多于被法语、德语、西班牙语等网页链接的次数，而法国、德国、西班牙等欧洲国家的国家图书馆网站被欧洲地区的网页链接次数远远多于被亚洲地区的网页链接次数。

各个国家图书馆网站被不同域名网站链接的情况也有所不同。通常“. com”表示该网站为商业组织；“. net”为网络组织；“. edu”为教育机构；“. org”为非商业组织。从域名来看，7 国的国家图书馆网站被链接次数最多的都是商业组织的网页，相比较而言被教育机构、非商业组织链接次数较少，反映出商业组织在互联网注册域名数量最多的事实，同时也说明教育机构、非商业组织在互联网注册的域名较少，国家图书馆网站在这些领域的影响力不够，还有待提高。

（2）7 个国家图书馆被链接量的发展变化情况

本次调查还考察了 7 个国家图书馆网站在不同时间段的累计被链接量。

在检索的时间设置上，选用 Before，以每一年 12 月 31 日为基准（2003 年以 7 月 5 日为基准），分别检索了从 1998 年到 2003 年的 6 个时间段，例如，检索 1998 年的累计被链接量，具体设置为“Before or on December 31 1998”。统计结果如表 14-3 所示。总体上，中国、西班牙、日本、德国等国家图书馆网站被链接量都远远低于美国、英国、法国等国家图书馆网站被链接量，为了更好地比较它们的发展情况，我们将 7 个国家分成两组，其中一组为美国、英国和法国，另一组为中国、西班牙、日本和德国，两组国家图书馆网站被链接量发展变化分别如图 14-1、图 14-2 所示。

表 14-3　**中、美、法、英等 7 国国家图书馆网站被链接量的发展变化情况**

年份	1998	1999	2000	2001	2002	2003. 7
中国	1	5	58	152	308	820
西班牙	42	84	180	347	861	1 659
日本	22	64	161	370	800	1 817
德国	36	88	211	368	827	1 479
英国	75	236	500	1 046	2 310	20 662
法国	88	211	477	1 208	2 502	18 186
美国	334	963	1 908	13 997	36 849	99 883

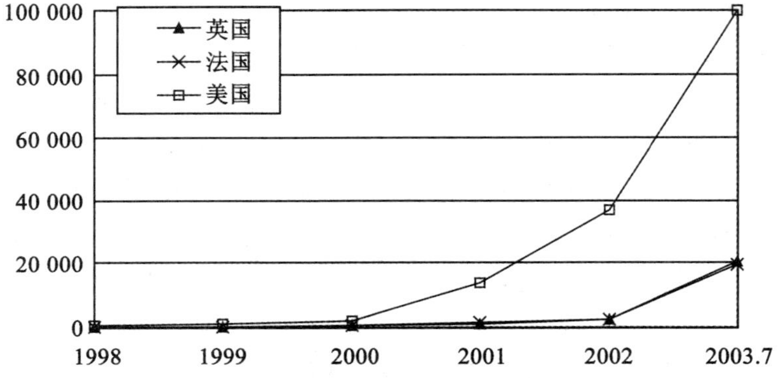

图 14-1　美、法、英国家图书馆网站的被链接量的对比

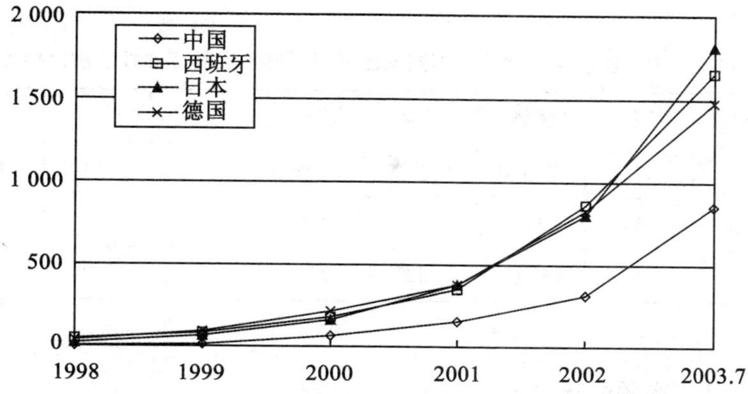

图 14-2　中、日、德、西国家图书馆网站的被链接量的对比

由于我国互联网建设相对滞后，国家图书馆网站的起步较晚，1998 年国家图书馆网站的被链接量仅为 1，到 1999 年才发展到 5，而其他国家的图书馆网站此时已进入平稳发展阶段，美国国家图书馆网站 1998 年和 1999 年的被链接量分别达到 334 和 963。近两年，随着我国互联网建设的发展，我国国家图书馆网站的被链接量每年翻一番，处于相对稳定的发展阶段，到 2003 年 7 月已达到 820，发展速度较快。但是，其他国家的国家图书馆网站的发展速度也很快，甚至比我国还快，到 2003 年 7 月，西班牙、日本、德国的国家图书馆网站的被链接量分别为 1 659，1 817，1 479，是我国的两倍左右；而美国、法国、英国的国家图书馆网站由于质量水平高和国内互联网的迅速发展，被链接量已进入迅猛增长阶段，仅 2003 年上半年，美、法、英三国国家图书馆的被链接量分别增长了 2.7 倍、6.8 倍和 7.9 倍，达到了 99 883、18 186 和 20 662，超过我国国家图书馆被链接量的 1~2 个数量级。因此，我国国家图书馆网站的被链接量总体上还相对较低，且与其他发达国家之间的差距有继续增大的趋势（图 14-1，图 14-2）。

（3）7 个国家图书馆网站被链接文件类型的状况

一般地，Image、Ms Word、PDF 文件是图书馆网站最常用的文件类型，我们考察 7 个国家图书馆网站的被链接位置时，在检索网页内容（Page Content）的选项栏分别选择了 Image、Ms Word、PDF 这几项，相应地获得了含这三种文件类型的网页的被链接量（表 14-4）。在 7 个国家图书馆网站中，含有 Image 的网页被链接次数远远多于含 PDF 和 Ms Word 网页。一方面说明含有图片的网页更受欢迎，链接者更倾向于链接这种网页，另一方面可能由于图书馆网站含有较多的图片网页。

表 14-4　**中、美、英、法等 7 国国家图书馆网站不同类型文件的被链接量**

文件类型	中国	美国	英国	法国	日本	德国	西班牙
Image	407	85 410	15 996	15 996	1 433	1 147	1 339
Ms Word	6	247	68	57	7	15	30
PDF	20	15 806	352	200	36	104	99

14.5.4　几点有关的建议

从上面的调查结果我们不难发现：中国国家图书馆网站被链接情况和影响的传播情况不仅远远落后于美国、法国、英国，就是和日本、德国、西班牙相比也存在一定的差距。中国国家图书馆网站要想加速发展，缩小差距，就必须借鉴其他国家图书馆网站发展的经验，少走弯路，跟踪掌握它们的发展动态，确定目标。经过几年的努力，我国网络基础设施已粗具规模，这为我国图书馆网站的建设奠定了坚实的基础，但从其他国家的发展历史来看，下面几个方面值得注意：

（1）重视新技术的利用

图书馆网站虽然是归图书馆负责开发，但是离开了技术，网站是无法生存的。在法国的国家图书馆网站建设初期，不重视技术，网站的设计和实施全由图书馆自己承担，结果就出了问题，最后不得不重新开始。当然图书馆网站也不能完全依靠计算机通信领域的专家和技术人员，不与图书馆合作也会造成不切实际。从目前国外发展情况来看，图书馆网站建设必须是以高新技术作为支撑的。比如美国在研究过程中，不仅注重网站支持技术的研究，而且注重具体技术的研究，已经形成了从信息的捕获与创建、存储与管理、搜索与访问、传递到权限管理的完整的研究体系。而法国则是优先开发资源加工系统，它所加工的数字影像，分辨率高，具有长期保存价值。中国图书馆网站建设所需的计算机技术和通信技术的研究开展得还是异常活跃的，比如在信息的创建与捕获环节中的 OCR 技术；在信息的存储与管理环节的数据挖掘技术；在信息的搜索与访问环节的分析技术、分类与聚类技术、搜索引擎技术、自然语言处理技术、图像及视频检索技术、可视化信息检索技术；在信息的传递环节的压缩技术；在信息的权限管理环节的水印技术、电子签名技术等都是研究热点。对于图书馆来说，重视技术就是要加强与高等院校、科研院所以及信息技术企业的合作。比如技术力量雄厚的 IT 企业——IBM 开发的软件包，具有信息的存储与管理、搜索与访问、传递等各种功能，图书馆和 IBM 公司合作，使用这种功能齐全的软件包，建设网站时，碰到的很多问题都会迎刃而解。国家图书馆作为图书馆网络信息中心，可以和高等院校、科研院所以及信息技术企业合作，把它们的技术优势和特点全都发挥出来。

（2）注重内容特色

从前面的统计分析，我们知道中国国家图书馆网站在亚洲的影响远远胜于其他地区，这也许是语言的影响，也可能是本地区的人更喜欢了解和接受本地区的文化。从某种意义上来讲，亚洲互联网的发展状况是制约中国国家图书馆网站被链接量增加的瓶颈，毕竟亚洲互联网的发展落后于北美洲、欧洲。从另一方面讲，国家图书馆网站的主要服务对象是亚洲人，基本上是中国人，这对扩充网站内容来说，又是比较有利的。亚洲人都对东方文化感兴趣，毕竟语言和地区不是影响网站发展的关键因素，网站的内容才是网站的生命。在国家图书馆网站的内容建设上，最具特色的就是法国和美国。美国国会图书馆从 1990 年开始实施“美利坚记忆计划”，目标为将其所有馆藏（包括图书、绘画、期刊、地图、照片、音乐记录、艺术图片、手稿等）全部进行数字化处理，以高质量数字产品的形式，丰富和集中美国的历史、文化收藏。而法国国家图书馆在 1993 年就实施“伽里卡计划”，目标是建成世界上首批网上图书馆，把大量的图书和资料通过因特网提供给全球的读者。1993 年到 1998 年，已使 86 000 册藏书、10 万张图片数字化。这两个计划所做的都是继承和发扬本国的文化遗产，又恰恰正合用户的意，这从两个国家图书馆网站的被链接量得到证明，美国的被链接次数比其他国家的高出 7 万多次，法语比英语的通用程度差很远，但是法国国家图书馆网站的被链接量的发展状况却和英国的基本一样。这说明美国的“美利坚记忆计划”和法国的“伽里卡计划”都是非常成功的。当然有可能还有一个次要原因，就是网站含图片的网页较多。从表 14-4 可以看出，图片网页相当受欢迎，图片往往和数字化的作品有着密切关系，能从中找到许多对应的主题，是对作品有益的补充，能让用户更容易理解数字化作品。中国国家图书馆网站的腾飞是要以我国的璀璨的东方文化为依托，借助于正在发展的信息技术才能做到的。

（3）注重网站信息资源的科学组织

网站信息组织是否有特色，在一定程度上也会影响到其传播和知名程度，从而影响到它被链接的数量。目前检索网站内容主要是通过搜索引擎，如网页标题能够和机构名称、服务内容的特点等结合起来就容易被搜索引擎索引，从而方便检索和利用，也就增加了被链接的机会。此外，还应该注重网站的宣传与推广。

参考文献

[1] 邱均平．文献计量学．北京：科技文献出版社，1988
[2] 邱均平．信息计量学（一）：信息计量学的兴起与发展．情报理论与实践，2000（1）
[3] 邱均平．信息计量学（二）：文献信息增长规律与应用．情报理论与实践，2000（2）
[4] 邱均平．信息计量学（三）：文献信息老化规律与应用．情报理论与实践，2000（3）
[5] 邱均平．信息计量学（四）：文献信息离散分布规律——布拉德福定律．情报理论与实践，2000（4）
[6] 邱均平．信息计量学（五）：文献信息词频分布规律——齐普夫定律．情报理论与实践，2000（5）
[7] 邱均平．信息计量学（六）：文献信息作者分布规律——洛特卡定律．情报理论与实践，2000（6）
[8] 邱均平．信息计量学（七）：文献信息分布的集中与离散规律——齐-布-洛分布系及理论基础．情报理论与实践，2001（1）
[9] 邱均平．信息计量学（八）：文献信息统计分析方法及应用．情报理论与实践，2001（2）
[10] 邱均平．信息计量学（九）：文献信息引证规律和引文分析法．情报理论与实践，2001（3）
[11] 邱均平．信息计量学（十）：计算机辅助文献信息计量分析方法与工具．情报理论与实践，2001（4）
[12] 邱均平．信息计量学（十一）：信息计量学在图书情报领域中的应用——以核心期刊研究和测定为例．情报理论与实践，2001（5）

[13] 邱均平．信息计量学（十二）：信息计量学在科学学与科技管理中的应用．情报理论与实践，2001（6）
[14] 刘廷元．情报计量学的几个基本问题研究．情报科学，1994（1）
[15] 刘达．情报学的新领域—— 情报计量学．情报学刊，1981（4）
[16] Brookes B. C.. Towards Informetrics. *Journal of Documentation*, 1984（2）
[17] Tague S. J.. An Introduction to Informetrics. *Information Processing & Management*, 1992（1）
[18] [俄] 沃维连涅著，许勇译．情报计量学的动向．情报科学，1986（9）
[19] 邱均平等．我国情报学定量化研究的论文分布规律及其核心期刊测定．图书情报知识，1997（3）
[20] 邱均平．我国文献计量学的进展与发展方向．情报学报，1994（6）
[21] 王崇德．文献计量学的歧义．情报理论与实践，1996（1）
[22] 邱均平．我国图书馆学情报学研究主题趋势的定量分析．中国图书馆学报，1991（3）
[23] 张保明．我国情报科学定量化研究的进展．情报学报，1986（5）
[24] 邱均平，谢新洲．文献计量学研究的新趋势——计算机辅助的文献计量研究．情报学刊，1990（3）
[25] 尤弢．文献计量方法与计算机辅助的文献计量研究[硕士学位论文]．武汉：武汉大学，1996
[26] Almind T. C., Ingwersen P.. Informetric analyses on the World Wide Web: methodological approaches to 'Webometrics'. *Journal of Documentation*, 1997（4）
[27] 邱均平，王宏鑫，冯新霞．《情报学报》与我国情报学发展（Ⅰ）——《情报学报》创刊20年发文的计量分析．情报学报，2002（5）
[28] 邱均平，王宏鑫，冯新霞．《情报学报》与我国情报学发展（Ⅱ）——《情报学报》创刊20年引用文献的计量分析．情报学报，2002（6）
[29] 刘廷元．文献计量学、科学计量学和信息计量学的联系与区别．图书与情报，1994（1）
[30] 邹志仁．信息学概论．南京：南京大学出版社，1996
[31] 邱均平，张洋．网络信息计量学的综述．高校图书馆工作，2005（1）
[32] 张洋，周黎明．论信息管理与科学评价的互动关系．图书情报知识，

2005（2）
［33］Gosnell C. F.. The rate of obsolescence in college library book collection by an analysis of three select lists of books for college libraries. Ph. D. dissertation. New York Univ., 1943
［34］丁学东．文献计量学基础．北京：北京大学出版社，1993
［35］俞培果．Burton-Kebler 文献老化测度方法及其测度结果的否定．图书情报工作，1997（10）
［36］Burton R. E., Kebler R. W.. Half-life of some scientific & technical literatures. *American Documentation*, 1960（11）
［37］王宏鑫等．对 Burton-Kebler 文献老化测度方法的否定要审慎．图书情报工作，1999（1）
［38］［前苏联］米哈依洛夫等著，徐新民等译．科学交流与情报学．北京：科技文献出版社，1980
［39］王宏鑫．信息计量学研究．北京：中国民族摄影艺术出版社，2002
［40］庞景安．科学计量研究方法论．北京：科学技术文献出版社，2002
［41］Burrell Q. L.. A note on ageing in a library circulation model. *Journal of Documentation*, 1985（2）
［42］Burrell Q. L.. A third note on ageing in a library circulation model, application structure. *Journal of Documentation*, 1987（1）
［43］Coughlin J. P., Baran R. H.. Stochastic models of Information obsolescence. *Mathematical and computer Modelling*, 1988（1）
［44］Tagne J., Ajiferuke I.. The Markov and the mixed-poisson models of library circulation compared. *Journal of Documentation*, 1987（3）
［45］Gelman E., Sichel H. S.. Library book circulation and the beta-binomial distribution. *Journal of the American Society for Information Science*, 1987（1）
［46］Burrell Q. L.. Using the gamma-poisson model to predict library circulation. *Journal of the American Society for Information Science*, 1990（7）
［47］Line M. B., Sandison A.. Obsolescence and changes in the use of literature with time. *Journal of Documentation*, 1974（3）
［48］俞培果．科技文献老化的历时研究．情报业务研究，1993（2）
［49］朱西传．科技文献老化同时法与历时法的对比研究．情报科学，1994（4）
［50］Stinson E. R., Lancaster. F. W.. Synchronous versus diachronous methods

in the measurement of obsolescence by citation studies. *Journal of Information Science*, 1987 (2)

[51] 王宏鑫等．文献老化的共时与历时观察比较研究．信阳师范学院学报（自然科学版），1999 (4)

[52] Glanzel W., Schoepflin U.. A stochastic model for the ageing of scientific literature. *Scientometrics*, 1994 (1)

[53] 程鸿飞．文献老化的动态微分方程．情报学报，1993 (4)

[54] 丁学东．关于 Burton-Kebler 文献老化经验公式及 Мотылев 修正式．北京大学学报，1992 (4)

[55] 刘文．科学文献老化规律新探．情报学刊，1991 (5)

[56] 朱西传．关于引文年代分布数学模型的探讨．情报学报，1994 (6)

[57] 靖培栋，王卫．关于科技文献老化的数学模型及老化率计算．图书情报工作，1999 (6)

[58] 于光，于达仁．文献引用延时效应及文献老化模型的修正．情报学报，1998 (1)

[59] 李洪喜，于光，荣毅虹．科技文献老化过程的数学辨识模型．中国图书馆学报，2000 (3)

[60] 王宏鑫，谢海修．文献老化与引文年代分布模型的研究．情报理论与实践，1996 (5)

[61] 王宏鑫．文献老化的 GM 模型及应用．情报学刊，1989 (6)

[62] 王宏鑫，雷振玲．关于文献老化 GM 模型的几点注记．图书情报工作，1998 (9)

[63] 王宏鑫．文献老化及其 GM 模型的公理化结构．情报杂志，2000 (5)

[64] 李正吾．科技文献增长与老化的灰色预测模型（GM）．情报学报，1990 (5)

[65] 胡玮．引文衰减率模型研究．图书情报工作，1997 (10)

[66] Brookes B. C.. The growth, utnility and obsolescence of scientific periodical literature. *Journal of Documentation*, 1970 (4)

[67] Egghe L., Rao. I. K. R., Rousseau R.. On the influence of production on utilization functions: obsolescence or increased use?. *Scientometrics*, 1995 (2)

[68] 梁立明，谢彩霞．词频分析法用于我国纳米科技研究动向分析．科学学研究，2003 (2)

[69] 梁立明，李小宁．SPRU 科研选题的词频分析与计量研究．科研管理，

2003（3）

[70] 邱均平，赵蓉英，侯经川．2002 年国内外情报学发展动向分析．情报学报，2003（5）

[71] Lotka A. J.. The frequency distribution of scientific productivity. *Journal of the Washington Academy of Science*, 1926（12）

[72] Merton R. K.. The Matthew effect in science. *Science*, 1968（159）

[73] Roland W. D.. Lotka's law. *Journal of Documentation*, 1995（1）

[74] Wagner-Dobler R.. Were has the cumulative advantage gone? Some observations about the frequency distribution of Scientific productivity, of duration of scientific participation, and of speed of publication. *Scientometrics*, 1995（2）

[75] 张贤澳．洛特卡分布拟合方法的比较研究．情报学报，2000（4）

[76] Rousseau R.. Sitations: an exploratory study. Cybermetrics, 1997（1）In: http://www.cindoc.csic.es

[77] King D. W.. Scientific journals in the United States. Pennsy Wanie: Hutdhinson Ross Publishing Company, 1981

[78] 王崇德．文献计量学引论．桂林：广西师范大学出版社，1997

[79] Pao, Miranda Lee. Lotka's test. *Collection Management*, 1982（1/2）

[80] Vlachy T.. Time factor in Lotka's law. *Problems de Informare si Documentare*, 1976（10）

[81] Pao M. L.. An empirical examination of lotka's law. *Journal of the ASIS*, 1986（1）

[82] Pao M. L.. Lotka's law: A testing procedure. *Information processing & management*, 1985（4）

[83] Nicholls P. T.. Empirical validation of lotka's law. *Information Processing & Management*, 1986（5）

[84] Nicholls P. T.. Bibliometrics modeling processes and the empirical validity of Lotka's law. *Journal of the American Society for Information Science*, 1989（3）

[85] Davis H. T.. The analysis of economic time series. Bloomington, London: Principia Press, 1941

[86] Zipf, G. B.. Human Behavior and the Principle of Least Effort: An Information to Human Ecology. Cambridge, Mass: Addison-Wesley, 1949

[87] Leavens D. H.. Letter to the editor. *Econometrics*, 1953（21）

[88] 王崇德．情报科学原理．台北：农业科学资料服务中心，1992

[89] Price Derek de Solla. Little Science, Big Science. New York: Columbia University Press, 1963

[90] Fairthorne R. A.. Progress in Documentation——Empirical hyperbolic distributions (Bradford-Zipf-Mandelbrot) for bibliometric description and prediction. *Journal of Documentation*, 1969 (4)

[91] Murphy L. G.. Lotka frequency distribution of scientific production. *Journal of the American Society for Information Science*, 1977 (4)

[92] Voos H. Lotka's law and Information Science. *Journal of the American Society for Information Science*, 1974 (4)

[93] Rogge A. E.. A look at academic anthropology. *American anthropologist*, 1976 (78)

[94] Vlachy T.. Frequency Distribution of Scientific Performance: A Bibliography of Lotka's Law and Related Phenomena. *Scientometrics*, 1978 (1)

[95] Oluic-vukovic. Journal Productivity Distribution: Quantitative Study of Dynamic Behavior. *Journal of the American Society for Information Science*, 1992 (3)

[96] Rousseau R.. A table for estimating the exponent in Lotka's law. *Journal of Documentation*. 1993 (4)

[97] Seglen Per O., Aksnes Dag W.. Scientific productivity and group size: A bibliometric analysis of Norwegian microbiological research. *Scientometrics*, 2000 (1)

[98] Chen Y. S., Leimkuhler F. F.. A Relationship Between Lotka's Law, Bradford's Law and Zipf's Law. *Journal of the American Society for Information Science*, 1986 (5)

[99] 文商武．有关洛特卡定律的几个问题．情报科学，1985 (6)

[100] 王崇德编著．文献计量学教程．天津：南开大学出版社，1990

[101] 方曙，李后强．洛特卡定律与分形理论．图书情报工作，1989 (6)

[102] 马悦英．分形论在情报学中的应用．图书情报工作，1998 (5)

[103] Price D.. Studies in scientometrics. In: Transcience and continuance in scientific authorship. New Haven: Yale University, 1974

[104] Gupta D. K.. Lotka's Law and Productivity Patterns of Entomological Research in Nigeria for the Period (1900～1973). *Scientometric*, 1987 (12)

[105] Wagner-Dobler R. , Berg J. . Mathematische Logick von 1874 bisur Gegenwart, Eine Bibliometrixche Untersuchung. Berlin: de Gruyter, 1993

[106] Jian Qin. Collaboration and Publication Productivity : An Experienment with a new Variable in Lotka's Law. Journal of Information Science. In: Proceeding of the Fifth Biennial Conference of the International Society for Scientometrics and Informatics. Rosary College, 1995

[107] 王崇德．关于 Price 定律的研究．情报学报, 1990 (3)

[108] Nicholls P. T. . Bibliometric modeling processes and the empirical validity of Lotka's law. *Journal of the American Society for Information Science*, 1989 (3)

[109] Gupta D. K. . Groscientific Literature of Nigeria for the Period 1904 ~ 1979. International Conference on Informetrics, 1993

[110] Trueswell R. W. . Some behavioral [sic] patterns of library user: The 80/20 rule. Wilson Library Bulletin, 1969 (3)

[111] 张仲梁．二八律和文献计量学的三个定律．情报学刊, 1988 (4)

[112] Bookstein A. . Patterns of scientific productivity and social change: A discussion of Lotka's Law and Bibliometrics System. *Journal of the American Society for Information Science*, 1977 (4)

[113] Rao R. . Distribution of Scientific Productivity and Social Changes. *Journal of the American Society for Information Science*, 1980 (2)

[114] 王正兴．关于进一步修正 Price 定律的建议．情报科学, 1991 (4)

[115] 刘瑞兴．图书馆学期刊的论文作者合作度．图书馆工作, 1991 (1)

[116] 王崇德．论情报科学中的马太效应．情报学报, 1992 (2)

[117] 王崇德．科学论文作者的研究．情报学报, 1982 (2)

[118] Kendall M. G. . Bibliography of operational research. *Operation Research Quarterly*, 1960 (1/2)

[119] Price D. . General theory of bibliometric and other cumulative advantage processes. *Journal of the American Society for Information Science*, 1976 (2)

[120] Rao R. . Quantitative methods for library and information science. New Delhi: Wiley Eastern, 1983

[121] Kyrik S. . Productivity differences, fields of learning and Lotka's law. *Scientometrics*, 1982 (3/4)

[122] Rousseau B. ,Rousseau R. . Lotka: a program to fit a power law distri-

bution to observed frequency data. *Cybermetrics*, 2000 (1). In: http://www.cindoc.csic.es, 2003/4/25

[123] 王宏鑫，邱均平.21世纪文献计量学的发展趋势．高校图书馆工作，2000 (4)

[124] Fedorowicz J.. The theoretical foundation of Zipf's law and its application to the Bibliographic database environment. *Journal of the American Society for Information Science*, 1982 (5)

[125] 邱均平．我国科技文献的时序分布与老化研究．图书情报工作，1989 (4)

[126] Oliver M. R.. The effect of growth on the obsolescence of semionctuctor physics literature. *Journal of Documentation*, 1971 (1)

[127] Egghe L.. On the 80/20 rule. *Scientometrics*, 1986 (1/2)

[128] 张贤澳.Egghe公式的推广：基于广义洛特卡定律的θ与β的关系．情报学报，2001 (3)

[129] 埃格希 L.，鲁索 R. 著．田苍林等译．情报计量学引论，北京：科学技术文献出版社，1992

[130] Kendall M. G.. Bibliography of operational research. *Operational Research Quarterly*, 1960 (1/2)

[131] Egghe L.. On the classfication of the classical bibliometric law. *Journal of Documentation*, 1988 (1)

[132] Egghe L.. The duality of informetric system with applications to the empiricel Laws. PH. D. Thesis City Univ. London (uk), 1989

[133] Pratt A. D.. A measure of class concentration in bibliometrics. *Journal of the American Society for Information Science*, 1977 (5)

[134] 方曙．布-齐-洛分布的分形模型．情报科学，1990 (5)

[135] 马费成．论布鲁克斯情报学的定量方法．情报科学，1983 (4)

[136] 马谋超，曹霞．数学在心理学中的一些应用．自然杂志，1986 (10)

[137] 邓珞华等．图书情报数学．沈阳：东北师范大学出版社，1983

[138] 邱均平，谢新洲．论布拉德福定律、齐普夫定律和洛特卡定律的关系，情报学刊，1987 (5)

[139] Bookstein, A., Informetric distributions, part II: Resilience to ambiguity. *Journal of the American Society for Information Science*, 1990 (5)

[140] Brookes B. C.. Theory of Bradford's law. *Journal of Documentation*, 1977 (3)

[141] 中山大学有关编写组. 概率论及数理统计. 北京：人民教育出版社，1983

[142] 许欣. 论中国大陆传播学专著的生态状况（1981~2001）. 现代传播，2003（2）

[143] ISI，Author Citation Index，*SCI*，3C：27726，2001

[144] ISI，Corporate Author Citation Index，*SCI*，3C：36340，2001

[145] ISI，Anonymous Citation Index，*SCI*，3C：36809，2001

[146] ISI，Anonymous Citation Index，*SCI*，3C：36860，2001

[147] ISI，Patent Citation Index，*SCI*，3C：36885，2001

[148] ISI，Geographic Index，*SCI*，3D：2547，2001

[149] ISI，Organization Index，*SCI*，3D：3462，2001

[150] ISI，Source Index，*SCI*，3D：35，2001

[151] ISI，Source Index，*SCI*，3D：133，2001

[152] ISI，PSI Index，*SCI*，3E：333，2001

[153] ISI，PSI Index，*SCI*，3E：3387，2001

[154] Science Citation Index Expanded -Journal List，http：//www.isinet.com，2003/5/3

[155] Science Citation Index Expanded，http：//www.isinet.com/isi，2003/5/3

[156] ISI Links，http：//www.isinet.com/isi/isilinks/，2003/4/25

[157] Helen Atkins，The ISI Web of Science-Links and Electronic Journals，D-Lib Magazine，1999（9）. http：//www.dlib.org/dlib/september99/atkins/09atkins.html，2003/4/25

[158] 蒋凌慧. *Web of Science* 数据库中的特色链接. 现代图书情报技术，2001（4）

[159] 张宇红. 利用 www 检索美国 *SCI* 数据库及 *Web of Science* 的使用评价. 图书馆建设，2000（5）

[160] 韩丽风，郑晓惠. *SCI* 网络版评介. 现代图书情报技术，1999（6）

[161] 谷雪蕾，刘蜀仁. 三种 *SCI* 电子版的检索细节研究. 现代图书情报技术，2001（1）

[162] 王冰. *SCI* 机读式和光盘式检索系统. 江苏图书馆学报，2000（4）

[163] 尤弢. 计算机引文系统的总体设计. 现代图书情报技术，1996（1）

[164] 苏新宁. 中国社会科学引文索引设计. 情报学报，2000（4）

[165] 王小霞. 中文社会科学引文索引网络版设计. 现代图书情报技术，2001（3）

[166] 崔雷．文献计量学共引分析系统设计与开发．情报学报，2000（4）
[167] 柴省三．引文分析应用跨国科学交流的定量研究．情报理论与实践，1997（2）
[168] 周军，苏新宁，袁培国．基于数据仓库的引文分析系统研究．情报学报，2002（3）
[169] 白国应．科学研究人员阅读科技文献规律初探．科技情报工作，1982（11）
[170] 徐佳．布拉德福定律与检索工具完整性测定．图书与情报，1997（1）
[171] 赖茂生，徐克敏．科技文献检索．北京：北京大学出版社，1985
[172] Weinstock M.. Citation indexes. *Encyclopedia of library and information Science*, 1971（5）
[173] Jhorne, F. C.. The citation index: author case of spurious Validity. *Journal of Clinical Psychology*, 1977（33）
[174] 孟连生．中文科学引文分析［硕士学位论文］．北京：北京大学出版社，1986
[175] 中国科技信息研究所．中国科技论文统计分析年度报告（1996），1997
[176] Kessler M. M.. Bibliographic coupling between scientific papers. *American Cocumentation*, 1963（14）
[177] Garfield, E.. Citation analysis as a tool in journal evaluation. *Science*, 1972（178）
[178] Garfield. Citation indexing: its theory and application in science, technology, and humannities. John Wiley Sons ins. *New York*, 1979
[179] ［匈］Braun, T. 著，赵红州等译．科学计量学指标．北京：科学出版社，1989
[180] 中国科技信息研究所．中国科技期刊引证报告，1998
[181] 中国科技信息研究所．技术发展预测与评论．北京：北京理工大学出版社，2003
[182] P. William. The Future of Bibliometrics. In: Borgman CL ed. Scholarly Communication and Biblliometics. [s. l.]: Sage, 1990
[183] Mckiernan. Citedsites (sm): Citation Indexing of Web resources. http://www.public.iastate.edu/~cyberatacks/cited.htm
[184] 梁立明．科学计量学与信息计量学：从世界看中国——第7届ISSI大会后的思考．科研管理，2000（3）

[185] Lawrence, C. L. Giles. Search in the WWW. *Science*. 1998 (80)

[186] S. J. Clarke, P. Willet. Estimating the Recall Performance of Web search Engines. *Aslib Proceedings*, 1997 (1)

[187] R. Rousseau. Daily time series of common single word searches in Alta Vista and Northernlinght. Cybermetircs. 2/3. paper. 1999. http://www.cindoc. csic. es/cybermetrics/ articles/ v2ilp1. html, 2003/5/26

[188] Ingwersen P.. The calculation of Web Impact Factors. *Journal of Documentation*, 1998 (2)

[189] The mission of website. net: Building a Webcitation index. http://www.website. net. html, 2003/6/9

[190] Hitchcock. Citation Linking: Imprvoing access to online journals. http://journals. ac. ul/amend97. html, 2003/6/9

[191] Hal Varian. How much information. http://www. sims. berkeley. edu/research/projects/how-much-info, 2003/6/9

[192] 邱均平，陈敬全．网络信息计量学及其应用研究．情报理论与实践，2001 (3)

[193] 徐久龄，许莲莲．网络信息计量学．情报科学，2002 (1)

[194] Alastair Smith. Webometrics: exploring Australasian Web structures, http://www. csu. edu. au/ special/ online99/ proceedings99/, 2000/6/9

[195] Thomas. O. ,Willett P.. Webometric analysis of department of librarianship and information science. *Journal of Information Science*, 2000 (6)

[196] J. Bar-Ilan. The Web as an information resource on informetrics? A content analysis. *Journal of the American Society for Information Science*, 2000 (5)

[197] 李长忠．网络信息计量学的研究对象与方法．情报科学，2001 (1)

[198] 马建华．网络信息计量学研究进展．中国图书馆学报，2003 (1)

[199] Dahal T. M.. Cybermetrics: The use and implication for Scientometrics and bibliometrics. In 3rd Conference on Science and Technology. Royal Nepal Academy of Science and Technology 1999

[200] Blaise Cronin. Bibliometrics and beyond: Some thoughts on web-based citation analysis. *Journal of Information Science*, 2001 (1)

[201] 邹菲．试论网络信息计量学在数字图书馆中的应用．图书情报知识，2001 (1)